Karl Dietrich Erdmann:
Das Ende des Reiches
und die Entstehung der Republik Österreich,
der Bundesrepublik Deutschland
und der Deutschen Demokratischen Republik

Deutscher
Taschenbuch
Verlag

Band 22 der Taschenbuchausgabe enthält den ungekürzten Text des Handbuchs der deutschen Geschichte. Band 4: Die Zeit der Weltkriege, Teil E.
Unsere Zählung Kapitel 1–24 entspricht den §§ 85–108 im Band 4 des Originalwerkes.

1. Auflage September 1980
4. Auflage November 1984: 35. bis 40. Tausend
Deutscher Taschenbuch Verlag GmbH & Co. KG, München
© Ernst Klett, Stuttgart 1976
Umschlaggestaltung: Celestino Piatti
Gesamtherstellung: C. H. Beck'sche Buchdruckerei, Nördlingen
Printed in Germany · ISBN 3-423-04222-2

Vorbemerkung

In der Neufassung der Geschichte Deutschlands im Zeitalter der Weltkriege ist im Unterschied zur 8. Auflage des Gebhardtschen Handbuches die Darstellung bis zu den Jahren 1949/50 fortgeführt worden. Sie reicht bis zur Gründung der Republik Österreich, der Bundesrepublik Deutschland und der Deutschen Demokratischen Republik auf dem Boden des ehemaligen Deutschen Reiches. Den Schlußpunkt hier und nicht später anzusetzen, empfiehlt sich aus mehreren Gründen. Die Spaltung Deutschlands, die sich in den Jahren 1945 bis 1950 vollzog, gehört als die unmittelbare Auswirkung des Zweiten Weltkrieges noch in die Thematik des 4. Bandes hinein. Mit der Entstehung der deutschen Teilstaaten beginnt eine neue Periode der deutschen Geschichte. Das Bild dieser geschichtlichen Zeit, in der wir leben, ist mehr vom politischen Ermessens- als vom historischen Sachurteil bestimmt. Die fünf ersten Nachkriegsjahre hingegen beginnen sich von Fragestellungen und Quellen her der historischen Forschung zu erschließen. Über sie kann in einem Handbuch der Geschichte berichtet werden.

Die sehr intensive zeitgeschichtliche Forschung, die seit der letzten Auflage neue Materialien erschlossen und mit neuen Fragestellungen durchdrungen hat, machte sowohl eine streckenweise erhebliche Überarbeitung wie eine thematische Erweiterung erforderlich. Bei der Erschließung der Literatur und der Gestaltung des Textes ist mir von Mitarbeitern des Historischen Seminars der Universität Kiel manche Hilfe zuteil geworden. Besonders habe ich Frau Ute Meyn und Frau Dr. Agnes Bländsdorf für ihre kritische Assistenz zu danken sowie den Herren Willy Schulz, Hans Peter Mensing und Rüdiger Wenzel für die laufende Führung der Literaturkartei und unverdrossene Hilfe bei der Bücherbeschaffung. Die beiden letzteren haben auch den Hauptanteil an der Erstellung des Registers. Für die Schulgeschichte hat Herr Dr. Wolfgang Wittwer unentbehrliche Vorarbeiten geleistet, für die Ergänzung des tabellarischen Anhangs Herr Dr. Peter Wulf. Teile des Manuskriptes sind gelesen und mit förderlichen Kommentaren versehen worden von Professor Dr. Jürgen Rohwer, Direktor der Bibliothek für Zeitgeschichte in Stuttgart (Zweiter Weltkrieg, besonders Seekrieg), und Professor Eric Kollman, USA (Entstehung der Zweiten Republik in Österreich). Manche Anregung und Hilfe kam aus dem Bundesarchiv Koblenz von meinen Mitarbeitern an der Edition der ›Akten der Reichskanzlei‹. Die Manuskripte sind mit größter Geduld und Sorgfalt von Frau Emmy Koch geschrieben worden. Dem Dank für die gute Zusammenarbeit im Historischen Seminar der Universität Kiel füge ich die an den Leser gerichtete Bitte hinzu, Unstimmigkeiten und Irrtümer anzumerken und sie den Verfasser wissen zu lassen.

Die Literatur für diesen Band ist bis einschließlich 1975 berücksichtigt worden.

Karl Dietrich Erdmann

Inhalt

Abkürzungsverzeichnis

AA	Auswärtiges Amt
Abh. Ak.	Abhandlung(en) der Akademie der Wissenschaften …, phil.-hist. Klasse (wenn nicht anders angegeben)
ADAP	Akten zur Deutschen Auswärtigen Politik
AHR	The American Historical Review (New York 1895 ff.)
Adm.	Admiral
all.	alliiert
AöR	Archiv des öffentlichen Rechts (1886 ff.)
Ausw. Pol.	Hamburger Monatshefte für auswärtige Politik (1934 ff.)
B.	Bund(es)
BA	Bundesarchiv
Berl. Mh.	Berliner Monatshefte (1929–1944)
Bes.	Besatzung
BGBl.	Bundesgesetzblatt
Dem., dem.	Demokrat, demokratisch
DW¹⁰)	Dahlmann-Waitz, Quellenkunde der deutschen Geschichte, 10. Aufl., hg. v. H. Heimpel u. H. Geuss (seit 1965 im Erscheinen)
DZA	Deutsches Zentralarchiv Potsdam oder Merseburg
EA	Europa-Archiv, hg. v. W. Cornides (1947 ff.)
Ebf.	Erzbischof
Ehg.	Erzherzog
EHR	The English Historical Review (London 1886 ff.)
GBl.	Gesetzblatt
Gen.	General
GFM	Generalfeldmarschall
GWU	Geschichte in Wissenschaft und Unterricht, Zeitschrift des Verbandes der Geschichtslehrer Deutschlands (1950 ff.)
FAZ	Frankfurter Allgemeine Zeitung
Hdb.	Handbuch
Hdwb.	Handwörterbuch
Hg.	Herausgeber; hg. v. = herausgegeben von
Hist. Vjschr.	Historische Vierteljahrsschrift (1898 ff.)
HJb.	Historisches Jahrbuch der Görresgesellschaft (1880 ff.)
HZ	Historische Zeitschrift (1859 ff.)
Hzg.	Herzog
ICJ	International Court of Justice
IMT	International Military Tribunal
IWK	Internationale Wissenschaftliche Korrespondenz zur Geschichte der deutschen Arbeiterbewegung, im Auftrag der Historischen Kommission Berlin (1965 ff.)
Jb., Jbb.	Jahrbuch, Jahrbücher
JbbGOsteur.	Jahrbücher für Geschichte Osteuropas (1936–1939; NF 1953 ff.)
JCS	Joint Chiefs of Staff
K.	Kaiser
Kg.	König
Komm., komm.	Kommissar, kommissarisch
Kons., kons.	Konservativer, konservativ

Lab.	Labour Party
lib.	liberal
Lt.	Leutnant
Marsch.	Marschall
MdB	Mitglied des Bundestages
MdL	Mitglied des Landtages
MdR	Mitglied des Reichstages
MEW	Karl Marx und Friedrich Engels, Werke. 40 Bde. (Berlin-Ost 1957 ff.)
Min.	Minister, Ministerium
MIÖG	Mitteilungen des Instituts für österreichische Geschichtsforschung (Wien 1880 ff.); MÖIG = Mitteilungen des österreichischen Instituts für Geschichtsforschung, Bd. 39–55 (1928–1944)
Mon. Paed.	Monumenta Paedagogica, hg. von der Kommission für Deutsche Erziehungs- und Schulgeschichte der Deutschen Akademie der Wissenschaften zu Berlin. Reihe C: Entwicklung des Bildungswesens und der Pädagogik nach 1945 (Berlin-Ost 1968 ff.)
Ndr.	Neudruck
NF	Neue Folge
NPL	Neue Politische Literatur (1956 ff.)
OB	Oberbürgermeister
Ob.	Oberbefehlshaber
o. G.	ohne Geschäftsbereich
OKH	Oberkommando des Heeres
OKW	Oberkommando der Wehrmacht
Polit. Vjschr.	Politische Vierteljahresschrift. Zeitschrift der Deutschen Vereinigung für Politische Wissenschaft (1960 ff.)
Präs.	Präsident
R.	Reich(s)
ref.	reformiert
Reg.	Regierung
Rep.	Republikaner, republikanisch
RGBl.	Reichsgesetzblatt
RH	Revue historique (Paris 1876 ff.)
Rhein. Vjbll.	Rheinische Vierteljahrsblätter, Mitteilungen des Instituts für geschichtliche Landeskunde der Rheinlande an der Universität Bonn (1931 ff.)
RK	Reichskanzlei; Reichskanzler
RSHA	Reichssicherheitshauptamt
SB	Sitzungsberichte der Akademie der Wissenschaften ..., phil.-hist. Klasse
StIG	Ständiger Internationaler Gerichtshof
StS.	Staatssekretär
Tb.	Taschenbuch
VB	Völkerbund
VfZG	Vierteljahrshefte für Zeitgeschichte (1953 ff.)
Vors.	Vorsitzender
VSWG	Vierteljahrsschrift für Sozial- und Wirtschaftsgeschichte (1903 ff.)
VuG	Vergangenheit und Gegenwart, Zeitschrift für den Geschichtsunterricht und für staatsbürgerliche Erziehung (34 Bde., Leipzig 1911–1944)

WaG	Welt als Geschichte, Zeitschrift für universalgeschichtliche Forschung (23 Bde., 1935–1963)
Wehrwiss. Rdsch.	Wehrwissenschaftl. Rundschau (1951 ff.)
WRV	Weimarer Reichsverfassung
ZfG	Zeitschrift für Geschichtswissenschaft (Berlin-Ost 1953 ff.)
ZRG KA	Zeitschrift der Savigny Stiftung für Rechtsgeschichte. Kanonistische Abteilung (1911 ff.)
Zs.	Zeitschrift

Abkürzungen für Parteien und Organisationen sowie für einzelne Staats- und Parteiämter finden sich im Register.

In den Buchtiteln der biographischen Literaturzusammenstellungen von den einzelnen Abschnitten sind historisch wichtige Personen bei ihrer ersten Nennung zur Erleichterung der Orientierung durch Großbuchstaben hervorgehoben, ebenso wie allgemein die Autorennamen.

Quellen- und Literaturverweise innerhalb des Handbuchs wurden auf die neue Einteilung in Taschenbücher umgestellt. So entspricht z.B. Bd. 19, Kap. 4 dem § 29 im Band 4 der Originalausgabe.

Bei Verweisen innerhalb eines Bandes wurde auf die Angabe des Bandes verzichtet und nur das Kapitel angegeben.

Allgemeine Bibliographie zur Gesamtperiode

Methodische Probleme der Zeitgeschichte (in engerem Sinne 1917 bis 1945, Rothfels) *und Gegenwartsgeschichte:* P. RASSOW, Der Historiker u. seine Gegenwart (1948); H. ROTHFELS, Zeitgesch. als Aufgabe, VfZG 1 (1953); F. ERNST, Zeitgeschehen u. Geschichtsschreibung, WaG 17 (1957); E. NOLTE, Zeitgeschichtsforschung und Zeitgeschichte, VfZG 18 (1970).

Forschungsinstitute und Zeitschriften: Inst. f. Weltwirtschaft, Kiel (umfassendes Archiv von Zeitungen u. Periodica auch für die dt. Zeitgesch.); Bibliothek f. Zeitgesch., Stuttgart (früher Weltkriegsbücherei, wichtige Bibliographien); Inst. f. Zeitgesch., München (zentrale Forschungsstelle, Schwerpunkt Weimarer Republik u. Nationalsozialismus), VfZG (1953 ff.); H. KRAUSNICK, Zur Arbeit d. Inst. f. Zeitgesch., GWU 19 (1968); Forschungsinstitut d. Dt. Gesellschaft für Ausw. Politik, Bonn (früher Inst. f. Europ. Politik u. Wirtschaft, Frankfurt/M.; Schwerpunkt Probleme d. europ. Ordnung nach 1945), Europa-Archiv (1946 ff., veröffentlicht laufend die wichtigsten Dokumente zur Gegenwartsgesch.); Kommission f. Gesch. d. Parlamentarismus u. d. polit. Parteien, Bonn; Hist. Kommission bei der Bayerisch. Akademie der Wissenschaften; Hist. Kommission zu Berlin beim Friedrich-Meinecke-Institut der FU Berlin, Internat. wissenschaftl. Korrespondenz zur Gesch. d. dt. Arbeiterbewegung (1965 ff., darin laufend Anzeigen über z. T. noch in Bearbeitung befindliche Diss.- u. Habil.-Schriften); Archiv d. Sozialen Demokratie (Forschungsinst. d. Friedr.-Ebert-Stiftung, Bonn), Archiv f. Sozialgesch. (1961 ff.); Johann-Gottfried-Herder-Inst., Marburg (Gesch. d. dt. Ostgebiete im Rahmen der Gesch. Ostmitteleuropas), Zs. f. Ostforsch. (1952 ff.); Wiener Library, London (im Rahmen einer Bibliothek f. dt. Zeitgesch. umfassendes Material über Antisemitismus u. Judenverfolgung), Bulletin (1947 ff.). – Informationen über diese u. andere in- u. ausländische Forschungsstellen zur Zeitgesch. in VfZG 1–3 (1953–1955) u. GWU 7 (1956).

Bibliographien, Archivalien: W. ROHR, Schicksal u. Verbleib des Schriftgutes der obersten Reichsbehörden, Archivar 8 (1955); B. POLL, Vom Schicksal d. dt. Heeresakten u. d. amtl. Kriegsgeschichtsschreibung, WaG 12 (1952); P. HEINSIUS, Das Aktenmaterial d. dt. Kriegsmarine, seine bisherige Auswertung u. sein Verbleib, ebd. 13 (1953); E. MURAWSKI, Die amtl. dt. Kriegsgeschichtsschreibung über den Ersten Weltkrieg, Wehrwiss. Rdsch. 9 (1959); W. MOMMSEN, Dt. Archivalien im Ausland, Archivar 3 u. 4 (1950/51); H. MAU, Die dt. Archive u. Dokumente in den Vereinigten Staaten, GWU 2 (1951). Einen Gesamtüberblick über die in die Hände der Alliierten gefallenen dt. Akten, eine Bibliographie der Aufsätze mit Informationen über Akten u. einen Nachweis von bisherigen Veröffentlichungen geben F. T. EPSTEIN/G. L. WEINBERG, Guide to Captured German Documents (2 Bde. New York 1952/59). F. T. EPSTEIN, Zur Quellenkunde der neuesten Gesch., ausländ. Materialien in den Archiven u. Bibliotheken der Hauptstadt der Vereinigten Staaten, VfZG 2 (1954); Guides to German records microfilmed at Alexandria, hg. v. American Historical Association (1958 ff.); A Catalogue of Files and Microfilms of the German Foreign Ministry Archives 1867–1920, hg. v. American Historical Association (Oxford 1959); A Catalogue of Files and Microfilms of the German Foreign Ministry Archives 1920–1945, hg. v. G. O. KENT (3 Bde. Stanford 1962–1966); H. PHILIPPI, Das Polit. Archiv des Ausw. Amtes. Rückführung u. Übersicht über die Bestände, Archivar 13 (1960);

J. SCHMID, Der Bestand d. Ausw. Amtes im Dt. Zentral-Archiv Potsdam, in: Archivmitteilungen 12 (1962); F. FACIUS u.a., Das Bundesarchiv u. seine Bestände (²1968); L. DENNECKE, Die Nachlässe in den Bibliotheken der BRD (1969); W. A. MOMMSEN, Verzeichnis d. Nachlässe in dt. Archiven (1971); G. MOLTMANN/K.-F. REIMERS (Hg.), Zeitgesch. im Film- u. Tondokument. 17 hist., päd. u. sozialwiss. Beiträge (1970); H. LÖTZKE, Die Bedeutung der von der Sowjetunion übergebenen dt. Archivbestände für die dt. Geschichtsforschung, ZfG 3 (1955). – Grundlegend bis einschl. Berichtsjahr 1960 Dahlmann-Waitz, Quellenkunde d. Dt. Geschichte, 8. Buch, Abschn. 393–402 (¹⁰1965/66); unentbehrlich ferner Bibliogr. Vierteljahreshefte bzw. Bibliographien der Weltkriegsbücherei H. 1–40 (1934–1943) sowie Schriften der Bibliothek f. Zeitgesch., Weltkriegsbücherei NF (1962 ff.) Die Bücherschau d. Weltkriegsbücherei, umbenannt in Jahresbibliographie der Bibliothek f. Zeitgesch. NF (1960 ff.), bringt Listen der Neuerwerbungen. Über die Möglichkeiten der bibliograph. Erfassung der im Zweiten Weltkrieg in den verschiedenen Ländern erschienenen Lit. s. E. ZIMMERMANN in Zs. f. Bibliothekswesen u. Bibliographie 2 (1955); hier vor allem Dt. Geschichtswissenschaft im Zweiten Weltkrieg, hg. v. W. HOLTZMANN/G. RITTER (1951); für die Erfassung des Schrifttums ab 1945 grundlegend F. HERRE/H. AUERBACH, Bibliographie zur Zeitgesch. u. zum Zweiten Weltkrieg für die Jahre 1945 bis 1950 (1955, Ndr. 1967) u. laufend Bibliographien zur Zeitgesch., Beilage zu VfZG; A. MILATZ/Th. VOGELSANG, Hochschulschriften zur neueren dt. Gesch. (1956); Dt. Dissertationen zur Zeitgesch., Auswahlbibliographie, hg. v. Dt. Inst. f. Zeitgesch. (B-Ost 1956 ff., Berichtszeitraum ab 1945); weitere Orientierung bei Th. VOGELSANG, Die Zeitgesch. u. ihre Hilfsmittel, VfZG 3 (1955). – Regelmäßige Literaturüberblicke zur Zeitgesch.: M. BRAUBACH, Hist. Jb. d. Görresges. 70 (1951 ff.); ferner Sammelreferate in GWU 1 (1950 ff.) u. NPL 1 (1956 ff.); K. EPSTEIN, Neueres amerik. Schrifttum über die dt. Gesch. im 20. Jh., WaG 20 (1960).

Annalen: H. SCHULTHESS, Europ. Geschichtskalender (für die Jahre 1860–1940); G. EGELHAAF, Hist.-polit. Jahresübersicht (für 1908–1936); KEESINGS Archiv der Gegenwart (1931–1955); Survey of International Affairs u. Documents on International Affairs (Inst. of Intern. Affairs, London 1920 ff. u. 1928 ff.).

Quellensammlungen: J. u. K. HOHLFELD (Hg.), Dokumente d. dt. Politik u. Gesch. von 1848 bis zur Gegenwart (8 Bde. o. J. 1952–1956), führen bis 1954, für die Zeit der Weltkriege ab Bd. 2; H. MICHAELIS/E. SCHRAEPLER, Ursachen u. Folgen ... Eine Dokumentensammlung zur Zeitgesch. ab 1917 (1958 ff.); G. F. de MARTENS, Recueil des principaux traités ... depuis 1761 u. Fortsetzungen, ist fortgeführt bis 1943; League of Nations Treaty series (1920–1943); Das Staatsarchiv (1861–1919 u. 1928); E. R. HUBER, Dokumente zur dt. Verfassungsgesch., Bd. 2: 1851–1918 (1964), Bd. 3: 1918–1933 (1966), enthält auch Tabellen über Wahlergebnisse u. Ämterbesetzung 1871 bis 1933; E. MENZEL/F. GROH/H. HECKER, Verfassungsregister, Teil 1 Deutschland (1954), enthält Bibliographie von Textsammlungen, Zeittafel u. Fundstellen aller dt. Verfassungen samt Vorentwürfen von 1806 bis zur Gegenwart. – Dokumente u. Materialien zur Gesch. d. dt. Arbeiterbewegung, R. II: 1914–1945, hg. v. Inst. f. Marxismus-Leninismus beim Zentralkomitee der SED, 5 Bde. für die Zeit von 1914–1923 (1957–1966).

Parlamentsberichte: vor allem Stenogr. Berichte über die Verhandlungen des Dt. Reichstages, 13. Legislaturperiode (1912–1918); Verhandlungen der Verfassunggebenden Dt. Nationalversammlung (1919/20); Stenogr. Berichte 1.–9. Wahlperiode (1920–1933); Verh. des Reichstages 1.–4. Wahlperiode (1933–1942).

Allgemeine Bibliographie zur Gesamtperiode

Gesetzgebung: Reichsgesetzblatt (bis 1945); Amtsblatt des Kontrollrates in Dtld. (1945–1948); A. DEHLINGER, Reichsrecht, Bundesrecht, Besatzungsrecht u. völkerrechtliche Verträge seit 1867, systematische Übersicht (³⁴1961), gibt Fundstellen zu jedem einzelnen Gesetz an.

Verfassungsgerichtsbarkeit: Die Rechtsprechung d. Staatsgerichtshofs für das Dt. Reich u. d. Reichsgerichts auf Grund Art. 13 Abs. 2 der Reichsverfassung, hg. v. H. LAMMERS/W. SIMONS (für 1920–1931, 2 Bde. 1929–1932).

Statistik: Statist. Jb. für das Dt. Reich (bis 1940, 1940/41); Anschluß zur Nachkriegsstatistik in Wirtschaftsstatist. d. dt. Besatzungszonen 1945–1948 in Verbindung mit der Produktionsstatist. der Vorkriegszeit (1948); ausgezeichnete Abrisse durch das Statist. Reichs- bzw. Bundesamt in: Dt. Wirtschaftskunde (1930) u. Wirtschaftskunde d. Bundesrepublik Dtld. (1955).

Wirtschafts- u. Sozialgeschichte: Außer allg. Lit. in Bd. 17: Gesellschaft, Wirtschaft u. Technik Dtlds. im 19. Jh., zur Einführung in die Forschungslage: K. E. BORN (Hg.), Moderne dt. Wirtschaftsgesch. (1966); H. BÖHME, Prolegomena zu einer Sozial- u. Wirtschaftsgesch. Dtlds. im 19. u. 20. Jh. (Tb. ³1969); H.-U. WEHLER, Moderne dt. Sozialgesch. (³1970). – Ferner G. STOLPER/K.HÄUSER/ K. BURCHARDT, Moderne dt. Wirtschaftsgesch. (²1966); R. STUCKEN, Dt. Geld-u. Kreditpolitik 1914–1963 (³1964); J. KUCZYNSKI, Die Gesch. d. Lage d. Arbeiter unter dem Kapitalismus, Teil 1: Die Gesch. d. Lage d. Arbeiter i. Dtld. von 1789 bis zur Gegenw., Bde. 4–6 für die Zeit 1900–1945 (B-Ost 1964/67).

Parteiprogramme u. Parteigeschichte: W. MOMMSEN (Hg.), Dt. Parteiprogramme (²1964); K. BERCHTOLD (Hg.). Österr. Parteiprogramme (1967). Einen ideen- u. fraktionsgeschichtl. Überblick bietet L. BERGSTRÄSSER, Gesch. d. polit. Parteien in Dtld. (¹¹1965), enthält Bibliogr. d. Quellen (Parteitagsprotokolle, Rechenschaftsberichte, Parteihandbücher etc.) u. Darstellungen zur Gesch., Soziologie u. Rechtsstellung d. dt. Parteien; unter Berücksichtigung sozialer u. organisatorischer Gesichtspunkte W. TORMIN, Gesch. d. dt. Parteien seit 1848 (²1967); Th. NIPPERDEY, Die Organisation d. dt. Parteien vor 1918 (1961); H. GREBING, Gesch. d. dt. Parteien (1962); D. FRICKE (Hg.), Die bürgerl. Parteien in Dtld. (2 Bde. B-Ost 1968–1970). – Klassische parteisoziolog. Studien: M. OSTROGORSKI, La Démocratie et l'organisation des partis politiques (1901); M. WEBER, Politik als Beruf (²1926, Ndr. 1958, ⁵1969); ders., Wirtschaft u. Gesellschaft (⁴1956); R. MICHELS, Zur Soziologie d. Parteiwesens in d. mod. Demokratie (²1925, Ndr. 1957). Eine umfassende Analyse organisatorischer u. typolog. Aspekte d. Parteien: M. DUVERGER, Les Partis Politiques (³1958, dt. 1958); Vorarb. zu einer dt. ähnl. Darstel.: K. LENK/F. NEUMANN (Hg.), Theorie u. Soziologie d. polit. Parteien (1968). Eine umfassende soziologische Untersuchung der dt. Parteien liegt noch nicht vor; dazu W. ABENDROTH, Aufgabe u. Methoden einer dt. histor. Wahlsoziologie, VfZG 5 (1957). Ergiebig für Gesch., Soziologie u. Rechtsnatur d. dt. Parteien ist der Bericht einer Parteienrechtskommission des Bundesinnenministeriums: Rechtl. Ordnungen d. Parteiwesens, Probleme eines Parteiengesetzes (²1958). Aus der neueren staatsrechtl. Lit. seien hervorgehoben: G. LEIBHOLZ, Der Strukturwandel d. mod. Demokratie (1952); ders., Das Wesen d. Repräsentation u. der Gestaltwandel d. Demokratie im 20. Jh. (³1966); ders., Die Auflösung der liberalen Demokratie in Dtld. u. das autoritäre Staatsbild (1932).

Einzelne Richtungen: M. GREIFFENHAGEN, Das Dilemma des Konservatismus in Dtld. (1971); G.-K. KALTENBRUNNER (Hg.), Rekonstruktion des Konservatismus (1972). – G. de RUGGIERO, Gesch. d. Liberalismus in Europa (1930, Ndr. 1967); F. C. SELL, Tragödie d. dt. Liberalismus (1953). Gegenüber beiden bringt die soziologische Betrachtungsweise zur Geltung: Th. SCHIEDER, Das Verhältnis von politischer und gesellschaftlicher Verfassung und die Krise des bürgerlichen Liberalismus, HZ 177 (1954); ders., Der Liberalismus und der Strukturwandel der modernen Gesellschaft vom 19. zum 20. Jh., Relaz. del X. Congr. Internaz. di Scienze Storiche 5 (1955); Geschichte des dt. Liberalismus, Schriftenreihe der Friedrich-Naumann-Stiftung 10 (1966). – K. BACHEM, Vorgesch., Gesch. u. Politik d. dt. Zentrumspartei (9 Bde. 1927–1932, Ndr. 1965 ff.); K. BUCHHEIM, Gesch. d. christl. Parteien in Dtld. (1953), guter Überblick, geht aber am Problem des Freiheitsbegriffs im polit. Katholizismus vorbei. – J. DROZ, Le Socialisme démocratique 1864–1960 (1966); H. GREBING, Gesch. d. dt. Arbeiterbewegung (1966, Tb. 1970); Gesch. d. dt. Arbeiterbewegung, hg. v. Inst. f. Marxismus-Leninismus beim Zentralkomitee der SED (8 Bde. 1966); W. GOTTSCHALCH/F. KARRENBERG/F. STEGMANN, Gesch. d. sozialen Ideen in Dtld., hg. v. H. GREBING (= Dt. Hdb. d. Politik 3, 1969); C. JANTKE, Der vierte Stand. Die gestaltenden Kräfte d. dt. Arbeiterbewegung im 19. Jh. (1955); Die Archive der SPD, Archivar 20 (1967); J. JENSEN, Archiv d. Sozialen Demokratie. Übersicht über die Archivbestände (1970); K. KOSZYK, Die Presse d. dt. Sozialdemokratie. Eine Bibliographie (1966); J. MAITRON/G. HAUPT, Dictionnaire biographique de mouvement ouvrier international. Bd. 1: L'Autriche (1971); B. ANDREAS/G. HAUPT, Bibliographie d. Arbeiterbewegung heute u. morgen, Internat. Rev. of Soc. Hist. 12 (1967). – B. VOGEL/D. NOHLEN/R.-O. SCHULTZE (Hg.), Wahlen in Dtld. Theorie – Geschichte – Dokumente 1848–1970 (1971).

Darstellungen: Eine breit angelegte wissenschaftl. Darstellung d. dt. Gesch. im 20. Jh. gibt es noch nicht. Im Rahmen von Handbüchern zur allg. Gesch. gut dokumentiert P. RENOUVIN, La crise européenne et la première guerre mondiale ([5]1969) u. M. BAUMONT, La faillite de la paix 1918–1938 (2 Bde. [5]1967/68), Peuples et Civilisations, Bd. 19 u. 20; P. RENOUVIN, Les crises du XXe siècle, Bd. I: De 1914 à 1929 ([6]1969), Bd. II: De 1929 à 1945 ([5]1970), Histoire des Relations Internationales Bd. 7 u. 8. Reich an Fragestellungen u. Forschungsproblemen H. HERZFELD, Die moderne Welt 1789–1945, 2. Teil ([4]1969). In P. RASSOW, Dt. Gesch. ([3]1973) geben ausgezeichneten Überblick W. CONZE für Weltkrieg und Weimarer Republik, H. MAU u. H. KRAUSNICK für Nationalsozialismus und Zweiten Weltkrieg, W. CORNIDES für die Nachkriegszeit bis 1948. In O. BRANDT/A. O. MEYER/L. JUST, Hdb. d. Dt. Gesch., Bd. 4/I (1971): W. FRAUENDIENST, Das Dt. Reich von 1890–1914, W. HUBATSCH, Der Weltkrieg 1914–1918, A. SCHWARZ, Die Weimarer Republik; Bd. 4/II (1965): W. HOFER, Die Diktatur Hitlers bis zum Beginn des Zweiten Weltkrieges, H. MICHAELIS, Der Zweite Weltkrieg. Deutsche Geschichte, hg. v. einem Autorenkollektiv, Bd. 2 u. 3 (B-Ost [2]1967 u. 1968); H. HOLBORN, Dt. Geschichte der Neuzeit, Bd. 3: Das Zeitalter des Imperialismus 1871–1945 (1971); Politiker des 20. Jh., Bd. 1: Die Epoche d. Weltkriege, hg. v. R. HOČEVAR/H. MAIER/P. L. WEINACHT (1971); J. R. v. SALIS, Weltgeschichte der Neuesten Zeit, Bd. 2 u. 3 ([2]1962). – Über die Frage der hist. Zusammengehörigkeit von Erstem u. Zweitem Weltkrieg L. DEHIO, Dtld. u. die Weltpolitik im 20. Jh. (1955); über die Verschiedenartigkeit des Problems der Kriegsschuld 1914 u. 1939: A. HILLGRUBER, Dtlds. Rolle in der Vorgesch. d. beiden Weltkriege (1967). – Zur Entwicklung einzelner Sachgebiete im Überblick: F. HARTUNG, Dt. Verfassungsgesch. vom 15. Jh. bis zur Gegenwart ([9]1969); E. R. HUBER, Dt. Verfassungsgesch. seit 1789, Bd. 4: Struktur u. Krisen des Kaiserreichs (1969), Bd. 5: Weltkrieg, Revolution und Reichserneuerung. E. KEYSER, Bevölkerungsgeschichte Dtlds. ([3]1943); H.

SCHUBNELL, Der Trend der Bevölkerungsentwicklung in Dtld. Veröffentlichung der Dt. Akademie für Bevölkerungswissenschaft (1964); E. M. KULISCHER, Europe on the move. War and population changes 1917–1947 (New York 1948); B. KIESEWETTER, Europäische Wanderungsbilanz der Weltkriege, Europa-Archiv 5 (1950); G. RHODE, Völker auf dem Wege. Verschiebungen der Bevölkerung in Ostdtld. und Osteuropa seit 1917 (1952); K. M. BOLTE/D. KAPPE, Dt. Gesellschaft im Wandel (1966). – Besonders umstritten ist das Militarismusproblem: Hdb. zur dt. Militärgeschichte 1648–1939, hg. v. Militärhist. Forschungsamt, 3. Lieferung: W. SCHMIDT-RICHBERG/E. Gf. v. MATUSCHKA, Von der Entlassung Bismarcks bis zum Ende des Ersten Weltkrieges. 1890–1918 (1970); W. GÖRLITZ, Kleine Gesch. d. dt. Generalstabes (1967); W. SCHMIDT-RICHBERG, Die Generalstäbe in Dtld. 1871–1945, in: Beiträge zur Militär- u. Kriegsgesch. 3, hg. v. Militärgeschichtl. Forschungsamt (1962); von einem beteiligten, zuverlässigen Sachkenner W. ERFURTH, Die Gesch. d. dt. Generalstabes von 1918 bis 1945 (²1960); eine Sozialgesch. d. dt. Offizierkorps gibt K. DEMETER, Das dt. Offizierkorps in Gesellschaft u. Staat 1650–1945 (⁴1965); H. MODEL, Der dt. Generalstabsoffizier. Seine Auswahl u. Ausbildung in Reichswehr, Wehrmacht u. Bundeswehr (1968); F. HOSSBACH, Die Entwicklung d. Oberbefehls über das Heer in Brandenburg, Preußen u. im Dt. Reich von 1655–1945 (1957); E. BUSCH, Der Oberbefehl. Seine rechtliche Struktur in Preußen u. Dtld. seit 1848 (1967); W. HUBATSCH, Der Admiralstab u. die obersten Marinebehörden in Dtld. 1848–1945 (1958); G. W. F. HALLGARTEN, Das Wettrüsten. Seine Gesch. bis zur Gegenwart (a. d. Amerik. 1967). Grundlegend als Ausgangspunkt der weiteren Diskussion G. RITTER, Staatskunst u. Kriegshandwerk (Bd. 1 1954, ³1965, Bd. 2 ²1965, Bd. 3 1964, Bd. 4 1968); zum Ansatz des Gesamtwerkes kritisch L. DEHIO, Um den dt. Militarismus, HZ 180 (1955); aus der zahlreichen ausländ. Lit. hebt sich heraus G. A. CRAIG, The politics of the Prussian army 1640–1945 (1955, dt. 1960); zur Orientierung über die Probleme u. die Lit. H. HERZFELD, Das Problem d. dt. Heeres 1919–1945 (o. J. 1952); ders., Zur neueren Lit. über das Heeresproblem in der dt. Gesch., VfZG 4 (1956). – Über die Kirchen, ihre innere Entwicklung u. ihr Verhältnis zu Staat u. Gesellschaft unter starker Berücksichtigung der dt. Verhältnisse als guter Überblick über Probleme u. Lit. M. BENDISCIOLI, Chiesa e societa nei secoli XIX e XX, in: Questioni di storia contemporanea (1. Bd. 1953). – Zur Publizistik K. KOSZYK, Dt. Presse 1914–1945 (1972). – Zu den Ostproblemen historisch, wirtschaftlich u. völkerrechtlich: Das östl. Dtld. Ein Handbuch, hg. v. Göttinger Arbeitskreis (1959).

Zur Deutung d. dt. Gesch. im ZA d. Weltkriege hoben sich nach dem Zweiten Weltkrieg, nachdem sich die erste Flut der nur dem Augenblick verhafteten Schriften verlaufen hatte, als Festpunkte historischer Besinnung u. Auseinandersetzung heraus: F. MEINECKE, Die dt. Katastrophe. Betrachtungen u. Erinnerungen (zuerst 1946); L. DEHIO, Gleichgewicht oder Hegemonie. Betrachtungen über ein Grundproblem d. europ. Staatengesch. (zuerst 1948); G. RITTER, Das dt. Problem. Grundfragen dt. Staatslebens gestern u. heute (²1966); H. ROTHFELS, Die dt. Opposition gegen Hitler. Eine Würdigung (zuerst amerik. 1948, dt. 1949, ²1958, neue erw. Ausgabe Tb. 1969); ders., Zeitgeschichtl. Betrachtungen (²1963). Die Auseinandersetzung mit der dt. Gesch. im 20. Jh. hat einen neuen Anstoß erhalten durch die Werke von F. FISCHER, s. hierzu Lit. zu Bd. 18, Kap. 5.

Allgemeine Bibliographie zur deutschen Geschichte 1945–1950

Bibliographien: Bibliographie zur Zeitgesch. in VfZG, fortlaufend; W. BENZ, Quellen zur Zeitgesch., Dt. Gesch. seit dem ersten Weltkrieg 3, hg. v. Inst. f. Zeitgesch. (1972); K. D. BRACHER/H.-A. JACOBSEN (Hg.), Bibl. zur Politik in Theorie u. Praxis (1970, Ergänzungsbd. 1972); U. BERMBACH (Hg.), Hamburger Bibl. zum Parlament. System der Bundesrep. Dtld., 1945–1974 (²1975).

Methodische Fragen: E. DEUERLEIN, Forschungsgrundlage u. Forschungsproblematik 1945–1949, in: Polit. Studien 22 (1971).

Forschungseinrichtungen: Das Bundesarchiv, Koblenz, u. das Institut f. Zeitgeschichte, München, haben neuerdings die Zeit nach 1945 in ihren Forschungsbereich einbezogen. Zu einzelnen Problemkreisen: Forschungsinstitut der Dt. Gesellschaft f. Ausw. Politik, Hg. der »Schriften des Forschungsinstituts der Dt. Ges. f. Ausw. Politik«, »Die Internat. Politik«, »Europa-Archiv«; Institut f. Zeitungsforschung, Dortmund, Sammlung der Presse der Nachkriegszeit; Zentralinstitut f. sozialwissenschaftl. Forschung der FU Berlin (früher Inst. f. polit. Wissenschaft), Arbeitsbereiche u.a.: »DDR-Forschung u. -Archiv«, »BRD-Forschung u. -Archiv«, Hg. einer »Schriftenreihe«; Bundesinstitut f. ostwissenschaftl. u. internat. Studien, Köln, Forschungsschwerpunkt die Zeitgesch. der Sowjetunion, in diesem Rahmen Entwicklung der DDR u. der soz. Länder Osteuropas; Institut f. Ostrecht der Univ. Köln, erforscht internat. Beziehungen sowie Regierungssysteme u. öff. Recht der Oststaaten u. der DDR.

Nachschlagewerke: K. MEHNERT/H. SCHULTE (Hg.), Dtld.-Jahrbuch 1949 (1949); P. REICHELT, Dt. Chronik 1945 bis 1970. Daten u. Fakten aus beiden Teilen Dtlds. (2 Bde. 1970/71); Carola STERN/Th. VOGELSANG u.a. (Hg.), Lexikon zur Gesch. u. Politik im 20. Jhdt. (2 Bde. Tb. ²1974); R. SCHACHTNER, Die dt. Nachkriegswahlen. Wahlergebnisse in der Bundesrep. Dtld., in den dt. Bundesländern, in West-Berlin, im Saarland u. in der Sowjetzone (DDR) 1946 bis 1956 (1956); Anna Christine STORBECK, Die Regierungen des Bundes u. der Länder seit 1945 (1970, Ergänzungsbd. 1974); Nachschlagewerke für die sowj. Besatzungszone vgl. Kap. 14.

Dokumente: E. R. HUBER (Hg.), Quellen zum Staatsrecht der Neuzeit, Bd. 2 (1951); J. HOHLFELD (Hg.), Dok. der dt. Politik u. Gesch. (1952–1955), Bd. 6: 1945 bis 1950; E. DEUERLEIN, Die Einheit Dtlds., Bd. 1: Die Erörterungen u. Entscheidungen der Kriegs- u. Nachkriegskonferenzen 1941–1949 (²1961); H. v. SIEGLER (Hg.), Dokumentation zur Dtld.frage [1941–1971] (8 Bde. 1961/72); Th. STAMMEN (Hg.), Einigkeit u. Recht u. Freiheit. Westdt. Innenpolitik 1945–1955 (Tb. 1965); I. v. MÜNCH (Hg.), Dok. des geteilten Dtld. (2 Bde. 1968/1975); Beate RUHM v. OPPEN (Hg.), Documents on Germany under occupation 1945–1954 (Oxford 1955), hg. vom Royal Inst. of Intern. Affairs; Germany 1947–1949. The Story in Documents, Hg. vom Dept. of State (Washington 1950); A Decade of American Foreign Policy. Basic documents, 1941–1949 (Washington 1950); amtl. amerik. Akten für die Jahre 1941–1947 s. Kap. 1, 6, 19, 21; Documents français relatifs à l'Allemagne (août 1944–février 1947) (Paris 1947), dt. Übers. in EA 9 (1954); Dokumente zur Dtld.politik der Sowjetunion, hg. vom Dt. Inst. f. Zeitgesch., Bd. 1: 1945–1954 (Berlin-Ost 1957), ergiebiger: Vnešnjaja Politika Sovetskogo Sojuza. Dokumenty i Materialy (7 Bde., Moskau 1949ff.), für Sept. 1945 bis Dez. 1949. – Dok. zu den Konferenzen von Casablanca, Jalta, Teheran, Potsdam s. Kap. 1; zu den Konferenzen der Außenminister

1945–1948 s. Kap. 6, 19, 21; Nürnberger Dok. s. Kap. 7; Dok. zur Entstehung der Bundesrep. Dtld. s. Kap. 21; zur Berlinfrage s. Kap. 20; zur Gesch. der DDR s. Kap. 14.

Aufzeichnungen, Erinnerungen, Lebensbeschreibungen:
  Deutschland: K. DÖNITZ s. Bd. 21, Kap. 15; W. ULBRICHT, W. PIECK, O. GROTEWOHL, W. LEONHARD, E. W. GNIFFKE, M. REIMANN s. Kap. 10; E. OLLENHAUER u. K. SCHUMACHER s. Kap. 10; C. SCHMID, W. H. KOPF, M. BRAUER, W. KAISEN, W. HOEGNER s. Kap. 10; E. REUTER s. Kap. 20; K. ADENAUER, H. v. BRENTANO, Th. STELTZER, SCHLANGE-SCHÖNINGEN s. Kap. 11; A. HERMES s. Kap. 13, Anm. 15; K. ARNOLD s. Kap. 15, Anm. 25; J. KAISER, E. LEMMER s. Kap. 14; Anm. 8; F. FRIEDENSBURG s. Kap. 20, Anm. 14; H. KÖHLER s. Kap. 15, Anm. 14; L. ERHARD u. A. MÜLLER-ARMACK s. Kap. 19, Anm. 25; H. PÜNDER s. Kap. 19, Anm. 24a; J. MÜLLER s. Kap. 11; H. EHARD u. F. SCHÄFFER s. Kap. 15; Th. HEUSS, R. MAIER, Th. DEHLER, E. SCHIFFER, W. KÜLZ s. Kap. 11. – Erinnerungen evang. Kirchenführer s. Kap. 17.
  Österreich: E. FISCHER, K. RENNER, L. FIGL, A. SCHÄRF, Th. KÖRNER, K. GRUBER s. Kap. 5.
  England: W. S. CHURCHILL u. A. EDEN s. Kap. 6, Anm. 17, u. Bd. 21, Allgem. Bibl. z. 2. Weltkrieg; C. R. ATTLER, E. BEVIN s. Kap. 3; Lord STRANG s. Kap. 1, Anm. 19.
  Frankreich: Ch. de GAULLE s. Kap. 1, Anm. 32, u. Bd. 21, Allgem. Bibl. z. 2. Weltkrieg.
  USA: C. HULL, E. R. STETTINIUS, H. L. STIMSON, R. MURPHY, W. D. LEAHY, Senator VANDENBERG Bd. 21, Allgem. Bibl. z. 2. Weltkrieg; H. S. TRUMAN s. Kap. 3 u. Bd. 21, Allgem. Bibl. z. 2. Weltkrieg; H. MORGENTHAU, S. WELLES, D. G. ACHESON, J. R. DEANE, A. W. HARRIMAN s. Kap. 1; J. F. BYRNES s. Kap. 3; L. D. CLAY, G. KENNAN, G. MARSHALL s. Kap. 6; W. L. DORN s. Kap. 8.
  Sowjetunion: J. W. STALIN s. Bd. 18, Kap. 22; W. M. MOLOTOW s. Kap. 6.

Darstellungen:
  1. *Deutsche Geschichte:* E. DEUERLEIN, Dtld. nach dem Zw. Weltkrieg 1945–1955, in: BRANDT/MEYER/JUST (Hg.), Handbuch der Dt. Gesch. 4/6 (1964); A. HILLGRUBER, Dtld. zwischen den Weltmächten 1945–1965, in: P. RASSOW (Hg.), Dt. Gesch. im Überblick. Ein Handbuch (³1973); ders., Dt. Gesch. 1945–1972 (Tb. 1974); Th. VOGELSANG, Das geteilte Dtld. (Tb. ⁵1973), auch in: Dt. Gesch. seit dem Ersten Weltkrieg 2, hg. vom Inst. f. Zeitgesch. (1973); E. NOLTE, Dtld. u. der Kalte Krieg (1974); W. CORNIDES, Die Westmächte u. Dtld., Gesch. der jüngsten Vergangenheit 1945–1955 (²1961); M. REXIN/G. MOLTMANN/H. LILGE, Dtld. 1945–1963 (1967); H. DOLLINGER (Hg.), Dtld. unter den Besatzungsmächten 1945–1949. Seine Gesch. in Texten, Bildern u. Dokumenten (1967); K. D. BRACHER (Hg.), Nach 25 Jahren. Eine Dtld.-Bilanz (²1970); A. GROSSER, Gesch. Dtlds. seit 1945: Eine Bilanz (Tb. 1974); T. PRITTIE, Germany Divided (Boston 1960); aus der Sicht der DDR: R. BADSTÜBNER/S. THOMAS, Die Spaltung Dtlds. 1945–1949 (Berlin-Ost 1966). – Lit. zur Besatzungspolitik s. Kap. 15; zur Entstehung der Bundesrepublik s. Kap. 21 u. der DDR s. Kap. 14; zu Verfassungsfragen in den Ländern, in der Bundesrepublik u. in der DDR seit 1945 s. Kap. 16, 21, 22, dazu vergleichende Studie von G. BRUNNER, Kontrolle in Dtld. Eine Untersuchung zur Verfassungsordnung in beiden Teilen Dtlds. (1972); K. SONTHEIMER, Grundzüge des polit. Systems der Bundesrep. Dtld. (1971). Zu den Anfängen der dt. Außenpolitik s. Kap. 21, Anm. 22–29, zu Berlin s. Kap. 20.
  2. *Österreich:* s. Kap. 5 u. 23.

3. *Außenpolitik der Westmächte u. der Sowjetunion:* s. Kap. 1, 3, 6 u. 20, Anm. 1 u. 2. Zum Marshallplan vgl. Kap. 19.

Meinungsumfragen: Elisabeth NOELLE/E. P. NEUMANN (Hg.), Jb. der öff. Meinung 1947 bis 1955 (1956); Anna and R. L. MERITT (Hg.), Public Opinion in Occupied Germany. The OMGUS Surveys, 1945–1949 (Chicago u. London 1970).

Bevölkerungsverluste, Vertriebenenprobleme: s. Kap. 9 u. 11, Anm. 27f., u. Bd. 21, Allgem. Bibl. z. 2. Weltkrieg.

Wirtschafts- u. Sozialpolitik: s. Kap. 12 u. 13.

Demontagen, Reparationen: Kap. 12.

Parteien u. Verbände: O. K. FLECHTHEIM (Hg.), Dok. zur parteipolit. Entwicklung in Dtld. seit 1945 (9 Bde. 1962–1971); D. FRICKE (Hg.), Die bürgerl. Parteien in Dtld. (2 Bde. Berlin-Ost 1968/70); H.-G. SCHUMANN, Die polit. Parteien in Dtld. nach 1945. Ein bibliographisch-systemat. Versuch (1967); H. KAACK, Gesch. u. Struktur des dt. Parteiensystems (1971); M. G. LANGE u. a., Parteien in der Bundesrepublik. Studien zur Entwicklung der dt. Parteien bis zur Bundestagswahl 1953 (1955); G. OLZOG, Die polit. Parteien (1964); weitere Lit. s. Kap. 10, 11, 14.

Kirchen: s. Kap. 17.

Schulpolitik: s. Kap. 18.

Presse u. Funk: s. Kap. 9, Anm. 14; ferner Helge PROSS, Dt. Presse seit 1945 (1965): H.-D. FISCHER, Parteien u. Presse in Dtld. seit 1945 (1971); W. JACOBMEYER, Polit. Kommentar u. Rundfunkpolitik. Zur Gesch. des Nordwestdt. Rundfunks 1945 bis 1951, VfZG 21 (1973).

Kapitel 1
Alliierte Kriegszielplanungen bis zur Kapitulation
Deutschlands

Der Angriff Deutschlands auf die Sowjetunion und die Kriegserklärung an die Vereinigten Staaten hatte diese beiden Mächte mit England vereint in dem Ziel, Deutschland niederzuwerfen. Die Mächte waren sich darüber hinaus einig, daß einem besiegten Deutschland Friedensbedingungen auferlegt werden sollten, die in politischer und wirtschaftlicher Hinsicht die Garantie dafür boten, daß es sich nicht abermals als Militärmacht würde erheben können. So sahen sich die Westmächte und die Sowjetunion über die unmittelbaren Kriegserfordernisse hinweg vor die Aufgabe gestellt, die Grundlinien einer gemeinsamen Politik im Hinblick auf die Probleme der Nachkriegszeit festzulegen. In dem Maße, wie die militärische Kraft Deutschlands verbraucht wurde und der Zusammenbruch heranrückte, wurde das weltgeschichtliche Thema des Krieges und der Niederwerfung Deutschlands überlagert und abgelöst von dem anderen seither die Geschicke der Welt und Deutschlands vorwiegend bestimmenden Thema, das sich im Kriege in der Frage ankündigte, ob und wie es möglich sei, zwischen der Sowjetmacht und der westlichen Welt eine gemeinsame Politik zu entwickeln. Die erste Phase dieser universalhistorischen Thematik reicht von der Außenministerkonferenz in Moskau vom Oktober 1943, auf der beschlossen wurde, »die gegenwärtige enge Zusammenarbeit in der Kriegführung in der Zeit nach Beendigung der Feindseligkeiten fortzusetzen«, bis zur gemeinsamen Übernahme der Regierungsgewalt in Deutschland im Juni 1945. Die zweite Phase führte von der Potsdamer Konferenz im Juli/August 1945 bis zur Londoner Konferenz des Rates der Außenminister im November/Dezember 1947[1]. Hier wurde der im Kriege begonnene Versuch, für die Aufgaben des Friedens einen gemeinsamen Weg zwischen der Sowjetunion und der westlichen Welt zu finden, als gescheitert aufgegeben. Das Ergebnis dieser Epoche war mit dem Ende des Reiches die Spaltung Deutschlands und die Spaltung der Welt in den Jahren 1948–1950.

Die allgemeine Formulierung der alliierten Kriegsziele war schon am 14. August 1941 durch Roosevelt und Churchill in der Atlantik-Charta gegeben worden[2]. Sie stellte eine Politik in Aussicht, die dem Ziel dienen sollte, »daß alle Menschen in allen Ländern der Welt ihr Leben frei von Furcht und Mangel leben könnten«. Für ihre Länder verzichteten Roosevelt und Churchill auf territorialen Erwerb und bekannten sich zu dem Grundsatz der Selbstbestimmung in dem doppelten Sinne, daß keine territorialen Änderungen erfolgen sollten, die nicht mit den frei zum Ausdruck gebrachten Wünschen der Betroffenen übereinstimmten, und daß alle Völker das Recht haben sollten, ihre Regierungsform selbst zu wählen[3]. Schwierigkeiten bereitete die Formulierung eines gemeinsamen wirtschaftlichen Kriegsziels. Auf der amerikanischen Seite setzte sich besonders Staatssekretär Hull in Wiederaufnahme der Ideen Woodrow Wilsons und im Gegensatz zur amerikanischen Schutzzollpolitik der Zwischenkriegszeit dafür ein, nach dem Kriege im höchstmöglichen Maße internationale Handelsschranken abzubauen. Im Zusammenbruch der Weltwirtschaft nach der großen Krise sah er die entscheidende Ursache für den Zweiten Weltkrieg. Eine Liberalisierung des Welthandels schien ihm sowohl der Sicherung des künftigen Weltfriedens als auch dem Interesse der USA zu dienen, die aus dem Kriege mit Sicherheit als die stärkste Wirtschaftsmacht hervorgehen würden. Dem stand das britische Reich mit seinem inneren System von Zoll- und Handelspräferenzen gegenüber. Der führende britische Finanzsachverständige John Maynard Keynes vertrat die Ansicht, daß England nach dem Kriege infolge der zu erwartenden Einbuße an finanziellen Ressourcen wahrscheinlich eine strengere Kontrolle über Handel und Geldverkehr werde ausüben müssen als zuvor, und Churchill erklärte, daß er nicht mit einem Federstrich die auf der britischen Reichskonferenz von Ottawa 1932 getroffenen Vereinbarungen auslöschen könne. Das Ergebnis dieser Gegensätze war der Kompromiß im Art. 4 der Atlantik-Charta, der jede Deutung offen ließ: er enthielt die Formel vom Recht des Zugangs zum Handel und zu den Rohstoffen der Welt für alle »unter gleichen Bedingungen«, jedoch unter Vorbehalt »bestehender Verpflichtungen«. War schon die britisch-amerikanische Allianz somit von Anfang an nicht frei von Schwierigkeiten, so mußte sich das amerikanische Kriegsziel des offenen Handels später vor allem an der Realität der Plan- und Verwaltungswirtschaft der Sowjetunion und ihres durch den Krieg erweiterten Machtbereichs stoßen[4].

In Erklärungen vom 24. September 1941 und 1. Januar 1942 akzeptierten alle Staaten, die gegen die Achsenmächte und Japan im Kriege standen, die Grundsätze der Atlantik-Charta, auch die Sowjetregierung, allerdings mit dem Zusatz, »daß die praktische Anwendung dieser Prinzipien notwendigerweise an die Umstände, Bedürfnisse und historischen Eigenarten der bestimmten Länder angepaßt« werden müsse[5]. Sie wurde die Grundlage für den späteren Zusammenschluß der Vereinten Nationen. Für Deutschland jedoch sollte die Forderung nach bedingungsloser Kapitulation, in Casablanca[6] im Januar 1943 von Roosevelt und Churchill proklamiert und von den Außenministern in Moskau im Oktober 1943 wiederholt, die Möglichkeit ausschließen, sich auf die Atlantik-Charta in ähnlicher Weise berufen zu können wie nach dem Ersten Weltkrieg auf die 14 Punkte Wilsons. Zum politischen Problem zwischen den Alliierten selber mußten diese Grundsätze in dem Augenblick werden, in dem sich die Frage nach dem künftigen Schicksal des Baltikums, Südosteuropas und besonders Polens stellte. War doch gerade Polen für England zum Anlaß geworden, sich der deutschen Expansion entgegenzustellen. Für Polens Freiheit und Unversehrtheit hatte sich England 1939 engagiert. Hier stießen sich die britischen und die sowjetischen Interessen. Denn das primäre Kriegsziel Stalins war die Herrschaft über Ostmitteleuropa. Unmittelbar nach der militärischen Wende vor Moskau forderte er daher in den Moskauer Unterredungen mit dem britischen Außenminister Eden (16.–20. Dezember 1941) die Anerkennung der durch den Vertrag mit Hitler erworbenen sowjetischen Grenzen[7].

Als sich nach den vorbereitenden Verhandlungen der Außenminister in Moskau im Oktober 1943 die »Großen Drei« zum ersten Male in der Konferenz von Teheran trafen (28. November–1. Dezember 1943)[8], stand die Rote Armee im Begriff, in den östlichen Teil Polens einzurücken, den Stalin 1939 durch seinen Pakt mit Hitler gewonnen hatte. Zugleich wurde der Anspruch der Sowjetunion, die vorherrschende Macht in Südosteuropa zu werden, durch den Protest Stalins gegen Churchills Plan einer alliierten Invasion auf dem Balkan angemeldet[9]. Nun war sich Churchill ebenso wie Roosevelt der Tatsache bewußt, daß die Sowjetunion aus dem Kriege als die politische Vormacht Osteuropas hervorgehen werde. Wie aber sollten die territorialen und politischen Verhältnisse der von der nationalsozialistischen Herrschaft befreiten Völker in diesem Raum geregelt werden? Bei dem politischen Ringen um diese Frage hat das Schicksal Polens im Vordergrund gestanden. Das deutsche Problem war mit dem polnischen verschränkt. Es ging hierbei um die Ostgrenze, die Westgrenze und die Regierungsform Polens. Stalin hatte schon im Sommer 1941 den Anspruch der Sowjetunion auf die von Weißrussen und Ukrainern bewohnten ostpolnischen Gebiete geltend gemacht. Er verlangte als Grenze die Curzon-Linie, die im wesentlichen der polnischen Teilungslinie des Hitler-Stalin-Paktes entsprach[10]. Polen sollte dafür auf Kosten Deutschlands durch großen Gebietserwerb im Westen entschädigt werden. Die exilpolnische Regierung selber hielt an der Grenze des Rigaer Friedens von 1921 fest. Aber auch sie verlangte Gebietserwerb im Westen, und zwar Ostpreußen, Danzig, Oberschlesien und einen Teil Pommerns. Der exilpolnische Regierungschef General Sikorski sprach in einem im Dezember 1942 an die Regierung der USA gerichteten Memorandum von der Oder und der Lausitzer Neiße als der militärischen Sicherungslinie für Polen, und die polnische Exilpresse verlangte als Grenze des alten Piastenreiches die Oder von der Quelle bis zur Mündung[11]. Einen solchen Erwerb ostdeutscher Gebiete wollten die Exilpolen aber nicht verstanden wissen als Kompensation für Ostpolen, auf dessen Rückgabe sie bestanden. Zögernd und der tatsächlichen Macht der Sowjetunion Rechnung tragend, ging jedoch Churchill auf eine Westverschiebung Polens ein und illustrierte auf der Konferenz in Teheran den Vorgang in dem bekannten Spiel mit den drei Streichhölzern. Er entwarf die »Formel von Teheran«, in der es hieß: »Man ist der Meinung, daß sich das Territorium des polnischen Staates und des polnischen Volkes im Prinzip ungefähr zwischen der sogenannten Curzon-Linie und der Oder erstrecken soll, und zwar unter Einschluß Ostpreußens (nach der vorliegenden Definition) und Oppelns; die eigentliche Grenzziehung erfordert jedoch weiteres eingehendes Studium und möglicherweise an einigen Punkten Bevölkerungsumsiedlungen.«[12] Königsberg sollte an die Sowjetunion fallen. Als diese Grundentscheidung über die Zukunft Polens gefällt wurde, bestanden keine diplomatischen Beziehungen zwischen der polnischen Exilregierung und Moskau. Zwischen ihnen lagen die Gräber von Katyn. Als dann im Sommer 1944 die sowjetrussischen Armeen Polen überrannten, setzte Stalin Ende Juli 1944 mit dem »Polnischen Komitee der Nationalen Befreiung« in Lublin eine kommunistische Regierung für Polen ein, die die Curzon-Linie im Osten akzeptierte und als Westgrenze die Oder-Neiße-Linie forderte. Churchill bedrängte die Exilregierung, dem territorialen Kompensationsgeschäft zuzustimmen, weil er darin die einzige Möglichkeit sah, die Exilpolen an der neuen Regierung zu beteiligen und vielleicht zu verhindern, daß das Land dem Kommunismus anheimfiel. Stärker noch wurden die Beziehungen zwischen den Alliierten durch die Tatsache belastet, daß Stalin den Warschauer Aufstand verbluten ließ (vgl. Bd. 21, Kap. 8) und sich lange Zeit weigerte, den westlichen Verbündeten Landeplätze zur Unterstützung der Aufständischen zur Verfügung zu stellen.

Stalin, Roosevelt und Churchill trafen sich angesichts des bevorstehenden Zusammenbruchs Deutschlands zum zweiten Male vom 4.–11. Februar 1945 in Jalta[13]. Jetzt stand in der polnischen Frage das Problem der Regierungsform im Vordergrund. Der ganze Balkanraum und die baltischen Länder waren neben Polen bereits in der Hand der Sowjets. Eine Ausnahme bildete Griechenland. Hier waren nach Abzug der deutschen Besatzung Briten gelandet. Sie verhinderten, daß das vom Bürgerkrieg zerrissene Land kommunistisch wurde. Roosevelt und Churchill versuchten in Jalta, für die von den Sowjets beherrschten Gebiete die Forderung nach demokratischen Regierungsformen zur Geltung zu bringen. Das Ergebnis war eine »Erklärung über das befreite Europa«, in der die Grundsätze der Atlantik-Charta, »das Recht aller Völker, die Regierungsform zu wählen, unter der sie leben wollen«, erneut bestätigt wurden. Die drei Regierungen sollten den befreiten Völkern helfen, »vorläufige Regierungsstellen zu bilden, in denen alle demokratischen Elemente innerhalb der Bevölkerung weitgehend vertreten sind und die verpflichtet sind, so bald wie möglich durch freie Wahlen Regierungen zu schaffen, die dem Willen des Volkes entsprechen«. Im Falle Polens, um das besonders gerungen wurde, hatte Stalin jedoch kurz vor der Eröffnung der Konferenz bereits vollendete Tatsachen geschaffen, als er im Dezember 1944 das Lubliner Komitee nach Warschau verlegte und es am 1. Januar 1945 offiziell als Provisorische Regierung Polens anerkannte. In Jalta erreichten Churchill und Roosevelt, daß diese durch Hereinnahme von Vertretern der Exilpolen zu einer »provisorischen polnischen Regierung der nationalen Einigung« erweitert werden sollte. Ihr wurde die Verpflichtung auferlegt, alsbald freie Wahlen durchzuführen. Die westlichen Mächte erkannten nunmehr die Curzon-Linie als die Ostgrenze Polens an; bei der Westgrenze jedoch traten Churchill und Roosevelt für die Oder-Linie ein gegen die sowjetische Forderung nach Oder und Neiße. Die endgültige Absteckung der polnischen Westgrenze blieb unentschieden und wurde der Friedenskonferenz vorbehalten. Inzwischen kündete die Warschauer Regierung an, daß sie die Verwaltung der Gebiete bis zur Oder und Neiße übernehmen werde. Im März wurden die fünf neuen Woiwodschaften Masuren, Oberschlesien, Niederschlesien, Pommern und Danzig geschaffen. Aus diesem ganzen von Polen beanspruchten Raum ergoß sich ein Strom von Vertriebenen nach dem Westen. Daß die Austreibung der Deutschen die Konsequenz der Verschiebung Polens sein mußte, war auch die Meinung der westlichen Staatsmänner. Churchill, auch er einer der »terribles simplificateurs«, sprach am 15. Dezember 1944 im Unterhaus von der Notwendigkeit, »reinen Tisch« zu machen[14]. Die Drachensaat, die in fünf Jahren nationalsozialistischer Herrschaft in Osteuropa ausgestreut worden war, ging auf. 12 Millionen Ostdeutsche verloren ihre Heimat (vgl. Kap. 9).

Die Alliierten stimmten von vornherein in der Ansicht überein, daß Deutschland Reparationen zu leisten hätte; nach der Kapitulation sollte es für eine gewisse Zeit von englischen, amerikanischen und russischen Truppen besetzt und durch eine Kontrollinstanz der Alliierten verwaltet werden. Auch darin war man sich einig, daß der Krieg zur Entwaffnung Deutschlands und zur Beseitigung des Nationalsozialismus führen müsse. Schwieriger war die Frage nach der wirtschaftlichen Zukunft. Man mußte hier einen Weg suchen zwischen der Absicht, die deutsche Industriewirtschaft zur Verhinderung einer Wiederaufrüstung so schwer wie möglich zu treffen, und der Notwendigkeit, dem deutschen Volk Arbeits- und Lebensmöglichkeiten zu lassen. Hinsichtlich der politischen Zukunft Deutschlands stellte sich die Frage, ob es als politische Einheit erhalten bleiben sollte oder nicht. Auf den internationalen Kriegskonferenzen war die Zerstückelung Deutschlands ein wiederholt behandeltes Thema. Zu einem förmlichen Beschluß hierüber ist es indes nie gekommen. Der Gedanke wurde zuerst von Stalin in die Kriegszieldiskussionen der Alliierten eingebracht. Dem britischen Außenminister Eden schlug er am 16. Dezember 1941 in Moskau vor, daß Österreich, das Rheinland und eventuell Bayern selbständig werden und Ostpreußen an Polen fallen solle[15]. Das hinderte ihn nicht, am 23. Februar 1942 in einem Tagesbefehl an die Rote Armee zu erklären: »...die Hitler kommen und gehen, aber das deutsche Volk, der deutsche Staat bleibt.«[16]

Stalin betrieb bis Kriegsende Deutschland gegenüber eine mehrdeutige Politik. Einerseits befürwortete er wiederholt die Aufteilung Deutschlands, andererseits betonte er ebenso häufig, daß die Sowjetunion nur den Nationalsozialismus bekämpfe, nicht aber das deutsche Volk. Er wollte sich auf diese Weise die Möglichkeit eines Separatfriedens mit Hitler und vor allem eines Bündnisses mit der innerdeutschen Opposition gegen die NSDAP offenhalten[17]. Auf der Konferenz von Teheran trat besonders Roosevelt für die Aufteilung Deutschlands ein. Er dachte – außer an die Verselbständigung Österreichs und die Abtrennung Ostpreußens – an die Bildung von fünf deutschen Staaten und zwei von den Vereinten Nationen zu kontrollierende Gebiete (Ruhr und Saar sowie Hamburg und Nord-Ostsee-Kanal). Churchill war für eine Zweiteilung, ohne sich festzulegen. Ihm schwebte die Isolierung Preußens und die Zusammenfassung der süddeutschen Staaten möglichst mit Österreich zu einem Donaubund vor, eine Erneuerung also der Mainlinie und des preußisch-österreichischen Dualismus auf reduzierter Basis. »Wir alle fürchteten«, so schrieb er später, »die Macht eines geeinten Deutschlands. Preußen hatte seine eigene große Vergangenheit. Ich hielt es für möglich, einen harten und dennoch ehrenvollen Frieden mit diesem Staat zu schließen und gleichzeitig eine modernisierte Auflage des alten Österreich-Ungarn zu schaffen, von dem man sehr zutreffend gesagt hat: ›Wenn es nicht existierte, müßte man es erfinden.‹«[18] Die Vorstellung Churchills lief im Grunde auf die Wiederherstellung eines ausgewogenen Staatensystems als Mittel zur Konsolidierung Europas hinaus. Dabei sollten Frankreich und Polen auf Kosten Deutschlands verstärkt werden. Stalin neigte gegen Churchill dem Vorschlag Roosevelts zu; die Bildung eines starken deutschen Donaustaats konnte den sowjetischen Absichten in Südosteuropa nicht gelegen sein. Die Frage wurde in Teheran zur weiteren Bearbeitung einer kurz zuvor durch die Moskauer Außenministerkonferenz eingesetzten »Europäischen Beratenden Kommission« überwiesen, die mit der Ausarbeitung der Waffenstillstandsbedingungen sowie der Vorberatung über die Besetzung und Verwaltung Deutschlands durch die Alliierten beauftragt wurde[19]. Die Grenzen der Besatzungszonen der drei Mächte, die Einrichtung eines Alliierten Kontrollrates ebenso wie die gemeinsame Besatzung und Verwaltung von Berlin wurden in den Abkommen vom 12. September und 14. November 1944 festgelegt[20], kurz bevor Frankreich in diese Kommission aufgenommen wurde. Für Frankreich wurde erst nach der Kapitulation Deutschlands aus dem amerikanischen und britischen Besatzungsgebiet eine eigene Zone herausgeschnitten.

Zwischen den Konferenzen von Teheran und Jalta entbrannte in den Vereinigten Staaten ein lebhafter Streit um die Frage nach der politischen und wirtschaftlichen Zukunft Deutschlands[21]. In einem vom Präsidenten eingesetzten Beratungsausschuß für Nachkriegsprobleme sowie im Außenministerium (Hull) und im Kriegsministerium (Stimson) wurden Pläne ausgearbeitet, die in schroffem Gegensatz zu den Anschauungen des früheren Unterstaatssekretärs Sumner Welles[22] und des Finanzministers Henry Morgenthau standen. Die eine Gruppe war der Meinung, daß man den Wiederaufbau Europas gefährde, wenn man die deutsche Wirtschaft auseinanderreiße und niederhalte, während Morgenthau die Industrie bis auf die Wurzel zerstören und Deutschland in ein Agrarland zurückverwandeln wollte. Mit Welles traf sich Morgenthau in der Überzeugung, daß auch die politische Einheit Deutschlands zerschlagen werden müsse. Ein von ihm ausgearbeitetes Memorandum wurde im September 1944 Roosevelt und Churchill, die damals in Quebec über militärische Fragen konferierten, vorgelegt und von ihnen gebilligt und signiert[23]. Beide distanzierten sich wenig später von den wirtschaftlichen Vorstellungen dieses Plans.

Über die Zerstückelung Deutschlands wurde erneut in der Jalta-Konferenz diskutiert. Hier bestand Stalin darauf, daß in die von der Europäischen Beratenden Kommission vorbereitete Kapitulationsurkunde, die die Übernahme der obersten Gewalt in Deutschland durch die Alliierten sowie die Entwaffnung und Entmilitarisierung Deutschlands festsetzte, auch eine Aussage über die Absicht zur Aufteilung hineingenommen werden sollte. Während Roosevelt Stalin im Prinzip zustimmte, wollte Churchill eine Festlegung der Alliierten auf die Zerstückelung vermeiden und gab nur widerwillig der Forderung Stalins nach. Die schließlich von allen gebilligte Erklärung über diese Frage trug einen dilatorischen Charakter: die Alliierten wollten sich hinsichtlich der Aufteilung solche Maßnahmen vorbehalten, die sie »für den künftigen Frieden und die Sicherheit für notwendig« hielten. Es wurden auch keine konkreten Vorschläge gemacht, wie eine eventuelle Aufteilung aussehen sollte[24]. Die Jalta-Formel über die Zerteilung Deutschlands ist das Ergebnis eines Kompromisses. Der sowjetische Außenminister Molotow hatte eine apodiktische Formulierung vorgeschlagen: »In order to secure peace and security in Europe they will take measures for the dismemberment of Germany.« Im Gegensatz hierzu wollte der britische Außenminister Eden das Wort »dismemberment« überhaupt vermieden wissen und statt dessen von »measures for the dissolution of the German unitary state« reden, eine Formel, die im Sinne einer Föderalisierung verstanden werden konnte. Eden konnte jedoch die Aufnahme des Wortes »dismemberment« nicht verhindern, wohl aber gelang es ihm, der Aussage über die Zerteilung ihre einschränkende Formulierung zu geben[25]. Der Grund für diese veränderte Haltung der Briten ist in der Entwicklung der Verhältnisse in Osteuropa zu erblicken. Es war deutlich geworden, daß im sowjetischen Herrschaftsbereich nicht mit der Bildung freier demokratischer Staaten gerechnet werden konnte. Die Konzeption eines erneuerten mitteleuropäischen Staatensystems einschließlich eines in Österreich und Preußen dualistisch aufgeteilten Deutschland ließ sich nicht verwirklichen. Churchill erklärte zwischen Jalta und der Kapitulation: »Solange meine Zweifel über Rußlands Intentionen nicht zerstreut sind, geht mir der Gedanke an die Aufteilung Deutschlands arg wider den Strich.«[26] Die weitere Bearbeitung des Problems wurde einem neu gebildeten »Ausschuß für die deutsche Teilungsfrage« überwiesen.

Vorerst schien es sowieso im Interesse der Reparationen notwendig, Deutschland als eine wirtschaftliche Einheit zu betrachten. Über die Form der Reparationen wurde man sich in Jalta einig. Hier wurde u. a. das Prinzip der Demontage vereinbart und auch die Verwendung von deutschen Arbeitskräften als Reparationsleistung vorgesehen. Die Höhe der Reparationen blieb offen. Die russische und die britische Anschauung standen sich schroff gegenüber. Während die Briten im Lichte der Erfahrungen aus der Zeit nach dem Ersten Weltkriege vor Festsetzung der Reparationssumme ein Bild der wirtschaftlichen Leistungsfähigkeit Deutschlands gewinnen wollten, bestanden die Russen auf der Gesamtsumme von 20 Milliarden Dollar und hiervon 50% für die Sowjetunion als Ausgangsbasis für die Diskussion. Roosevelt stellte sich in dieser Frage auf die Seite Stalins. Zu entscheiden war in Jalta auch, wie das Herrschaftsinstrument beschaffen sein sollte, mit dessen Hilfe die Sieger die oberste Regierungsgewalt in Deutschland auszuüben gedachten. Hier setzte es Churchill gegen den zunächst widerstrebenden Stalin durch, daß an der künftigen Besatzung und am Kontrollrat für Deutschland auch Frankreich beteiligt werden sollte. Der Grund hierfür war die Ankündigung Roosevelts, daß die Vereinigten Staaten ihre Truppen nicht länger als zwei Jahre über den Krieg hinaus in Europa zu belassen gedächten. In den »Ausschuß für die deutsche Teilungsfrage« wurde Frankreich jedoch nicht aufgenommen.

Insgesamt war die Konferenz von Jalta ein großer Erfolg für Stalin. Osteuropa wurde dem Bolschewismus ausgeliefert. Von vielleicht noch größerem Gewicht waren die Zugeständnisse, die Roosevelt und dann auch Churchill an die Sowjetunion in Ostasien für den Eintritt in den Krieg gegen Japan machten (Äußere Mongolei, Dairen, Port Arthur, Mandschurische Bahn, Kurilen, Südsachalin). Stalin verpflichtete sich in Jalta, daß die Sowjetunion innerhalb von zwei oder drei Monaten nach der Kapitulation Deutschlands und der Beendigung des Krieges in

Europa in den Krieg gegen Japan eintreten werde. Damit eröffnete sich für die USA die Aussicht auf eine schnellere Beendigung des Krieges im Pazifik. War doch Ende 1944 noch nicht abzusehen, wie lange er noch dauern und welche Opfer er den Amerikanern noch abverlangen würde. Die Entwicklung der Atombombe stand damals vor dem Abschluß, aber sie war noch nicht erprobt[27].

Die Zugeständnisse an die Sowjetunion wurden dadurch erleichtert, daß Stalin in einer anderen Frage Entgegenkommen zeigte, die besonders Roosevelt am Herzen lag. Ähnlich wie Wilson in Versailles für den Völkerbund eingetreten war, so sah Roosevelt in Jalta in der Schaffung der Organisation der Vereinten Nationen das entscheidende Element für die zukünftige Friedensordnung. Die Grundlinien der Satzung waren bereits auf einer Konferenz in Dumbarton Oaks im August/September 1944 entworfen worden. Noch stärker als im Völkerbund sollte jetzt die Aufgabe der Friedenswahrung den großen Nationen zufallen, an ihrer Spitze den drei alliierten Großmächten. Roosevelt, Churchill und Stalin waren gleichermaßen der Überzeugung, daß diesen bei allen Entscheidungen im künftigen Weltsicherheitsrat ein absolutes Vetorecht zustehen müsse. Umstritten blieb, ob und wie dieses bei Fragen, die eine der Großmächte selbst unmittelbar betrafen, eingeschränkt werden sollte. Während Churchill und Roosevelt eine gewisse Beschränkung für unumgänglich hielten, lehnte Stalin jede Beeinträchtigung des Vetorechts ab, da er die Möglichkeit ausschließen wollte, daß die neue Organisation ähnlich wie früher der Völkerbund zu einem gegen die Sowjetunion gerichteten Instrument werden könnte. Zudem hatte die Sowjetregierung in Dumbarton Oaks gefordert, daß die Teilstaaten der Sowjetunion ähnlich wie die Dominien des Commonwealth als Mitglieder in die Vereinten Nationen aufgenommen werden sollten. In beiden Punkten kam Stalin in Jalta Roosevelt entgegen. Er begnügte sich mit Sitzen für Weißrußland und die Ukraine und akzeptierte für den Weltsicherheitsrat einen von Roosevelt vorgeschlagenen Abstimmungsmodus, nach dem die Mächte sich bei Streitfällen, in die sie selbst direkt verwickelt sein würden, der Stimme zu enthalten hätten, solange friedliche Mittel zur Konfliktlösung diskutiert wurden[28].

Daß für Stalin die Jalta-Konferenz so ertragreich war, ist aber nicht eigentlich aus diesem diplomatischen Nimm und Gib zu erklären. In Osteuropa hatte die Kriegsentwicklung der Sowjetunion eine militärisch vorherrschende Stellung verschafft, die durch keine Konferenzbeschlüsse rückgängig gemacht werden konnte. Die Zugeständnisse Roosevelts an die Sowjetunion müssen im Zusammenhang mit seinen beiden Hauptanliegen in Jalta, dem russischen Kriegseintritt gegen Japan und einer Einigung über die Vereinten Nationen, gesehen werden. Hinsichtlich Ostasiens waren sie durch einen besonderen politischen Umstand mitbedingt. Roosevelt hielt die Existenz kolonialer Herrschaft im pazifisch-südostasiatischen Raum für nicht vereinbar mit den politischen und wirtschaftlichen Grundsätzen der Atlantik-Charta. Daher wollte er vermeiden, daß die Opfer, die der Krieg den Vereinigten Staaten auferlegte, europäischen Kolonialinteressen zugute kämen. Mit den Worten Chester Wilmots: »Gewiß wurde Roosevelt bei seinem Bestreben, die Hilfe Stalins zu erkaufen, hauptsächlich von seinem Wunsch geleitet, Menschenleben zu sparen. Im Licht der vielen Zeugnisse über seine Beweggründe jedoch muß um der historischen Wahrheit willen hinzugefügt werden, daß ihn auch die Hoffnung bestimmte, das Eingreifen Rußlands werde es den Vereinigten Staaten ermöglichen, den entscheidenden Schlag gegen Japan zu führen und es zur Übergabe zu zwingen, bevor die Briten, die Franzosen oder die Holländer von ihren Kolonien wieder Besitz ergreifen könnten. Dann waren die Vereinigten Staaten in der Lage, zu verlangen, daß die von den Japanern befreiten Inseln nun auch von ihren früheren Herren befreit würden.«[29]

Neben diesen Weltproblemen erschien die deutsche Frage nach der Niederwerfung des Nationalsozialismus von relativ geringem Gewicht. Als Deutschland kapitulierte, wußten die Alliierten immer noch nicht, ob und wie sie es zerteilen wollten. Die Franzosen, deren Aufnahme in den Ausschuß für die deutsche Teilungsfrage Stalin verhinderte, fühlten sich bei der Behandlung dieses Problems übergangen. Unmittelbar nach der Konferenz von Jalta ließ Stalin den Teilungsgedanken wieder fallen und verweigerte seine Zustimmung zur Ausfertigung einer Kapitulationsurkunde, die entsprechend den Beschlüssen von Jalta einen Hinweis auf die Zerstückelung enthielt. Bei der Kapitulation wurde daher nicht die von der Europäischen Beratenden Kommission ausgearbeitete und in Jalta ergänzte Kapitulationsurkunde vorgelegt, sondern ein anderer Text, der im Hauptquartier Eisenhowers improvisiert worden war. Dessen militärischen Kapitulationsbedingungen wurde im letzten Augenblick auf Initiative des amerikanischen Botschafters in London, Winant, des Vertreters der USA in der Europäischen Beratenden Kommission und im Ausschuß für die deutsche Teilungsfrage, der politische Vorbehalt des § 4 hinzugefügt: »Diese Kapitulationserklärung stellt kein Präjudiz für an ihre Stelle tretende allgemeine Kapitulationsbestimmungen dar, die durch die Vereinten Nationen oder in deren Namen festgesetzt werden und Deutschland und die deutsche Wehrmacht als Ganzes betreffen.«[30] Von einer Aufteilung Deutschlands war in diesem Text nicht mehr die Rede. Am Tage nach der Kapitulation erklärte Stalin, daß es nicht die Absicht der Sowjetunion sei, »Deutschland zu zerstückeln oder zu vernichten«[31]. Hinter dieser nun eindeutigen Absage an den in Jalta vereinbarten Eventualgedanken der Aufteilung wird man eine doppelte Überlegung sehen müssen. Wenn die Reparationen für Sowjetrußland ergiebig sein sollten, so war Deutschland, dessen industrieller Schwerpunkt im Westen lag, als wirtschaftliche Einheit zu behandeln. Und wenn man Deutschland als politische Einheit behandelte, so boten sich im Anschluß an die in Jalta gewonnene osteuropäische Machtstellung Chancen für die Einflußnahme auf die innere Entwicklung Gesamtdeutschlands. Diese Chance war um so größer, als die drei Westmächte damals noch nicht über ein aufeinander abgestimmtes Konzept der in ihren Besatzungszonen beabsichtigten Politik verfügten. Wie von England, so wurde auch von den Vereinigten Staaten der Gedanke an eine Teilung Deutschlands nicht weiter verfolgt. Truman stellte sich eindeutig auf den Standpunkt derjenigen seiner Ratgeber, die unter wirtschaftlichen Gesichtspunkten die Notwendigkeit in den Vordergrund rückten, Deutschland als Einheit zu behandeln.

Am konsequentesten hat Frankreich, das an den Kriegskonferenzen der Großen Drei nicht beteiligt war, das Ziel verfolgt, unter keinen Umständen eine zentrale staatliche Gewalt in Deutschland wieder erstehen zu lassen[32]. De Gaulle, der für seine nach der Invasion gebildete provisorische Regierung erst im Oktober 1944 die Anerkennung der Alliierten gefunden hatte, sah in einer konsequenten Wiederaufnahme von Traditionen früherer französischer Deutschlandpolitik den Weg, Frankreich zu einer Großmachtstellung zurückzuführen, die ihm von der Sowjetunion nicht weniger als von den Vereinigten Staaten zunächst verweigert wurde trotz eines am 10. Dezember 1944 in Moskau abgeschlossenen sowjetisch-französischen Bündnisvertrages. De Gaulle forderte die Abtrennung des linken Rheinufers von Deutschland, den Rhein bis nördlich Köln als permanente französische Militär-, ursprünglich sogar Staatsgrenze, die Internationalisierung der Ruhr, die Angliederung des Saargebietes an Frankreich, eine französische Besatzungszone beiderseits des Rheins mit Hessen-Nassau, Kurhessen, Hessen-Darmstadt und Baden. Zudem erklärte er schon im Dezember 1944 sein Einverständnis mit der Oder-Neiße-Linie als deutscher Ostgrenze. Das übrige Deutschland sollte in mehrere Staaten aufgeteilt werden und allenfalls einen lockeren föderalen Zusammenhalt bilden. Frankreich hat das Mitspracherecht in deutschen Angelegenheiten, das ihm in Jalta durch Fürsprache Englands von der Sowjetunion und den Vereinigten Staaten gewährt wurde, in der Folgezeit benutzt, um jeden Versuch eines Wiederaufbaues zentraler deutscher Kompetenzen schon im Ansatz zu blockieren.

DW 397, 735-745.

Erinnerungen u. Aufzeichnungen von CHURCHILL, EDEN, TRUMAN, HULL, HOPKINS, STIMSON, STETTINIUS, MURPHY, LEAHY, de GAULLE, MAISKI, CIECHANOWSKI, MIKOLAJCZYK s. Bd. 21, Allgem. Bibl. z. 2. Weltkrieg; E. R. STETTINIUS, Roosevelt and the Russians. The Yalta-Conference (New York 1949); J. R. DEANE, The strange alliance (New York 1947, dt. Wien o. J.); D. ACHESON, Present at the Creation. My Years in the State Department (New York 1969); A. W. HARRIMAN (amerik. Botschafter in Rußland), America and Russia in a changing world. A half century of personal observation (Garden City 1971); M. DJILAS, Gespräche mit Stalin (a. d. Amerik. 1962).

Dokumente: s. Allgem. Bibl. z. deutschen Geschichte; Foreign Relations of the United States, Diplomatic Papers: The Conferences at Washington, 1941–1942, and Casablanca, 1943 (1968); The Conferences at Washington and Quebec, 1943 (1970); The Conferences at Cairo and Teheran, 1943 (1961); The Conference at Quebec, 1944 (1972); The Conferences at Malta and Yalta 1945 (1956); The Conference of Berlin (The Potsdam Conference) 1945 (2 Bde. 1960); Foreign Relations 1945, Bd. 3: European Advisory Commission. Austria, Germany (1968); A. FISCHER (Hg.), Teheran, Jalta, Potsdam. Die sowj. Protokolle von den Kriegskonferenzen der »Großen Drei« (a. d. Russ. ²1973). Zu der russ. Edition krit. Beurteilung außer in der Einleitung von A. Fischer bei J. W. BRÜGEL, Teheran, Jalta u. Potsdam in sowj. Sicht, EA 21 (1966), S. 803 ff.; Briefwechsel Stalins, Churchills, Roosevelts s. Bd. 21, Allgem. Bibl. z. 2. Weltkrieg; Documents on Polish-Soviet Relations 1939–1945 (2 Bde. London 1961 u. 1967); Dokumentensammlungen: H. v. MANGOLDT, Kriegsdokumente über Bündnisgrundlagen, Kriegsziele u. Friedenspolitik der Vereinten Nationen (1946), engl. u. dt. Text der wichtigsten Dokumente; Louise W. HOLBORN (Hg.), War and peace aims of the United Nations, Bd. 2: From Casablanca to Tokio-Bay, Jan. 1, 1943 to Sept. 1, 1945 (Boston 1948). Handliche Zusammenstellung aus offiziellen Dokumenten, Memoiren, Reden u. a. bieten in Übersetzung G. RHODE/

1. Alliierte Kriegszielplanungen bis zur Kapitulation Deutschlands

W. Wagner (Hg.), Quellen zur Entstehung der Oder-Neiße-Linie ([2]1959); E. Deuerlein, Die Einheit Dtlds., Bd. 1: Die Erörterungen u. Entscheidungen der Kriegs- und Nachkriegskonferenzen 1941–49, Darstellung u. Dokumente ([2]1961).

Darstellungen: B. Meissner, Rußland, die Westmächte u. Dtld., Die sowj. Dtld.politik 1943–53 ([2]1954); A. Fischer, Sowj. Dtld.politik im Zw. Weltkrieg 1941 bis 1945 (1975); A. Hillgruber, Der 2. Weltkrieg 1939–1945; in D. Geyer (Hg.), Osteuropa-Handbuch. Sowjetunion. Außenpolitik 1917–1955 (1972), dort ausführl. Lit.angaben zur russ. Kriegszielpolitik; aus russ. Sicht: Gesch. der sowj. Außenpolitik, 1917 bis 1945 (Berlin-Ost 1969); V. L. Israeljan, The Anti-Hitler Coalition (a. d. Russ. Moskau 1971). – Polen: G. Rhode, Die polit. Entwicklung Polens im Zw. Weltkrieg; in: Osteuropa-Handbuch. Polen (1959); W. Wagner, Die Entstehung der Oder-Neiße-Linie in den diplomat. Verhandlungen während des Zw. Weltkriegs ([3]1968); Viktoria Vierheller, Polen u. die Dtld.-Frage 1939–1949 (1970). – G. Moltmann, Amerikas Dtld.politik im Zw. Weltkrieg, Kriegs- u. Friedensziele 1941–45 (1958); Ders., Die amerik.-sowj. Partnerschaft im Zw. Weltkrieg, GWU 15 (1964) u. 16 (1965); W. Vogel, Die Ursprünge der Teilung Dtlds. in der Kriegszielpolitik der Alliierten, GWU 18 (1967); W. Marienfeld, Konferenzen über Dtld., Die alliierte Dtld.planung u. -politik 1941–1949 (1962). Gewichtige amerik. Arbeiten über die interalliierte u. inneramerik. Auseinandersetzung zur Dtld.politik sind: Ph. E. Mosely, Die Friedenspläne der Alliierten u. die Aufteilung Dtlds., EA 5 (1950), zuerst For. Aff. 28 (1949/50) u. W. L. Dorn, Die Debatte über die amerik. Besatzungspolitik für Dtld. 1944–45, VfZG 6 (1958); H. Feis, Churchill – Roosevelt – Stalin. The War they waged and the Peace they sought (Princeton 1957); G. Kolko, The Politics of War. Allied Diplomacy and the World Crisis 1943–1945 (London 1969), entgegen den Erwartungen, die der Titel erweckt, beschränkt auf amerik. Archivmaterial, für die US-Politik in vielen Einzelheiten histor. ergiebig, in der Gesamtinterpretation von der polit. Ermessensthese geleitet, daß das kapitalistische Wirtschaftssystem erledigt sei u. sich demnach die Zielsetzung der US-Politik in Krieg u. Nachkriegszeit »gegen die Geschichte« gerichtet habe. L. G. Gardner, Architects of Illusion. Men and Ideas in American Foreign Policy, 1941–1949 (Chicago 1970); J. L. Gaddis, The United States and the Origins of the Cold War, 1941–1947 (New York 1972); B. Kuklick, American Policy and the Division of Germany. The Clash with Russia over Reparations (Ithaca u. London 1972). Zur Beurteilung der amerik. Politik vgl. auch Kap. 6, 19, 20 u. Bd. 21, Kap. 7. – Engl. Darstellungen: W. H. McNeill, America, Britain and Russia. Their Co-operation and Conflict 1941–1946 (London 1953); Sir L. Woodward, British Foreign Policy in the Second World War (London 1962); ders., British Foreign Policy in the Second World War, 5 Bde., davon erschienen Bd. 1–3 (London 1970 u. 1971); Sir J. Wheeler-Bennett/A. Nicholls, The Semblance of Peace, The political settlement after the Second World War (London 1972), befaßt sich im 1. Teil ausführl. mit den alliierten Kriegszielkonferenzen 1941–1945; T. Sharp, The Wartime Alliance and the Zonal Division of Germany (Oxford 1975).

[1] Vgl. Kap. 21.

[2] Text bei v. Mangoldt, Kriegsdok. Nr. 1, u. bei Deuerlein, S. 303f.; Renate Nagel-Kohler, Die Atlantik-Konferenz vom August 1941 (Diss. Zürich 1967); G. Zieger, Die Atlantik-Charter (1963).

[3] Durch die Atlantik-Charta wird die in der Forschung zum Programm Wilsons von 1918 gelegentlich vertre-

tene These entkräftet, daß Selbstbestimmung im angelsächsischen Sinne sich auf selfgovernment beschränke; vgl. Bd. 19, Kap. 4, Anm. 20.

[4] Zur Formulierung der wirtschaftl. Kriegsziele der Vereinigten Staaten vgl. G. Kolko, The Politics of War, Kap. 11.

[5] Zit. bei E. Nolte, Dtld. u. der Kalte Krieg (1974), S. 161.

[6] Vgl. Bd. 21, Kap. 12, Anm. 2.

[7] Churchill, Bd. 3, S. 627ff.; Eden, Bd. 2, S. 289ff.; Woodward, S. 190ff.

[8] Dokumente zur Konferenz von Teheran s.o.; Erinnerungen des russ. Dolmetschers V. M. Bereshkow, Mit Stalin in Teheran (a.d. Russ. 1968); G. Zieger, Die Teheran-Konferenz 1943 (1967).

[9] Vgl. Bd. 21, Kap. 12.

[10] Zum territorialen Schicksal Polens seit 1918 s. Großer Hist. Weltatlas, hg. v. Bayer. Schulbuchverlag, III. Teil (²1962), S. 191; G. Rhode, Die polit. Entwicklung Polens (s.o.).

[11] Zu den territorialen Forderungen poln. Gruppen vgl. Rhode/Wagner, Nr. 8–14; ferner Vierheller u. Wagner.

[12] Churchill, Bd. 5, Buch 2, S. 98.

[13] Dokumente zu Jalta s.o.; E. C. Kollmann, Die Jalta-Konferenz im Kreuzfeuer von Politik u. Geschichtsschreibung, GWU 8 (1957); A. Conte, Die Teilung der Welt. Jalta 1945 (a.d. Franz. 1965, Tb. 1967); W. Weidenfeld, Jalta u. die Teilung Dtlds. (1969); J. L. Snell u.a., The Meaning of Yalta (Baton Rouge 1956); Diane S. Clemens, Jalta (a.d. Amerik. 1972).

[14] Rhode/Wagner, Nr. 92.

[15] Bericht Edens hierüber in Churchill, Der Zw. Weltkrieg, Bd. 3, 2, S. 294.

[16] J. W. Stalin, Über den Großen Vaterländ. Krieg der Sowjetunion (Berlin-Ost 1951), S. 50. Den Grund dafür, daß Stalin unmittelbar nach seinem Moskauer Teilungsvorschlag den Fortbestand Dtlds. ins polit. Spiel

brachte, sieht A. Fischer, Sowj. Dtld.politik im Zw. Weltkrieg, in der Weigerung Großbritanniens, die infolge des Hitler-Stalin-Pakts in Osteuropa erfolgten sowj. Annexionen zu akzeptieren. Zu der Beunruhigung der westl. Mächte über einen möglichen Separatfrieden Stalins mit Hitler u. ihre wachsende Bereitschaft, den Forderungen Stalins nachzugeben, vgl. die Erinnerungen des poln. Botschafters in Washington Jan Ciechanowski (s. Bd. 21, Allgem. Bibl. z. 2. Weltkrieg).

[17] Zu Stalins Dtld.politik vgl. die oben zit. Arbeiten von A. Fischer u. A. Hillgruber.

[18] Churchill, Der Zw. Weltkrieg, Bd. 5, 2, S. 102.

[19] Hierzu Mosely u. Vogel (s.o.); vom Vertreter Englands in der Kommission, Lord Strang, Home and Abroad (1956); B. Meissner, Die Vereinbarungen der Europäischen Beratenden Kommission von 1944/45, in: Internat. Recht u. Diplomatie (1970); H.-G. Kowalski, Die »European Advisory Commission« als Instrument alliierter Dtld.planung 1943–1945, VfZG 19 (1971).

[20] Texte in The Conferences at Malta and Yalta (s.o.).

[21] Zum Folgenden vgl. Mosely, Dorn u. Vogel (s.o.); ferner die in Anm. 23 zit. Arbeiten von Gelber, Kubek u. Blum sowie die Memoiren von Hull, Stimson u. Murphy (s.o.).

[22] S. Welles, The Time for Decision (New York 1944).

[23] Text bei H. Morgenthau jr., Germany is Our Problem (New York 1945), u. in Morgenthau Diary (Germany), hg. vom Committee on the Judiciary, United States Senate (Washington 1967), mit einer einleitenden Analyse des Morgenthau-Plans von A. Kubek; dort auch Dok. über die amerik. Dtld.diskussion im Herbst 1944 u. die Konferenz von Quebec. – Vgl. ferner H. Morgenthau jr., Our Policy towards Germany, in: New York Post, 24.–29. Nov. 1947; H. G.

GELBER, Der Morgenthau-Plan, VfZG 13 (1965); ausführl. Biographie Morgenthaus, gestützt auf dessen Tagebücher, von J. M BLUM, From the Morgenthau Diaries (2 Bde. Boston 1965 u. 1967); dt. Übersetzung des 2. Bds. unter dem Titel: Dtld., ein Akkerland? Morgenthau u. die amerik. Kriegspolitik 1941–1945 (1968).

[24] Text des in Jalta beschlossenen Zusatzartikels zur Kapitulationsurkunde der Europäischen Beratenden Kommission in E. DEUERLEIN, Die Einheit Dtlds., Nr. 14.
[25] The Conferences at Malta and Yalta, S. 656; MARIENFELD, S. 184 ff.
[26] CHURCHILL, Der Zw. Weltkrieg, Bd. 6, 2, S. 120.
[27] Lit. zur Beendigung des Krieges gegen Japan s. Kap. 3, Anm. 17.
[28] Dazu vom ehemaligen australischen Außenminister, dem an der Entwicklung der UNO ein starker Anteil zukommt: H. V. EVATT, Die Vereinten Nationen (dt. 1951); ferner

A. DALLIN, Sowjetunion u. Vereinte Nationen (a.d. Engl. 1965); Ruth D. RUSSELL, A History of the United Nations Charter (Washington 1958); M. HAGEMANN, Der provisorische Frieden. Bauprinzipien der internat. Ordnung seit 1945 (1964).
[29] Ch. WILMOT, Der Kampf um Europa, S. 690 f.
[30] Text u.a. bei DEUERLEIN, Die Einheit Dtlds., S. 82; zur Gesch. der Kapitulationsurkunde vgl. MOSELY u. WHEELER-BENNETT/NICHOLLS, S. 261 ff.
[31] Prawda, 10. 5. 1945, zit. MOSELY, S. 3043.
[32] M. MOURIN, Les relations franco-soviétiques (Paris 1967); A. W. de PORTE, De Gaulle's Foreign Policy 1944–1946 (Cambridge, Mass., 1968); A. WERTH, De Gaulle, A Political Biography (New York 1965); W. LIPGENS, Bedingungen u. Etappen der Außenpolitik de Gaulles 1944–1946, VfZG 21 (1973); vgl. auch Kap. 6, Anm. 2.

Kapitel 2
Das Ende des Reiches. Von der Kapitulation bis zur Einsetzung des Kontrollrats (8. Mai–5. Juni 1945)

Mit der Eroberung und Besetzung Deutschlands war der gesamte Apparat der NSDAP und ihrer Gliederungen zerschlagen worden. Gleichzeitig hatte die staatliche Verwaltung, die mit diesem Apparat in vielfacher Weise verklammert gewesen war, von der Spitze bis zur Basis herunter aufgehört zu funktionieren. Der kleine Kreis von Beamten und Offizieren um Dönitz in Flensburg war eine Regierung nur dem Namen nach. Sie besaß keinerlei Verbindungen über ihren engsten Bereich hinaus und keinerlei administrative Wirkungsmöglichkeit. Schon am 8. Mai wurde ihr von einer in Flensburg sich einrichtenden militärischen Kontrollkommission der Westmächte, zu der später ein Vertreter des Sowjetunion hinzukam, die Verwendung des Rundfunks untersagt. Obwohl Dönitz sich der Fragwürdigkeit seiner Position bewußt war, hat er es für richtig gehalten, nicht zurückzutreten[1]. Er wollte den notwendigen Liquidationsprozeß des nationalsozialistischen Regimes durch eine deutsche Regierung eingeleitet sehen. So hat er die Tätigkeit der NSDAP für beendet erklärt und das Reichsgericht mit der Untersuchung der Mißstände in den Konzentrationslagern und der Bestrafung der Schuldigen beauftragt. An Eisenhower richtete er den Antrag, das Reichsgericht hierzu instand zu setzen. Für die dringendsten Fragen der Wiederingangsetzung des Wirtschaftslebens, namentlich des Verkehrs und der Landwirtschaft, ließ er Planungen durchführen. Trotz der bestehenden Ohnmacht der Regierung hatten solche Initiativen einen gewissen realen Hintergrund. Die Europäische Beratende Kommission war davon ausgegangen, daß es wenigsten in der ersten Zeit der Besatzung bis zur Entscheidung über die Teilungsfrage zentrale deutsche Regierungs- bzw. Verwaltungsstellen geben müsse. »Die deutschen Probleme seien von den Deutschen selber zu lösen«, berichtet Eisenhower über eine Äußerung Churchills kurz nach der Kapitulation, »am besten durch einige der jetzt in unserer Hand befindlichen Generale, denen das deutsche Volk Gehorsam leisten würde.«[2] Und gegenüber Eden erklärte Churchill: »Wir werden nicht in der Lage sein, Deutschland ohne Deutsche zu regieren ... Wollen Sie einen Stock haben, mit dem Sie dieses besiegte Volk lenken können, oder wollen Sie Ihre Hände einfach in einen aufgeschreckten Ameisenhaufen stecken?«[3] Churchill dachte hierbei an die Regierung Dönitz. Gegen dieses möglicherweise beabsichtigte Zusammenspiel richtete sich das heftigste Mißtrauen der Sowjets. Sie verlangten ebenso wie die Amerikaner die Absetzung von Dönitz. Er und die Mitglieder der letzten deutschen Reichsregierung wurden am 23. Mai unter entwürdigenden Umständen gefangengenommen.

An die Stelle der ausgelöschten Staatlichkeit des Reiches trat die Hoheitsgewalt, die die Regierungen der vier Siegermächte in unbeschränktem Umfange über Deutschland nunmehr für sich in Anspruch nahmen. Dies geschah am 5. Juni 1945 in Berlin durch eine von den Militärbefehlshabern unterzeichnete »Erklärung in Anbetracht der Niederlage Deutschlands und der Übernahme der obersten Regierungsgewalt«[4] und drei ergänzende Feststellungen über das Kontrollverfahren, die Besatzungszonen und das Verhältnis zu anderen Mitgliedern der Vereinten Nationen. Diese Proklamationen vom 5. Juni und

nicht eigentlich die Kapitulation vom 8. Mai sind in staatsrecht-
licher Hinsicht grundlegend für die Nachkriegsentwicklung.
Die militärischen Artikel der »Erklärung« entsprechen in ihrem
Inhalt und fast auch in ihrem Wortlaut dem Entwurf für die
Kapitulationsurkunde, die in der Europäischen Beratenden
Kommission formuliert, in Jalta akzeptiert, aber bei der militärischen Kapitulation nicht verwendet worden war. Diese Artikel waren im Augenblick der Erklärung des 5. Juni zum Teil
längst überholt, wie z. B. der Art. 1, in dem es heißt, daß
Deutschland sofort auf allen Kriegsschauplätzen die Feindseligkeiten einzustellen habe. Es handelt sich insofern also um einen
mechanischen Rückgriff auf jenen früheren Entwurf der Kapitulationsurkunde. Politischen Inhalt hat der Art. 13 der Erklärung vom 5. Juni. Er greift ebenfalls auf den Wortlaut jenes
Entwurfs zurück, ohne jedoch die Aufteilungsformel, die in
Jalta eingeschoben worden war, zu übernehmen[5]. Die Sieger
sprachen sich am 5. Juni 1945 bei der Proklamation ihrer Regierungsgewalt über Deutschland also nicht dagegen aus, daß
Deutschland als Einheit weiterbestehen sollte.

Wenn insofern im Fehlen der Zerstückelungsabsicht der ursprüngliche Entwurf der Kapitulationsurkunde und die Erklärung zur Übernahme der obersten Regierungsgewalt vom
5. Juni übereinstimmen, so besteht ein tiefgreifender Unterschied hinsichtlich der in den Präambeln der beiden Dokumente
angelegten Begründung für die Übernahme der Regierungsgewalt durch die Sieger. In jenem früheren Dokument hieß es:
»Anerkennend und zugestehend, daß die deutschen Streitkräfte
... vollständig geschlagen sind, geben die Deutsche Reichsregierung und das Oberkommando der Deutschen Wehrmacht hiermit die bedingungslose Übergabe Deutschlands bekannt.« Es
war also ursprünglich ein politischer Kapitulationsakt gleichzeitig mit dem militärischen vorgesehen gewesen. In der tatsächlichen militärischen Kapitulationserklärung vom 8. Mai wurde
dann in Art. 4 bestimmt, daß ein zukünftiges »general instrument of surrender« Deutschland auferlegt werden sollte[6]. Zu
einer solchen allgemeinen politischen Kapitulation konnte es
aber nicht mehr kommen, da es nach der Verhaftung von Dönitz keine deutsche Regierung mehr gab, die diesen politischen
Kapitulationsakt hätte vollziehen können. Und so ist denn die
Erklärung vom 5. Juni nicht eigentlich das bei der militärischen
Kapitulation vom 8. Mai genannte »general instrument of surrender«, sondern eine einseitige Proklamation des Willens der

Sieger. Die Aufgabe der Präambel besteht nun darin, den Legitimationsgrund für die einseitige Willenserklärung zur Übernahme der obersten Regierungsgewalt in Deutschland darzulegen. Es finden sich zwei Momente angeführt: 1. Infolge der Niederlage und der Kapitulation der deutschen Streitkräfte sei Deutschland nicht mehr fähig, sich dem Willen der Sieger zu widersetzen; dadurch sei die bedingungslose Kapitulation Deutschlands erfolgt. 2. Es gebe in Deutschland keine Regierung mehr. »Unter diesen Umständen« sei es notwendig, Vorkehrungen für die Aufrechterhaltung der Ordnung und die Verwaltung des Landes zu treffen. Die Sieger erklärten daher, die gesamte öffentliche Gewalt in Deutschland von der staatlichen Spitze bis herunter zu den Gemeinden zu übernehmen, ohne hiermit jedoch Deutschland annektieren zu wollen. In einer britischen Denkschrift vom 30. März 1945 war bereits der Fall ins Auge gefaßt worden, daß möglicherweise im Augenblick des völligen militärischen Zusammenbruchs keine deutsche Regierung mehr bestünde, von der man eine militärische oder politische Kapitulation werde verlangen können. Durch die Beseitigung der Regierung Dönitz hatte man diesen Zustand bewußt herbeigeführt. Auf die völlige Niederwerfung und Ausschaltung eines Staates durch Krieg läßt sich der Begriff der »debellatio« anwenden. Das Reich als historisch-politische Größe hatte aufgehört zu bestehen[7]. Hierin also und nicht in einer totalen politischen Kapitulation, wie sie in Art. 4 der militärischen Kapitulationsurkunde vom 8. Mai vorbehalten wurde, aber infolge der Gefangennahme der Regierung Dönitz nicht zustande kommen konnte, liegt der von den Siegern in Anspruch genommene Legitimationsgrund für die Errichtung der Militärherrschaft über Deutschland[8].

An die Stelle der nicht mehr vorhandenen deutschen Staatsgewalt trat der Kontrollrat. Die »Feststellung über das Kontrollverfahren« vom 5. Juni geht ebenfalls auf eine Vereinbarung in der Europäischen Beratenden Kommission zurück[9]. Der Kontrollrat bestand aus den vier Oberkommandierenden. Als Hilfsorgan war ihnen ein ständiger Koordinationsausschuß unterstellt. Er besaß die Aufgabe, die Entscheidungen des Kontrollrates durchzuführen bzw. ihre Durchführung zu überwachen. Schließlich wurde ein umfangreicher Kontrollstab errichtet mit Sachabteilungen für die verschiedenen Zweige der Verwaltung. Dieser Apparat arbeitete kompliziert und schwerfällig, weil überall auch bis in die einzelnen Sachabteilungen hinein alle vier

Besatzungsmächte beteiligt waren. Es ist nicht gelungen, für das Kompetenzverhältnis zwischen den Oberkommandierenden in ihren jeweiligen Besatzungszonen und dem Kontrollrat als Ganzem eine funktionsfähige Lösung zu finden. Denn jeder Oberbefehlshaber sollte in seinem Bereich auf Anweisung seiner Regierung die oberste Gewalt ausüben, gemeinsam aber sollten sie nur bei einstimmigen Beschlüssen für die Deutschland als Ganzes betreffenden Angelegenheiten zuständig sein. Jede einzelne Macht konnte also durch ihr Veto das Funktionieren des Kontrollrates verhindern.

Mitglied des Kontrollrates war für die Sowjetunion zunächst Marschall Georgi Schukow, der Eroberer Berlins. Ihm folgte im November 1945 Marschall Wassili Sokolowski. Sitz der »Sowjetischen Militäradministration Deutschlands« (SMAD) war Karlshorst (Berlin). Der erste amerikanische Vertreter im Kontrollrat, General Dwight D. Eisenhower, schied ebenfalls im November 1945 aus. Dessen Nachfolger General Joseph T. McNarney wurde seinerseits im März 1947 durch General Lucius D. Clay, seit 1945 Stellvertreter des Oberbefehlshabers, abgelöst. General Clay sollte bereits in den beiden ersten Nachkriegsjahren für die Entwicklung der amerikanischen Besatzungspolitik und für die Zusammenführung der westlichen Zonen eine bedeutende Rolle spielen. Als seinen Verwaltungssitz wählte das »Office of Military Government of the United States« (OMGUS) das Gebäude der ehemaligen Zentraldirektion der I. G. Farben in Frankfurt/M. Die »Control Commission for Germany, British Element« (CCG/BE) richtete sich in dem unzerstörten Bad Oeynhausen und benachbarten kleinen Orten Westfalens ein. Die britische Regierung entsandte als ihren Vertreter Feldmarschall Sir Bernhard Montgomery in den Kontrollrat. Ihm folgte im Mai 1946 Luftmarschall Sir Sholto Douglas und 1947 General Sir Brian Robertson. Das französische Oberkommando »Commandement en Chef Français en Allemagne« (CCFA) unter General Pierre Koenig residierte mit großem Stab in Baden-Baden.

Der Sitz des Kontrollrates, in dem die vier Zonenbefehlshaber und Chefs der Militärregierungen zusammenarbeiten sollten, war die Reichshauptstadt Berlin. Die Aufgabenstellung des Kontrollrates als einer Behörde für Gesamtdeutschland setzte eigentlich die Existenz gesamtdeutscher Regierungs- oder Verwaltungsstellen als Objekt der Kontrolle voraus. Nun gehen die Proklamationen des 5. Juni von der Weiterexistenz Deutschlands, wenn auch nicht des deutschen Staates, aus, was auch immer für die Zukunft beschlossen werden mochte. Für den Augenblick jedenfalls lag eine totale Annexionsabsicht fern, und eine Teilungsabsicht war nicht ausgesprochen. So hatte auch jener ältere Entwurf der Europäischen Beratenden Kommission es als die Aufgabe des Kontrollrates bezeichnet, die deutsche zentrale Verwaltung zu kontrollieren. An einer anderen Stelle jenes früheren Dokuments ist die Rede von der Kontrolle der deutschen Ministerien. Deren Existenz wurde also 1944 im Europäischen Beratenden Ausschuß noch vorausgesetzt. Sie findet sich jedoch nicht mehr erwähnt in der Berliner Feststellung vom 5. Juni 1945 über das Kontrollverfahren. Es ist eine merkwürdige, in sich widersprüchliche Tatsache, daß in der »Erklärung« über die Übernahme der obersten Regierungsgewalt die Zerstückelungsformel von Jalta weggefallen ist, daß aber in der gleichzeitigen »Feststellung« über die Aufgaben des Kontrollrates nicht mehr von der Existenz zentraler deutscher Verwaltungsstellen oder Ministerien die Rede ist. Der Grund für die Nichterwähnung deutscher Stellen ist wohl kaum darin zu sehen, daß es solche Stellen im Augenblick nicht mehr gab. Man hätte ihre Schaffung vorsehen können, so wie man sie später auf der Potsdamer Konferenz, von wirtschaftlichen Notwendigkeiten geleitet, tatsächlich ins Auge faßte. Ihre Nichterwähnung in der Feststellung vom 5. Juni über das Kontrollverfahren kündigt schon eine Spaltung Deutschlands entlang der militärischen Demarkationslinien an, anders als sie in früheren Überlegungen vorgesehen war. In der gleichen Feststellung ist in diesem Zusammenhang der Art. 7 über die Verwaltung des Gebietes von Groß-Berlin bemerkenswert. Im Unterschied zu den übrigen Besatzungszonen sollte nämlich die Verwaltung von Berlin einheitlich von einer interalliierten Behörde unter der Leitung des Kontrollrates überwacht werden.

Das dritte der Berliner Dokumente ist eine Feststellung über die Besatzungszonen. Von vier Zonen ist hier die Rede, ohne daß ihre Abgrenzung im einzelnen beschrieben wird. Der Gedanke, Deutschland in Besatzungszonen aufzuteilen, geht auf britische Pläne aus dem Jahre 1943 zurück. Damals rechnete Churchill noch mit der Möglichkeit, daß die sowjetischen Armeen den größten Teil Deutschlands erobert haben würden, bevor die westlichen Alliierten den Rhein erreichten. Er wollte verhindern, daß dann ganz Deutschland unter sowjetische Kontrolle fiele. Die Demarkationslinie zwischen der östlichen und den westlichen Zonen wurde im wesentlichen durch das Zonenprotokoll vom September 1944 festgelegt. Die endgültige Abgrenzung der westlichen Besatzungszonen untereinander erfolgte erst am 26. Juli 1945. Ursprünglich hatten die Amerikaner auf die nordwestliche Zone reflektiert, traten diese aber den Briten unter der Voraussetzung ab, daß Bremen als Zufuhrhafen eine amerikanische Enklave und die amerikanische Zone im übrigen so geschnitten sein würde, daß der Weg durch britisches Territorium verhältnismäßig kurz war. Deswegen erhielten sie Kurhessen. Schwierig war es, für die Franzosen ein geeignetes Besatzungsgebiet abzugrenzen. Dies geschah ausschließlich auf Kosten der britischen und amerikanischen Zone, ohne daß die Sowjetregierung bereit gewesen wäre, ihre Besatzungszone deswegen zu verkleinern. Allerdings wurden die französischen Besatzungswünsche nicht in dem Maße erfüllt, wie es die Franzosen erwartet hatten. Die Briten waren ebensowenig bereit, auf Köln zu verzichten, wie die Amerikaner auf Kurhessen. Die Franzosen erhielten schließlich den Südteil von Württemberg, den Südteil von Baden, die bayerische Pfalz, den rheinhessischen Teil von Hessen-Darmstadt sowie Teile des preußischen Hessen-Nassau und des preußischen Rheinlandes. Alle diese Gebiete wurden aus den bestehenden deutschen Verwaltungs- und Ländereinheiten herausgelöst. Aufgrund dieser unter besatzungspolitischen Gesichtspunkten gezogenen Demarkationslinien entstanden dann in der Folge gänzlich unhistorische, künstliche Ländergebilde. Eine besondere Regelung wurde für Berlin getroffen. Es sollte entsprechend der gemeinsamen Viermächteverwaltung von den vier Mächten auch gemeinsam besetzt werden. Die vier Kommandanten sollten abwechselnd als Hauptkommandanten fungieren, und zwar in einem 15tägigen Turnus[10].

Die letzte der Berliner Feststellungen vom 5. Juni bezog sich auf die Vereinten Nationen. Die Besatzungsmächte erklärten hier ihre Bereitschaft, die Regierungen anderer Mitgliedsstaaten der Vereinten Nationen hinsichtlich der Ausübung ihrer Hoheitsrechte in Deutschland zu konsultieren. Das bedeutete zugleich, daß die deutschen Fragen der Entscheidungskompetenz der Vereinten Nationen entzogen sein sollten. Deren Charta wurde am 26. Juni 1945 in San Francisco beschlossen. Es entsprach jener Berliner Feststellung vom 5. Juni, wenn sich die vier Kontrollmächte in der Satzung der Vereinten Nationen ein unabhängiges Interventionsrecht in Deutschland vorbehielten[11].

2. Das Ende des Reiches

[1] Lit. zur Regierung Dönitz s. Bd. 21, Kap. 15.

[2] H. S. Truman, Memoiren 1, S. 283.

[3] W. S. Churchill, Der Zw. Weltkrieg, Bd. 6, 2, S. 416f.

[4] Text der Erklärung u. der begleitenden Feststellungen bei E. Deuerlein, Die Einheit Dtlds. ([2]1961), Nr. 17–20.

[5] Urkundenentwurf der Europäischen Beratenden Kommission über »Die bedingungslose Kapitulation Dtlds.« mit der in Jalta eingeschobenen Formel über die Zerstückelung bei E. Deuerlein, Die Einheit Dtlds., Nr. 14.

[6] E. Deuerlein, Die Einheit Dtlds., Nr. 16.

[7] Eine andere Frage ist es, ob das Reich auch im staats- u. völkerrechtlichen Sinne aufgehört hatte zu bestehen. Dönitz hat aus dem Gefangenenlager die Erklärung abgegeben, daß mit der Inhaftierung seiner Regierung keineswegs das Ende des dt. Staates gekommen sei. In dieser Erklärung heißt es: »1. Die Kapitulation ist von meinen Beauftragten auf Grund einer schriftlichen Vollmacht geschlossen worden, die ich als Staatsoberhaupt des Deutschen Reiches und damit Oberbefehlshaber der Wehrmacht ausgestellt habe und die in dieser Form von den bevollmächtigten Vertretern der Alliierten Streitkräfte verlangt war und anerkannt wurde. Die Alliierten haben mich dadurch selbst als Staatsoberhaupt des Deutschen Reiches anerkannt. 2. Durch die mit meiner Vollmacht am 9. Mai 1945 abgeschlossene bedingungslose Kapitulation der 3 Deutschen Wehrmachtsteile hat weder das Deutsche Reich aufgehört zu bestehen, noch ist dadurch mein Amt als Staatsoberhaupt beendet worden. Auch die von mir berufene geschäftsführende Regierung ist im Amt geblieben; mit ihr hat die alliierte Überwachungskommission in Flensburg bis zum 23. Mai im Geschäftsverkehr gestanden. 3. Die im Anschluß an die Kapitulation erfolgende vollständige Besetzung des Deutschen Reichsgebiets hat an dieser Rechtslage nichts geändert. Sie hat nur mich und meine Regierung tatsächlich behindert, in Deutschland Regierungshandlungen zu vollziehen.« Zit. in W. Lüdde-Neurath, Regierung Dönitz. Die letzten Tage des Dritten Reiches ([3]1964), S. 166. Auch in der Völkerrechtswissenschaft herrscht die Lehre vor, daß de iure der dt. Staat durch die Gefangennahme der Regierung Dönitz nicht aufgehört habe zu bestehen. Das legitime Interesse an der jurist. These von der Kontinuität des dt. Staates liegt im Bereich des Beamten-, Versorgungs- u. Verwaltungsrechts. Aber diese These hatte auch ihren polit. Gehalt. So ist eine Erklärung zu verstehen, die von den dt. Völkerrechtslehrern im April 1947 einstimmig abgegeben wurde. In ihr heißt es: »Das Deutsche Reich ist auch nach der bedingungslosen Kapitulation der deutschen Wehrmacht und der Besetzung ein Staat mit eigenen Staatsangehörigen und ein Rechtssubjekt im Sinne des allgemeinen Völkerrechts geblieben. Es ist als ein solches Rechtssubjekt Mitglied der Völkerrechtsgemeinschaft, an deren Normen gebunden und zur Mitarbeit fähig und berufen.« Erklärung vom 18. April 1947, zit. bei F. Faust, Das Potsdamer Abkommen u. seine völkerrechtl. Bedeutung ([4]1969), S. 93; bei Faust auch eine eingehende Erörterung der staats- u. völkerrechtl. Problematik u. ein guter Überblick über die kontroversen Stellungnahmen. Hierzu ferner als frühe Bestandsaufnahme des Diskussionsstandes: R. Stödter, Dtlds. Rechtslage (1948); A. Arndt, Der dt. Staat als Rechtsproblem (1960). Vom Fortbestand des dt. Staates im völkerrechtl. Sinn ging auch Carlo Schmid in einer Rede im Parlament. Rat aus: Sten. Ber. über die Plenarsitzungen (1948/49), S. 8 f.

[8] Zur staats- u. völkerrechtl. Interpretation der Erklärung vom 5. Juni 1945: M. Arndt, Völkerrechtl. u.

staatsrechtl. Bedeutung der Berliner Erklärung vom 5. Juni 1945 (Diss. Göttingen 1970).

[9] Abkommen über das Kontrollsystem in Dtld., London, 14. Nov. 1944, in: E. DEUERLEIN, Die Einheit Dtlds., Nr. 10.

[10] Beschluß über die gemeinsame Verwaltung Berlins v. 7.7. 1945, in: Dok. zur Berlinfrage, hg. vom Forsch.institut d. dt. Ges. f. Ausw. Politik (1962), Nr. 16. Zu den Verhandlungen über die Besatzungszonen vgl. T. SHARP, The Wartime Alliance and the Zonal Division of Germany (Oxford 1975).

[11] Charter of the United Nations, Statutes and Rules of Court and other constitutional documents, ICJ, Series D, No 1 ([2]1947). L. GOODRICH/ E. HAMBRO/A. SIMONS (Hg.), The Charta of the United Nations, Commentary and Documents (New York u. London [3]1969); A. ALBANO-MÜLLER, Die Dtld.-Artikel in der Satzung der Vereinten Nationen (1967). Das in seiner Interpretation umstrittene Interventionsrecht ist enthalten in den sog. Feindstaatenklauseln Art. 53 u. 107; vgl. dazu H. C. SCHNEIDER, Die Charta der Vereinten Nationen u. das Sonderrecht für die im II. Weltkrieg unterlegenen Nationen (Art. 53 u. 107) (1967).

Kapitel 3
Die Konferenz von Potsdam: Vorbereitung und weltpolitische Hintergründe. Die Kapitulation Japans

Durch die Proklamationen vom 5. Juni 1945 waren Kompetenz, Zusammensetzung und Arbeitsweise des Kontrollrates festgestellt worden. Offen blieb die Frage nach seiner Aufgabenstellung und nach den Richtlinien für seine Arbeit. Der Art. 13 der Erklärung vom 5. Juni, der vorsah, daß sich die Mächte weitere Bestimmungen über die politische Zukunft Deutschlands vorbehielten, mußte noch mit materiellem Inhalt gefüllt werden.

Fast zwei Monate später, am 30. Juli, trat der Kontrollrat zum ersten Male zusammen. Der Grund für seine verhältnismäßig späte Bildung ist darin zu sehen, daß zunächst die Besatzungszonen in Deutschland und besonders auch in Berlin von den jeweiligen Mächten wirklich eingenommen werden mußten. Der Rückzug der Amerikaner aus Teilen von Sachsen, Thüringen und der westlichen Tschechoslowakei und der Briten aus Teilen von Mecklenburg vollzog sich ebenso wie der Abzug der sowjetischen Besatzungstruppen aus Westberlin im Verlaufe des Monats Juli. Es erregte das tiefste Unbehagen Churchills, daß die Westmächte weite Landstriche Mitteleuropas, die sie erobert hatten, preisgeben sollten. Bei Truman hatte er deshalb am 11. Mai einen Stillhaltebefehl angeregt, um die Rücknahme der Truppen auf die endgültigen Zonengrenzen hinauszuschieben, bis die zwischen der Sowjetunion und den Westmächten offenen Probleme geklärt sein würden. Hierbei dachte er insonderheit an die Durchsetzung der in Jalta getroffenen Vereinbarungen über Polen und Südosteuropa. Schon am 12. Mai sprach er in einem Schreiben an Truman von dem »Eisernen Vorhang«, der sich vor dem sowjetischen Machtbereich niedergesenkt habe und einen freien Einblick in die dortigen Vorgänge verwehre[1]. Truman reagierte auf die wiederholte Anregung, die Truppen anzuhalten, genauso wie zuvor Roosevelt und Eisenhower, als Churchill in der Endphase des Krieges vorgeschlagen hatte, die Kriegschancen auszunutzen und so weit wie möglich in das spätere sowjetische Besatzungsgebiet vorzustoßen. Er lehnte es ab, den Rückzug der amerikanischen Truppen auf die vereinbarten Zonengrenzen an Bedingungen zu knüpfen, und verfolgte trotz verstärkten Mißtrauens gegenüber der sowjetischen Politik die gleiche Taktik wie sein Vorgänger: man sei zu einem fairen Spiel verpflichtet und müsse eingegangene Verpflichtungen halten, ohne sich dafür wieder einen besonderen Kaufpreis zahlen zu lassen. Der Kontrollrat, auf dessen Funktionieren es nun ankomme, könne mit seiner Arbeit nicht beginnen, ehe die endgültigen Besatzungszonen von den jeweiligen Mächten eingenommen seien. Dieses Argument wurde vor allem von General Eisenhower vertreten. Nach Churchills Meinung hingegen waren es aber gerade die Sowjets, die eine feierlich eingegangene Verpflichtung, nämlich die Jalta-Erklärung über das befreite Europa, ständig verletzten. Er war von bösen Vorahnungen über die Konsequenzen der amerikanischen Einstellung erfüllt. Die Zurückweisung, die sein Vorschlag durch Truman erfuhr, klang ihm wie »Totengeläut«[2].

Was ging im sowjetischen Machtbereich Ost- und Südosteuropas vor sich?[3] Man muß davon ausgehen, daß es in den vorwiegend agrarisch bestimmten Ländern wie Polen, Rumänien, Bulgarien und Ungarn starke bäuerliche Reformbewegungen gab, die eine Neuverteilung des Grundbesitzes erstrebten. Kommunistische Parteien hatten in diesen Ländern vor dem Kriege keine Rolle gespielt und waren auch nach Kriegsende zunächst sehr schwach. Unter dem Schutz der sowjetischen Waffen und angeleitet von der Moskauer Zentrale befolgten sie unter den jeweils besonderen Bedingungen ihrer Länder jene Volksfronttaktik, auf die die Kommunistische Internationale 1935 eingeschwenkt war, nachdem sie sich in der vorhergehenden Periode durch den Kampf gegen die sozialdemokratischen Parteien und das linke Bürgertum in eine vollkommene politische Isolation hineinmanövriert hatte. Die kommunistischen Parteien im sowjetisch kontrollierten Machtbereich Ost- und Südosteuropas traten daher zunächst keineswegs als Verfechter radikaler gesellschaftlicher und wirtschaftlicher Veränderungen auf. Sie stellten sich vielmehr als erstes die Aufgabe, in Zusammenarbeit mit anderen Parteien das wirtschaftliche Leben wieder in Gang zu bringen und sich zugleich in Koalitionsregierungen mit sozialistischen und bürgerlichen Parteien diejenigen Positionen zu sichern, von denen her sie Schritt um Schritt ihren Einfluß bis zur totalen politischen Kontrolle ausbauen konnten. Die Mittel auf dem Wege zu diesem Ziele waren Unterwanderung konkurrierender Parteien, Beschneidung nicht-konformistischer Publikationsmittel, systematische Beeinflussung der öffentlichen Meinung, Ausschaltung gegnerischer Politiker durch Polizeiterror und offener, durch die Besatzungsmacht erzwungener Staatsstreich. So intervenierten kurz nach der Jalta-Konferenz die Sowjets in Rumänien. Sie erzwangen eine von den Kommunisten bestimmte Koalitionsregierung unter dem nichtkommunistischen Grundeigentümer Groza, während die oppositionelle Bauernpartei verfolgt wurde. In Polen wurde erst nach vielen Schwierigkeiten Ende Juni 1945 die in Jalta getroffene Vereinbarung eingelöst, Mikolajczyk und andere Vertreter der Exilpolen in die Regierung aufzunehmen, ohne daß es diesen gelungen wäre, entscheidenden Einfluß zu gewinnen. Es kam in den unter sowjetische Herrschaft geratenen Ländern zunächst auch nicht zur Durchführung von allgemeinen Wahlen. Die inneren Voraussetzungen dafür, daß konkurrierende Parteien freie Wirkungsmöglichkeiten haben würden, schwanden mehr und mehr dahin. Zwar waren für die osteuropäischen Länder gemischte Alliierte Kontrollkommissionen vorgesehen worden, aber deren westliche Mitglieder erhielten nicht das Recht, sich frei zu bewegen und sich zu informieren. Dazu kam ein wirtschaftlicher Interessenkonflikt zwischen der Sowjetunion und den westlichen Alliierten. Rumänien hatte ebenso wie Bulgarien und Ungarn als ehemaliger Verbündeter der Achsenmächte Reparationen zu leisten, zum Teil durch Demontage bestehender industrieller Einrichtungen. Für diesen Zweck wurde auch der nicht unbeträchtliche amerikanische und britische Besitz besonders in der rumänischen Ölindustrie herangezogen. Zudem drohte es zeitweise zwischen den seit April 1945

mit der Sowjetunion verbündeten Jugoslawen und den Briten
um das Schicksal der Hafenstadt Triest zu einem bewaffneten
Konflikt zu kommen, bis schließlich nach einem bitteren Briefwechsel zwischen Churchill und Stalin eine vorläufige Demarkationslinie vereinbart wurde[4]. Auch war damit zu rechnen, daß
sich das militärische Machtverhältnis zwischen den Alliierten in
Europa überhaupt zugunsten der Sowjetunion verschieben
würde, weil die Amerikaner unter dem Druck der öffentlichen
Meinung möglichst bald mit der Rückführung des größten Teiles ihrer Truppen in ihre Heimat beginnen wollten und weil der
noch nicht beendete Krieg gegen Japan die Konzentration ihrer
militärischen Mittel im Pazifik erforderte. Die militärische
Schwächung der westlichen Alliierten in Europa mußte aber die
politische Verhandlungsbasis gegenüber der Sowjetunion von
Tag zu Tag verschlechtern.

Daher drängte Churchill, nachdem sein Stillhaltevorschlag
abgewiesen worden war, auf die möglichst baldige Einberufung
einer Konferenz der Großen Drei, von deren Notwendigkeit
auch Truman überzeugt war. Aber nicht schon am 15. Juni, wie
Churchill es wollte, sondern erst einen Monat später, am
17. Juli, trat die Konferenz zusammen. Auch in der Frage der
Ortswahl hat Churchill sich nicht durchsetzen können. Nachdem die letzte Begegnung in der Sowjetunion, in Jalta, stattgefunden hatte, schlug er London vor. Es wurde aber Berlin gewählt, die Viersektorenstadt, in der sich alle gleichberechtigt
fühlen konnten. Diese kleinen Streitereien in der Vorbereitung
der Konferenz zeigen deutlich, wie begrenzt die Wirkungsmöglichkeiten Churchills gewesen sind und daß, wie immer er eine
Situation beurteilte, die britische Machtstellung nicht mehr aus-
reichte, eine unmittelbar zwischen den Vereinigten Staaten und
der Sowjetunion getroffene Vereinbarung zu durchkreuzen. In
einem Punkte allerdings, der die britische Selbstachtung im Verhältnis zum amerikanischen Bundesgenossen betraf, hat er sich
durchsetzen können. Er verwahrte sich mit Energie und Erfolg
gegen die Absicht Trumans, vor Zusammentritt der Konferenz
zunächst einmal in einem Zweiertreffen mit Stalin über die anstehenden Fragen zu sprechen und erst später Churchill hinzu-
zuziehen. Dagegen bäumte sich der ganze Stolz dieses tempera-
mentvollen Mannes auf, der mit vollem Recht darauf hinwies,
welch entscheidende Rolle England in diesem Kriege gespielt
hatte. In der Tat kann auch der rückblickende Historiker an der
Tatsache nicht vorbeisehen, daß zu einer Zeit, als die Vereinig-

ten Staaten noch nicht in den Krieg gegen Deutschland eingetreten waren und als in der Periode des Hitler-Stalin-Paktes die kommunistische Sowjetunion dem nationalsozialistischen Deutschland mancherlei wirtschaftliche und indirekte militärische Unterstützung zuteil werden ließ, Großbritannien allein den Kampf geführt hat. Wie Churchill die europäische Lage vor der Konferenz von Potsdam beurteilte, ergibt sich aus einem von ihm damals verfaßten Memorandum[5]. Ihn bedrängte in erster Linie die Zukunft Polens, der Tschechoslowakei, Rumäniens, Bulgariens, Ungarns und Österreichs. Wie konnte die äußere Unabhängigkeit und innere Freiheit dieser Staaten gesichert werden? »Der Premierminister«, so heißt es in dem Memorandum, »kann es nicht für klug halten, über alle diese Dinge hinwegzugehen, nur weil man auf diese Weise den imperialistischen Ausdehnungsdrang des kommunistischen Rußlands zu besänftigen hofft.« Churchill machte sich also auf harte Auseinandersetzungen gefaßt.

Um das Deutschlandproblem, das sich auf der Potsdamer Konferenz stellte, in der richtigen Perspektive zu sehen, ist es nötig, sich über Europa hinaus die weltpolitische Lage zu verdeutlichen. Am 26. Juni 1945 wurde in San Francisco die Satzung der Vereinten Nationen beschlossen. Truman feierte in einer Rede auf der Eröffnungssitzung den neuen Völkerbund als Erfüllung der Ideen Wilsons, die nach dem Ersten Weltkrieg nicht realisiert werden konnten, weil damals der amerikanische Kongreß den Präsidenten desavouiert hatte. Jetzt war die Lage anders: Amerika stand führend und tragend hinter dieser Organisation, und Truman hoffte, wie wir aus mancher seiner Äußerungen wissen, daß sich in ihrem Rahmen eine dauernde Zusammenarbeit zwischen den Großmächten ermöglichen werde, und zwar dadurch, daß man ihnen die führende Stellung im Sicherheitsrat und die gemeinsame Verantwortung für die Aufrechterhaltung des Friedens auferlegte.

Das nach der Niederwerfung Deutschlands alles andere überragende und primär zu lösende Weltproblem war in amerikanischer Sicht die Beendigung des Krieges gegen Japan. Die Stabschefs rechneten mit einer noch etwa 18monatigen Kriegsdauer im Pazifik. Dieses Zeitkalkül ergab sich aus der Kriegslage, wie sie sich am Vorabend der Potsdamer Konferenz darstellte. Seit der durch die Seeschlacht bei den Midway-Inseln im Jahre 1942 eingeleiteten Wende im pazifischen Kriege hatten sich die Amerikaner, von Insel zu Insel vordringend, unter verlustreichen

Kämpfen an die japanische Kernposition herangeschoben. Im Juni 1945 eroberten sie Okinawa, etwa 500 km von den japanischen Hauptinseln entfernt. Von hier aus sollte der strategische Bombenangriff auf die japanischen Inseln als Vorbereitung für eine Invasion geführt werden. Auf den Hauptinseln aber stand eine völlig intakte, wohlausgerüstete japanische Armee von etwa einer Million Mann. Der bisherige Kriegsverlauf hatte gezeigt, mit welcher Zähigkeit die Japaner kämpften. Außerdem war der weitaus größte Teil der Räume, die die Japaner in den ersten Monaten des Krieges gewonnen hatten, immer noch in ihren Händen. Das galt für Niederländisch-Indien, Malaya und Singapur, Indochina und das östliche China. Es ist zu verstehen, daß die Amerikaner, die die Hauptlast des Kampfes im Pazifik trugen, daran interessiert waren, Rußland fast um jeden Preis für die Beteiligung am Kriege gegen Japan zu gewinnen. Deshalb hatten sie zu Anfang des Jahres 1945 auf der Konferenz von Jalta der Sowjetunion für den Fall ihres Kriegseintritts bedeutende territoriale Zugeständnisse in Ostasien gemacht. Deshalb waren sie auch nicht gewillt, das Zusammenwirken mit Rußland europäischer Fragen wegen aufs Spiel zu setzen. Am 5. April 1945 hatte die Sowjetunion den am 13. April 1941 abgeschlossenen Neutralitätsvertrag mit Japan ein Jahr vor Beendigung seiner Laufzeit aufgekündigt[6], aber zunächst noch nicht in den Kampf gegen Japan eingegriffen. Dies zu erreichen, eine mögliche russische Verzögerungstaktik zu überwinden, endlich die großen Menschenmassen der Sowjetunion in den wahrscheinlich verlustreichen Endkampf gegen Japan einzusetzen, betrachtete Truman als sein erstes und wichtigstes Ziel, als er sich auf einem amerikanischen Kriegsschiff nach Europa zur Teilnahme an der Potsdamer Konferenz begab. Er berichtet selbst darüber: »In Vorbereitung der Konferenz mit Churchill und Stalin ließ ich mir die Ziele, derenthalben ich nach Potsdam reiste, durch den Kopf gehen. Mein nächstliegender Wunsch war natürlich, die Russen zum möglichst raschen Eintritt in den Krieg gegen Japan zu bewegen, darüber hinaus aber wollte ich vor allem ein gutes Fundament zur Wahrung des Weltfriedens legen.«[7] Das wichtigste Ziel, das ihn auf der Reise beschäftigte, war also nicht Deutschland, sondern Japan und die Organisation des Weltfriedens. Im übrigen formulierte Staatssekretär Byrnes während der Überfahrt nach Europa folgende Verhandlungspunkte für die Konferenz: Vorbereitung der Friedensverträge; Formulierung der wirtschaftlichen und politischen

Grundsätze für die Besatzungspolitik; Regelung der Reparationsfrage; loyale Durchführung der Erklärung über die befreiten Völker Europas. »Wobei wir hofften«, so schreibt Byrnes, »daß die dauernden Reibungen ein Ende finden würden, die seit der Krim-Konferenz die russische Politik in Osteuropa gekennzeichnet hatten.« Es charakterisiert die damalige Einstellung der Vereinigten Staaten zur Sowjetunion, wenn Byrnes feststellt: »Ich hatte angenommen, daß nach dem Ende der Feindseligkeiten die Nationen, die im Kriege gemeinsam gekämpft hatten, den Frieden so aufrichtig herbeisehnen würden, daß die unvermeidlichen Meinungsverschiedenheiten ohne besondere Schwierigkeiten beigelegt werden könnten. Tatsächlich wurden wir nach Jalta einigermaßen ernüchtert. Ereignisse wie der Berner Zwischenfall und die sowjetische Verletzung der Abkommen über Polen und Rumänien kündigten uns an, daß wir in der nächsten Zeit auf ernste Schwierigkeiten stoßen würden. Wir hatten jedoch nicht vergessen, daß Präsident Roosevelt, gestützt auf seine Erfahrung mit den Russen, in seiner letzten Botschaft an Premierminister Churchill gesagt hatte, solche Schwierigkeiten würden sich schon geben. Heute kann man leicht sagen, daß der Rat Roosevelts und unsere Vermutungen aus der Luft gegriffen waren. Aber wer sich erinnert, wie das Volk der Vereinigten Staaten unmittelbar nach der deutschen Kapitulation zu den Sowjets stand, wird zugeben müssen, daß die Sowjetunion damals nach gemeinsamem Leid und Opfern für eine gemeinsame Sache in den Vereinigten Staaten einen solchen Kredit an gutem Willen besaß wie kaum ein anderes Land.«[8] Die Zuversicht, daß man trotz aller Schwierigkeiten mit den Sowjets einig werden könne, hegte auch Truman. »Noch glaubte ich«, so heißt es in seinen Erinnerungen, »daß Stalin ein Mann sei, der getroffene Vereinbarungen einhält. In dieser Hinsicht hatten wir viel zu lernen. Und weiter glaubten wir, daß sich Rußland mit ganzem Herzen in die Pläne für eine Weltfriedensorganisation eingliedern werde.«[9] Er sah die Vereinigten Staaten in der Rolle eines Vermittlers in dem machtpolitischen Antagonismus zwischen Großbritannien und der Sowjetunion, einer Rolle, wie sie England selber in der früheren europäischen Staatengeschichte zur Aufrechterhaltung des Gleichgewichts gespielt hatte. Erst nach langem Zögern sollten die Amerikaner schließlich eine neue Situation akzeptieren, in der sie nicht mehr über den Weltgegensätzen standen, sondern sich mit dem ganzen Gewicht ihrer Macht auf einer Seite zu engagieren hatten.

Im Unterschied zu den Amerikanern standen für Churchill die europäischen Probleme im Vordergrund des Interesses für die kommende Konferenz, unbeschadet der britischen Bereitschaft, sich, soweit es die Kräfte erlaubten, an der Niederwerfung Japans zu beteiligen. So hatte eine britisch-indische Armee unter Lord Mountbatten die Japaner aus Burma verdrängt und den Nachschubweg nach China wieder geöffnet. Für den Schlußkampf gegen Japan war Churchill gewillt, Teile der britischen Flotte, Luftwaffe und auch Landtruppen einzusetzen. Um die Endphase des asiatisch-pazifischen Krieges abzukürzen, hielt er sowjetische Hilfe für erwünscht, aber zugleich wegen der durch sie zu erwartenden Stärkung der sowjetischen Macht im Fernen Osten für bedenklich. Die europäische Lage sah er schon jetzt völlig beherrscht von dem Ost-West-Gegensatz, und er war bereit, diesen Gegensatz auf der kommenden Konferenz auszufechten. Hierbei ging es um die Fragen der italienisch-jugoslawischen und der deutsch-polnischen Grenzziehung, um die Bildung freier Regierungen im ostmitteleuropäischen Raum und um den sich ankündigenden sowjetisch-britischen Gegensatz im Mittelmeer, wo Stalin hoffte, einen Marinestützpunkt am Marmarameer zu gewinnen oder den bulgarischen Hafen Dedeagatsch oder einen Teil der italienischen Kolonien in Nordafrika. Churchill hat Stalin noch vor Beginn der Konferenz den Fehdehandschuh hingeworfen. Am 23. Juni schrieb er ihm: »Es will mir scheinen, daß die Ausdehnung des russischen Einflusses bis zur Linie Lübeck, Eisenach, Triest und noch weiter bis Albanien eine Angelegenheit ist, wegen der noch eine intensive, wenn auch unter guten Freunden geführte Auseinandersetzung nötig ist.«[10]

Für die Analyse der Absichten und Erwartungen, mit denen die sowjetische Führung an der Potsdamer Konferenz teilnahm, stehen keine vorbereitenden Konferenzpapiere oder Memoiren zur Verfügung. Sie lassen sich aber aus der Situation des Landes und aus westlichen Berichten vor und während der Konferenz ableiten. Die Sowjetunion hatte stärker unter dem Kriege gelitten als irgendeine andere der mit ihr verbündeten Großmächte. Sie hatte 20 Millionen Menschen verloren, der westliche Teil des Landes war weithin verwüstet, die landwirtschaftliche Produktion lag im ersten Nachkriegsjahr bei nur 60% des Vorkriegsstandes, die Stahlproduktion bei 50%. Ein großer Teil der Industrie war während des Krieges nach Sibirien und Zentralasien verlagert worden und kehrte nur zum Teil in das europäische

Rußland zurück. Es mußte also ein vorrangiges Ziel der Sowjetunion sein, industrielle Investitionsgüter, die für den Wiederaufbau benötigt wurden, einzuführen. Hierfür gab es die beiden Wege der Kreditaufnahme und der Reparationen. Im Kriege war die Sowjetunion in das amerikanische Lend-Lease-Programm eingeschlossen worden. Aber diese Hilfssendungen wurden bald nach dem Kriege drastisch reduziert. Man hoffte auf amerikanischer Seite, durch wirtschaftlichen Druck die Sowjetunion zu politischem Entgegenkommen veranlassen zu können. Zu den Gründen für den Abbau der amerikanischen Hilfe gehörte auch der sowjetische Vorbehalt gegenüber der im Lend-Lease-Programm Art. 7 ausgesprochenen Verpflichtung, am Abbau diskriminierender Handelsschranken und an der Senkung von Zolltarifen mitzuwirken. Hier standen sich im Grunde zwei unterschiedliche Vorstellungen der Nachkriegswirtschaft gegenüber: das Prinzip der offenen Tür und des freien Handels gegen den Protektionismus einer sozialistischen Planwirtschaft. Auch ein sowjetisches Gesuch vom Sommer 1945 um eine amerikanische Anleihe in Höhe von einer Milliarde Dollar blieb ohne Erfolg. Lediglich auf dem Wege über die UNRRA (United Nations Relief and Rehabilitation Administration), die wesentlich von den Vereinigten Staaten finanziert wurde, erhielt die Sowjetunion zum Wiederaufbau der zerstörten Regionen Weißrußlands und der Ukraine eine Beihilfe von 250 Millionen Dollar[11]. Da es der Sowjetunion nicht gelang, von den Vereinigten Staaten, deren Kriegsverluste vergleichsweise gering waren und deren Landwirtschaft und Industrie im Kriege eine außerordentliche Produktionssteigerung erfahren hatten[12], substantielle wirtschaftliche und finanzielle Hilfe zu erhalten, sah sie sich um so stärker auf Reparationsleistungen angewiesen. Sie hat ihre Forderungen in dieser Hinsicht in Potsdam und auf allen nachfolgenden Außenministerkonferenzen mit Härte und Beharrlichkeit vertreten. Die Reparationsfrage sollte dann später einer der entscheidenden Gründe werden, an denen das Kriegsbündnis zwischen der Sowjetunion und den Vereinigten Staaten zerbrach.

Das zweite Hauptmotiv der sowjetischen Konferenzpolitik in Potsdam liegt in der Sicherheitsfrage. Unter keinen Umständen wollte die Sowjetunion zwischen sich und dem übrigen Europa einen »Cordon Sanitaire« entstehen lassen wie nach dem Ersten Weltkrieg. Nach den Erfahrungen der Zwischenkriegszeit und des zweiten Krieges forderte sie im Interesse ihrer Sicherheit, daß die vorgelagerten Staaten Ost- und Südosteuropas mit ihr freundschaftlich verbunden sein sollten[13]. Das galt insbesondere für Polen, das zu einem Hauptproblem der interalliierten Beziehungen wie in Teheran und Jalta, so auch in Potsdam wurde.

Die Hauptteilnehmer der Potsdamer Konferenz waren auf russischer Seite Stalin und Molotow, auf amerikanischer Seite Truman und sein neuer Staatssekretär James Byrnes. Nicht beteiligt war Morgenthau. Zu dessen Plan berichtet Truman: »Niemand, der Einblick in ihn gewann, hielt viel von ihm, und auch mir gefiel er nicht. Als Morgenthau von meiner Reise nach Potsdam hörte, ersuchte er mich, ihn als Delegationsmitglied mitzunehmen. Ich erwiderte, m. E. werde der Schatzkanzler weit dringender in den Vereinigten Staaten als in Potsdam benötigt. Er entgegnete, seine Anwesenheit in Potsdam sei unerläßlich, andernfalls müsse er demissionieren. ›Schön, wenn das Ihre Auffassung ist, nehme ich hiermit ihre Demission an.‹ Das war das Ende unserer Unterhaltung und das Ende des Morgenthau-Planes.«[14]

Von britischer Seite nahmen zunächst Churchill und sein Außenminister Eden teil. Churchill hatte aber den Oppositionsführer Clement Attlee (Labour Party) in offizieller Funktion mit nach Potsdam genommen, weil er nicht sicher über den Ausgang der englischen Parlamentswahlen vom 5. Juli war, andererseits aber damit rechnete, daß eine Labour-Regierung in der gegebenen Situation keine wesentlich andere Außenpolitik betreiben werde als er selber. Das am 26. Juli bekanntgegebene Ergebnis der britischen Wahlen kündete von einem großen Sieg der Arbeiterpartei. Wie in Italien und Frankreich, so schwang das Pendel der politischen öffentlichen Meinung auch in England nach links aus. Churchill und Eden verließen die Konferenz. An ihre Stelle rückten Attlee und als neuer britischer Außenminister Ernest Bevin. Nach dem Urteil von Byrnes änderte sich hierdurch aber »nicht das Geringste am britischen Standpunkt gegenüber den Problemen der Konferenz«[15].

Den Auftakt zur Konferenz bildete die am Vorabend des Beginns, am 16. Juli, Truman übermittelte Nachricht, daß die erste Versuchsexplosion einer Atombombe geglückt sei. Am Tag der Eröffnung machte er Churchill davon Mitteilung. Beide sahen in ihr eine Möglichkeit, den Krieg gegen Japan schnell zu beenden. Trotz der furchtbaren Zerstörungen, die der Abwurf einiger Atombomben in Japan verursachen mußte, schienen – so Churchill in seinen Erinnerungen – im Endergebnis die Opfer an Menschenleben geringer als die Verluste, die eine Landung auf den japanischen Hauptinseln sowohl auf seiten der Invasionstruppen wie auf seiten des sich mit Sicherheit verzweifelt wehrenden Gegners fordern würde. Bedenken gegen den Abwurf der Atombombe bestanden weder bei der amerikanischen noch bei der britischen Führung. Charakteristisch war, wie Churchill als Politiker auf die Nachricht von der geglückten Versuchsexplosion reagierte. Er empfand es als eine Befreiung, daß die USA und Großbritannien jetzt nicht mehr unbedingt auf die sowjetische Hilfe für den Endkampf gegen Japan angewiesen waren. Die Konferenzposition der beiden angelsächsischen Mächte schien sich durch dieses Ereignis ganz entscheidend verbessert zu haben, obwohl die Militärmacht der Vereinigten Staaten in Europa zusammenschmolz.

Allerdings liest man in den Erinnerungen Trumans, daß Churchill Rußlands Kriegseintritt zur Beschleunigung der Niederwerfung Japans, solange er an der Potsdamer Konferenz teilnahm, ebenso herbeiwünschte wie Truman selber. Die Memoiren beider Staatsmänner sind apologetisch. Dem impliziten Vorwurf Churchills an die Adresse der USA, daß sie von der Waffe nicht den richtigen politischen Gebrauch gemacht hätten, setzt Truman die These entgegen, daß sein eigenes, auf der Potsdamer Konferenz fortgesetztes Werben um den tatsächlichen Kriegseintritt der Sowjetunion auch im Sinne Churchills gewesen sei. Stalin, den man am 24. Juli von dem geglückten Versuch mit der Atombombe unterrichtete, nahm die Information gelassen entgegen, ohne auf die Sache im einzelnen einzugehen. Zurückhaltend wurde die strategische Bedeutung des neuen Vernichtungsmittels zunächst auch von den Vereinigten Stabschefs der beiden Westalliierten eingeschätzt. Sie waren nicht sicher, daß die Atombombe einen entscheidend gesteigerten Effekt im Vergleich zu den bisherigen Massenangriffen auf japanische Städte haben würde, und sahen sich nicht veranlaßt, ihren auf den Einsatz konventioneller Waffen aufgebauten Operationsplan gegen Japan zu ändern. Darum hielten sie daran fest, daß die Beteiligung der Sowjetunion am Krieg gegen Japan zu fördern und ihr jede erforderliche Hilfe zu gewähren sei. In einer gemeinsamen Besprechung mit ihren sowjetischen Kollegen wurde das Eingreifen der Russen für die zweite Augusthälfte vorgesehen. Als mögliches Enddatum des Krieges faßte man den 15. August 1946 ins Auge. Berechnungen für die Bereitstellung von Transportmitteln, Material und Menschen gingen von der Annahme aus, daß man noch etwa eineinhalb Jahre Krieg zu führen habe.

In der japanischen Führungsschicht wurde die Lage unterschiedlich beurteilt. Die Flotte, große Teile der Industrie und der Kaiser suchten einen Ausweg aus dem Krieg, der nicht mehr gewonnen werden konnte. Die Armee widerstand am zähesten dem Eingeständnis der Niederlage. Der Ministerpräsident Suzuki (seit April 1945) suchte einen Verhandlungsfrieden ohne bedingungslose Kapitulation. Am 13. Juli wandte sich die japanische Regierung mit Zustimmung schließlich auch des Kriegsministers und des Chefs des Armeegeneralstabs an die Sowjetregierung mit der Bitte um Friedensvermittlung. Moskau verhielt sich zurückhaltend. Es stand damals in Verhandlungen mit Tschiang Kai-schek, um sich die in Jalta von den Westmächten erhaltenen Zusicherungen hinsichtlich der Mandschurei, der nordostchinesischen Bahnen und Port Arthurs bestätigen zu lassen. Der sowjetischen Regierung lag ebenso daran, diese zeitraubenden Verhandlungen mit der zögernden chinesischen Regierung zu Ende zu bringen, wie auch daran, in den Krieg gegen Japan noch aktiv einzugreifen. In Potsdam berichtete Stalin über den japanischen Friedensfühler. Hier stand man nun vor der Frage, ob man auf das japanische Angebot eines Verhandlungsfriedens eingehen oder aber auf der Forderung der bedingungslosen Kapitulation ebenso bestehen sollte, wie man es Deutschland gegenüber getan hatte. Churchill kam Überlegungen Trumans entgegen, wenn er dafür plädierte, von dieser starren Forderung abzuweichen, um den Krieg gegen Japan um so schneller beenden zu können. Beide einigten sich auf die sogenannte Potsdamer Deklaration, die von hier aus an Japan gerichtet wurde[16]. Sie beginnt mit einer Bekräftigung der britisch-amerikanischen Entschlossenheit, den Krieg bis zur völligen Niederwerfung Japans fortzuführen. Daneben aber enthält sie einige positive Aussagen über das zukünftige Japan. Die japanische Souveränität sollte auf die vier Hauptinseln und auf einige noch zu bestimmende kleinere Inseln beschränkt werden. Das war eine klare Ankündigung über den territorialen Rahmen, in dem Japan als Staat fortbestehen würde. Weiter heißt es: »Den Angehörigen der japanischen Streitkräfte wird nach ihrer Entwaffnung erlaubt werden, in ihre Heimstätten zurückzukehren, wo sie Gelegenheit haben werden, ein tätiges und friedliches Leben zu führen.« Das bedeutete also: Entlassung der japanischen Soldaten nach der Kapitulation, keine Überführung in

Gefangenschaft, keine Verwendung zu Zwangsarbeit. Kriegsverbrecher sollten durch ein internationales Gericht abgeurteilt werden. Hinsichtlich der japanischen Wirtschaft hieß es, daß das Land jene Industrien beibehalten dürfe, die es ihm ermöglichen würden, angemessene Wiedergutmachung in Sachlieferungen zu leisten. Potentielle Kriegsindustrien wurden nicht zugelassen. Japan sollte besetzt werden, aber nur, bis die Ziele der Kapitulation verwirklicht und eine verantwortliche, friedliche Regierung gebildet seien. Wenn schließlich die bedingungslose Kapitulation der Streitkräfte gefordert wurde, so sicherte diese Deklaration dem besiegten Japan doch zugleich die Grundbedingungen für den Fortbestand seiner staatlichen Existenz zu: ungeteiltes Staatsterritorium, eigene Regierung. Im Unterschied zu der vollkommenen Unterwerfung Deutschlands, wie sie in der Berliner Erklärung vom 5. Juni proklamiert worden war, wurde in der Potsdamer Deklaration vom 26. Juli den Japanern also keine bedingungslose Kapitulation abverlangt. Japan ließ sich auf diese Deklaration jedoch zunächst nicht ein. Darauf erhielt die amerikanische Luftwaffe die Anweisung zum Abwurf der Atombombe. Am 6. August, d. h. wenige Tage nach Abschluß der Potsdamer Konferenz, wurde Hiroshima zerstört. Zwei Tage später, am 8. August, erklärte die Sowjetunion unter Bruch des erst im April 1946 auslaufenden Neutralitätspaktes den Krieg an Japan. Am 9. August fiel die zweite Atombombe auf Nagasaki nieder, und wieder am nächsten Tag, am 10. August, kündete der japanische Rundfunk die Bereitschaft der Regierung an, aufgrund der in der Potsdamer Deklaration festgelegten Bedingungen zu kapitulieren. Hierbei machte sie aber einen Vorbehalt hinsichtlich der Stellung des japanischen Kaisers: dessen Vorrechte als eines souveränen Herrschers sollten unangetastet bleiben. Zwischen Washington, Moskau, London und Nanking wurde nunmehr beraten, wie weit man auf diesen japanischen Vorbehalt eingehen sollte. Der amerikanische Antwortentwurf sprach von der Autorität des Kaisers, der allerdings auf Zeit der Autorität des amerikanischen Oberbefehlshabers unterstehen werde, sicherte aber noch einmal ausdrücklich zu, daß die endgültige Regierungsform Japans dem frei zum Ausdruck gebrachten Willen des japanischen Volkes entsprechen solle. Moskau verlangte zunächst, daß die Sowjetunion an der Militärregierung in Japan beteiligt werde und daß zum mindesten die Ernennung eines alliierten Oberbefehlshabers nur mit ihrer Zustimmung erfolge. Diese Forderungen wurden von Washington nicht akzeptiert. »Ich war entschlossen«, so berichtet Truman, »bei der Besetzung Japans nicht wieder so wie in Deutschland vorzugehen. Ich wollte weder eine mehrköpfige Kontrolle noch mehrere Zonen. Den Russen durfte keine Gelegenheit gegeben werden, sich wie in Deutschland und Österreich zu verhalten.«[17] Von der britischen Labour-Regierung kam der Vorschlag, von dem japanischen Kaiser nicht, wie es die Amerikaner ursprünglich beabsichtigten, zu verlangen, persönlich die Kapitulationsurkunde zu unterzeichnen; es genüge, wenn die Kapitulation in seinem Auftrage erfolge. In diesem Sinne ist das japanische Kapitulationsangebot durch die USA-Regierung namens der Alliierten beantwortet worden. Darauf teilte die japanische Regierung am 14. August unter Vermittlung der Schweiz den Alliierten mit, daß der Kaiser bereit sei, der Regierung und dem Oberkommando den Befehl zu erteilen, die Kapitulation aufgrund der Potsdamer Bedingungen zu vollziehen. Die Kapitulationsurkunde wurde am 2. September 1945 an Bord des amerikanischen Schlachtschiffes »Missouri« in der Bucht von Tokio unterzeichnet.

Japan und Deutschland hatten ihre parallelen Kriege um imperialistische Machtausweitung im asiatisch-pazifischen und im europäischen Raum geführt. In der Zeit vom japanischen Angriff auf Pearl Harbor bis zur deutschen Kapitulation war es ein Weltkrieg. Der japanische militärische Angriff hatte eher eingesetzt als der deutsche, und der Kampf um Japan dauerte länger als der um Deutschland. Beide Mächte sind mit ihrer imperialistischen Zielsetzung gescheitert. Beide erlitten eine totale militärische Niederlage. Das Ergebnis aber für das Schicksal der beiden Völker war völlig unterschiedlich. Japan behielt mit einem ungeteilten staatlichen Kernterritorium und einer eigenen Regierung unter vorübergehender Besatzung durch eine einzige der Siegermächte seine Staatlichkeit. Die historische Kontinuität durch die Wandlungen der geschichtlichen Epochen hindurch blieb in der wenn auch neu verstandenen Institution des Kaisertums erhalten. In der konkreten Person des Kaisers Hirohito aber, der in der Zeit der konstitutionellen Monarchie im Jahre 1926 sein Amt angetreten, der den japanischen Imperialismus nach außen und die Herrschaft des Militärs im Innern mit seinem Namen gedeckt, der die Verantwortung für die Kapitulation übernommen hatte und nun eine unter amerikanischer Einwirkung sich vollziehende innere und äußere Neuorientierung durch sein Immer-noch-Dabeisein begleiten sollte, besaß die japanische Nation in Schuld und Schicksal ihrer jüngsten Geschichte ein Symbol der Übereinstimmung mit sich selbst. Für Deutschland hingegen schuf nach dem Ende des Reiches die Potsdamer Konferenz keine Voraussetzungen zur Neuartikulierung eines historischen und nationalen Identitätsbewußtseins.

E. Deuerlein, Deklamation oder Ersatzfrieden? Die Konferenz von Potsdam 1945 (1970); ders., Potsdam 1945. Quellen zur Konferenz der »Großen Drei« (1963); F. Faust, Das Potsdamer Abkommen u. seine völkerrechtl. Bedeutung (⁴1969); H. Feis, Zwischen Krieg u. Frieden. Das Potsdamer Abkommen (a. d. Amerik. 1962). – Dok. u. allg. Lit. s. Kap. 1; dort auch Memoiren von Truman, Churchill u. Eden; ferner B. Cochran, Harry Truman and the crisis presidency (New York 1973); J. F. Byrnes, In aller Offenheit (a. d. Amerik. o. J., 1949); ders., All in One Lifetime (New York 1958); C. R. Attlee, As it happened (1954); F. Williams, Ernest Bevin. Portrait of a great Englishman (London 1959); A. Bullock, The Life and Times of Ernest Bevin, bisher 2 Bde., bis 1945 (London 1960, 1967); G. K. Schukow, Erinnerungen u. Gedanken (a. d. Russ. 1969).

[1] K.-H. Minuth, »Eiserner Vorhang«. Zur Gesch. eines polit. Schlagworts unserer Zeit, GWU 15 (1964), weist nach, daß der Begriff aus der dt. Propagandasprache stammt.
[2] Churchill, Der Zw. Weltkrieg 6, 2, S. 298; zu der Auseinandersetzung vgl. auch Truman, Memoiren 1, S. 279 ff., sowie T. Sharp, The Wartime Alliance and the Zonal Division of Germany (Oxford 1975), Kap. 5; St. Ambrose, Eisenhower and Berlin: The Decision to halt at the Elbe (Garden City 1967).
[3] E. Birke/R. Neumann (Hg.), Die Sowjetisierung Ost-Mitteleuropas. Untersuchungen zu ihrem Ablauf in den einzelnen Ländern (1959); K. Hoensch, Sowj. Osteuropapolitik 1945 bis 1955, in: D. Geyer (Hg.), Osteuropahandbuch. Sowjetunion, Außenpolitik 1917–1955 (1972).
[4] Churchill, Der Zw. Weltkrieg 6, 2, S. 246 f.
[5] 27. 5. 1945, ebd., S. 267 ff.
[6] Art. 2 des Vertrages lautet: »Im Falle, daß einer der Vertragschließenden Teile zum Objekt kriegerischer Handlungen seitens einer oder mehre-

rer dritter Mächte wird, wird der andere Vertragschließende Teil während der ganzen Dauer des Konflikts Neutralität beobachten.« Der Vertrag galt zunächst für fünf Jahre. Vgl. Bd. 21, Kap. 7, Anm. 5.
[7] Truman, Memoiren 1, S. 311.
[8] Byrnes, In aller Offenheit, S. 101 f.
[9] Truman, Memoiren 1, S. 343.
[10] Churchill, Der Zw. Weltkrieg 6, 2, S. 246 f.
[11] Vgl. hierzu G. Kolko, The Politics of War (New York 1968), S. 499 bis 502, sowie B. Kuklick, American Policy and the Division of Germany (Ithaca 1972), S. 98 ff. Ausgewogene Darstellung des Gesamtzusammenhanges bei J. L. Gaddis, The United States and the Origins of the Cold War 1941–1947 (New York 1972), Kap. 6.
[12] Die Kapitalinvestitionen stiegen in den USA von 2,5 Mrd. Dollar im Jahre 1939 auf 4,7 Mrd. im Jahre 1945 u. 7,4 Mrd. 1946. Das Anlagevermögen der größeren amerik. Industriebranchen stieg von 50,166 Mrd. Dollar 1937 auf 113,394 Mrd. 1948. Die

industrielle Produktion wuchs von 1939 bis 1947 von 57 auf 100 an (Rohmetalle von 52 auf 100, Maschinenbau von 38 auf 100, Elektroindustrie von 35 auf 100, Transportausrüstung von 49 auf 100, chemische Produkte von 46 auf 100, Nahrungsmittel von 65 auf 100). Zahlen aus: Historical Statistics of the United States. Colonial times to 1957, hg. U.S. Dpt. of Commerce (Washington 1957).

[13] Vgl. hierzu die Berichte des Sonderbotschafters HOPKINS von seiner Mission nach Moskau Ende Mai 1945 in: The Conference of Berlin 1945, 1, S. 725 ff.

[14] TRUMAN, Memoiren 1, S. 316.

[15] BYRNES, In aller Offenheit, S. 112.
[16] Text TRUMAN, Memoiren 1, S. 394 ff., u. CHURCHILL, Der Zw. Weltkrieg 6, 2, S. 339 ff.
[17] Zur Beendigung des ostasiatischen Krieges vgl. G. ALPEROVITCH, Atomare Diplomatie. Hiroshima u. Potsdam (a. d. Amerik. 1966); H. FEIS, Japan Subdued. The Atomic Bomb and the End of World War II (² Princeton 1966); T. HATTORI, Japans Weg aus dem Zw. Weltkrieg, in: A. HILLGRUBER (Hg.), Probleme des Zw. Weltkrieges (1967); W. CRAIG, Als Japans Sonne unterging. Das Ende des Krieges im Pazifik 1945 (a. d. Amerik. Wien 1970).

Kapitel 4
Die Konferenz von Potsdam: europäische und deutsche Fragen

Die Begegnung zwischen Stalin, Truman und Churchill bzw. Attlee in Potsdam vom 17. Juli bis 2. August 1945 war das letzte Treffen der führenden Staatsmänner der drei Hauptmächte, die den Krieg gegen Deutschland geführt hatten. Sie standen nun vor der Aufgabe, Europa eine neue Ordnung zu geben. Die Ergebnisse der Verhandlungen sind in einem zunächst nicht vollständig veröffentlichten Protokoll festgehalten worden. Eine Kurzfassung brachte unmittelbar im Anschluß an die Konferenz das Amtsblatt des Kontrollrates in Deutschland als Kommuniqué heraus. Dieses wird gewöhnlich als »Abkommen von Potsdam« bezeichnet[1]. Das eigentliche Konferenzprotokoll wurde erst im Jahre 1947 durch die Regierung der Vereinigten Staaten veröffentlicht. Es ist eine Aufzählung von Regierungsvereinbarungen zwischen den in Potsdam versammelten Staatsmännern. Ihrem Charakter nach sind die einzelnen Vereinbarungen Kompromisse in bestimmten Interessenfragen wie polnische Westgrenzen und Reparationen, in sich widersprüchliche Aussagen wie über die zukünftige politische Form Deutschlands, unpräzise Formulierungen politischer Grundsätze wie die vieldeutige Demokratisierungsforderung oder auch einfach Benennung von ungelösten Fragen, deren endgültige Regelung aufgeschoben wurde. Die weltpolitisch wichtige »Potsdamer

Deklaration« über die künftige Behandlung Japans (s. Kap. 3) hat in dem offiziellen Protokoll überhaupt keinen Niederschlag gefunden, da die zum Unwillen Stalins hierbei übergangene Sowjetunion während der Dauer der Konferenz noch nicht am ostasiatischen Krieg beteiligt war. Auch in den europäischen und deutschen Fragen kam es in Potsdam nicht zur Einigung der Mächte auf genau durchdachte gemeinsame politische und wirtschaftliche Zielvorstellungen. Insofern kündigte die Konferenz das Ende eines Bündnisses an, das nur durch den gemeinsamen Gegner, aber nicht durch gemeinsame Kriegsziele zusammengehalten worden war. Trotz der verbalen Bekräftigung des Willens zur Zusammenarbeit und Verständigung dokumentiert sich in den Potsdamer Beschlüssen die beginnende Spaltung Europas und Deutschlands.

Die Interessengegensätze der Mächte, die in der Deutschlandfrage hart aufeinander stießen, zeigten sich schon in einer Reihe von Bestimmungen des Konferenzprotokolls über außerdeutsche Angelegenheiten. Am Rande der europäischen Fragen lag das persische Problem. Schon vor dem Ersten Weltkrieg hatten Rußland und England um Einflußzonen in Persien gerungen. Das Land hatte im Zweiten Weltkrieg Bedeutung gewonnen als Nachschubweg für amerikanische Kriegslieferungen an die Sowjetunion. Es war zur Sicherung dieser Verbindung durch britische Kräfte von Süden, durch russische von Norden her besetzt worden. In Jalta war man übereingekommen, die Unabhängigkeit des Iran nicht anzutasten, nach dem Kriege die Besatzungstruppen zurückzuziehen und dem Land wirtschaftliche Hilfe zu geben. Das hinderte die am nordpersischen Öl interessierte Sowjetunion aber nicht, in den an die Unionsrepublik Aserbeidschan angrenzenden Gebieten eine Separationsbewegung zum Mißfallen besonders der Briten zu unterstützen. Ohne daß das Problem, das später den Sicherheitsrat der Vereinten Nationen beschäftigen sollte, in Potsdam gelöst worden wäre, vereinbarte man, mit der Räumung des Landes zu beginnen. Auch im Mittelmeerraum meldete die Sowjetunion Interessen an. Was die Meerengen anlangte, so wurde festgestellt, daß die im Jahre 1936 in Montreux abgeschlossene Konvention, die den Türken die ausschließliche und volle Kontrolle gegeben hatte, revisionsbedürftig sei und Gegenstand späterer Verhandlungen werden solle. Offen blieb die Frage einer Revision des Statuts über die internationale Zone von Tanger, an deren Kontrolle sich die Sowjets zu beteiligen wünschten. Ein Vorschlag der Sowjetregierung, sich treuhänderisch an der Verwaltung ehemaliger italienischer Kolonien in Nordafrika zu beteiligen, wurde für spätere Verhandlungen aufgeschoben. In Rumänien hatte die sowjetische Besatzungsmacht amerikanisches und britisches Öleigentum konfisziert. Eine Beschwerde Churchills führte lediglich zu der Protokollvereinbarung, eine Sachverständigenkommission einzusetzen. Über ein anderes südosteuropäisches Problem, die Verfahrensrevision bei den alliierten Kontrollkommissionen in Rumänien, Bulgarien und Ungarn, wurde eine ausgleichende Formulierung vereinbart, ohne daß den westlichen Mitgliedern dieser Kommissionen die von ihnen verlangte ungehinderte Bewegungs- und Informationsfreiheit garantiert worden wäre. Ein Barometer für den Grad der Entfremdung zwischen den Kriegsalliierten war der amerikanische Vorschlag, wichtige Binnenwasserstraßen in Europa zu internationalisieren, eine Lieblingsidee Trumans. Dieser Vorschlag betraf u. a. den Rhein, aber auch die Donau, den Wasserweg, der durch den sowjetischen Machtbereich Südosteuropas führte. Truman sah hierin einen Testfall für die sowjetische Bereitschaft zur internationalen Zusammenarbeit. Der Gedanke fand aber keine Gegenliebe auf sowjetischer Seite. Er wurde dem Rat der Außenminister zur weiteren Behandlung überwiesen. Truman schrieb später in seinen Erinnerungen, es sei gerade die Ablehnung dieses Planes der Internationalisierung der großen Binnenwasserstraßen gewesen, die ihm in Potsdam die Augen geöffnet habe.

Um die in Potsdam nicht gelösten oder nicht behandelten Fragen weiterzuführen, wurde ein »Rat der Außenminister« unter Beteiligung Großbritanniens, der Sowjetunion, der Vereinigten Staaten, Frankreichs und Chinas geschaffen. Er erhielt als »vordringliche und wichtige Aufgabe« die Vorbereitung der Friedensverträge für Italien, Rumänien, Bulgarien und Finnland. Ferner sollte er »zur Vorbereitung einer friedlichen Regelung für Deutschland benutzt werden, damit das entsprechende Dokument durch die für diesen Zweck geeignete Regierung Deutschlands angenommen werden kann, nachdem eine solche Regierung gebildet sein wird«[2]. Diese Formulierung geht also von der Annahme aus, daß Deutschland nach der Periode der Kapitulation und Besatzungsherrschaft eines Tages wieder eine Regierung haben, also als Staat bestehen werde. »Bis auf weiteres«, so hieß es allerdings in den eigentlichen Deutschlandbestimmungen des Protokolls, »wird keine zentrale deutsche Regierung errichtet werden.« Man wollte es zunächst bei der Einrichtung zentraler deutscher Verwaltungsbehörden unter Staatssekretären belassen, besonders für Finanzen, Transport, Verkehrswesen, Außenhandel und Industrie. Diese Behörden sollten »unter der Leitung des Kontrollrats« stehen. Dachte man nun an die Wiedererstehung eines deutschen Staates oder nicht? Stand hinter der Suspendierung der Frage nach der deutschen Einheit die Vorstellung, daß sie später im positiven Sinne beantwortet werden sollte, oder rechnete man unausgesprochen bereits damit, daß die Abgrenzung der militärischen Besatzungszonen im Endergebnis zur wirtschaftlichen und politischen Teilung Deutschlands führen werde? Die Protokollformulierungen sind ein Reflex der Unbestimmtheit in den Vorstellungen der alliierten Staatsmänner. Die Unsicherheit in der Frage, wer von ihnen und wer nicht in Potsdam die Einheit oder die Teilung Deutschlands gewollt habe, spiegelt sich in der wissenschaftlichen Literatur wider, die auch nach Veröffentlichung der Konferenzpapiere nicht zu einem einheitlichen Urteil gelangt ist.

Die Frage der deutschen Einheit war auf der Konferenz eng verklammert mit den Fragen der polnischen Westgrenze, der Reparationen und der wirtschaftlichen Bestimmungen für Deutschland[3]. Der Zusammenhang dieser Fragen wird am besten deutlich, wenn man von der Relation des Wirtschaftspotentials zwischen den westlichen Besatzungszonen und der sowjetischen Besatzungszone ausgeht. Dabei ist das Reichsgebiet in den Grenzen von 1937 zugrunde zu legen, wie es auch die Konferenzteilnehmer von Potsdam als Ausgangspunkt für ihre Überlegungen vereinbarten. Die Gebiete ostwärts der Oder-Neiße-Linie lagen innerhalb dieser Grenze. Sie gehörten aufgrund der Vereinbarungen von Jalta zur sowjetischen Besatzungszone, wenn sie auch inzwischen unter polnische Verwaltung gestellt worden waren. Die westlichen Besatzungszonen umfaßten ohne Berlin 52,7% des ehemaligen Reichsgebietes und 58% der Bevölkerung. Ihr Anteil am Vorkriegsbruttosozialprodukt betrug (ohne Saar) 58%. Dabei lag in der landwirtschaftlichen Produktion der Anteil der westlichen Besatzungszonen unter ihrem Gesamtanteil am Bruttosozialprodukt: bei Getreide 45%, bei Kartoffeln und Zuckerrüben je 35%. Man stritt sich in Potsdam um die Ziffern. Offiziell vertrat der amerikanische Staatssekretär Byrnes die These, daß durch die militärische Demarkationslinie das deutsche Nationalvermögen je zu 50% auf die sowjetische und die westlichen Zonen aufgeteilt sei.

Korrekter gab Molotow das Verhältnis mit 58 zu 42 an (über das Verhältnis des wirtschaftlichen Potentials der sowjetischen Besatzungszone ohne die deutschen Ostgebiete zu dem der westlichen Zonen vgl. Kap. 12). Unbestritten aber war, daß die westlichen Zonen einen erheblichen Einfuhrbedarf an Lebensmitteln hatten, besonders da sich durch den Flüchtlingszustrom von Ost nach West die Bevölkerungsrelation ständig verschob. Die Lebensmittel, die die westdeutsche Bevölkerung zusätzlich benötigte, konnten auch bei gesenktem Lebensstandard nur dann innerhalb Deutschlands aufgebracht werden, wenn man die verschiedenen Zonen als ein einheitliches Wirtschaftsgebiet behandelte. Wenn das nicht geschah, mußte Westdeutschland instand gesetzt werden, sich durch Export von Industrieprodukten die notwendigen Importe an Rohstoffen und Lebensmitteln zu beschaffen. In der Industriewirtschaft besaßen die westlichen Zonen ein Übergewicht über den sowjetisch kontrollierten Bereich, jedoch galt dies keineswegs für alle Zweige der Industrie. Wenn die Schwerindustrie – neben dem oberschlesischen Kohlenrevier – zu einem wesentlichen Teil im Ruhrgebiet konzentriert war, so besaß Mittel- und Ostdeutschland eine Überlegenheit in der optischen Industrie, in der Produktion bestimmter Nichteisenerze und in einigen Bereichen der Motoren- und Textilindustrie. Etwa ein Fünftel der Industrieprodukte, die die westliche Wirtschaft vor dem Kriege benötigte, kam aus den mittleren und östlichen Teilen Deutschlands. Am stärksten waren wirtschaftlich aufeinander angewiesen die britische Zone mit ihrem Übergewicht von Kohle und Eisen an der Ruhr und die sowjetische Gesamtzone mit ihrer relativ geringen Schwerindustrie. Großbritannien und die Sowjetunion besaßen daher ein stärkeres Motiv und waren eher geneigt als die Vereinigten Staaten, Deutschland als wirtschaftliche Einheit zu behandeln. Für das Kernstück der deutschen Industrie, das Ruhrgebiet, war eine internationale Verwaltung vorgesehen. Die Sowjetunion vertrat mit Nachdruck die Forderung, hieran beteiligt zu werden. Aber die Westmächte waren sich einig in der Ablehnung dieses Verlangens. Inzwischen waren von seiten der Sowjetunion einseitig Faktoren geschaffen worden, die im Widerspruch zu ihrer Forderung standen, Deutschland als ein einheitliches Wirtschaftsgebiet zu behandeln: sie hatte die Gebiete ostwärts der Oder-Neiße-Linie faktisch abgetrennt und polnischer Verwaltung unterstellt, sie hatte in ihrer Besatzungszone westlich der Oder-Neiße eigene

Zentralverwaltungen errichtet, sie hatte gleichzeitig begonnen, einen Prozeß tiefgreifender wirtschaftlicher und sozialer Umgestaltungen in Gang zu setzen, und sie behandelte ihre Zone als ein eigenes Reparationsgebiet, dessen Substanz und Produktion sie für ihre Zwecke ausnutzte, ohne bereit zu sein, über das Maß der Entnahmen Rechenschaft abzulegen.

In Jalta waren die Alliierten übereingekommen, daß die Sowjetunion einen Anteil von 50% am Gesamtaufkommen der Reparationen erhalten sollte. Die in Jalta genannte absolute Ziffer von 20 Milliarden Dollar und davon 10 Milliarden für die Sowjetunion wurde allerdings in Potsdam von den Westmächten lediglich als eine Diskussionsgrundlage, von der Sowjetunion hingegen als eine bereits getroffene feste Vereinbarung betrachtet. Wie aber sollte überhaupt die Reparationsfrage als wirtschaftliches Gesamtproblem gelöst werden können, wenn Deutschland nicht als einheitlicher Wirtschaftsraum behandelt wurde? Es kam deswegen in Potsdam zu heftigen Auseinandersetzungen über die Abtretung der deutschen Ostgebiete an Polen. Truman verlangte, wie es in der amerikanischen Verhandlungsniederschrift heißt, die Besatzungszonen so zu lassen, wie man sie festgelegt habe. »Jeder andere Weg werde die Reparationen sehr erschweren, besonders wenn ein Teil des deutschen Gebietes schon verloren sei, bevor man eine Einigung über Höhe und Art der Reparationen erzielt habe.«[4] Auch Churchill und Eden wie nach ihnen Attlee und Bevin widersetzten sich einer solchen Schaffung vollendeter Tatsachen. Sie wiesen darauf hin, daß die ostdeutsche Landwirtschaft für die deutsche Gesamtwirtschaft lebensnotwendig sei. Freilich war ihre Haltung in sich widersprüchlich, hatte doch gerade Churchill bereits in Teheran einer Westverschiebung Polens zugestimmt. Wenn man aber überhaupt einer sehr weitgehenden Abtretung deutscher Ostgebiete das Wort redete, dann war unter dem Aspekt der deutschen Gesamtwirtschaft und also auch der Reparationen die Frage nicht mehr von ausschlaggebender Bedeutung, ob die polnische Westgrenze in etwa durch die Oder-Linie, wovon Churchill gesprochen hatte, oder durch die Oder-Neiße-Linie bestimmt wurde, wie es die Sowjetunion und die in Potsdam ihre Forderungen vertretende provisorische polnische Regierung verlangten. Da es aber unmöglich war, die bereits vollzogene Westverschiebung Polens rückgängig zu machen, und da das unmittelbare sowjetische Besatzungsgebiet infolgedessen auf den schmalen Raum zwischen Elbe-Werra und

Oder-Neiße reduziert wurde, lag es im wirtschaftlichen Interesse der Westmächte, das Potsdamer Rumpfdeutschland, dessen agrarische Ostgebiete amputiert waren, nicht mehr als ein einheitliches Reparationsgebiet zu behandeln. Und umgekehrt lag es im Interesse der Sowjetunion, eben dieses zu verlangen. Hinzu kam eine unterschiedliche Auffassung über die Art der Reparationen. Die Sowjetunion wünschte Reparationen sowohl aus der Substanz als auch aus der Produktion und verfuhr dementsprechend in ihrem Besatzungsbereich. Das war verständlich nach den Zerstörungen, die Rußland im Kriege erlitten hatte, und angesichts der Aussichtslosigkeit, amerikanische Kredite zu erlangen. Andererseits standen die Westmächte unter dem Eindruck der Erfahrungen, die sie mit den Reparationen nach dem Ersten Weltkrieg gemacht hatten. Das damals angewendete Prinzip, die Reparationen aus der laufenden Wirtschaft aufzubringen, hatte zu dem paradoxen Ergebnis geführt, daß ein forcierter deutscher Industrieexport einen erheblichen Konkurrenzdruck auf den Weltmärkten ausübte und daß, um die deutsche Industrie hierzu überhaupt instand zu setzen, sogar erhebliche ausländische Kredite hatten zur Verfügung gestellt werden müssen. Dem wollten die Westmächte nun vorbeugen, indem sie sich für die Reparationsleistungen auf Industriedemontage beschränkten. Die deutschen Exporte sollten mit Priorität für die Finanzierung der notwendigen Importe verwendet werden. Die sowjetische Gegenthese, von Botschafter Maiski vertreten, lautete: »Grundsätzlich vertreten wir Russen die Ansicht, daß im Falle eines Konfliktes zwischen Reparationen und Einfuhren die Einfuhren hintan stehen müssen.«[5] Auf die Fixierung einer absoluten Summe für die Reparationen ließ sich der Westen nicht ein. Man ließ diese Frage offen und machte sie abhängig davon, wie sich die deutsche Wirtschaft auf dem Niveau einpendeln würde, für dessen Normierung Ost und West eine gemeinsame Formel fanden. Die deutsche Industriekapazität zu reduzieren, war neben den Reparationen der eigentliche Zweck der Demontagen. Man kam zu folgendem Beschluß (Art. 11): »Um Deutschlands Kriegspotential zu vernichten, soll die Produktion von Waffen, Munition und Kriegsgerät sowie aller Flugzeug- und Schiffstypen verboten und verhindert werden. Die Produktion von Metallen, Chemikalien, Maschinen und anderen Gegenständen, die für eine Kriegswirtschaft unmittelbar notwendig sind, soll streng kontrolliert und auf die genehmigten Nachkriegs-Friedensbedürfnisse Deutschlands beschränkt werden. Die für die erlaubte Produktion nicht erforderte Produktionskapazität soll in Übereinstimmung mit dem von der alliierten Reparationskommission empfohlenen und von den betreffenden Regierungen gebilligten Reparationsplan entfernt oder zerstört werden.« Um die Leistungsfähigkeit der deutschen Wirtschaft zu mindern, sollte sie außerdem dezentralisiert, d. h. Kartelle, Syndikate, Trusts, zerschlagen, und im übrigen »das Hauptgewicht auf die Entwicklung der Landwirtschaft und der friedlichen Industrien für den Inlandsbedarf gelegt werden« (Art. 13). Was war unter den »genehmigten Nachkriegs-Friedensbedürfnissen« bzw. dem »Inlandsbedarf« zu verstehen? Die Amerikaner gingen vom Begriff des Lebensstandards aus, den sie für eine bestimmte Höhe zu fixieren suchten. Hierzu sagte die Anweisung der vereinigten amerikanischen Generalstäbe an Eisenhower, JCS 1067/6 vom April 1945: »Sie werden ... nichts unternehmen, was geeignet wäre, die grundlegenden Lebensbedingungen in Deutschland oder in ihrer Zone auf einem höheren Stand zu halten als in irgendeinem benachbarten Mitgliedstaat der Vereinten Nationen.« Das Potsdamer Protokoll sprach dann von der Gewährleistung »eines durchschnittlichen Lebensstandards in Deutschland ..., der den Durchschnitt des Lebensstandards der europäischen Völker nicht überschreitet«, wobei in der Berechnung Großbritannien und die Sowjetunion außer Betracht bleiben sollten. Diese Formulierungen waren Ausdruck einer Widersprüchlichkeit, die in der Situation selber lag. Wenn Deutschland irgendwie eine Lebensmöglichkeit behalten sollte, konnte man nicht die landwirtschaftlichen Überschußgebiete des Ostens losreißen und zugleich die Industrie abbauen. Dazu kam ein anderes. Die unmittelbar drängende Aufgabe, der sich die Militärregierung gegenübersah, war die Ingangsetzung der Kohlenförderung, der Landwirtschaft, der Bahnen, der Versorgungsbetriebe. Da die Alliierten aufgrund der von ihnen geforderten totalen Kapitulation die Verantwortung für die Verwaltung der deutschen Dinge übernommen hatten, kamen diese Probleme unmittelbar auf sie zu. Das Amt stellte Anforderungen, denen sich seine Träger nicht entziehen konnten. So standen die Alliierten im Chaos des Jahres 1945, noch ganz erfüllt von der Kriegsvorstellung, Deutschlands militärische und politische Kraft zu zerbrechen, nach einer treffenden Formulierung Churchills eigentlich mehr vor der Aufgabe, Deutschland aufrechtzuerhalten als es niederzuhalten.

4. Die Konferenz von Potsdam: europäische und deutsche Fragen

Zeitweise schien es, als werde sich die Konferenz an den unterschiedlichen Auffassungen zur Frage der Ostgebiete, der Reparationen und der deutschen Wirtschaftseinheit festfahren. Erst gegen Ende der Beratungen gelangte man auf amerikanischen Vorschlag dazu, die verschiedenen strittigen Fragen zu einem Paket zu verbinden und Kompromisse zu vereinbaren. Auf der einen Seite anerkannten die Westmächte, daß die deutschen Gebiete ostwärts von Oder-Neiße unter polnischer Verwaltung stehen würden. Allerdings sollte die endgültige Festlegung der Grenze einem künftigen Friedensvertrag vorbehalten bleiben. Sie stimmten, wenn auch unter humanitären Vorbehalten, der Vertreibung der Ostdeutschen zu, ohne sich von Stalin täuschen zu lassen, der seine Gesprächspartner zunächst glauben machen wollte, alle Deutschen seien geflohen. In Wirklichkeit lebten zur Zeit der Potsdamer Konferenz in den unter polnische Verwaltung gestellten Ostgebieten noch etwa 5,6 Mio., d.h. rund die Hälfte der ehedem dort ansässigen Deutschen. Da die Ostgebiete nunmehr auch von den Westmächten nicht mehr als Teile der sowjetischen Besatzungszone betrachtet wurden, fielen sie auch aus der Zuständigkeit des Kontrollrates heraus. Für das nördliche Ostpreußen mit Königsberg erklärten die beiden Westmächte, daß sie bei der kommenden Friedensregelung den sowjetischen Annexionswunsch unterstützen wollten. Die Sowjetunion andererseits gestand zu, daß die Reparationsansprüche aus den jeweiligen Besatzungszonen gedeckt werden sollten. Dies war die Konsequenz aus den vollendeten Tatsachen, die sie in den deutschen Ostgebieten und in ihrer Besatzungszone geschaffen hatte. Dennoch sollte die Sowjetunion an der Ausbeutung der westlichen Zonen insofern beteiligt werden, als ihr 10% der im Westen demontierten Industrieanlagen als Reparationsanteil zugesprochen wurden und darüber hinaus 15% im Austausch gegen Industrie- und Agrarprodukte aus der Sowjetzone. Durch die Abtrennung der Ostgebiete, die Aufteilung Deutschlands in zwei Reparationszonen und die unterschiedliche Handhabung der Reparationen durch die Besatzungsmächte wurde die wirtschaftliche Teilung Deutschlands und damit auch die politische Teilung präjudiziert.

Die übrigen Bestimmungen über Deutschland, die sich im Potsdamer Protokoll finden, waren zwischen den drei Siegermächten nicht umstritten. Der Abschnitt über die »politischen Grundsätze« geht auf einen amerikanischen Entwurf und dieser wiederum auf die Jalta-Vereinbarungen zurück. Neben Entmilitarisierung[5a] und Ausrottung des Nationalsozialismus wurde als positives Ziel die »Umgestaltung des deutschen politischen Lebens auf demokratischer Grundlage« genannt. Dies war, wie sich herausstellen sollte, eine Leerformel, die kontradiktorisch ausgelegt werden konnte. Ähnlich unpräzise waren die in allgemeinen Formeln gehaltenen Aussagen über die Demokratisierung des Erziehungs- und des Gerichtswesens. Politische Parteien sollten in ganz Deutschland zugelassen werden, allerdings nur »demokratische«, wobei wiederum offen blieb, was unter diesem Begriff zu verstehen sei. Die »politischen Grundsätze« sprachen auch vom Wiederaufbau der Verwaltung in Deutschland, und zwar auf der kommunalen, regionalen, provinzialen und Länderebene, jedoch vorläufig ohne deutsche Zentralregierung und unter Betonung des Prinzips einer Dezentralisierung der politischen Struktur. Von nachhaltiger Bedeutung war die Vereinbarung, Kriegsverbrechen gerichtlich zu ahnden. Damit rückte das Potsdamer Abkommen von dem in früheren Konferenzen gelegentlich aufgetauchten Gedanken ab, summarische Exekutionen vorzunehmen. Die Gerichtsverfahren sollten zum frühestmöglichen Zeitpunkt beginnen. Sie richteten sich gegen individuell zur Verantwortung gezogene Personen. Darüber hinaus findet sich im Potsdamer Protokoll der Gedanke der dem deutschen Volk aufzuerlegenden Kollektivbuße. Es habe »die Verbrechen zu büßen, die unter der Leitung derer, welche es zur Zeit ihrer Erfolge offen gebilligt hat und welchen es blind gehorcht hat, begangen wurden«. Darum könnte es »sich nicht der Verantwortung entziehen«. Kollektivverantwortung bedeutet nicht eine Egalisierung des Schuldanteils der einzelnen Angehörigen des Volkes. Insofern ist diese zu unterscheiden von dem umstrittenen Begriff der Kollektivschuld. Auch in Deutschland ist gegen den Nationalsozialismus Widerstand geleistet worden. Und wenn die historische Tatsache des Widerstandes im Deutschlandbild der Potsdamer Konferenzdokumente neben Militarismus und Nationalsozialismus auch keinen Platz hatte, so sah doch das Protokoll immerhin unterschiedliche Behandlung von unterschiedlichen Kategorien von Deutschen vor: Verhaftung und Bestrafung für führende Nationalsozialisten, Entfernung aus öffentlichen Ämtern und verantwortlichen Stellungen in der Wirtschaft für überzeugte Anhänger der Partei, Mitwirkung an der Entwicklung demokratischer Einrichtungen von solchen Personen, die hierfür »nach ihren politischen und moralischen Eigenschaften fähig erschienen«

(vgl. Kap. 8). Dem deutschen Volke selber, seinen Gruppen, Schichten, Verbänden, Parteien und den einzelnen, stellte sich in der Nachkriegszeit die Abschätzung des Anteils an der Mitverantwortung für den Irrweg Deutschlands als eine unausweichliche zeitgeschichtliche Aufgabe. Es ist eine für die Entwicklung des politischen Selbstbewußtseins in Deutschland gravierende Frage, in welcher Weise insbesondere die dem Potsdamer Abkommen folgenden Nürnberger Prozesse und Entnazifizierungsverfahren eine solche kritische Selbstanalyse im deutschen Volke förderten oder hemmten.

Wenn man die Deutschland betreffenden Abkommen des Protokolls überblickt, so verhüllen die verwendeten Formeln die während der Konferenz zutage tretende Wirklichkeit eher, als daß sie sie klar erkennen ließen. Nirgendwo ist im Unterschied zu Jalta von einer Teilung Deutschlands die Rede, im Gegenteil: die Mächte sind im Kontrollrat für Deutschland insgesamt verantwortlich, zentrale Verwaltungsstellen sind vorgesehen, von einer zukünftigen deutschen Regierung und von einem Friedensvertrag für Deutschland ist die Rede, Deutschland soll als wirtschaftliche Einheit betrachtet werden, und die politischen Grundsätze der Entmilitarisierung, Entnazifizierung, Demokratisierung und Dezentralisierung sollen für das ganze Deutschland Geltung haben. In Wirklichkeit aber registrierte man in Potsdam resigniert die sich anbahnende staatliche, wirtschaftliche und politische Aufspaltung, da sowohl die Sowjetunion als auch die USA und Großbritannien die Erfahrung machten, daß beide Seiten nicht in der Lage waren, ihre in den gegenüberliegenden Machtbereich hineinreichenden Intentionen – Schicksal der Ostgebiete, Beteiligung an der Ruhrkontrolle, Reparationen – durchzusetzen. Stalin hatte, als sich die Niederlage Deutschlands abzeichnete, erklärt: »Dieser Krieg ist nicht wie in der Vergangenheit; wer immer ein Gebiet besetzt, erlegt ihm auch sein eigenes gesellschaftliches System auf. Jeder führt sein eigenes System ein, so weit seine Armee vordringen kann. Es kann gar nicht anders sein.«[6] Die nach der Kapitulation proklamierte Bekundung Stalins, es sei nicht die Absicht der Sowjetunion, »Deutschland zu zerstückeln oder zu vernichten«, widerspricht dem keineswegs[7], wenn man sie als Bekundung der Absicht versteht, den sowjetischen Einfluß auf das gesamte Deutschland auszudehnen. Aber diese Absicht fand ihre Grenze an der Tatsache, daß der deutsche Raum westlich der Elbe und Werra von Mächten okkupiert war, die eine Expansion der sowjetischen Kontrolle in ihren Besatzungsbereich nicht zuließen. Umgekehrt mußten die Westmächte die Grenzen erkennen, die die Demarkationslinie zur Sowjetzone für die Verwirklichung ihrer eigenen politischen und wirtschaftlichen Vorstellungen bedeutete. So sah der amerikanische Historiker und Diplomat George F. Kennan die Situation: »Die Idee, Deutschland gemeinsam mit den Russen regieren zu wollen, ist ein Wahn ... Wir haben keine andere Wahl, als unseren Teil von Deutschland – den Teil, für den wir und die Briten die Verantwortung übernommen haben – zu einer Form von Unabhängigkeit zu führen, die so befriedigend, so gesichert, so überlegen ist, daß der Osten sie nicht gefährden kann. Das ist eine gewaltige Aufgabe für Amerikaner. Aber sie läßt sich nicht umgehen; und hierüber, nicht über undurchführbare Pläne für eine gemeinsame Militärregierung, sollten wir uns Gedanken machen.«[8] Noch aber vergingen einige Jahre, bis die in Potsdam sich ankündigende Teilung Deutschlands unter dem Einfluß weltpolitischer Entwicklungen in ihren vollen Konsequenzen sichtbar wurde[9].

S. Lit zu Kap. 3; E. DEUERLEIN / A. FISCHER / E. MENZEL /G. WETTIG, Potsdam u. die dt. Frage (1970).

[1] Text von Abkommen u. Protokoll u. a. bei E. DEUERLEIN (Hg.), Potsdam 1945 (1970). Im Abkommen sind im wesentlichen solche Punkte des Protokolls weggelassen, die außerdt. Interessengegensätze zwischen den Mächten erkennen lassen.

[2] Im engl. Text »when«, also »dann, wenn ...«.

[3] Zur Reparationsfrage in Potsdam vgl. B. KUKLICK, American Policy and the Division of Germany. The Clash with Russia over Reparations (Ithaca u. London 1972), Kap. 6.

[4] Sitzung vom 21. 7. 1945; das amerik. u. sowj. Protokoll bei E. DEUERLEIN, Deklamation oder Ersatzfrieden, S. 122 ff.

[5] Zit. nach DEUERLEIN, Deklamation oder Ersatzfrieden, S. 121.

[5a] Dazu G. WETTIG, Entmilitarisierung u. Wiederbewaffnung in Dtld. 1943–1955 (1967).

[6] M. DJILAS, Gespräche mit Stalin (1962), S. 146.

[7] Einen Widerspruch sieht E. DEUERLEIN, Potsdam 1945, S. 119.

[8] G. F. KENNAN, Memoiren eines Diplomaten (a. d. Amerik. 1968), S. 262 f.

[9] Zu der Frage, wer verantwortlich für die in Potsdam beginnende Teilung Dtlds. sei, heben sich aus der Literatur drei Interpretationstypen heraus: 1. Die DDR-Literatur über Potsdam läßt sich weniger von der realistischen Äußerung Stalins leiten, daß der Sieger dem von ihm kontrollierten Gebiet sein eigenes gesellschaftliches System auferlege, als von einer moralisierenden Apologetik. Als typisch für die offizielle Geschichtsdeutung in der DDR mag folgender Satz aus dem Kollektivwerk »Dt. Geschichte« (1968) Bd. 3, S. 391 gelten: »An der festen Haltung der Sowjetunion scheiterten alle von den imperialistischen Machthabern der USA oder Großbritanniens ausgehenden Versuche, Dtld. zu zerstückeln, die dt. Friedenswirt-

schaft aus Konkurrenzgründen zu vernichten u. niederzuhalten oder dem dt. Imperialismus Brücken zu bauen.« Mit den wirklichen Vorgängen während der Konferenz hat diese Geschichtslegende nichts zu tun. 2. Die bisher gründlichste dt. Untersuchung auf der Basis der Konferenzmaterialien, E. DEUERLEIN, Deklamation oder Ersatzfrieden? (1970), vertritt die These, die amerik. Dtld.politik in Potsdam sei von dem Gedanken der polit. und wirtschaftl. Einheit bestimmt gewesen. Er beruft sich hierfür auf die im State Department ausgearbeiteten Richtlinien für die amerik. Konferenzdelegation, überprüft aber nicht, inwieweit sich Truman an diese Richtlinien durchgehend gebunden erachtete. 3. G. KOLKO, The Politics of War (1969) gelangt zu einem ganz anderen Bild. Die USA hätten von vornherein das Schwergewicht auf ihre eigene bzw. auf die Westzonen gelegt. Er unterstreicht die wirtschaftl. Motive, die von den amerik. Prämissen her gesehen für eine Teilung Dtlds. entlang der Demarkationslinie zur sowj. Besatzungszone sprachen, vernachlässigt aber, daß gerade Truman gegenüber Stalin von Dtld. in den Grenzen von 1937 als Position aus-

ging u. daß er zunächst auf der Linie des US-Memorandums mit der Notwendigkeit der wirtschaftl. Einheit Dtlds. argumentierte. – Folgende Faktoren des Vorgangs lassen sich festhalten: Der Kompromißvorschlag, der die Konferenz rettete, aber faktisch den Weg zur Teilung Dtlds. vorzeichnete, stammt von amerik. Seite. Er ergab sich als Reflex auf die vollendeten Tatsachen, die von sowj. Seite geschaffen waren, entsprach aber zugleich dem amerik. Wunsche, jede sowj. Einflußnahme auf die Westzonen, die sich aus der Behandlung Dtlds. als wirtschaftl. Einheit hätte ergeben können, zu verhindern. Es ist nicht zu übersehen, daß Truman nicht die Konfrontation mit der Sowjetunion in Europa und in Dtld. suchte und daß er, in seinen Hoffnungen enttäuscht, resigniert die Folgerungen zog. Von Truman selber liegen keine einschlägigen Äußerungen darüber vor, wie er im Grunde zur Einheit Dtlds. stand. Unbestreitbar war, auch nach Kolko, England in Potsdam nicht an einer Teilung Dtlds. interessiert. Es legte Wert auf die wirtschaftl. Einheit. Aber Attlee u. Bevin sahen keine Möglichkeit, sich dem amerik.-sowj. Schlußkompromiß zu entziehen.

Kapitel 5
Österreich in den Kriegszielplanungen der Alliierten.
Die Entstehung der Zweiten Republik

Beim Auseinanderbrechen des Reiches wurde Österreich wieder ein selbständiger Staat. Zwei Faktoren haben zusammengewirkt, um dieses Ergebnis herbeizuführen: die Maßnahmen der Alliierten und die Abwendung der Österreicher vom großdeutschen Gedanken. Die alliierten Planungen für Österreich während des Krieges waren im Ansatz grundverschieden von den Absichtserklärungen über Deutschland[1]. Österreich wurde als erstes Opfer der nationalsozialistischen Eroberungspolitik betrachtet, wenn auch in der Zeit vom März 1938 bis zum September 1939 alle Mächte sich mit dem Anschluß abgefunden hatten. Nachdem es aber zum Krieg gegen Deutschland gekommen war, sollte er auch der Befreiung Österreichs dienen. Allerdings gingen die alliierten Staatsmänner von unterschiedlichen Vorstellungen über die Zukunft Österreichs aus. Stalin hat in seiner ersten Besprechung mit dem britischen Außenminister Eden am 16. Dezember 1941 die Forderung erhoben, Österreich müsse als unabhängiger Staat wieder hergestellt werden. In Churchills Vorstellungen, wie er sie etwa in Teheran äußerte, war Wien der Mittelpunkt einer Donauföderation, zu der neben Österreich andere süddeutsche Staaten gehörten. Die von Churchill während des Krieges wiederholt verfolgten Pläne für ein frühzeitiges militärisches Eingreifen der Briten und Amerikaner im Donau- und Balkanraum sind im Zusammenhang mit diesem Gedanken zu sehen. Dazu kam so etwas wie ein schlechtes Gewissen gegenüber Österreich. Man erinnerte sich, daß die britische Politik im Jahre 1938 nichts getan hatte, um den Anschluß zu verhindern, ja ihn in gewisser Hinsicht begünstigt hatte. Den amerikanischen Interessen lag Österreich ferner. Roosevelt hat einmal gesagt, daß England für Südosteuropa zuständig sei. Er wollte amerikanische Truppen weder in einem Südost-Feldzug engagieren, noch lag ihm daran, sich an der Besetzung Österreichs zu beteiligen. Churchill aber legte gerade auf eine Beteiligung der Westalliierten an der militärischen Kontrolle über Österreich entscheidenden Wert. Das Schicksal Österreichs wurde zum Gegenstand interalliierter Besprechungen auf der Moskauer Außenministerkonferenz im Oktober 1943. Hier erklärte der sowjetische Vertreter in entschiedener Modifizierung der ursprünglichen sowjetischen Einstellung, daß Österreich mit voller politischer und materieller Verantwortung für den Krieg belastet werden müsse. Österreich erschien also plötzlich nicht mehr als ein zu befreiendes Gebiet, sondern als ein Teil des nationalsozialistischen Deutschland, das diesen Krieg mitgetragen und mitgeführt hatte. Stalin wollte auf der Konferenz von Teheran von einer Unterscheidung zwischen einem militaristischen, kriegerischen Norddeutschland und einem friedlicheren Süddeutschland und Österreich, wie sie Churchill zur Begründung unterschiedlicher Behandlung vorschlug, nichts wissen. Hinter dieser veränderten Einstellung der Sowjetunion stand das konkrete materielle Interesse, auch Österreich für die Reparationen mit heranzuziehen. Die Veränderung der Einstellung erklärt sich aber wohl auch aus der veränderten Kriegslage. Im Dezember 1941, als Stalin die Unabhängigkeit Österreichs forderte, stand Rußland am Rande des Zusammenbruchs. Ende 1943/Anfang 1944 hatte sich das Kriegsgeschick gewendet, und Rußland konnte stärkere Forderungen mit Aussicht auf Erfolg erheben. Diese beiden Motive der Befreiung und zugleich der Haftbarmachung Österreichs führten zu einer eigentümlichen Kompromißformel, in der die Alliierten am 13. Oktober 1943 in Moskau ihr Ziel gegenüber Österreich festlegten. Sie stimmten darin überein, »daß Österreich, das erste freie Land, das der Hitleraggression zum Opfer fiel, von der deutschen Herrschaft befreit werden« sollte. Sie betrachteten »die Österreich am 13. März 1938 aufgezwungene Annexion für null und nichtig« und erklärten, daß sie »ein freies und unabhängiges Österreich wieder hergestellt zu sehen« wünschten. Die Erklärung fuhr aber dann fort: »Österreich wird aber daran erinnert, daß es wegen der Teilnahme am Kriege an der Seite Hitler-Deutschlands eine Verantwortung trägt, der es sich nicht entziehen kann, und daß bei der endgültigen Regelung sein eigener Beitrag zu seiner Befreiung unweigerlich in Betracht gezogen werden wird.«[2] Österreich gegen seinen Willen mit Gewalt annektiert, aber ein Jahr später sich mit vollem Einsatz am Kriege Hitlers beteiligend – das sind offensichtlich zwei Geschichtsurteile, die sich gegenseitig ausschließen. Die schwankende und lange zu keiner klaren Linie führende Behandlung Österreichs in der Nachkriegszeit geht im Grunde auf diese ambivalenten Motive in der Erklärung von 1943 zurück.

Welches ist nun der Beitrag der Österreicher gewesen, zu dem hier aufgerufen wurde? Es war natürlich, daß die österreichischen Emigranten, die beim Einmarsch Hitlers 1938 das Land verlassen hatten, sich für die Wiedergewinnung der Selbständigkeit einsetzten. In diesem Sinne war in London eine »Österreichische Vertretungskörperschaft« tätig geworden. Zur Bildung einer österreichischen Exilregierung ist es jedoch im Unterschied zu anderen von Deutschland besetzten Ländern nicht gekommen. In Amerika hat Erzherzog Otto als Emigrant versucht, für den amerikanischen Kriegsdienst eine Legion von Austroamerikanern zu bilden. Aber hiergegen protestierten polnische, tschechische und jugoslawische Emigranten, die eine Restauration der Habsburgermonarchie fürchteten. Aus dieser österreichischen Legion wurde nichts, ebensowenig wie aus anderen Versuchen, österreichische Truppenteile für den Kampf gegen Hitler zu bilden. Es fehlte an österreichischen Freiwilligen. Erst in der allerletzten Phase des Krieges wurde in der französischen Armee ein österreichisches Kontingent gebildet. In den Reihen der jugoslawischen Partisanen standen einige Bataillone zumeist kommunistischer Österreicher. In Österreich selbst hat es eine Widerstandsbewegung[3] gegeben, ähnlich wie im Reich, zunächst ohne organisatorischen Zusammenhalt und in viele unterschiedliche Gruppen zersplittert, aber durchweg mit der besonderen Zielsetzung, die Unabhängigkeit wieder herzustellen. Carl Goerdeler, der zusammen mit Jakob Kaiser in Österreich Kontakt zum dortigen Widerstand aufgenommen hatte, kam schon im März 1943 zu dem Schluß: »Österreich hat in allen Schichten seines Volkes dem Deutschen Reich innerlich die Gefolgschaft aufgesagt.«[4] Karl Gruber, erster österreichischer Außenminister nach dem Kriege, war in Tirol führendes Mitglied einer aktiven Widerstandsgruppe. Hoch war die Zahl der Opfer in Österreich. Man rechnet mit über 35 000, die aus politischen Gründen hingerichtet, ermordet oder in den Lagern zugrunde gerichtet wurden. Besonders hoch war der Anteil von katholischen Priestern und Kommunisten. Aber der gegen die deutsche Kriegführung geleistete kämpferische Widerstand hatte in Österreich doch nicht den Umfang wie in den nichtdeutschen von der Wehrmacht besetzten Ländern. Er war in keiner Weise vergleichbar mit der französischen Résistance, den jugoslawischen Partisanen oder der polnischen Untergrundarmee. Zu einem kollektiven Widerstand oder gar zu einer Volkserhebung gegen den Nationalsozialismus ist es in Österreich ebensowenig gekommen wie sonst im Reich. Auch in Österreich wurde die nationalsozialistische Herrschaft nicht von innen, sondern von außern her zum Einsturz gebracht.

Die Russen waren die ersten, die Ende März 1945 österreichisches Territorium erreichten[5]. Am 8. April wurde Wien eingeschlossen. Die Stadt fiel am 13. April. Damals wurde durch den Moskauer Rundfunk proklamiert, daß die Sowjetunion keine Annexionsabsichten habe und auch die österreichische Gesellschaftsordnung nicht ändern wolle. Österreich solle in Übereinstimmung mit der Moskauer Erklärung unabhängig werden. Der sowjetische Marschall Tolbukhin erklärte daran anschließend, daß »die persönlichen Rechte und Eigentumsrechte der österreichischen Bürger und der Privatgesellschaften« unangetastet bleiben sollten. Hier kündigte sich eine Volksfronttaktik an, wie sie ähnlich in Polen und den Balkanstaaten des sowjetischen Machtbereichs zunächst praktiziert wurde. In der sowjetischen Presse wurde der Anteil hervorgehoben, den österreichische Partisanengruppen an der militärischen Befreiung gehabt hätten. Man warb also um das Wohlwollen und die Sympathie der Österreicher. Aber dennoch blieb Wien ebensowenig wie Berlin in der ersten Zeit der Besatzung von Zügellosigkeiten und Plünderungen sowjetischer Truppen verschont.

Dem Kommunismus gelang es nicht, in Österreich Fuß zu fassen. Die Kommunistische Partei[6], die nun neu begründet wurde, konnte niemals mit der Zustimmung eines größeren Teiles der Bevölkerung rechnen. Die Sowjets ergriffen die politische Initiative. Sie beeilten sich, eine provisorische Regierung zu schaffen. Aber entgegen ihren Erwartungen wurde diese nicht der Ausgangspunkt für eine Bolschewisierung des Landes, sondern im Gegenteil für den Aufbau einer parlamentarischen Demokratie nach westlichem Vorbild. Hier spielt in der historischen Verursachung der persönliche Faktor eine nicht zu übersehende Rolle. Eine der führenden Figuren des österreichischen Sozialismus war Dr. Karl Renner[7], der erste Kanzler der österreichischen Republik nach dem Ersten Weltkrieg. In der Zeit des Austrofaschismus in den dreißiger Jahren war er eine Zeitlang in Haft, später lebte er zurückgezogen am Semmering. Durch Zufall wurden die russischen Behörden auf ihn aufmerksam, als er nämlich Schritte unternehmen wollte, um gegen Maßnahmen der Besatzungsmacht Verwahrung einzulegen. Russische Offiziere erkannten in ihm den Verfasser von Schriften, die sich vor dem Ersten Weltkrieg mit der Nationalitätenfrage in Österreich befaßt hatten. Für Stalin, der sich in seiner Schrift über ›Marxismus und nationale Frage‹ (1913) kritisch mit der theoretischen und praktischen Behandlung der Nationalitätenfrage in der österreichischen Sozialdemokratie auseinandergesetzt hatte, war Karl Renner kein unbekannter Name. Exponent des rechten Flügels des Austromarxismus, galt er Lenin als »einer der besonders niederträchtigen Lakaien des deutschen Imperialismus«[8]. Vollends suspekt war er geworden, nachdem er 1938 den Anschluß als einen geschichtlichen Fortschritt bezeichnet hatte. Eben dieser Belastung und auch seines hohen Alters wegen schien er dafür geeignet zu sein, die Rolle zu spielen, die die sowjetische Politik dem Chef einer von ihr abhängigen Regierung in der ersten vorbereitenden Phase eines Volksfrontregimes zugedacht hatte. »Ein solcher Mann«, schrieb sein Freund Adolf Schärf, »nicht mehr jung, aber in den

Augen der Kommunisten schwer belastet, mußte doch ein gefügiges Werkzeug in der Hand der Besatzungsarmee und ihrer Anhänger sein.«[9]

Renner hat die ihm zugedachte Rolle mit großem taktischen Geschick zu spielen gewußt und dabei sein eigentliches Ziel, die Wiedererrichtung einer parlamentarischen Demokratie, verfolgt. Man brachte den 74jährigen nach Wien, wo sich inzwischen die früheren politischen Parteien zum Teil unter verändertem Namen neu gebildet hatten. Versuche von Angehörigen des Widerstandes, ganz neue Ansätze zu finden, konkretisierten sich nicht. Die sowjetische Besatzungsmacht begünstigte das Wiedererstehen der traditionellen Elemente des politischen Lebens in Österreich. Aus der früheren Christlich-Sozialen Partei, die sich 1934 aufgelöst hatte, wurde die »Österreichische Volkspartei« (ÖVP) und aus der Sozial-Demokratischen die »Sozialistische Partei Österreichs« (SPÖ). Neben diesen beiden Parteien, deren unversöhnlicher Gegensatz die Erste Republik zum Opfer des Austrofaschismus hatte werden lassen, meldete sich die »Kommunistische Partei Österreichs« (KPÖ) mit großen Ansprüchen und Erwartungen. Diese drei Parteien trafen sich in dem Willen, der dem Programm der Alliierten für Österreich entsprach, die Verbindung mit dem Reich aufzukündigen. Am 27. April 1945 proklamierten sie die Wiederherstellung einer demokratischen Republik Österreich »im Geiste der Verfassung von 1920«. Gleichzeitig setzten sie eine Provisorische Regierung mit Karl Renner als Staatskanzler ein[10]. In keiner Person hätte sich der jetzt im österreichischen Volk fast allgemeine Wille zu einer eigenen, unabhängigen Staatlichkeit deutlicher verkörpern können als in der Gestalt dieses von vielen innerhalb und außerhalb des Landes verehrten Vorkämpfers der Sozialdemokratie, der sich nach dem Ersten Weltkrieg und nach 1938 so eindeutig zum Anschluß bekannt hatte. Seine Regierung setzte sich gleichmäßig aus Angehörigen der drei Parteien zusammen, wobei die Kommunisten sich die Ressorts für Inneres sowie für Erziehung und Unterricht[11] zu sichern wußten. Sie wurde bereits zwei Tage später von der sowjetischen Besatzungsmacht anerkannt. Ihre erste Aufgabe sollte die Durchführung allgemeiner Wahlen sein. Für die Zwischenzeit beanspruchte sie aufgrund der Unabhängigkeitserklärung die volle, auch die verfassunggebende Legislativgewalt. Die ursprüngliche Absicht Renners war, wie es auch der Wortlaut des Art. 1 der Unabhängigkeitserklärung erkennen läßt, eine neue, an den Prinzipien von

1920 orientierte Verfassung zu erstellen. Adolf Schärf, Führer der Sozialisten und Mitglied der Provisorischen Regierung, hatte Bedenken hiergegen. Er fürchtete, daß lange Verfassungsberatungen zu Kämpfen der Parteien und zu Positionsverbesserungen für die Kommunisten führen würden. In der ungewissen politischen Lage Österreichs und angesichts zentrifugaler Tendenzen in einigen ehemaligen Bundesländern schien es ihm daher geraten, die alte Verfassung in Kraft setzen zu lassen, und zwar in der 1929 veränderten Form. Diese Verfassungsänderung war unter Bundeskanzler Schober zwar auf Drängen der Heimwehr zustande gekommen, und sie hatte die Stellung des Bundespräsidenten gegenüber dem Parlament nicht unwesentlich gestärkt (Volkswahl des Präsidenten, Verlängerung der Amtszeit auf sechs Jahre, das Recht der Kanzlerernennung und -entlassung, Notverordnungsvollmachten). Aber sie hatte damals die Billigung der beiden großen Parteien, vor allem aber auch der Länder gefunden. Schärf glaubte daher, es sei jetzt das zweckmäßigste, »sich mit der Verfassung des Jahres 1920 in der Form abzufinden, die sie im Jahre 1929 erhalten hatte, also zu dem Zustand zurückzukehren, der vor der sogenannten Ausschaltung des Nationalrates im Jahre 1933 bestand, und es einem künftigen frei gewählten Nationalrat zu überlassen – wenn er es für gut fände –, eine neue Verfassung zu schaffen«[12]. Es gelang ihm, Karl Renner und Vertreter von SPÖ und ÖVP in der Provisorischen Regierung gegen den Protest der Kommunisten für seinen Vorschlag zu gewinnen. Am 13. Mai, fünf Tage nur nach der deutschen Gesamtkapitulation, wurde ein auf den 1. Mai zurückdatiertes Verfassungsüberleitungsgesetz[13] erlassen, das den staatsrechtlichen Zustand vor 5. März 1933 wiederherstellte. Es sollte sich später herausstellen, daß dieses schnelle und entschlossene Handeln entscheidende Bedeutung für das staatliche Geschick Österreichs hatte.

Weder die Existenz noch die Aktionen der Provisorischen Regierung wurden zunächst von den Briten und Amerikanern anerkannt, deren Truppen erst Ende April/Anfang Mai, von Westen und Süden herkommend, österreichisches Gebiet betraten. Sie verwahrten sich gegen das einseitige Vorgehen ihres sowjetischen Verbündeten, da sie befürchteten, es könne sich in Österreich ähnliches abspielen wie in Polen und Rumänien. Lag doch im sowjetisch besetzten Teil Österreichs, in dem die Regierung Renner fungierte, die Ausübung der Staatsgewalt ganz in den Händen einer kommunistisch durchsetzten und geführ-

ten Polizei. Die Kommunistische Partei erklärte offen, daß ihr
Ziel die Errichtung einer Volksdemokratie sei. Dabei setzte sich
die Sowjetmacht für die Erhaltung des österreichischen Ge-
bietsstandes ein. Auf einen Appell Renners hin wies sie
Versuche der Jugoslawen, Südkärnten loszureißen, also das zu
gewinnen, was sie 1919 nicht erreicht hatten, zurück[14]. Zwischen den Alliierten wurde nun in der Europäischen Beratenden
Kommission am 9. Juli 1945 ein Abkommen über die Besatzungszonen[15] getroffen. Die Amerikanische Zone wurde so geschnitten, daß sie sich unmittelbar an den amerikanischen Besatzungsbereich in Süddeutschland anschloß. Sie umfaßte Salz-
burg und das südliche Oberösterreich. Die Franzosen erhielten
den westlichsten Teil mit Tirol und Vorarlberg, die Engländer,
die von Italien her Österreich erreicht hatten, den südöstlichen
mit Kärnten und Steiermark und die Russen den nordöstlichen
Teil mit Niederösterreich, dem Burgenland und dem nördlichen
Teil von Oberösterreich. Wien wurde wie Berlin in vier Besatzungszonen gegliedert, doch mit dem wichtigen Unterschied,
daß die Innenstadt unter die gemeinsame Besetzung der vier
Mächte mit wechselndem Kommandanten gestellt wurde. Um
diese Regelung durchzuführen, hatten die Amerikaner den von
ihnen bereits besetzten Teil Oberösterreichs zu räumen, während die sowjetischen Truppen in Wien die den westlichen Besatzungsmächten zugewiesenen Teile freigaben. Die Viermächteverwaltung der Stadt trat am 1. September 1945 in Kraft. Wieder analog zu Deutschland wurde in dem sogenannten Ersten
Kontrollabkommen vom 4. Juli 1945[16] eine »Alliierte Kommission für Österreich« gebildet – wenn auch unter Weglassung des
Wortes »Kontrolle« –, die am 11. September ihre Tätigkeit aufnahm. Auch hier war Einstimmigkeit der Militärbefehlshaber,
die die oberste Gewalt innehatten, Voraussetzung aller Entscheidungen. Zu den Aufgaben der Kommission gehörte die
Entwaffnung, die Trennung von Deutschland, der Aufbau der
Verwaltung, die Vorbereitung freier Wahlen und die Bildung
einer hieraus hervorgehenden Regierung. Die Staatwerdung
Österreichs gehörte also im Unterschied zu den Potsdamer Beschlüssen für Deutschland zum Programm der Alliierten. Aber
erst nachdem die Provisorische Regierung durch eine Konferenz der Bundesländer im September 1945 gebilligt und durch
Hereinnahme von Ländervertretern erweitert worden war und
damit über die Sowjetische Zone hinaus repräsentativ für Ge-
samtösterreich wurde[17], waren die westlichen Besatzungs-

mächte bereit, sie schließlich am 20. Oktober 1945 auch für ihre Zonen anzuerkennen. Zu den Bedingungen für die innerösterreichische Anerkennung der Regierung Renner durch die Bundesländer gehörte auch, daß die Durchführung der auf den 25. November 1945 angesetzten Wahlen dem kommunistisch gelenkten Innenministerium entzogen und einem Sondergremium übertragen wurde. Die unter hoher Beteiligung in Ruhe verlaufenen Wahlen, bei denen die ehemaligen Angehörigen der NSDAP kein Stimmrecht hatten, brachten der ÖVP 85, der SPÖ 76 und der KPÖ 4 Mandate. Die Kommunisten, die mit 30 bis 40 Sitzen gerechnet hatten, wurden durch diese Wahlen als eine bestimmende politische Kraft aus dem österreichischen Leben ausgeschaltet. Diese Niederlage sollte tiefgreifende Rückwirkungen auf die Taktik der sowjetischen Besatzungsmacht gegenüber den Parteien in Deutschland haben (vgl. Kap. 10).

Trotz der absoluten Mehrheit der ÖVP wurde die Regierung als eine Allparteienregierung unter Leopold Figl, dem Vorsitzenden der ÖVP, als Kanzler und Adolf Schärf als Vizekanzler unter Beteiligung auch eines Kommunisten an der Regierung weitergeführt. Das tragende Fundament des österreichischen Staatslebens für die nächsten 25 Jahre wurde die Koalition der beiden großen Parteien, an deren Konflikt die Erste Republik zugrunde gegangen war. Das österreichische Parlament, der Nationalrat, trat am 19. Dezember 1945 zu seiner ersten Sitzung zusammen. Er bestätigte die Verfassungsgesetze der Provisorischen Regierung sowie die neue Regierung Figl. Bereits am folgenden Tage, am 20. Dezember, wurde Renner zum Staatspräsidenten gewählt, und zwar aufgrund einer Sonderregelung durch die Bundesversammlung, d. h. durch National- und Länderrat. Die von der Provisorischen Regierung am 13. Mai 1945 in Kraft gesetzte Verfassung von 1920/29 wurde durch das forcierte Verfahren der parlamentarischen Verabschiedung bestätigt, ohne daß irgendeine Verfassungsdebatte stattgefunden hätte. Der Schnelligkeit dieses Handelns entsprach die Entschiedenheit, mit der der Nationalrat am 12. April 1946 eine unerwartete Aufforderung des Alliierten Rates vom 30. März 1946 zurückwies, eine auf »demokratische Prinzipien« gegründete »definitive Verfassung« bis zum 1. Juli 1949 vorzulegen. Einem weitergehenden sowjetischen Versuch, die Inkraftsetzung der Verfassung von 1929 überhaupt zu untersagen, schlossen sich die Westmächte allerdings nicht an[18]. Der Alliierte Rat nahm daher den Protest des Nationalrates zur Kenntnis, ohne Konsequenzen daraus zu ziehen, wenn auch die Sowjetregierung später wiederholt den Standpunkt vertrat, Österreich besitze keine gültige Verfassung. Die zweite österreichische Republik, wenn auch noch nicht im Besitze der vollen Souveränität, hatte in ihrem Entstehungsprozeß die Fähigkeit zu unabhängigem Handeln in überzeugender Weise unter Beweis gestellt.

DW 397/817–818. – R. Hiscocks, Österreichs Wiedergeburt (a. d. Engl., Wien 1954); J. Mair, Austria, in: Survey of Internat. Aff. 1939–1946. Four Power Control in Germany and Austria (London 1956); W. L. Stearman, The Soviet Union and the Occupation of Austria. An Analysis of Soviet Policy in Austria, 1945–1955 (1961); H. L. Mikoletzky, Österr. Zeitgeschichte. Vom Ende der Monarchie bis zum Abschluß des Staatsvertrages 1955 (Wien 1962); W. B. Bader, Austria between East and West 1945–1955 (Stanford, Cal. 1966); grundlegendes Handbuch über die verschiedenen Sachbereiche von Staat, Gesellschaft, Wirtschaft u. Kultur: Erika Weinzierl / K. Skalnik (Hg.), Österreich. Die Zweite Republik (2 Bde. Graz 1972); handliche Materialzusammenstellung in: H. Siegler (Hg.), Österreichs Weg zur Souveränität, Neutralität, Prosperität 1945–1959 (1959); H. Fischer / G. Silvestri (Hg.), Texte zur österr. Verfassungsgesch. Von der Pragm. Sanktion zur Bundesverfassung, 1713–1966 (Wien 1970); K. Berchtold (Hg.), Österr. Parteiprogramme 1868–1966 (Wien 1966). – Die wichtigsten Dokumente zur Besatzungspolitik finden sich in: R. Dennett / R. K. Turner (Hg.), Documents on American Foreign Relations 8 (Princeton 1948), für 1. Juli 1945 bis 31. Dez. 1946; A Decade of American Foreign Policy. Basic Documents 1941–49, hg. vom Senate Committee on Foreign Relations (Washington 1950). – Tiefe Einblicke in die Entwicklung Österreichs gewährt E. C. Kollman, Theodor Körner. Militär u. Politik (1973), eine Biographie des ersten Nachkriegsbürgermeisters von Wien u. späteren Bundespräsidenten.

[1] F. Fellner, Österreich in der Nachkriegsplanung der Alliierten 1943–1945, in: Festschr. Hugo Hantsch (Graz 1965); ders., Die außenpolit. u. völkerrechtl. Situation Österreichs 1938. Ö's Wiederherstellung als Kriegsziel der Alliierten, in: Erika Weinzierl / K. Skalnik (Hg.), Österreich. Die Zweite Republik 2; E. Deuerlein, Die außenpolit. Lage Ö's 1945, in: Mitt. d. österr. Staatsarchivs 17/18 (1964/65).

[2] Declaration on Austria, Nov. 1, 1943, amtl. Text in: A Decade of American Foreign Policy. Basic Documents, 1941–49, Nr. 9b; dt. in: E. Deuerlein (Hg.), Die Einheit Dtlds., Nr. 4, 3.

[3] Erika Weinzierl, Der österr. Widerstand, in: Erika Weinzierl / K. Skalnik (Hg.), Österreich. Die

Zweite Republik 2; O. Molden, Der Ruf des Gewissens. Der österr. Freiheitskampf 1938–1945 (Wien [3]1970); H. Steiner, Gestorben für Österreich. Widerstand gegen Hitler (Wien 1968), enthält Berechnungen über die Zahl der Opfer.

[4] Geh. Denkschr. Goerdelers 26. März 1943, in: G. Ritter, Carl Goerdeler u. die dt. Widerstandsbewegung (Tb. 1964), Anh. VII, S. 562.

[5] Th. Rossiwall, Die letzten Tage. Die milit. Besetzung Österreichs 1945 (1970).

[6] K. Zapotoczky, Österreich, in: C. D. Kernig (Hg.), Sowjetsystem u. demokr. Gesellschaft. Die kommunist. Parteien der Welt. Eine vergleichende Enzyklopädie (1969); A. Pelinka, Auseinandersetzung mit dem Kommunismus, in: Erika Wein-

ZIERL / K. SKALNIK (Hg.), Österreich. Die Zweite Republik 1.

[7] K. RENNER, Denkschrift über die Gesch. der Unabhängigkeitserklärung Ö's u. die Einsetzung der provis. Regierung der Republik (Wien 1946); ders., Österreich von der Ersten zur Zweiten Republik (= Nachgelassene Werke 2, Wien 1953). Lit. zu Renner s. Bd. 19, S. 20, bes. J. HANNAK, Karl Renner u. seine Zeit. Versuch einer Biographie (Wien 1965).

[8] LENIN, Werke (dt. Übers. der 4. russ. Ausg., Berlin-Ost 1955–1968), Bd. 23, S. 280.

[9] A. SCHÄRF, Ö's Erneuerung 1945–1955 ([7]1955), S. 34; ders., April 1945 in Wien (1948); ders., Zwischen Demokratie u. Volksdemokratie. Ö's Einigung u. Wiederaufrichtung im Jahre 1945 (Wien 1950).

[10] Text der »Unabhängigkeitserklärung«, der »Kundmachung über die Einsetzung einer provisorischen Staatsregierung« u. der Regierungserklärung, sämtl. 27. April 1945, in: H. FISCHER / G. SILVESTRI (Hg.), Texte zur österr. Verf.-Gesch., Nr. 31a–c.

[11] Dieses Amt wurde Ernst Fischer übertragen, der 1945 aus der Moskauer Emigration nach Wien zurückkehrte u. sich später von der KP abwandte. Von hohem lit. Rang u. hist. Wert: E. FISCHER, Erinnerungen u. Reflexionen (1969), bis April 1945, u. ders., Das Ende einer Illusion. Erinnerungen 1945–1955 (Wien 1973).

[12] A. SCHÄRF, Österreichs Erneuerung, S. 54.

[13] H. FISCHER / G. SILVESTRI, Nr. 32.

[14] D. J. DALLIN, Stalin, Renner u. Tito. Österreich zwischen drohender Sowjetisierung u. den jugoslawischen Gebietsansprüchen im Frühjahr 1945, in: EA 13 (1958).

[15] Text in: A Decade of American Foreign Policy, Nr. 102.

[16] Abkommen über die Alliierte Kontrolle in Österreich vom 4. Juli 1945 (Erstes Kontrollabkommen), in: H. FISCHER / G. SILVESTRI, Nr. 34.

[17] Hierzu die Erinnerungen des ersten österr. Außenministers K. GRUBER, Zwischen Befreiung u. Freiheit. Der Sonderfall Österreichs (Wien 1953).

[18] Tatsächlich waren dem Alliierten Rat insofern die Hände gebunden, als er das von der Provisorischen Regierung erlassene Überleitungsgesetz bereits am 30. Nov. 1945 genehmigt hatte. Hierzu aufgrund der unveröff. Protokolle des Alliierten Rats G. STOURZH, Die Regierung Renner, die Anfänge der Regierung Figl u. die Alliierte Kommission für Österreich, Sept. 1945 bis April 1946, in: Arch. f. österr. Gesch. 125 (1966); K. R. STADLER, Österreich 1945. Neue Dok. zur Außenpolitik der Alliierten, in: Österr. Z. f. Außenpol. 9 (1969); zu Figl vgl. E. TROST, Figl von Österreich (1972).

Kapitel 6
Die deutsche Frage in den Auseinandersetzungen der Mächte
1945–1947

Auf Potsdam folgte eine Reihe von Konferenzen des »Rates der Außenminister«. Drängender als die Regelung der deutschen Verhältnisse waren andere Fragen in Asien und Europa. Durch die dort sich entwickelnden Konstellationen wurde auch die Behandlung Deutschlands durch die Kontrollmächte tiefgreifend beeinflußt. An der ersten Konferenz, die vom 11. September bis 2. Oktober 1945 in London stattfand, nahm neben den Vereinigten Staaten, der Sowjetunion, Großbritannien und Frankreich auch China als Inhaber eines ständigen Sitzes im Sicherheitsrat der UNO teil. Das entsprach der alles überragenden Bedeutung, die der eben vollzogenen Kapitulation Japans für die Entwicklung der Machtverhältnisse in Ostasien zukam. Die Rote Armee hatte die Mandschurei und Nordkorea besetzt. Amerikanische Truppen standen in Südkorea und, um den Rücktransport der japanischen Truppen zu gewährleisten, in Hafenstädten Nordchinas. Die chinesischen Kommunisten hatten während des Krieges ein Gebiet unter ihre Kontrolle gebracht, das fast ein Viertel der Gesamtbevölkerung umfaßte. Mit der chinesischen Nationalregierung unter dem Generalissimus Tschiang Kai-schek hatte die Sowjetunion am 14. August 1945 einen Freundschaftsvertrag geschlossen. Stalin hielt die unter der Führung Maos stehende kommunistische Partei damals noch nicht für stark genug, um das sowjetisch-chinesische Verhältnis primär auf die Zusammenarbeit mit ihm auszurichten. Zudem mißtraute er dem selbständigen Denker, der nicht bereit war, sich der politischen und ideologischen Führung Moskaus zu unterwerfen. Er förderte daher Bestrebungen auf Bildung einer Koalitionsregierung unter Beteiligung der Kommunisten und unter Führung von Tschiang Kai-schek. In der Regierung der Vereinigten Staaten setzte sich die Ansicht durch, daß auf einer solchen Grundlage der Versuch gemacht werden müsse, das Land zu befrieden. Auf die japanische Entwicklung versuchte die sowjetische Politik Einfluß zu gewinnen durch Beteiligung an der Besetzung und Kontrolle des Landes. Diese wiederholte und auch auf der Londoner Außenministerkonferenz erhobene Forderung Molotows wurde jedoch von den Vereinigten Staaten zurückgewiesen. Damit war im Grunde das Scheitern dieser ersten Konferenz des Rates der Außenminister besiegelt.

Wie in der japanischen, so prallten auch in anderen auf der Londoner Konferenz zur Erörterung gestellten Fragen die Gegensätze hart aufeinander. Gemäß dem in Potsdam dem Rat der Außenminister erteilten Auftrag hatte die Konferenz den Friedensvertrag mit Italien vorzubereiten. Ein britischer Entwurf sah vor, die bisher unter italienischer Herrschaft stehenden In-

seln des Dodekanes im östlichen Mittelmeer Griechenland zu
übergeben. Die Sowjetunion widersetzte sich, verlangte aber
gleichzeitig für sich selbst die Treuhänderschaft über die italienische Kolonie Libyen. Zudem war die Grenzziehung bei Triest
umstritten und ebenso der sowjetische Anteil an den italienischen Reparationen. Auch in der rumänischen Frage kamen die
Außenminister nicht weiter. Molotow lehnte den westlichen
Vorschlag ab, die rumänische Regierung in ähnlicher Weise um-
zubilden, wie man es mit der polnischen soeben getan hatte.
Byrnes gewann den Eindruck, daß die Sowjetunion die Herrschaft über Europa anstrebe: »Wir sahen keine Lösung für unsere Probleme, aber es war uns klar, daß wir weiter nach ihr
suchen müßten.«[1] Briten und Amerikaner schlugen damals vergeblich vor, die Rüstungen zu beschränken und zu kontrollieren. Dieser Vorschlag bezog sich auf Italien und jene ost- und
südosteuropäischen Staaten, mit denen Friedensverträge vorbereitet werden sollten. Da die großen Mächte im Sicherheitsrat
gemeinsam für die Aufrechterhaltung des Friedens verantwortlich seien, erübrige sich für diese Staaten die Aufrechterhaltung
größerer Armeen. Man solle sie beschränkt halten und unter
internationale Kontrolle stellen.

Über all diesen Gegensätzen kam man gar nicht dazu, die
Deutschlandfrage zu erörtern. Molotow hatte eine Diskussion
über die Reparationen vorgeschlagen, und die Franzosen
wünschen, über die Westgrenze Deutschlands zu verhandeln.
Frankreich war nicht zur Potsdamer Konferenz eingeladen
worden. Es hatte deren Beschlüsse nicht offiziell anerkannt und
versuchte nachträglich, diese zu korrigieren. In einem Memorandum der französischen Regierung vom 14. September 1945
wurde ein Junktim hergestellt zwischen der Festlegung der
Westgrenze und der Erörterung der staatlichen Gestaltung
Deutschlands: »Die Provisorische Regierung hat wiederholt öffentlich betont, wie wichtig es sei, zu verhindern, daß das
Rheinland und Westfalen jemals wieder ein Arsenal, Ausfalltor
oder Stützpunkt für einen Angriff Deutschlands auf seine westlichen Nachbarn werden. Die Provisorische Regierung ist der
Ansicht, daß die endgültige Lostrennung dieser Gebiete einschließlich des Ruhrgebietes von Deutschland sowohl unerläßlich für den Schutz der französischen Grenzen als auch eine
wesentliche Voraussetzung für die Sicherheit Europas und der
Welt ist. Die Provisorische Regierung erachtet es daher als notwendig, daß – sollen deutsche Zentralverwaltungen errichtet

werden – gleichzeitig bestimmt wird, daß ihre Hoheitsgewalt sich nicht auf das Rheinland und auf Westfalen erstreckt.« Als Wunschziel wurde hier eine durch die Besatzungsmächte zu fördernde Auseinanderentwicklung Deutschlands in verschiedene Staaten bezeichnet[2]. Die aus den ostasiatischen und europäischen Problemen sich ergebenden Spannungen zwischen den Mächten steigerten sich auf der Londoner Konferenz zeitweise so, daß sich der britische Außenminister Bevin dahin fortreißen ließ, Molotow mit Hitler zu vergleichen[3]. Die Sprache des Kalten Krieges kündigte sich an. Aber noch vermied man den offenen Bruch. Die beiden angelsächsischen Mächte und die Sowjetunion bemühten sich darum, in einer Dreierkonferenz in Moskau vom 16. bis 26. Dezember 1945 das Klima ihrer Beziehungen zu verbessern. Damals wurde für Korea der 38. Breitengrad als Trennungslinie zwischen der sowjetischen und amerikanischen Besatzungszone vereinbart. Damit wiederholte sich in Ostasien die in Deutschland gemachte Erfahrung: da die Kooperation zwischen den Kriegsalliierten sich als unmöglich erwies, teilten sie das Land.

In der ersten Jahreshälfte 1946 verschärften sich die Spannungen. Die Sowjetunion zögerte die in Potsdam vereinbarte Räumung des Iran hinaus. Sie erhob jetzt auch auf Teile der türkischen Schwarzmeerküste wie auf die Meerengen Ansprüche und forderte für ihren bulgarischen Satelliten Westthrakien in der Absicht, dort an der Küste des östlichen Mittelmeers Fuß zu fassen. In den Vereinigten Staaten führten die asiatischen und europäischen Interessengegensätze mit der Sowjetunion dazu, daß sich die Einstellung zu dem Kriegsverbündeten sowohl in der öffentlichen Meinung als auch in der Orientierung der Regierung zu ändern begann. Ein »neuer Kurs« der amerikanischen Politik kündigte sich an. Staatssekretär Byrnes ging in einer Rede vom 18. Februar 1946 so weit zu sagen, daß man notfalls auch einem bewaffneten Konflikt nicht ausweichen dürfe. Der republikanische Senator Vandenberg, früher Exponent des amerikanischen Isolationismus, gewann die Überzeugung, daß man der sowjetischen Politik energisch entgegentreten müsse. Truman erklärte in einem Schreiben an Byrnes: es sei notwendig geworden, die starke Faust zu zeigen; man verstehe drüben nur die eine Sprache: »Wie viele Divisionen habt Ihr?«[4] Die psychologischen Spannungen wuchsen, als die Aufdeckung eines sowjetischen Atomspionageringes in Kanada die westliche Öffentlichkeit in hohe Erregung versetzte. In diese Stimmung paßte eine aufsehenerregende Rede, die Churchill am 5. März 1946 in einer kleinen Stadt des amerikanischen Mittelwestens, Fulton, hielt. Hier verwendete er öffentlich den Terminus vom »Eisernen Vorhang« und führte ihn damit in den politischen Sprachgebrauch der Zeit ein[5]. Der »Hetzer eines dritten Weltkrieges«, wie ihn Stalin nunmehr titulierte, forderte, daß sich die Westmächte für die »Schaffung von Freiheit und Demokratie in allen Ländern« engagieren sollten[5a]. Der sowjetischen Expansion wollte Churchill ein aktives Programm entgegensetzen, das noch nicht vom Gedanken des Status quo beherrscht war.

Auch in der Behandlung Deutschlands spiegelte sich der neue Kurs der amerikanischen Politik. Im Mai 1946 verfaßte General Clay, damals Stellvertreter Eisenhowers als Militärgouverneur der amerikanischen Besatzungszone, eine Denkschrift über die deutschen Angelegenheiten[6]. Sie ging von dem Gedanken aus, daß die ursprünglich beabsichtigte weitgehende Entindustrialisierung Deutschlands voraussetze, daß Deutschland als ein einheitliches Wirtschaftsgebiet behandelt werde. Wenn sich aber die Zonen gegeneinander abschlössen – und diesen Vorwurf richtete er gegen die Sowjetunion wie gegen Frankreich –, dann käme man nicht umhin, das Industrieniveau in der amerikanischen und auch in der britischen Zone zu erhöhen, um diese Gebiete überhaupt existenzfähig zu halten. Als politisches Offensivprogramm forderte er nunmehr die Bildung einer deutschen Regierung: Die in Potsdam vorgesehenen zentralen Verwaltungsstellen sollten errichtet und einem »Rat der Ministerpräsidenten der Länder aller vier Zonen« als einer vorläufigen Regierung unterstellt werden. Dieser Rat sollte ferner den Auftrag erhalten, eine Verfassung zu entwerfen und diese einer gewählten Versammlung vorzulegen; dem Alliierten Kontrollrat sollte die Genehmigung vorbehalten bleiben. Für die zukünftige deutsche Verfassung wollte Clay folgende Grundsätze beachtet wissen: Deutschland ein aus neun bis fünfzehn Ländern bestehender Bundesstaat, für die Parlamentswahlen in Bund und Ländern die Konkurrenz von mindestens zwei Parteien, Garantie der Grundrechte. Über die Begrenzung des deutschen Gebietes hieß es in dem Memorandum Clays: »Die Vereinigten Staaten haben – den Tatsachen Rechnung tragend – eingewilligt, daß gewisse Gebiete in Deutschland an Rußland, Polen und die Tschechoslowakei abgetreten werden. In der Erkenntnis, daß eine erfolgreiche Eingliederung dieser Gebiete in die betreffenden Länder unmöglich ist, solange die Bewohner deutsch sind, wurde weiterhin der Entfernung der gesamten deutschen Bevölkerung zugestimmt.« Dies lief auf eine Empfehlung hinaus, sich auf eine Anerkennung der Oder-Neiße-Linie einzustellen. Was die Westgrenzen und die französischen Forderungen anging, so hielt Clay die Abtretung von Ruhr und Rhein für untragbar, war aber bereit, die wirtschaftliche Vereinigung der Saar mit Frankreich zuzugestehen.

In dieser durch verschärfte Konfrontation zwischen den Westalliierten und der Sowjetunion bestimmten Lage traf sich der Rat der Außenminister zu einer zweiten Konferenz in Paris am 25. April 1946. Da man in der italienischen Friedensfrage nicht weiter kam, vertagte man sich am 16. Mai, um die unterbrochene Sitzung in der Zeit vom 15. Juni bis 12. Juli 1946 fortzusetzen[7]. Die Sowjets fanden sich plötzlich bereit, in die Abtretung des Dodekanes an Griechenland einzuwilligen, ohne daß die Westmächte dem sowjetischen Verlangen nach einer Treuhandschaft über italienische Kolonien entgegengekommen wären. Der Grund für die gewandelte Einstellung der Sowjetunion ist in der veränderten Lage Griechenlands zu sehen. Infolge der Intervention Albaniens, Jugoslawiens und Bulgariens in Griechenland sah es so aus, als werde der hier entflammte Bürgerkrieg zugunsten der sowjetfreundlichen Kräfte gegen die griechische Regierung und die britischen Truppen, auf die sie sich stützte, entschieden werden. Ein sowjetisch beherrschtes rotes Griechenland schien sich abzuzeichnen. Die Sowjetunion hatte nichts gegen dessen Stärkung auf Kosten Italiens. Da es den Außenministern gelang, sich auch über die Anteile an den italienischen Reparationen zu einigen, konnten Einladungen für eine allgemeine Friedenskonferenz auf den 29. Juli 1946 in Paris ausgeschrieben werden.

Mit der Einigung über die italienischen Streitpunkte wurde der Weg frei für die Behandlung der deutschen Fragen, die aber zu keinem Ergebnis führte. Der französische Außenminister Bidault vertrat jetzt ein etwas modifiziertes Junktim: nach Regelung der Grenzfragen war er bereit, in Deutschland die Bildung eines lockeren Staatenbundes zuzulassen. Wahrscheinlich ist hierin eine Folge aus der Tatsache zu erblicken, daß die Amerikaner inzwischen offiziell ihre früheren Zerstückelungspläne aufgegeben hatten, während sich die tatsächliche politische Teilung Deutschlands abzuzeichnen begann. Man begegnet in den französischen Überlegungen dem auch von den anderen Westmächten übernommenen Gedanken, daß die Wiederherstellung der deutschen Einheit die Gefahr in sich berge, den sowjetischen Einfluß bis an den Rhein auszudehnen. Mit diesem Argument hatte de Gaulle bereits Ende 1945 die Amerikaner vor der Wiederherstellung der deutschen Einheit gewarnt[8]. Und Clay berichtet über eine ähnliche Äußerung des französischen Vertreters im Kontrollrat, General Koeltz, »Ganz unverkennbar sei die anfängliche sowjetische Bereitschaft, zentrale Verwaltungsstellen zu errichten, nicht ehrlich gewesen und glücklicherweise habe uns das französische Veto davor bewahrt, Einrichtungen zu schaffen, die der Ausbreitung des Kommunismus gedient hätten.«[9] Der amerikanische Botschafter in Moskau Bohlen meinte geradezu, die Franzosen hätten den Westen durch ihre frühzeitigen Vetos gerettet[10].

Gegen die französischen Grenzforderungen und gegen die Zerstückelung Deutschlands wie gegen die Föderalisierung in einem lockeren Staatenbund stellte sich auf der Pariser Außenministerkonferenz Molotow. Er forderte die politische Einheit Deutschlands und eine sowjetische Beteiligung an der Kontrolle der Ruhrindustrie, ohne daß sich die Sowjetunion allerdings ihrerseits bereit zeigte, die Wirtschaft der eigenen Besatzungszone internationaler Kontrolle zu unterstellen. Von der Logik der Konstruktion einer Viermächtekontrolle über Deutschland her gesehen, war die Beteiligung der Sowjetunion an einer internationalen Ruhrbehörde konsequent. Die vorliegenden Zeugnisse über die Einstellung der westlichen Mächte hierzu lassen nicht erkennen, daß die Vereinigten Staaten oder Großbritannien unter irgendeiner Voraussetzung hierzu bereit gewesen wären, auch nicht unter der Voraussetzung einer Beteiligung der Westmächte an einer Wirtschaftskontrolle in der Sowjetzone. Umgekehrt gilt das gleiche. Es gibt kein Anzeichen dafür, daß die Sowjetregierung bereit gewesen wäre, den Westmächten eine wirksame wirtschaftliche Mitkontrolle in Deutschland östlich der Elbe einzuräumen, selbst nicht unter der Voraussetzung einer sowjetischen Beteiligung an der geplanten Ruhrbehörde. Molotow hat auf die Frage von Byrnes, was denn nun eigentlich die Ziele der Sowjetunion in Deutschland seien, geantwortet: zehn Milliarden Dollar Reparationen und Teilhabe an der Kontrolle der Ruhrindustrie[11]. Dazu erklärte Byrnes nach den Erfahrungen im Rat der Außenminister und im Kontrollrat: »Wenn wir über nichts einig werden können außer nach monatelangen Auseinandersetzungen, dann hat es kaum Sinn, daß die vier Mächte die verschiedenen Ruhrindustrien kontrollieren. Sie würden in wenigen Fragen etwas erreichen, die irgendwie etwas mit Industrie zu tun haben. Vier-Mächte-Kontrolle wäre ein ausgezeichnetes Mittel, um die Ruhrindustrien zu zerstören, die bei richtiger Überwachung ein unentbehrlicher Bestandteil einer gesunden europäischen Wirtschaft sind.«[12]

Nicht weniger als in der Ruhrkontrolle wichen die Ansichten auch in der Frage der allgemeinen Wirtschaftspolitik für Deutschland voneinander ab. Allerdings war es möglich gewesen, am 26. März 1946 im Kontrollrat einen Industrieplan für Deutschland zu verabschieden[13]. Das Niveau der Produktion sollte bei 50–55% der Vorkriegszeit, der Ernährungsstand des einzelnen bei etwa 2000 Kalorien liegen[14]. Man hatte das Bild einer bei niedrigem Stand ausgewogenen Wirtschaft vor Augen. Zur Gewährleistung dieses Stands sollte ein vorgesehener Export in Höhe von etwa 3 Milliarden Mark mit Priorität für die notwendigen Importe verwendet werden. Das entsprach der amerikanischen und britischen Theorie. Da aber die Praxis der sowjetischen Besatzungsmacht andere Weg ging und in ihrer Zone einen erheblichen Teil der laufenden Produktion für Reparationszwecke in Anspruch nahm, reagierten Briten und Amerikaner in der Weise, daß sie bereits im Mai 1946 die Lieferung von demontierten Werksanlagen an die Sowjetunion einstellten.

Wegen all dieser ungeklärten Gegensätze war es aussichtlos, an die Vorbereitung eines Friedensvertrages für Deutschland heranzugehen. Bei der Ergebnislosigkeit der Pariser Konferenz der Außenminister ergriffen nunmehr die Amerikaner die Initiative im Sinne des von General Clay im Mai 1946 vorgelegten Memorandums. Am 6. September 1946 wandte sich Staatssekretär Byrnes in Stuttgart mit einer aufsehenerregenden Rede vor Angehörigen der Militärregierung und einem geladenen Kreis von Deutschen an die Öffentlichkeit[15]. Er stellte eine Revision des Industrieplans und die Bildung einer deutschen Regierung auf Länderbasis in Aussicht, sei es in engerem oder weiterem Rahmen, so weit wie die anderen Zonen bereit seien, mit den amerikanischen zusammenzuarbeiten. Hinsichtlich der Reparationen bestätigte er den Grundsatz, daß sie nicht der laufenden Produktion entnommen werden sollten. Deutschland dürfe kein Armenhaus werden, denn die deutsche und die europäische Wirtschaft seien gegenseitig aufeinander angewiesen. Diese Verbindung der deutschen mit einer europäischen Perspektive zeigte die Richtung an, in der die sich neu orientierende amerikanische Außenpolitik ihren Weg suchte. Auch zu den Grenzfragen nahm Byrnes Stellung. Für den Osten stellte er sich auf den Boden der Potsdamer Vereinbarungen: vorläufige Zuweisung deutscher Ostgebiete an die Sowjetunion und Polen unter Vorbehalt einer endgültigen völkerrechtlichen Regelung. Er erneuerte die in Potsdam gegebene Zusage, daß die Vereinigten Staaten bei der Friedensregelung die »Übertragung der Stadt Königsberg und des anliegenden Gebiets an die Sowjetunion« unterstützen würden ebenso wie einen Gebietszuwachs Polens an dessen nördlicher und westlicher Grenze. Über den Umfang des an Polen abzutretenden Gebiets könne jedoch erst in einem endgültigen Abkommen entschieden werden. Hinsichtlich der deutschen Westgrenze erklärte er das Einverständnis der USA mit der Eingliederung der Saar in das französische Wirtschaftsgebiet, setzte aber den Bestrebungen Frankreichs, Rhein und Ruhr von Deutschland zu lösen, ein klares Nein entgegen. Byrnes gab der amerikanischen Auffassung über das, was wirtschaftlich und politisch zu geschehen habe, Nachdruck durch die Ankündigung, daß, »solange die Anwesenheit von Besatzungskräften in Deutschland notwendig« sei, »die Armee der Vereinigten Staaten einen Teil dieser Besatzungsmacht bilden« werde. Damit sollte allen Spekulationen über einen amerikanischen Rückzug aus Europa, wie er nach 1919 erfolgt war, vorgebeugt werden.

Diese Rede fand stärkste Beachtung. In Westdeutschland setzte sie am Vorabend des schlimmsten Nachkriegswinters das Zeichen für neue Hoffnung. Von seiten der Sowjetunion wurden die Aussagen von Byrnes über die Oder-Neiße-Linie am 16. September 1946 durch Molotow zutreffend wie folgt kommentiert: »Die Berufung darauf, daß die Berliner Konferenz es für notwendig erachtet habe, die endgültige Festlegung der Westgrenze Polens bis zur Friedenskonferenz zurückzustellen, ist natürlich richtig. Gerade so sieht die formale Seite aus. Dem Wesen der Sache nach aber haben die drei Regierungen ihre Meinung über die künftige Westgrenze ausgesprochen, als sie Schlesien und die obenerwähnten Gebiete unter die Verwaltung der polnischen Regierung stellten und außerdem den Plan über die Aussiedlung der Deutschen aus diesen Gebieten annahmen. Wem könnte der Gedanke in den Kopf kommen, daß diese Aussiedlung der Deutschen nur als zeitweiliges Experiment vorgenommen wurde? Diejenigen, die den Beschluß über die Aussiedlung der Deutschen aus diesen Gebieten gefaßt haben, damit sich dort sofort Polen aus anderen polnischen Bezirken ansiedeln, können nicht nach einiger Zeit vorschlagen, entgegengesetzte Maßnahmen durchzuführen. Allein schon der Gedanke an derartige Experimente mit Millionen von Menschen ist unfaßbar, ganz zu schweigen von seiner Grausamkeit sowohl gegenüber den Polen als auch gegenüber den Deutschen selbst.«[16] Das Europamotiv der Stuttgarter Rede von Byrnes erhielt ein verstärktes Echo in einer Rede, die Churchill am 19. September 1946 in Zürich hielt[17]. Hier proklamierte er das Ziel der »Vereinigten Staaten von Europa«, deren Kern ein freundschaftliches Verhältnis zwischen Deutschland und Frankreich bilden müsse. Dabei stellte er sich vor, daß unter der Voraussetzung eines föderalistischen Staatsaufbaues in Deutschland die einzelnen deutschen Staaten Mitglieder des europäischen Bundes werden sollten. Es gelte, die Zeit zu nutzen, solange der Westen unter den »Schutz der Atombombe« gestellt sei.

Der Gedanke einer europäischen Bundesbildung stieß in dem Augenblick, als er verkündet wurde, auf den heftigsten Widerspruch der Sowjetunion. Schon Lenin hatte in seiner Schrift über ›Die Losung der Vereinigten Staaten von Europa‹ (1915) den Zusammenschluß Europas von seiner auf die zwischenstaatlichen Beziehungen übertragenen Idee des Klassenkampfes her verworfen[18]. Im Jahre 1930 hatte die Sowjetunion dann das ihre dazu beigetragen, um den Europaplan Briands scheitern zu lassen. Und jetzt wurde Churchill wegen seiner Europa-Rede von Stalin geradezu als Kriegsbrandstifter bezichtigt[19].

Der Rat der Außenminister traf sich zu seiner dritten Sitzung in New York vom 4. November bis 11. Dezember 1946. Die deutsche Frage wurde hier nicht behandelt. Man beschäftigte sich vielmehr mit dem Ergebnis der inzwischen vom 29. Juli bis 15. Oktober 1946 in Paris durchgeführten Friedenskonferenz. Hier hatten die 21 Teilnehmerstaaten Entwürfe für Friedensverträge mit den ehemaligen Verbündeten Deutschlands – Italien, Rumänien, Ungarn, Bulgarien und Finnland – beraten. Eine Reihe von Fragen war dabei strittig geblieben[20]. Auf der New Yorker Außenministerkonferenz gelang es, die notwendigen Kompromisse zwischen den Siegermächten zustande zu bringen. Die endgültigen Verträge wurden darauf den Besiegten vorgelegt und von den jeweils beteiligten Staaten am 10. Februar 1947 in Paris unterzeichnet[21]. Durch die in diesen Verträgen festgelegten territorialen Veränderungen erlitt besonders Italien empfindliche Verluste. Es verzichtete auf seine afrikanischen Kolonien, trat den Dodekanes an Griechenland und den Ostteil der Provinz Venezia Giulia an Jugoslawien ab. Aus der Stadt Triest und ihrer Umgebung wurde ein Freistaat gebildet. Da dessen internationale Verwaltung unter einem UNO-Beauftragten aber nicht zustande kam, fiel dessen östlicher Teil später an Jugoslawien, der westliche mit der Stadt Triest an Italien zurück. Ungarn mußte den im Wiener Schiedsspruch 1940 gewonnenen Teil Siebenbürgens an Rumänien zurückgeben. Rumänien verlor endgültig das 1940 an Rußland abgetretene Bessarabien ebenso wie die Nordbukowina. Bulgarien blieb im Besitz der ihm im Wiener Schiedsspruch 1940 auf Kosten Rumäniens zugesprochenen Süddobrudscha, während sein Wunsch auf einen Zugang zum Ägäischen Meer durch Westthrakien ebensowenig erfüllt wurde wie auf andere Territorialgewinne, die es als Bundesgenosse Deutschlands auf Kosten Griechenlands und Jugoslawiens zu erreichen gehofft hatte. Diese Friedensbedingungen lösten Proteste der ehemaligen Verbündeten Deutschlands aus. Sie hielten ihre in der Endphase des Krieges den Alliierten geleisteten Dienste für nicht genügend gewürdigt und verwahrten sich gegen Gebietsverluste und Reparationsforderungen. Aber auch Griechenland und Jugoslawien erhoben Einspruch. Griechenland wünschte Gebietsrevisionen an seiner Nordgrenze, und Jugoslawien beklagte sich darüber, daß seine territorialen Forderungen an Italien nicht voll erfüllt wurden. Offen war nach den Pariser Friedensschlüssen nach wie vor, was aus Deutschland und Österreich werden sollte. Allerdings wurde das deutsche Siedlungsgebiet unmittelbar berührt durch ein österreichisch-italienisches Abkommen über Südtirol, das in den Zusammenhang der österreichischen Nachkriegsgeschichte gehört (vgl. Kap. 23).

Den Amerikanern gelang es, in die Verträge mit Rumänien, Ungarn und Bulgarien wenigstens jene Formel hineinzubringen, an der Truman so viel gelegen war, daß nämlich die Schiffahrt auf der Donau frei sein sollte. Die erstrebte Internationalisierung dieses Schiffahrtsweges wurde jedoch nicht erreicht. Durch diese Friedensverträge wurde besiegelt, daß Rumänien, Ungarn und Bulgarien zum sowjetischen, Italien zum westlichen Teil Europas gehörten. Noch offen blieb das Schicksal des vom Bürgerkrieg zerrissenen Griechenland und der unter sowjetischem Druck stehenden Türkei. Besonders im Hinblick

auf diese beiden Staaten erklärte Truman in einer Rede vom
12. März 1947: »Im gegenwärtigen Abschnitt der Weltgeschichte muß fast jede Nation ihre Wahl in bezug auf ihre Lebensweise treffen. Nur allzuoft ist es keine freie Wahl.« Er
erklärte es als die Aufgabe der Vereinigten Staaten, da, wo es
möglich sei, ihre Macht und ihre wirtschaftliche Hilfe einzusetzen, um freie demokratische Wahlen zu ermöglichen. Diese sogenannte »Truman-Doktrin«[22] gab den Griechen und Türken
die Zusicherung auf wirtschaftliche und gegebenenfalls militärische Unterstützung. In Polen hatten inzwischen am 19. Januar
1947 Wahlen stattgefunden, die aber von den westlichen Mächten nicht als eine korrekte Erfüllung der schon in Jalta getroffenen Vereinbarungen betrachtet wurden. Zwar gab es konkurrierende Parteien, die bei der Wahl gegeneinander auftraten, aber
Wahlbeeinflussung und Wahlterror behinderten ihre freie
Durchführung.

Solche Vorgänge im sowjetischen Machtbereich wurden als
eine deutliche Rechtfertigung dafür angesehen, daß die amerikanische Regierung mit dem neuen Kurs der Konsolidierung des
Westens den richtigen Weg ging. Von entscheidender Bedeutung für die Festigung Europas war es, Frankreich, das bei den
Kriegskonferenzen der Großen Drei und am Potsdamer Ver-
handlungstisch nicht zugegen gewesen war, vertraglich fest an
die westlichen Mächte zu binden. Hier liegt die Bedeutung des
am 4. März 1947 zwischen England und Frankreich in Dünkirchen abgeschlossenen Verteidigungsbündnisses. Es sollte
Frankreich ein zusätzliches Gefühl der Sicherheit verschaffen.
Großbritannien gab ihm jene Zusage militärischer Hilfe gegen
einen deutschen Angriff, um die es sich nach dem Ersten Weltkrieg vergeblich bemüht hatte[23]. Die historische Funktion des
Vertrages von Dünkirchen ist darin zu sehen, daß er durch seine
spätere Ausweitung zum Brüsseler Pakt mit Belgien, Holland
und Luxemburg (1948) und durch die schließliche Einbezie-
hung Italiens und der Bundesrepublik Deutschland (1955) zum
Instrument für die Herstellung der Verteidigungsfähigkeit
Westeuropas werden sollte. Diese Bedeutung war freilich beim
Abschluß des ursprünglich gegen Deutschland gerichteten
Dünkirchener Vertrages noch nicht abzusehen.

Nach den Friedensverträgen mit den ehemaligen europäischen Verbündeten Deutschlands traf sich der Rat der Außenminister zu seiner vierten Sitzung in Moskau vom 10. März bis
24. April 1947. Auf dieser Tagung wurde das Deutschlandpro-

blem intensiver und umfassender behandelt, als es bisher seit Potsdam der Fall gewesen war[24]. Die Vereinigten Staaten wurden hier nicht mehr durch Byrnes vertreten. Er war durch den früheren Generalstabschef George Marshall abgelöst worden, der inzwischen Sonderbeauftragter Trumans für China gewesen war[25]. In der Person Marshalls wird sichtbar, wie die Entwicklung der chinesischen Dinge auf Europa zurückwirkte. Am 10. Januar 1946 war ein Waffenstillstand zwischen Nationalchinesen und Kommunisten abgeschlossen worden. Es war der Auftrag Marshalls gewesen, zwischen den beiden Kräften weiter zu vermitteln, um zu gewährleisten, daß der Waffenstillstand in den Provinzen auch tatsächlich beachtet und ein Modus vivendi zwischen Kommunisten und Nationalchinesen gefunden würde. Aber vergeblich hatte Marshall den amerikanischen Einfluß eingesetzt, um den Bürgerkrieg, der im April 1946 wieder offen entflammt war, einzudämmen und ein weiteres Vordringen der Kommunisten zu verhindern. Ende 1946 mußte er sich das Scheitern seiner Mission eingestehen. In die Vereinigten Staaten zurückgekehrt, wurde er zum Leiter der Außenpolitik berufen. Die chinesischen Erfahrungen verstärkten die amerikanische Entschlossenheit, der kommunistischen Expansion in Europa entgegenzutreten. Auf der Moskauer Außenministerkonferenz zeigte sich die Verschärfung des Gegensatzes zwischen der Sowjetunion und den Vereinigten Staaten bei der Behandlung der künftigen deutschen Ostgrenze. Deutlicher als es Byrnes in seiner Stuttgarter Rede oder gar General Clay in seiner Denkschrift vom Mai 1946 getan hatte, beschränkte Marshall in Moskau die Zusage auf Abtretung deutscher Ostgebiete an Polen auf Südostpreußen und das oberschlesische Industriegebiet, für das er überdies den von Molotow kategorisch zurückgewiesenen Gedanken einer internationalen wirtschaftlichen Kontrolle ins Spiel brachte. Die Teilung der verbleibenden im wesentlichen landwirtschaftlich genutzten Gebiete erfordere eine »Abwägung der Bedürfnisse des polnischen und des deutschen Volkes«. Ähnlich äußerte sich Bevin für die britische Regierung. Im Gegensatz hierzu beharrte der französische Außenminister Georges Bidault auf dem Standpunkt, daß für Frankreich diese nur formalrechtlich noch als offen betrachtete Frage kein Diskussionsgegenstand sei. Dafür wurde umgekehrt die französische Forderung auf die Saar, wie schon früher von Byrnes in Stuttgart, so jetzt auch von Molotow in Moskau, wohlwollend kommentiert.

Zentraler Verhandlungsgegenstand war in Moskau die Frage der politischen Einheit Deutschlands. Russen, Briten und Amerikaner setzten sich nunmehr verbal alle für die Bildung einer deutschen Regierung ein. Allerdings schlossen die verschiedenen Konzeptionen sich gegenseitig aus. Der sowjetische Vorschlag griff zurück auf das Proporzwahlrecht der Weimarer Verfassung, weil dieses im Unterschied zu dem als undemokratisch bezeichneten Mehrheitswahlrecht Englands und Amerikas auch Minderheitengruppen eine parlamentarische Repräsentanz ermögliche. Auch das gemischte Wahlsystem, das inzwischen in der britischen und amerikanischen Zone angewendet worden war, wurde von Molotow als undemokratisch verworfen[26]. Abgelehnt wurde von ihm auch eine föderalistische Gliederung Deutschlands und statt dessen der dezentralisierte Einheitsstaat gefordert. Die deutschen Teilgebiete sollten kein politisches Eigengewicht besitzen. Das für den sowjetischen Vorschlag Charakteristische lag aber besonders in dem für die Verfassunggebung vorgesehenen Verfahren. In einem für diesen Zweck gebildeten deutschen konsultativen Gremium sollten außer den Ländern und den Parteien als volksdemokratisches Element auch Massenorganisationen vertreten sein. Diesem Gremium wollte Molotow aber eine lediglich beratende Funktion zuweisen. Die eigentliche Instanz für den Erlaß einer vorläufigen Verfassung, auf deren Grundlage später Wahlen und Regierungsbildung stattfinden sollten, war nach Vorstellung der Sowjets der Kontrollrat. Wie man hoffen konnte, bei den auseinandergehenden Interessen und Vorstellungen der Mitglieder des Kontrollrates überhaupt eine Verfassung vereinbaren zu können, blieb offen. In dieser Konstruktion sprach sich ein deutliches Mißtrauen gegenüber dem frei geäußerten politischen Willen des deutschen Volkes aus. Das erklärte sich aus den Erfahrungen, die sich aus verschiedenen inzwischen in Deutschland durchgeführten Wahlen ergaben. Sie ließen keine Illusionen zu über das geringe Maß an Zustimmung, das der Kommunismus unter den Deutschen fand. Dem sowjetischen Konzept stand als britischer Vorschlag der weitgehend auch von den Vereinigten Staaten unterstützte sogenannte Bevin-Plan gegenüber. Im Unterschied zu der von den Sowjets vorgeschlagenen Verfahrensweise wollte Bevin die Ausarbeitung der vorläufigen Verfassung einer gewählten deutschen Vertreterkörperschaft übertragen. Dem Kontrollrat wurde lediglich das Zustimmungsrecht vorbehalten. Der künftige Staatsaufbau sollte in einem Mittelweg zwi-

schen dem Einheitsstaat, wie ihn die Sowjets, und dem Staatenbund, wie ihn die Amerikaner und Franzosen wollten, an der
bundesstaatlichen Weimarer Verfassung orientiert sein.

Es schien für einen Augenblick so, als werde es möglich sein,
zwischen den konkurrierenden Ausgangspositionen einen Ausgleich zu finden. So konzedierte Bevin die Einbeziehung antifa-
schistischer Organisationen und Molotow die Wahl des Kon-
sultativgremiums. Zu einer Einigung über das Verfahren der
Verfassunggebung kam es jedoch nicht. Ebenso erwies es sich
als unmöglich, wenigstens die in Potsdam vorgesehenen zentralen Verwaltungsstellen zu schaffen. Vergeblich wies Bevin darauf hin, daß es bei der chaotischen Lage, bei dem Mangel an
einer einheitlichen Politik in den dringendsten wirtschaftlichen
Fragen, angesichts des immer tieferen Elends und des Hungers,
in den das deutsche Volk absank, unabdingbar sei, für die wirtschaftlichen Fragen handlungsfähige zentrale deutsche Behörden zu errichten, die aber wirkliche Vollmachten erhalten und
nicht lediglich auf Weisung des in sich uneinigen Kontrollrates
handeln sollten. Dem widersprach Molotow ebenso wie einem
amerikanischen Vorschlag, den Kontrollrat dadurch handlungs-
fähig zu machen, daß man auf das Prinzip der Einstimmigkeit
verzichtete. Die stärksten Hindernisse für eine Einigung aber
lagen bei den Franzosen. Sie wollten der Errichtung von zentralen Verwaltungsstellen nur unter der Bedingung zustimmen,
daß diese als Kollegialbehörden aus Ländervertretern gebildet
und außerdem in den einzelnen Zonen der Kontrolle durch die
jeweiligen Militärbefehlshaber unterworfen sein würden. Das
Ergebnis dieser langwierigen Verhandlungen über die staatsrechtliche Gestaltung Deutschlands war letztlich ein einziger,
negativer Beschluß: die Bestätigung der am 25. Februar 1947
durch den Kontrollrat verkündeten, aber schon vorher durch
die Bildung neuer Länder in den vier Besatzungszonen längst
vollzogenen Auflösung Preußens.

Hinsichtlich der wirtschaftlichen Behandlung Deutschlands
war es ähnlich wie in der Verfassungsfrage: beide Seiten sprachen von der Notwendigkeit, Deutschland als wirtschaftliche
Einheit anzusehen, aber beide verstanden unter der gleichen
Vokabel radikal verschiedene Dinge. Die seit Potsdam wiederholt formulierten Gegensätze verhärteten sich, dazu kamen
neue Argumente. Von sowjetischer Seite wurde erklärt, daß die
am 1. Januar 1947 erfolgte wirtschaftliche Zusammenfassung
des britischen und des amerikanischen Besatzungsgebietes zur

Doppelzone (vgl. Kap. 15) im Gegensatz zum Potsdamer Abkommen stünde. Von der westlichen Seite wurde der gleiche Vorwurf erhoben gegen die Bildung von Sowjet-Aktiengesellschaften, die ohne Abstimmung mit dem Industrieplan gegründet worden seien.

Bei diesem Mangel an Übereinstimmung in den Grundvorstellungen über die Behandlung Deutschlands endeten erneute Besprechungen über den amerikanischen Vorschlag eines Viererpaktes zur Kontrolle Deutschlands auf 25 bis 40 Jahre wie schon früher in einer Sackgasse. Zwar griffen die Sowjets den Vorschlag auf, aber sie verbanden ihn mit ihrer alten Forderung nach Beteiligung an einer Ruhrkontrollbehörde, für deren Beschlüsse das Prinzip der Einstimmigkeit gelten sollte, die also durch ein sowjetisches Veto jederzeit würde lahmgelegt werden können. Außerdem verlangten sie die Sozialisierung der wehrwichtigen Betriebe der Ruhrindustrie und eine Bodenreform für alle Zonen. Auch die Amerikaner hatten eine besondere Kontrollbehörde vorgesehen, und zwar für die Überwachung der Entmilitarisierung. Sie sollte ihre Beschlüsse mit Mehrheit fassen und das Recht haben, sich frei in allen vier Besatzungszonen zu bewegen. Beides war für die Sowjetregierung unannehmbar. Die Moskauer Konferenz machte gerade bei der Intensität, mit der die Deutschlandfragen behandelt wurden, deutlich, daß alle verbale Übereinstimmung in dem Ziel, Deutschland als Staat wiedererstehen zu lassen, endgültig nicht mehr darüber hinwegtäuschen konnte, daß die gegensätzlichen Vorstellungen über die politische und wirtschaftliche Behandlung Deutschlands miteinander unvereinbar waren.

Die Westmächte handelten nun allein, wobei die Initiative wiederum bei den Amerikanern lag. Im Juli 1947 wurden für die amerikanische Besatzungspolitik neue Richtlinien formuliert. Die USA bekundeten erneut ihre Entschlossenheit, Truppen so lange in Deutschland zu unterhalten, wie irgendeine der anderen Mächte sich an der Besetzung Deutschlands beteiligen werde. Es war ein Engagement auf unbegrenzte Zeit, ganz entgegen den ursprünglichen amerikanischen Vorstellungen im Augenblick der deutschen Kapitulation. Als Ziel der Wirtschaft, deren Beschränkungen nun weitgehend fielen, wurde die Entstehung eines »stable and productive Germany« genannt[27]. Die Bahn wurde frei für die Entwicklung der wirtschaftlichen Produktivkräfte. Ein Schlüsseldokument für die damalige politische Lagebeurteilung durch die Amerikaner ist ein Artikel von

George F. Kennan, seit Februar 1947 Berater im State Department[28]. Er stellte der amerikanischen Politik die Aufgabe des »containment«, der Eindämmung der sowjetischen Expansion. Von dem Konzept Kennans ausgehend, verkündete Staatssekretär Marshall am 5. Juni 1947 in einer Rede vor der Harvard-Universität den nach ihm benannten Plan, der zur Grundlage für eine wirtschaftliche, in seiner Konsequenz auch politische und militärische Neuordnung der westlichen Welt werden sollte[29].

S. Lit. zu Kap. 1.

Dokumente zu den Außenministerkonferenzen von Moskau, Paris, London in: Foreign Relations of the United States 1945. Vol. 2: General political and economic matters (1967); For. Rel. 1946. Vol. 2: Council of Foreign Ministers (1970); For. Rel. 1946. Vol. 3: Paris Peace Conf., Proceedings (1970) u. vol. 4: Documents (1970); For. Rel. 1947. Vol. 2: Council of Foreign Ministers; Germany and Austria (1972); russ. Konferenzberichte in: Archiv vnejšnej politiki (AVP) SSSR, Moskva, Sovet Ministrov Inostrannych DEL (SMID) (1946/47), ausgewertet in drei Aufsätzen von V. N. VYSOCKIJ über die dt. Frage auf den Außenministerkonferenzen 1946/47, in: ZfG 22 (1974); Documents Français relatifs à l'Allemagne (Paris 1947); Berichte u. Dokumente zu den Konf. auch in EA (1945–1948).

Erinnerungen u. Aufzeichnungen von BYRNES, TRUMAN, MURPHY; ferner G. F. KENNAN, Memoiren eines Diplomaten (a. d. Amerik. 1968); L. D. CLAY, Entscheidung in Dtld. (a. d. Amerik. 1950); J. E. SMITH (Hg.), The Papers of General Lucius D. Clay. Germany 1945–1949 (2 Bde. Bloomington 1974); W. M. MOLOTOW, Fragen der Außenpolitik. Reden u. Erklärungen April 1945–Juni 1948 (Moskau 1949).

Darstellungen: H. DRUKS, Harry S. Truman and the Russians 1945–1953 (New York 1966); E.-O. CZEMPIEL, Das amerik. Sicherheitssystem 1945–1949 (1966); W. VOGEL, Dtld., Europa u. die Umgestaltung der amerik. Sicherheitspolitik 1945 bis 1949, VfZG 19 (1971); Amerik. Kritik an der containment policy: W. A. WILLIAMS, The Tragedy of American Diplomacy (New York ²1962), sowie Joyce u. G. KOLKO, The Limits of Power. The World and United States Foreign Policy 1945–1954 (New York 1972). Zur Entstehung des »Kalten Krieges«, Forschungsstand u. Diskussion: L. C. GARDNER / A. SCHLESINGER / H. J. MORGENTHAU, The Origins of the Cold War (Waltham, Mass. 1970); H. FEIS, From Trust to Terror. The Onset of the Cold War 1945–1950 (New York 1970); J. L. GADDIS, The United States and the Origins of the Cold War 1941–1947 (New York 1972); B. J. BERNSTEIN (Hg.), Politics and Policies of the Truman Administration (Chicago 1970). – D. GEYER, Von der Kriegskoalition zum Kalten Krieg, u. B. MEISSNER, Die sowj. Dtld.politik 1945–1949, in: D. GEYER (Hg.), Osteuropahandbuch. Sowjetunion, Außenpolitik 1917–1955 (1972). – Lit.übersicht bei E. NOLTE, Dtld. u. der Kalte Krieg (1974).

[1] J. BYRNES, In aller Offenheit, S. 136.

[2] Text dieses der Londoner Konferenz der Außenminister vorgelegten

Memorandums in Foreign Relations 1945/3 (1968), S. 869 ff., dt. in EA 9 (1954), S. 6747; vgl. dazu E. DEUERLEIN, Frankreichs Obstruktion dt. Zentralverwaltungen 1945, in: Dtld.-Archiv 4 (1971).

[3] BYRNES, S. 144.

[4] Schreiben v. 5. 1. 1946, in: TRUMAN, Memoiren 1, S. 599–601; s. B. MEISSNER, Rußland, die Westmächte u. Dtld. (1953), S. 79, auch zu Vandenberg u. Byrnes.

[5] Text in Keesings Archiv (1946/47), S. 669 B; s. Kap. 3, Anm. 1.

[5a] Wortlaut des Stalin-Interviews v. 13. März 1946, in: Die Außenpolitik der Sowjetunion 1946 (Berlin 1946); vgl. B. MEISSNER, S. 80.

[6] The Papers of Gen. L. D. Clay, 1, Nr. 122; dt. Übers. in: CLAY, Entscheidung in Dtld., S. 90 ff.; J. H. BACKER, Priming the German Economy. American occupational Policies 1945–1948 (Durham 1971) erklärt die Initiative Clays aus der elementaren wirtschaftl. Notwendigkeit, die Versorgung der Bevölkerung sicherzustellen.

[7] Bericht über die Außenministerkonf. in EA 1 (1946/47); Dok. in For. Rel. 1946/2.

[8] Vgl. W. LIPGENS, Bedingungen u. Etappen der Außenpolitik de Gaulles 1944–1946, VfZG 21 (1973), S. 97 ff.; E. DEUERLEIN, (s. o. Anm. 2).

[9] CLAY, Entscheidung in Dtld., S. 55 f.

[10] Ebd. S. 153.

[11] BYRNES, S. 259.

[12] Ebd. S. 260.

[13] Text bei J. HOHLFELD (Hg.), Dok. der dt. Politik u. Gesch. 6 (o. J.). Nr. 15.

[14] Zum Ernährungsstand vgl. CLAY, Entscheidung in Dtld., S. 295 ff.

[15] EA 1 (1946/47), S. 261 ff.; J. GIMBEL, Byrnes' Stuttgarter Rede u. die amerik. Nachkriegspolitik in Dtld., VfZG 20 (1972).

[16] W. M. MOLOTOW, Fragen der Außenpolitik, S. 256–260.

[17] Text in R. S. CHURCHILL (Hg.), The Sinews of Peace, Post-War Speeches by W. S. Churchill (Cambridge 1949); dt. Auszug in: Europa. Dok. zur Frage der europ. Einigung 1, hg. vom Forschungsinstitut der Dt. Ges. f. Ausw. Politik (1962), S. 113 ff.

[18] W. I. LENIN, Werke 21 ([2]1968), S. 342 ff.

[19] Interview Stalins mit United Press, 29. Okt. 1946, dt. Text EA 1 (1946).

[20] For. Rel. 1946/2 (Pariser Friedenskonf.) u. 3 (Rat der Außenminister); Berichte in EA 1 (1946/47).

[21] Zeittafel über Entstehung der Verträge u. Analyse der wichtigsten Bestimmungen: EA 1 (1946/47), S. 483 ff.; Text der Vertragsentwürfe u. der Änderungsvorschläge in For. Rel. 1946/4; E. MENZEL, Die Friedensverträge von 1947 mit Italien, Ungarn, Bulgarien, Rumänien u. Finnland (1948).

[22] Text: A Decade of Americ. Foreign Policy. Basic documents 1941–1949 (1950), No. 295; dt. EA 2 (1947), S. 819 f.; H. S. TRUMAN, Memoiren 2, S. 114 ff.

[23] EA 1 (1947), S. 637 f.

[24] Zur Dokumentation Sondernr. des EA 2 (1947), Nr. 1; Dok. in For. Rel. 1947/2.

[25] Zu MARSHALL s. F. C. POGUE, G. C. Marshall, 4 Bde., bisher erschienen Bd. 1–3, bis 1945 (New York 1963–73). – TANG TSOU, America's failure in China 1941–50 (Chicago 1963).

[26] Text des sowj. Vorschlags in EA 2 (1947), S. 692 f.; Erklärung Molotows zu diesem Vorschlag in: MOLOTOW, Fragen der Außenpolitik, S. 443 ff.

[27] ›Direktive‹ vom 11. Juli 1947, in: A Decade of Americ. Foreign Policy. Basic doc. 1941–1949 (1950), No. 93.

[28] Artikel von »X« (= G. F. Kennan), The Sources of Soviet Conduct, in: Foreign Affairs 25 (1947); hierzu G. F. KENNAN, Memoiren, Kap. XV: Der Artikel von ›Mr. X‹; Kennan verstand die Eindämmung nicht als

wahllos gewährte amerik. Unterstützung an alle Staaten, die irgendwo in der Welt wegen realer oder vermeintlicher Bedrohung durch den Weltkommunismus sich um Hilfe an die USA wandten. Er lehnte deshalb die weitgefaßte Truman-Doktrin ab u. betonte den polit., nicht primär milit.

Charakter seines Konzeptes. - I. REISS, George Kennans Politik der Eindämmung (1957).

[29] Text: A Decade of Americ. Foreign Policy. Basic doc. 1941–1949 (1950), No. 300; dt. EA 2 (1947), S. 821.

Kapitel 7
Die Nürnberger Prozesse

Während sich seit der Potsdamer Konferenz die weltpolitischen Gegensätze zwischen den Siegermächten vertieften und es offenbar wurde, daß keinerlei Übereinstimmung darüber hergestellt werden konnte, was an die Stelle des nationalsozialistischen Deutschland treten sollte, fand der gemeinsame Kampf gegen den Nationalsozialismus, der die Allianz begründet hatte, seine Fortsetzung in einer Serie von Prozessen gegen die Führer des Dritten Reiches. Die drei verbündeten Hauptmächte hatten schon in der Moskauer »Erklärung über deutsche Grausamkeiten im besetzten Europa«[1] vom 30. Oktober 1943 die Absicht bekundet, Kriegsverbrechen zu ahnden. Deutsche, die sich in den besetzten Gebieten schuldig gemacht hatten, sollten nach dem Kriege in die betreffenden Länder überführt und nach dort geltendem Recht verurteilt werden. Für die »Hauptverbrecher, deren Verbrechen nicht an einem geographisch bestimmten Tatort begangen wurden«, war eine Bestrafung durch »eine gemeinsame Entscheidung der Regierungen der Alliierten« vorgesehen. Offen und lange umstritten blieb, wie die Bestrafung praktiziert werden sollte. Stalin sprach auf der Teheraner Konferenz von der summarischen Exekution von 50000 Offizieren. Roosevelt neigte der gleichen Ansicht zu, die Churchill damals kategorisch ablehnte. Für eine standrechtliche Hinrichtung der führenden Personen setzte sich innerhalb der amerikanischen Regierung Staatssekretär Hull ein, für eine summarische Liquidation Finanzminister Morgenthau, für reguläre Gerichtsverfahren Kriegsminister Stimson. In Jalta schlug Churchill vor, eine Liste der Hauptkriegsverbrecher aufzustellen und die in ihr genannten Personen nach Feststellung der Identität zu erschießen, ebenso Eden; aber jetzt waren es Roosevelt und Stalin, die für Gerichtsverfahren plädierten. Die gleiche Ansicht vertrat der neue amerikanische Staatssekretär Stettinius. Großes Gewicht hatte das Votum der 1943 gegründeten »United Nations War Crimes Commission« in London unter dem Vorsitz des britischen Lordkanzlers Simon. Sie stellte Kriegsverbrecherlisten zusammen und machte Vorschläge für deren strafrechtliche Verfolgung. Auf dieser Grundlage erarbeitete zeitlich parallel zur Potsdamer Konferenz eine unter Beteiligung der vier Besatzungsmächte vom 26. Juni bis 8. August in London tagende internationale Konferenz über Militärgerichtsverfahren ein »Abkommen über die Verfolgung und Bestrafung der Hauptkriegsverbrecher der europäischen Achse« und ein »Statut für den Internationalen Militärgerichtshof«[2].

Als internationaler Prozeß ist nur das Verfahren gegen die Hauptkriegsverbrecher durchgeführt worden, das in Nürnberg am 20. November 1945 begann und mit der Urteilsverkündung am 30. September und 1. Oktober 1946 endete. An den Haupt-Kriegsverbrecher-Prozeß schlossen sich in Deutschland die sogenannten Nachfolgeprozesse an, die jeweils von einzelnen Siegermächten durchgeführt wurden. Ihre Rechtsgrundlage war das Kontrollratsgesetz Nr. 10 vom 20. Dezember 1945 betreffend die »Bestrafung von Personen, die sich Kriegsverbrechen, Verbrechen gegen den Frieden oder gegen die Menschlichkeit schuldig gemacht haben«[3]. Das Statut für den Internationalen Militärgerichtshof wie das in wesentlichen Punkten inhaltsgleiche Kontrollratsgesetz Nr. 10 gehen in ihrem juristischen Gedankengut auf einen Entwurf zurück, der von dem amerikanischen Richter am Obersten Bundesgericht Robert H. Jackson stammt[4]. Unter »Kriegsverbrechen« sind solche zu verstehen, die während des Krieges an Angehörigen der gegnerischen Völker begangen wurden, wie Tötung oder Mißhandlung von Kriegsgefangenen, Hinrichtung von Geiseln, Mißhandlung der Zivilbevölkerung, Verschleppung zur Zwangsarbeit, Beschießung nicht verteidigter Orte. Solche Delikte waren bereits auf den Haager Konferenzen vor dem Ersten Weltkrieg definiert, wenn auch noch nicht unter internationale Strafsanktion gestellt worden. Man konnte für ihre gerichtliche Verhandlung also auf positives Völkerrecht zurückgreifen. Unter »Verbrechen gegen die Menschlichkeit« fällt vor allem die Judenverfolgung und -vernichtung und die Zerstörung sogenannten »unwerten Lebens«. Diese Straftaten konnten schon aufgrund der in allen zivilisierten Staaten geltenden Strafgesetze rechtlich geahndet werden. Schwieriger war die Frage, was die Rechtsgrundlage für die Ahndung von »Verbrechen gegen den Frieden« und – wie die Nürnberger Anklageschrift zusätzlich formulierte – einer »Verschwörung gegen den Frieden« sei. Bis zum Ersten Weltkrieg wurde ein Angriffskrieg nicht als völkerrechtswidrig betrachtet. Eine ältere Rechtsanschauung hatte im Unterschied zu der im 19. Jahrhundert vorherrschenden zwischen gerechtem und ungerechtem Krieg unterschieden. Nach dem Ersten Weltkrieg, so argumentierte Jackson, sei jene ältere Rechtsauffassung im Bewußtsein der Völker wieder stärker hervorgetreten. So habe es in den zwanziger Jahren eine fortwährende Bemühung gegeben, den Krieg im Rahmen des Völkerbundes und im Rahmen internationaler Abkommen unter Rechtskategorien zu stellen. Besonders wies er auf den Briand-Kellogg-Pakt hin, dessen Unterzeichner sich verpflichtet hatten, auf den Angriffskrieg als Mittel der Politik zu verzichten. In diesem Pakt insbesondere sah Jackson ein Zeichen für das veränderte Rechtsbewußtsein der Völker, das den Angriffskrieg verurteile. Das Internationale Tribunal brauche sich also – das ist die Quintessenz seiner Rechtsüberlegungen – nicht von überholten Völkerrechtsvorstellungen des 19. Jahrhunderts leiten zu lassen, sondern sei legitimiert, sich auf jene ältere und jetzt erneut zum Bewußtsein gelangte Rechtsüberzeugung zu beziehen, der zufolge ein Angriffskrieg zu verurteilen sei.

Gegen diese Auffassung sind Rechtseinwände geltend gemacht worden, zunächst von den deutschen Verteidigern in Nürnberg, aber auch in der deutschen und internationalen juristischen Diskussion. Ob und wie auch immer sich das öffentliche Rechtsbewußtsein verändert hatte oder nicht, es blieb umstritten, ob nicht das Nürnberger Tribunal gegen den Grundsatz des nulla poena sine lege verstoße. Denn es gab keine international gültigen Rechtsvereinbarungen über den Begriff des Verbrechens gegen den Frieden. Es war keineswegs – und zwar bis heute nicht – gelungen, den Begriff des Angreifers juristisch eindeutig zu definieren. Dieser Anklagepunkt war der für die Weiterentwicklung des Völkerrechts wichtigste, in seiner psychologischen Wirkung auf die deutsche Öffentlichkeit aber zugleich problematischste. Von den vor dem Internationalen Gerichtshof und den amerikanischen Nachfolgeprozessen in Nürnberg stehenden Angeklagten wurde allein Rudolf Heß nur wegen Verbrechen gegen den Frieden verurteilt. Wäre es für die

Wiederherstellung der Achtung vor dem Recht in Deutschland nicht dienlicher gewesen, wenn man bei Anlage und Durchführung der Prozesse den Gedanken in den Vordergrund gerückt hätte, daß die unter die Begriffe »Kriegsverbrechen« und »Verbrechen gegen die Menschlichkeit« fallenden Straftaten auch nach dem zur Tatzeit geltenden deutschen Strafrecht als Mord, Totschlag, Körperverletzung, Freiheitsberaubung, Nötigung, Diebstahl, Raub und Erpressung strafrechtlich zu verfolgen waren? Zudem erschien manchen, auch abgesehen von der Frage nach der materialen Rechtsbasis für die Behandlung der drei genannten Delikte, überhaupt die Bildung dieses internationalen Gerichtshofes eine bloße Zweckveranstaltung und durch kein geltendes Völkerrecht gedeckt. Wurde in Nürnberg ein Vergeltungsakt der Sieger mit Hilfe eines Kriegstribunals durchgeführt, schwebte mit den Worten des amerikanischen Senators Robert Taft über diesem Verfahren »der Geist der Rache«[5], oder sollte dem Recht, das für alle gleich ist, Geltung verschafft werden? Die Frage ist weder nach der einen noch der anderen Seite eindeutig zu beantworten. Angesichts der Ungeheuerlichkeit dessen, was in Nürnberg aufgedeckt wurde, kann sich aber, jenseits aller juristischen Überlegungen, niemand der Feststellung entziehen, daß hier Recht geschehen ist. Dabei hätte die Veranstaltung des Tribunals von vornherein größere Überzeugungskraft besessen, wenn es nicht ein Gericht allein der Sieger gegen die Besiegten gewesen wäre, sondern wenn man Angehörige der neutralen Staaten am Gerichtshof beteiligt hätte. Der Gerichtshof selber argumentierte hinsichtlich dieser Frage, daß durch die Aufhebung der deutschen Staatlichkeit am 5. Juni 1945 die Ausübung auch der richterlichen Hoheitsgewalt in die Hände des Kontrollrates gefallen sei und daß dieser damit wie jede Staatshoheit legitimiert sei, einen Gerichtshof einzusetzen und über seine Zusammensetzung zu befinden[6].

Das Verfahren des Gerichtshofes war weitgehend durch angelsächsische Praxis bestimmt. Nicht dem Gerichtshof und dessen Vorsitzenden oblag es, die Sachverhalte zu klären, sondern dem Ankläger und der Verteidigung, die beide ihre Zeugen und ihre Argumente gegeneinander ins Feld führten. Nur die Anklage allerdings verfügte über das Aktenmaterial des Staates und der Partei. Die Verteidigung war darauf angewiesen, aus diesen Aktenbeständen Dokumente, von deren Existenz sie wußte, anzufordern. Trotz dieser Beschränkungen kann man nicht sagen, daß der Verteidigung keine Chance gegeben worden wäre. Sie hat auch durchaus einige Erfolge gehabt. Was sich vor dem Nürnberger Tribunal abspielte, war kein Schauprozeß. Es gab nicht nur Verurteilungen, sondern auch einige Freisprüche. In einigen Fällen erreichte die Verteidigung erhebliche Milderungen im Urteil, oder bestimmte Anklagepunkte wurden fallengelassen. Dies geschah etwa im Falle Dönitz. Die gegen die deutsche U-Boot-Kriegführung in der Anklage erhobenen Vorwürfe wurden bei der Zumessung der Strafe nicht angerechnet, weil das Gericht anerkannte, daß der rücksichtslose Unterwasserkrieg gegen bewaffnete Handelsschiffe nicht völkerrechtswidrig sei. Das Urteil weist ausdrücklich darauf hin, daß die Alliierten im Pazifik gegen die Japaner ebenfalls einen unbeschränkten U-Boot-Krieg geführt hätten.

Bei zwei Anlässen wurde deutlich, welche Spannungen im Gerichtshof selber vorhanden waren. Vom sowjetischen Ankläger wurde der Fall Katyn zur Sprache gebracht. Er wollte die dort vollzogene Erschießung polnischer Offiziere der deutschen Seite als Kriegsverbrechen zur Last legen. Es ist der deutschen Verteidigung gelungen, den Gerichtshof zu veranlassen, der Anklage in diesem Punkte nicht stattzugeben. Jackson, der in dem Prozeß als amerikanischer Hauptankläger auftrat, hat später vor einem amerikanischen Kongreßausschuß ausgesagt, er habe schon in Nürnberg mit der Möglichkeit gerechnet, daß die Sowjets an Katyn schuld seien[7]. Der Nürnberger Gerichtshof hat aber den Fall Katyn nicht seinerseits aufgegriffen und nach dem Schuldigen gesucht. Schon Roosevelt hatte eine internationale Untersuchung des Falles, wie sie General Sikorski für die polnische Exilregierung Anfang 1943 vorschlug, für unangebracht gehalten[8]. Man war während des Krieges wie jetzt während seines gerichtlichen Schlußaktes nicht bereit, das Verhältnis zur Sowjetunion durch die Aufdeckung dieses Falles zusätzlich zu belasten.

Die Fragwürdigkeit der Zusammensetzung des Gerichtshofes wurde noch deutlicher in dem dramatischen Zwischenfall, der dadurch ausgelöst wurde, daß das geheime Zusatzprotokoll zum Hitler-Stalin-Pakt vom 23. August 1939 während des Prozesses bekannt wurde. Es ist auf dem Weg über einen amerikanischen Journalisten dem Verteidiger von Rudolf Heß zugespielt und beim Kreuzverhör Ribbentrops bekannt geworden. Der Versuch der Verteidigung, den Text wörtlich zu verlesen, wurde jedoch auf Einspruch des sowjetischen Anklägers durch den Präsidenten des Gerichts verhindert. Der formale Grund für die Zurückweisung des Dokuments als Beweisstück war die Weigerung des deutschen Verteidigers, seinen amerikanischen Informanten preiszugeben. Das Gericht bzw. die Anklage hat es aber unterlassen, von sich aus dieses in amerikanischer Hand befindliche Dokument herbeischaffen zu lassen. Der Gerichtshof erklärte, formalistisch argumentierend, daß nicht die Sowjetunion, sondern die deutsche Regierung die Angeklagte sei. Durch diesen Vorfall wurde jedenfalls die Konstruktion des Gerichtshofes in seiner Zusammensetzung erheblich in Frage gestellt, wenn auch an der persönlichen rechtlichen Gesinnung von Männern wie z. B. des britischen Vorsitzenden des Gerichtshofes Lawrence oder des amerikanischen Anklägers Jackson u. a. nicht gezweifelt werden kann. Was aber sollte das deutsche Volk nun von der moralischen Legitimation eines Gerichtshofes halten, in dem der sowjetische Paktgenosse aus der Zeit des Polenkrieges, jetzt Ankläger und Richter zugleich, die gerichtliche Aufdeckung der Hintergründe jener Paktgenossenschaft verhinderte?

Am 30. September und 1. Oktober 1946 wurde die Urteilsbegründung verlesen. Sie wird eingeleitet durch einen Bericht über die deutsche Geschichte zwischen den beiden Weltkriegen, besonders nach 1933. Es ist ein einseitiger Bericht. Wo etwa vom Anschluß Österreichs die Rede ist, wird in keiner Weise der Tatsache Rechnung getragen, daß sich die Frage einer Vereinigung Österreichs mit Deutschland nicht erst 1938, sondern schon 1919 stellte und daß der Sachverhalt unzutreffend erfaßt wird, wenn man ihn wegen der Art seiner Durchführung lediglich als Gewaltakt darstellt. Bei der Schilderung des deutschen Angriffs auf Polen bleibt außer Betracht, daß der Pakt mit Stalin den Weg hierfür frei machte. Bei der Invasion von Norwegen wird nicht erwähnt, daß sie sich zeitlich deckte mit einem im gleichen Augenblick begonnenen britischen Unternehmen. Bei der Kriegserklärung Deutschlands an die Vereinigten Staaten bleibt unberücksichtigt, daß Roosevelt seit längerer Zeit systematisch bemüht war, entgegen der isolationistischen Einstellung in seinem Lande die Vereinigten Staaten Schritt um Schritt auf den Krieg zuzuführen. Das Urteil spricht vom Angriffskrieg Deutschlands gegen zwölf Nationen. Zu diesen werden England und Frankreich gerechnet. Im positiv völkerrechtlichen Sinne hat aber nicht Deutschland an England und Frankreich, sondern haben diese beiden Staaten Deutschland den Krieg erklärt. Nun ist ohne Zweifel Deutschland im geschichtlichen

Sinne der Angreifer gewesen. Hitler hat den Krieg gewollt. Er hat ihn durch den Überfall auf Polen ausgelöst. Wenn aber die Argumentation auf der geschichtlichen Ebene erfolgt, können die Umstände und Bedingungen nicht übersehen werden, unter denen Hitler handelte und die ihm seine Aktionen möglich machten.

Diese notwendigen Vorbehalte gegen die Zusammensetzung des Nürnberger Gerichtshofes, gegen die Verfahrensweise und gegen das Geschichtsbild der Urteilsbegründung mindern aber nicht die große Bedeutung, die der Prozeß für die Aufhellung der Geschichte des nationalsozialistischen Deutschland gehabt hat. Gegenüber den Hauptdokumenten, die der Prozeß zutage förderte, war kein Ausweichen möglich. Das Hoßbach-Protokoll vom 5. November 1937, die Führer-Besprechung vom 23. Mai 1939, die Rede Hitlers vor den hohen Militärs am 22. August 1939, um nur einige dieser Dokumente zu nennen, wurden wie im Nürnberger Gerichtsverfahren, so in der Folge auch in der Geschichtsforschung grundlegend für die Beurteilung der Vorgeschichte des Zweiten Weltkrieges. Einen wesentlichen Anstoß für das historisch-politische Denken in Deutschland bedeutete es auch, daß das Nürnberger Gerichtsverfahren von der persönlichen Haftung des einzelnen für seine als Amtsperson begangenen Taten ausging. Dieser Gedanke ist in der angelsächsischen Rechtstradition stärker ausgeprägt als in der deutschen. Wichtig war es auch, daß Rechtsverletzungen, die im Vollzug eines Befehls erfolgt waren, nicht deswegen von der rechtlichen Ahndung ausgenommen wurden. Vor allem aber ist das deutsche Volk durch die Nürnberger Prozesse zum ersten Male mit dem ganzen Ausmaß der Verbrechen konfrontiert worden, die in seinem Namen gegen Wehrlose begangen wurden, gegen Juden, Kranke, Verschleppte, Gefangene. Man muß sich das ganze Entsetzen vergegenwärtigen, das durch diese Enthüllungen und während eines ganzen Jahres durch die Berichterstattung über die Nürnberger Prozesse in der Welt erregt wurde, um zu verstehen, daß die ehemaligen Kriegsalliierten trotz der zwischen ihnen immer schärfer werdenden Spannungen den Schein der Zusammenarbeit noch aufrechterhielten.

Am 1. Oktober 1946 wurden die verhängten Strafen verkündet. Das Statut des Internationalen Gerichtshofes hatte vorgesehen, daß nicht nur Personen, sondern auch Organisationen als verbrecherisch angeklagt werden konnten. Im Kontrollratsgesetz Nr. 10 vom 20. Dezember 1945 hieß es hierzu, daß die

Zugehörigkeit zu einer vom Gericht als verbrecherisch bezeichneten Organisation für die betreffende Person den Tatbestand eines Verbrechens darstelle. Laut Anklage sollten zu verbrecherischen Organisationen erklärt werden: das Führerkorps der NSDAP, Gestapo, SD, SS, SA, Reichsregierung, Generalstab und OKW. Das Gericht schloß sich der Anklage jedoch nur zum Teil an und erklärte nur die vier ersten der genannten Organisationen als verbrecherisch. Außerdem erhob es in Kritik an der Formulierung des Kontrollratsgesetzes Nr. 10 einen aus rechtsstaatlichem Denken kommenden Einwand. Man muß, so heißt es hierzu im Nürnberger Urteil, »solche Personen ausschließen, welche keine Ahnung von dem verbrecherischen Zweck oder dergleichen Handlungen der Organisationen hatten, oder solche, welche von dem Staat als Mitglieder zwangsweise herangezogen wurden ... Mitgliedschaft allein genügt nicht.« Der Nürnberger Gerichtshof hielt also an dem Grundsatz der jeweils individuell festzustellenden Verantwortung fest und war nicht bereit, das Urteil einer strafrechtlichen Kollektivschuld über die Mitglieder bestimmter Organisationen auszusprechen. Auch die Höhe der Strafen, die laut Kontrollratsgesetz für die Organisationszugehörigkeit verhängt und bis zu lebenslänglichem Gefängnis oder Todesstrafe gehen konnte, verwarf das Gericht. Es empfahl statt dessen, sich an den Normen zu orientieren, wie sie inzwischen im Entnazifizierungsgesetz vom 5. März 1946 in den Ländern der amerikanischen Besatzungszone festgelegt worden waren (vgl. Kap. 8). Als leitende Maxime bekannte sich das Gericht in seiner Urteilsverkündung zu dem Rechtsgrundsatz, »daß eine verbrecherische Schuld eine persönliche Angelegenheit ist und daß Massenbestrafungen vermieden werden sollten«.

Für die angeklagten Hauptfunktionäre des Dritten Reiches lautete der Urteilsspruch: Tod durch den Strang für: Göring, Ribbentrop, Keitel, Kaltenbrunner, Rosenberg, Frank, Frick, Streicher, Sauckel, Jodl, Seiß-Inquardt und den abwesenden Bormann; Gefängnis lebenslänglich für: Heß, Funk und Raeder; 20 Jahre für Schirach und Speer; 15 Jahre für Neurath; 10 Jahre für Dönitz; Schacht, Papen und Fritzsche wurden freigesprochen. Das sowjetische Mitglied des Gerichtshofes legte gegen die Nichteinbeziehung von Reichsregierung, Generalstab und OKW in den Kreis der verbrecherischen Organisationen, gegen den Freispruch von Schacht, Papen und Fritzsche wie gegen die lebenslängliche Freiheits- statt der Todesstrafe für

Heß Verwahrung ein. Die Todesurteile wurden am 16. Oktober 1946 vollstreckt. Göring beging kurz vor der Hinrichtung Selbstmord[9].

In Nürnberg folgten dem Prozeß gegen die Hauptkriegsverbrecher in den Jahren 1946 bis 1949 zwölf von den Amerikanern durchgeführte Verfahren gegen Ärzte, Juristen, verschiedene Industrielle (Flick, Krupp, IG-Farben), Angehörige des Auswärtigen Amtes (Wilhelmstraßenprozeß), des Oberkommandos der Wehrmacht, einzelne militärische Führer (Generalfeldmarschall Milch, Südost-Generale) und höhere SS-Funktionäre (Wirtschafts- und Verwaltungshauptamt, Rasse- und Siedlungshauptamt, Einsatzgruppen des SD). Neben einer Anzahl von Freisprüchen und Freiheitsstrafen lautete das Urteil in 36 Fällen auf Todesstrafe. Auch in der französischen Zone wurde ein Industrieprozeß, und zwar gegen den Saarunternehmer Hermann Röchling, geführt, in der britischen Zone Prozesse gegen hohe Militärs wie die Generalfeldmarschälle Kesselring und v. Manstein.

In den zahlreichen Prozessen vor Militärgerichten der drei Westzonen einschließlich des Nürnberger Internationalen Militärgerichts wurden insgesamt 5025 Angeklagte verurteilt. In 806 Fällen wurde die Todesstrafe verhängt, in 486 Fällen vollstreckt. In der sowjetischen Besatzungszone erfolgten Verurteilungen, außer in Prozessen vor Militärgerichten, aufgrund des Kontrollratsgesetzes Nr. 10 auch entsprechend sowjetischer Praxis auf administrativem Wege ohne Gerichtsverfahren. Die Gesamtzahl der Verurteilten wird auf 45 000 geschätzt. Etwa ein Drittel von ihnen wurde in die Sowjetunion zur Zwangsarbeit deportiert, die meisten der übrigen in Internierungslagern festgehalten. Die Zahl der Todesurteile ist unbekannt. Die Gesamtzahl der von Gerichten der Siegermächte im In- und Ausland wegen Kriegsverbrechen oder Verbrechen gegen die Menschlichkeit Verurteilten wird auf 50 000 bis 60 000 geschätzt. Von den ausländischen Verfahren sind wegen ihrer Bedeutung für die Erhellung der Zeitgeschichte hervorzuheben: der in Polen gegen den früheren Gauleiter von Ostpreußen und Reichskommissar für die Ukraine Erich Koch durchgeführte Prozeß (Todesurteil März 1959) und der Prozeß gegen Adolf Eichmann in Jerusalem 1961. Adolf Eichmann war im Reichssicherheitshauptamt der SS verantwortlich gewesen für die Massendeportation von Juden in die Vernichtungslager. An diesen Prozeß hat sich eine erregte politisch-philosophische Diskussion angeschlossen, die das anthropologisch-ethische Problem des in der Apparatur eines totalitären Regimes schuldig gewordenen Funktionärs und das Verhalten der jüdischen Opfer auslotete[10].

Auch von deutschen Gerichten wurden zahlreiche Straftaten der nationalsozialistischen Zeit geahndet. Ende 1945/Anfang 1946 nahmen Gerichte und Staatsanwaltschaften ihre Tätigkeit wieder auf. Ihre Zuständigkeit wurde durch die Besatzungsmächte zunächst auf solche Delikte beschränkt, die Deutsche an Deutschen oder an Staatenlosen begangen hatten. Nach und nach wurde – unterschiedlich in den einzelnen Besatzungszonen – der Zuständigkeitsbereich der deutschen Gerichte erweitert. Formell fielen in der Bundesrepublik die letzten Schranken erst durch den sogenannten Überleitungsvertrag 1955[11]. Später wurde in Ludwigsburg eine »Zentrale Stelle der Landesjustizverwaltungen zur Aufklärung nationalsozialistischer Verbrechen« eingerichtet (1958). Diese Ermittlungsbehörde leistet in systematisch und breit angelegten Erforschungen im In- und Ausland vorbereitende Untersuchungen für die Staatsanwaltschaften, die ihrerseits gehalten sind, alle in NS-Verfahren anfallenden Informationen der zentralen Stelle mitzuteilen. Die Grundlage dieser auch heute noch nicht abgeschlossenen Prozesse ist das deutsche Strafrecht. Dieses kennt eine auf 20 Jahre bemessene Verjährungsfrist für Mord. Da aber die umfangreichen, zum Teil in den ehemaligen besetzten Gebieten des europäischen Auslandes erforderlichen Nachforschungen außerordentlich zeitraubend waren, wenn man eine einigermaßen vollständige Erfassung der politischen Kriminalfälle und der Täter erreichen wollte, wurde eine Verlängerung der Verjährungsfrist notwendig. Sie wurde vom Bundestag nach einer prinzipiellen Erörterung der nach den Grundsätzen des Rechtsstaats verantwortbaren Maßnahmen am 26. Juni 1969 beschlossen und auf 30 Jahre festgesetzt. Als Endtermin für die Einleitung von Verfahren gegen NS-Gewaltverbrechen gilt das Jahr 1980. Die Verjährungsfrist für Totschlag endete bereits im Frühjahr 1960, für weniger schwerwiegende Straftaten schon 1950 bzw. 1955. Durch deutsche Gerichte wurden auf dem Gebiet der Bundesrepublik vom Kriegsende bis Ende 1970 6181 wegen NS-Verbrechen Angeklagte verurteilt, davon 12 zum Tode (vor 1948) und 123 zu lebenslänglicher Freiheitsstrafe[12]. Von diesen Verfahren seien wegen ihres Gewichts für die gerichtsnotorische Dokumentation nationalsozialistischer Gewaltverbrechen die Einsatzgruppenprozesse und der die Vorgänge im größten Vernichtungslager erhellende Auschwitzprozeß besonders genannt[13].

In der sowjetischen Besatzungszone und in der späteren DDR wurde die Verfolgung von NS-Verbrechen von anderen Grundsätzen geleitet. Sie diente als Element zur Absicherung der administrativ in Gang gesetzten Ausschaltung der bisherigen sozialen Führungsschichten. So wurden besondere Strafkammern bei den Landgerichten und Oberlandesgerichten 1947 eingerichtet »zur Feststellung der Schuld und zur Bestrafung der Kriegsverbrecher, ehemaligen Nazis, Militaristen, Schieber und Industriellen, welche das Hitlerregime inspirierten und unterstützten«[14]. Hierzu heißt es in einer westdeutschen Untersuchung: »Die Strafkammern nach Befehl Nr. 201, die fraglos als politische Sondergerichte qualifiziert werden müssen, blieben auch nach Abschluß der ›Entnazifizierung‹ in der Sowjetzone im Frühjahr 1948 bis zur Neugliederung des mitteldeutschen Gerichtswesens im Sommer 1952 erhalten, doch richtete sich ihre Rechtsprechung frühzeitig und mit aller Schärfe auf die Verfolgung von ›Gerüchteverbreitern‹, ›Friedensstörern‹, ›Saboteuren‹ und anderen ›Agenten des Monopolkapitals‹. Juristisch wurde dies mit der in der Kontrollratsdirektive Nr. 38, Artikel III A III, enthaltenen, jeder beliebigen Auslegung zugänglichen Formel begründet, daß sich als ›Nazi-Aktivist‹ auch strafbar mache, ›wer nach dem 8. Mai 1945 durch Propaganda für den Nationalsozialismus oder Militarismus oder durch Erfindung und Verbreitung tendenziöser Gerüchte den Frieden des deutschen Volkes oder den Frieden der Welt gefährdet hat oder möglicherweise noch gefährdet‹.«[15] Diese Sonderstrafkammern waren der Auftakt zur generellen Politisierung der Strafjustiz in der DDR. Die Zahl der auf ihrem Gebiet seit 1945 angeblich wegen NS-Verbrechen Verurteilten betrug Anfang 1965 nach offizieller Angabe 12 807[16].

Das Nürnberger Verfahren gegen die Hauptkriegsverbrecher und die unmittelbaren Nachfolgeprozesse sind die demütigendste Situation gewesen, die das deutsche Volk in seiner langen Geschichte erlebt hat, insofern auf seinem eigenen Boden durch Gerichte der Sieger das Regime, das zwölf Jahre in deutschem Namen gehandelt hatte, als kriminell dokumentiert wurde. Die gleichzeitig begonnene, aber immer noch nicht abgeschlossene Verfolgung von NS-Verbrechen durch deutsche Gerichte ist ein Element im Prozeß erneuerter staatlicher Verantwortung und politischer Bewußtseinsbildung, zugleich aber auch ein Faktor in der ideologischen Auseinanderentwicklung der beiden Teile Deutschlands.

Neben der Bedeutung, die den Nürnberger Prozessen und den nachfolgenden Verfahren für die deutsche Geschichte zukommt, stellt sich die Frage, ob sie ihrer Ankündigung entsprechend dazu beigetragen haben, das Völkerrecht weiterzuentwickeln. Der amerikanische Richter Jackson hatte bei der Eröffnung des Nürnberger Hauptprozesses erklärt: »Dies Gesetz hier wird zwar zunächst auf deutsche Angreifer angewandt, es schließt aber ein und muß, wenn es von Nutzen sein soll, den Angriff jeder anderen Nation verdammen, nicht ausgenommen die, die jetzt hier zu Gericht sitzen.« Mit dem Nürnberger Verfahren sollte eine neue Ära des internationalen Rechtes eröffnet werden. Es sollte, mit den Worten des amerikanischen Anklägers Taylor, der »Reinigung der moralischen Atmosphäre« dienen. Die richtigen Maßstäbe sollten Geltung erlangen. Die Vereinten Nationen waren das zuständige Forum, um solche Gedanken aufzugreifen und weiterzuentwickeln. Hier wurde im November 1947 eine »Kommission für Internationales Recht« damit beauftragt, einen Kodex der Verbrechen gegen den Frieden und die Sicherheit der Menschheit aufzustellen. Der Bericht der Kommission wurde im Jahre 1951 vorgelegt. Sein Inhalt fußt im wesentlichen auf den in Nürnberg entwickelten Rechtsgedanken. Aber eine internationale Konvention ist nicht zustande gekommen. Es wurden von verschiedenen, vor allem auch der britischen Seite Bedenken geltend gemacht. Eine besondere Schwierigkeit lag in der Definition des Begriffs Aggression. Die Schwierigkeiten der Definition dieses Begriffs waren dadurch gesteigert worden, daß sich die Welt in zwei Blöcke gespalten hatte, deren Rivalitäten nicht nur durch den Antagonismus von Machtkomplexen bestimmt waren, sondern auch dadurch, daß gleichzeitig verschiedene Wirtschafts- und Gesellschaftssysteme um Weltgeltung rangen. Sollte nun Aggression im engeren, traditionellen, militärischen Rahmen definiert werden, oder mußten in einer veränderten Welt unter den Begriff des völkerrechtlich zu ahndenden Angriffs auch solche Handlungen fallen, die darauf abzielen, die Sozial- und Wirtschaftsordnung in einem anderen Staat zum Einsturz zu bringen? Es ist nicht gelungen, im Rahmen der Vereinten Nationen diese Frage zu beantworten. Sie beschränkten sich darauf, im Verlaufe der Jahre einzelne bestimmte Delikte als völkerrechtswidrig zu brandmarken. So gab es im November 1947 einen Beschluß gegen Propaganda, die den Frieden bedroht, im September 1948 einen Beschluß gegen Gruppenmord, im November 1953 einen Beschluß gegen alle Systeme von Zwangsarbeit. Besondere internationale Rechtsverfahren, um solchen Beschlüssen Geltung zu verschaffen, wurden jedoch nicht vereinbart. Insofern hat das Nürnberger Tribunal nicht die von manchen erhoffte Wirkung gezeigt.

Es ist aber als eine Bekundung weiterführenden internationalen Rechtsdenkens zu werten, wenn die Vereinten Nationen im Jahre 1947 eine Erklärung der Menschenrechte verabschiedeten. Allerdings blieb diese Erklärung ein Bekenntnis, ohne durch zwischenstaatliche Konvention zu bindendem internationalem Recht zu werden. Die im Europarat zusammengeschlossenen Nationen sind einen Schritt darüber hinausgegangen. Eine »Europäische Konvention zur Wahrung der Menschenrechte und Grundfreiheiten« wurde am 4. November 1950 in Rom unterzeichnet[17] und trat am 3. September 1953 in Kraft, nachdem zehn Staaten einschließlich der Bundesrepublik die Konvention ratifiziert hatten. Zu den Menschenrechten dieser Konvention gehören neben den klassischen Individual- und Sozialrechten, aus den Erfahrungen des 20. Jahrhunderts erwachsen, auch der Schutz gegen Folter, Sklaverei und Zwangsarbeit. Man hat durch den Europarat auch ein Rechtsmittel institutionalisiert, um die Möglichkeit einer Klageerhebung bei Verletzung dieser Grundrechte zu gewährleisten. Sowohl von Staaten als auch von Einzelpersonen kann eine sogenannte »Konventionsklage« erhoben werden. Es wurde ein Instanzenzug für die Behandlung solcher Beschwerden eingerichtet: eine Kommission für Menschenrechte, ein europäischer Gerichtshof für diejenigen Staaten, die seine Zuständigkeit anerkennen, und in letzter Instanz der mit Zweidrittelmehrheit entscheidende Ministerausschuß. Ohne daß diese Beschlüsse des Europarats überbewertet werden dürften, deuten sie doch in jene Richtung, die sich aus der positiven Sinnkonsequenz der Nachkriegsprozesse ergibt, auch wenn der Nürnberger Rechtsgedanke nicht hat verhindern können, daß auch nach der Niederwerfung des Nationalsozialismus in der Welt fast ununterbrochen Krieg geführt wird.

Der Prozeß gegen die Hauptkriegsverbrecher vor dem Internat. Militärgerichtshof, Amtl. Text in dt. Ausgabe (42 Bde. 1947–1949); H. KRAUS (Hg.), Das Urteil von Nürnberg 1946 (Tb. 1961); Trials of War Criminals before the Nuremberg Military Tribunals under Control Council Law No. 10 (15 Bde. Washington 1946–1949) enthält das Material zu den sog. Nachfolgeprozessen; T. TAYLOR,

Die Nürnberger Prozesse. Kriegsverbrechen u. Völkerrecht (a. d. Amerik. Zürich ²1951); A. v. KNIERIEM, Nürnberg. Rechtl. u. menschl. Probleme (1953); J. J. HEYDECKER/J. LEEB, Der Nürnberger Prozeß. Bilanz der Tausend Jahre (1958), anschauliche Darst. des hist. Ertrags; G. E. GRÜNDLER/A. v. MANIKOWSKY, Das Gericht der Sieger (1967), Lit.verzeichnis, wichtig wegen der eingehenden Schilderung der Vorgesch. u. der internen Vorgänge während des Prozesses u. der Urteilsfindung; R. HENKYS, Die nat.soz. Gewaltverbrechen. Gesch. u. Gericht (1964) enthält kommentierte Bibl.; A. L. RÜTER-EHLERMANN/C. F. RÜTER (Hg.), Justiz u. NS-Verbrechen (21 Bde. geplant, Bd. 1–13 1968 ff.); A. RÜCKERL (Hg.), NS-Prozesse. Nach 25 Jahren Strafverfolgung: Möglichkeiten – Grenzen – Ergebnisse (1971), Hg. ist Leiter der Zentralen Stelle der Landesjustizverwaltungen zur Aufklärung nat.soz. Verbrechen; K. W. FRICKE, Bilanz der polit. Verfolgung seit 1945. Ahndung von NS-Verbrechen u. Klassenkampf-Justiz, in: SBZ Archiv 16 (1965); G. M. GILBERT, Nürnberger Tagebuch (a. d. Amerik. 1962), enthält Beobachtungen des amerik. Gerichtspsychologen.

[1] Text in: A Decade of American Foreign Policy (Washington 1950), S. 13 f.

[2] Der Prozeß gegen die Hauptkriegsverbrecher, Bd. 1, S. 7 ff.

[3] T. TAYLOR, Die Nürnberger Prozesse, S. 145 f.

[4] Report of Robert H. Jackson, United States Representative to the International Conference on Military Trials – London 1945 (Dpt. of State Publication No. 3080, Washington 1949).

[5] Vgl. John F. KENNEDY über Taft in »Profiles in Courage«, zit. bei E. DEUERLEIN, Dtld. nach dem Zweiten Weltkrieg, S. 74.

[6] Ebd., S. 74, zit. eine Äußerung von Papst Pius XII.: es bereite Unbehagen, wenn man sehe, »wie nach Abschluß der Feindseligkeiten der Sieger den Besiegten wegen Kriegsverbrechen aburteilt, während sich der Sieger gegenüber den Besiegten ähnlicher Handlungen schuldig gemacht hat. Die Besiegten können zweifellos schuldig sein; ihre Richter können ein offenbares Rechtsgefühl und den Willen zu völliger Objektivität haben; trotzdem verlangt in solchen Fällen oft das Interesse des Rechts und das Vertrauen, das für das Urteil beansprucht wird, die Zuziehung von neutralen Richtern zum Gerichtshof, so daß die entscheidende Mehrheit von diesen abhängt.«

[7] Das Verbrechen von Katyn ist ge-richtlich niemals verfolgt worden. Die poln. Nachkriegsregierungen lassen es bei der offiziellen sowj. Version bewenden. Materialien, die von exilpoln. Seite (General Anders) zur Verwendung beim Nürnberger Tribunal angeboten wurden, blieben unberücksichtigt. Um Licht in den Fall u. auch in die Unregelmäßigkeiten des Nürnberger Verfahrens zu bringen, setzte das amerik. Abgeordnetenhaus einen Untersuchungsausschuß ein: US-House of Representatives. Select Committee on the Katyn Forest Massacre. The Katyn Forest Massacre. Hearings before the Select Committee to Conduct an Investigation of Facts, Evidence and Circumstances of the Katyn Forest Massacre. 82nd Cong., 1st and 2nd Sess., 1951–1952 (7 Bde. Washington 1952). Der Untersuchungsausschuß kam zu dem Ergebnis, daß die Sowjetunion für Katyn verantwortlich sei. Zusammenfassende Darstellung der bisherigen Behandlung des Falles: J. K. ZAWODNY, Zum Beispiel Katyn. Klärung eines Kriegsverbrechens (a. d. Amerik. 1971).

[8] Roosevelt an Stalin, 24. 4. 1943: »I am inclined to think that Prime Minister Churchill will find a way of prevailing upon the Polish Government in London in the future to act with more common sense.« Correspondence, S. 61; vgl. auch HEYDECKER/LEEB, Der Nürnberger Prozeß, S. 417.

8. Entnazifizierung

[9] W. Bross, Gespräche mit Hermann Göring während des Nürnberger Prozesses (1950).

[10] Hannah Arendt, Eichmann in Jerusalem (a.d. Amerik. 1964); F. A. Krummacher (Hg.), Die Kontroverse Hannah Arendt, Eichmann u. die Juden (1964), Sammlung der wichtigsten Kritiken, u.a. von Gershom Scholem, Golo Mann, Eva G. Reichmann.

[11] Vertrag zur Regelung aus Krieg u. Besatzung entstandener Fragen, 30. 3. 1955, BGBl. II, S. 405.

[12] A. Rückerl (Hg.), NS-Prozesse, S. 197.

[13] R. Henkys, Die nat.soz. Gewaltverbrechen, S. 119 ff.; H. Langbehn (Hg.), Der Auschwitz-Prozeß. Eine Dokumentation (2 Bde. 1965).

[14] Befehl Nr. 201 der SMAD, 16. Aug. 1947, zit. bei K. W. Fricke, S. 101.

[15] Ebd.

[16] Die Haltung der beiden dt. Staaten zu den Nazi- u. Kriegsverbrechen. Eine Dokumentation, hg. Min. d. Justiz d. DDR (1965).

[17] H. Schorn, Die Europäische Konvention zum Schutze der Menschenrechte u. Grundfreiheiten (1965), Text u. Kommentar.

Kapitel 8
Entnazifizierung

Der durch die Nürnberger Prozesse und die nachfolgenden Gerichtsverfahren strafrechtlich erfaßte Personenkreis war zahlenmäßig relativ begrenzt. Breiter angelegt waren die darüber hinausgehenden, mit einem Wort amerikanischen Ursprungs als »Entnazifizierung« bezeichneten politischen Maßnahmen[1]. Sie dienten dem doppelten Zweck, den Einfluß des Nationalsozialismus auf das öffentliche Leben, die Wirtschaft und die Erziehung in Deutschland auszuschalten und den aktiven Nationalsozialisten eine Sühne aufzuerlegen. Im Augenblick der deutschen Kapitulation gab es jedoch zwischen den Besatzungsmächten keine gemeinsamen Richtlinien darüber, welche Maßnahmen über die Zerschlagung des nationalsozialistischen Apparates und die Bestrafung der Kriegsverbrecher hinaus ergriffen werden sollten, um, wie auf den Kriegskonferenzen vereinbart, den Nationalsozialismus radikal auszurotten. Tatsächlich beschritt man in den vier Besatzungszonen unterschiedliche Wege. In den drei westlichen Besatzungszonen betrieb man Entnazifizierung als einen mit unterschiedlicher Strenge durchgeführten Prozeß personaler Säuberung. In der sowjetischen Besatzungszone war sie ein Teilvorgang im Prozeß einer Umstrukturierung der Gesellschaft.

Die stärkste Initiative zur Durchführung einer personalen

Säuberung ging von den Amerikanern aus. Am 26. April 1945 wurde an den Oberbefehlshaber der Besatzungstruppen die Generalstabsdirektive JCS 1067/6 erlassen[2]. Unverkennbar war der starke Einfluß der von Morgenthau vertretenen Anschauung, daß es neben dem nationalsozialistischen kein anderes Deutschland gebe und das deutsche Volk kollektiv schuldig sei. »Deutschland«, so hieß es in der Direktive, »wird nicht besetzt, um befreit zu werden, sondern weil es ein besiegtes feindliches Land ist.« Deshalb wurde den Besatzungsangehörigen verboten, mit Deutschen zu »fraternisieren«, und die Militärregierung angewiesen, sich mit keiner politischen Gruppe zu verbinden – im Unterschied zum Vorgehen der sowjetischen Besatzungsmacht, die von vornherein auf das engste mit den deutschen Kommunisten zusammenarbeitete. Die amerikanischen Behörden in Deutschland durften »keine Maßnahmen ergreifen, die dem wirtschaftlichen Wiederaufbau Deutschlands dienen oder das Ziel haben, die deutsche Wirtschaft zu erhalten«. Die Eisen-, chemische, Elektro-, Maschinen- und Fahrzeugindustrie sollte stillgelegt werden. Dies lief auf einen »Karthagofrieden« hinaus, wie der Stellvertretende US-Militärgouverneur General Lucius D. Clay die Direktive beurteilte. Aber sie enthielt auch gewisse Vorbehalte: sie sollte nur »für die erste Zeit nach der Niederlage Deutschlands« gelten, und für einen späteren Zeitpunkt wurde die »Wiederherstellung eines politischen Lebens in Deutschland auf demokratischer Grundlage« vorgesehen. Insofern stellte die Direktive einen Kompromiß dar zwischen den verschiedenen Vorstellungen über die zukünftige Behandlung Deutschlands, wie sie innerhalb der amerikanischen Regierung vertreten wurden (vgl. Kap. 1). In diesen Rahmen ordnen sich auch die in ihr enthaltenen Entnazifizierungsbestimmungen ein. Weder hatte sich die Morgenthau-Richtung ganz durchzusetzen vermocht, die für eine radikale Entfernung aller Nationalsozialisten eingetreten war, da sie es ablehnte, daß die Militärregierung irgendeine Verantwortung für die Wiederherstellung einer funktionsfähigen Verwaltung haben sollte, noch die von Hull und Stimson vertretene Auffassung, die eine schnelle, ohne allzu umständliche Verfahren durchgeführte Säuberung des öffentlichen Lebens von führenden Nationalsozialisten wollte, um die Möglichkeit für einen baldigen demokratischen Aufbau zu gewinnen. Das Ergebnis des Kompromisses war ein sehr extensives Verfahren der Personalsäuberung mit dehnbaren Bestimmungen.

Nicht »alle Mitglieder der Nazipartei« sollten aus den »öffentlichen Ämtern und wichtigen Stellen in halböffentlichen und privaten Betrieben« definitiv ausgeschaltet werden, sondern nur solche, »die mehr waren als nominelle Teilhaber«. Hierbei dachte man zunächst an Amtsträger und an andere Personen, die den Nationalsozialismus aktiv unterstützt hatten. Die Unterscheidung von aktiven und nominellen Nationalsozialisten hatte zur Folge, daß man sich gezwungen sah, eine Unzahl von strittigen Fällen individuell zu überprüfen. Dabei stellte es sich heraus, daß das rechtsstaatliche Prinzip individueller Beurteilung eine schematische Anwendung der Unterscheidungskriterien nicht zuließ. Das Ergebnis der Entnazifizierungsverfahren geriet von dem in der Direktive JCS 1067/6 gegebenen Ansatz her notwendig unter den Einfluß von Zweckmäßigkeitsüberlegungen in einer sich wandelnden politischen Gesamtsituation, bis sie schließlich in der von den Deutschen selbst gehandhabten Form in den Westzonen zu dem entarteten, was man zutreffend als »Mitläuferfabrik« (Niethammer) bezeichnet hat. Aber zunächst gewann die Direktive JCS 1067/6 einen großen Einfluß über die amerikanische Besatzungszone hinaus. Ihr wesentliches Kriterium, daß sich die Entnazifizierung auf die mehr als nominellen Mitglieder der Partei beschränke, wurde in das Potsdamer Abkommen übernommen (vgl. Kap. 4).

Die erste Phase der Entnazifizierung begann in allen Zonen mit Massenverhaftungen. Unverdächtige Personen wurden im Laufe der Zeit wieder entlassen. Eine Vorstellung von der Größendimension gibt folgender Überblick:

	bis zum 1. 1. 1947 inhaftiert	bis zum 1. 1. 1947 bereits wieder entlassen
Britische Zone	64 500	34 000
Amerikanische Zone	95 250	44 244
Französische Zone	18 963	8 040
Sowjetische Zone	67 179	8 214[3]

Die Verfahren gegen diese Inhaftierten, soweit sie den als verbrecherisch verurteilten Organisationen angehörten, hingen unmittelbar mit der internationalen Strafjustiz zusammen. Sie überschnitten sich mit der politischen Entnazifizierung. Hierfür entwickelte die amerikanische Militärregierung in ihrer Zone komplizierte und bürokratisch perfektionierte Verfahrensweisen, die über den Kontrollrat für das gesamte besetzte Deutschland Geltung erlangten, wobei die Praxis der Anwendung in den einzelnen Zonen große Unterschiede aufwies. In der amerikanischen Zone ging man am extensivsten vor. Nachdem im Sommer 1945 alle Beamten, die vor dem 1. Mai 1937 Mitglied der NSDAP geworden waren, den Dienst quittieren mußten, wurde durch ein Gesetz der amerikanischen Militärregierung vom 26. September 1945 auch in der privaten Wirtschaft für Mitglieder der NSDAP ein Beschäftigungsverbot erlassen. Sie durften nur noch für gröbste Hilfsarbeiten verwendet werden. Den Betroffenen stand Einspruchsrecht zu. Die Bestimmungen dieses Gesetzes wurden in einer Kontrollratsdirektive vom 12. Januar 1946 weitgehend übernommen. Eine Liste von 99 Kategorien der Haftbarmachung diente gleichsam als ein Sieb, mit dessen Hilfe aus der Bevölkerung diejenigen herausgesondert wurden, die im Verdacht standen, aktive Nationalsozialisten gewesen zu sein. Die Entnazifizierung gewann den Charakter eines bürokratischen Inquisitionsverfahrens zur Überprüfung der politischen Gesinnung. Dadurch, daß die anstehenden Fälle jetzt in die Millionenzahlen wuchsen, sahen sich die Amerikaner aber gezwungen, entgegen ihrer ursprünglichen Absicht die Mithilfe von Deutschen für die Durchführung in Anspruch zu nehmen. Zudem wollten sie sich von der unmittelbaren Verantwortung für die Beurteilung der Einzelfälle entlasten und die Entnazifizierung in die Bahn eines Selbstreinigungsprozesses der Deutschen lenken. Dies geschah in der amerikanischen Besatzungszone durch das sogenannte Befreiungsgesetz vom 5. März 1946[4].

Mit dem Befreiungsgesetz begann die zweite Phase der Entnazifizierung. Trotz aller Bedenken haben die Ministerpräsidenten der Länder Hessen, Bayern und Württemberg-Baden ihre Mitwirkung zugesagt, weil die Besatzungsmacht hiervon die spätere Gewährung demokratischer Einrichtungen abhängig machte. Die Verfahrensweisen der amerikanischen Besatzungszone wurden in der Kontrollratsdirektive Nr. 38 vom 12. Oktober 1946 für die anderen Zonen übernommen mit dem bemerkenswerten Unterschied, daß die Beweislast nicht mehr bei dem Belasteten liegen sollte[4a]. In gerichtsähnlichen Verfahren wurde durch sogenannte Spruchkammern der durch das Kategoriensystem erfaßte Personenkreis fünf verschiedenen Gruppen zugeteilt als 1. Hauptschuldige, 2. Belastete, 3. Minderbelastete, 4. Mitläufer und 5. Entlastete. Die je nach der Klassifizierung und der Beurteilung des individuellen Falles verhängten Strafen reichten von zehnjährigem Gefängnis und weniger über Zwangsarbeit, Eigentumsverlust, Ausschluß von öffentlichen Ämtern bis zum Entzug des Wahlrechts und Bußgeldzahlungen zugunsten von Opfern des Nationalsozialismus. Die Zumessung der Strafen geschah in den verschiedenen Zonen nicht einheitlich. So wurde etwa in der britischen Zone im Unterschied zur amerikanischen über Mitläufer kein Berufsverbot verhängt. Unterschiedlich wurde auch das aktive und passive Wahlrecht in den einzelnen Ländern den Gruppen 3 bis 5 zugebilligt bzw. vorenthalten. Grundlage des gesamten Verfahrens war ein Fragebogen, der in 133 Ziffern Auskunft über Leben, Beruf und politische Vergangenheit verlangte. Er sollte von allen über 18 Jahre alten Personen ausgefüllt werden[5]. In der amerikanischen Zone wurden nach der Aussiebung aus 13 Millionen Fragebögen an die 3 Millionen Fälle behandelt. Hiervon sind fast 1 Million durch die Entnazifizierungsbehörden in eine der fünf Gruppen eingestuft worden. In der britischen Zone wurde ähnlich wie in der amerikanischen die Entnazifizierung durch die Länder geregelt, aber insgesamt bei stärkerer Beteiligung der Besatzungsmacht weniger bürokratisch und insgesamt großzügiger gehandhabt. In der französischen Zone blieb es bei Verordnungen der Militärregierung, die weniger nach festen Entnazifizierungskategorien als nach politischen und administrativen Zweckmäßigkeitserwägungen vorging.

In einer dritten Phase ging die Verantwortung für die Entnazifizierung in den westlichen Zonen nach der Begründung der Bundesrepublik im Jahre 1949 in deren Hände über. Schon seit der Ingangsetzung der westdeutschen Staatsgründung drängten die Amerikaner auf Beendigung der Entnazifizierung, die im wesentlichen zu einer Rehabilitierung der Minderbelasteten und Mitläufer geworden war und wegen ihrer dubiosen Ergebnisse in den USA auf wachsende Kritik stieß. Am 15. Dezember 1950 verabschiedete der Bundestag Empfehlungen an die Länder für eine einheitliche Beendigung des Verfahrens[6]. Dem folgten in den einzelnen Ländern Abschlußgesetze, zuletzt in Bayern am 11. August 1954. Eine Handhabe zur Wiedereinstellung von entlassenen Beamten mit Ausnahme solcher, die durch rechtskräftigen Spruchkammerbescheid ihr Amt verloren hatten, schufen sich die Verfassungsgesetzgeber der Bundesrepublik mit Artikel 131 GG[7].

Eine Vorstellung über den Umfang des gesamten Verfahrens

bis zu dem Zeitpunkt, in dem die oberste Verantwortung in deutsche Hände gelegt und die Verfahren energisch abgebaut wurden, geben folgende Zahlen für das Gebiet der Bundesrepublik insgesamt: von 3 660 648 bearbeiteten Fällen wurden eingestuft in Gruppe 1 (Hauptschuldige) 1667, Gruppe 2 (Belastete) 23 060, Gruppe 3 (Minderbelastete) 150 425, Gruppe 4 (Mitläufer) 1 005 874, Gruppe 5 (Entlastete) 1 213 873[8]. Dem einzelnen Betroffenen wurde ein Entnazifizierungspaß ausgestellt, der Auskunft über die Gruppe gab, in die er eingestuft worden war. Wie wenig dies allerdings in der Praxis besagen konnte, zeigt ein Vergleich der Ergebnisse der nach unterschiedlichen Maßstäben in den verschiedenen Zonen arbeitenden Entnazifizierungsbehörden. Während z. B. in der amerikanischen Zone 51,1% der Fälle in Gruppe 4 und nur 1,9% in Gruppe 5 eingestuft wurden, galten in der britischen Zone nur 10,9% als Mitläufer und 58,4% als entlastet. Im Endergebnis war in den westlichen Zonen die Entnazifizierung als Versuch einer personalen Säuberung von Verwaltung, Erziehungswesen und Wirtschaft ein Fehlschlag. Mit Ausnahme der strafrechtlich Verurteilten kehrten fast alle, die aus ihren Ämtern entfernt worden waren, zurück. Die Entnazifizierung ist aber rückschauend nicht nur als ein Mißerfolg zu bewerten. Die demokratischen Parteien haben in der Zeit der Ausschaltung der Nationalsozialisten die Chance gewonnen, sich zu entfalten und zur politischen Führung in Gemeinden, Ländern und Bund zu gelangen[9].

In der sowjetischen Besatzungszone vollzog sich die Eliminierung des Nationalsozialismus, unbeschadet der Übernahme so vieler Formulierungen amerikanischen Ursprungs in die verschiedenen Kontrollratsbestimmungen, unter einem gänzlich anderen Vorzeichen als in den Westzonen. Man sprach hier nicht von Entnazifizierung, sondern von der »Ausrottung der Überreste des Faschismus«. Geleitet von der kommunistischen Theorie glaubte man, dem Faschismus die Grundlage zu entziehen durch allmähliche Einengung und Beseitigung des Privateigentums an Produktionsmitteln. Durch Bodenreform und Sozialisierung sollten Landadel und Besitzbürgertum als politisch bestimmende Kräfte ausgeschaltet werden (vgl. Kap. 13 und 14). Ergänzt wurden diese gesellschaftspolitischen Maßnahmen durch eine radikale Entfernung von Mitgliedern der NSDAP und ihrer Gliederungen aus dem öffentlichen Dienst. Über 500 000 Personen waren hiervon betroffen, besonders viele Richter, Staatsanwälte und Lehrer. Auf eine Gesamterfassung der Bevölkerung, wie sie in der US-Zone durchgeführt wurde, verzichtete man jedoch. Der kleine PG sollte in seinem Berufsleben nicht behindert werden. Man warb um ihn in Versammlungen und Aufrufen. Als Reinigungsakt genügte die demonstrative Zuwendung zu den politischen Prinzipien, nach denen die sowjetische Besatzungszone gestaltet wurde. Durch Anordnung der sowjetischen Militärverwaltung erhielt im Oktober 1946 die Masse der ehemaligen Nationalsozialisten das aktive und passive Wahlrecht zurück. Als politisches Auffangbecken wurde für sie im Jahre 1948 die »Nationaldemokratische Partei Deutschlands« gegründet (vgl. Kap. 14). Die besonderen gegen die Nationalsozialisten gerichteten Maßnahmen wurden in der Sowjetzone im gleichen Jahre beendet wie in den Westzonen, hier wie dort im Zusammenhang mit der Gründung der beiden Staaten und der sich verschärfenden innerdeutschen Konfrontation.

Wie hatten sich die unbezweifelbaren Gegner des Nationalsozialismus, die Träger der aktiven Opposition, die notwendige Säuberung des deutschen Volkes und den Sturz Hitlers vorgestellt? Ihre Stellung zu dieser Frage war durch die Tatsache bestimmt, daß zum Verschwörerkreis des 20. Juli wie zum Kreisauer Kreis Angehörige aller sozialen Schichten gehörten. Die »Kollektivhaftung einer bestimmten Gesellschaftsschicht aufgrund ihrer politischen Funktion im Staat konnte den Verschwörern des ›20. Juli‹ nicht in den Sinn kommen«[10]. Der Kreisauer Kreis und Goerdeler hatten die Absicht gehabt, alle führenden Nationalsozialisten aus ihren Stellungen zu entfernen. Der Personenkreis, dem man Amt und Einfluß nehmen wollte, umfaßte Gauleiter, Oberpräsidenten, Minister, höhere SS- und Polizeiführer u. ä. Für die Durchführung von Gerichtsverfahren wollte sich der Widerstand auf das geltende Strafrecht beschränken. Man war der Überzeugung, auf diese Weise den Kreis der maßgeblichen Schuldigen erfassen zu können. Im Unterschied hierzu erwarteten die Kommunisten und Teile der Sozialisten, namentlich in der Emigration, die Austilgung des Faschismus als Ergebnis einer gesellschaftlichen Revolution. So hatte etwa Rudolf Hilferding ein Revolutionstribunal einsetzen, die Unabsetzbarkeit der Richter aufheben und alle entscheidenden Stellen der Justiz mit Vertrauensmännern der Revolutionsregierung besetzen wollen[11]. Die in der Sowjetzone angewandten Methoden wurden in der linken Publizistik auch der westlichen Zonen positiv kommentiert, insofern ein ähnliches vom Marxismus geprägtes Faschismus-Verständnis vorlag. Kurt Schumacher allerdings, der konsequente Gegner jeder totalitären Diktatur, der Nationalsozialisten wie der SED, sah die Ambivalenz des Faschismusbegriffs und sprach im Hinblick auf das, was in der sowjetischen Besatzungszone geschah, von einem »rotgefärbten Faschismus«.

Der militärische Zusammenbruch hat in Deutschland keine Erhebung gegen die Nationalsozialisten ausgelöst. Die mancherorts sich bildenden antifaschistischen Gruppen wurden sowohl in der sowjetischen wie in den westlichen Besatzungszonen aufgelöst oder der Kontrolle der Besatzungsmacht unterworfen, so daß es nur in vereinzelten Fällen zu spontanen Aktionen gegen die Repräsentanten des NS-Regimes kam. Die Deutschen, die mit Ausnahme der Kommunisten in der sowjetischen Besatzungszone zunächst nicht Träger, sondern nur Objekt der Entnazifizierung waren, empfanden aber in allen sich neu bildenden politischen Gruppierungen das Verfahren der Entnazifizierung in vielen Punkten als unzureichend, ja als verderblich. Als im Westen zuerst in der amerikanischen Zone Deutsche mit der Durchführung beauftragt wurden, beschäftigten sie sich zunächst mit den vielen Fällen der Mitläufer, denen durch Berufsverbot Unrecht geschehen sein konnte. Die Behandlung der schwereren Fälle wurde dadurch verzögert. Das galt ohnedies für die Masse der in den Internierungslagern Inhaftierten, deren Fälle erst dann gerichtlich geahndet werden konnten, als – 15 Monate nach der Kapitulation – der Nürnberger Gerichtshof erklärt hatte, welche Organisationen als verbrecherisch zu gelten hatten. In- und ausländische Kritik an dem Entnazifizierungsverfahren richtete sich gegen die Ungleichmäßigkeit der Handhabung, gegen die zu lange Dauer und den zu großen Umfang, gegen einzelne skandalöse Korruptionsfälle und gegen den Mißbrauch der Verfahren durch Konkurrenzneid, Haß und persönliche Rivalitäten. Man empfand es in Deutschland fast allgemein so, daß die Entnazifizierung nicht zur Selbstreinigung und Gewissenserforschung führte, sondern im Gegenteil eine Spaltung des Volkes bewirkte. Der psychologische Effekt für die Millionen einzelner, die sich vor den Spruchkammern zu verantworten hatten, bestand ja darin, daß sie durch Beischaffung von politischen Leumundszeugnissen – den sogenannten »Persilscheinen«, wie sie im Volksmund hießen – das Gericht, ihre Umwelt und schließlich sich selber glauben machten, wie wenig sie mit der Sache zu tun gehabt hätten.

So bewirkten die Spruchkammern das Gegenteil von dem, was sie bezwecken sollten.

Die ganze Problematik des Verfahrens, durch gerichtsähnliche Urteile eine politisch verfehlte Vergangenheit ausräumen zu wollen, ist in keinem Falle so deutlich geworden wie in der bei der Stuttgarter Spruchkammer erhobenen Anklage gegen den württembergisch-badischen Ministerpräsidenten Reinhold Maier (Deutsche Volkspartei; unter diesem Namen firmierten die Freien Demokraten in diesem Lande) und den Kultusminister Wilhelm Simpfendörfer (CDU). Beide Minister hatten am 23. März 1933 als Reichstagsabgeordnete dem Ermächtigungsgesetz zugestimmt. Es gab einen Eklat. Ein parlamentarischer Untersuchungsausschuß wurde eingesetzt, und trotz des Versuchs von CDU und DVP, dies zu verhindern, wurde das Spruchkammerverfahren auf Verlangen von SPD und KPD durchgeführt. Die CDU drehte nunmehr den Spieß um und wies darauf hin, daß sich der Landtagspräsident Keil und der Generalsekretär des Länderrates der amerikanischen Zone Rossmann, beide Sozialdemokraten, am 17. Mai 1933 hinter die Loyalitätserklärung ihrer Partei für Hitler gestellt hätten. Die Spruchkammer kam schließlich in dem Verfahren gegen die beiden Minister zu dem Beschluß: Nicht betroffen. Sie bediente sich hierbei eines Gutachtens des Rechtsausschusses beim Länderrat, in dem es hieß: »Es ist nicht Sache einer Spruchkammer, politische Urteile zu fällen und darüber zu befinden, ob ein Abgeordneter, dessen Entschluß gewissenhaft und politisch wie moralisch aus lauteren Beweggründen gefaßt wurde, trotzdem ... im Erfolg fehlerhaft handelte und ob er heute geeignet erscheint, das Vertrauen der Wähler oder des Landtags zu verdienen.«[12] Eugen Kogon, Herausgeber der ›Frankfurter Hefte‹, fand eine treffende Formel. Er forderte »das Recht auf den politischen Irrtum«[13] für die Großen wie für die Kleinen.

Der Mißbrauch der Entnazifizierung und ihre moralisch-verderbliche Wirkung veranlaßte die Kirchen zum Protest. Besonders ein Hirtenbrief des Pfarrers Niemöller, der zu den entschiedenen Gegnern des Nationalsozialismus gehört hatte und jetzt das Amt des Präsidenten der hessischen Landeskirche innehatte, erregte Aufsehen. Er ermahnte alle Gemeindemitglieder, an einem Verfahren, »das Haß sät, statt der Gerechtigkeit und Versöhnung zu dienen«, nicht mehr als Kläger oder Belastungszeugen mitzuwirken. Den Pfarrern seiner Kirche verbot er, »dieses Ärgernis mitzuverantworten«[14]. Auch die »Vereinigung der Verfolgten des Naziregimes« in Bayern kündigte ihre Mitwirkung an Prozeduren auf, die Unehrlichkeit und Feigheit förderten, statt ein Gefühl der Mitschuld zu erwecken[15]. Von den neugebildeten Parteien im Westen sahen die Sozialdemokraten, die sich stärker als die bürgerlichen Parteien an der Durchführung der Verfahren beteiligten, den Zweck der Spruchkammern in der politischen Ausschaltung der Nationalsozialisten, wohingegen die bürgerlichen Parteien im allgemeinen die gerichtliche Verfolgung auf strafrechtliche Fälle beschränken wollten. Dennoch waren sie sich in der Meinung einig, daß die Verfahren, so wie sie abliefen, insgesamt ihren Zweck verfehlten. Kurt Schumacher wandte sich gegen die »Barbarei der Kollektivschuld«. Indem man ein ganzes Volk für schuldig erklärte, habe man die wahren Schuldigen geschützt und das Ziel der persönlichen Umkehr in jedem, der einmal in der NS-Bewegung mitgemacht habe, verfehlt[16]. Und Konrad Adenauer forderte in seiner Regierungserklärung vom 20. September 1949, daß »die nun bestehende Aufteilung des Volkes in zwei Klassen, politisch Einwandfreie und Nichteinwandfreie«, verschwinden müsse[17].

John D. MONTGOMERY, Forced to be Free. The Artificial Revolution in Germany and Japan (Chicago 1957); W. E. GRIFFITH, The Denazification in the United States Zone of Germany (Cambridge, Mass. 1966). – Grundlegende dt. Untersuchungen: J. FÜRSTENAU, Entnazifizierung. Ein Kapitel dt. Nachkriegspolitik (1969); L. NIETHAMMER, Entnazifizierung in Bayern. Säuberung u. Rehabilitierung unter amerik. Besatzung (1972), dort gute Einführung in Forschungsstand u. Problematik; Überblick bei R. FRITZSCH, Entnazifizierung, in: Parlament B 24 (1972); vgl. ferner die Lit. zur Entwicklung der Besatzungszonen Kap. 14 und 15.

[1] Übersetzung der amerik. Wortprägung »Denazification«; zur Entstehung des Begriffs: NIETHAMMER, S. 12 f.

[2] Text von ICS 1067/6 in: Foreign Relations 1945/3, S. 378 ff.

[3] Angaben nach J. FÜRSTENAU, Entnazifizierung, S. 44 f.

[4] E. SCHULLZE (Hg.), Gesetz zur Befreiung von Nationalsozialismus u. Militarismus (³1948).

[4a] Vgl. J. FÜRSTENAU, Entnazifizierung, S. 104.

[5] Hierzu die ironische Autobiographie von Ernst v. SALOMON, Der Fragebogen (1951).

[6] Keesings Archiv der Gegenwart, Jg. 20 (1950), S. 2719.

[7] Für die Einzelheiten s. Gesetz zur Regelung der Rechtsverhältnisse der unter Art. 131 GG fallenden Personen vom 11. 5. 1951, BGBl. I 1951, S. 307.

[8] Ziffern entnommen einer detaillierten Tabelle über die Aufgliederung der Entnazifizierung in den Ländern der Westzonen bei J. FÜRSTENAU, Entnazifizierung, S. 227 f.

[9] Vgl. das Urteil des amerik. Historikers u. Hauptberaters von General Clay für Entnazifizierung W. L. DORN, Inspektionsreisen in der US-Zone (1973), u. die zusammenfassende

Formulierung von L. NIETHAMMER, Entnazifizierung, S. 550: »Zwar war auch der [Dorn] keineswegs davon begeistert, daß in manchen Ministerien nun wieder die meisten höheren Beamten ehemalige PGs waren, aber er fragte, was solche frühere Parteimitgliedschaft beim Exekutivpersonal heute noch wirklich bedeute, wenn die politische Führung der NSDAP ausgeschaltet und durch nicht- und antinationalsozialistische politische Führer ersetzt sei.«

[10] FÜRSTENAU, Entnazifizierung, S. 18.

[11] S. Text eines Aufrufs in L. J. EDINGER, German Exile Politics, The Social democratic Executive Committee in the Nazi Era (Berkeley 1956), zit. bei FÜRSTENAU, Entnazifizierung, S. 11.

[12] Zit. ebd. S. 195.

[13] Frankfurter Hefte 1947, H. 7.

[14] Neue Zeitung, 5. 2. 1948, zit. bei FÜRSTENAU, S. 204 f. – Zu den namhaften ausländischen Kritikern, die die moralische Problematik der Verfahren erkannten, gehörte der jüdische Menschenfreund Victor GOLLANCZ. Er schrieb zur »denazification« in seinem Buch: In Darkest Germany (London 1947), S. 100: »This hideous word, which in its very syllables expresses a world of intellectual shame and a posthumous capitulation to Hitler at first meant purging German society of Nazi influences [z. B. Säuberung von Bibliotheken] but now it is also used with men as its object – you ›denazify‹ a man by giving him the sack and making him clear away rubble.«

[15] Süddeutsche Zeitung, 9. 3. 1947, zit. bei FÜRSTENAU, Entnazifizierung, S. 207.

[16] Rede auf dem sozialdemokratischen Bundesparteitag am 14. Sept. 1948, aus: A. SCHOLZ/W. G. OSCHILEWSKI (Hg.), Turmwächter der Demokratie. Ein Lebensbild von Kurt Schumacher, Bd. 2, Reden u. Schriften (1953), S. 104 f.

[17] J. FÜRSTENAU, Entnazifizierung, S. 152.

Kapitel 9
Das deutsche Volk nach dem Zusammenbruch

Durch den Nationalsozialismus und den Zusammenbruch des Reiches hatte das deutsche Volk die Bestimmung über sich selbst verloren. Es stand unter der Verfügungsgewalt und unter der Anklage seiner Gegner. Wenn es zu sich selbst zurückfinden wollte, mußte es sich Rechenschaft ablegen über den Weg, der in die Katastrophe geführt hatte, und Klarheit gewinnen über die Leitwerte, die einem Neuaufbau von Staat, Wirtschaft und Gesellschaft Richtung geben sollten.

Um sich die Situation klarzumachen, in der die Umorientierung über das Woher und das Wohin zu vollziehen war, muß man davon ausgehen, wie sich der Siedlungsraum des deutschen Volkes in seinen Konturen verändert hatte. Vor dem Zweiten Weltkrieg unterschied sich die Linienführung der Völker- und

Sprachenkarte im östlichen Mitteleuropa und Osteuropa deutlich von der in Westeuropa. In Westeuropa kann man von verhältnismäßig klaren Grenzen der Sprachen und Nationalitäten sprechen. Westeuropa ist deshalb die ursprüngliche Heimat des Nationalstaates. Im östlichen Europa lagen die Dinge komplizierter, das Bild war buntscheckiger. Nationalitäten lebten in Gemengelage. Die Linien der Sprachgrenzen zeigten Ausbuchtungen, Verzahnungen, Inseln. Drei große Siedlungsspitzen des deutschen Volkes ragten in den östlichen Raum hinein: eine entlang der Ostsee bis nach Ostpreußen hin und darüber hinaus bis in die baltischen Länder; eine andere in Schlesien, den böhmisch-mährischen Raum von Nordosten umgreifend; und eine dritte in Österreich entlang der Donau. Im Raum dieser deutsch-slawischen Verzahnung und darüber hinaus im östlichen Europa gab es zahlreiche deutsche Siedlungen inmitten anderen Volkstums. Dieses Siedlungsbild, wie es bis zum Beginn des Zweiten Weltkrieges bestand, war das Ergebnis der geschichtlichen Bewegung der Ostkolonisation[1]. Ihre Ausgangslinie war im Mittelalter die Linie Elbe–Saale–Böhmerwald–Ostalpen. Höhepunkt der Bewegung war die Zeit vom 12. bis 14. Jahrhundert. Ihre Ausläufer reichten bis in die Zeit des Absolutismus. Im 19. Jahrhundert setzte die Massenauswanderung nach Übersee, vor allem nach Nordamerika ein. Die Ostsiedlung kam zum Stillstand. Es begann eine rückläufige Bewegung. Die ethnographische Rückbewegung zum Westen hin umspannt als Vorgang den Zeitraum eines Jahrhunderts. Sie setzt sich zusammen aus sehr unterschiedlich verursachten Einzelbewegungen, die sich aber in ihrem Endergebnis zu der Gesamtwirkung addieren, die man als die Rückverlagerung des ethnographischen Schwerpunktes in die mittelalterliche Ausgangslage bezeichnen kann. Allerdings ging bei dieser Rückwärtsbewegung nicht der ganze Siedlungsgewinn der Ostkolonisation wieder verloren. Bis auf die Oder-Neiße-Linie und nicht auf die Elbe-Saale-Linie wurde das Deutschtum zurückgedrängt. Das Süd-Ost-Deutschtum im österreichischen Raum blieb geschlossen erhalten. Der erste Akt dieser großen Westbewegung war die Binnenwanderung, die im 19. Jahrhundert dadurch ausgelöst wurde, daß einerseits die bäuerliche Unterschicht Ostdeutschlands durch die Auflösung der ständischen Agrarverfassung freigesetzt wurde und daß andererseits die in Mittel- und Westdeutschland sich entwickelnde Industrie Arbeitskräfte aus dem östlichen Siedlungsraum anzog. Die Bevölkerungsdichte der deutschen Ostprovinzen war durch diese Binnenwanderung allerdings nicht geringer geworden, aber der Schwerpunkt verlagerte sich zunehmend in die Massenballungen der Industriegebiete. Ein zweiter Bevölkerungsschub wurde durch den Ersten Weltkrieg ausgelöst. Infolge des Versailler Vertrags verließen etwa 700000 Deutsche das polnisch gewordene Westpreußen und Posen, insgesamt etwa zwei Drittel des dort ansässigen Deutschtums. Der Erdrutsch in der Verschiebung des östlichen Deutschtums, den dann der Zweite Weltkrieg brachte, setzte bereits in der nationalsozialistischen Zeit ein. Die weit verstreuten deutschen Volksgruppen im Baltikum, in Weißrußland, Wolhynien, Galizien, der Bukowina, Bessarabien, der Dobrudscha, Bosnien, der Gottschee und im polnischen Generalgouvernement wurden aus ihrer Heimat herausgerissen und zum großen Teil in den Warthegau und die untere Steiermark verpflanzt. An die 800000 Volksdeutsche wurden in diese Westbewegung hineingezogen. Um für die deutschen Siedler Platz zu machen, wurden polnische Bauern von ihren Höfen vertrieben. Diese von der politischen Gewalt organisierte deutsche Völkerwanderung nach Westen fand mit dem Umschlag des Kriegsglücks ihre schreckensvolle Fortsetzung in der Fluchtbewegung, die in Ostdeutschland einsetzte, als die Rote Armee die deutsche Grenze überschritt. Sie ist weiter fortgeführt worden in der Vertreibung der Deutschen aus Ostpreußen, Pommern, Schlesien und der Tschechoslowakei, die durch das Potsdamer Abkommen legalisiert wurde. Mehr als zwölf Millionen Menschen sind bei Kriegsende und in den ersten Nachkriegsjahren geflüchtet oder vertrieben worden (s. Anhang Tab. 3–5)[2]. In den ehemaligen Ostgebieten des Reiches blieben nur etwa eine Million Deutsche zurück und in den auslandsdeutschen Siedlungsgebieten, außer Splittergruppen besonders in Ungarn, der Großteil der Siebenbürger Sachsen. Nicht eingerechnet in die Zahl der Flüchtlinge und Vertriebenen sind die etwa zwei Millionen Toten, die das Opfer dieser Völkerwanderung geworden sind. Der Zustrom mündete in die vier Besatzungszonen, verteilte sich aber sehr ungleichmäßig. Der Anteil von Heimatvertriebenen an der Wohnbevölkerung betrug nach der ersten auf Anordnung des Kontrollrats durchgeführten Volkszählung vom 29. Oktober 1946 in der sowjetischen Besatzungszone 20,8%, in den drei westlichen Zonen 13,4%[3]. Im Westen verhielten sich die Franzosen besonders abwehrend gegen die Zuwanderung von Vertriebenen in ihre

Zone (Anteil an der Bevölkerung 1,5%). Innerhalb des britischen und des amerikanischen Besatzungsbereiches (Anteil an der Bevölkerung 13,9% und 16,3%) wiederum verdichtete sich der Zustrom in den landwirtschaftlichen Gebieten, besonders in Schleswig-Holstein, Niedersachsen und Bayern (Anteil an der Bevölkerung 33,3%, 23,4%, 18,9%). Den niedrigsten Anteil von Heimatvertriebenen an der Bevölkerung hatte Rheinland-Pfalz (1,1%). Nach der Gründung der Bundesrepublik wurden die Flüchtlingsballungen wieder aufgelockert, eine abermalige Binnenwanderung setzte ein (vgl. Tab. 6).

Mit Flucht und Vertreibung war die Ost-West-Bewegung aber noch nicht abgeschlossen. Der Prozeß der politischen Spaltung Deutschlands, der sich in den Nachkriegsjahren vollzog, wurde von einem neuen Schub in der Ost-West-Bewegung der Deutschen begleitet. In den Jahren bis zum Mauerbau in Berlin am 13. August 1961 und der Errichtung der Stacheldrahtgrenze quer durch Deutschland verließen an die 3 Millionen Deutsche die sowjetische Besatzungszone bzw. die DDR. In der Zeit nach der Errichtung der Todessperre ging die Fluchtbewegung, wenn auch erheblich vermindert, weiter[4]. Der Gesamtvorgang dieses Zustroms in den Westen wurde eine der Voraussetzungen, aus denen sich der spätere industrielle Aufschwung der Bundesrepublik Deutschland ergab. In den ersten Jahren aber nach dem Zusammenbruch stellten die hereinströmenden Flüchtlingsmassen eine Belastung dar, die kaum zu bewältigen schien. Ihre Elendsscharen vermischten sich in den Monaten nach dem Zusammenbruch auf den Landstraßen mit den Millionen Evakuierter, die wegen des Bombenkrieges die Städte verlassen hatten.

Viele Familien waren durch Gefangenschaft, Internierung, Flucht, Verschleppung auseinandergerissen worden und lebten in Ungewißheit über das Schicksal ihrer Angehörigen. Gefangen oder gefallen? – das war in vielen Familien Jahre hindurch die quälende Frage. Durch Krieg und Kapitulation waren 11,094 Millionen Wehrmachtsangehörige, darunter auch weibliche Hilfskräfte, in Gefangenschaft geraten; dazu kam die große Zahl der im Osten verschleppten Zivilisten. Von den Westalliierten wurde ein Teil der durch die Kapitulation auf deutschem Boden in Gefangenschaft Geratenen bald entlassen, ein Teil aber zu Aufräumungsarbeiten in den kriegszerstörten Gebieten oder zur Arbeit in Bergwerken und in der Landwirtschaft in Frankreich, Belgien, den Niederlanden und England verwendet.

Die Entlassung zog sich über mehrere Jahre nach dem Ende des Krieges, dem kein Friedensschluß gefolgt war, hin. Ende 1946 wurden noch 1,9 Millionen Kriegsgefangene zurückerwartet. Aus den USA konnten die letzten im Juli 1946 nach Deutschland zurückkehren, aus England im Juli 1948, aus Frankreich im Dezember 1948. In russische Hand waren 3,155 Millionen deutscher Kriegsgefangener geraten. Man schätzt, daß von diesen 1 110 250 in der Gefangenschaft gestorben sind. Aus der Sowjetunion wurde der letzte Transport mit Heimkehrern, die in der Gefangenschaft zu Strafen verurteilt worden waren, erst im Januar 1956 auf den Weg geschickt. Aus sowjetischen Lagern Nachricht zu erhalten, war besonders schwierig, weil die Sowjetunion das Genfer Kriegsgefangenenabkommen von 1929 nicht unterzeichnet hatte und keine Meldungen über die in ihrem Gewahrsam Befindlichen an das Internationale Komitee des Roten Kreuzes gab. In dieser Notlage der Sorge und Ungewißheit entfaltete der aus verschiedenen Initiativen entstandene und im wesentlichen vom Deutschen Roten Kreuz getragene »Suchdienst« beharrliche und erfolgreiche Bemühungen[5]. Durch Befragungen, systematische Erfassung der Namen von Millionen Suchender und Gesuchter, unterstützt vom Internationalen und schließlich auch vom sowjetischen Roten Kreuz, gelang es dem Suchdienst in vielen Fällen, das Schicksal von im Kriege Vermißten und in Gefangenschaft Verschollenen aufzuklären, verlorene Kinder aufzuspüren, getrennte Familien zusammenzuführen.

Verglichen mit dem Ersten Weltkrieg betrugen die Verluste, die der Zweite Weltkrieg der lebenden Substanz des Volkes zugefügt hatte, etwa das Dreifache: rd. 5,5 Millionen Tote (s. Anhang Tab. 2). Noch erschreckender aber ist die Feststellung, wie viel größer die Zahl der Kriegsopfer auf der Seite der Gegner Deutschlands, besonders in Osteuropa, war: Allein in Polen kamen an die 6 Millionen Menschen ums Leben, in Jugoslawien 1,7 Millionen, Rußland verlor möglicherweise nicht weniger als 13,6 Millionen Soldaten und 7 Millionen Menschen aus der Zivilbevölkerung (vgl. Anhang Tab. 2). Von den 5,7 Millionen russischer Kriegsgefangener, die in deutsche Hand gerieten, überlebten weniger als 2 Millionen[5a].

Die Wohnstätten des dezimierten deutschen Volkes waren weitgehend zerstört. Viele Städte glichen einem Trümmerfeld. Besonders hart getroffen waren Berlin, Hamburg und Köln. Orte wie Düren und Jülich waren in den Erdkämpfen fast völlig vernichtet worden. Von den Besatzungszonen war am stärksten die britische mit den Hafenstädten und dem Industriegebiet an Ruhr und Rhein betroffen (22% zerstört, 35% beschädigt), am relativ geringsten die sowjetische Zone (7% zerstört, 12% beschädigt)[6]. In allen vier Besatzungszonen einschließlich Berlin war ein Viertel des Wohnungsbestandes zerstört oder schwer beschädigt. In den Städten richteten sich die Menschen in Kellern und Ruinen ein. Auf dem Lande drängten sich die Verschonten und die Einquartierten. In extremen Situationen steigert sich das Gute und das Böse. Es gab viel Hilfsbereitschaft zwischen Einheimischen und Fremden und viel Verbitterung in dem Ringen um Unterkunft und Nahrung. Die Grenzen des Erlaubten und Unerlaubten verwischten sich. Diebstahl aus Not, Lüge und Verschleierung der politischen Vergangenheit um der bürgerlichen Existenz willen waren verständlich und schienen erlaubt. Die Zahl der Straftaten stieg. Sie war weitgehend situationsbedingt – man sprach von »Ruinenkriminalität«[7]. Sie sank nach der späteren Besserung und Festigung der Lebensverhältnisse.

Die Masse des Volkes hungerte. In den ersten Nachkriegsjahren gingen die Ernteerträge infolge von Dürre und Mangel an Düngemitteln, Saatgut, Gerät und Arbeitskräften zurück. Die Nahrungskrise erreichte ihren Höhepunkt Anfang 1948. Die offizielle Norm für die Zuteilung an rationierten Lebensmitteln war unter dem für eine ausreichende Ernährung notwendigen Maß angesetzt, die tatsächliche Zuteilung lag aber noch erheblich niedriger (Normalernährung liegt bei 3000 Kalorien; als Minimum angesehen 2000 Kalorien; angesetzt für den »Normalverbraucher« in der anglo-amerikanischen Zone 1550 Kalorien; mit zeitlichen und regionalen Schwankungen zugeteilt 700–1200 Kalorien)[8].

Wie an Nahrungsmitteln, so fehlte es an den notwendigsten Verbrauchsgütern und Kleidern. Das Fehlende suchte sich die Bevölkerung auf dem Schwarzen Markt zu beschaffen. Das Geld verlor seinen Wert. Die Neue Zeitung vom 21. April 1947 notierte für die britische Zone an Schwarzmarktpreisen: »Butter 240–250 Mark das Pfund, Speck 200 Mark, Fleisch 60–80 Mark, Zucker 70–90 Mark, Mehl 30 Mark, drei Pfund Brot 25 Mark, ein Bückling 5 Mark«[9]. Ein Facharbeiter verdiente damals etwa 230 Mark im Monat.

Man schätzte, daß sich die Hälfte des gewerblichen Umsatzes durch Tausch und Schwarzmarkt außerhalb der Bewirtschaftung vollzog. Es fehlte an Kohle für Industrie, Bahn und Hausbrand, an Gas und Strom; elektrische Heizöfen waren verboten. Der Winter 1946/47 war besonders hart. Holzeinschlag war für die Städter kaum erreichbar. Sie halfen sich selber und plünderten, wo die Möglichkeit bestand, die Kohlenzüge, so etwa in Köln die Brikett-Transporte aus dem benachbarten Braunkohlenrevier. Wo es sich um notbedingten Mundraub handelte, gab die Kirche ihr Plazet dazu[10].

Unter solchen Verhältnissen grassierten Krankheiten, besonders die Tuberkulose. Im Sommer 1947 z. B. waren für 40000 Fälle von offener Tuberkulose in der britischen und amerikanischen Zone keine Krankenhausbetten verfügbar. Die Todesrate stieg (28,5 auf 1000 Personen im ersten Viertel 1947; zum Vergleich New York 10,1 auf 1000 im Jahre 1946), besonders die Kindersterblichkeit. Als Fazit der Entwicklung in den ersten beiden Nachkriegsjahren kam Gustav Stolper zu der Feststellung: »Vieles, was im Jahre 1945 an materiellen Hilfsmitteln und an moralischer Kraft tatsächlich verschont blieb, wurde in den folgenden zwei Jahren alliierter Politik verschleudert. Im Sommer und Herbst 1947 war das deutsche Volk in vieler Beziehung nicht besser, sondern schlechter daran als je zuvor nach dem Zusammenbruch.«[11]

Vielfach verfielen die Menschen in Apathie. Was ihnen an Lebenskraft verblieben war, wurde im Kampf um das Überleben verzehrt. Aber es regte sich auch die Hilfe füreinander und eine organisierte mitbürgerliche Tätigkeit. In den Städten machte man sich daran, durch Arbeitseinsatz der Bürger die Schuttberge wegzuräumen. Die Gemeindeverwaltungen begannen in neuer, durch die Militärregierungen bestimmter Zusammensetzung ihre Arbeit. Die vielfach zerstörten und beschädigten Krankenhäuser wurden langsam wieder instand gesetzt, ebenso die Schulen und Hochschulen, die allerdings in den verschiedenen Zonen zu unterschiedlichen Zeitpunkten (Herbst 1945 bis Sommer 1946) und unter unterschiedlichen Auflagen (in den Schulen Ausfall bzw. veränderte politische Ausrichtung des Geschichtsunterrichts) in beschränkten Verhältnissen mit ihrem Unterricht begannen. Privater und kommerzieller Kraftwagenverkehr war von den Straßen so gut wie ganz verschwunden. Der Schienenverkehr kam wegen der zerstörten Anlagen und der fehlenden Lokomotiven und Wagen nur langsam in Gang. An den wenigen, überfüllten, im Winter ungeheizten Zügen hingen Trauben von Menschen, die bepackt mit Bündeln ihre Heimat oder neue Bleibe suchten oder die lange Reisen in Kauf nahmen, um irgendwo auf dem Lande oder an der Küste Lebensmittel zu ertauschen.

Ohne ausländische Hilfe wäre die Versorgungslage noch schlimmer gewesen. In der britischen und amerikanischen Zone waren selbst die geringen Zuteilungen nur möglich, weil einige Lebensmittel auf Kosten der Besatzungsmacht eingeführt wurden. Dazu kam eine breite private Hilfe aus vielen neutralen Ländern und von ehemaligen Kriegsgegnern. Aus England wurden Lebensmittelpakete geschickt, obwohl die Rationierung dort noch mehrere Jahre nach Kriegsende bestehen blieb. In den Vereinigten Staaten schufen Wohlfahrtsverbände die umfassende CARE-Organisation (Cooperative for American Remittances to Europe) für private Hilfssendungen in notleidende Länder. Der Gesamtwert der CARE-Sendungen nach Westdeutschland, die ganz auf Spenden einzelner amerikanischer und kanadischer Bürger beruhten, betrug über 346 Millionen Mark[12]. Die Vermittlung und Verteilung der Gabensendungen in Deutschland übernahmen die Wohlfahrtsorganisationen wie Deutsches Rotes Kreuz, Arbeiterwohlfahrt, Caritas und das neu gegründete Evangelische Hilfswerk. Die karitative Tätigkeit der privaten und kirchlichen Organisationen war in der Zeit des Dritten Reiches vielfach zugunsten des Monopolanspruchs der Partei auch auf dem Gebiet der sozialen Hilfe unterbunden worden. Für die Aufgabe, die sich ihnen jetzt stellte, formulierte das Hilfswerk als Richtlinie: »Erster Arbeitsgrundsatz ist, daß allein die Dringlichkeit der Not entscheidet. Hilfe wird geleistet ohne Ansehen der Person, der Rasse, der Konfession oder der politischen Überzeugung. In den Dringlichkeitsstufen des Hilfswerks stehen Kinder an erster Stelle ... Die Selbsthilfe kommt zuerst. Wenn wir uns nicht gegenseitig helfen, haben wir kein Recht, um ausländische Hilfe zu bitten. Wenn und wo unsere Mittel nicht ausreichen, so muß die Auslandshilfe mindestens mit der Selbsthilfe kombiniert werden. Wenn uns das Ausland Rohstoffe stiftet, die wir nicht besitzen, so tun wir die deutsche Arbeit hinzu.«[13]

Zum Wiederbeginn des Lebens gehörten auch die Anfänge einer neuen Presse[14]. Neben dem kontrollierten Funk (seit Herbst 1945 in den Westzonen), den Amtsblättern und dem von der amerikanischen Armee herausgegebenen überregionalen Blatt ›Die neue Zeitung, Amerikanische Zeitung für Deutschland‹ wurden deutsche Tageszeitungen lizenziert, die zumeist lokale oder parteimäßig beschränkte Bedeutung hatten. Es entstanden aber schon 1945/46 einige Zeitschriften mit höherem Anspruch und breiterer regionaler Streuung. Als Forum intellektueller Bemühungen, über die deutsche Situation zu informieren und sie geistig zu durchdringen, sind zu nennen: ›Die Gegenwart‹, unter der Leitung von Benno Reifenberg im wesentlichen gestaltet von Mitarbeitern aus dem Umkreis der früheren Frankfurter Zeitung; ›Die Sammlung‹, eine pädagogische Zeitschrift unter Hermann Nohl, die an Reformbestrebungen der zwanziger Jahre anknüpfte; die ›Göttinger Universitäts-Zeitung‹ (später Deutsche Universitäts-Zeitung), die dem Wiederbeginn der Wissenschaften und der Hochschulen in Deutschland diente; des weiteren ›Die Wandlung‹ unter Dolf Sternberger; die von Eugen Kogon und Walter Dirks herausgegebenen ›Frankfurter Hefte‹ und ›Die Zeit‹ unter der Schriftleitung von Richard Tüngel. Diese Zeitschriften waren bürgerlich in ihrem Charakter mit einem liberal-sozialen Hintergrund, aufgeschlossen gegenüber gesellschaftlichen Reformaufgaben, die sich aus der Situation Deutschlands ergaben, und gewillt, Konsequenzen aus der historischen Erfahrung zu ziehen. Sie waren aber politisch nicht gebunden im Sinne einer der sich neu bildenden Parteien.

Welche Hilfe bot die Geschichtswissenschaft, um in der radikal veränderten historischen Situation Orientierung zu finden?[15] Im Jahre 1947 hielt der in die Vereinigten Staaten emigrierte Hans Rothfels an der Universität Chicago eine öffentliche Vorlesung über den deutschen Widerstand gegen Hitler. Gegenüber generalisierenden Negativurteilen zeigte er, daß es notwendig war, zu differenzieren, wenn man zu einem sachlich zutreffenden Urteil über das deutsche Volk in der NS-Zeit gelangen wollte. Da es eine in sich sehr unterschiedlich motivierte breite Opposition gegen den Nationalsozialismus gegeben hatte, trug eine solche Rückbesinnung dazu bei, in Deutschland wieder aus eigener Wurzel ein neues politisches Leben aufzubauen. Auch die Schriften von Friedrich Meinecke über ›Die deutsche Katastrophe‹ (1946) und von Gerhard Ritter über ›Europa und die deutsche Frage. Betrachtungen über die geschichtliche Eigenart des deutschen Staatsdenkens‹ (1948) halfen, den historischen Trümmerschutt des Dritten Reiches beiseite zu räumen, um in der eigenen Tradition Fundamente freizulegen, auf denen ein Neubau errichtet werden konnte. War das, was hier an Elementen christlicher, humaner, liberaler, sozialer und patriotischer Gesinnung aus den Verwirrungen der deutschen Geschichte herausanalysiert wurde, tragfähig genug? Auf einen pessimistischen Ton gestimmt war Ludwig Dehios Analyse der deutschen Machtpolitik ›Gleichgewicht oder Hegemonie? Betrachtungen über ein Grundproblem der neueren Staatengeschichte‹ (1948). Er deutete die deutsche Geschichte im Zeitalter der Weltkriege von der Kontinuität eines deutschen Macht- und Hegemonialstrebens her, dem eine fast deterministische Unentrinnbarkeit zuzukommen schien. Hier gab es keine Anknüpfung an eine nationale Tradition, die aus ihren nationalistischen Verfälschungen zurückzugewinnen wäre, sondern den Appell zu einer radikalen Umorientierung: Verzicht auf das Ziel, nationale Souveränität wiederherzustellen, Eingliederung in einen atlantischen übernationalen Völkerbund unter amerikanischer Führung. Wissenschaftlich ging von Dehio der entscheidende Anstoß aus für eine neue Durchforschung der Geschichte des 19. und 20. Jahrhunderts unter der Frage nach dem Maß von Kontinuität und Diskontinuität in den Machtbestrebungen der deutschen Politik. Unlösbar verbunden mit der historisch-politischen Entscheidung darüber, welche außenpolitischen Konsequenzen sich für die Neuorientierung des Denkens aus dem Zusammenbruch ergaben, stellte sich die Frage nach der Kontinuität und der Diskontinuität der sozialen Strukturen. In den unterschiedlichen politischen Antworten hierauf profilierten sich die neu- und wiedererstehenden Parteien.

Grundlegend drei breit angelegte Dokumentationen: Th. SCHIEDER (Bearb.), Dokumentation der Vertreibung der Deutschen aus Ost-Mitteleuropa, hg. v. Bundesmin. f. Vertriebene (5 Bde. 1955–61); E. MASCHKE (Hg.), Zur Gesch. der dt. Kriegsgefangenen des Zw. Weltkrieges (15 Bde. 1962–1974); Dok. dt. Kriegsschäden, hg. v. Bundesmin. f. Vertriebene (5 Bde. 1958–71). Von den Erinnerungen der Zeit ist hervorzuheben: H. Gf. v. LEHNDORFF, Ostpreußisches Tagebuch. Aufzeichnungen eines Arztes aus d. Jahren 1945–1947 (1961). – G. STOLPER, Die dt. Wirklichkeit (1949); V. GOLLANCZ, In darkest Germany (London 1947); der HOOVER-Bericht über die dt. Ernährungslage (EA 1, Mai 1947), erstattet im Auftrage des Präsidenten der USA Truman auf Grund eines Aufenthaltes in Dtld. im Februar 1947. H. SCHLANGE-SCHÖNINGEN, Im Schatten des Hungers. Dokumentarisches zur Ernährungspolitik u. Ernährungswirtschaft in den Jahren 1945–1949 (1955).

[1] »Ostdeutschland«. Ein Hand- u. Nachschlagebuch für alle Gebiete ostwärts von Oder u. Neiße, Hg. Göttinger Arbeitskreis (³1959); K. PETERSEN u.a., Hdb. des Grenz- u. Auslandsdeutschtums (3 Bde. 1933/38).

[2] Stat. Bundesamt: Stat. Bericht VIII/20/34, Die dt. Bevölkerung in den Vertreibungsgebieten. Entwicklung, Zusammensetzung u. Bilanz 1939/50 (1959), gibt für Sept. 1950 die Gesamtzahl der Heimatvertriebenen

mit 12,0198 Mill. an. Seit diesem Zeitpunkt sind im Bundesgebiet einschl. West-Berlin aus den Ostgebieten des Dt. Reiches wie aus ost- u. südosteuropäischen Staaten bis 1975 753528 dt. Umsiedler aufgenommen worden (Auskunft des Bundesausgleichsamtes).

[3] Stat. Amt des Vereinigten Wirtschaftsgebietes: Stat. Bericht VIII/o/4, Die Flüchtlinge in Dtld. Ergebnisse der Sonderauszählungen aus der Volks- u. Berufszählung vom 29. 10. 1946 (1950).

[4] Die Zahl der in das Gebiet der Westzonen bzw. Bundesrepublik einschl. Berlin-West aus dem Gebiet der Sowjetzone bzw. DDR zugewanderten Personen betrug bis zum 13. Aug. 1961 3,125261 Mill., danach bis Ende 1975 360572. In dieser Zahl sind 196190 Personen enthalten, die seit Mitte 1962 mit Genehmigung von DDR-Behörden im Rahmen der Familienzusammenführung in das Bundesgebiet kamen. Angaben nach: SBZ von A–Z (1966), S. 144f., Zahlen für 1975 nach Auskunft des Bundesausgleichsamtes; vgl. DDR-Handb., hg. v. Bundesmin. f. innerdt. Bez. (1975), S. 312f.

[5] Fesselnder Bericht: K. W. BÖH-ME, Gesucht wird … Die dramatische Gesch. des Suchdienstes (1965).

[5a] Nach H.-A. JACOBSEN, Kommissarbefehl u. Massenexekutionen sowj. Kriegsgefangener, in: Anatomie des SS-Staates, Bd. 2 (1965), S. 197.

[6] Angaben nach einer Berechnung des Soziograph. Instituts Frankfurt, in: Dok. dt. Kriegsschäden 2,2, S. 13.

[7] Dok. dt. Kriegsschäden 2,2, S. 232ff.

[8] Vgl. hierzu G. STOLPER, S. 48f.

[9] Dok. dt. Kriegsschäden 2,2, S. 99.

[10] In der Kölner Volkssprache wurde nach dem Namen des Erzbischofs der Brikettdiebstahl als »Fringsen« bezeichnet.

[11] G. STOLPER, S. 87.

[12] Überblick über Organisation u. Leistung im Bulletin der Bundesregierung, 5. 7. 1960, in: Dok. dt. Kriegsschäden 2,2, S. 207ff.

[13] Dok. dt. Kriegsschäden 2,2, S. 184.

[14] H. HURWITZ, Die Stunde Null der dt. Presse. Die amerik. Pressepolitik in Dtld. 1945–1949 (1972).

[15] Überblick über die Auseinandersetzung mit der Katastrophe Dtlds. in der dt. Lit. von 1945/46 bei E. NOLTE, Dtld. u. der Kalte Krieg (1974), S. 190–196.

Kapitel 10
Die Neubildung von Parteien: KPD, SED, SPD

Das Abkommen von Potsdam sah die Zulassung demokratischer politischer Parteien für ganz Deutschland vor. In der sowjetischen Besatzungszone war ein entsprechender Erlaß schon vorweg am 10. Juni 1945 ergangen als unmittelbarer Auftakt für einen Aufruf des Zentralkomitees der KPD vom folgenden Tag. Zu den Unterzeichnern gehörte Walter Ulbricht[1]. Er war in den letzten Jahren der Weimarer Republik Mitglied des Zentralkomitees geworden. In der Emigration zunächst in Paris, dann in Moskau tätig, hatte er die taktischen Schwenkungen der Kommunistischen Internationale vom Kampf gegen den »Sozialfaschismus« über die Volksfronttaktik und eine erneute scharfe Wendung gegen die Sozialdemokratie in der Zeit des Hitler-Stalin-Paktes bis hin zur Parole der antifaschistischen Einheitsfront (vgl. Bd. 21, Kap. 13) stets nachvollzogen. Wenige Tage vor Kriegsende kehrte er von Moksau mit einer kleinen Gruppe von Mitarbeitern nach Deutschland zurück. Es folgten unmittelbar darauf eine Gruppe mit Wilhelm Pieck, der seit 1935 Vorsitzender der Exil-KPD war, und eine Gruppe mit Anton Ackermann. Über die Tätigkeit dieser Gruppen, die in enger Zusammenarbeit mit der sowjetischen Militäradministration unter der politischen Direktive von Moskau ihre politische Arbeit in Deutschland begannen, sind wir durch Wolfgang Leonhard, ein Mitglied der Gruppe Ulbricht, unterrichtet[2]. Die Direktiven sahen zunächst nicht vor, daß politische Parteien auf absehbare Zeit wieder entstehen sollten. Vielmehr war an die Bildung einer antifaschistischen Einheitsorganisation unter dem Namen »Block der kämpferischen Demokratie« gedacht nach dem Vorbild ähnlicher Organisationen in den von der Roten Armee besetzten Ländern Ost- und Südosteuropas. Überraschend erfolgte dann die plötzliche taktische Schwenkung zur Wiederbegründung der KPD und auch anderer Parteien. Die Gründe hierfür sind nicht klar erkennbar. Wahrscheinlich hat der Eindruck eine Rolle gespielt, daß sich im deutschen Volk keinerlei Widerstand gegen die Besatzungsmacht zeigte und die Chancen für eine kommunistische Parteipropaganda positiv beurteilt wurden. Die Reichshauptstadt Berlin, damals noch ganz unter der Kontrolle der Roten Armee, schien einen besonders guten organisatorischen Ansatz dafür zu bieten, das politische Leben in Deutschland auch über den Bereich der sowjetischen Besatzungszone hinaus zu beeinflussen. Da schließlich zu irgendeinem späteren Zeitpunkt ohnehin mit der Zulassung auch von anderen Parteien gerechnet werden mußte, bot für eine neu entstehende kommunistische Partei ein schnelles Handeln den Vorteil des zeitlichen Vorsprungs, bevor die Alliierten sich zu ihrer ersten Konferenz in Deutschland versammelten und bevor die übrigen Parteien in Erscheinung treten konnten. So wurden in Abstimmung mit der Besatzungsmacht die Vorbereitungen für die Neugründung der KPD abgeschlossen. Erst dann erließ Marschall Schukow am 10. Juni seine Verordnung, durch die die Bildung demokratischer Parteien generell gestattet wurde.

Zur Überraschung der in Deutschland verbliebenen und aus

der illegalen Arbeit wieder auftauchenden Altkommunisten enthielt der durch Pieck aus Moskau mitgebrachte Aufruf vom 11. Juni nichts von den spezifisch kommunistischen Forderungen, an denen sich die Partei in der Weimarer Zeit und in der Illegalität orientiert hatte. Statt dessen hieß es: »Mit der Vernichtung des Hitlerismus gilt es gleichzeitig, die Sache der Demokratisierung Deutschlands, die Sache der bürgerlich-demokratischen Umbildung, die 1848 begonnen wurde, zu Ende zu führen, die feudalen Überreste völlig zu beseitigen und den reaktionären altpreußischen Militarismus mit allen seinen ökonomischen und politischen Ablegern zu vernichten. Wir sind der Auffassung, daß der Weg, Deutschland das Sowjetsystem aufzuzwingen, falsch wäre, denn dieser Weg entspricht nicht den gegenwärtigen Entwicklungsbedingungen in Deutschland. Wir sind vielmehr der Auffassung, daß die entscheidenden Interessen des deutschen Volkes in der gegenwärtigen Lage für Deutschland einen anderen Weg vorschreiben, und zwar den Weg der Aufrichtung eines antifaschistischen, demokratischen Regimes, einer parlamentarisch-demokratischen Republik mit allen demokratischen Rechten und Freiheiten für das Volk.«[3] Dieser Absage an die Errichtung eines Rätesystems und diesem Bekenntnis zur parlamentarischen Demokratie entsprach es, daß in dem Sofortprogramm spezifisch sozialistische Forderungen nur in der Weise zum Ausdruck kamen, daß die »Enteignung des gesamten Vermögens der Nazibonzen und Kriegsverbrecher« und die »Liquidierung des Großgrundbesitzes« gefordert wurden. Es fehlten die Begriffe der proletarischen Revolution und des Klassenkampfes, es fehlte die grundsätzliche Forderung, die Produktionsmittel in Gemeinbesitz zu überführen. Dieses Programm trug einen ausgesprochen taktischen Charakter. Unterzeichnet wurde es von 16 Personen, davon 13, die aus der sowjetischen Emigration kamen und an deren Bindung an die kommunistische Ideologie und Loyalität gegenüber dem sowjetischen System in keiner Weise zu zweifeln war. Nur mit einer Programmatik, die darauf verzichtete, in direkter Weise für das sowjetische System zu werben, konnte die Partei, wenn überhaupt, hoffen, eine breitere Basis als vor 1933 im deutschen Volk zu gewinnen, hatte doch der höchste Stimmenanteil, den die Kommunisten in der Weimarer Zeit zu erlangen vermochten, nicht mehr als 16,9% betragen. Das war bei den Novemberwahlen 1932, in der Wirtschaftskrise und im Jahr der stärksten politischen Radikalisierung gewesen. Nach dem vierjährigen Krieg gegen die Sowjetunion und nach dem Schrecken, den das Vordringen der Roten Armee in Deutschland verbreitet hatte, war nicht damit zu rechnen, daß es einer Kommunistischen Partei, wenn sie sich offen an der Zielsetzung der Sowjetunion orientierte, gelingen könnte, Wählermassen in einem Umfang zu gewinnen, der sie zur politischen Führung legitimiert hätte.

Nachdem sich die sowjetische Führung entschieden hatte, die Kommunistische Partei Deutschlands als solche mit einem auf die Situation berechneten und, wie man hoffte, werbewirksamen Programm wiedererstehen zu lassen, mußte ihr daran gelegen sein, die spontanen Zusammenschlüsse von Kommunisten, Sozialdemokraten und auch Bürgerlichen in antifaschistischen Ausschüssen, zu denen es nach dem Zusammenbruch mancherorts gekommen war, wieder aufzulösen. Die neubegründete KPD war bemüht, zunächst in ihren Reihen einen ideologisch taktischen Konsensus zwischen der durch die Moskauer Direktiven bestimmten, nach Deutschland zurückgekehrten kommunistischen Führungsgruppe und den heimischen Kommunisten, die die Hitlerzeit überlebt hatten, herzustellen. Aus bestehenden örtlichen Zusammenschlüssen wurden die Kommunisten daher zum Zwecke der ideologischen und organisatorischen Festigung der eigenen Kader wieder herausgezogen. Ein anderer Gesichtspunkt war, zunächst einmal die Zeit auszunutzen, um in den jetzt entstehenden kommunalen und bald auch in den Länderverwaltungen der sowjetischen Besatzungszone überall die Schlüsselpositionen mit zuverlässigen Kommunisten zu besetzen. Als solche Schlüsselpositionen galten nicht die offiziellen Verwaltungsspitzen, wohl aber die jeweiligen Dezernate für Polizei, Personal und Kultur.

Das Verlangen nach einem organisatorischen Zusammenschluß von Sozialdemokraten und Kommunisten wurde aber nicht nur an der Basis laut, sondern auch bei Teilen der sozialdemokratischen Führung. Es sind drei Gruppen zu unterscheiden, die damals für eine wiedererstehende SPD Führungsansprüche anmeldeten. In Berlin bestand ein sogenannter Zentralausschuß. Er berief sich auf ein vom Parteivorstand im Jahre 1933 erteiltes Mandat, in der Zeit der Illegalität den Zusammenhalt in der Partei zu gewährleisten. Zu dieser Gruppe gehörte Otto Grotewohl, Buchdrucker von Beruf und Sozialist von früher Jugend an[4]. Kurze Zeit hatte er der USPD angehört. Eine Zeitlang war er Minister in Braunschweig gewesen, später Mitglied des Reichstages. In der nationalsozialistischen Zeit hatte er sich in Hamburg und in Berlin kaufmännisch betätigt, bis er 1944 in die Illegalität untergetaucht war. In Berlin um Grotewohl machten sich ähnlich wie an manchen Orten in der sowjetischen Besatzungszone unmittelbar nach dem Zusammenbruch unter ehemaligen Sozialdemokraten starke Tendenzen spürbar, die auf einen organisatorischen Zusammenschluß mit den Kommunisten hindrängten. In einem vom Zentralausschuß erlassenen Gründungsaufruf der SPD vom 15. Juni 1945 wurde die Einheit der deutschen Arbeiterklasse programmatisch gefordert[5]. Neben diesem Zentralausschuß gab es den Rest des früheren Parteivorstandes der SPD in London. Zu ihm gehörte Erich Ollenhauer[6]. Er erhielt erst im Februar 1946, also beinahe ein Jahr, nachdem die kommunistischen Emigranten aus Moskau nach Deutschland zurückgekehrt waren, die Einreiseerlaubnis in die britische Zone. Die SPD-Emigration hatte sich der Einheitsparole gegenüber reserviert verhalten, wenn es auch, wie z.B. in Paris, zu gelegentlichen Kontakten gekommen war[7]. Für die Neubegründung der SPD in Deutschland ist schließlich eine dritte Gruppe entscheidend geworden. In ihrem Mittelpunkt stand der Westpreuße bürgerlicher Herkunft Dr. Kurt Schumacher[8]. Als Kriegsfreiwilliger wurde er im Ersten Weltkrieg schwer verwundet und verlor den rechten Arm. 1920 promovierte er bei Johann Plenge in Münster mit einer Arbeit unter dem für die Richtung seines Denkens charakteristischen Titel ›Der Kampf um den Staatsgedanken in der deutschen Sozialdemokratie‹. Schumacher hatte sich 1918 der SPD angeschlossen. Seit 1920 war er politischer Redakteur der ›Schwäbischen Tagwacht‹, des Zentralorgans der württembergischen SPD. Als Abgeordneter im württembergischen Landtag und von 1930–1933 im deutschen Reichstag, profilierte er sich als einer der schärfsten Gegner der Nationalsozialisten. In der Fraktion verwarf er das Solidaritätsvotum der SPD vom 17. Mai 1933 mit der Außenpolitik Hitlers. Wenig später verlor er seine Freiheit. Den größten Teil der nationalsozialistischen Zeit verbrachte er im Konzentrationslager. Dem Verwundeten und Geschundenen mußte wenige Jahre vor seinem Tode – er starb 1952 – ein Bein amputiert werden. In diesem verkrüppelten Körper lebte ein flammender Geist, eine mitreißende Energie, ein hohes moralisches Pathos. Er war von dem Gedanken durchdrungen, daß die Sozialdemokratie von der Schuld der Vergangenheit nicht belastet und darum zur Führung der Nation berufen sei. Sein unmittelbares Ziel nach dem Zusammenbruch war zunächst die Aktivierung der Parteiorganisation in Provinzen und Ländern. Auf einem gesamtdeutschen Parteitag sollte dann eine auf demokratischem Wege legitimierte Führung eingesetzt werden. Eine rote Diktatur lehnte er ebenso radikal ab, wie er den Nationalsozialismus bekämpft hatte. Darum verwarf er in voller Übereinstimmung mit der Londoner Exilgruppe jeden Gedanken an eine organisatorische Verschmelzung der Sozialdemokraten mit den Kommunisten.

Auf eine solche Verschmelzung steuerte aber nun die Führung der KPD in einer erneuten taktischen Wendung seit Oktober 1945 zielstrebig zu. Der wesentliche Grund hierfür ist darin zu sehen, daß sich von ferne die ersten Wahlen ankündigten. Es war aber offenbar geworden, daß sich die ursprüngliche Erwartung der Kommunisten, einen größeren Teil der Wähler zu gewinnen, nicht erfüllen würde. Dies wurde durch die ersten österreichischen Nachkriegswahlen zum Nationalrat vom 25. November 1945 bestätigt (vgl. Kap. 5). Sie lösten einen tiefen Schock aus. Neben 85 christlich-sozialen und 76 sozialdemokratischen Abgeordneten waren nur 4 Kommunisten durchgekommen. Das war eine katastrophale Niederlage, die für die deutschen Kommunisten eine Warnung davor bedeuten mußte, sich als selbständige Partei neben den Sozialdemokraten dem Risiko einer Wahlentscheidung auszusetzen. Bei einer Vereinigung der beiden Parteien in der sowjetischen Besatzungszone konnten jedoch die Kommunisten davon ausgehen, daß ihnen durch ihren Rückhalt bei der sowjetischen Besatzungsmacht zwangsläufig die führende Rolle zufallen würde, während die zahlenmäßig stärkeren Sozialdemokraten einer solchen Einheitspartei die fehlende Massenbasis verschaffen konnten. Schumacher durchschaute die Gefahr. Er hat Grotewohl gegenüber die Meinung vertreten, man solle die SPD in der sowjetischen Besatzungszone, wenn man den Eindruck habe, daß sie sich dort nicht frei entfalten könne, unter Protest auflösen. Das sei besser, als sich in eine gemeinsame Organisation hineinzubegeben, in der die Sozialdemokraten von den Kommunisten überspielt werden würden. Grotewohl und mit ihm manche Sozialdemokraten in der sowjetischen Besatzungszone waren aber der Ansicht, daß es nun darauf ankomme, nicht in einer aussichtslosen Opposition zu verharren, sondern durch die Bereitschaft, mitzumachen, den sozialdemokratischen Zielvorstellungen möglichst viel Raum zu verschaffen. Ende Februar vereinbarten der Zentralausschuß der SPD und das Zentralkomitee der KPD, im April parallele Parteitage in Berlin durchzuführen und in einer anschließenden gemeinsamen Veranstaltung die Verschmelzung unter dem Namen Sozialistische Einheitspartei Deutschlands (SED) zu vollziehen.

Entsprach ein solches Vorgehen der wirklichen Meinung der Mehrheit der SPD-Anhänger? Die Vorgänge von Berlin sind von symptomatischer Bedeutung. Hier bestand nämlich der Bezirksvorstand von Groß-Berlin darauf, daß es dem Wesen einer demokratischen Partei widerspreche, einen so fundamentalen Schritt wie die Vereinigung mit den Kommunisten auf parteiadministrativem Wege durch die Funktionäre besorgen zu lassen. Man verlangte, daß die Mitglieder selber in einer Urabstimmung ihren Willen kundtun sollten. Eine solche Urabstimmung ist in der sowjetischen Zone und auch in Ost-Berlin nicht gestattet worden, wohl aber in den Berliner Westsektoren. Das Ergebnis war eindeutig: fast 73% der Westberliner SPD-Mitglieder beteiligten sich an der Abstimmung, die am 30. März 1946 stattfand. Hiervon sprachen sich 82% gegen eine sofortige Vereinigung mit den Kommunisten aus. Gleichzeitig plädierten annähernd zwei Drittel der Abstimmenden für eine enge Zusammenarbeit zwischen den getrennten Parteien. 12,4% erklärten sich für die Verschmelzung.

Unbeirrt durch dieses Votum des Parteivolks der Berliner Sozialdemokraten, rollte das Vereinigungsprogramm wie vorgesehen ab. Nach einer Welle von Propagandaveranstaltungen unter Druck und Förderung durch die sowjetische Militäradministration fanden am 19./20. April die getrennten Parteitage, am 21./22. April der Vereinigungsparteitag statt. Pieck und Grotewohl wurden zu Vorsitzenden der SED gewählt[9]. Die neue Partei erklärte sich in ihrem Programm vom 22. April 1946[10] für den demokratischen Weg zum Sozialismus. Gleichzeitig wurde die sozialistische Zielvorstellung stärker betont als im KPD-Aufruf vom 11. Juni. Zunächst aber sollte es darauf ankommen, für eine Übergangsperiode eine antifaschistisch-demokratische Ordnung aufzurichten. Charakteristisch für das ideologische Selbstverständnis der neuen Partei war ein Artikel, den Anton Ackermann im Februar 1946 in der ›Einheit‹, einer Monatsschrift, zur Vorbereitung der sozialistischen Einheitspartei unter dem Titel »Gibt es einen besonderen deutschen Weg zum Sozialismus?« veröffentlicht hatte[11]. Hier wurde unter Betonung von Klassenkampf und Diktatur des Proletariats der Weg zum Sozialismus in der gegebenen Lage auch bei »Beschränkung auf rein gesetzliche Mittel« für möglich erklärt. Diese Taktik blieb nicht ohne Erfolg. In der Tat hat die SED viele Mitglieder registrieren können. Nach parteioffiziellen Angaben waren es im März 1947 1,7 Millionen. Für die Entwicklung der politischen Linie der SED sind die Gemeindewahlen in der sowjetischen Besatzungszone vom September 1946, die Landtagswahlen vom Oktober 1946 und die gleichzeitigen Berliner Magistratswahlen wichtig geworden. Damals konkurrierte die SED mit anderen inzwischen entstandenen Parteien um die Wählerstimmen (Liberal-Demokratische Partei, LDP; Christlich-Demokratische Union, CDU; außerdem konnten sogenannte demokratische Massenorganisationen eigene Kandidaten aufstellen). Beim Ergebnis für die Gemeindewahlen ist zu bedenken, daß hier die SED offiziell begünstigt wurde, indem das Recht zur Kandidatenaufstellung in den einzelnen Gemeinden davon abhängig gemacht wurde, ob sich die betreffende Partei lokal schon als Ortsgruppe konstituiert hatte. Es ergab sich folgendes Stärkeverhältnis: SED 57,1%; LPD 21,1%; CDU 18,8%; demokratische Massenorganisationen 3%. Bei den Landtagswahlen stellte sich das Ergebnis für die SED etwas ungünstiger dar, weil hier auf Landesebene auch die konkurrierenden Parteien organisiert waren: SED 47,8%; LDP 22,7%; CDU 26,5%; Massenorganisationen 3%. Gänzlich anders war jedoch das Ergebnis der zur gleichen Zeit durchgeführten Großberliner Magistratswahlen. Hier konnte neben der SED auch die SPD im Wahlkampf auftreten. Sie errang einen durchschlagenden Erfolg: SPD 48,7%; SED 19,8%; LDP 9,3%; CDU 22,2%. Das Ergebnis wurde von den Experten der SED als eine Katastrophe gewertet. Es konnte kein Zweifel sein, daß auch in der sowjetischen Besatzungszone ein ähnliches Ergebnis zustande gekommen wäre, wenn hier eine Konkurrenz der SPD gegen die SED erlaubt gewesen wäre. Die Wahlen zeigten, daß die SED trotz ihrer hohen Mitgliederzahl und trotz der günstigen Ergebnisse bei den Gemeindewahlen und abgeschwächt auch bei den Landtagswahlen in Wirklichkeit nur eine Minderheit des Volkes hinter sich hatte. Ihre starke Stellung beruhte darauf, daß sie sich auf die sowjetische Militäradministration stützen konnte. Da die sozialdemokratische Partei verboten war, gab es für sozialistisch gesonnene Wähler keine Alternative zur SED.

Die Konsequenz, die man in der SED aus diesem Wahlergebnis zog, bestand in einer starken Konzentration der inneren

Energien auf die Schulung, die nun von der untersten bis zur obersten Schicht innerhalb der Partei durchgeführt wurde. Damit wurde in der Entwicklung der SED die nächste Phase, die Umwandlung in eine stalinistische Partei, vorbereitet. Ihr außenpolitischer Hintergrund war die wachsende Entfremdung der ehemaligen Kriegsalliierten. Die SED entwickelte sich zu dem, was man eine »Partei neuen Typus'« genannt hat. Sie richtete sich bewußt und programmatisch nach dem Leitbild der sowjetischen KPdSU aus, deren Führungsanspruch jetzt eindeutig und offen anerkannt wurde. Gerade dies hatte man in der ersten Phase der SED-Entwicklung vermeiden wollen. Jetzt aber wurde der sowjetische Kurzlehrgang über die Geschichte der KPdSU zur obligatorischen Grundlage für die Schulung in der SED. Während sich ein kritikloser Stalinkult entwickelte, ging man gleichzeitig mit Schärfe gegen alle Abweichungen von der neuen, nun offen stalinistischen Parteilinie, insbesondere gegen »sozialdemokratisch-reformistische« Konzeptionen vor. Dies führte dazu, daß auch das Bild der Geschichte von 1918–1933 erneut revidiert wurde. Wenn man in der ersten Phase der SED noch eine gewisse Selbstkritik in der Auseinandersetzung mit der Politik der KPD der Weimarer Zeit findet, so war dies jetzt nicht mehr der Fall: die reformistische Konzeption sozialdemokratischer Prägung rückte nun wieder in den Vordergrund als eine Abirrung, die es vor allem zu bekämpfen galt. Die Organisation der SED wurde gestrafft. Sie bildete nach dem Vorbild der Kommunistischen Partei der Sowjetunion in autoritärer und streng zentralisierter Weise zuverlässige Kader aus. Auch die in der KPdSU übliche Methode der Selbstkritik einzelner Personen wurde als innerparteiliches ideologisches Disziplinierungsmittel übernommen.

Diese Umwandlung der SED zu einer Partei neuen Typs nach dem Vorbild der KPdSU wurde durch die Entwicklung in Jugoslawien beschleunigt. Im Jahre 1948 kam es zum Bruch zwischen Tito und der Sowjetunion. Die Kommunistische Partei Jugoslawiens wurde von der KPdSU und der Kominform in Acht und Bann getan. In jener für die Geschichte des Weltkommunismus kritischen Lage entschied sich die SED eindeutig für die von der KPdSU vertretene politische Linie. Dies führte nun auch dazu, daß jene Theorie über die Möglichkeit unterschiedlicher Wege zum Sozialismus, wie sie von Ackermann in der Gründungsphase der SED formuliert worden war, preisgegeben werden mußte. Die Bolschewisierung der SED kam in einer

Resolution des Parteivorstandes vom 16. September 1948 zum Ausdruck. Jeder Versuch, einen besonderen deutschen Weg zum Sozialismus konstruieren zu wollen, wurde nunmehr als eine Mißachtung des großen sowjetischen Beispiels gebrandmarkt. In einer Verlautbarung der Kommunistischen Partei der westlichen Zonen hieß es geradezu, das Verhalten zur Sowjetunion sei der Prüfstein für jeden Sozialisten. Nach einer solchen Festlegung der SED auf die sowjetische Führung mußte Anton Ackermann öffentlich Selbstkritik üben. Im ›Neuen Deutschland‹ erschien am 24. September 1948 ein Artikel von ihm »Über den einzig möglichen Weg zum Sozialismus«. Ackermann empfahl jetzt, jene ernste theoretische Entgleisung seines früheren Artikels bis auf den letzten Rest auszumerzen. Er erklärte: »Diese Theorie enthält das Element einer Abgrenzung von der Arbeiterklasse und von der bolschewistischen Partei der Sowjetunion, ganz unbeschadet, ob man sich dessen bewußt war oder nicht, ob es beabsichtigt war oder nicht. Die Theorie von einem besonderen deutschen Weg zum Sozialismus läßt dem Antibolschewismus Raum, statt ihn entschieden und mit aller Kraft zu bekämpfen.«[12] Damit hatte die SED jene ideologische Basis gefunden, die sie seither auch durch die Krise des Aufstandes vom Juni 1953 hindurch behauptet hat.

Unter völlig anderen Voraussetzungen sind die Kommunisten nach dem Kriege in den westlichen Besatzungszonen angetreten[13]. Hier wurden die politischen Parteien nur mit Verzögerung zugelassen. Die Militärregierungen gaben erst durch Verordnungen vom September bis Dezember 1945 den Weg offiziell für die Bildung von Parteien frei. Die Kommunisten standen hier von vornherein in Konkurrenz zu anderen Parteien, insbesondere den Sozialdemokraten, die jeden Gedanken an eine Vereinigung verwarfen. Dennoch beabsichtigte die KPD, ihren Namen auch in den westlichen Zonen in SED umzuwandeln. Die westlichen Besatzungsmächte verweigerten ihre Zustimmung hierzu unter Berufung auf die Weigerung der sozialdemokratischen Partei, sich mit der KPD zu vereinigen. Auch die Umbenennung in »Sozialistische Volkspartei Deutschlands« wurde den Kommunisten verboten. Zunächst gehörten Vertreter der westzonalen Kommunisten zum Vorstand der SED. Aber sie sind später aus taktischen Gründen ausgeschieden, um die Selbständigkeit der westlichen Kommunistischen Partei im Verhältnis zur SED zu betonen. Ihr Vorsitzender wurde Max Reimann, ehemaliger Bergarbeiter, KP-Funktionär und Widerstandskämpfer, der 1945 aus dem Konzentrationslager befreit worden war. Tatsächlich war die KPD der SED-Führung untergeordnet und mit der SED den sowjetischen Direktiven. Die KPD der Westzonen erklärte, daß sie bedingungslos für die Politik der Sowjetunion eintrete. Ihre Mitgliederzahl betrug in den Westzonen nach parteioffizieller Angabe im Jahre 1947 324 000. In den kommenden Jahren sank die Anhängerschaft in der Bevölkerung schnell, wie sich an den Landtagswahlen ablesen läßt. 1946/47 errangen die Kommunisten in neun Länderparlamenten insgesamt 113 Abgeordnetenmandate. Bei den Landtagswahlen 1949/51 waren es nur noch 29 Sitze in fünf Länderparlamenten. Die Partei, der sich die breiten Schichten der Arbeiterschaft, soweit sie sozialistisch dachten, zugehörig fühlten, war nicht die KPD bzw. SED, sondern überall da, wo es zu freien Wahlen kam, die SPD.

Kern für die neu erstehende SPD[14] wurde der hannoversche Kreis um Kurt Schumacher. Spontan hatten sich nach dem Zusammenbruch des nationalsozialistischen Regimes Ortsgruppen und Kreisverbände aus dem alten Mitgliederbestand gebildet. Ihre führende Schicht war schon in der Weimarer Zeit politisch aktiv gewesen. Sie wurde in der Beurteilung der Lage zunächst weitgehend von den traditionellen Leitvorstellungen der wirtschaftlichen und politischen Demokratie und des Klassenkampfes bestimmt. Vom 5.–7. Oktober 1945 versammelten sich im Kloster Wennigsen bei Hannover Vertreter zahlreicher Kreisverbände. An dieser ersten Parteikonferenz, die offiziell nur für die britische Zone abgehalten werden durfte, nahmen auch Grotewohl vom Berliner Zentralrat und Ollenhauer vom Parteivorstand in London teil. Auch Vertreter früher abgesplitterter radikaler Gruppen wie der Sozialistischen Arbeiterpartei und des Internationalen Sozialistischen Kampfbundes beteiligten sich an dem Zusammenschluß. Das Verhältnis der Sozialdemokraten zu den Kommunisten wurde nicht als eine bloß deutsche, sondern als eine Frage der internationalen Arbeiterbewegung angesehen. Von der SPD in der sowjetischen Zone hieß es in einem Rückblick des Jahrbuches der Sozialdemokratischen Partei Deutschlands 1946: »Ihre Anhänger sind in ihrer Freiheit und in ihrem Leben bedroht, wenn sie sich sozialdemokratisch äußern oder betätigen. Die Sozialdemokratische Partei Deutschlands erfaßt daher in ihrer Organisation heute nur die Sozialdemokraten, die in den Westzonen leben. Die Partei hat nicht die Macht, diesen Zustand zu ändern. Sie wird ihn aber nie anerkennen.«[15] Die SPD war in der Weimarer Zeit im Unterschied zu den bürgerlichen Parteien eine Mitgliederpartei gewesen. Aufgrund der sehr starken Bindung des einzelnen Sozialdemokraten an die Partei und ihre vielfältigen Organisationen sozialer, kultureller und sportlicher Art trat sie unmittelbar nach dem Kriege sofort wieder mit einer großen Zahl eingeschriebener Mitglieder in Erscheinung. Ende 1946 waren es in Westdeutschland einschließlich Berlin 0,7 Millionen, im Juni 1948 0,89 Millionen (im Deutschen Reich 1913 0,983 Millionen, 1931 1,037 Millionen). Später sollte sich die Kurve senken bis 0,59 Millionen im Jahre 1955. Erst danach begann ein neuer Anstieg. Die Zahl der Wählerstimmen im Verhältnis zu den Mitgliederstimmen nahm jedoch seit den ersten Nachkriegswahlen zu. Bei den Länderwahlen 1946/47 kamen auf ein Parteimitglied 7,4 Stimmen, die für die SPD abgegeben wurden, 1949 8,9 und bei den ersten Bundestagswahlen 11,4. Im Unterschied zur früheren SPD nahm unter ihren Wählern also der Anteil derjenigen ab, die in der Partei und ihren das Leben in seinen verschiedenen Bezügen erfassenden Untergliederungen organisiert waren. Die SPD entwickelte sich von einer Mitgliederpartei zu einer Rahmenpartei, wenn sie auch im Vergleich zu den bürgerlichen Parteien der Westzonen an Mitgliederzahl die weitaus stärkste blieb und über einen festen Kern treuer Anhänger verfügte. Jedenfalls stellte sie nicht mehr eine durch die marxistische Erlösungs- und Befreiungsideologie geprägte »demokratisch-proletarische Gegenkultur« (Th. Pirker) dar, die früher im Protest gegen die bürgerlich-feudale Kultur des Kaiserreiches und auch noch in der Weimarer Zeit den Zusammenhalt und den Geist ihrer Organisationen bestimmt hatte. Gegenüber der Masse der potentiellen Wähler, die nicht in einem engen Loyalitätsverhältnis zur Partei standen, erlangte daher die konkrete wirtschaftliche und politische Programmatik, mit der sie um die Stimmen warb, um so größere Bedeutung. Hier ist nun festzustellen, daß die SPD in den ersten Jahren des Wiederbeginns nicht zu einer neuen theoretischen Durchformulierung eines Programms im Stile etwa des Erfurter Programms von 1891 oder des Heidelberger Programms von 1925 gelangte. Das Eigentümliche dieser beiden großen Manifeste hatte darin bestanden, daß sich das Aktionsprogramm für den Befreiungskampf der Arbeiterklasse aus einer eingehenden Analyse des ökonomisch-sozialen Geschichtsprozesses ableitete. Aus der Überzeugung, daß es möglich sei, zwangsläufige Entwicklungen der Vergangenheit aufzuzeigen, war in jenen älteren Programmschriften die Gewißheit auch über die zukünftige Entwicklung abgeleitet worden. Solche Analysen fehlen in den ersten programmatischen Äußerungen der Partei nach 1945. Durch die historischen Umbrüche, die man erfahren hatte, war die frühere, am proletarischen Klassenbewußtsein und der marxistischen Zukunftsprognose orientierte theoretische Sicherheit verlorengegangen. Die starke politische Persönlichkeit Kurt Schumachers vermochte es jedoch, der Partei bis zu seinem Tode 1952 eine klare Richtung zu geben. Unter Verzicht auf einen dogmatischen Marxismus und unter starker Betonung der liberalen und demokratischen Menschenrechte warnte er vor einer »grobklotzigen Vereinfachung der Klassenkampfidee«. In der Gewinnung des Mittelstandes sah er die Voraussetzung für die Verwirklichung des Sozialismus. Aber wenn er auch den traditionellen Rahmen der SPD als Arbeiterpartei durchbrechen wollte, so blieb für ihn der Klassenkampf doch »die große gesellschaftliche Tatsache«. Kriterium der Klassengrenze war für ihn »nicht schlechthin die Tatsache des Eigentums an Produktionsmitteln ..., sondern der Umfang, die Intensität und die Anwendung der Eigentumsrechte. Das Unterscheidungsmerkmal«, so erklärte er, »ist die Frage, ob das Eigentum im Sinne der kapitalistischen Ausbeutung angewendet wird oder nicht«[16]. In hieraus sich ergebenden Leitsätzen zum Wirtschaftsprogramm wurde daher gefordert, daß der gewerbliche und bäuerliche Mittelstand geschützt, der Großgrundbesitz aufgesiedelt und die Großindustrie wie die Großfinanz, die Energiewirtschaft und das Verkehrswesen verstaatlicht werden sollten[17]. Als Vorstufe und Wegbereitung zur Sozialisierung galten die Entwicklung der Wirtschaftsdemokratie durch Ausdehnung der staatlichen Kontrollfunktionen über die Wirtschaft und durch Demokratisierung der Organe der wirtschaftlichen Selbstverwaltung. Ein solcher Gedankengang bewegte sich im Rahmen der gewerkschaftlichen Programmatik der Weimarer Zeit. Traditionsgeprägt war auch die Vorstellung, daß durch Vergesellschaftung »an die Stelle der kapitalistischen Unterkonsumtion infolge kapitalistischer Arbeiterausbeutung der sozialistische Reichtum treten« werde.

Die auf dem ersten Parteitag in Hannover am 11. Mai 1946 verabschiedeten Leitsätze entsprachen diesen Gedanken. Die bestehenden Eigentumsverhältnisse, so hieß es hier, seien das schwerste Hemmnis für die wirtschaftliche Erholung. Im Getz zu den vorsichtigen Programmformulierungen der

KPD und der SED erklärte die SPD: »Sozialismus ist nicht mehr ein fernes Ziel, er ist die Aufgabe des Tages.«[18] Schumacher wurde einstimmig zum Parteiführer gewählt. Er lebte in der festen Überzeugung, daß nur der Sozialismus imstande sei, einen wirtschaftlichen Wiederaufschwung Deutschlands herbeizuführen und daß nach der Bildung eines deutschen Staates die SPD die politische Führung in Deutschland erlangen müsse und werde. Dieser Staat war für ihn nicht anders denkbar als eine parlamentarische Demokratie mit einer starken zentralen Staatsgewalt, keine föderalistische Gewaltenteilung also, wenn auch eine dezentralisierte Verwaltung. Nach außen hin sollte das neue Deutschland in eine internationale Organisation der Völker eingegliedert werden. Die SPD setzte sich geschlossener und entschiedener als in der Weimarer Zeit für die »Vereinigten Staaten von Europa« in Form einer demokratischen und sozialistischen Föderation ein[19]. Für Schumacher aber blieb dieses Endziel einer deutschen Integration in Europa immer gebunden an die Vorbedingung der Wiederzusammenführung der jetzt von den vier Besatzungsmächten beherrschten deutschen Gebiete. Er verzehrte sich in einem leidenschaftlichen Kampf für die einheitliche sozialistische, in einem liberaldemokratischen parlamentarischen Staate über ihr eigenes Schicksal verfügende deutsche Nation.

Allg. Lit. zur Parteiengesch. s. S. 14 u. S. 19.

[1] Carola STERN, Ulbricht (1963); W. ULBRICHT, Zur Gesch. der neuesten Zeit. Die Niederlage Hitlerdtlds. u. die Schaffung der antifasch.-demokrat. Ordnung (Berlin-Ost 1955); ders., Die Entwicklung des dt. volksdemokrat. Staates 1945–1958 (Berlin-Ost [2]1959); ders., Zur sozialist. Entwicklung der Volkswirtschaft seit 1945 (Berlin-Ost 1959); ders., Zur Gesch. der dt. Arbeiterbewegung. Aus Reden u. Aufsätzen, 1918–1962 (10 Bde. Berlin-Ost 1953–66); E. W. GNIFFKE, Jahre mit Ulbricht. Vorwort von H. Wehner (1966).
[2] W. LEONHARD, Die Revolution entläßt ihre Kinder (1955, [17]1972); St. DOERNBERG, Die Geburt eines neuen Dtld. 1945–1949 (Berlin-Ost 1959).
[3] Aufruf des ZK der KPD, in: O. K.

FLECHTHEIM (Hg.), Dok. z. parteipol. Entwicklung 3, Nr. 196.
[4] O. GROTEWOHL, Im Kampf um die einige Dt. Demokrat. Republik. Reden u. Aufsätze, Auswahl aus den Jahren 1945–1953 (3 Bde. Berlin-Ost 1954).
[5] Aufruf vom 15. Juni 1945, in: O. K. FLECHTHEIM (Hg.), Dok. zur parteipolit. Entwicklung 3, Nr. 162.
[6] E. OLLENHAUER, Reden u. Aufsätze (1964).
[7] Lit. zur SPD im Exil s. Bd. 20, S. 23 f.
[8] A. SCHOLZ/W. G. OSCHILEWSKI (Hg.), Turmwächter der Demokratie. Ein Lebensbild von Kurt Schumacher, Bd. 1: Sein Weg durch die Zeit (1954), Bd. 2: Reden u. Schriften (1953), Bd. 3: Als er von uns ging (1953); K.

SCHUMACHER, Der Kampf um den Staatsgedanken in der dt. Soz.dem. (Tb. 1973), Erstveröff. der Dissertation. Neben dem Beitrag von A. SCHOLZ in dem o. g. Sammelwerk hervorzuheben: L. J. EDINGER, Kurt Schumacher. Persönlichkeit u. polit. Verhalten (a. d. Amerik. 1967), betont die marx. Elemente als konstitutiv für das polit. Denken Schumachers; W. RITTER, Kurt Schumacher. Eine Untersuchung seiner polit. Konzeption u. seiner Gesellschafts- u. Staatsauffassung (1964) sieht im Gegensatz hierzu sein polit. Denken durch die marx. Methode, aber nicht die Theorie bestimmt. – Kurzbiographien von einem seiner Mitarbeiter, Mitglied des Parteivorstands, F. HEINE, Dr. Kurt Schumacher (1969), u. seinem Fraktionsgenossen im Weimarer Reichstag u. im Bundestag H. G. RITZEL, Kurt Schumacher in Selbstzeugnissen u. Bilddokumenten (Tb. 1972); C. SCHMID, Kurt Schumacher als Redner, in: ders., Politik als geistige Aufgabe (1973).

⁹ Dok. der Soz. Einheitspartei Dtlds. Beschlüsse u. Erklärungen des Zentralsekretariats u. des Parteivorstandes (12 Bde. Berlin-Ost 1948 bis 1971). – Carola STERN, Porträt einer bolschewist. Partei. Entwicklung, Funktion u. Situation der SED (1957); P. C. LUDZ, Parteielite im Wandel. Funktionsaufbau, Sozialstruktur u. Ideologie der SED-Parteiführung. Eine empirisch-systemat. Untersuchung (1968), H. WEBER, Die Soz. Einheitspartei Dtlds. 1946–1971 (1971); E. FÖRTSCH, Die SED (1969). Vgl. ferner Kap. 14. – W. PIECK, Gesammelte Re-

den u. Schriften (3 Bde. Berlin-Ost 1959–61).

¹⁰ Dok. zur parteipolit. Entwicklung 3, Nr. 200.

¹¹ Ebd. Nr. 199.

¹² Ebd. Nr. 202.

¹³ H. KLUTH, Die KPD in der Bundesrepublik. Ihre polit. Tätigkeit u. Organisation 1945–1956 (1959); G. PFEIFFER/H.-G. STRICKERT (Hg.), KPD-Prozeß (3 Bde. 1955–56), Dokumentarwerk zu dem Verfahren auf Feststellung der Verfassungswidrigkeit der KPD; M. REIMANN, Aus Reden u. Aufsätzen 1946–1963 (Berlin-Ost 1963); ders., Entscheidungen 1945–1956 (1973).

¹⁴ A. KADEN, Einheit oder Freiheit. Die Wiedergründung der SPD 1945/46 (1964); Susanne MILLER, Die SPD vor u. nach Godesberg (1974); Th. PIRKER, Die SPD nach Hitler. Die Gesch. der Soz.dem. Partei Dtlds. 1945–1954 (1965), krit. von einem linken Standort her; H.-K. SCHELLENGER, The SPD in the Bonn Republic. A socialist party modernizes (The Hague 1968).

¹⁵ Dok. zur parteipolit. Entwicklung 1, Nr. 16.

¹⁶ Dr. Kurt SCHUMACHER, Programmatische Erklärungen vom 5. Okt. 1945, in: Dok. zur parteipolit. Entwicklung 3, Nr. 163.

¹⁷ Leitsätze zum Wirtschaftsprogrammentwurf Dr. Kurt Schumachers von 1945, ebd. Nr. 164.

¹⁸ Polit. Leitsätze vom Mai 1946, ebd. Nr. 166.

¹⁹ R. HRBEK, Die SPD, Dtld. u. Europa 1945–1957 (Diss. Tübingen 1972).

Kapitel 11
Die Neubildung von Parteien: CDU/CSU, Zentrum, FDP, DP,
BHE und die Vertriebenenverbände

Die CDU ist ein neuartiges Gebilde unter den deutschen Parteien[1]. Weder in der kaiserlichen noch in der Weimarer Zeit hat
es einen vergleichbaren politischen Zusammenschluß gegeben.
Die CDU ist nicht nach einem einheitlichen Plan entstanden,
und ihre Gründung erfolgte nicht von einer zentralen Stelle aus.
Sie ist vielmehr das Ergebnis des Zusammenschlusses verschiedener spontaner, paralleler Initiativen. An vielen Orten kam es
bereits in den ersten Monaten nach dem Kriege, bevor parteipolitische Betätigung offiziell erlaubt war, unabhängig voneinander zu Bestrebungen, unter christlichem Vorzeichen eine konfessionell und sozial weit gespannte Sammelpartei zu bilden.
Dahinter stand die Erfahrung des politischen Scheiterns der
zersplitterten bürgerlichen Parteien in der Weimarer Republik
und das Erlebnis der Solidarität von Protestanten und Katholiken in der Zeit des Kirchenkampfes. Die Bildung der Union
vollzog sich vor dem Hintergrund eines durch den Krieg lebendiger gewordenen gesamtchristlichen Bewußtseins. Schon nach
dem Ersten Weltkrieg hatte sich in der ökumenischen Weltbewegung das Zusammengehörigkeitsgefühl der Christen vertieft,
aber es hatte im deutschen Parteienwesen keinen entsprechenden politischen Ausdruck gefunden. Das Zentrum war, obwohl
Volkspartei mit einer breiten Basis in verschiedenen sozialen
Schichten, auch in der Weimarer Zeit eine vorwiegend katholische Partei geblieben. Die Deutschnationale Partei andererseits
mit ihrer Anhängerschaft im konservativen Luthertum hatte
keine dem Zentrum vergleichbare soziale Integrationskraft besessen. In der Zeit des Nationalsozialismus war dann in verschiedenen Widerstandsgruppen, vor allem im Kreisauer Kreis,
für den zukünftigen Wiederaufbau Deutschlands der Plan gefaßt worden, unterschiedliche politische und soziale Interessen
in einer breit angelegten Kooperation zusammenzuführen. Solche aus den Erfahrungen des Widerstands kommenden Impulse
waren als Motive in den Gründungszirkeln der CDU wirksam.
Hier sah man den entscheidenden Grund für das Scheitern der
ersten deutschen Republik in dem Unvermögen der Weimarer Parteien, den Graben zwischen den verschiedenen sozialen Gruppen zu überbrücken und der negativen Weltanschauung des Nationalsozialismus die integrierende Kraft einer im

Christentum verwurzelten politischen Ethik entgegenzustellen.

Der Name Christlich-Demokratische Union wurde in Berlin in einem Kreise geprägt, in dem mehrere Angehörige des aktiven Widerstandes gegen Hitler eine führende Rolle spielten, wie Andreas Hermes, Theodor Steltzer, Jakob Kaiser und Hans Lukaschek. Im Kreis um diese Männer fanden sich frühere Angehörige des Zentrums, der Demokraten, der Volkspartei und Konservative zusammen. Daneben hat das gewerkschaftliche Element mit Kaiser von den Christlichen und Ernst Lemmer von den Hirsch-Dunckerschen Gewerkschaften eine Rolle gespielt. Dazu kamen aktive kirchliche Protestanten wie Otto Heinrich von der Gablentz und der Landesbischof Otto Dibelius sowie Vertreter der Wissenschaft und des Geisteslebens wie der Chirurg Ferdinand Sauerbruch und der Herausgeber der ›Deutschen Rundschau‹ Rudolf Pechel. Schon am 26. Juni 1945 wandte sich dieser Berliner Kreis unter dem Namen Christlich-Demokratische Union an das deutsche Volk. In der sowjetischen Besatzungszone wurde die Partei alsbald lizenziert. Unabhängig davon entstand der Kölner Kreis. Hier hatte der demokratische Flügel des Zentrums im Zusammenhang mit den Sozialbewegungen des Katholizismus wie dem Volksverein für das Katholische Deutschland und den Christlichen Gewerkschaften eine besondere Rolle gespielt. Dazu kam der maßgebende theoretische Einfluß der im Dominikanerkloster Walberberg bei Köln vertretenen Sozialphilosophie. In Schleswig-Holstein fanden sich sehr unterschiedliche Gruppen zusammen. In Ostholstein bildete sich unter den hier zahlreichen Flüchtlingen aus Ostdeutschland um Hans Schlange-Schöningen, Reichskommissar für die Osthilfe unter Brüning, ein Kreis von Christlich-Konservativen[2], während sich in Kiel Liberale der ehemaligen Volkspartei und der Demokratischen Partei in der Absicht zusammenfanden, rechts von der Sozialdemokratie eine bürgerliche Sammelpartei zu bilden. Theodor Steltzer aus dem Berliner Kreis, der als früherer Landrat in Rendsburg in der volkspädagogischen Bewegung eine Rolle gespielt hatte, half, die verschiedenen schleswig-holsteinischen Gruppen ähnlich wie in Berlin zusammenzuführen[3]. In einem in Frankfurt sich bildenden Kreis war die sozialreformerische Tendenz besonders stark ausgeprägt. Hier ist der aus der katholischen Jugendbewegung kommende Walter Dirks, 1946 Mitbegründer der ›Frankfurter Hefte‹, zu nennen. In Bayern ging der Anstoß zur Unionsbildung von Adam Stegerwald aus, der als Führer der Christlichen Gewerkschaften in der Weimarer Zeit ohne Erfolg für die Bildung einer überkonfessionellen christlichen Partei eingetreten war. Jetzt gewann er für seinen Gedanken den Münchener Rechtsanwalt Josef Müller, der mit der militärischen Opposition zusammengearbeitet und nach seiner Verurteilung wegen Hochverrats bis zum Kriegsende im Konzentrationslager gesessen hatte[3a]. Auch in Bayern vermochte die Union in allen sozialen Schichten Fuß zu fassen, stützte sich aber vornehmlich auf den bäuerlichen und gewerblichen Mittelstand.

Die erste überregionale Konferenz einer Anzahl dieser Gruppen aus verschiedenen Ländern fand im Dezember 1945 in Bad Godesberg statt. Hier einigte man sich auf den in Berlin geprägten Namen. In der Wortzusammenstellung »Christlich-Demokratische Union« kam die doppelte Absicht einer politischen Integration der konfessionellen und der sozialen Gruppen zum Ausdruck unter Vermeidung des Begriffs »Partei«, der durch die Erfahrungen mit dem an der Integrationsaufgabe gescheiterten Weimarer Parteienstaat belastet zu sein schien. Die bayerische Gruppe, die ebenfalls in Bad Godesberg vertreten war, hielt an ihrer Bezeichnung »Christlich-Soziale Union« fest. Im westlichen Besatzungsbereich wurde wie für alle Parteien so auch für die CDU zunächst nur in der britischen Zone ein die Länder übergreifender Parteizusammenschluß erlaubt. Zur beherrschenden Figur in der Union wurde in schnellem Aufstieg Konrad Adenauer[4], obwohl er nicht zu den »Männern der ersten Stunde« zählte. Als ehemaliger Zentrumsangehöriger hatte er den Plänen zur Gründung einer neuen Partei zunächst abwartend gegenübergestanden, so sehr der Gedanke einer breiten politischen Zusammenarbeit von Katholiken und Protestanten Vorstellungen entsprach, die er selbst schon als Präsident des Katholikentags in München 1922 vertreten hatte. Im Jahre 1933 hatte er sein Amt als Oberbürgermeister von Köln verloren. Nach dem Kriege wurde er von den Amerikanern wieder eingesetzt, von der britischen Militärregierung aber im Oktober 1945 seines Amtes erneut enthoben. In der Zeit eines mehrmonatigen, von der Besatzungsmacht gleichzeitig mit seiner Amtsenthebung verfügten politischen Betätigungsverbots festigte sich bei ihm die Überzeugung von der Tragfähigkeit und den politischen Chancen der in der Entstehung begriffenen Union. Für deren Programm leistete er damals entscheidende Vorarbeit. Am 1. März 1946 wurde er in Neheim-Hüsten zum Parteivorsitzenden für die britische Zone gewählt. Zonenübergreifend bildeten die Unionsparteien der verschiedenen Besatzungsgebiete im Februar 1947 in Königstein im Taunus eine Arbeitsgemeinschaft. Jedoch erst über ein Jahr nach Begründung der Bundesrepublik wurde am 20.–22. Oktober 1950 in Goslar mit Adenauer als Vorsitzendem die Bundespartei gegründet. Der späte Zeitpunkt dieses Zusammenschlusses erklärt sich aus dem stark föderalistischen Charakter der Union, deren Landesverbände auch jetzt ein hohes Maß an Selbständigkeit behielten. Die auf Bayern beschränkte Christlich-Soziale Union beharrte auf ihrer organisatorischen Unabhängigkeit bei enger politischer Kooperation mit der Schwesterpartei. Landesvorsitzender der CSU war von 1946–1949 Josef Müller[5].

Wenn man nach der gedanklichen Grundlage der Union fragt, so stößt man als erstes auf das Problem des Verhältnisses von Christentum und Demokratie. Die Verbindung dieser beiden Begriffe im Parteinamen bedeutet ja keineswegs, daß sich das eine aus dem anderen ableite. Gewiß gibt es im Gemeindeprinzip des Calvinismus und der Freikirchen eine kirchliche Präformation der politischen Gemeinde, aber daneben steht die ältere und breitere Tradition der hierarchischen oder landesherrlichen Organisation der Kirche mit ihren monarchischen und autoritären Analogien. Die Verbindung dieser beiden Begriffe bedeutete zunächst nichts anderes, als daß nach den Erfahrungen der deutschen Geschichte in der Situation nach dem Zusammenbruch des Hitlerreiches die Demokratie den in dieser Partei sich engagierenden Christen als die einzig praktikable staatliche Ordnungsvorstellung erschien, um die sozialen und politischen Ziele, für die man sich einsetzen wollte, zu verwirklichen. Zu diesen Zielen gehörte auch die Gewährleistung von Schutz und Förderung für das Wirken der Kirche in Schule und Gesellschaft. Das Sozial- und Wirtschaftskonzept der CDU war in ihren Gründerjahren geprägt durch die Kapitalismuskritik der päpstlichen Sozialenzykliken, durch eine Kritik an der politischen Rolle, die Teile der Großindustrie in der Weimarer Zeit und im Nationalsozialismus gespielt hatten, und durch die Notwendigkeiten des Augenblicks, der zu fordern schien, den Mangel planwirtschaftlich zu verwalten. So hieß es in dem Aufruf der Berliner CDU vom 26. Juni 1945, daß die Notlage dazu zwinge, »den Aufbau unseres Wirtschaftslebens ... in straffer Planung durchzuführen«. Das Privateigentum, »das die Entfaltung der Persönlichkeit sichert«, wurde bejaht, aber zugleich betont, daß es »an die Verantwortung für die Allgemeinheit« gebunden sei. Der Bergbau und »andere monopolartige Schlüsselunternehmungen« sollten der Kontrolle durch die Staatsgewalt unterworfen werden, um diese für alle Zeiten »vor illegitimen Einflüssen wirtschaftlicher Machtzusammenballungen zu sichern«[6]. Die Kölner Leitsätze vom Juni 1945, an deren Entwurf die Dominikanerpatres Siemer und Welty maßgebend beteiligt waren, forderten unter der naturrechtlichen Leitidee des »Gemeinwohls« eine Neugestaltung der Eigentumsverhältnisse. Dazu hieß es in den Leitsätzen: »Das Gemeineigentum darf so weit erweitert werden, wie das Allgemeinwohl es erfordert; Post und Eisenbahn, Kohlenbergbau und Energieerzeugung sind grundsätzlich Angelegenheiten des öffentlichen Dienstes. Das Bank- und Versicherungswesen unterliegt der staatlichen Kontrolle.«[7] Der von den Berlinern um den Gewerkschaftsführer Jakob Kaiser verwendete Begriff eines »christlichen Sozialismus« war für die Kölner Leitsätze ursprünglich vorgesehen, wurde aber fallengelassen[8]. Die Frankfurter Leitsätze vom September 1945 hingegen bekannten sich zu einem »wirtschaftlichen Sozialismus auf demokratischer Grundlage«[9]. Hierzu rechneten sie »die Überführung gewisser großer Urproduktionen, Großindustrien und Großbanken in Gemeineigentum«. Der Großgrundbesitz sollte weitgehend aufgeteilt und in bäuerliches Eigentum überführt werden. Zudem wurde ein System planvoller Wirtschaftslenkung gefordert. Das Parteiprogramm der CDU der britischen Zone, das auf der Grundlage eines von Adenauer gefertigten Entwurfs auf der Sitzung des Zonenausschusses in Neheim-Hüsten am 1. März 1946 einstimmig verabschiedet wurde, erklärte »die Bedarfsdeckung des Volkes« zum Ziel aller Wirtschaft. Aus dem Persönlichkeitsprinzip wurde die Notwendigkeit abgeleitet, »ein soziales Recht zu schaffen, das Arbeitnehmer und Arbeitgeber zu gleichberechtigter Tätigkeit in Führung und Verantwortung verpflichtet. Hierdurch wird eine soziale Neuordnung in Wirtschaft und Gesellschaft und eine gerechte Verteilung des wirtschaftlichen Ertrages erreicht und der Geist des Klassenkampfes überwunden«. Um Ausmaß und Grenze der Sozialisierung entwickelten sich in Neheim-Hüsten kontroverse Diskussionen. Adenauer rückte dabei den Grundsatz des »machtverteilenden Prinzips« in den Vordergrund: jede zu starke wirtschaftliche Machtzusammenballung sei zu vermeiden, ebenso bei Einzelpersonen und Gesellschaften wie in der Hand des Staates. Er vertrat einen taktisch vermittelnden Standpunkt, und es gelang ihm, die Entscheidung in der Schwebe zu halten. Der in das Programm aufgenommene Kompromißbeschluß lautete: »Die sich aufdrängende Frage der Vergesellschaftung von Teilen der Wirtschaft ist zur Zeit nicht praktisch, da die deutsche Wirtschaft nicht frei ist. Bei ihrer späteren Regelung werden wirtschaftliche und politische Gesichtspunkte, vor allem das Allgemeinwohl maßgebend sein.« Immerhin gehörte zu den konkreten Programmpunkten, auf die man sich bereits jetzt einigte, die »Vergesellschaftung der Bergwerke«[10]. Am systematischsten wurde die Frage nach der sozialen Neugestaltung der Wirtschaft im Ahlener Programm für die britische Zone vom 3. Februar 1947 durchdacht. Es beginnt mit der lapidaren Feststellung, daß »das kapitalistische Wirtschaftssystem ... den staatlichen und sozialen Lebensinteressen des deutschen Volkes nicht gerecht geworden« sei. Eine »Neuordnung von Grund aus« müsse daher erfolgen. Unter dem Leitgedanken des machtverteilenden Prinzips werden monopolistische Gebilde des Privatkapitalismus ebenso verworfen wie ihre Ablösung durch einen Staatskapitalismus. Wo Unternehmungen monopolartigen Charakters aus wirtschaftlichen Gründen nicht entflochten werden können, sollen sie vergesellschaftet werden, und zwar unter Beteiligung der öffentlichen Hand, von Genossenschaften und der im Betrieb tätigen Arbeitnehmer unter Wahrung des erforderlichen Spielraums für die »dringend notwendige Unternehmerinitiative«. Solche Vergesellschaftung wurde vordringlich wie in Neheim-Hüsten für den Bergbau und jetzt darüber hinaus auch für die eisenschaffende Großindustrie vorgesehen. Gegenüber den vergesellschafteten Teilen der Großindustrie sollten Klein- und Mittelbetriebe besonders gefördert werden. Der äußeren Strukturveränderung der Wirtschaft entspricht im Ahlener Programm die Forderung nach einer Umgestaltung des Verhältnisses zwischen Arbeitgebern und Arbeitnehmern im Betrieb durch ein »Mitbestimmungsrecht der Arbeitnehmer an den grundlegenden Fragen der wirtschaftlichen Planung und sozialen Gestaltung« und in Großbetrieben mit mehrköpfigem Vorstand durch »Mitwirkung in der Leitung des Unternehmens«. Planung und Lenkung der Wirtschaft wurden damals von der CDU noch auf lange Zeit hinaus für erforderlich gehalten, allerdings unter dem Vorbehalt, daß sie nicht zum Selbstzweck werden dürften[11].

Auch die CSU erkannte in ihrem »Grundsatzprogramm« vom Dezember 1946 unter Ablehnung sowohl des Wirtschaftsliberalismus als auch einer kollektivistischen Planwirtschaft das Recht des Staates an, »die Wirtschaft nach Gesichtspunkten des Gemeinwohls zu lenken«, ferner ein erweitertes Mitbestimmungsrecht der Arbeitnehmer auch in der Leitung und Verwaltung der Betriebe. Der Mittelstandsbetrieb wurde hier ausdrücklich als »die Grundlage einer gesunden Wirtschaft« bezeichnet. Da sich für Bayern das Problem von Großbetrieben in der Montanindustrie nicht stellte, begnügte sich das Programm mit der Warnung, daß es in der Großwirtschaft unter keinen Umständen zur Bildung von »selbstsüchtigen und kapitalistischen Profitunternehmen« kommen dürfe[12].

Alle diese Programmäußerungen der Unionsparteien sind Ausdruck eines tiefen Mißtrauens gegen eine unkontrollierte kapitalistische Großwirtschaft. In dieser Hinsicht berühren sie sich mit den Vorstellungen der sozialdemokratischen Partei. Auch die Bejahung des mittelständischen Betriebes als eines notwendigen Elementes der Wirtschaft sowie die Forderung nach Ausbau der Mitbestimmung finden sich hier und dort. Übereinstimmend wird ferner die Notwendigkeit einer staatlichen Wirtschaftslenkung, zumindest in der gegebenen Situation, anerkannt. Der Unterschied liegt weniger in den strukturellen Vorstellungen als in den Leitideen und den in den Parteien zur Wirkung gelangenden gesellschaftlichen Kräften. Die Sozialdemokratie und besonders auch Kurt Schumacher sahen unter ausdrücklicher Berufung auf Karl Marx den Klassenkampf als gegeben an und deuteten ihre Rolle in diesem Rahmen. Den CDU-Programmatikern hingegen kam es darauf an, den Klassenkampf zu überwinden und an seiner Stelle den Gedanken des wirtschaftlichen Gemeinwohls und der personalen Verantwortung zur Geltung zu bringen.

Obwohl die wirtschafts- und gesellschaftspolitischen Vorstellungen von SPD und CDU anfangs manche Gemeinsamkeiten aufwiesen, traten die Unterschiede der zugrunde liegenden Maximen scharf hervor, als im Prozeß der westdeutschen Staatsbildung konkrete Entscheidungen über die tatsächliche Richtung der Wirtschaftspolitik zu fällen waren. Ähnlich lassen sich auch in den außenpolitischen Leitbildern beider Parteien anfangs weitgehende Deckungsgleichheiten feststellen, bis sich in der Konfrontation mit ersten außenpolitischen Entscheidungsfragen nach Gründung der Bundesrepublik (Eintritt in die Ruhrbehörde und den Europarat, s. Kap. 21) die unterschiedliche Prioritätsfolge der zugrunde liegenden Maximen herausstellte.

Der Gegensatz verkörperte sich in den Personen der beiden Parteiführer, des Westpreußen Schumacher und des Rheinländers Adenauer. Beide waren unerschütterte Patrioten, in der Zeit der Erniedrigung und der Not unbeirrt in ihrer Vaterlandsliebe, beide entschlossen, Konsequenzen aus der Katastrophe zu ziehen, in die sich das deutsche Volk durch einen übersteigerten Nationalismus hatte hineinreißen lassen, beide überzeugt, daß die Zukunft Deutschlands in seiner festen Einfügung in einen Bund europäischer Staaten liege. Aber Adenauer beurteilte die Lage Deutschlands anders als Schumacher, anders aber auch als innerhalb der CDU der Berliner Parteigründer Jakob Kaiser, dessen Plan, Berlin zum Sitz einer gesamtdeutschen CDU-Leitung zu machen, durch Adenauer zu Fall gebracht wurde. Adenauer war schon 1945 davon überzeugt, daß die Aufteilung Deutschlands in eine sowjetische und die westlichen Besatzungszonen zur politischen Teilung Deutschlands auf lange Zeit führen werde. Diese illusionslos eingeschätzte Lage Deutschlands eröffnete ihm aber zugleich die Chance, jetzt mit größerer Aussicht auf Erfolg sein in den zwanziger Jahren gescheitertes Konzept zu verwirklichen, den Schwerpunkt Deutschlands von Berlin in den Westen zu verlagern und von der rheinischen Basis aus eine wirtschaftliche und politische Integration, wenn nicht des gesamten Deutschland, so zunächst doch eines Teils von ihm in Westeuropa zu betreiben. Dies geschah nicht im Verfolg eines deutlich umrissenen Plans über die Form einer solchen Eingliederung Deutschlands in den Westen, sondern vollzog sich als Reaktion auf wechselnde Situationen. Seine taktisch wechselreiche Politik hatte sich auch in seiner eigenen Partei gegen manche Widerstände durchzusetzen. Sie erhielt jedoch von Anfang an einfache und klare Konturen durch die stetig verfolgte Maxime einer Priorität der europäischen Integration vor der nationalen Einigung Deutschlands. Voraussetzung für die Durchführung einer solchen Politik war die Schaffung einer innenpolitisch tragfähigen Basis, die dem Kölner Oberbürgermeister in der Weimarer Republik gefehlt hatte. CDU/CSU blieben in ihrer Mitgliederzahl weit hinter der SPD (vgl. Kap. 10) zurück (1947 ca. 650000 Mitglieder, davon je 250000 in der sowjetischen und britischen Zone, ca. 120000 in der amerikanischen und ca. 30000 in der französischen Zone; Mitte 1948 ca. 450000 Mitglieder in den westlichen Besatzungszonen, 1954 215000 Mitglieder ohne Bayern[12a]). Sie hatte in der ersten Zeit ihres Bestehens weitgehend den Charakter einer lockeren Honoratiorenpartei. In den Wahlergebnissen überflügelte sie jedoch fast überall die SPD, wenn sie auch auf Koalitionsbildungen mit anderen bürgerlichen Parteien angewiesen blieb.

In einer veränderten Situation wurden 1947/48 die sozialistischen Elemente des Gesellschaftskonzeptes der Gründerzeit der Unionspartei vom Prinzip der »sozialen Marktwirtschaft« verdrängt, unter dessen Vorzeichen sich der wirtschaftliche Aufschwung Westdeutschlands vollziehen sollte (vgl. Kap. 19).

In der sowjetischen Besatzungszone erreichte die CDU unter der Führung von Andres Hermes[13] (1945–1946) und Jakob Kaiser[14] (1945–1948) einen relativ hohen Mitgliederbestand. Ihr fehlte jedoch unter den dort gegebenen politischen Bedingungen die freie Entfaltungsmöglichkeit in Konkurrenz zu anderen Parteien. Die Entwicklung führte zu ihrer schließlichen Gleichschaltung (vgl. Kap. 14).

Den Kern der CDU bildete vielerorts die Anhängerschaft des ehemaligen Zentrums. Aber nicht alle Angehörigen des Zentrums schlossen sich dem überkonfessionellen Zusammenschluß der Unionsparteien an. Sie waren besorgt, daß infolge der Einbeziehung protestantisch-konservativer Elemente aus dem Lager der politischen Rechten die frühere Zielsetzung des Zentrums nicht mehr zur Geltung kommen könnte. Daher beschlossen sie, die alte Partei unter dem ehemaligen Namen wiedererstehen zu lassen. Allerdings wollte auch das neue Zentrum grundsätzlich überkonfessionell sein. Es orientierte sich betont nach links und hätte am liebsten eine deutsche Labour Party unter Beteiligung der Sozialdemokraten entstehen lassen. Aber dieser Gedanke konnte nicht zum Zuge kommen angesichts der auf ihren alten treuen Mitgliederbestand gestützten wiedererstandenen SPD. In ihrer gedanklichen Grundlegung ging die Zentrumspartei nach 1945 ausdrücklich auf naturrechtliche Vorstellungen zurück. Neben der CDU, die auf die gleiche theologisch-philosophische Tradition zurückgriff, hat sich das Zentrum jedoch nicht behaupten können. Es kam niemals über wenige Abgeordnete hinaus[15].

Die dritte der größeren Parteien, aber mit deutlichem zahlenmäßigen Abstand zur SPD und zur CDU/CSU, ist die FDP[16]. Die Freien Demokraten konnten nicht wie die SPD und teilweise die Unionsparteien auf frühere kompakte Wählerschichten und auf Mitgliederorganisationen im vorpolitischen Raum wie Gewerkschaften und kirchliche Vereine zurückgreifen. Der

Herausbildung einer klar profilierten liberalen Partei stand ferner der Umstand entgegen, daß das liberale Gedankengut, soweit es sich auf die Staats- und Rechtsordnung bezog, weitgehend von den beiden anderen großen Parteien übernommen worden war. Schließlich war auch der Gedanke der bürgerlichen Sammlung, wie er von manchen Angehörigen der früheren bürgerlichen Mittelparteien vertreten wurde, bereits durch die christlichen Unionsparteien okkupiert. So sah sich eine neue liberale Parteigründung darauf beschränkt, diejenigen bürgerlichen Kräfte zu sammeln, die die notwendige Integration der Mitte nicht unter das Vorzeichen einer bewußten christlichen Wertorientierung stellen wollten und die in der Wirtschaftspolitik Konzessionen an gemeinwirtschaftliche bzw. sozialistische Gedanken ablehnten. Der politische Liberalismus des Kaiserreiches und der Weimarer Republik war durch zwei Hauptströmungen geprägt worden: durch die Nationalliberalen mit ihrer Fortsetzung in der Deutschen Volkspartei und die Fortschrittlich-Freisinnigen mit ihrer Fortsetzung in der Demokratischen Partei. Beide Strömungen fanden sich, soweit sie nicht von den Unionsparteien und in sehr viel geringerem Maße auch von den Sozialdemokraten aufgenommen wurden, in der FDP wieder. Deren Geschichte war wie die der früheren liberalen Bewegung von heftigen inneren Richtungskämpfen bestimmt, je nachdem, ob die staatlich-nationale oder die demokratisch-soziale Komponente, die sich beide in der liberalen Tradition fanden, stärker betont wurde. Unabhängig voneinander entstanden seit 1947 in den verschiedenen Ländern und Zonen liberale Parteien mit unterschiedlichem Namen, zuerst in Berlin. Durch die sowjetische Militäradministration erhielten hier die ehemaligen demokratischen Reichsminister Wilhelm Külz[17] und Eugen Schiffer[18] bereits am 10. Juni 1945 für die ganze sowjetische Besatzungszone die Lizenz zur Gründung einer »Liberal-Demokratischen Partei Deutschlands« (LDP). Für die behinderten Entwicklungsmöglichkeiten dieser Partei und ihre schließliche Gleichschaltung unter dem monopolistischen Führungsanspruch der SED gilt das gleiche wie für die Zonen-CDU (vgl. Kap, 14). In Nordbaden-Württemberg entstand mit Theodor Heuss[19], Reinhold Maier[20] und Wolfgang Haußmann als Vorsitzendem unter einem in der schwäbischen Tradition verankerten Parteinamen eine »Demokratische Volkspartei« (DVP), die am 6. Januar 1946 (Dreikönigstag) ihren ersten Parteitag veranstaltete. In Bayern legten sich ähnliche Gruppierungen unter Thomas Dehler[20a] den Namen »Freie Demokratische Partei« (FDP) zu, in Hessen nannten sie sich »Liberal-Demokratische Partei« (LDP). Unter den entstehenden liberalen Länderparteien in der britischen und in der französischen Zone begegnete man ebenfalls unterschiedlichen Namen für die liberale Sammlung wie »Partei Freier Demokraten« (Hamburg), »Demokratische Union« (Schleswig-Holstein), »Demokratische Volkspartei« (Bremen), »Sozialer Volksbund« (Pfalz), »Liberale Partei« (Rheinhessen), »Demokratische Partei« (Rheinland-Pfalz). Die verschiedenen Landes- und Zonenparteien schlossen sich für den westlichen Besatzungsbereich erst am 12. November 1948 zur »Freien Demokratischen Partei« zusammen, behielten aber einen hohen Grad von Selbständigkeit. Zum Vorsitzenden wurde Theodor Heuss gewählt. Die neue Partei verzichtete der Unterschiedlichkeit der in ihr vereinigten Richtungen entsprechend auf die Formulierung eines umfassenden, allgemeinverbindlichen Parteiprogramms. Die FDP verstand sich damals als rechts von der CDU stehend. Dementsprechend erfolgte später die Sitzverteilung im Bundestag, so fragwürdig eine solche Zuweisung sein mag. Sie traf allenfalls zu für die wirtschafts- und gesellschaftspolitische Ausgangssituation der FDP, die im Unterschied sowohl zur SPD als auch zur CDU jeden Gedanken an Sozialisierung wie an Wirtschaftsdemokratie ablehnte. Kulturpolitisch stand die FDP in Nachwirkung antiklerikaler Überlieferungen des Liberalismus den Sozialdemokraten näher als den Unionsparteien. Den theoretischen Bezugspunkt, auf den sich die Partei zwar nicht programmatisch festlegte, der aber doch deutlich in ihrem Selbstverständnis spürbar ist, stellt der sogenannte Neoliberalismus dar, wie er insbesondere von dem in der schweizerischen Emigration lebenden deutschen Nationalökonomen Wilhelm Röpke[21] und dem an der London School of Economics lehrenden Friedrich August v. Hayek[22] entwickelt wurde. Der Neoliberalismus ist freilich nicht mit dem Programm einer bestimmten Partei gleichzusetzen. So wurde er später weitgehend von den Unionsparteien rezipiert. Im Unterschied zu dem klassischen Liberalismus, der durch das Bestreben geprägt worden war, dem Individuum gegenüber dem übermächtigen Staat eine Freiheitssphäre zu garantieren, ist der Neoliberalismus gegen den gesellschaftlichen Totalitarismus kommunistischer und nationalsozialistisch-faschistischer Ausprägung entwickelt worden. Er sucht nach Mitteln und Wegen, um innerhalb der modernen Industriegesellschaft, die unter dem Druck überpersönlicher monopolistischer Machtzusammenballungen wirtschaftlicher und gewerkschaftlicher Art steht, die Freisetzung individueller Kräfte zu gewährleisten. Angesichts kollektiver Bedrohungen aus dem Raume der Wirtschaft und der Gesellschaft besinnt sich der Neoliberalismus stärker als der klassische Liberalismus auf den Staat, der die Funktion eines Instrumentariums gewinnt, um das Individuum gegen den gesellschaftlichen Kollektivismus zu schützen.

Der Stimmenanteil der FDP ist bei den ersten Wahlen zu den Gemeinde- und Länderparlamenten der Westzonen sehr unterschiedlich gewesen, am stärksten mit ungefähr 20% in Baden und Württemberg. Bei der ersten Bundestagswahl 1949 errang die FDP 53 Mandate von insgesamt 410. Der tatsächliche politische Einfluß dieser Partei war aber größer, als es ihrer numerischen Stärke entsprach. Sie verfügte über eine große Anzahl fähiger und geschulter Kräfte und war für parlamentarische Mehrheitsbildungen so gut wie unumgehbar.

Auf der eigentlichen politischen Rechten ist es nach dem Zweiten Weltkrieg nicht zu Parteibildungen gekommen, die sich nach Größe und Einfluß mit den entsprechenden Vorläuferparteien des Kaiserreiches oder der Weimarer Republik vergleichen ließen. Die »Deutsche Partei«[23], die sich als konservativ verstand, entwickelte sich aus einer regionalen Partei mit ihrem eigentlichen Rückhalt im welfisch-niedersächsischen Raum. Ihre Vorläuferin war die »Deutschhannoversche Partei«, die sich aus Protest gegen die Annektierung des Landes durch Preußen 1866 gebildet hatte und auch noch in der Weimarer Zeit für die Wiedergewinnung der Eigenständigkeit des früheren Hannover als Land eingetreten war. Im Juni 1945 als »Niedersächsische Landespartei« neu begründet, nahm sie auf einer Landesversammlung in Celle 1947 den Namen »Deutsche Partei« an. Zu ihren Mitbegründern gehörten der Oberschlesier Hans-Christoph Seebohm und der pommersche Konservative Hans-Joachim v. Merkatz. Außenpolitisch forderte die Partei eine klare Westorientierung. Es sei der Fluch der deutschen Außenpolitik seit 80 Jahren gewesen, »daß wir immer nur abwartend nach Westen und Osten geschielt haben, niemals schlüssig, niemals zu einem klaren Bekenntnis fähig«[24]. Innenpolitisch war die Partei entschieden föderalistisch. Ihre Anhängerschaft hatte sie besonders bei den niedersächsischen Großbauern. Wirtschaftspolitisch vertrat sie ähnliche Auffassungen wie die FDP. Kulturpolitisch stand sie in der Nähe der CDU.

Gegen rechtsradikale Tendenzen grenzte sie sich scharf und eindeutig ab. In Niedersachsen konnte sie bei den ersten Landtagswahlen 19% der Stimmen auf sich vereinigen. In den ersten Bundestag entsandte sie 17 Abgeordnete. Ihr späterer Niedergang Ende der fünfziger und Anfang der sechziger Jahre zeigt, daß für eine vorwiegend bäuerlich bestimmte konservative Partei ohne ein der Industriegesellschaft angepaßtes Staats- und Gesellschaftskonzept keine dauerhafte Chance bestand.

Die gleiche Feststellung gilt für die »Bayernpartei«. 1946 gegründet, vertrat sie unter Führung des aus der CSU ausgeschiedenen ersten bayerischen Landwirtschaftsministers Josef Baumgartner die Forderung nach einem »selbständigen, lebensfähigen bayerischen Staat im Rahmen einer deutschen und europäischen Staatengemeinschaft«[25]. Den Zusammenschluß der deutschen Länder erstrebte sie lediglich in der Form eines Staatenbundes. Sie stützte sich auf den bäuerlichen und gewerblichen Mittelstand. Bis in die sechziger Jahre spielte sie in der bayerischen Innenpolitik eine Rolle. Im ersten Deutschen Bundestag war sie genau wie die Deutsche Partei mit 17 Abgeordneten vertreten. Neben den genannten Parteien gab es in den ersten Nachkriegsjahren auf der äußersten Rechten einige unbedeutende Splittergruppen wie die »Deutsche Aufbaupartei«, die sich später »Deutsche Rechtspartei« nannte. Ein politisches Gebilde, das hinsichtlich Ideologie und Anhängerschaft in der Nachfolge der verbotenen NSDAP stand, war die am 20. Oktober 1949 gegründete und 1952 durch das Verfassungsgericht verbotene »Sozialistische Reichspartei« (SRP)[26]. Trotz anfänglicher regionaler Wahlerfolge – z.B. bei den niedersächsischen Landtagswahln 1951 11% der Stimmen – hat der radikale Nationalismus in Deutschland nach 1945 keine politische Chance mehr besessen.

Ein besonderes soziales und politisches Problem stellten die Flüchtlinge und Vertriebenen dar. Alle Parteien bemühten sich um sie. Aus natürlich gegebenen Konflikten zwischen Zugewanderten und der eingesessenen Bevölkerung entstanden besonders in den Gebieten, in denen sich die Flüchtlinge massierten, lokale Interessengruppen, aus denen Anfang 1950 der in Schleswig-Holstein gegründete »Block der Heimatvertriebenen und Entrechteten« (BHE) erwuchs[27]. Er erhielt bei den Landtagswahlen in Schleswig-Holstein im Juli 1950 nicht weniger als 23,4% aller Stimmen. Mit der im Verlaufe der Zeit geglückten Eingliederung der Zugewanderten in die westdeutsche Wirtschaft und Gesellschaft verlor diese Parteigründung später ihre Basis.

Die Frage, was aus den Millionenmassen der Vertriebenen, Flüchtlinge und Zugewanderten werden solle, stellte sich aber nicht nur der besonderen Interessenvertretung des BHE, sondern allen politischen Parteien als die vordringlich zu lösende soziale Aufgabe[28]. Würde es gelingen, die Heimat- und Besitzlosen in den Wiederaufbau von Wirtschaft, Staat und Gesellschaft einzubeziehen, oder würden sie als ein sozial deklassierter Fremdkörper ein neues Proletariat bilden? Würde ihre Verbundenheit mit ihrer verlorenen ostdeutschen Heimat ihren natürlichen Ausdruck in der Pflege von Mundart, geschichtlicher Erinnerung und ehemaligem Nachbarschaftszusammenhang finden, oder würde die in den ersten Nachkriegsjahren noch nicht preisgegebene Hoffnung, vielleicht in die Heimat zurückkehren zu können, die Form eines politischen Revanchismus annehmen? Daß es den politischen Kräften gelang, diese Frage im Sinne einer positiven Integration zu lösen, ist nicht zuletzt das Verdienst der Vertriebenenorganisationen. Der 1949 als Zusammenschluß zahlreicher Einzelgruppen entstandene »Zentralverband vertriebener Deutscher« (später »Bund vertriebener Deutscher«, BvD) setzte sich für wirtschaftliche und soziale Hilfsmaßnahmen zur Förderung des Eingliederungsprozesses ein, der dazu führte, daß die Ostdeutschen zu einem nicht mehr herauslösbaren Element der westdeutschen Gesellschaft wurden. Hier liegt eine große geschichtliche Leistung der Vertriebenenverbände. Daneben bildeten sich Landsmannschaften, die vornehmlich der Pflege von persönlichem Zusammenhalt und heimischem Brauchtum dienten. Landsmannschaften und Bund vertriebener Deutscher schlossen sich 1958 zum »Bund der Vertriebenen/Vereinigte Landsmannschaften und Landesverbände«, BdV, zusammen. Das politische Selbstverständnis dieses Bevölkerungsteils bekundete sich in der »Charta der Deutschen Heimatvertriebenen« vom 5. August 1950. Unter Verzicht auf Rache und Vergeltung wurde hier die zukunftweisende Forderung ausgesprochen, das Recht auf Heimat als ein menschliches Grundrecht anzuerkennen, als praktische Maßnahme aber zugleich eine gerechte Verteilung der Kriegslasten und der sinnvolle »Einbau aller Berufsgruppen der Heimatvertriebenen in das Leben des deutschen Volkes« gefordert[29]. Die Polarität zwischen den beiden Forderungen, des Rechtes auf Heimat und der Eingliederung in die westdeutsche Gesellschaft, ist in der Charta nicht aufgelöst. Es blieb vieldeutig, was unter dem Recht auf Heimat eigentlich zu verstehen sei: allgemeine Verurteilung künftiger Vertreibungen in der Welt, Wiedergewinnung der Ostgebiete oder das Recht des einzelnen, in seine Heimat zurückzukehren, falls unter den veränderten gesellschaftlichen Verhältnissen überhaupt eine Bereitschaft dazu bestand. Entscheidend war, daß für alle praktischen Zwecke, was immer unter dem Recht auf Heimat verstanden werden mochte, der Blick der Vertriebenen durch die Charta auf die wirtschaftliche und soziale Eingliederung in die westdeutsche Bevölkerung hin orientiert wurde.

Die Polarität der beiden Zielsetzungen findet sich in ähnlicher Weise in der Programmatik der großen Parteien. Kurt Schumacher hat mit besonderer Eindringlichkeit in seinen frühen Reden auf die Sozialproblematik der Flüchtlinge hingewiesen und auf den politischen Sprengstoff, der sich hier ansammeln konnte, wenn nicht energisch ein Lastenausgleich in Angriff genommen wurde. Zugleich aber erhob die SPD in ihren politischen Leitsätzen vom Mai 1946 den »Anspruch auf die Erhaltung Deutschlands als eines nationalen, staatlichen und wirtschaftlichen Ganzen«[30]. Die Potsdamer Formel vom Deutschland in den Grenzen von 1937 war der Ausgangspunkt der deutschlandpolitischen Forderungen aller Parteien. So erklärte die FDP auf ihrem Bremer Parteitag vom 11. und 12. Juni 1949: »Jede Behandlung der Fragen der Heimatvertriebenen ist für die Freie Demokratische Partei verbunden mit der Forderung der Rückgabe der Gebiete Deutschlands ostwärts der Oder-Neiße-Linie. Die Freie Demokratische Partei wird einer Verewigung der jetzigen Regelung niemals zustimmen, sondern unablässig ihre Bemühungen darauf richten, daß den Heimatvertriebenen ihre alte Heimat wiedergegeben wird.«[31] In einer Resolution der CDU auf ihrem ersten Bundesparteitag in Goslar vom 20.–22. Oktober 1950 schließlich findet sich – ähnlich wie in programmatischen Formulierungen des BHE – ein direkter Reflex der Charta der vertriebenen Deutschen mit einem Bekenntnis zu Gesamtdeutschland und zum Recht auf Heimat einerseits und zur gleichberechtigten Eingliederung der Vertriebenen in die westdeutsche Bevölkerung andererseits[32].

Es ist in einem früheren Kapitel (Kap. 6) dargelegt worden, wie die Frage der zukünftigen Gestaltung Deutschlands zwischen den Alliierten zunächst in der Schwebe gehalten wurde und wie sich Schritt um Schritt mit der Auseinanderentwicklung der Kriegsallianz die kommende Teilung Deutschlands ankündigte. Als die neu entstandenen Parteien in den ersten Jahren nach dem Kriege sich dem Problem der Heimatvertriebenen gegenübergestellt sahen, war der Verlust der Ostgebiete und die deutsche Spaltung im Bewußtsein der meisten Deutschen jedoch noch keineswegs besiegelt. Erst allmählich wurde erkennbar, daß schon vor dem endgültigen Auseinanderbrechen der Kriegsallianz die ersten Schritte zur tatsächlichen Spaltung Deutschlands in der strukturellen Auseinanderentwicklung der sowjetischen und der westlichen Besatzungszonen getan worden waren.

Allg. zur Parteiengesch. s. S. 14 u. S. 19.

[1] Dokumente der CDU. Zusammengestellt durch ein Kollektiv von Mitarbeitern der Parteileitung der CDU (9 Bde. 1956–1972); H. PÜTZ (Hg.), Konrad Adenauer u. die CDU der brit. Besatzungszone. Dok. zur Gründungsgesch. der CDU Dtlds. (1975). – L. SCHWERING, Frühgesch. der Christl.-Demokrat. Union (1963); H. G. WIECK, Die Entstehung der CDU u. die Wiedergründung des Zentrums im Jahre 1945 (1953); ders., Christl. u. Freie Demokraten in Hessen, Rheinland-Pfalz, Baden u. Württemberg 1945/46 (1958); Konrad-Adenauer-Stiftung (Hg.), Christl. Demokraten der ersten Stunde (1966); G. SCHULZ, Die CDU, in: M. G. LANGE u. a., Parteien in der Bundesrepublik (1955); E. DEUERLEIN, CDU/CSU 1945–1957 (1957); A. J. HEIDENHEIMER, Adenauer and the CDU. The rise of the leader and the integration of the party (The Hague 1960); W.-D. NARR, CDU-SPD. Programm u. Praxis seit 1945 (1966).
[2] H. SCHLANGE-SCHÖNINGEN, Am Tage danach (1946).
[3] Zu STELTZER s. Bd. 21, Kap. 13.
[3a] J. MÜLLER, Bis zur letzten Konsequenz. Ein Leben für Frieden u. Freiheit (1975).
[4] K. ADENAUER, Erinnerungen (4 Bde. 1965–1968). Zu seinem Persönlichkeitsbild aus Beobachtung der

späteren Jahre: Anneliese POPPINGA, Meine Erinnerungen an Konrad Adenauer (1970); H. OSTERHELD, Konrad Adenauer. Ein Charakterbild (³1974); A. BARING (Hg.), Sehr verehrter Herr Bundeskanzler! Heinrich v. Brentano im Briefwechsel mit Konrad Adenauer, 1949–1964 (1974). – Zum Stand der Adenauer-Lit. vgl. H. GRIESER in GWU 27 (1976); P. WEYMAR, Konrad Adenauer. Die autorisierte Biographie (1955); T. PRITTIE, Konrad Adenauer. Vier Epochen dt. Gesch. (a. d. Engl. 1971); K. DREHER, Der Weg zum Kanzler (1972); R. MORSEY/K. REPGEN (Hg.), Adenauer-Studien (3 Bde. 1971), in Bd. 1: R. MORSEY, Der polit. Aufstieg Konrad Adenauers 1945–1949 (erweit. Fassung in K. GOTTO/H. MAIER/R. MORSEY/H.-P. SCHWARZ, Konrad Adenauer. Seine Dtld.- u. Außenpolitik 1945–1963, Tb. 1975) u. H.-P. SCHWARZ, Das außenpolit. Konzept Konrad Adenauers; ferner die entsprechenden Abschnitte in H.-P. SCHWARZ, Vom Reich zur Bundesrepublik Dtld. im Widerstreit der außenpolit. Konzeptionen in den Jahren der Besatzungsherrschaft 1945 bis 1949 (1966). – Für das später voll entwickelte Regierungssystem Adenauers vgl. A. BARING, Außenpolitik in Adenauers Kanzlerdemokratie (1969, Tb. 1971), darin auch über die Grundlegung der

Außenpolitik Adenauers. – Aus der Lit., die aus Anlaß des 100. Geburtstages Adenauers erschien, ist als biographisch informativ für die frühe Zeit hervorzuheben: H. STEHKÄMPER (Hg.), Konrad Adenauer. Oberbürgermeister von Köln (1976).

[5] W. BERBERICH, Die hist. Entwicklung der Christl.-Soz. Union in Bayern bis zum Eintritt in die Bundesrepublik (Diss. Würzburg 1965); A. MINTZEL, Die CSU. Anatomie einer konservativen Partei (1975).

[6] Dok. zur parteipolit. Entwicklung 2, Nr. 94.

[7] Ebd. Nr. 95.

[8] Zur Unterscheidung eines »christl. Sozialismus« (Berlin) von einem »Sozialismus aus christl. Verantwortung« (Frankfurt) in den Programmdiskussionen der CDU: W.-D. NARR, S. 79 ff.

[9] Dok. zur parteipolit. Entwicklung 2, Nr. 96.

[10] Ebd. Nr. 99.

[11] Ebd. Nr. 100. Adenauer läßt sich in seinen Erinnerungen über das Ahlener Programm nicht näher aus. Er übergeht völlig die Frage nach dem Verhältnis von Taktik u. Grundsatz in jenen Formulierungen. Auch in der bisherigen Adenauer-Forschung ist diese Frage nicht deutlich beantwortet.

[12] Ebd. Nr. 113.

[12a] Zahlen nach H. KAACK, Gesch. u. Struktur des dt. Parteiensystems (1971), S. 494.

[13] S. Lit. Kap. 13, Anm. 15.

[14] S. Lit. Kap. 14, Anm. 8.

[15] Zur Zielsetzung der Dt. Zentrumspartei s. das Soester Programm von 1945 u. das Kultur-, Wirtschafts- u. Sozialprogramm von 1946, in: Dok. zur parteipolit. Entwicklung 2, Nr. 119 u. 120.

[16] M. GUTSCHER, Die Entwicklung der FDP von ihren Anfängen bis 1961 (1967); H. G. WIECK, Christl. u. Freie Demokraten (s. o. Anm. 1).

[17] A. BEHRENDT, Wilhelm Külz (Berlin-Ost 1968).

[18] E. SCHIFFER, Ein Leben für den Liberalismus (1951); vgl. Bd. 19, Kap. 2.

[19] Th. HEUSS, Die großen Reden (1965); ders., Aufzeichnungen 1945–1947, hg. v. E. PIKART (1966); K. D. BRACHER, Theodor Heuss u. die Wiederbegründung der Demokratie in Dtld. (1965); J. C. HESS, Theodor Heuss vor 1933. Ein Beitrag zur Gesch. des demokrat. Denkens in Dtld. (1973).

[20] R. MAIER, Ein Grundstein wird gelegt. Die Jahre 1945–1947 (1964); ders., Erinnerungen 1948–1953 (1966).

[20a] Th. DEHLER, Reden u. Aufsätze (1969).

[21] W. RÖPKE, Civitas Humana. Grundfragen der Gesellschafts- u. Wirtschaftsreform (Erlenbach/Zürich 1944, [3]1950).

[22] F. A. v. HAYEK, Freedom and the economic system (Chicago [2]1940); ders., The Road to Serfdom (Chicago 1944, dt. [2]1971).

[23] H. MEYN, Die Dt. Partei. Entstehung u. Problematik einer national-konservativen Rechtspartei nach 1945 (1965). Zur Gesch. d. kleinen Parteien vgl. auch M. ROWOLD, Im Schatten d. Macht. Zur Oppositionsrolle d. nicht-etablierten Parteien i. d. Bundesrep. (1974).

[24] E. EHRLICH, Dt. Partei – Konservatives Gewissen, nach: Das Parlament, 8. 2. 1956, in: Dok. zur parteipolit. Entwicklung 1, Nr. 10a.

[25] Ebd. Nr. 117.

[26] O. BÜSCH/P. FURTH, Rechtsradikalismus im Nachkriegsdtld. Studien über die »Soz. Reichspartei« (SRP) (1957).

[27] F. NEUMANN, Der Block der Heimatvertriebenen u. Entrechteten 1950–1960. Ein Beitrag zur Gesch. u. Struktur einer polit. Interessenpartei (1968).

[28] E. LEMBERG/F. EDDING, Die Vertriebenen in Westdtld. Ihre Eingliederung u. ihr Einfluß auf Gesellschaft, Wirtschaft, Politik u. Geistesleben (3 Bde. 1959); M. M. WAM-

BACH, Verbändestaat u. Parteienoligopol. Macht u. Ohnmacht der Vertriebenenverbände (1971); H. W. SCHÖNBERG, Germans from the East, A study of their migration, resettlement and subsequent group history (Den Haag 1970). – Kritik an der Vertriebenenpolitik durch den Leiter des »Zentralverbandes der vertriebenen Deutschen« (ZvD) Linus KATHER, Die Entmachtung der Vertriebenen (2 Bde. 1964/65).

[29] Text Keesings Archiv, 1950, Nr. 2521 C.

[30] Dok. zur parteipolit. Entwicklung 3, Nr. 166.

[31] Ebd. 2, Nr. 125.

[32] Ebd. 2, Nr. 102 b.

Kapitel 12
Die wirtschaftliche Ausgangslage

Um die Startbedingungen für die wirtschaftliche Entwicklung in der sowjetischen und in den westlichen Besatzungszonen vergleichend zu beurteilen, seien die Hauptdaten über die Produktionsstruktur vor dem Kriege, die Kriegsschäden sowie die Demontage und Reparationseinbußen gegenübergestellt. Für die Anteile an der Vorkriegswirtschaft Deutschlands in den Grenzen von Potsdam ergibt sich folgender Überblick:

	Westzonen	Sowjetische Besatzungszone	Berlin
Gebiet	70%	30%	
Landwirtschaftlich genutzte Fläche (1937)	63%	37%	
Bevölkerung (1939)	67%	26%	7%
Nettoindustrieproduktion (1936)	65%	26%	9%

Das sowjetische Besatzungsgebiet gehörte ebenso wie die Westzonen zu den wirtschaftlich hochentwickelten Regionen Mitteleuropas. Dabei war es mit einem im Vergleich zur Bevölkerung höheren Anteil an der Landwirtschaft in seiner Rahmenstruktur wirtschaftlich ausgeglichener als die Westzonen. An landwirtschaftlicher Nutzfläche kamen im Jahre 1946 auf einen Einwohner in der Sowjetzone 3845 qm, davon waren Ackerfläche 2944 qm. In den Westzonen lauten die entsprechenden Zahlen für den erheblich niedrigeren Anteil 3234 und 1893 qm[1]. Der Grad der Selbstversorgung mit Nahrungsmitteln war in der Sowjetzone höher als in den Westzonen, obwohl die Ernteerträge pro Hektar dort stärker absanken als hier. Die mitteldeutsche Industrie befand sich vor und im Kriege in einem schnelleren Wachstumsprozeß als die westdeutsche. In der Zeit zwischen 1936 und 1944 war der industrielle Produktionsindex in Mitteldeutschland um 45%, in Westdeutschland um 29% gestiegen. Die industrielle Nettoproduktion pro Kopf der Bevölkerung lag in Mitteldeutschland ohne Berlin im Jahre 1939 mit 725 RM erheblich höher als in Westdeutschland mit 609 RM[2]. Für die mitteldeutsche Wirtschaft waren hochwertige Qualitätsprodukte charakteristisch in der Herstellung von Konsum- wie von Industriegütern und Fahrzeugen. Eine führende Stellung besaß sie in der optischen Industrie (Zeiss, Jena), im Flugzeugbau (Junkers, Dessau) und in bestimmten Zweigen der chemischen Industrie (Leuna-Werke bei Merseburg, Buna- und Stickstoffherstellung). An Bodenschätzen hingegen verfügte sie nur über einige Nichteisenmetalle, nicht aber über Kohle außer der industriell nur begrenzt verwendbaren Braunkohle. Das wichtigste Zentrum der deutschen Schwerindustrie lag am Rhein und an der Ruhr. Deswegen war die mitteldeutsche Industrie noch stärker als die westdeutsche in Ein- und Ausfuhr überregional verflochten. Zwei Drittel der Erzeugung und des Verbrauchs an Industrieprodukten Mitteldeutschlands wurden innerdeutsch bzw. international ein- bzw. ausgeführt. Für Westdeutschland waren die Vergleichsziffern ein Drittel bei den Bezügen, zwei Drittel bei den Lieferungen. Durch die Aufhebung der wirtschaftlichen Einheit Deutschlands, wie sie sich aus dem ungelösten Reparationsproblem ergab, wurde daher die Industriewirtschaft Mitteldeutschlands besonders hart getroffen, während für die Bevölkerung der britischen und amerikanischen Zone der Ausfall der innerdeutschen Agrarzufuhren bedeutete, daß sie für ihr bloßes Überleben auf die Hilfe von außen angewiesen war.

Die deutsche Wirtschaft war im Krieg durch Bomben, Erdkampf, Selbstzerstörung und Investitionsausfall in der Konsumgüterindustrie hart getroffen worden. Genaue Berechnungen über die Schäden sind unmöglich. Schätzungsweise ergibt sich eine Minderung der Produktionskapazität des Jahres 1944 um 15–20%, wobei allerdings die verschiedenen Produktionszweige sehr unterschiedlich in Mitleidenschaft gezogen worden waren: am geringsten die Montanindustrie mit 10%, am stärksten die Fahrzeugindustrie mit 40% und die Herstellung synthetischer Treibstoffe mit 50%[3]. In etwa trifft auch die Feststellung zu, daß die Industriekapazität durch die Kriegszerstörungen auf den Stand von 1936 reduziert worden sei[4]. So schwer diese Schäden waren, der Krieg hatte die Substanz der deutschen Wirtschaft keineswegs vernichtet. Die Bombenangriffe hatten sich in der letzten zerstörerischen Kriegsphase weniger gegen Industrieanlagen gerichtet als gegen Eisenbahnen, Brücken und Wohnsiedlungen. Hierdurch wurde die deutsche Wirtschaft funktionsunfähig, aber ihr Potential blieb weitgehend erhalten. Nun sah der Industrieplan des Kontrollrates vom März 1946 vor, das Zerstörungswerk des Krieges fortzusetzen, wenn auch nicht in der Radikalität des Morgenthau-Plans, so doch in einem solchen Ausmaße, daß die deutsche industrielle Erzeugung für die Dauer auf 70–75% des Standes von 1936 beschränkt werden sollte: »Damit wäre Deutschland auf das Jahr 1932 zurückgeworfen worden, auf eben jene Verhältnisse, welche Hitler auf den Weg zur Macht gebracht hatten.«[5] Neben dem Verbot ganzer Industriezweige wie Werftindustrie, Flugzeugbau, Bau von Funkgeräten, Kugellagern, schweren Werkzeugmaschinen und Traktoren, synthetischer Treibstoffgewinnung, Buna usw. wurden für fast alle anderen Industriezweige Produktionsbegrenzungen verfügt, so für die chemische, Eisen-, Elektro- und Autoindustrie. Nur der Kohlenbergbau und die Landwirtschaft blieben ausgenommen.

Die tatsächlich durchgeführten Demontagen hatten in der sowjetischen und in den westlichen Zonen ein unterschiedliches Ausmaß. Um das Gesamtergebnis vorwegzunehmen: Der Produktionsausfall der Sowjetzone betrug Ende 1946 gegenüber dem Stand von 1944 etwa 75%. Hiervon entfiel rund ein Viertel auf Kriegsschäden, drei Viertel auf Demontagen. Der Kapazitätsverlust wird auf etwa 55% des Volumens von 1936 geschätzt. Die Vergleichszahlen für Westdeutschland lauten 8% Kapazitätsverlust aufgrund von Demontagen und 10% aufgrund von Kriegsschäden. Ein großer Teil der stark reduzierten Produktion der Sowjetzone ging als Reparationslieferung in die Sowjetunion. Wenn die Sowjetunion von Deutschland insgesamt eine Reparationsleistung in Höhe von 10 Milliarden Dollar forderte, so ergeben vorliegende Schätzungen, daß der Wert der durch die sowjetische Besatzungszone erstellten Leistungen an Demontagen, Besatzungskosten, Lieferungen aus der laufenden Produktion (etwa 54% der gesamten Reparationssumme) und Leistungen der SAG (vgl. Kap. 14) erheblich darüber lag und bis 1953 eine Gesamtsumme von 66,4 Milliarden RM bzw.

(nach den Preisen von 1938) von 17,1 Milliarden Dollar erreichte[6]. Für die britische und amerikanische Zone führte das Scheitern der alliierten Zusammenarbeit zu einer Revision der Demontageliste im Jahre 1947, nachdem General Clay für die amerikanische Zone schon im Frühjahr 1946 die Durchführung neuer Demontagen praktisch eingestellt hatte. Weitere Kürzungen folgten nach der Gründung der Bundesrepublik, bis endlich im April 1951 die Demontagen gänzlich aufhörten. Die Bezifferung ihres Gesamtwertes schwankt in alliierten und deutschen Schätzungen zwischen 1,5 und 5 Milliarden RM. Einschließlich beschlagnahmter deutscher Auslandsvermögen sowie beschlagnahmter Patente, Warenzeichen und Firmennamen hat man die Gesamtreparationsleistung gegenüber dem Westen auf 20–25 Milliarden RM geschätzt (außerdem zahlte die Bundesrepublik Deutschland seit 1952 etwa 30 Milliarden DM Wiedergutmachungsleistungen an andere Länder für Schäden, die durch politische Verfolgungen seit 1933 entstanden waren). Der tatsächliche Produktionsstand lag in den ersten Nachkriegsjahren aber weit unterhalb der noch bestehenden Produktionskapazität. Bezogen auf das Jahr 1936 betrug er im dritten Vierteljahr 1945 12%, im Durchschnitt des Jahres 1946 33% und im Durchschnitt der drei ersten Vierteljahre von 1947 37%. Danach trat für die Industrie in der amerikanischen und britischen Zone aufgrund des revidierten Industrieplans und der Zonenvereinigung eine Beschleunigung der Aufwärtsentwicklung ein. Zusätzlich gaben die Währungsreform und die Liberalisierung der Wirtschaft im Jahre 1948 Anstöße für eine rapide, die Industrieentwicklung in der sowjetischen Zone weit überholende Zuwachsrate. Die Bundesrepublik Deutschland erreichte den Produktionsstand von 1936 bereits Ende 1949, die sowjetische Besatzungszone erst im Jahre 1954. In der Zeit vor dem Wendepunkt in der Entwicklung der westlichen Zonen im Jahre 1947 hingegen kam die Industrie in der sowjetischen Zone rascher in Gang, wobei der für die sowjetische Zone geschätzte Wert im zweiten Halbjahr 1946 bei 49% der Produktion von 1936 lag, für die amerikanische Zone bei 44%, für die britische Zone bei 34%.

Für den in allen Zonen bei den genannten Unterschieden niedrigen Produktionsstand nach dem Kriege sind außer der Zerstörung der Verkehrswege und der partiellen Nomadisierung der Bevölkerung infolge der Zerstörung der Städte zwei weitere Faktoren in Rechnung zu stellen. Der eine ist die Unterbindung aller Handelskontakte nach außen. Es ist dem deutschen Kaufmann in der ersten Nachkriegszeit kaum möglich gewesen, Verbindung mit seinen Geschäftspartnern in den anderen Besatzungszonen aufzunehmen, geschweige denn mit seinen Lieferanten und Käufern im Ausland. Die Abwicklung von Geschäften wurde durch die schwerfällige Militärbürokratie der Besatzungsmächte belastet. Zudem fehlte für den deutschen Produzenten der Anreiz zum Export, da ihm seine Ware lediglich zum offiziellen Reichsmarkpreis gutgeschrieben wurde.

Ware und Geld aber waren in ein inflationäres Mißverhältnis zueinander geraten. Das durch den Krieg aufgeblähte Geldvolumen betrug bei Kriegsende in Deutschland etwa 298 Milliarden gegenüber 56,4 Milliarden Ende 1938. Dieser Geldfülle stand ein Minimum an Waren gegenüber. Voraussetzung für jeden wirtschaftlichen Neubeginn mußte die Reform der Währung sein. Es ist allerdings nicht zu übersehen, daß die Inflation der Jahre 1945–1948 nicht entfernt das Ausmaß der Geldentwertung des Jahres 1923 angenommen hat.

Als strukturelle Reformmaßnahme war in Potsdam zwischen den Alliierten die Entflechtung und Dekartellierung der deutschen Wirtschaft beschlossen worden. Insbesondere die Amerikaner legten Wert hierauf. Sie glaubten, mit der Auflösung monopolistischer Unternehmungen innerhalb der deutschen Wirtschaft eine der wesentlichen Voraussetzungen zu beseitigen, aus denen sie die Entstehung des Nationalsozialismus erklärten. Erst die spätere, noch keineswegs abgeschlossene Forschung über das Verhältnis von Großindustrie und Nationalsozialismus hat gezeigt, daß dieses Verhältnis komplizierter ist, als daß es sich in das einfache Schema von Ursache und Folge pressen ließe. Das Dekartellierungs- und Entflechtungsprogramm berührte die Richtung der Wirtschaftspolitik in der sowjetischen Besatzungszone insofern überhaupt nicht, als die hier sich allmählich ausprägende staatliche Verwaltungswirtschaft zu einer neuen Konzentration von politischer und wirtschaftlicher Macht führte. In den westlichen Zonen wurde die Entflechtung zunächst in einigen Wirtschaftszweigen durchgeführt, um in einer späteren Phase der Entwicklung einer wirtschaftlich bedingten Tendenz erneuter finanzieller und industrieller Konzentration zu weichen. Von der Auflösung betroffen wurden insbesondere die IG-Farbenindustrie, die Vereinigten Stahlwerke und einige Großbanken wie Commerzbank, Deutsche Bank und Dresdner Bank.

Als statist. Grundlage unentbehrlich: K. MEHNERT/H. SCHULTE (Hg.), Dtld.-Jahrbuch 1949 (1949); Wirtschaftsstatistik der dt. Besatzungszonen 1945–1948, in Verbindung mit der dt. Produktionsstatistik der Vorkriegszeit (1948); erster systemat. Versuch eines Überblicks, als Zeitdok. wichtig: Dt. Inst. f. Wirtschaftsforsch. (Hg. F. FRIEDENSBURG), Die Dt. Wirtschaft zwei Jahre nach dem Zusammenbruch. Tatsachen u. Probleme (1947); ders., Wirtschaftsprobleme der Besatzungszonen (1948); zusammenfassende Darstellung über die Wirtschaft Dtlds. in den Grenzen von Potsdam: K. HÄUSER, Die Teilung Dtlds., in: G. STOLPER u. a., Dt. Wirtschaft seit 1870 (1964). – B. GLEITZE, Ostdt. Wirtschaft (1956); W. F. STOLPER, The Structure of the East German Economy (Cambridge, Mass. 1960); R. JOCHIMSEN, Die gesamtwirtschaftl. Entwicklung in der DDR, GWU 17 (1966); J. P. NETTL, Die dt. Sowjetzone bis heute. Politik, Wirtschaft, Gesellschaft (a. d. Engl. 1953). – A. PIETTRE, L'économie allemande contemporaine (Allemagne occidentale) 1945–1952 (Paris 1952); J. FRANÇOIS-PONCET, La Politique économique de l'Allemagne occidentale (Paris 1970); W. TREUE, Die Demontagepolitik der Westmächte nach dem Zw. Weltkrieg (1967); N. BALABKINS, Germany under direct controls. Economic aspects of industrial disarmament 1945–1948 (New Brunswick 1964); M. MANZ, Stagnation u. Aufschwung in der franz. Besatzungszone von 1945 bis 1948 (Diss. Mannheim 1968); W. ABELSHAUSER, Wirtschaft in Westdtld. 1945–1948. Rekonstruktion u. Wachstumsbedingungen in der amerik. u. brit. Zone (1975), betont das vorhandene Potential u. dessen Ausbau vor Währungsreform, Marshallhilfe u. Soz. Marktwirtschaft, um deren Einschätzung für den westdt. Wirtschaftsaufschwung zu relativieren. – G. LEPTIN, Die dt. Wirtschaft nach 1945. Ein Ost-West-Vergleich (1970). Ein informationsreicher Vergleich der wirtschaftl. Ausgangslage in beiden Teilen Dtlds. findet sich in: Bundesmin. f. innerdt. Beziehungen (Hg.), Bundesrepublik Dtld. – DDR. Systemvergleich 3. Materialien zum Bericht zur Lage der Nation 1974, bearb. v. P. C. LUDZ u. a. (1974).

[1] Dtld.-Jahrbuch 1949, S. 141.

[2] B. GLEITZE, Ostdt. Wirtschaft, S. 173.

[3] Diese Schätzung nach A. PIETTRE, L'économie allemande contemporaine, S. 65; ebenso M. BALFOUR, Four-Power Control in Germany 1945–46 (London 1956), S. 11.

[4] J. P. NETTL, Die dt. Sowjetzone, S. 125: »Allgemein wird geschätzt, daß die unmittelbaren Kriegseinwirkungen die Industriekapazität des deutschen Gebietes innerhalb der durch das Potsdamer Abkommen gesetzten Grenzen auf den Stand von 1936 reduziert hatten, daß also nur die zusätzlichen Investitionen von 1936 bis 1944 zerstört wurden.« Geringer veranlagen den Grad der Zerstörung die »Materialien zum Bericht zur Lage der Nation 1974« (s. o.), S. 308: »Empirische Untersuchungen weisen nach, daß das Bruttoanlagevermögen der In-dustrie im Gebiet der heutigen Bundesrepublik Deutschland noch während des Krieges durch die Auslagerung von Produktionen und durch andere Maßnahmen stark zunahm und im Jahr 1944 seinen höchsten Stand erreichte. Kriegszerstörungen, die hauptsächlich die Gebäude und weniger die Kapitalausrüstung trafen, und Demontagen senkten die Gesamtkapazität bis 1948 auf das Niveau von 1939.«

[5] K. HÄUSER in: G. STOLPER, Dt. Wirtschaft, S. 211.

[6] Zahlen nach: Bremer Ausschuß für Wirtschaftsforschung, Am Abend der Demontage. Sechs Jahre Reparationspolitik (1951); bei: R. JOCHIMSEN, Die gesamtwirtschaftl. Entwicklung, S. 715; Angabe in Dollar nach: Materialien z. Bericht z. Lage d. Nation 1974 (s. o.), S. 405, Anm. 222.

Kapitel 13
Gewerkschaften und gesellschaftliche Veränderungen in der sowjetischen und in den westlichen Besatzungszonen

Wenn auch in den ersten Nachkriegsjahren die politische Verfügungsgewalt über die Wirtschaft in den Händen der Besatzungsmächte lag, so wurden doch im deutschen Volk in Auseinandersetzung mit der Politik der Besatzungsmächte damals bereits die grundlegenden Vorentscheidungen für die später wieder selbst zu verantwortende Wirtschafts- und Sozialpolitik getroffen. Von großer Bedeutung war die Haltung der Gewerkschaften. Aufgrund der geschichtlichen Erfahrungen schien es geboten, die frühere Zersplitterung in Richtungsgewerkschaften zu vermeiden. Schon kurz vor der Zerschlagung der Gewerkschaften unter Hitler hatten am 28. April 1933 Vertreter der Freien, der Christlichen und der Hirsch-Dunckerschen Gewerkschaften – so Theodor Leipart, Jakob Kaiser, Wilhelm Leuschner, Adam Stegerwald und Ernst Lemmer – einen »Führerkreis der Vereinigten Gewerkschaften« gebildet in der trügerischen Hoffnung, vielleicht durch eine solche Zusammenfassung der Kräfte unter gleichzeitiger Loyalitätserklärung gegenüber dem Regime in einer Mischung von Anpassung und Widerstand (G. Beier) eine Möglichkeit zur Selbstbehauptung zu finden[1]. Später hatten Gewerkschaftsführer eine aktive Rolle in der Widerstandsbewegung gespielt. Hier war der Plan gefaßt worden, nach Beseitigung Hitlers eine einheitliche »Deutsche Gewerkschaft« zu bilden.

Solche Pläne ehemaliger Gewerkschaftsführer im Widerstand entsprachen den Wünschen an der Basis. Im Zuge der Besetzung Deutschlands kam es in Betrieben und Ortschaften zu spontanen gewerkschaftsartigen Zusammenschlüssen von Arbeitern. Dies schien zunächst ganz im Sinne eines Aufrufs zu sein, den General Eisenhower im März 1945 erlassen hatte. Die Bildung von demokratischen Gewerkschaften sollte erlaubt sein. Tatsächlich jedoch wurden wie in der sowjetischen, so auch in den westlichen Besatzungszonen alle spontanen Zusammenschlüsse, seien es antifaschistische Komitees, Betriebsräte oder Gewerkschaftsgruppen, alsbald wieder aufgelöst. So geschah es in Aachen, Hamburg und andernorts. Der Grund für dieses Vorgehen, das im Widerspruch zu der wohl nur propagandistisch zu verstehenden Proklamation Eisenhowers stand, ist in dem tiefen Mißtrauen der Siegermächte gegenüber dem deutschen Volk insgesamt einschließlich seiner ehemaligen gewerkschaftlichen Massenorganisationen und nicht nur gegen dessen führende Schichten zu sehen.

Die Möglichkeiten der Kontrolle über neu erstehende deutsche Massenorganisationen waren in der sowjetischen Besatzungszone größer als im Westen, da dort die Besatzungsmacht mit den aus der Emigration zurückgekehrten Kommunisten über eine ihr unbedingt ergebene politische Gruppe verfügte. Nun sah das Potsdamer Abkommen die Bildung freier Gewerkschaften vor mit der charakteristischen Einschränkung, daß die Aufrechterhaltung der militärischen Sicherheit Vorrang haben sollte. Bereits vor der Potsdamer Konferenz jedoch, nämlich am 10. Juni 1945, wurden in der Sowjetzone ähnlich wie die Parteien, so auch die Gewerkschaften mit einem erheblichen zeitlichen Startvorsprung vor den westlichen Besatzungszonen ins Leben gerufen, und zwar ähnlich wie die Parteien von vornherein für die gesamte Zone. Der »Freie Deutsche Gewerkschaftsbund« (FDGB) entstand als eine Einheitsgewerkschaft mit zentralisierter Führungskompetenz gegenüber den einzelnen Industriegewerkschaften, aus denen er sich zusammensetzte. An der Gründung und anfänglichen Entwicklung waren auch christliche und demokratische Gewerkschaftsführer beteiligt wie Jakob Kaiser und Ernst Lemmer. Nach Bildung der SED verstärkte sich der kommunistische Einfluß, bis schließlich der FDGB in seiner Satzung vom 3. September 1950 die führende Rolle der SED anerkannte. Damit löste sich der FDGB aus der bisherigen Entwicklung der Gewerkschaften, zu deren Selbstverständnis die Unabhängigkeit gegenüber politischen Parteien gehört hatte. Mit der Errichtung einer strikten Staatskontrolle über die in den Prozeß der Sozialisierung gelenkte Wirtschaft der sowjetischen Besatzungszone entfiel aber auch das Streikrecht als die stärkste Waffe im Kampf um die Verbesserung der Arbeitsbedingungen. Die eigentliche Aufgabe der Gewerkschaften in der Sowjetzone bestand nunmehr darin, in den Betrieben für die Erfüllung der von der politischen Führung gesetzten wirtschaftlichen und gesellschaftlichen Ziele zu sorgen. Daneben erhielt der FDGB eine politische Erziehungs- und Kontrollfunktion. In seinem Verhältnis zu den westlichen Gewerkschaften wurde er ein propagandistisch wirkungsvolles Instrument zur Vertretung der sowjetischen Deutschlandpolitik gegenüber der westlichen. Seine Mitgliederzahl betrug Ende 1946 ca. 4 Millionen gegenüber etwa 3 Millionen in den Gewerkschaften der Westzonen. Der Grund für die absolut und relativ so viel stärkere Entwicklung der Gewerkschaften in der sowjetischen Besatzungszone ist darin zu erblicken, daß hier die Mitgliedschaft Voraussetzung für jedes berufliche Fortkommen wurde und daß in den westlichen Zonen die Besatzungsmächte der Bildung von Gewerkschaften zunächst zurückhaltend gegenüberstanden. Um ihren demokratischen Aufbau zu gewährleisten, wollte man eine langsame stufenweise Entwicklung von unten nach oben. In der amerikanischen und französischen Zone wurde der gewerkschaftliche Zusammenschluß lediglich innerhalb der einzelnen Länder und nur im britischen Verantwortungsbereich im April 1947 für die gesamte Zone erlaubt. Es sind vom November 1946 ab mehrere Interzonenkonferenzen auch unter Beteiligung von Vertretern des FDGB durchgeführt worden. Im August 1948 erfolgte der Bruch zwischen den Gewerkschaften der sowjetischen und der westlichen Zonen, aber erst am 13. Oktober 1949, d. h. nach der Begründung der Bundesrepublik, wurde der Deutsche Gewerkschaftsbund (DGB) mit Hans Böckler als seinem ersten Vorsitzenden gegründet[2]. In seinem organisatorischen Aufbau besitzen die einzelnen Industriegewerkschaften, aus denen er sich zusammensetzt, ein starkes Eigengewicht im und gegenüber dem Bundesvorstand. Dieser föderative Aufbau des Deutschen Gewerkschaftsbundes ist auf die starke Einflußnahme der britischen Militärregierung zurückzuführen. Im Gegensatz hierzu hätten manche deutschen Gewerkschaftsführer eine stärkere zentrale Führung gewünscht. Für die spätere Machtstellung der Gewerkschaften in Westdeutschland wurde es entscheidend, daß sich mit der Gründung des DGB der Gedanke der Einheitsgewerkschaft durchsetzte. Der neue unselbständige Mittelstand allerdings schuf sich eine eigene Interessenvertretung in der »Deutschen Angestellten-Gewerkschaft« (DAG, 1948).

Unbestritten war zwischen den westlichen Besatzungsmächten und den neuen Gewerkschaften, daß zu ihren zentralen Aufgaben das Aushandeln kollektiver Tarifverträge gehörte. Darüber hinaus entwickelten die Gewerkschaften selber im Unterschied namentlich zu den Vorstellungen der amerikanischen Besatzungsmacht ein soziales Reformprogramm. Sie forderten in Übereinstimmung mit Sozialdemokraten und Christlichen Demokraten die Vergesellschaftung der Kohle und anderer Schlüsselindustrien und darüber hinaus eine weitgehende betriebliche, unternehmerische und überbetriebliche Mitbestimmung. In der Zeit des Dritten Reiches hatten emigrierte Gewerkschaftler die Hoffnung gehegt, daß nach dem Zusammenbruch der nationalsozialistischen Herrschaft die Stunde der Verwirklichung solcher Pläne gekommen sein werde. Auch in den Zukunftsplänen des Widerstandes hatten gewerkschaftliche Vorstellungen ihren Niederschlag gefunden. So war in einer von Carl Goerdeler im Gefängnis gefertigten Niederschrift über den zukünftigen inneren Zustand Deutschlands »die Sozialisierung der Bodenschätze und der der ganzen Wirtschaft dienenden Monopolbetriebe« vorgesehen. Die Gewerkschaften sollten das Vorschlagsrecht haben für die von der Belegschaft zu wählenden Vertreter in Aufsichtsräten und Vorständen der Unternehmungen[3]. Von solchen Plänen wollten jedoch die westlichen Besatzungsbehörden nichts wissen. Zwar übten die amerikanischen Gewerkschaften einen nicht geringen Einfluß auf die Besatzungspolitik aus, aber sie waren entschiedene Anhänger der kapitalistischen Wirtschaftsordnung: »Der amerikanische Arbeiter«, so drückte es einer der Redner auf einem Kongreß der American Federation of Labor aus, der sich im April 1944 mit Nachkriegsfragen beschäftigte, »glaubt an freies Unternehmertum und Kapitalismus und daran, daß er in diesem System einen wichtigen Platz innehat.«[4] Und die britische Militärregierung erhielt zwar ihre Weisungen von einer Labour-Regierung, aber ihre Beamten an Ort und Stelle waren nicht durchweg gewerkschaftsfreundlich, und die britische Labour Party war mehr als zurückhaltend gegenüber den deutschen Gewerkschaften. Auf einem britischen Gewerkschaftskongreß im September 1945 wurde geradezu davor gewarnt, den deutschen Gewerkschaften ein Streikrecht einzuräumen, und eine Delegation des Trade Union Congress, die Anfang 1946 Deutschland bereiste, kam zum Ergebnis, ein volles Koalitionsrecht sei in Deutschland zur Zeit nicht angebracht und, solange die Besatzung Deutschlands andauere, auch nicht zu erreichen[5].

Stärkste Bedenken hatten die westlichen Besatzungsmächte vor allem aber gegen eine interzonale Verflechtung der westlichen Gewerkschaften mit dem FDGB. Sie waren von der Sorge geleitet, daß in einer organisatorisch einheitlichen deutschen Gewerkschaftsbewegung der bestimmende Einfluß den Kommunisten zufallen könne. Und, so hieß es in einem Rundschreiben der American Federation of Labor: »Wer die deutschen Gewerkschaften kontrolliert, wird das deutsche Volk kontrollieren.«[6] Auf der anderen Seite bestand die propagandistische

Stärke des FDGB unter Führung von Hans Jendretzky darin, daß er die Forderung des Kampfes aller organisierten Werktätigen gegen die Unternehmer mit der nationalen Einheitsparole des Aufbaus einer »Deutschen Demokratischen Republik« verband[7].

Wie verhalten sich in den westlichen Besatzungszonen die sozialreformerischen Zielvorstellungen der Gewerkschaften zu dem tatsächlich Erreichten? In dem Vorstellungsbereich des in den zwanziger Jahren entwickelten Konzeptes der Wirtschaftsdemokratie setzten sich die Gewerkschaften besonders für die unternehmerische Mitbestimmung in den Aufsichtsräten der Großindustrie ein. Schon im Winter 1945/46 kam es aufgrund dieser Forderungen anhand von Angeboten verschiedener Unternehmer zu Verhandlungen, die im Zuge der Entflechtung der Montanindustrie zum Erfolg führten. Wenn sich die Unternehmerseite hierbei zu weitgehenden Zugeständnissen bereitfand, so ließ sie sich von der Erwartung leiten, durch die Einführung paritätischer Mitbestimmung einer zu weitgehenden Entflechtung zu entgehen. Unter ökonomischem Aspekt fand die Entflechtung scharfe Kritiker. Am schärfsten hat sich der führende Wirtschaftsjournalist der Weimarer Zeit, Gustav Stolper, geäußert: »... in einem Anfall politischen Wahnsinns – um das Wiederaufleben eines künftigen ›Kriegspotentials‹ zu verhüten – hat man eine der technisch fehlerfreiesten industriellen Organisationen der Welt zertrümmert ...«[8] Auch von kommunistischer Seite wurde die Entflechtung verworfen und statt dessen, um die private wirtschaftliche Machtballung zu zerbrechen, Sozialisierung gefordert. Die Gewerkschaften akzeptierten die Entflechtung, ohne sich für sie zu engagieren. Denn Sozialisierung und Entflechtung wiesen in verschiedene Richtungen. So ist es auch kennzeichnend, daß die britische Labour-Regierung in der Entflechtung entschieden zurückhaltender vorging als die amerikanische Besatzungsmacht. Wenn hinter der Entflechtungsprogrammatik als entscheidendes Motiv die Absicht stand, die politische Macht der Unternehmer nicht wieder hochkommen zu lassen, so lag die Überlegung nahe, ob dieses Ziel nicht auf wirtschaftlich vernünftigere Weise erreicht werden könne durch Mitbeteiligung der Arbeitnehmer an den Unternehmensleitungen sowie an den überbetrieblichen Gremien der wirtschaftlichen Selbstverwaltung und der staatlichen Wirtschaftspolitik. Zwar war die Entflechtung eine im Kontrollrat beschlossene Sache und konnte nicht verhindert werden. Aber für die Großbetriebe, in die man die aufgelösten Konzerne zerlegte, stellte die jetzt eingeführte paritätische Mitbestimmung der Arbeitnehmer in den Aufsichtsräten unter maßgeblicher Beteiligung der Gewerkschaften einen Schutz gegen weitere Entflechtung dar. In die eigentlichen Unternehmensleitungen, die Vorstände der Gesellschaften, trat als gleichberechtigtes Mitglied ein von den Arbeitnehmern bestimmter Arbeitsdirektor ein. Hier wurde ein Modell geschaffen, das später nach heftigen Kämpfen in die Bundesrepublik übernommen wurde. Nachdem es seine Bewährungsprobe bestanden hatte, sollte es zum Ausgangspunkt der im Laufe eines Vierteljahrhunderts an Breite gewinnenden Bestrebungen werden, Mitbestimmung als leitendes Prinzip im wirtschaftlich-gesellschaftlichen System der Bundesrepublik überhaupt zur Geltung zu bringen[9]. Zunächst jedoch gelang es den Gewerkschaften nicht, den in der Montanindustrie errungenen Erfolg auszubauen und die paritätische Mitbestimmung überbetrieblich auch in den neu erstehenden Industrie- und Handelskammern zu erlangen. Diese blieben in ihrer Neubildung nach 1945 das, was sie früher gewesen waren und heute aufgrund eines 1956 erlassenen Bundesgesetzes noch sind, öffentlich-rechtliche Vertretung regionaler wirtschaftlich-unternehmerischer Belange.

Ein innerbetrieblicher Ansatz zur Wirtschaftsdemokratie war in der Weimarer Zeit 1920 mit der Institution der Betriebsräte geschaffen worden. Zu einer Rätebewegung wie nach dem Ersten Weltkrieg kam es jedoch nach 1945 nicht. Der entscheidende Grund hierfür ist wohl darin zu erblicken, daß in den zwanziger Jahren die ursprünglich zwischen Räten und Gewerkschaften bestehenden Rivalitäten überwunden worden waren und die innerbetrieblichen Räte und die überbetrieblichen Gewerkschaften gelernt hatten, Hand in Hand zu arbeiten. Durch ein Kontrollratsgesetz vom 10. April 1946 wurde für die Betriebsräte, die inzwischen bereits an vielen Stellen gebildet worden waren, eine für alle vier Besatzungszonen gleichmäßige Grundlage geschaffen. Das Kontrollratsgesetz blieb aber insofern unbestimmt, als die Festlegung der genauen Befugnisse und Rechte der Betriebsräte jeweils in den einzelnen Unternehmen zwischen Arbeitgebern und Arbeitnehmern vertraglich ausgehandelt werden sollte. Für diese Verhandlungen gab das Gesetz die Anweisung, daß Betriebsräte und Gewerkschaften eng zusammenarbeiten sollten. Die westlichen Gewerkschaften haben zu diesem Zweck Mustervereinbarungen erstellt, mit deren

Hilfe sie ihren eigenen Einfluß in den Betriebsräten zu sichern vermochten. Die innerbetriebliche Mitbestimmung in sozialen und personellen Angelegenheiten erhielt später in der Bundesrepublik eine an das Betriebsrätegesetz von 1920 anknüpfende Regelung im Betriebsverfassungsgesetz vom Jahre 1952. Sie wurde durch Novellierung 1972 erheblich erweitert.

Betriebsräte waren nach dem Zusammenbruch 1945 vielerorts spontan neu gebildet worden. Die ersten aufgrund des Kontrollratsgesetzes im Jahre 1946 durchgeführten Betriebsratswahlen erbrachten in der Montanindustrie des Ruhrgebietes einen relativ hohen Anteil von Stimmen für kommunistische Kandidaten, nämlich im Bergbau 39%, in der Metallindustrie 28%. Durch ihre starke Stellung in den Betrieben gelang es den Gewerkschaften jedoch, die Entwicklung unter Kontrolle zu halten. Sie machten ihren ausgleichenden Einfluß geltend, als es nach dem erbarmungslos harten Winter 1946/47 verschiedenenorts zu Hungerrevolten kam. Andererseits übernahmen sie die Führung von Protestkundgebungen und Streiks, die sich gegen die Zerstörung von Arbeitsplätzen durch Demontage richteten.

Die Gewerkschaften rechneten nach dem Zweiten Weltkrieg stärker noch als nach dem Ersten damit, daß sich das kapitalistische System überlebt habe und eine Chance für die Verwirklichung des Sozialismus bestünde. So meinte Hans Böckler auf der ersten Konferenz der Gewerkschaften in der britischen Zone im März 1946: »Der Kapitalismus liegt in seinen letzten Zügen.«[10] Nach dem Zusammenbruch und in der deutschen Notlage erschien es in der Tat nicht vorstellbar, den Mangel liberal bewirtschaften zu wollen. Wer im Sozialismus die Alternative sah, setzte seine Hoffnung auf die englische Arbeiterregierung. Verkündete doch der britische Außenminister Ernest Bevin am 23. Oktober 1946 vor dem Unterhaus: »Wir wünschen, daß all diese Industrien in Zukunft in das Eigentum des deutschen Volkes übergehen und vom deutschen Volk selbst kontrolliert werden. Die rechtliche Form dieser Sozialisierung und öffentlichen Kontrolle wird jetzt ausgearbeitet. Diese Industrien müssen Eigentum des Volkes sein und vom Volk betrieben werden, unbeschadet der internationalen Kontrolle.«[11] Und der britische Leiter der North German Iron and Steel Commission erklärte gegenüber Gewerkschaftsvertretern: »Die Unternehmungen werden den früheren Besitzern nicht zurückgegeben werden.«[12] Dementsprechend war die Wirtschaftspolitik der Briten in ihrer Besatzungszone keineswegs unternehmerfreundlich. Sie verhinderte, daß sich die neu erstehenden Fachverbände zu einer zentralen Interessenvertretung der deutschen Industrie zusammenschlossen. Erst im Februar 1948 kam eine lose Arbeitsgemeinschaft zustande, und erst 1949 in politisch völlig veränderter Lage wurde der Bundesverband der Deutschen Industrie (BDI) gegründet. »Es scheint«, so hat man mit einer durch fehlende Quellenerschließung begründeten Vorsicht erklärt, »daß die britische Politik in der ersten Phase sowohl gegenüber den Gewerkschaften als auch gegenüber den Unternehmern nach dem Machtverteilungsprinzip verfuhr, wobei sie im frühen Stadium der Besatzungszeit aufgrund noch kriegsbedingter Industriellen-Feindlichkeit den Arbeitnehmern einen leichten Vorzug einräumte.«[13] Daß die Briten aber keinen ernsthaften Versuch unternahmen, die Schlüsselindustrien in ihrer Zone zu vergesellschaften, ist im wesentlichen auf amerikanischen Einfluß zurückzuführen. Großbritannien, durch den Krieg wirtschaftlich erschöpft, war auf die Hilfe der Vereinigten Staaten angewiesen, nicht zuletzt auch für die Finanzierung von Zufuhren in die eigene Besatzungszone. General Clay setzte sich mit Nachdruck dafür ein, daß auch in der britischen Zone, so wie es in der amerikanischen geschah, die Militärregierung allen Sozialisierungsbestrebungen mit dem Argument entgegentrat, die Entscheidung in dieser Frage sei einer zukünftigen frei gewählten deutschen Regierung vorzubehalten. So verweigerten die Briten auch die Zustimmung zu einem vom Landtag in Nordrhein-Westfalen im August 1948 angenommenen Gesetz über die Sozialisierung der Kohleindustrie, das auf Antrag der SPD gegen die Stimmen der FDP und bei Stimmenthaltung der in dieser Frage in sich gespaltenen CDU beschlossen worden war[14].

Im Zusammenhang der gesellschaftlich-wirtschaftlichen Probleme stellte sich auch die Frage der Bodenreform[15]. Die Sieger wie auch ein großer Teil der Deutschen selbst stimmten in der Überzeugung überein, daß der deutsche Großgrundbesitz zerschlagen oder zumindest begrenzt werden müsse. Bei den Alliierten überwog dabei zunächst das politische Motiv, der früher einflußreichen konservativ-großagrarischen Führungsschicht die wirtschaftliche Grundlage für die Wiedergewinnung einer gesellschaftlichen Machtstellung zu nehmen. Ähnlich argumentierten die Sozialdemokraten, wobei zunächst ein Teil von ihnen, wie die Gewerkschaften der westlichen Zonen, der Erprobung genossenschaftlicher Eigentums- und Bewirtschaftungsformen zuneigten. Auch die bürgerlichen Parteien traten für eine Bodenreform ein, aber nicht aus gesellschaftspolitischen Gründen, sondern um Siedlungsland vor allem für die Ostvertriebenen zu gewinnen. Die Frage wurde seit Ende 1945 im Kontrollrat diskutiert. Im April 1947 verabschiedeten die vier Außenminister in Moskau eine Empfehlung, bis Ende des Jahres in allen Zonen die Bodenreform durchzuführen. In den westlichen Zonen kam es jedoch bei Unterschieden im einzelnen zu keinen radikalen Eingriffen in die agrarischen Besitzverhältnisse. Man schreckte davor zurück, in der wirtschaftlichen Notlage der Nachkriegszeit die landwirtschaftliche Produktion zu gefährden. Zudem war der Anteil des Großgrundbesitzes an der landwirtschaftlichen Nutzfläche in den westlichen Zonen relativ gering (4,9% in der amerikanischen, 4,1% in der französischen, 6,9% in der britischen Zone [nur in Schleswig-Holstein 13%] gegenüber 29,8% in der sowjetischen Zone). Die Amerikaner bereiteten schon 1945 Maßnahmen zur Enteignung der Betriebe mit mehr als 100 ha Nutzfläche vor. Der Länderrat der amerikanischen Zone erließ am 13. August 1946 ein »Gesetz zur Beschaffung von Siedlungsland und zur Bodenreform«. Nach diesem Gesetz hätten in der US-Zone rd. 290000 ha Land gegen Entschädigung abgetreten werden müssen, tatsächlich jedoch wurden nur 24701 ha zur Verfügung gestellt. In der französischen Zone wurde erst am 18. Oktober 1947 eine entsprechende Verordnung erlassen, deren Durchführung den Länderregierungen beträchtlichen Spielraum ließ und nur geringfügige Ergebnisse erbrachte. Etwas größeren Umfang erreichte die Bodenreform in der britischen Zone. Die Verordnung der Militärregierung zur Bodenreform vom 11. September 1947 stellte diese unter das Motiv der sozialpolitischen Veränderung, band sie aber gleichzeitig daran, daß negative Auswirkungen auf die Produktion vermieden werden müßten. Vorgesehen wurde gegen Entschädigung die Enteignung aller Betriebe mit mehr als 150 ha Nutzfläche. Anders als in der Sozialisierungsfrage bestand die britische Regierung auf der Ausführung dieser Anordnung. In Schleswig-Holstein, wo der Anteil des Großgrundbesitzes überdurchschnittlich hoch war (13% der Nutzfläche) und 30000 bis 40000 Anwärter auf Siedlerstellen warteten, setzte die SPD-Regierung unter Hermann Lüdemann gegen den Widerstand der CDU mit britischer Zustimmung am 12. März 1948 ein Durchführungsgesetz durch, das eine Höchstgrenze von 100 ha Nutzfläche vorsah. Statt der nach dem Gesetz abzutre-

tenden 128000 ha wurden bis 1957 jedoch nur 29808 ha Boden-
reformland vom Staat in Anspruch genommen, und zwar aufgrund freiwilliger Landabgaben. Für den Erwerb größerer Flä-
chen fehlten die zur Entschädigung der Eigentümer notwendigen Mittel. In dieser Zeit wurden etwa 8000 Vertriebene ange-
siedelt. In Nordrhein-Westfalen, wo es wenig Großgrundbesitz
gab, aber insgesamt 300000 bis 350000 Siedlerwünsche berücksichtigt werden sollten, setzten sich im wesentlichen die Vorstellungen der CDU durch. Ein Kompromiß vom November
1948, dem alle Parteien zustimmten, begrenzte den landwirtschaftlichen Besitz auf 125 ha und sah für alle anderen Besitzer
eine gestaffelte Landabgabe von 1–5% für den Besitz bis zu
100 ha bzw. von 30–45% für den über 100 ha vor. Wegen dieser
letzten Bestimmung vor allem lehnte die Militärregierung das
Gesetz ab. Nach harten Auseinandersetzungen kam im April
1949 ein Gesetz zustande, das die Maximalgrenze auf 100 ha
herabsetzte, aber auf eine Landabgabe vom Besitz unter 100 ha
verzichtete. Aufgrund dieses Gesetzes wurden bis 1954 weitgehend ohne Enteignung knapp 30000 ha Siedlungsland zur Verfügung gestellt, davon etwa die Hälfte aus dem Besitz über
100 ha. Besonders hart umkämpft war die Bodenreform zwischen den Parteien in Niedersachsen. Sie verursachte im März
1948 eine anhaltende Regierungskrise. Da der niedersächsische
Landtag im Frühjahr 1949 noch immer kein Durchführungsgesetz verabschiedet hatte, erließ die Militärregierung am 17. Juni
1949 eine Verordnung, die die Höchstgrenze des Besitzes auf
100 ha Nutzfläche festsetzte und die sofortige Beschlagnahme
des darüber hinausgehenden Landes vorsah, aber zahlreiche
Ausnahmeregelungen zuließ. Die Auswirkungen waren mini-
mal: von dem durch das Gesetz betroffenen Land wurden bis
1957 nur 13000 ha abgegeben. In Niedersachsen verfügte der
Grundbesitz über eine gute Organisation und zahlreiche Quer-
verbindungen zu Parteien (insbesondere zur DP) und konnte
daher alle größeren Eingriffe verhindern. Außerdem stand hier
umfängliches öffentliches Land zur Verfügung, das man zur
Siedlung heranziehen konnte.

Im Gegensatz zu den westlichen Besatzungszonen wurde die
sowjetzonale Wirtschaft von vornherein einem tiefgreifenden
Strukturwandel unterworfen. In der Geschichtsschreibung der
DDR werden die Jahre von 1945 bis 1949 als die einer »antifaschistisch-demokratischen Umwälzung« bezeichnet, der erst in
den Jahren 1949 bis 1955 die »Schaffung der Grundlagen des

Sozialismus« gefolgt sei. In der Tat ist in den ersten Proklamationen der KPD bzw. SED nicht vom Ziel des Sozialismus die Rede. Dennoch weisen die wirtschaftlichen Maßnahmen der ersten Nachkriegsjahre in diese Richtung. Die am 9. Juli 1945 offiziell errichtete Sowjetische Militäradministration (SMAD) bediente sich für die Durchführung ihrer Maßnahmen des zuverlässigen Personenkreises der aus der Emigration zurückgekehrten Kommunisten. Als Instrument für die Durchführung ihrer wirtschaftlich-sozialen Absichten richtete sie noch während der Potsdamer Konferenz am 27. Juli 1945 zentrale »deutsche Verwaltungen« ein, die eine einheitliche Umgestaltung der Wirtschaft im Gesamtbereich der sowjetischen Besatzungszone gewährleisteten. Am 23. Juli 1945 wurden die Banken und Sparkassen entschädigungslos enteignet. Eine am 3. September 1945 in der Provinz Sachsen beginnende Bodenreform führte zur entschädigungslosen Enteignung des Grundbesitzes über 100 ha. Enteignet wurden auch die Grundeigentümer, die als Nationalsozialisten oder Militaristen galten. Analog dem Vorgang der Agrarrevolution in Rußland 1917/18 wurde das enteignete Land zunächst nicht kollektiviert, sondern Kleinbauern, Neusiedlern (Flüchtlingen) und Landarbeitern in kleinen Parzellen zugeteilt. Erst in einem späteren Stadium der Entwicklung der DDR erfolgte die Vergesellschaftung in der Form von landwirtschaftlichen Produktionsgenossenschaften. Zunächst beschränkte man sich darauf, Ausleihstationen für landwirtschaftliche Maschinen, Saatgutbeschaffung, Kredite und dergleichen, durch »Ausschüsse für gegenseitige Bauernhilfe« genossenschaftlich zu organisieren. Wie in der Landwirtschaft, so wurden auch in der Industrie ohne eine offene sozialistische Programmatik die Eigentumsverhältnisse schon in den Jahren 1945 und 1946 radikal verändert. Am 30. Oktober 1945 wurde neben früherem deutschen Staatsbesitz auch das Eigentum von »Amtsleitern der nationalsozialistischen Partei, deren führenden Mitgliedern und einflußreichen Anhängern« sowie von »Personen, die von dem Sowjetischen Militärkommando durch besondere Listen oder auf eine andere Weise bezeichnet werden«, beschlagnahmt. Die beschlagnahmten Unternehmungen gingen in die Hände der Länder, Kreise oder Gemeinden über. Ein Teil der enteigneten Betriebe wurde am 5. Juni 1946 in »sowjetische Aktiengesellschaften« verwandelt (1953 von der DDR zurückgekauft). Mit ihrer Hilfe kontrollierte die Besatzungsmacht die Grundstoff- und Investitionsgüterindustrien.

Etwa ein Viertel der in der Industrie Tätigen war in den sowjetischen Aktiengesellschaften beschäftigt. Deren Produktionswert lag bei etwa einem Drittel der gesamten Industrieerzeugung.

Wie weit entsprachen solche Maßnahmen dem Willen der Bevölkerung? In Sachsen fand am 30. Juni 1946 eine Volksabstimmung über die »Übergabe von Betrieben von Kriegs- und Naziverbrechern in das Eigentum des Volkes« statt. Sie erbrachte eine Mehrheit von 77,7%. Zur Einschätzung dieses Ergebnisses sind folgende Momente zu berücksichtigen: Die Programmatik aller Parteien in der sowjetischen wie in den westlichen Besatzungszonen ließ erkennen, in welch hohem Maße in der deutschen Bevölkerung der Wunsch vorhanden war, als Fazit der vergangenen zwölf Jahre und des verlorenen Krieges Änderungen in den Eigentumsverhältnissen vorzunehmen. Man kann davon ausgehen, daß die Vergesellschaftung von Schlüsselindustrien in der sowjetischen Zone dem Wunsche einer Mehrheit der Bevölkerung entsprach, wenn auch die Abstimmung unter einseitiger Verwendung des behördlichen Apparates zugunsten des von der Besatzungsmacht erwarteten Ausgangs durchgeführt wurde. Ein Beispiel dafür, daß abweichende Meinungen nicht die Möglichkeit hatten, sich frei zu behaupten, ist der durch die Sowjetische Militäradministration am 19. Dezember 1945 erzwungene Rücktritt der CDU-Führer Andreas Hermes und Walther Schreiber aus dem Vorstand der Union, weil sie sich gegen die Methoden ausgesprochen hatten, mit denen die Bodenreform durchgeführt wurde. Sie erhoben rechtliche Einwände gegen die Entschädigungslosigkeit der Enteignung und wirtschaftliche Bedenken gegen die überstürzte Zerteilung agrarischer Betriebseinheiten, die die Ernährungslage nur weiter verschlimmern konnte[16]. Das Ergebnis der im Jahre 1946 durchgeführten Gemeinde- und Landtagswahlen und insbesondere der Senatswahlen in Berlin, wo SPD und SED gegeneinander auftreten konnten, zeigte mit aller Deutlichkeit, daß sich die Mehrheit der Bevölkerung in ihrer Bereitschaft zu sozialen Reformen politisch von den Vorstellungen einer parlamentarischen Demokratie leiten ließ.

Zu der Frage Reform, Revolution, Restauration gibt es eine Fülle von polemischer historisch-politischer Literatur, aus der hervorgehoben seien: E.-U. HUSTER/G. KRAIKER u. a., Determinanten der westdt. Restauration 1945–1949 (Tb. 1972); Ute SCHMIDT/T. FICHTER, Der erzwungene Kapitalismus 1945–48. Klassenkämpfe in den Westzonen 1945–48 (Tb. 1971).
Über die Gewerkschaftsgeschichte nach 1945 ist eine wiss. Darstellung zu

erwarten von G. BEIER; zur Orientierung vorläufig: ders., Krit. Lit.bericht zur Gesch. der dt. Gewerkschaften seit 1945, in: IWK 15 (April 1972); als Selbstzeugnis des DGB: 1945–1955. Zehn Jahre Arbeit, zehn Jahre Aufstieg, zehn Jahre neue dt. Gewerkschaftsbewegung (1956); D. SCHUSTER, Die dt. Gewerkschaften seit 1945 (Tb. 1973); H. J. VARAIN, Parteien u. Verbände. Eine Studie über ihren Aufbau, ihre Verflechtung u. ihr Wirken in Schleswig-Holstein 1945–1958 (1964); polemisch von unterschiedl. Standorten aus: Th. PIRKER, Die blinde Macht. Die Gewerkschaftsbewegung in Westdtld., 1. Teil: 1945 bis 1952, Vom »Ende des Kapitalismus« zur Zähmung der Gewerkschaften (1960), 2. Teil: 1953–1960, Weg u. Rolle der Gewerkschaften im neuen Kapitalismus (1960) u. G. TRIESCH, Die Macht der Funktionäre. Macht u. Verantwortung der Gewerkschaften (1956); von einem sozialpartnerschaftl. Konzept geleitet W. NEUMANN, Die Gewerkschaften im Ruhrgebiet. Voraussetzungen, Entwicklung u. Wirksamkeit (1951); demgegenüber aus der Schule von W. ABENDROTH: E. SCHMIDT, Die verhinderte Neuordnung 1945–1952. Zur Auseinandersetzung um die Demokratisierung der Wirtschaft in den westl. Besatzungszonen u. in der BRD (³1972). – Zum Selbstverständnis des FDGB: H. JENDRETZKY, Der gewerkschaftl. Kampf um Frieden, Einheit u. Sozialismus 1945–1948. Aus Reden u. Aufsätzen (Berlin-Ost 1961). – Zum FDGB: K. BORMANN, Die Entwicklung der Gewerkschaften in der SBZ, in: Die Arbeit 3 (1949); H. VOSSKE, Über die polit.-ideolog. Hilfe der KPdSU, der Sowjetregierung u. der SMAD für die dt. Arbeiterklasse in den ersten Nachkriegsjahren (1945–1949), in: Beiträge zur Gesch. der Arbeiterbewegung 14 (1972).

¹ G. BEIER (Hg.), Dokumentation s. Bd. 20, Kap. 7, Anm. 11; ders., Einheitsgewerkschaft. Zur Gesch. eines organisatorischen Prinzips der dt. Arbeiterbewegung, Archiv f. Sozialgesch. 15 (1973).

² G. BEIER, Volksstaat u. Sozialstaat. Der Gründungskongreß des DGB in München 1949 u. Hans Böcklers Beitrag zur Stellung der Gewerkschaften in Gesellschaft u. Staat, in: H. O. VETTER (Hg.), Vom Sozialistengesetz zur Mitbestimmung. Zum 100. Geburtstag von H. Böckler (1975).

³ Niederschrift Goerdelers im Anhang I u. eine Zusammenstellung »Zum Aufbau der dt. Gewerkschaft nach Aussagen W. Leuschners vor der Gestapo« im Anhang III von G. RITTER, Carl Goerdeler u. die dt. Widerstandsbewegung (1954).

⁴ Americ. Fed. of Labor, Post-War Forum, New York City, April 12th and 13th, 1944, Complete Reports of Proceedings (Washington o. J.), S. 50, zit. bei G. BEIER, Probleme der Gründung u. des Aufbaus westdt. Gewerkschaften unter dem Primat der Außenpolitik (Ms. 1972).

⁵ Hamburger Nachrichtenblatt, 4. März 1946, zit. bei G. BEIER.

⁶ Zit. BEIER, S. 42.

⁷ H. JENDRETZKY, Der gewerkschaftl. Kampf um Frieden, Einheit u. Sozialismus 1945–1948. Aus Reden u. Aufsätzen (Berlin-Ost 1961); ders., Londoner Konferenz u. Gewerkschaftseinheit, in: Die Arbeit 1 (1947).

⁸ G. STOLPER, Die dt. Wirklichkeit (1949), S. 224.

⁹ Einführung in Gesch. u. Probleme: G. APEL, Mitbestimmung. Grundlagen, Wege, Ziele (1969).

¹⁰ Zit. E. SCHMIDT, Die verhinderte Neuordnung 1945–1952 (1972), S. 68, nach Protokoll der 1. Gewerkschaftskonferenz der brit. Zone vom 12.–14. März 1946 (o. J.), S. 18.

¹¹ SCHMIDT/FICHTER, S. 35.

¹² Aus dem Nachlaß H. Deist, zit. bei E. SCHMIDT, Die verhinderte Neuordnung, S. 76.

¹³ P. HÜTTENBERGER, Die Anfänge der Gesellschaftspolitik in der brit. Zone. Ref. auf dem dt. Historikertag,

Regensburg 1972, abgedr. in VfZG 21 (1973).

[14] Hierzu P. HÜTTENBERGER, Nordrhein-Westfalen u. die Entstehung seiner parlament. Demokratie (1973), S. 410 ff.

[15] G. TRITTEL, Die Bodenreform in der brit. Zone 1945–1949 (1975).

[16] P. HERMES, Die Christl.-Demokrat. Union u. die Bodenreform in der Sowj. Besatzungszone Dtlds. im Jahre 1945 (1963). In einem S. 54 zit. Schreiben vom 18. Okt. 1945 sagte Andreas Hermes über die Stellung der CDU zur Bodenreform: »Es ist selbstverständlich, daß die CDU, die zwar mit den anderen antifaschistischen Parteien die Bodenreform grundsätzlich be-

jaht hat, sich niemals mit einer entschädigungslosen Enteignung des landwirtschaftlichen Besitzes einverstanden erklärt hat und auch niemals erklären wird, abgesehen von dem Besitz von Kriegsverbrechern und aktiven Nazis.«; Anna HERMES, Und setzet ihr nicht das Leben ein. Andreas Hermes. Leben u. Wirken nach Briefen. Tagebuchaufzeichnungen u. Erinnerungen (1971). – Auch von seiten der LDP kamen Bedenken gegen eine entschädigungslose Enteignung. Vgl. E. WEYMAR, Die Sozialisierung der Landwirtschaft in der Sowjetunion, in Mitteldtld. u. in Jugoslawien, GWU 11 (1960).

Kapitel 14
Die politische Entwicklung der sowjetischen Besatzungszone 1945–1947

Der Tatsache Rechnung tragend, daß im deutschen Volk die Erfahrungen mit dem Nationalsozialismus jede politische Neuordnung von vornherein diskreditieren mußten, die nicht zunächst ein größeres Maß an Rechtssicherheit und persönlicher Freiheit in Aussicht stellte, hatte es die Kommunistische Partei bei ihrem ersten Auftreten vermieden, das Sowjetsystem für Deutschland zu propagieren. Statt dessen redete sie von der Vollendung der 1848 nicht zum Zuge gekommenen bürgerlichen Revolution. Nach dem ideologischen Selbstverständnis der SED stellte die in der Sowjetzone in der Zeit von der Kapitulation bis zur Errichtung der DDR unter dem Protektorat der Besatzungsmacht vollzogene gesellschaftlich-politische »Umwälzung« eine bürgerliche Revolution dar, die unter der Hegemonie der Arbeiterklasse stattfand und in die sozialistische Revolution überleitete[1] – oder pragmatisch ausgedrückt mit den Worten einer Direktive, die Walter Ulbricht zu Beginn dieses Prozesses ausgab: »Es muß demokratisch aussehen, aber wir müssen alles in der Hand haben.«[2] Doch diese Taktik schlug nicht durch. Dem unter Verwendung demokratischer Vokabeln errichteten politischen System in der sowjetischen Besatzungszone ist es nicht gelungen, die freie Zustimmung der Mehrheit der Bevölkerung zu gewinnen. Das für die SED-Führung enttäuschende Ergebnis der Wahlen des Jahres 1946 (vgl. Kap. 10) veranlaßte sie, Techniken kontrollierter akklamatorischer Plebiszite zu entwickeln. Um die beanspruchte Hegemonie institutionell abzusichern, klare Alternativen konkurrierender Parteien auszuschließen und damit die Wahlen ihres eigentlichen Wahlcharakters zu berauben, wurden seit Zulassung der Parteien in der sowjetischen Besatzungszone im Laufe der Jahre verschiedene sich steigernde Methoden angewendet. Zunächst wurden am 14. Juli 1945 die zugelassenen Parteien zu einem »antifaschistischen Block« zusammengeschlossen. Das »Wesen der Blockpolitik« besteht nach den Worten Ulbrichts im Unterschied zur Koalitionspolitik westlicher Systeme darin, daß »die Arbeiterschaft die führende Rolle in der demokratischen Entwicklung übernimmt«[3]. Die Zusammensetzung des Blocks änderte sich im Laufe der Zeit. Während anstelle von KPD und SPD die SED trat, wurden Anfang 1948 auf Veranlassung der Sowjetischen Militäradministration zwei neue Parteien gegründet. Die »Nationaldemokratische Partei Deutschlands« (NDPD) diente dem Zweck, die ehemaligen Nationalsozialisten, denen der Eintritt in die bürgerlichen Parteien versagt war, zu erfassen und gleichzuschalten[4]. Die Gründung dieser Partei für ehemalige Nationalsozialisten erfolgte in Auswirkung eines Befehls der Sowjetischen Militäradministration, der besagte, daß »den ehemaligen Mitgliedern der Nazipartei, die sich nicht durch Verbrechen gegen den Frieden und die Sicherheit anderer Völker oder durch Verbrechen gegen das deutsche Volk selbst vergangen haben, ... nicht nur das aktive, sondern auch das passive Wahlrecht gewährt« werde[5]. Die zweite Neugründung, die »Demokratische Bauernpartei Deutschlands«, sollte die noch abseits stehende bäuerliche Bevölkerung dem Einfluß der bürgerlichen Parteien entziehen und einen »Einbruch in die bürgerliche Front erzielen«. Im Gründungsaufruf der Partei vom 25. April 1948 hieß es: »Eine solche demokratische Bauernpartei würde in keinem Gegensatz zu den anderen demokratischen Parteien stehen, besonders nicht zur Arbeiterpartei, da wir von dem Grundsatz ausgehen, daß Arbeiter und Bauern beim Neuaufbau unzertrennliche Glieder sind.«[6] Beide neuen Parteien ordneten sich ohne Vorbehalt der Führung durch die SED unter. Beider Vorsitzende – Lothar Bolz und Ernst Goldenbaum – waren in der Weimarer Zeit Mitglieder der KPD gewesen. Der Druck auf CDU und LDP verschärfte sich zunehmend. Profilierte Politiker, die gegenüber der SED eine eigene unabhängige Meinung zu vertreten wagten, wurden auf Veranlassung der Sowjetischen Militäradministration ihrer Funktion enthoben. So wurde die CDU zweimal gezwungen, ihre Führung zu wechseln: nachdem Andreas Hermes im Dezember 1945 seines Amtes enthoben wurde (vgl. Kap. 13), mußten im Jahre 1948 Jakob Kaiser und Ernst Lemmer weichen (vgl. Kap. 19). Die Blockausschüsse, die auf den verschiedenen Stufen der Organisation bis herunter zu den Gemeinden bestanden, wandelten ihre Funktion. Hatten sie ursprünglich dem Zweck gedient, die verschiedenen politischen Kräfte zusammenzufassen im Dienste gemeinsamer Aufgaben wie Beseitigung der Überreste des Nationalsozialismus und Ingangsetzung wirtschaftlich-sozialer Reform- und Aufbaumaßnahmen, so wurden sie mehr und mehr zu Organen für die Kontrolle der bürgerlichen Parteien und ihrer Unterordnung unter Strategie und Taktik der SED.

Der Spielraum der bürgerlichen Parteien wurde weiterhin dadurch eingeschränkt, daß in den Block im Jahre 1947 auch die sogenannten Massenorganisationen aufgenommen wurden, wie der »Freie Deutsche Gewerkschaftsbund« (FDGB), die »Freie Deutsche Jugend« (FDJ), der »Demokratische Frauenbund Deutschlands« (DFD), der »Kulturbund zur demokratischen Erneuerung Deutschlands« (KB) und die »Vereinigung der Verfolgten des Naziregimes« (VVN). Diese Massenorganisationen standen unter der Führung der SED. Über ihre politische Bedeutung erklärte Grotewohl: »Wir halten die Begrenzung des politischen Lebens auf der schmalen Basis der bürgerlichen Parteien für unzureichend. Je breiter und sicherer das tragende Fundament der Demokratie ist, desto fester und sicherer steht sie. Darum haben die politischen Parteien nicht das Recht, demokratische Massenorganisationen von der gemeinsamen Arbeit in den Blockausschüssen auszuschließen.«[7] Durch die politisch einheitlich dirigierten Massenorganisationen wurde die Bevölkerung weit über den in Parteien organisierten Teil hinaus nahezu in ihrer Gesamtheit erfaßt. Auch die Presse geriet mehr und mehr unter die ausschließliche Kontrolle der SED. Alle diese Maßnahmen zu einer möglichst vollständigen organisatorischen Eingliederung und politischen Gleichschaltung deuten auf das spätere System des totalitären Sozialismus der DDR hin.

Die sich so herausbildende »antifaschistisch-demokratische« Neuordnung stellt eine Vorstufe hierzu dar. Gegen die Einbeziehung der Massenorganisationen sprach sich Jakob Kaiser aus. Er warnte davor, die politischen Entscheidungen von den Parlamenten in den Block zu verlagern. Die bürgerlichen Parteien haben bis zur erzwungenen Gleichschaltung versucht, diese Entwicklung zu verhindern[8]. Dazu gehörte staatspolitisch das Festhalten an der Vorstellung eines Pluralismus gleichberechtigter Parteien. Gesellschaftspolitisch verwarfen LDP und CDU die Theorie des Klassenkampfes. So erklärte der Vorsitzende der LDP Külz auf dem Parteitag im Juli 1947: »Wir kennen das Wort Klassenkampf in unserem politischen Lexikon überhaupt nicht. Das gehört der Vergangenheit an. Im gleichen Augenblick, wo wir uns bemühen, mit unseren früheren Waffengegnern zum Ausgleich und zur Versöhnung zu gelangen, halten wir es für absurd, den alten Ladenhüter des Klassenkampfes hervorzuholen.«[9] Ähnlich äußerte sich Jakob Kaiser, wobei er zugleich der Überzeugung Ausdruck gab, daß Deutschland an der »Zeitenwende vom bürgerlichen Zeitalter zum Zeitalter des werktätigen Volkes« stehe[10]. Die Zonen-CDU propagierte unter Führung von Jakob Kaiser und Ernst Lemmer eine Verbindung von Christentum und Sozialismus, während die LDP sich offen gegen jede Art von Sozialismus aussprach. In einer auf dem 1. Parteitag der Ost-CDU beschlossenen Erklärung über den »Sozialismus aus christlicher Verantwortung« heißt es: »Die Sozialisierung, das heißt die Überführung des Eigentums an Produktionsmitteln in die öffentliche Hand, ist nur ein Mittel, neben anderen, zur sozialistischen Wirtschaftsordnung zu kommen. Ihre allgemeine Durchführung – wie der marxistische Sozialismus sie betreibt – lehnen wir ab.«[11] Jakob Kaiser glaubte an die Möglichkeit eines dritten Weges, einer »Synthese zwischen östlichen und westlichen Ideen«, und zwar sowohl in gesellschaftspolitischer wie in nationalpolitischer Bedeutung. Er ist mit dieser Vorstellung im Osten wie später im Westen gescheitert. Zum Bruch mit der SED und der sowjetischen Besatzungsmacht kam es im Zusammenhang mit den allianzpolitischen und nationalpolitischen Vorgängen, die in den Jahren 1947/48 zur offenen Spaltung Berlins, Deutschlands und der Welt führten (s. Kap. 19).

Aber nicht nur im Verhältnis der nichtmarxistischen Parteien zur SED wurde die Möglichkeit zu einer nichtkonformistischen unabhängigen Politik eingeschränkt und schließlich beseitigt.

Auch innerhalb der SED vollzog sich ein entsprechender Vorgang. Anfangs waren unter der Fassade der nachzuholenden bürgerlichen Revolution innerhalb der Partei Diskussionen zwischen unterschiedlichen Meinungen möglich gewesen. Viele gutgläubige Sozialdemokraten und nichtstalinistische Kommunisten nahmen den von der Führung offiziell vertretenen besonderen »deutschen Weg« zum Sozialismus als ein ernstgemeintes Programm. Als entsprechend der strategischen Gesamtlinie unter der Einwirkung der sich verschärfenden weltpolitischen Ost-West-Spannungen das stalinistische Element in der SED ab 1947 gegenüber dem »Sozialdemokratismus« härter den eigenen, kompromißlosen Führungsanspruch anmeldete und sich die SED zur »Partei neuen Typs« wandelte, blieb für die exponierten Nichtstalinisten nur der Weg der Unterwerfung oder der Flucht. Typisch für den ersten Weg ist Anton Ackermann, der durch Selbstanklage, wie sie nun als charakteristisches stalinistisches Disziplinierungsmittel üblich wurde, widerrief, was er vor der taktischen Wende der Parteiführung in Übereinstimmung mit ihr vertreten hatte (vgl. Kap. 10). Von überzeugten SED-Anhängern, die den Weg der Flucht wählten, sind bekannt geworden die Namen von Wolfgang Leonhard, dem jungen Kommunisten aus der Gruppe Ulbricht, von Erich W. Gniffke, einem alten Sozialdemokraten, Freund Grotewohls und Mitglied des Zentralsekretariats der SED, und von dem Ministerpräsidenten von Thüringen Rudolf Paul, einem ehemaligen, in die SED eingetretenen Demokraten. Leonhard und Gniffke[12] haben beschrieben, wie die Entwicklung in der SED dazu führte, daß unter zunehmendem moralischen und physischen Druck die freiheitlichen Kräfte außerhalb und innerhalb der Partei verstummen mußten. Hinter den offiziellen Parteivorsitzenden Pieck und Grotewohl baute Walter Ulbricht seine Herrschaft über den Apparat aus.

Während sich so in der straffen Disziplinierung und einheitlichen Ausrichtung der politischen Kräfte in einer systematischen Folge von Maßnahmen seit Kriegsende die Herausbildung des totalitären Führungsstils der späteren DDR ankündigte, wurde auch die administrative Staatsstruktur in wesentlichen Elementen bereits vorgeformt. Ausgangspunkt war die gebietsmäßige Gliederung der sowjetischen Besatzungszone in die Länder Mecklenburg, Sachsen und Thüringen und – vom 1945 staatsrechtlich noch existierenden Staat Preußen hergeleitet – die beiden Provinzen Brandenburg und Sachsen-Anhalt (die preußische Provinz Sachsen und das ehemalige Land Anhalt wurden zusammengelegt). Am 25. Februar 1947 wurde durch Gesetz Nr. 46 des Kontrollrats Preußen rechtlich aufgelöst. Brandenburg und Sachsen erhielten darauf den Status von Ländern. Nach außen hin blieb die Grenze der sowjetischen Besatzungszone nach Polen hin zunächst eine offene Frage. So trat Pieck noch am 16. September 1947 auf einer Kundgebung in Cottbus dafür ein, daß die Ostgrenze im Interesse des deutschen Volkes revidiert werde. Erst in einer veränderten weltpolitischen Situation erklärte Ulbricht am 22. Oktober 1948 die Oder-Neiße-Linie zur »Friedensgrenze zwischen Polen und Deutschland«.

In den Ländern führten die nach dem Proporzsystem durchgeführten Wahlen vom 20. Oktober 1946 zu einem für die SED enttäuschenden Ergebnis. Gerade in den Industriebezirken schnitt sie im Vergleich zu den kurz vorher durchgeführten Gemeindewahlen gegenüber den bürgerlichen Parteien schlecht ab: In Sachsen erhöhte sich der Stimmenanteil der SED von 48,4% auf 49,1%, der von CDU und LDP hingegen von 39,9% auf 48,1%, und in Sachsen-Anhalt sank der Anteil der SED von 49,5% auf 45,8%, während der von CDU und LDP von 31,1% auf 51,8% stieg: Das hieß in absoluten Zahlen: die SED verlor insgesamt 430000 Stimmen, während die beiden bürgerlichen Parteien 750000 Stimmen hinzugewannen. In Brandenburg und Sachsen-Anhalt büßte die SED die bei den Gemeindewahlen errungene Stimmenmehrheit ein. Sachsen-Anhalt erhielt darauf einen neuen Ministerpräsidenten, der der LDP angehörte. Alle anderen Ministerpräsidenten waren Mitglieder der SED und kamen ursprünglich aus der SPD. Wie die Länderparlamente wurden im übrigen die Landesregierungen aus Angehörigen der verschiedenen Parteien besetzt. Der SED blieb dabei in allen Ländern das Kultusministerium vorbehalten. Überall mit Ausnahme Brandenburgs hatte sie auch das über die Polizei verfügende Innenministerium inne. Die vier SED-Innenminister waren Kommunisten.

Durch Befehl der sowjetischen Militäradministration vom 27. Juli 1945 wurden schon während der Potsdamer Konferenz den Länderverwaltungen übergeordnete Zentralverwaltungen eingerichtet, und zwar für verschiedene Bereiche von Wirtschaft und Handel, aber auch für Volksbildung und Justiz. Die Zahl der zentralen Verwaltungsstellen erhöhte sich bis Mitte 1947 auf 15. Immer stärker verlagerte sich das Schwergewicht der Verwaltungsbefugnisse von den Ländern in die Zonenzentrale. Und wenn anfänglich eine Reihe von Präsidenten oder höheren Funktionsträgern in den Zentralverwaltungen Bürgerliche oder Sozialdemokraten gewesen waren, so wurde später nach und nach in der Stellenbesetzung der zentralen Verwaltung systematisch die marxistische Komponente ausgebaut. Insgesamt vollzog sich in der Sowjetzone unter dem Vorzeichen der Beseitigung des Faschismus ein radikaler Personenwechsel in der Verwaltung und in der Justiz (Kap. 8)[13]. Das schloß nicht aus, daß die sowjetische Militäradministration Fachkräfte, die sie benötigte, auch wenn diese Nationalsozialisten gewesen waren, oft zum Mißvergnügen der deutschen »Antifaschisten« weiter beschäftigte[14]. Durch die Entnazifizierung wurde das Gerichtswesen besonders radikal betroffen. An die Stelle der entlassenen Richter (85%) traten zunächst weitgehend linientreue, nur kurz ausgebildete Laienrichter. Die Polizei stand unter direkter sowjetischer Kontrolle. Ehemalige Konzentrationslager wurden ähnlich wie in den westlichen Besatzungszonen als Internierungslager weiterverwendet. Erst 1950 wurden die Lager von Buchenwald, Oranienburg und Bautzen aufgelöst. Die Insassen waren nur zum Teil Nationalsozialisten, daneben unerwünschte Personen der verschiedenen politischen Richtungen, auch nichtkonformistische Kommunisten. Der Gebrauch des unpräzisen Begriffs »Faschismus« erlaubte es, den Kreis der angeblichen Staatsfeinde beliebig über die Anhänger des Nationalsozialismus hinaus auszudehnen. Die Zahl der in den Lagern ohne Gerichtsurteil Inhaftierten ist schwer zu ermitteln. Sie wird für den Zeitraum von 1945–1950 auf 130000 geschätzt, die der in den Lagern ums Leben Gekommenen auf 50000, dazu 30000 bis 50000, die in Untersuchungshaft starben oder in die Sowjetunion deportiert wurden[15]. Der Polizeiapparat wurde organisatorisch gestrafft und zentralisiert im Zusammenhang mit der am 14. Juni 1947 von der Militäradministration befohlenen Bildung einer »Deutschen Wirtschaftskommission«. Hier wurden die verschiedenen zentralen Verwaltungen unter einem eigenen Apparat zusammengefaßt und mit erhöhten Vollmachten ausgestattet. Die Deutsche Wirtschaftskommission entwickelte sich zu einer unter der Kontrolle der Besatzungsmacht stehenden Zentralregierung für die gesamte Zone mit Weisungsbefugnis an die Landesverwaltungen[16]. Ihre Aufgabe war die zentrale Planung und Lenkung der Wirtschaft in Produktion und Verteilung. Dazu gehörte auch die Durchführung der Reparationslieferungen. Die Entstehung der Deutschen Wirtschaftskommission der sowjetischen Besatzungszone ist im Zusammenhang mit wirtschaftlichen Koordinierungsmaßnahmen zwischen der amerikanischen und britischen Zone zu sehen, die 1946 einsetzten. Es wäre jedoch falsch, diesen Ansatz zur späteren Staatsbildung der DDR primär als eine Reaktion auf westliche Vorgänge zu verstehen. Die Einrichtung einer zentralen Wirtschaftsführung in der Sowjetzone schon im Jahre 1947 ergab sich vielmehr in erster Linie aus den spezifischen Voraussetzungen der wirtschaftlichen und politischen Sonderentwicklung dieses Teiles von Deutschland. Die wachsende Ausdehnung des vergesellschafteten Sektors und die starke Ausrichtung der gesamten Wirtschaft der Zone auf sowjetische Bedürfnisse zogen in dem Prozeß zunehmender Sozialisierung eine zentrale staatliche Wirtschaftslenkung zwangsläufig nach sich. Die wirtschaftliche Zentralisierung verstärkte aber zugleich politisch den sogenannten »demokratischen Sozialismus«, insofern die Zentralverwaltungen und die Wirtschaftskommission in viel stärkerem Maße zu einer Domäne der SED wurden, als es in der »antifaschistisch-demokratischen« Anfangsphase bei den Ländern und Gemeinden der Fall gewesen war. Es besteht ein unmittelbarer Zusammenhang zwischen der Umwandlung der SED in eine sowjetisierte »Partei neuen Typus'« mit ihrem kompromißlosen Führungsanspruch und der Bildung der Wirtschaftskommission als einem Herschaftsinstrument der Partei.

Die Strukturveränderung der Gesellschaft, die Einschränkung des privaten wirtschaftlichen Initiativraumes und der Verlust an politischer Freiheit führten schon in der Anfangsphase der Sonderentwicklung der sowjetischen Besatzungszone zu einer starken Abwanderung bzw. Flucht in den Westen (vgl. Kap. 9). Diese Bewegung konnte zwar erschwert, aber keineswegs verhindert werden dadurch, daß auf Veranlassung der sowjetischen Militärregierung der Kontrollrat am 30. Juni 1946 die Demarkationslinie zur britischen und amerikanischen Zone sperrte. Wegen des starken Zustroms von Flüchtlingen aus den deutschen Ostgebieten stieg die Bevölkerung auch in der sowjetischen Besatzungszone in den drei ersten Nachkriegsjahren trotz der erlittenen Kriegsverluste und der ständigen Abwanderung nach Westdeutschland an. Gegenüber dem Vorkriegsstand von 16,7 Millionen Einwohnern erreichte sie 1948 ihren Höhepunkt mit 19,1 Millionen, um danach durch die verstärkte Flucht bis zum Mauerbau 1961 auf etwa 17,1 Millionen abzusinken. Für die Einschätzung der Motive für die Fluchtbewegung ist zu bedenken, daß bis zur Umorientierung der westlichen Besatzungspolitik in den Jahren 1947/48 die wirtschaftliche Lage Westdeutschlands hoffnungslos zu sein schien, daß die westdeutsche Industrie keine Arbeitsplätze anzubieten hatte, daß die Bevölkerung unterernährt war und eben aus diesem Grunde die westlichen Kontrollratsmitglieder dem sowjetischen Antrag zustimmten, um den unerwünschten Zustrom abzudämmen.

Dokumente: G. ALBRECHT (Hg.), Dok. zur Staatsordnung der Dt. Dem. Rep. (2 Bde. Berlin-Ost 1959); Dok. der SED s. Kap. 10; Dok. der CDU s. Kap. 11); Protokoll des Vereinigungsparteitages der Soz.dem. Partei Dtlds. (SPD) u. der Kommunist. Partei Dtlds. (KPD) am 21. u. 22. April 1946 in Berlin (1946); Protokoll der Verhandlungen des 2. Parteitages der Soz. Einheitspartei Dtlds., 20. bis 24. Sept. 1947 in Berlin (1947); Zur ökonom. Politik der Soz. Einheitspartei Dtlds. u. der Reg. der Dt. Dem. Rep. Zusammenstellung von Beschlüssen der Soz. Einheitspartei Dtlds. sowie Gesetzen u. Verordnungen der Reg. der Dt. Dem. Rep. (3 Bde. Berlin-Ost 1960). – Eine handliche einführende Zusammenstellung von Dok. mit Lit.angaben: E. DEUERLEIN (Hg.), DDR 1945–1970. Gesch.- u. Bestandsaufnahme (Tb. ⁴1972); Die Wahlen in der Sowjetzone. Dok. u. Materialien, hg. vom Bundesmin. f. Gesamtdt. Fragen (1964).

Nachschlagewerke hg. vom Bundesmin. f. Gesamtdt. Fragen bzw. Innerdeutsche Bez.: SBZ von A bis Z. Ein Taschen- u. Nachschlagebuch über den anderen Teil Dtlds. (¹¹1969); DDR-Handbuch, wiss. Leitg. P. Ch. LUDZ (1975); SBZ-Biographie. Ein biograph. Nachschlagebuch über die Sowj. Besatzungszone Dtlds. (1964); P. MITZSCHERLING u. a., DDR-Wirtschaft. Eine Bestandsaufnahme, hg. vom Dt. Inst. f. Wirtschaftsforsch. (Tb. 1971).

Forschungsstand: P. Ch. LUDZ/J. KUPPE, Lit. zum polit. u. gesellschaftl. System der DDR, Polit. Vierteljahresschrift 10 (1969); H. MEYN, Zwanzig Jahre DDR, NPL 15 (1970).

Darstellungen: Allg. Lit. zur Besatzungspolit. s. Kap. 15. – J. P. NETTL, Die dt. Sowjetzone bis heute. Politik, Wirtschaft, Gesellschaft (a. d. Engl. 1953); H. DUHNKE, Stalinismus in Dtld. Die Gesch. der sowj. Besatzungszone (1955); H. SCHÜTZE, »Volksdemokratie« in Mitteldtld. (1964); H. WEBER, Von der SBZ zur DDR, 1945–1968 (1968); D. CHILDS, East Germany (London 1969); aus der Reihe »Bonner Berichte aus Mitteldtld.«, hg. vom Bundesmin. f. Gesamtdt. Fragen: N. MATTEDI, Gründung u. Entwicklung der Parteien in der sowj. Besatzungszone Dtlds. 1945–1949 (1966) u. K. W. FRICKE, Selbstbehauptung u. Widerstand in der sowj. Besatzungszone Dtlds. (1964); aus ostdt. Sicht: St. DOERNBERG, Kurze Gesch. der DDR (Berlin-Ost ³1968).

Personen: zu Ulbricht, Pieck, Grotewohl, Leonhard, Gniffke s. Lit. zu Kap. 10; zu Hermes Kap. 13, Anm. 16; zu Kaiser u. Lemmer s. u. Anm. 8.

---

[1] S. z. B. das Kap. »Der Charakter u. die Etappen der volksdemokrat. Revolution auf dem Gebiet der DDR« in: St. DOERNBERG, Die Geburt eines neuen Dtld. 1945–1949. Die antifaschistisch-demokrat. Umwälzung u. die Entstehung der DDR (Berlin-Ost 1959).

[2] W. LEONHARD, Es muß demokratisch ausehen, in: ›Die Zeit‹ (7. Mai 1965).

[3] W. ULBRICHT, Zur Gesch. der dt. Arbeiterbewegung 3, S. 71 f.

[4] W. LEONHARD, Die Revolution entläßt ihre Kinder (1955), S. 497, referiert eine Äußerung des polit. Beraters der SMAD, Oberst Tulpanow, über die bevorstehende Gründung dieser Partei: »Wir haben von der sowjetischen Militärverwaltung aus eine Reihe von Untersuchungen über ehemalige Mitglieder und Funktionäre der Nazipartei vorgenommen und sind zu der Überzeugung gekommen, daß sich dort sehr brauchbare Kräfte befinden, die sich nur schlecht in die bestehenden Massen- und Parteiorganisationen eingliedern lassen. Jetzt werden Entlassungen ehemaliger Nazifunktionäre vorgenommen, und ich habe mit einigen von ihnen ausführliche Gespräche gehabt. Um diese Kräfte zu aktivieren, haben wir von unserer Seite aus vorgeschlagen, die Bildung einer Partei zu befürworten, in denen diese Kräfte gesammelt, vereinigt und der weiteren Entwicklung der Zone nutzbar gemacht werden können. Die Partei wird voraussichtlich National-Demokratische Partei heißen. Diesen Kräften sollen in der Zone größere Entfaltungsmöglichkeiten gegeben werden.« Zu dieser Partei vgl. R. KULBACH/H. WEBER/E. FÖRTSCH, Parteien im Blocksystem der DDR. Funktion u. Aufbau der LDPD u. der NDPD (1969).

[5] Text des Befehls der SMAD Nr. 201 vom 16. Aug. 1947, in: Dok. zur Staatsordnung der Dt. Dem. Rep. 2 (Berlin-Ost 1959).

[6] Zit. in N. MATTEDI, S. 132.

[7] Rede auf dem 2. Parteitag der SED, 20.–24. Sept. 1947, zit. nach N. MATTEDI, S. 121.

[8] Hierzu E. KRIPPENDORFF, Die Liberal-Demokrat. Partei Dtlds. in der sowj. Besatzungszone 1945–1948 (o. J., 1961); R. AGSTEN/M. BOGISCH, LDPD auf dem Weg in die DDR. Zur Gesch. der LDPD in den Jahren 1946 bis 1949 (Berlin-Ost 1974); zur Entwicklung der CDU in diesem Zeitraum Bd. 3 der Jakob-Kaiser-Biographie: E. KOSTHORST, Der Arbeiterführer ([2]1970); Elfriede NEBGEN, Der Widerstandskämpfer ([2]1970); W. CONZE, Politiker zwischen Ost u. West 1945–1949 (1969); E. KOSTHORST, Der Bundesminister f. gesamtdt. Fragen 1949–1957 (1972); ferner E. LEMMER, Manches war doch anders. Erinnerungen eines dt. Demokraten (1968).

[9] 2. Parteitag der Lib.-Demokrat. Partei Dtlds., 4.–7. Juli 1947 in Eisenach, S. 6, zit. nach H. WEBER, Von der SBZ zur DDR, S. 39.

[10] Zit. W. CONZE, S. 66.

[11] Text in O. K. FLECHTHEIM (Hg.), Dok. zur parteipolit. Entwicklung in Dtld. seit 1945, 3 (1963), Nr. 210.

[12] W. LEONHARD, Die Revolution entläßt ihre Kinder (1955); E. W. GNIFFKE, Jahre mit Ulbricht (1966).

[13] A. NORDEN, Ein freies Dtld. entsteht (Berlin-Ost 1963), S. 23.

[14] J. P. NETTL, S. 26.

[15] Die Angaben nach H. WEBER, Von der SBZ zur DDR, S. 23. – H. DUHNKE, Stalinismus in Dtld.; G. FINN, Die polit. Häftlinge der Sowjetzone 1945–1959 ([2]1960).

[16] Befehl der SMAD Nr. 32 vom 12. Febr. 1948 über die Zusammensetzung u. Vollmachten der Dt. Wirtschaftskommission, in: Dok. zur Staatsordnung der Dt. Dem. Rep. 2 (1959), S. 121 f.

Kapitel 15
Die politische Entwicklung in den westlichen Besatzungszonen
1945–1947

Wie nach dem Ersten Weltkrieg, so gab es auch nach dem Zweiten in einigen Regionen Neigungen, sich aus dem politischen Verband Deutschlands zu lösen. Wenn auch diese Tendenzen insgesamt keine durchschlagende Kraft besessen haben, so gehören solche Versuche, aus dem deutschen Schicksal auszusteigen, doch in das Bild der Zeit. In Schleswig-Holstein setzte unmittelbar nach dem Zusammenbruch eine lebhafte prodänische Propaganda ein, die von der Vorstellung geleitet war, daß Schleswig bis zur Eider eigentlich in den dänischen Staatsverband hineingehöre[1]. Träger der dänischen Bewegung waren der im Januar 1946 gebildete Südschleswigsche Verein (SSV) und die aus dem Verband der SPD ausgeschlossene Sozialdemokratische Partei Flensburg (SPF). Der SSV konnte von 1946 bis 1948 seine Mitgliederzahl von 12000 auf 74000 steigern und dabei über die eigentliche dänische Minderheit hinaus erhebliche Teile des Deutschtums an sich heranziehen. Bei der Landtagswahl von 1947 gewann der Südschleswigsche Wählerverband 99500, d.h. fast ein Drittel aller im Landesteil Schleswig abgegebenen Stimmen. Wenn man die Zahl der Flüchtlinge abzieht, die ihre Stimmen für deutsche Parteien gaben, so ist die Feststellung berechtigt, daß etwa die Hälfte der einheimischen Bevölkerung Schleswigs sich damals nach Dänemark hin orientierte. Besonders ausgeprägt waren die Loslösungsbestrebungen in Flensburg[2]. Die Argumentation der Separatisten war z.T. noch von der rassistischen Ideologie der NS-Zeit geprägt. So war in einer Eingabe Flensburger Bürger an die Militärregierung die Rede davon, daß die Flut der Flüchtlinge »unseren nordischen Volkscharakter in Südschleswig zu ersticken oder doch ihn biologisch zu überfremden« drohe, wohingegen die Flüchtlinge für Holstein keine so große Gefahr bedeuteten, da »seine Einwohner von niedersächsischer oder slawischer Herkunft« seien[3]. Bei der ersten Bundestagswahl vom August 1949 erhielt die dänische Partei in Schleswig-Holstein immerhin noch 75000 Stimmen. Von da an sank bei den späteren Landtags- und Bundestagswahlen der dänische Stimmenanteil ständig. Durch die 1947/48 beginnende Konsolidierung der deutschen Verhältnisse wurde im Laufe der Jahre das Dänentum in Schleswig auf seinen eigentlichen Kern zurückgeführt. Die dänische Regierung hat sich die Forderung einer Grenzverschiebung nicht zu eigen gemacht. In Beantwortung einer britischen Anfrage erklärte sie in bemerkenswerter Zurückhaltung und in realistischer Einschätzung der Vorgänge südlich der Grenze: »Die Lage ist noch nicht abgeklärt, und nur die Zeit kann lehren, ob die bei vielen Südschleswigern eingetretene Gesinnungsänderung von Dauer ist. Unter diesen Umständen beabsichtigt die dänische Regierung nicht, Vorschläge bezüglich einer Änderung des staatlichen Zugehörigkeitsverhältnisses von Südschleswig zu machen.«[4] Sie erstrebte aber für Schleswig eine von Holstein getrennte Verwaltung und die Evakuierung der in diesem Landesteil sehr zahlreichen Ostflüchtlinge. Die britische Militärregierung ist diesen Wünschen nicht nachgekommen. Ihrer festen Haltung ist es in erster Linie zuzuschreiben, daß Schleswig-Holstein in seiner Geschlossenheit erhalten blieb. Die von dem dänischen Volksteil erstrebte Sicherung von politischen und kulturellen Minderheitenrechten wurde durch die von allen deutschen Parteien Schleswig-Holsteins getragene »Kieler Erklärung« vom 26. September 1949 rechtlich verankert. Auch der deutschen Minderheit in Nordschleswig, die zunächst mancherlei Strafverfolgungen wegen ihrer Kooperation mit der Besatzungsmacht und aktiver Unterstützung der deutschen Kriegführung ausgesetzt war, gelang es, sich im 1945 gegründeten »Bund Deutscher Nordschleswiger« eine wirkungsvolle Interessenvertretung zu schaffen. Ihr Bekenntnis zur Loyalität gegenüber dem dänischen Staat führte zur Sicherung ihrer Minderheitenrechte. Der deutsch-dänische Grenzraum mit Minderheiten hüben und drüben entwickelte sich später im Zeichen der Grundsatzerklärungen der deutschen und dänischen Regierung vom 29. März 1955 zu einem Beispiel dafür, wie die Loyalität zum eigenen Volkstum verbunden mit der Loyalität zur Staatsnation in einem gemischt nationalen Grenzraum zu einem Element der Verständigung werden kann.

Im niedersächsischen Raum belebte sich der welfische Gedanke. Man besann sich darauf, daß Hannover 1866 mit Gewalt von Preußen annektiert worden war, das englische Königshaus von hier stammte und früher einmal bis 1837 eine Personalunion bestanden hatte. Es gab hier und da substanzlose politische Hoffnungen, daß ein großwelfisches Gebilde im niederdeutschen Raum eine gewisse privilegierte Stellung innerhalb des britischen Besatzungsgebietes als Protektorat der englischen Krone erlangen könne[4a]. In dem später gegründeten Land Niedersachsen ist – fern von allen unrealistischen Spekulationen – ein Stück welfischer Tradition erhalten geblieben.

In Bayern konnte beim Zusammenbruch des Reiches das politische Bewußtsein an die Tatsache anknüpfen, daß in keinem anderen deutschen Lande eine geschichtlich so ausgeprägte staatliche Erinnerung vorhanden war. Die 1946 gegründete Bayernpartei wurde der entschiedenste Träger dieses Sonderbewußtseins, das sich an der Wiedererrichtung eines eigenen Staates als der primären politischen Zielsetzung gegenüber sekundären föderativen Verbindungen mit anderen deutschen Ländern orientierte. Der Wille zur Wiedererstehung und Bewahrung einer eigenen Staatsindividualität hat aber auch die übrigen Parteien wie CSU und SPD zu einer ausgesprochen föderalistischen Politik bestimmt. Diese sollte später in der Rolle, die Bayern bei der Entstehung der Bundesrepublik spielte, besonders in Erscheinung treten.

Im Unterschied zum bayerischen Föderalismus, der sich im gesamtdeutschen Zusammenhang verstand, ist für die Geschichte von Separationsbestrebungen, die von außen gefördert und von innen her mitgetragen wurden, neben Schleswig das Saargebiet zu nennen[5]. Hier versuchte Frankreich vollendete Tatsachen zu schaffen. Es wollte dieses Gebiet für dauernd von Deutschland trennen und dem französischen Wirtschaftsgebiet einfügen. Die französische Industrie brauchte die Saarkohle. Aus diesem Grunde konnte Frankreich für ein eigenmächtiges Vorgehen an der Saar mit amerikanischer und britischer Duldung rechnen, während die weiterreichenden französischen Separations- und Annexionswünsche an Rhein und Ruhr von diesen beiden Mächten wie auch von der Sowjetregierung abgelehnt wurden. An der Saar wurde schon im Sommer 1945 eine von der übrigen französischen Besatzungszone getrennte Verwaltung eingerichtet. Am 12. Februar 1946 erklärte Frankreich gegenüber den anderen Kontrollmächten seine Absicht, das Saargebiet aus der Zuständigkeit des Berliner Kontrollrates zu lösen. Auch in Zukunft solle es niemals mehr einer deutschen Zentralverwaltung unterstehen – vorbehaltlich der Entscheidung der Friedenskonferenz über den endgültigen Status. So wurde das Saargebiet durch das einseitige französische Vorgehen unter Billigung Großbritanniens und der Vereinigten Staaten ähnlich wie die Ostgebiete aus der allgemeinen Zonen- und Besatzungsverwaltung ausgeklammert mit dem fundamentalen Unterschied, daß für die Saarbevölkerung Heimatrecht und autonome Verwaltung gewahrt blieben. In den folgenden Jahren haben die Franzosen 109 weitere deutsche Gemeinden in das Saargebiet einbezogen. Im Dezember 1946 trennten sie es durch eine Zollgrenze vom übrigen Deutschland. Am 5. Oktober 1947 wurden allgemeine Wahlen für eine verfassunggebende Versammlung durchgeführt. Sie ergaben eine große Stimmenmehrheit für diejenigen Parteien, die von der Tatsache des geschaffenen neuen Zustandes ausgingen. Dies waren die Christliche Volkspartei (CVP), die Sozialistische Partei Saar (SPS) und die Demokratische Partei Saar (DPS). Nur die Kommunisten widersetzten sich einer Trennung der Saar von Deutschland. Die Saarbevölkerung sah die Vorteile, die sich für sie durch die Eingliederung in das französische Wirtschaftsgebiet bei Wahrung deutscher Kultur- und Verwaltungsautonomie ergaben, während es auf der anderen Seite völlig offen war, was aus dem mit Reparationen, Demontagen und wachsender Ost-West-Spannung belasteten Deutschland werden sollte. In der Präambel der am 15. Dezember 1947 gegen eine Minderheit verabschiedeten Verfassung hieß es, »das Volk an der Saar« wolle »seine Zukunft auf den wirtschaftlichen Anschluß des Saarlandes an die französische Republik« gründen; in der Konsequenz dieses Schrittes liege »die politische Unabhängigkeit des Saarlandes vom Deutschen Reich«[6]. Christliche Volkspartei und Sozialisten bildeten eine Koalitionsregierung unter Ministerpräsident Hoffmann (CVP), der sich schon 1935 gegen die Rückkehr der Saar nach Deutschland eingesetzt hatte und nach dem Krieg aus der Emigration heimgekehrt war. Die französische oberste Staatsgewalt im Saarland wurde durch einen Hohen Kommissar, den Gaullisten Gilbert Grandval, vertreten. Es gab in Frankreich und in beschränktem Umfang auch an der Saar Bestrebungen, das Gebiet nicht nur wirtschaftlich, sondern auch politisch voll und ganz in den französischen Staat einzugliedern. Die »Bewegung für die Angliederung der Saar an Frankreich« sah bei den Anhängern der bloßen Autonomie eine gefährliche Unentschiedenheit, die bei veränderter wirtschaftlicher und politischer Lage eine Rückwendung nach Deutschland hin nicht ausschloß[7]. Zunächst aber wurde das Saargebiet durch eine Reihe von Maßnahmen wirtschaftlich auf Frankreich hin ausgerichtet. Eine französische Verwaltung übernahm die Ausbeutung der Saargruben, die französische Währung trat an die Stelle der deutschen, und am 30. März 1948 wurde die Zollunion zwischen Frankreich und dem Saargebiet hergestellt. Niemand konnte damals voraussehen, daß sich das deutsch-französische Verhältnis einmal so entwickeln würde, daß die Saar am 1. Januar 1957 nach Deutschland zurückkehren konnte.

Innerhalb der drei Westzonen sind durch Verordnungen der Besatzungsmächte zum Teil unter deutscher Beratung die Länder in der Abgrenzung entstanden, wie wir sie mit nur einer erheblichen Korrektur im Südwesten (Bildung des Landes Baden-Württemberg aus den drei Ländern Württemberg-Baden, Württemberg-Hohenzollern und Baden, vollzogen am 25. April 1952 aufgrund einer Probeabstimmung vom 24. September 1950, eines Bundesgesetzes vom 4. Mai 1951 und einer Volksabstimmung vom 6. Dezember 1951)[8] noch heute als Grundelemente der föderalistischen Ordnung der Bundesrepublik kennen. Das Territorium der britischen Zone setzte sich zusammen aus den ehemaligen Ländern Braunschweig (bis auf kleinere Gebietsteile, die in die sowjetische Zone fielen), Oldenburg, Lippe, Schaumburg-Lippe, dem Stadtstaat Hamburg und den preußischen Provinzen Schleswig-Holstein, Hannover, Westfalen und dem nördlichen Teil der Rheinprovinz. Schleswig-Holstein erhielt am 23. August 1946 den Charakter eines Landes[9]. Man konnte bei der einheimischen Bevölkerung an ein geschichtlich verwurzeltes schleswig-holsteinisches Eigenbewußtsein anknüpfen. Aber zu den Einheimischen kam fast die gleiche Zahl an Flüchtlingen. Kaum irgendwo stellte sich das soziale Integrationsproblem von Einheimischen und Zugewanderten mit solcher Schärfe wie hier. Denn Schleswig-Holstein hatte mit der Zerstörung der Werften und der Ablieferung der deutschen Flotte seine wirtschaftliche Grundlage außer der Landwirtschaft zunächst weitgehend verloren. Auch Hamburg war durch das Verbot der Überseeschiffahrt, die Zerstörung der Hafenanlagen und weiter Stadtgebiete tief getroffen. Ursprüngliche Erwägungen, Hamburg mit Schleswig-Holstein zu verbinden, wurden nicht verwirklicht. Es blieb als politisch selbständiges Gebilde erhalten. Ein neues Land entstand am 1. November 1946 unter der Bezeichnung Niedersachsen[10]. In ihm wurden die Provinz Hannover und die Länder Oldenburg, Braunschweig und Schaumburg-Lippe zusammengefaßt. Mit dem Kern eines welfischen Bewußtseins konnte dieses Land an eine ältere historische Gegebenheit anknüpfen, aber in seiner territorialen Abgrenzung war es doch ein gänzlich neues Gebilde. Der Wirtschaftscharakter Niedersachsens war im wesentlichen agrarisch, abgesehen von den Eisenhüttenwerken in Salzgitter und der zunächst verbotenen Automobilherstellung in Wolfsburg. Hannover entwickelte sich seit 1947 zur bedeutendsten deutschen Messestadt. Im Lande Nordrhein-Westfalen[11] wurden am 18. Juli 1946 die beiden Provinzen dieses Namens verbunden, später, am 21. Januar 1947, kam Lippe-Detmold hinzu. Nordrhein-Westfalen war ein Produkt situationsbedingter wirtschaftlicher und politischer Überlegungen. Das Industriegebiet von Ruhr und Niederrhein, die wirtschaftlichen Verwaltungszentralen in Düsseldorf und die chemischen, Braunkohlen- und Kabelindustrien im Kölner Raum, insgesamt die stärkste deutsche Industriepotenz, wurden durch die Schaffung dieses Landes mit dem landwirtschaftlichen Areal des Münsterlandes und den Holzbeständen des Sauerlandes zu einer politischen Einheit verbunden. Durch die Einbindung des Ruhrgebietes in eine größere territoriale Verwaltungseinheit wollte die britische Regierung zugleich den von französischer Seite vertretenen Bestrebungen entgegenwirken, den montanindustriellen Schwerpunkt der deutschen Wirtschaft politisch zu internationalisieren. Die Entstehung dieses Landes entsprach aber zugleich den Vorstellungen, wie sie Konrad Adenauer nach dem Ersten Weltkrieg entwickelt hatte, als er sich für die Schaffung eines politisch-wirtschaftlichen Großraumes in Westdeutschland einsetzte[12]. Die Entwicklungen in Nordrhein-Westfalen sollten von ausschlaggebender Bedeutung werden für die politische Orientierung der Bundesrepublik.

In der amerikanischen Besatzungszone ergab sich eine stärkere Anknüpfungsmöglichkeit an bestehende Länder. Das war am ausgesprochensten der Fall in Bayern[13]. Hier gab es noch ein Eigenstaatsbewußtsein, auch wenn in der nationalsozialistischen Zeit wie alle deutschen Länder, so auch Bayern zu einer bloßen Verwaltungseinheit des Reiches herabgesunken war. München trägt mehr als irgendeine andere Stadt in der Bundesrepublik in dem architektonischen Bild einer geschichtlich verwurzelten Staatstradition hauptstädtischen Charakter. Politisch erhielt das erst in einer späteren Phase sich stärker industrialisierende Land sein Gepräge durch das Bauerntum und den gewerblichen städtischen Mittelstand. Die ehemaligen Länder Württemberg und Baden wurden durch die Demarkationslinie zwischen der amerikanischen und französischen Besatzungszone zerschnitten. Die nördlichen Teile wurden als Land Württemberg-Baden mit der Hauptstadt Stuttgart zusammengefaßt[14]. Wirtschaftlich verfügte dieses Land über das entwicklungsfähige Potential einer auf breiter handwerklicher Basis und einem qualifizierten Facharbeitertum beruhenden Klein-, Mittel- und Automobilindustrie. Als drittes Land entstand im amerikanischen Besatzungsgebiet Hessen[15], das aus der ehemals preußischen Provinz Hessen-Nassau (ohne den Regierungsbezirk Montabaur, Rheinland-Pfalz) und den rechtsrheinischen Teilen des ehemaligen Hessen-Darmstadt zusammengefügt wurde. Die hessische Wirtschaft besaß in chemischer Industrie, Fahrzeugbau, Maschinenbau und Elektroindustrie die Ansatzpunkte für eine nach der Währungsreform rapide einsetzende Industrialisierung mit einem die anderen deutschen Länder übersteigenden relativen Anteil an den Wachstumsindustrien. Hinzu kam Bremen, zunächst eine amerikanische Militärenklave in der britischen Zone, seit dem 1. Januar 1947 mit dem Status eines Landes Teil der amerikanischen Zone. Das Land Bremen, zu dem auch Bremerhaven gehört, ist im Unterschied zu Hamburg kein reiner Stadtstaat.

In der französischen Zone war die Abgrenzung der neuen Länder am auffallendsten durch die Besatzungsgeographie bestimmt. Der Südteil Württembergs und der ehemals preußische Kreis Hohenzollern-Sigmaringen wurden mit Tübingen als Hauptstadt zum Land Württemberg-Hohenzollern vereinigt[16]. Daneben stand das Land Baden, das auf den südlichen Teil des ehemaligen Landes dieses Namens beschränkt wurde, und schließlich das am 30. August 1946 gebildete Land Rheinland-Pfalz[17], zusammengesetzt aus der bayerischen Pfalz, dem linksrheinischen Hessen-Darmstadt (Rheinhessen), dem Südteil der preußischen Rheinprovinz und kleineren Teilen der preußischen Provinz Hessen-Nassau. Die Wirtschaft des Landes erhielt ihr Gepräge vor allem durch Land- und Forstwirtschaft sowie Weinbau und die chemische Industrie in Ludwigshafen.

In ihren Zonen entwickelten die drei Westmächte jeweils stark ausgeprägte Eigentümlichkeiten in der Behandlung der unterworfenen Bevölkerung und der Organisation des Gebietes. In der französischen Zone ist die Besatzungspolitik ein deutlicher Reflex der allgemeinen Ziele, die Frankreich in der deutschen Frage auf den Außenministerkonferenzen nach Potsdam vertrat: Verhinderung der deutschen Einheit, Eintreibung hoher Reparationen und zugleich Verstärkung des französischen Kultureinflusses. Daraus ergab sich im politischen Aufbau der französischen Zone zunächst die größte Zurückhaltung in der Konzessionierung von Parteien und Gewerkschaften mit einem mehr als lokalen Charakter. Auf Länderebene wurden Parteien erst in der Zeit von Januar bis März 1946 zugelassen. Darüber hinaus wurden alle zonalen und überzonalen Zusammenschlüsse verboten und Kontakte erschwert. So verweigerten die französischen Behörden noch im April 1947 Kurt Schumacher, vor einer sozialdemokratischen Versammlung in Speyer zu reden. Nur zögernd wurden die von der Militärregierung eingesetzten und unter deren direkten Anweisungen handelnden deutschen Verwaltungsstellen in Gemeinde, Kreis und Land mit selbständigeren Befugnissen ausgestattet und durch gewählte Körperschaften ergänzt. Erst im September/Oktober 1946 ließ die Militärregierung Gemeinde- und Kreiswahlen durchführen. Durch die gewählten Kommunalvertretungen wurden beratende Landesversammlungen beschickt, die den Auftrag erhielten, Länderverfassungen zu erarbeiten. Nunmehr ernannte die Militärregierung im Dezember 1946 in dem ein Vierteljahr zuvor gebildeten Land Rheinland-Pfalz eine vorläufige Landesregierung. Unter Wilhelm Boden (CDU) gehörten ihr Christliche Demokraten, unter ihnen der als Vorkämpfer des Föderalismus hervortretende Adolf Süsterhenn, Sozialdemokraten und ein Kommunist an. Gleichzeitig wurde in Baden unter dem klassischen Philologen und Gymnasialprofessor Leo Wohleb (CDU)[18], der gegen alle Südweststaat-Bestrebungen für die Wiederherstellung des ehemaligen Landes Baden eintrat, eine vorläufige Allparteienregierung gebildet, der auch je ein Liberaler und Kommunist angehörten. In Württemberg-Hohenzollern stand seit Oktober 1945 ein Staatssekretariat unter der Leitung des sozialdemokratischen Staatsrechtlers Professor Carlo Schmid[19], Sohn einer französischen Mutter und eines deutschen Vaters, Kenner beider Sprachen und Literaturen. Zu den engen Mitarbeitern Carlo Schmids in der intellektuell brillanten Verwaltung dieses kleinen Landes gehörte auch der liberale Historiker, Politologe und Publizist Theodor Eschenburg.

In den Ländern gewannen in den Auseinandersetzungen inner- und außerhalb der Landtage die staats- und gesellschaftspolitischen Vorstellungen der Parteien Profil. So entzündete sich in Rheinland-Pfalz, in dessen nördlichem Teil die SPD einen starken Rückhalt hatte, an den verfassungspolitischen Vorschlägen von Adolf Süsterhenn, Minister für Justiz und Kultus und Vorsitzender der Verfassungskommission, ein scharfer Meinungsstreit um das Föderalismusproblem[20], das allerdings erst später im Ringen um das Grundgesetz für die Bundesrepublik seine volle Bedeutung erhalten sollte. Umstritten war auch die Frage, ob eine zweite ständische Kammer und ob das Amt eines Staatspräsidenten geschaffen werden sollte. In beiden Fällen konnten sich Süsterhenn und seine Freunde von der CDU nicht durchsetzen. Während aber diese Auseinandersetzung um die Staatsstruktur die Bevölkerung nur wenig berührte, wurde sie tiefer ergriffen durch den Kampf um die vom naturrechtlich verstandenen Elternrecht her begründete Konfessionsschule. In einer besonderen Volksabstimmung hierüber setzte sich die von der CDU geforderte Konfessionsschule gegen eine abweichende Majorität im Nordteil des Landes durch. Sowohl die Sozialdemokraten als auch die Liberalen hatten Einwände gegen eine zu weit gehende Föderalisierung wie gegen eine naturrechtliche Begrenzung der Staatskompetenzen, während Sozialdemokraten und Christliche Demokraten in gesellschaftspolitischen Vorstellungen einander näher standen als beide den Liberalen.

Ähnliche verfassungs- und gesellschaftspolitische Gruppierungen bildeten sich in den übrigen Ländern der französischen Zone. In Württemberg-Hohenzollern einigten sich Christliche und Sozialdemokraten nach Intervention der Besatzungsmacht schließlich in einem Kompromiß auf der Basis des von Carlo Schmid erstellten Verfassungsentwurfs für Württemberg-Baden. Die innerpolitischen Kräfteverhältnisse in der Bevölkerung der französischen Besatzungszone wurden in den ersten direkten Landtagswahlen vom 18. Mai 1947 sichtbar. Zugleich mit diesen Wahlen wurden die von den beratenden Landesversammlungen erarbeiteten Länderverfassungen durch Volksabstimmung bestätigt, und zwar in Rheinland-Pfalz, wo die Gegensätze am schärfsten ausgetragen wurden, mit nur 53%, in Baden mit 67,9% und in Württemberg-Hohenzollern mit 69,8%. In allen drei Ländern erlangte die CDU vor der SPD als der zweitstärksten Partei und vor den in großem Abstand folgenden Liberalen und Kommunisten einen erheblichen Vorsprung, in Baden und Württemberg-Hohenzollern sogar die absolute Mehrheit. Die Parteien hielten aber angesichts der deutschen Notlage die Zeit für noch nicht gekommen und auch das Maß der den Ländern zugestandenen legislativen und exekutiven Zuständigkeiten für zu begrenzt, um in den Landtagen eine klare politische Konfrontation von Regierung und Opposition vorzunehmen. Statt dessen wurden überall Mehrparteienregierungen gebildet, in Rheinland-Pfalz zunächst mit Einschluß, in Württemberg-Hohenzollern unter Ausschluß der Kommunisten und in Baden zunächst als eine CDU-SPD-Regierung, der allerdings Anfang 1948 eine reine CDU-Regierung folgte. Zum Ministerpräsidenten wurde in Rheinland-Pfalz Peter Altmeier (CDU) gewählt, ein entschiedener Gegner der Autonomietendenzen im benachbarten Saargebiet. Er blieb bis zum Jahre 1969 in diesem Amt. In Baden bestätigte die Wahl Leo Wohleb (CDU) als »Staatspräsidenten und Minister des Kultus und Unterrichts«. In Württemberg-Hohenzollern bildete Lorenz Bock (CDU) als »Staatspräsident und Finanzminister« die Regierung, der Carlo Schmid als Justizminister weiter angehörte.

Irgendeinen Verwaltungszusammenschluß über die Ländergrenzen hinaus gab es in der französischen Zone nicht. Erst im April 1948 durften die Ministerpräsidenten der französischen Zone zu einer ersten gemeinsamen Konferenz zusammenkommen.

Wirtschaftlich war Frankreich nächst Rußland und Polen im Kriege besonders schwer geschädigt worden. Es versuchte daher, durch die Auflage von Zwangslieferungen, Entnahme industrieller Ausrüstungen, »Restitution« der aus Frankreich entfernten Güter, »Reparation« der erlittenen Schäden, Massenverwendung von deutschen Kriegsgefangenen in der französischen Produktion und vor allem durch die wirtschaftliche Annexion des Saargebiets einen Ausgleich zu erzielen, obwohl die Rechnung niemals beglichen werden konnte[21]. Dabei nahm Frankreich auch das Recht für sich in Anspruch, Reparationen aus der laufenden Produktion zu entnehmen. Es weigerte sich, Flüchtlinge und Vertriebene in seiner Besatzungszone aufzunehmen, obwohl hier der Grad der Zerstörungen der Wohnstätten vergleichsweise gering war: 75% der Gebäude waren intakt geblieben gegenüber 65% in der amerikanischen und 43% in der britischen Zone. Aber nirgendwo gingen Trümmerbeseitigung und später der Wiederaufbau so langsam vor sich wie hier. Die Besatzungstruppe und ein Heer von französischen Beamten wurden im wesentlichen durch die Zone selbst getragen. Der Verwaltungsapparat der französischen Militärregierung war im Vergleich zu den anderen Zonen unverhältnismäßig aufgebläht. Auf 10000 deutsche Einwohner kamen je 18 französische, 10 britische und 3 amerikanische Beamte. Die Besatzungskosten je Einwohner betrugen im Jahre 1946 in der französischen Zone 200 RM, in der britischen 112 RM und in der amerikanischen

Zone 95 RM. Die Extravaganz eines überzogenen Lebensstils der Besatzungsoffiziere wurde auch in Frankreich deutlich kritisiert. Man warf der Militärregierung vor, daß sie ein Refugium für ehemalige Vichy-Anhänger sei. Neben solchen negativen Zügen der Besatzungszeit hat sich die französische Kulturpolitik im ganzen positiv ausgewirkt. Umsichtig und mit Erfolg hat sich die Militärregierung dafür eingesetzt, daß die Schulen wieder in Gang kamen, daß Lehrmaterialien – wenn auch, was die Geschichte betraf, z. T. lebhaft umstritten – zur Verfügung gestellt wurden und daß neben den Universitäten Tübingen in Württemberg, Freiburg in Baden auch das Land Rheinland-Pfalz durch eine Neugründung in Mainz eine eigene Universität erhielt. Es ist besonders hervorzuheben, daß gerade französische Widerstandskämpfer bemüht gewesen sind, mit einem neuen Deutschland besonders der jungen Generation menschliche Kontakte durch Vermittlung von Besuchsreisen, Familienaufenthalten und Jugendlagern zu ermöglichen. Der gute Wille, der sich gerade auch in der schwierigen Lage der Besatzungszeit in den ersten Nachkriegsjahren gezeigt hat und bei allem politischen Mißtrauen die Attitüde einer moralischen Patronisierung vermied, ist ein wesentliches Element für die spätere freundschaftliche Annäherung zwischen den beiden Völkern geworden. Es gab in der französischen Zone kein Fraternisierungsverbot.

Die Militärregierung der britischen Zone stand unter den Weisungen einer Labour-Regierung in London. Der zuständige Außenminister Ernest Bevin, Baptistenprediger und erfolgreicher Gewerkschaftsführer, war politisch ein Pragmatiker und das Gegenteil eines sozialistischen Doktrinärs. Er stand nicht nur dem deutschen Volke insgesamt, sondern auch den Sozialdemokraten mit deutlicher Distanz gegenüber. Trotz gelegentlicher Forderungen nach Sozialisierungsmaßnahmen in der Ruhrindustrie richtete er sich als Außenminister nach den wirtschaftlichen und politischen Zweckmäßigkeiten im Rahmen des Bündnisses mit den Vereinigten Staaten, die alle Sozialisierungstendenzen in den westlichen Zonen blockierten. Die britische Militärregierung hat sich jedoch bei einem anfänglich betonten Abstand von der Bevölkerung ernsthaft darum bemüht, die Lebensbedingungen in ihrer Besatzungszone erträglich zu gestalten und die Entwicklung eines selbständigen politischen Lebens in Deutschland zu fördern. Von der britischen Zone gingen die parteipolitisch kräftigsten Impulse aus. Nach einer schon im

August 1945 gegebenen Zustimmung zur Bildung von Gewerkschaften und Parteien wurde ihnen im Februar 1946 der länderübergreifende zonale Zusammenschluß ermöglicht. Konrad Adenauer und Kurt Schumacher, die beiden stärksten Potenzen des wiedererstehenden deutschen politischen Lebens, hatten die Basis für ihre Wirksamkeit in den Parteiorganisationen der britischen Zone. Wie die Franzosen, so sahen auch die Briten besonders in der kommunalen Selbstverwaltung das Übungsfeld für ein neuerstehendes politisches Leben. Sie führten nach britischem Vorbild eine später zum Teil wieder rückgängig gemachte Neuordnung der Kommunalverfassung ein. Diese beruhte im Gegensatz sowohl zu der früheren Bürgermeisterverfassung wie zu der Magistratsverfassung auf einer klaren Trennung zwischen der politisch verantwortlichen Gemeindeführung durch den Bürgermeister als dem Exponenten des Gemeindeparlaments einerseits und der Gemeindeverwaltung andererseits, an deren Spitze in den größeren Kommunen ein »Stadtdirektor« gestellt wurde. Analog wurde der Landrat zum politischen Repräsentanten des Landkreises, dessen Verwaltung ein »Oberkreisdirektor« leitete[22]. Die ersten Gemeinderäte und Kreistage wurden ab September 1945 von der Militärregierung ernannt. Es folgten Provinziallandtage und im Oktober/November 1946 Länderparlamente. Ihre Zusammensetzung orientierte sich an den vermuteten Stärkeverhältnissen der Parteien zum Teil in Anlehnung an Wahlergebnisse des Jahres 1932. Mit der Durchführung von Wahlen ließ sich die britische Militärregierung Zeit. Die ersten Kommunalwahlen wurden im September/Oktober 1946, die ersten Landtagswahlen am 20. April 1947 durchgeführt, beide also etwa gleichzeitig mit der französischen Zone. Sie machten in Nordrhein-Westfalen die CDU und in Niedersachsen die SPD zur relativ stärksten Partei. In Schleswig-Holstein errang die SPD wie zuvor am 13. Oktober 1946 bereits in Hamburg die absolute Mehrheit im Landtag.

Die Wahlen führten zu Um- und Neubildungen der Landesregierungen. In Schleswig-Holstein war im November 1945 Theodor Steltzer (CDU)[23] zum Oberpräsidenten der verwaltungsmäßig reorganisierten Provinz bestellt worden. Aufgrund einer Verordnung der Militärregierung vom 23. August 1946, durch die den ehedem preußischen Provinzen »vorläufig die staatsrechtliche Stellung von Ländern« zuerkannt wurde, erhielt er die Amtsbezeichnung eines Ministerpräsidenten. Die von ihm im Dezember 1946 gebildete CDU/SPD-Regierung wurde im April 1947 aufgrund des Wahlergebnisses durch eine SPD-Regierung unter Hermann Lüdemann abgelöst. In Niedersachsen wurde Hinrich Wilhelm Kopf (SPD)[24], seit Dezember 1946 Ministerpräsident einer Allparteienregierung, durch die Landtagswahl im Amt bestätigt. In Nordrhein-Westfalen hatte die Militärregierung nach der Konstituierung dieses Landes im August den Oberpräsidenten der Provinz Westfalen, Rudolf Amelunxen, mit der Regierungsführung beauftragt. Er kam aus der katholischen Sozialbewegung um Carl Sonnenschein und schloß sich dem neubegründeten Zentrum an. Seine erste aus SPD, Zentrum, FDP und KPD gebildete Regierung wurde bereits aufgrund der Kommunalwahlen vom September/Oktober 1946 durch Einbeziehung der CDU im Dezember 1946 zu einer Allparteienregierung erweitert. Die Landtagswahlen führten dann im April 1947 zu einem Regierungswechsel. Der dem Gewerkschaftsflügel der CDU angehörende Karl Arnold[25], der im Gegensatz zu Adenauer ein Zusammengehen mit der SPD befürwortete, bildete eine Koalitionsregierung aus CDU, SPD, Zentrum und KPD. In Hamburg war bereits aufgrund der Bürgerschaftswahlen vom 13. Oktober 1946 ein gewählter Senat mit Max Brauer (SPD)[26] als Erstem Bürgermeister aus einer Koalition von SPD, FDP und KPD gebildet worden.

Der den Ländern in der britischen Zone zugewiesene Verantwortungsbereich war jedoch begrenzt. Die Militärregierung behandelte ihr Gebiet von vornherein als ein einheitlich zu verwaltendes Ganzes im deutlichen Unterschied zur französischen Zone. Verschiedene Gründe erklären diesen Unterschied: Erst 1946 wurde die Ländereinteilung innerhalb des Gebietes endgültig zugeschnitten, die dringenden wirtschaftlichen Probleme dieses hochindustrialisierten Gebietes verlangten eine übergeordnete Handhabung, und schließlich orientierte sich die Labour-Regierung, die in der Sozialdemokratie ihren bevorzugten politischen Partner auf deutscher Seite sah, an deren bundesstaatlichen Verfassungsvorstellungen mit einer starken Zentralgewalt wie in der Weimarer Verfassung. Als Hilfs- und Exekutiveinrichtungen der verschiedenen Fachabteilungen der Militärregierungen wurden deutsche Zonenzentralämter, zumeist mit dem Sitz in Hamburg, gebildet. Das wichtigste dieser Ämter war der Zentralrat für Wirtschaft in Minden[27]. Mit seiner Leitung wurde der sozialdemokratische Wirtschaftswissenschaftler Viktor Agartz betraut, der wegen seines konsequenten Marxismus später mit seiner Partei und seiner Gewerkschaft in

Konflikt geriet. Der zentralen britischen Verwaltung wurde am 15. Februar 1946 ein deutsches Gremium beigegeben, der »Zonenbeirat« mit dem Sitz in Hamburg[28]. Zu seinem Generalsekretär wählte er den Sozialwissenschaftler und -politiker Gerhard Weisser (SPD). Der Zonenbeirat bestand zunächst aus 27, später 32 von der Militärregierung berufenen Mitgliedern. Zu ihnen gehörten Vertreter der Parteien wie Adenauer und Schumacher, Regierungschefs, Fachleute und Gewerkschaftsvertreter. Seine Aufgaben waren lediglich beratender Natur. Durch Verordnung vom 10. Juni 1947 wurde der Zonenbeirat parlamentarisiert. Anstelle der Nominierung seiner Mitglieder durch die Militärregierung trat die Delegierung durch die Länderparlamente (Zusammensetzung seiner Mitglieder: 14 SPD, 12 CDU, 4 FDP, 4 KPD, 2 DP, 2 Zentrum). Legislative oder exekutive Vollmachten erhielt er aber auch jetzt noch nicht. Neben dieser parlamentarischen Einrichtung wurde am 4. Juli 1947 als Ansatz eines föderativen Organs eine »Konferenz der Ministerpräsidenten« geschaffen, die aber keine Bedeutung erlangte.

Die verfassungsrechtliche Ordnung der einzelnen Länder der britischen Zone beruhte auf vorläufig von der Militärregierung erlassenen Satzungen. Nachdem die zunächst ernannten parlamentarischen Gremien im April 1947 durch gewählte Landtage ersetzt worden waren, erhielten diese den Auftrag, Landesverfassungen zu erarbeiten. Später als in allen anderen Zonen, und zwar erst nach Gründung der Bundesrepublik, wurde in der britischen Zone der Prozeß der Verfassunggebung abgeschlossen, und zwar in Schleswig-Holstein am 13. Dezember 1949, in Nordrhein-Westfalen am 28. Juni 1950, in Niedersachsen am 19. April 1951; in Hamburg wurde die vom Senat beschlossene vorläufige Verfassung vom 15. Mai 1946 durch eine endgültige am 6. Juni 1952 ersetzt. Diese späte Verfassunggebung entspricht der britischen Auffassung, daß Verfassungsgesetze nicht so sehr Ursache historischer Veränderungen sind als deren staatsrechtlicher Reflex.

Wirtschaftlich war die britische Zone mehr als jede andere auf Zufuhr von Lebensmitteln angewiesen. Dies hatte für die hier zusammengefaßten Teile Deutschlands schon vor dem Krieg gegolten, um so mehr jetzt, nachdem die Bevölkerung von 19785500 im Jahre 1939 auf 22021200 im Jahre 1946 gestiegen war. England, das sich durch den Krieg finanziell verausgabt hatte, das wirtschaftlich zurückgeworfen worden und dessen

Bevölkerung noch bis zum Jahre 1954 auf rationierte Lebensmittel angewiesen war, steuerte unter Belastung der eigenen Hilfsmittel ein Erhebliches dazu bei, die Not der Bevölkerung in seinem deutschen Verantwortungsbereich zu lindern. Entscheidend verbessert werden konnte die Situation jedoch nur durch die Eingliederung der britischen Zone in einen größeren Wirtschaftsraum und durch eine Revision der Wirtschaftsplanung der Alliierten. Allein war England dazu nicht imstande.

Die stärksten zonenübergreifenden Impulse gingen von der amerikanischen Militärregierung aus. Das gilt sowohl für die Entnazifizierung (vgl. Kap. 8) und die Erziehung (vgl. Kap. 18) wie für die wirtschaftliche und schließlich politische Zusammenfassung Westdeutschlands (vgl. Kap. 6 und 19). General Clay wußte sich bei den von ihm entfalteten Initiativen in enger Übereinstimmung mit Außenminister Byrnes. Beider Ziel war es zunächst, im Rahmen des Potsdamer Abkommens ein dezentralisiertes, demilitarisiertes, auf lange Sicht vom Kontrollrat überwachtes, in einer lockeren Föderation zusammengehaltenes deutsches Staatsgebilde entstehen zu lassen. Die welt-, europa- und deutschlandpolitischen Gegensätze zwischen den USA und der UdSSR führten jedoch dazu, daß die ursprünglich restriktiven Richtlinien für die amerikanische Militärregierung (JCS 1067, vgl. Kap. 4) Schritt um Schritt abgebaut wurden (vgl. Kap. 6) und an ihre Stelle das Ziel einer Einbindung Westdeutschlands in die sich bildende antisowjetische Gruppierung der Mächte und die Inanspruchnahme einer wiederhergestellten westdeutschen Wirtschaft für die Festigung Europas trat.

Der Weg zum demokratischen Wiederaufbau begann in der amerikanischen Zone damit, daß die Besatzungsmacht frühzeitig Regierungsbefugnisse auf ihr gegenüber verantwortliche Stellen übertrug und daß sie eher als in allen anderen Besatzungszonen Gemeinde- und Länderwahlen durchführen ließ. An die Spitze der bayerischen Regierung berief sie im Mai 1945 den letzten Vorsitzenden der Bayerischen Volkspartei, Fritz Schäffer[29]. Sie entließ ihn aber schon wenige Monate später, nachdem er sich offen gegen die These der Kollektivschuld und, ebenso wie der Befehlshaber der amerikanischen Streitkräfte in Bayern, General Patton, gegen die bei der Entnazifizierung angewandten Methoden ausgesprochen hatte. Auch Patton fiel der inneramerikanischen Kritik zum Opfer. Nachfolger Schäffers wurde im September 1945 der aus der Emigration zurückgekehrte Sozialdemokrat Wilhelm Hoegner[30]. Alle politischen

Richtungen einschließlich der Kommunisten waren in seiner Regierung vertreten. In Württemberg-Baden wurde im September 1945 der Demokrat Reinhold Maier[31], der von 1930–1933 württembergischer Wirtschaftsminister gewesen war, an die Spitze der Verwaltung gestellt, in Hessen im Oktober 1945 der parteilose Wirtschaftswissenschaftler Professor Karl Geiler[32] und in Bremen der sozialdemokratische Politiker und ehemalige Senator Wilhelm Kaisen[33], der bis 1965 als Bürgermeister und Senatspräsident an der Spitze dieses Landes stehen sollte. Alle diese Auftragsregierungen setzten sich in der ersten Phase des Wiederaufbaus aus Vertretern der verschiedenen nicht nationalsozialistischen politischen Richtungen der Weimarer Zeit einschließlich Kommunisten zusammen. Bereits Ende 1945 berief die amerikanische Militärregierung beratende Landesausschüsse aus Vertretern der Parteien. Der demokratische Legitimationsaufbau durch Wahlen konnte in den Ländern der amerikanischen Zone auf allen Stufen der Selbstverwaltung von der Gemeinde[34] bis zum Landtag in der ersten Jahreshälfte 1946 durchgeführt werden. Am 30. Juni 1946 fanden Wahlen zu verfassunggebenden Landesversammlungen statt. Sie führten in Bayern zu einer absoluten, in Württemberg-Baden zu einer relativen Mehrheit von CDU/CSU, während in Hessen die SPD als relativ stärkste Partei aus den Wahlen hervorging, ebenso wie bei den Wahlen vom 13. Oktober 1946 in Bremen. Wegen ihrer nationalsozialistischen Vergangenheit wurden etwa 6% der an sich wahlfähigen Bürger von der Stimmabgabe ausgeschlossen.

Während der nun folgenden Verfassungsberatungen hielt sich die amerikanische Militärregierung im allgemeinen zurück, übte aber doch in einigen Fällen einen deutlichen Einfluß aus. In Bayern veranlaßte sie die Verfassunggeber, von einem künftigen Beitritt Bayerns zu einem deutschen »Bundesstaat« zu sprechen und nicht nur von einem Beitritt zu einem »Bund«, was einen »Staatenbund« hätte bedeuten können. Dem Lande Hessen machte sie die Auflage, den Artikel 41 der Verfassung, der die Sozialisierung von Kohle, Eisenindustrie und Bahnen vorsah, zur gesonderten Abstimmung zu stellen neben einem allgemeinen Referendum über die Verfassung, wie sie in allen Ländern der amerikanischen Zone durchgeführt wurde. Hierbei war der Wunsch maßgebend, den Sozialisierungsartikel auf diese Weise zu Fall bringen zu können. Die am 24. November 1946 in Württemberg-Baden und am 1. Dezember in Hessen und Bayern durchgeführten Volksabstimmungen über die Verfassungen erbrachten in allen Ländern der amerikanischen Zone eine große zustimmende Majorität von etwa zwei Drittel der abgegebenen Stimmen. Gleichzeitig wurden Landtagswahlen durchgeführt mit nur unbedeutenden Verschiebungen gegenüber den Ergebnissen der Juni-Wahlen. Die Volksabstimmung in Hessen über den Sozialisierungsartikel ergab eine Mehrheit von 62,7% Ja-Stimmen. Seine Durchführung scheiterte jedoch am Einspruch der Amerikaner. Als die hessische Regierung sich anschickte, die treuhänderisch verwalteten IG-Farben-Werke zu übernehmen, erklärte die Militärregierung, eine Sozialisierung könne vor Bildung einer gesamtdeutschen Regierung nicht zugelassen werden[35]. Auch in Bremen veranlaßten die Amerikaner neben dem Verfassungsvotum vom 12. Oktober 1947 eine Sonderabstimmung über den sozialpolitisch relevanten Artikel 47, der eine weitgehende Mitbestimmung vorsah. Er wurde mit relativ schwacher Mehrheit angenommen[36].

Als Ergebnis der Wahlen vom November/Dezember 1946 wurden die ersten parlamentarisch legitimierten Regierungen gebildet. In Bayern übernahm als Nachfolger von Wilhelm Hoegner Hans Ehard (CSU)[37] die Leitung einer Koalitionsregierung aus CSU, SPD und der mittelständischen Wirtschaftlichen Aufbauvereinigung. Dieser Koalition folgte im September 1947 unter dem gleichen Ministerpräsidenten eine reine CSU-Regierung. In Hessen wurde Karl Geiler durch den Sozialdemokraten Christian Stock[38] als Chef einer SPD/CDU-Regierung abgelöst. In Baden-Württemberg blieb Reinhold Maier (FDP) mit einer Allparteienregierung im Amt.

Charakteristisch für die amerikanische Zone war neben dem zügigen Aufbau der Repräsentativorgane in den Ländern die weitgehende Ausrüstung auch schon der ersten 1945 ernannten Länderregierungen mit legislativen und exekutiven Befugnissen in dem durch die Kontrolle seitens der Militärregierung vorgegebenen Rahmen. Diese Befugnisse wurden nach dem positiven Verfassungsvotum erweitert. Darüber hinaus bemühte sich die amerikanische Besatzungsmacht von dem Augenblick an, da Frankreich im Alliierten Kontrollrat die Bildung von zentralen deutschen Verwaltungsstellen blockierte, zunächst in ihrem unmittelbaren Verantwortungsbereich um eine länderübergreifende Koordinierung wirtschaftlicher Angelegenheiten. Neuere Untersuchungen zeigen, daß General Clay trotz der französischen Weigerung lange Zeit an der Vorstellung festgehalten hat, zentrale deutsche Verwaltungsstellen müßten und könnten mit sowjetischer Zustimmung geschaffen werden. Er sah in der Einberufung eines »Länderrates« für die amerikanische Zone[39], der seine erste Sitzung bereits am 17. Oktober 1945 abhielt, keine Konkurrenz zu den erstrebten zentralen Verwaltungsstellen für alle vier Zonen. Aus einer ständigen Koordinierungsstelle des Länderrates in Suttgart wurde am 4. Juni 1946 ein Direktorium beim Länderrat. Die amerikanische Politik ging dahin, dieser föderalistisch fundierten, länderübergreifenden Instanz ein wachsendes Maß an Eigenverantwortung im Rahmen amerikanischer Richtlinien zu übertragen. Dieses Verfahren unterschied sich von der britischen Methode der länderübergreifenden Zonenverwaltung durch die föderalistische Legitimierung der Zentralstelle und durch den größeren Spielraum, der der deutschen Eigenverantwortung frühzeitig eingeräumt wurde.

Sehr früh tauchte bei den Amerikanern der Gedanke auf, daß der Länderrat ihrer Zone zum Organisationsmuster für eine überregionale Koordinierung werden könnte. Mit den Worten eines der politischen Berater von General Clay, James K. Pollock, vom Dezember 1945: »Der von den Amerikanern entwickelte Gedanke, die drei Länder der amerikanischen Zone zu Beratungen und zur Zusammenarbeit zusammenzubringen, könnte sehr gut auf andere Zonen ausgedehnt werden … Wenn die Chefs der Regierungen aller Länder oder ähnlicher Verwaltungseinheiten aller Zonen zusammenkämen, dann hätten die vier Besatzungsmächte einen gesamtdeutschen Länderrat, mit dem sie verhandeln könnten, bis eine gewählte verfassunggebende Versammlung existiert. Das würde die Entwicklung eines föderalistischen und dezentralisierten Deutschland begünstigen und entspräche den erklärten Zielen der amerikanischen Politik. Ein Treffen mit den entsprechenden britischen oder französischen Partnern könnte in Stuttgart arrangiert werden, ein entsprechendes mit den russischen in Berlin …«[40] Die Länder zum Ausgangspunkt einer mehrere oder alle Besatzungszonen übergreifenden deutschen Regierung zu machen, war in den Auseinandersetzungen der Mächte über die deutsche Frage ein Leitmotiv der amerikanischen Vorschläge, so in dem Memorandum Clays vom Mai 1946, in den Stellungnahmen von Byrnes auf der Pariser Außenministerkonferenz im Sommer 1946 und wieder in seiner Stuttgarter Rede im September 1946 (vgl. Kap. 6).

Daß die Länder als die ersten nach dem Ende des Reiches wiedererstandenen staatlichen Gebilde in Deutschland die legitimen Treuhänder der Reichsgewalt seien und von ihnen her die zukünftige politische Ordnung Deutschlands aufzubauen sein werde, war auch die Überzeugung der deutschen Föderalisten, besonders in den Hansestädten und im Süden. In der amerikanischen Zone wurde sie am entschiedensten in Bayern vertreten. Der sozialdemokratische Ministerpräsident Wilhelm Hoegner und sein Nachfolger, der christlich-soziale Politiker Hans Ehard, unterschieden sich in dieser Hinsicht nicht. Am 20. Juli 1946 richteten die Amerikaner an die übrigen Besatzungsmächte das Angebot, einen auf wirtschaftliche Aufgaben beschränkten Zusammenschluß der Zonen herbeizuführen, um die »schleichende wirtschaftliche Paralyse nicht anwachsen zu lassen«[41]. Der Vorschlag ließ sich zunächst jedoch nur zwischen der amerikanischen und der britischen Zone verwirklichen. Die beiden Militärregierungen verständigten sich nach Konsultation mit deutschen Vertretern dahin, bizonale Verwaltungen von den Ländern her nach dem Kollegialprinzip so aufzubauen, wie es dem Föderalismus der amerikanischen Zone entsprach, und nicht nach dem Muster von zentral über die Länder gestellten Behörden, wie es in der britischen Zonenverwaltung der Fall war. Aufgrund von Abkommen vom September 1946 zwischen Ländervertretern der amerikanischen Zone und Leitern von Zentralämtern der britischen Zone wurden fünf gemeinsame Verwaltungsämter gebildet, und zwar für Ernährung und Landwirtschaft in Stuttgart, für Verkehr in Bielefeld, für Wirtschaft in Minden, für Finanzen in Bad Homburg und für Post und Fernmeldewesen in Frankfurt. Jeder der Verwaltungsräte setzte sich aus Ländervertretern der beiden Zonen zusammen. Die lokale Streuung der Ämter war verfügt worden, um nicht den Anschein einer Staatsbildung aufkommen zu lassen. Dementsprechend wurden auch die fünf Verwaltungsräte nur mit beschränkten Befugnissen ausgestattet. Zwar verzichtete man für das Verfahren der Beschlußfassung auf das Prinzip der Einstimmigkeit. Aber Geltung erlangten die in diesen Verwaltungsräten gefaßten Beschlüsse erst, wenn sie durch entsprechende Länderverordnungen in Kraft gesetzt wurden. Zudem wurde die Tätigkeit der Zweizonenverwaltungsämter unter die Kontrolle eines angloamerikanischen »Bipartite Board« gestellt. Diese Vereinbarungen über die Schaffung der Doppelzone wurden von den beiden Außenministern Bevin und Byrnes am 2. Dezember 1946 durch ein in New York unterzeichnetes Fusionsabkommen[42] zum 1. Januar 1947 in Kraft gesetzt. Es hieß darin: »Die einheimischen Hilfsquellen dieses Gebietes und alle Einfuhren

des Gebietes, einschließlich Lebensmittel, sollen zusammengefaßt werden, damit ein gemeinsamer Lebensstandard hergestellt
werden kann ... Das Ziel der beiden Regierungen ist es, die
wirtschaftliche Selbständigkeit des Gebietes bis Ende 1949 zu
erreichen.« Die finanzielle Belastung für die notwendigen Einfuhren sollte von beiden Mächten gemeinsam getragen werden.
Für die Ernährung des Normalverbrauchers war wie bisher zunächst eine Ration von 1550 Kalorien vorgesehen mit dem Ziel,
sie auf 1800 Kalorien zu erhöhen.

In der Praxis entwickelte die bizonale Zusammenarbeit ihre
eigene Dynamik. Es erwies sich als sachlich notwendig, die Tätigkeit der verschiedenen Verwaltungsämter zu koordinieren,
und als demokratisch wünschenswert, sie einer parlamentarischen Kontrolle zu unterstellen. Dies führte in einer zweiten
Phase der bizonalen Entwicklung dazu, daß mit der stärkeren
Ausbildung einer Zentralbehörde und einer gewissen Parlamentarisierung das föderative Element zurücktrat. Am 29. Mai 1947
unterzeichneten die Militärgouverneure ein Abkommen, durch
das am 10. Juni 1947 das »Vereinigte Wirtschaftsgebiet« mit
dem Sitz in Frankfurt ins Leben gerufen wurde. Das wichtigste
der drei Organe des »Vereinigten Wirtschaftsgebietes« war der
Wirtschaftsrat, eine 52 Mitglieder umfassende, aus den Länderparlamenten beschickte indirekte Volksvertretung. Er trat am
25. Juni 1947 zum erstenmal zusammen. Es bildeten sich Fraktionen. Damit wurden gegenüber den Länderinteressen für die
innenpolitische Gruppenbildung parteipolitische Kriterien bestimmend. Die Kompetenz des Wirtschaftsrates umfaßte – im
Unterschied zu den bisherigen Verwaltungsräten – auch das
Recht der Gesetzgebung. Dazu besaß er ein Aufsichts- und
Weisungsrecht gegenüber den Verwaltungen. Diese wurden unter fünf Direktoren jeweils monokratisch organisiert. Ihre
Koordinierung sollte durch einen von den Länderregierungen
beschickten Exekutivausschuß (-rat) erfolgen. Dieser besaß jedoch keine Weisungsbefugnisse gegenüber der Verwaltung. Er
war andererseits aber auch keine Länderkammer analog dem
früheren Bundesrat oder Reichsrat, da er zwar das Gesetzes-
initiativrecht besaß, aber an der Beschlußfassung über Gesetze
nicht beteiligt war. Der Exekutivausschuß erwies sich als eine
widersprüchliche Konstruktion, ein nicht praktikabler Kompromiß zwischen dem föderalistischen Konzept einer durch die
Länder bestimmten zentralen Exekutive und dem unitarischen
Konzept einer zentralen Parlamentshoheit. Dieser Konstruk-

tionsfehler wurde ein halbes Jahr später um die Jahreswende 1947/48 in einer dritten Phase der Zweizonenentwicklung behoben (vgl. Kap. 19). Die Entwicklung von der Doppelzone zum Vereinigten Wirtschaftsgebiet spielte sich noch im vorstaatlichen Raum ab, deutete aber – trotz aller offiziellen Verwahrungen – in Richtung auf eine Staatsbildung. Während die Strukturanalogie eines Staatenbundes im Verhältnis der westlichen Besatzungszonen und ihrer Länder zueinander zurücktrat, bewirkten praktische Notwendigkeiten eine bundesstaatsähnliche Organisationsform. Das steht im Zusammenhang mit der aus dem Verhältnis der Mächte resultierenden Spaltung Deutschlands.

Allg. Entwicklung: F. K. FROMME, Zur inneren Ordnung in den westl. Besatzungszonen 1945–1949, VfZG 10 (1962), Forsch.bericht. Einen sachlich informativen Überblick gibt in der Serie: A. TOYNBEE (Hg.), Survey of International Affairs 1939–1946, der Band: Four-Power Control in Germany and Austria 1945–1946, darin M. BALFOUR, Germany (dt. 1959) u. I. MAIR, Austria (1956); H.-P. SCHWARZ, Vom Reich zur Bundesrepublik. Dtld. im Widerstreit der außenpolit. Konzeptionen in den Jahren der Besatzungsherrschaft 1945–1949 (1966); H. LADEMACHER, Aufbruch oder Restauration. Einige Bemerkungen zur Interdependenz von Innen- u. Außenpolitik in der Gründungsphase der Bundesrepublik, in: I. GEISS/B. J. WENDT, Dtld. in der Weltpolitik des 19. u. 20. Jhdts. (1973); W. VOGEL, Besatzungspolitik in Westdtld. nach dem Zw. Weltkrieg im Spannungsfeld zwischen Ideologie u. Macht, GWU 27 (1976); Anna Christine STORBECK, Die Regierungen des Bundes u. der Länder seit 1945 (1970); R. BILLERBECK, Die Abgeordneten der ersten Landtage 1946–1951 u. der Nationalsozialismus (1971).

Amerikanische Zone: CLAY s. Kap. 6; W. L. DORN, Die Debatte über die amerik. Besatzungspolitik für Dtld. 1944–1945, VfZG 6 (1958); ders., Inspektionsreisen in die US-Zone (1973). – G. MOLTMANN, Zur Formulierung der amerik. Besatzungspolitik in Dtld. am Ende des Zw. Weltkrieges, VfZG 15 (1967); L. NIETHAMMER, Die amerik. Besatzungsmacht zwischen Verwaltungstradition u. polit. Parteien in Bayern 1945, VfZG 15 (1967); C. F. LATOUR/Th. VOGELSANG, Okkupation u. Wiederaufbau. Die Tätigkeit der Militärregierung in der amerik. Besatzungszone Dtlds. 1944–1947 (1973); Marie Elise FOELZ-SCHROETER, Föderalistische Politik u. nationale Repräsentation 1945–1947. Westdt. Länderregierungen, zonale Bürokratien u. polit. Parteien im Widerstreit (1974); W. FRIEDMANN, The Allied Military Government of Germany (London 1947). Verf., Prof. für öff. Recht in Melbourne u. zwei Jahre lang im Dienst der amerik. bzw. brit. Militärregierung, gibt unter dem Eindruck des unmittelbar Beobachteten eine auch heute noch lesenswerte Analyse der sozio-ökonomischen Probleme, denen sich die Besatzungsmächte gegenübergestellt sahen, Plädoyer für konsequenten Ausbau von Mitbestimmung. H. LITCHFIELD (Hg.), Governing Postwar Germany (Ithaka 1953); H. ZINK, The United States in Germany 1944–1953 (Princeton 1957); J. F. J. GILLEN, State and local government in West Germany 1945–1953, with special reference to the US-Zone and Bremen (Darmstadt 1953); J. GIMBEL, Amerik. Besatzungspolitik in Dtld. 1945–1949 (a. d. Amerik. 1971);

J. H. Backer, Priming the German Economy. American occupational policies, 1945–1948 (Durham 1971).

Britische Zone: W. Rudzio, Export engl. Demokratie? Zur Konzeption der brit. Besatzungspolitik in Dtld., VfZG 17 (1969), Dokumentation; Ilse E. Girndt, Zentralismus in der brit. Zone. Entwicklungen u. Bestrebungen beim Wiederaufbau der staatl. Verwaltungsorganisation auf der Ebene oberhalb der Länder 1945–1948 (Diss. Bonn 1971); R. Ebsworth, Restoring democracy in Germany. The British Contribution (London 1960); D. C. Watt, Britain looks to Germany: British opinion and policy towards Germany since 1945 (London 1965, dt. 1965).

Französische Zone: F. R. Willis, France, Germany and the New Europe ([2]Stanfort/Oxford 1962); E. Konstanzer, Weisungen der franz. Militärregierung 1946–1949, VfZG 18 (1970), Dokumentation; R. Gilmore, France's postwar cultural policies and activities in Germany 1945–1956 (Washington 1973).

Überzonale Einrichtungen: W. Vogel, Westdtld. 1945–1950. Der Aufbau von Verfassungs- u. Verwaltungseinrichtungen über den Ländern der drei westl. Besatzungszonen, Teil 1 (1956) u. 2 (1964); Akten zur Vorgesch. der Bundesrepublik 1945–1949, hg. v. Bundesarchiv u. Inst. f. Zeitgesch., Bd. 1: Das Zusammenwachsen der amerik. u. brit. Bes.zone 1945–1946, bearb. v. W. Vogel/C. Weiss (1976); T. Pünder, Das bizonale Interregnum. Die Gesch. des Vereinigten Wirtschaftsgebietes 1946 bis 1949 (1966); J. v. Elmenau, Länderrat u. Zweizonenräte. Staats- u. verhaltensrechtl. Entwicklungen, in: Dt. Rechts-Zeitung 2 (1947); W. Strauss, Entwicklung u. Aufbau des Vereinigten Wirtschaftsgebietes (1948); C. Leusser, Die Ministerpräsidentenkonferenz seit 1945, in: Festschrift H. Ehard (1957); W. Strauss, Die gesamtdt. Aufgabe der Ministerpräsidenten während des Interregnums 1945–1949, ebd.

Staatsrecht: F. Klein, Neues dt. Verfassungsrecht (1949), u. a. Überblick über die Organisation der Besatzungsbehörden; G. Schmoller u. a., Handbuch des Besatzungsrechts (1951–1957). – H. Heimerich, Die kommunale Entwicklung seit 1945 (1950); O. Gönnenwein, Gemeinderecht (1963).

Kreis- u. Landtagswahlen: Anhang Tab. 32 u. 33.

[1] E. S. Hansen, Kurier der Heimat. Das Spiel um Schleswig zwischen Kapitulation u. Programm Nord (1955); eine ausgewogene dän. Darstellung: T. Fink, Gesch. des schleswigschen Grenzlandes (a. d. Dän. Kopenhagen 1958). – E. Jäckel (Hg.), Die Schleswig-Frage seit 1945. Dok. zur Rechtsstellung der Minderheiten beiderseits der dt.-dän. Grenze (1959); Udenrigsministeriet: Aktstykker vedrørende det Sydslesvigske Spørgsmaal 1945 til 1949 (3 Bde. 1947/50); G. K. Brønsted (Hg.), Sydslesvig i Dag. Den store Sydslesvig-Haandbog 1945–55 (5 Bde. 1955/56).

[2] Gesellschaft f. Flensburger Stadtgesch. (Hg.), Flensburg, Gesch. einer Grenzstadt (1966); dies. (Hg.), Flensburg in Gesch. u. Gegenwart. Informationen u. Materialien (1972).
[3] Zit. in: Flensburg, Gesch. einer Grenzstadt (1966), S. 458.
[4] Zit. bei T. Fink, S. 328.
[4a] So in einer geplanten Eingabe an den engl. König von 1945, vgl. F. Klein, Neues dt. Verfassungsrecht (1949), S. 73.
[5] J. Freymond, Die Saar 1945–1955 (a. d. Franz. 1961); R. H. Schmidt, Saarpolitik 1945–1957 (3 Bde. 1959–1962).

⁶ Text der Verfassung des Saarlandes: E. R. HUBER (Hg.), Quellen zum Staatsrecht der Neuzeit 2 (1951).

⁷ Vgl. das »Mémoire du mouvement pour le rattachement de la Sarre à la France, in: J. FREYMOND, Anhang.

⁸ E. KONSTANZER, Die Entstehung des Bundeslandes Baden-Württemberg (1969).

⁹ K. JÜRGENSEN, Die Gründung des Landes Schleswig-Holstein nach dem Zw. Weltkrieg. Der Aufbau der demokrat. Ordnung in Schleswig-Holstein unter dem ersten Ministerpräsidenten Theodor Steltzer 1945–1947 (1969).

¹⁰ W. TREUE, Zehn Jahre Land Niedersachsen (1956).

¹¹ W. KÖHLER, Das Land aus dem Schmelztiegel. Die Entstehungsgesch. Nordrhein-Westfalens (1961); W. FÖRST, Gesch. Nordrhein-Westfalens, Bd. 1: 1945–1949 (1970); Elisabeth HARDER-GERSDORFF, Außen- u. innenpolit. Aspekte der Gründung des Landes Nordrhein-Westfalen 1945/46, GWU 23 (1972); P. HÜTTENBERGER, Nordrhein-Westfalen u. die Entstehung seiner parlament. Demokratie (1973).

¹² K. ADENAUER, Erinnerungen 1, S. 98 ff.

¹³ Dokumente zum Aufbau des bayerischen Staates, hg. von der Bayerischen Staatskanzlei (1948).

¹⁴ Vgl. dazu die Schriften von R. MAIER: Ende u. Wende. Das schwäb. Schicksal 1944 bis 1946. Briefe u. Tagebuchaufzeichnungen (1948); ders., Ein Grundstein wird gelegt. Die Jahre 1945–1947 (1964); ders., Erinnerungen 1948–1953 (1966); ferner J. BECKER (Hg.), Heinrich Köhler 1878–1949, Lebensbild eines bad. Politikers (1963); ders. (Hg.), H. KÖHLER, Lebenserinnerungen des Politikers u. Staatsmannes 1878–1949 (1964).

¹⁵ L. BERGSTRÄSSER, Zeugnisse zur Entstehungsgesch. des Landes Hessen, VfZG 5 (1957); W. L. DORN, Zur Entstehungsgesch. des Landes Hessen, VfZG 6 (1958).

¹⁶ Th. ESCHENBURG, Aus den Anfängen des Landes Württemberg-Hohenzollern, VfZG 10 (1962). Zur späteren Entwicklung Badens u. Württembergs vgl. das oben Anm. 8 zit. Werk von KONSTANZER.

¹⁷ Rheinland-Pfalz 1947–1957. Dokumente der Zeit, hg. vom Inst. f. staatsbürgerliche Bildung (1957); H. KOHL, Die polit. Entwicklung in der Pfalz u. das Wiedererstehen der Parteien nach 1945 (Diss. Heidelberg 1958); P. H. KAPS, Rheinland-Pfalz u. Frankreichs Saarpolitik nach 1945 (1953).

¹⁸ L. WOHLEB, Baden u. Württemberg oder Südweststaat (1948).

¹⁹ Carlo SCHMID, Die Forderung des Tages. Reden u. Aufsätze (1946); ders., Gesammelte Werke (1973).

²⁰ K. WEDL, Der Gedanke des Föderalismus in Programmen polit. Parteien Dtlds. u. Österreichs (1969); A. SÜSTERHENN, Das Naturrecht, in: W. MAIHOFER (Hg.), Naturrecht oder Rechtspositivismus (1962), zuerst als Aufsatz 1947; ferner A. SÜSTERHENN, Das Subsidiaritätsprinzip als Grundlage der vertikalen Gewaltenteilung, in: Vom Bonner Grundgesetz zur gesamtdt. Verfassung, Festschrift f. H. Nawiasky (1956); ders. (Hg.), Föderalistische Ordnung (1961).

²¹ Franz. Berechnung von Kriegsschäden u. Wiedergutmachung allg. u. besonders auf Frankreich bezogen das Kap. »Les Réparations« in: A. PIETTRE, L'économie allemande contemporaine (Paris o. J. 1952); zur innerfranz. Kritik an der franz. Armee u. Militärverwaltung in Dtld.: F. R. WILLIS, op. cit., S. 83–91.

²² W. RUDZIO, Die Neuordnung des Kommunalwesens in der brit. Zone. Zur Demokratisierung u. Dezentralisierung der polit. Struktur: eine brit. Reform u. ihr Ausgang (1968); dazu Besprechung G. Ch. v. UNRUH, Rückblick auf eine Verwaltungsreform, in: Die Verwaltung 2 (1969). –

Bedenken, ob die Übertragung des brit. Modells in die andersartigen dt. Verhältnisse zweckdienlich gewesen sei, wurden nicht nur von dt. Seite erhoben, vgl. z. B. W. FRIEDMANN, The Allied Mil. Gov. of Germany (London 1947), S. 101 ff.

[23] Th. STELTZER, Sechzig Jahre Zeitgenosse (1966); s. Lit Bd. 21, Kap. 13, Anm. 18.

[24] Th. VOGELSANG, Hinrich Wilhelm Kopf u. Niedersachsen (1963).

[25] R. BARZEL (Hg.), Karl Arnold (1960); Fr. KEINEMANN, Von Arnold zu Steinhoff u. Meyer. Polit. Bewegungen u. Koalitionsbildungen in Nordrhein-Westfalen 1950–1962 (1973). – R. AMELUNXEN, Wege zum Volksstaat (1947).

[26] M. BRAUER, Hamburgische Staatspolitik 1947 (1947).

[27] W. VOGEL (Hg.), Abraham Frowein. Erinnerungen an seine Tätigkeit im Dt. Wirtschaftsrat bei der brit. Kontroll-Kommission in Minden (1968).

[28] Annelies DORENDORF, Der Zonenbeirat der brit. besetzten Zone. Ein Rückblick auf seine Tätigkeit (1953). Als Erfahrungsbericht über die Tätigkeit des Zonenbeirats K. ADENAUER, Erinnerungen 1, S. 63 ff.

[29] F. SCHÄFFER, Die Zeit der ersten Ministerpräsidentschaft in Bayern nach dem Zusammenbruch 1945 (1963).

[30] W. HOEGNER, Der schwierige Außenseiter. Erinnerungen eines Abgeordneten, Emigranten u. Ministerpräsidenten (1959).

[31] Zu Maier vgl. oben Anm. 14.

[32] K. GEILER, Geistige Freiheit u. soz. Gerechtigkeit im neuen Dtld. (1947); ders., Personalismus, Sozialismus u. Völkerfrieden (1948).

[33] W. KAISEN, Meine Arbeit. Mein Leben (1967).

[34] Exemplarische Untersuchungen über einzelne Gemeinden in der amerik. Zone: J. GIMBEL, Eine dt. Stadt unter amerik. Besatzung – Marburg 1945 bis 1951 (a. d. Amerik. 1964); P. BEYERSDORF, Militärregierung u. Selbstverwaltung. Eine Studie zur amerik. Besatzungspolitik auf der Stufe einer Gemeinde in den Jahren 1945–1948, dargestellt am Beispiel aus dem Stadt- u. Landkreis Coburg (Diss. Erlangen 1966).

[35] Siehe J. GIMBEL, Amerik. Besatzungspolitik in Dtld., S. 225 f.; P. HÖRTER, Die Entstehung des Landes Hessen nach 1945 unter bes. Berücksichtigung der Mitwirkung der Besatzungsmächte (Diss. Würzburg 1968); M. DÖRR, Restauration oder Demokratisierung? Zur Verfassungspolitik in Hessen 1945/46, in: Z. f. Parlamentsfragen 2 (1971).

[36] Ein am 10. Jan. 1948 in Bremen verabschiedetes Betriebsrätegesetz enthielt aufgrund amerik. Einspruchs nur begrenzte Mitbestimmungsrechte. Hierzu u. zu anderen Einwirkungen der westl. Besatzungsmächte in Fragen der Mitbestimmung: E. SCHMIDT, Die verhinderte Neuordnung 1945–1952 ([5]1974), S. 161 ff.; E.-U. HUSTER u. a., Determinanten der westdt. Restauration 1945–1949 (1972), S. 204 ff. – Zur Mitbestimmung vgl. Kap. 13.

[37] H. EHARD, Bayerische Politik. Ansprachen u. Reden des bayer. Ministerpräsidenten (1952); ders., Tatsachen u. Zusammenhänge aus meiner elfjähr. Ministerpräsidentschaft (1964).

[38] Ch. STOCK, Der Weg der Demokratie in Hessen (1947).

[39] Lia HÄRTEL, Der Länderrat des amerik. Besatzungsgebietes (1951).

[40] James K. Pollock an Robert Murphey am 10. Dez. 1945, zit. bei J. GIMBEL, Amerik. Besatzungspolitik, S. 92 f.

[41] Text der Erklärung des amerik. Militärgouverneurs General J. T. McNarney in der Sitzung des Kontrollrats vom 20. Juli 1946: EA 1 (1946/47), S. 260.

[42] Text bei T. PÜNDER, Das bizonale Interregnum (1966), Anhang f.

In der Zeit von September 1946 bis Mai 1947 haben die Länder
der sowjetischen, amerikanischen und französischen Zone wie
auch Groß-Berlin Verfassungen erhalten. Die Länder der britischen Zone folgten später, und zwar erst einige Zeit nach Begründung der Bundesrepublik, nachdem sie zunächst mit nur
vorläufigen Organisationsstatuten gearbeitet hatten, die von der
Militärregierung erlassen worden waren und auf deren Grundlage die Landtagswahlen vom 20. April 1947 durchgeführt wurden (zum Ergebnis der ersten Landtagswahlen und zur Entstehung der Länderverfassungen vgl. Kap. 14 u. 15). Den Länderverfassungen der sowjetischen und der westlichen Zonen aus
den Jahren 1946/47 kommt eine sehr unterschiedliche historische Bedeutung zu. In der Sowjetzone waren sowohl SED wie
LDP von einem zentralistischen Staatsverständnis geleitet. Die
Länder waren hier Verwaltungskörperschaften der mittleren
Ebene. Ihre Existenz war vorübergehend. Sie hörten am 23. Juli
1952 auf zu bestehen. An ihre Stelle trat eine größere Zahl
Verwaltungsbezirke. Aber auch den Ländern der westlichen
Zonen kann kein voller staatlicher Charakter zuerkannt werden. Sie werden in der staatsrechtlichen Literatur als Selbstverwaltungskörperschaften höherer Art oder als autonome Ge-
bietskörperschaften bezeichnet. Allenfalls kann man in ihnen
mit Carlo Schmid »Staatsfragmente« sehen. Sie besaßen unter
der Überwachung der Militärregierungen keine Souveränität
und wuchsen, während sich die Kontrolle durch die Besatzungsmacht lockerte, in übergreifende Bindungen bundesstaat-
licher Art hinein. Die in den Länderverfassungen fixierten verfassungsrechtlichen Aussagen über die Grundrechte, die soziale
Ordnung und das staatliche Organisationsprinzip einer liberalen parlamentarischen Demokratie waren aber die Richtpunkte,
an denen sich später im Parlamentarischen Rat die Verfassungsdebatten orientierten, aus denen das Grundgesetz der Bundesrepublik entstand. Hierin liegt die Bedeutung für den Prozeß
der »Demokratiegründung in Westdeutschland«[1].

Die Verfassungen der Länder in der sowjetischen Besatzungszone sind in dem gleichen Zeitraum, um die Jahreswende 1946/
1947, entstanden wie die der amerikanischen Zone. Sie markieren in der politisch-gesellschaftlichen Entwicklung der sowjetischen Besatzungszone eine Epoche, die sich in ihrer offiziellen

politischen Begriffswelt noch weitgehend am demokratischen und liberalen Verfassungsdenken orientierte. Damals schien es so, als seien noch nicht alle Wege verbaut, über die Länderverfassungen hinaus zu einer gesamtdeutschen Staatsverfassung zu gelangen. Ein Vergleich der Verfassungen der sowjetischen mit denen der westlichen Zonen zeigt Übereinstimmungen, läßt aber auch charakteristische Unterschiede erkennen. Die Verfassungen der Länder in der sowjetischen Besatzungszone wurden nicht jeweils autonom erarbeitet, sondern sie richteten sich in ihren wesentlichen Aussagen nach einem zentral erarbeiteten Konzept. Dieses stellte einen Kompromiß dar zwischen den Vorstellungen der damals noch nebeneinander bestehenden Parteien SED, LDP und CDU[2]. Den Beratungen der Parteien lagen ein Entwurf der SED und ein Gegenentwurf der CDU für die Länderverfassungen zugrunde. Diese Vorberatung durch die zentralen Zonenparteien erklärt das hohe Maß an Übereinstimmung zwischen den von den Landesparlamenten schließlich verabschiedeten Texten. Für die Verfassunggebung der Länder in der sowjetischen Besatzungszone war aber – im Unterschied zu den Westzonen – von vornherein noch ein anderer Orientierungspunkt gegeben. Der Parteivorstand der SED hatte am 22. September 1946 eine Erklärung über die »Grundrechte des deutschen Volkes« veröffentlicht, und am 14. November 1946, fünf Wochen vor der Verabschiedung der ersten sowjetzonalen Länderverfassung in Thüringen vom 20. Dezember 1946, nahm er den »Entwurf einer Verfassung für die Deutsche Demokratische Republik« an[3]. Die in ihnen enthaltenen Grundrechte sind weitgehend an der Weimarer Verfassung orientiert. Sie fanden in den Länderverfassungen der Sowjetzone ebenso ihren Niederschlag wie das Demokratieverständnis des Verfassungsentwurfs. Bevor im Westen überhaupt Vorstellungen über die Gestalt eines zukünftigen deutschen Staates eine entsprechende offizielle Formulierung gefunden hatten, wurden durch den frühzeitigen Verfassungsentwurf der SED für eine Deutsche Demokratische Republik, ausgehend von dem Gedanken, daß alle Macht dem Parlament gehöre, sowohl der rechtsstaatliche Gedanke der Gewaltenteilung als auch die föderalistische Gliederung des Staatsaufbaues verworfen[4].

Übereinstimmung und Unterschied der Länderverfassungen ergeben sich aus einem Vergleich der Aussagen über Grundrechte, Wirtschafts- und Sozialordnung und das staatliche Organisationsstatut. Bei der verfassungsrechtlichen Stellung von

Grundrechten geht es zunächst um die Frage, ob diese als ein vorstaatliches, unveräußerliches, in der Natur des Menschen begründetes Recht angesehen werden oder als eine staatliche Gewährung und eine wieder aufhebbare Selbstbegrenzung des Gesetzgebers. Die naturrechtliche Auffassung findet ihren angemessenen Ausdruck darin, daß die Grundrechte an den Anfang der Verfassung gestellt und aus ihr als einem vorgegebenen, vom Verfassunggeber anerkannten Recht die Aufgaben und Funktionen des Staates abgeleitet werden. Dies ist in den Verfassungen der sowjetischen Zone nirgendwo der Fall. In Thüringen und Brandenburg sind die wichtigsten Grundrechte jeweils in einem Artikel aufgezählt. In den übrigen sind sie genauer dargelegt in einem Verfassungsteil, der dem Organisationsstatut folgt. Dies war auch in der Weimarer Verfassung der Fall. Eine solche Plazierung der Grundrechte im Rahmen des Verfassungstextes und ihr verfassungsrechtlicher Charakter als staatliche Selbstbegrenzung braucht ihre naturrechtliche Interpretation nicht auszuschließen, macht sie aber auch nicht verbindlich. Die dem Verfassungsdenken der SED zugrunde liegende marxistische Theorie kennt kein die Souveränität des Volkes beschränkendes, vorgegebenes Naturrecht. In einigen Verfassungen der westlichen Zonen ist im Unterschied hierzu der vorstaatliche Charakter der personalen Grundrechte in einem an den Anfang der Verfassung gestellten Rechtekatalog ausdrücklich formuliert worden, so in Rheinland-Pfalz, Baden, Württemberg-Baden und Hessen. In den übrigen westlichen Länderverfassungen sind die Grundrechte in die Verfassungen als staatliche Selbstbegrenzungen eingeschlossen.

Als Inhalt der Grundrechte finden sich in allen Länderverfassungen weitgehend in Anlehnung an die Weimarer Reichsverfassung die klassischen liberalen Rechte wie Freiheit der Person, Glaubens- und Gewissensfreiheit, Freiheit der Meinungsäußerung. Bemerkenswert ist, daß nicht nur in westlichen, sondern auch in sowjetzonalen Verfassungen das Recht auf Freizügigkeit und das Streikrecht anerkannt werden. Hieran wird besonders deutlich, wie weit sich die Verfassungswirklichkeit in der sowjetischen Besatzungszone vom damaligen Verfassungsbild entfernte. In einigen Verfassungen der Sowjetzone wie der westlichen Zonen wird aus dem zu den Grundrechten zählenden Gleichheitssatz ein subjektives öffentliches Recht auf Bildung abgeleitet, so in Brandenburg und Thüringen, Bremen und Bayern sowie in Baden und Württemberg-Baden, in diesen beiden letzteren Verfassungen durch eine Pflicht zur Bildung ergänzt (vgl. Kap. 18). Aus den Erfahrungen des Machtmißbrauchs in der Endphase der Weimarer Republik und in der nationalsozialistischen Zeit ist es zu verstehen, daß in den Verfassungen von Brandenburg, Hessen und Bremen ein Widerstandsrecht, in den beiden letzteren zugleich eine Widerstandspflicht[5] gegen Unrechtshandlungen des Staates verankert wurde.

Ob eine Einschränkung der Grundrechte nur durch den Verfassungsgesetzgeber oder bereits auf dem Wege der einfachen Gesetzgebung möglich sein soll, ist von Land zu Land sehr unterschiedlich geregelt. Ohne Zweifel aber drückt sich in den Grundrechtsbestimmungen der westlichen wie auch der sowjetischen Besatzungszone die damalige allgemeine Überzeugung des deutschen Volkes aus, daß der Bürger nicht schutzlos der Staatsgewalt preisgegeben sein dürfe. Daß andererseits der Staat ein Recht hat, gegen den Mißbrauch der Freiheitsrechte geschützt zu werden, war die Überzeugung der Verfassunggeber in den westdeutschen Ländern. So heißt es etwa in der hessischen Verfassung: »Auf das Recht der freien Meinungsäußerung, der Versammlungs- und Vereinsfreiheit sowie auf das Recht der Verbreitung wissenschaftlicher oder künstlerischer Werke kann sich nicht berufen, wer den verfassungsmäßigen Zustand angreift oder gefährdet. Ob diese Voraussetzung vorliegt, entscheidet im Beschwerdewege der Staatsgerichtshof« (Art. 17). Entsprechend schränkt u. a. die Bremer Verfassung das Vereinsrecht ein: Vereinigungen können verboten werden, »die die Demokratie oder die Völkerverständigung gefährden« (Art. 17,2; vgl. Baden Art. 118 und 124, Bayern Art. 114, Rheinland-Pfalz Art. 10, Württemberg-Baden Art. 11 und 15, Württemberg-Hohenzollern Art. 9).

Um dem Recht des Bürgers gegen Staatswillkür eine wirkungsvolle Sicherung zu geben, wird als Ergebnis der abendländischen Verfassungsentwicklung die Staatsgewalt als eine aufgeteilte organisiert. Die Teilgewalten stehen in einem Rechtsverhältnis zueinander und kontrollieren sich gegenseitig. Wo es keine Gewaltenteilung gibt, gibt es keine Verfassung – so lautet schon eine Grundthese der Erklärung der Menschenrechte von 1789. Dieser Gedanke findet in den Verfassungen der sowjetischen Zone keine Entsprechung. Das Verfassungsdenken der SED, das sich in diesem Punkte durchsetzte, geht von der Allmacht des Parlaments als des einzigen obersten politischen Organs aus. Nach den Verfassungen von Mecklenburg, Sachsen und Brandenburg kontrolliert das Parlament außer der Regierung auch die Rechtspflege. Hier besteht allenfalls noch eine Funktionstrennung, aber nicht mehr eine Gewaltenteilung zwischen Legislative und Judikatur. Insbesondere kennen diese Verfassungen im Unterschied zu den westdeutschen Länderverfassungen nicht die Einrichtung eines Staatsgerichtshofs, der über die Verfassungsmäßigkeit von Gesetzen und Regierungsmaßnahmen zu wachen hätte, um zu gewährleisten, daß sich die Tätigkeit des Staates in den Bahnen des Rechts hält. Nur in Thüringen ist ein Verfassungsprüfungsausschuß vorgesehen, der aber keine eigentliche Gerichtsbarkeit besitzt.

Eine Teilung der Legislaturgewalt in Form eines Zweikammersystems wurde innerhalb der Unionsparteien besonders in Süddeutschland vertreten. Der Gedanke konnte sich nirgendwo durchsetzen, hinterließ aber seine Spuren in der bayerischen Verfassung. Sie schuf neben dem Parlament einen ständisch gewählten Senat mit allerdings sehr begrenzten Konsultativbefugnissen gegenüber Regierung und Parlament. Eine weitere Eigentümlichkeit der bayerischen Verfassung ist – mit den Worten von Hans Ehard – das »veredelte parlamentarische System«: im Unterschied zu den übrigen Länderverfassungen und zu dem ursprünglich von Wilhelm Hoegner und dem Staatsrechtler Hans Nawiasky erstellten Entwurf Verzicht auf die jederzeitige Abberufbarkeit der Regierung durch das Parlament, statt dessen Wahl der Regierung auf die feste Amtszeit von vier Jahren, mit der Einschränkung allerdings, daß der Ministerpräsident zurücktreten muß, »wenn die politischen Verhältnisse ein vertrauensvolles Zusammenarbeiten zwischen ihm und dem Landtag unmöglich machen« (Art. 44).

Eine andere Form der Gewaltenteilung ist der Föderalismus, d. h. der Aufbau einer in ihren Aufgaben begrenzten Zentralgewalt von den Ländern her, die als selbständige, nicht abgeleitete Teilgewalten bestehen bleiben. Gegenüber dem zentralistischen Denken, in dem sich SED und LDP begegneten, konnte das föderalistische Denken der CDU in die Verfassungen der Sowjetzone keinen Eingang finden. In ihnen gelten die Länder schon vor ihrer tatsächlichen späteren Beseitigung lediglich als Selbstverwaltungskörperschaften innerhalb der zukünftigen »Deutschen Demokratischen Republik« ohne Vorbehalt eigener unableitbarer Rechte. Im Unterschied hierzu wird in den westdeutschen Verfassungen der Staatscharakter der Länder, allerdings in unterschiedlich starker Weise, betont. Die zukünftige übergreifende politische Verbindung wird in einigen der Verfassungen als Republik, Bundesrepublik oder auch Bundesstaat bezeichnet. In der badischen Verfassung ist lediglich von der Gemeinschaft der deutschen Länder die Rede. In Rheinland-Pfalz erklärt die Verfassung, daß dieses Land ein »sozialer Gliedstaat Deutschlands« sei, wobei die Frage, ob man sich dieses Deutschland als Bundesstaat oder Staatenbund vorzustellen habe, offen bleibt. Die bayerische Verfassung schließlich spricht ausschließlich davon, daß die Grundlage des künftigen Bundesstaates der freiwillige Zusammenschluß der deutschen Einzelstaaten sei, deren »staatsrechtliches Eigenleben« gesichert bleiben soll. Bereits in den Länderverfassungen von 1946/47 zeichnen sich demnach die spätere unterschiedliche zentralistische und föderalistische deutsche Staatenbildung in der sowjetischen und in den westlichen Besatzungszonen ab und zwischen den westdeutschen Ländern die unterschiedlichen Vorstellungen von der Art des künftigen föderalen Zusammenschlusses.

Daß die Macht im Staate keine einheitliche, sondern eine geteilte sei, findet in der liberalen parlamentarischen Verfassungswirklichkeit seinen Ausdruck schließlich auch darin, daß sich Regierung und Opposition gegenüberstehen[6]. In der modernen Demokratie ist hieraus der Machtwechsel konkurrierender organisierter Wählerparteien geworden. Obwohl demnach für das Verfassungsleben die Struktur und Zielsetzung der Parteien bestimmend sind, beschäftigten sich die klassischen Verfassungen mit ihnen nicht. Das galt auch noch für die Weimarer Verfassung. Nach 1945 hat als erste und unter den damaligen deutschen Länderverfassungen einzige die badische hieraus die Folgerungen gezogen und die öffentlich-rechtliche Stellung der Parteien in einem eigenen Abschnitt geregelt (Art. 118–121). Sie spricht der Opposition in Ausübung ihrer kritischen Rolle gegenüber der Regierung ausdrücklich eine Mitverantwortung für die »Lenkung des Staats« zu und bindet zugleich die Parteien, um zwischen ihnen den bei allen Gegensätzen notwendigen Fundamentalkonsensus zu gewährleisten, in Aufbau, Programm und Verhalten an die Spielregeln des demokratischen Staates.

Die politisch-gesellschaftliche Entwicklung in Deutschland hatte dazu geführt, daß schon in der Weimarer Verfassung über die formal-demokratischen Bestimmungen des staatlichen Organisationsstatuts und der Gewährleistung persönlicher Freiheitsrechte hinausgehend Aussagen über Wirtschaft und Gesellschaft als Zielbestimmungen einer materialen Demokratie gemacht wurden. In fast allen Länderverfassungen 1946/47 wird ein wirtschaftlich-gesellschaftliches Leitbild in eigenen Kapiteln formuliert. In den verschiedenen sowjetzonalen Länderverfassungen sind die verwendeten Formulierungen fast identisch. In keinem dieser Texte findet sich das Wort Sozialismus. Vielmehr nennen diese Verfassungen im Rahmen des allgemeinen Grundsatzes der »sozialen Gerechtigkeit« als konkrete Zielsetzung die Förderung der privaten Initiative der selbständigen Gewerbetreibenden und Bauern und die Freiheit von Handel und Gewerbe. Auch das Eigentum, insbesondere das aus der Bodenreform vom September 1945 stammende neue bäuerliche Grundeigentum, wird ausdrücklich garantiert. Von Sozialismus ist also nicht die Rede. Wohl aber finden sich Bestimmungen, die man als gemeinwirtschaftlich bezeichnen könnte, nämlich eine am Bedarf orientierte Planung der Wirtschaft und die Möglichkeit einer Beteiligung von Land und Selbstverwaltungskörpern an der Unternehmensverwaltung. Entsprechend den Bestimmungen des Potsdamer Abkommens sprechen sich die Verfassungen gegen private wirtschaftliche Monopolorganisationen aus. Von einer Enteignung wirtschaftlicher Unternehmungen über die bereits unter dem Vorzeichen von Entnazifizierung und Entmilitarisierung vollzogene Überführung von Privateigentum in die öffentliche Hand hinaus spricht nur die sächsische Verfassung. Dabei soll »angemessene Entschädigung« erfolgen. Es läßt sich zusammenfassend sagen, daß das Wirtschafts- und Gesellschaftsbild, wie es sich in den Verfassungstexten der Sowjetzone ausdrückt, durch bürgerlich-demokratische Vorstellungen bestimmt ist, ähnlich wie auch das Parteiprogramm, mit dem die Kommunisten bei ihrem ersten Auftreten nach dem Zusammenbruch 1945 sich an das Volk gewandt hatten. Die wirtschaftlich-soziale Wirklichkeit aber sah zum Zeitpunkt der Entstehung dieser Verfassungen bereits erheblich anders aus. Ende 1946 befanden sich – außer den Produktionsstätten unter sowjetischer Regie – in deutscher Hand 60% private und 40% verstaatlichte bzw. sozialisierte Betriebe[7]. Der Produktionswert des sozialisierten Sektors überflügelte aber bereits den des privaten.

Die wirtschaftlich-gesellschaftlichen Aussagen der westzonalen Verfassungen ähneln in vielem denen der Ostzone. Als gemeinsamer Grundzug der westdeutschen Länderverfassungen läßt sich herausstellen: die Ablehnung von wirtschaftlicher Machtbildung durch Monopole und Kartelle; die Anerkennung der Koalitionsfreiheit, des kollektiven Tarifvertrags, des Streikrechts und des Schiedswesens; die Befürwortung von Mitbestimmung auf betrieblicher und überbetrieblicher Ebene und die Anerkennung der Notwendigkeit von begrenzter Planwirtschaft in Steuerung von Produktion und Verteilung unter dem obersten Gesichtspunkt einer gerechten Bedarfsdeckung für alle. Hierbei heben sich folgende Besonderheiten in einzelnen Verfassungen heraus: Durchweg wird das Eigentum, außer in Hessen, unter Grundrechtsgarantie gestellt. Rheinland-Pfalz erklärt es ausdrücklich zum Naturrecht, fordert eine Gewinnbeteiligung der Arbeitnehmer und schreibt die in vielen Verfassungen vorgesehene Möglichkeit der Sozialisierung gegen Entschädigung für Schlüsselunternehmungen als ein Gebot vor, wenn dies das Gemeinwohl erfordert. Arbeitgeber und Arbeitnehmer sollen in den Industrie- und Handelskammern gleichberechtigt vertreten sein und ebenso in den Gesamtgremien, die der Lenkung der Wirtschaft dienen. Die bayerische Verfassung erklärt, daß Bodenschätze, Energie und Bahnen in der Regel öffentliches Eigentum sein sollen. Bremen will wichtige Großunternehmen sozialisieren. Ein eindeutiges Sozialisierungsgebot für Bergbau, Eisenindustrie und Schienenverkehr kennt die hessische Verfassung, die in dieser Hinsicht am weitesten geht. Sie erklärt Aussperrung für rechtswidrig, während sie den Streik anerkennt, allerdings nur, wenn er von Gewerkschaften durchgeführt wird. Die Mitbestimmung soll paritätisch sein, sowohl in den Betrieben wie in der allgemeinen Wirtschaftsplanung.

Der Überblick ergibt, daß sich in den westdeutschen Länderverfassungen mit ihren Aussagen über Sozialisierungsmöglichkeiten, über Gewerkschaften und kollektiven Tarifvertrag, über Mitbestimmung in Betrieben, Unternehmen und Planungsgremien der Wirtschaft ein klarer Wille zur sozialen Reform ausspricht. Der reale Hintergrund dieser Verfassungsaussage ist wie in den entsprechenden Programmaussagen der großen Parteien in der Erfahrung der deutschen Geschichte, besonders aber in dem Umstand zu sehen, daß zur Zeit der Verfassungsberatungen große Teile des deutschen industriellen Eigentums von den Alliierten beschlagnahmt waren. Das galt insonderheit für die Bergwerke, die Schwerindustrie und die Großchemie. Sie standen unter treuhänderischer Verwaltung der Besatzungsmächte, wobei völlig offen war, was einmal daraus werden sollte. Die sozial- und wirtschaftspolitischen Vorstellungen der amerikanischen und der britischen Besatzungsmacht wichen voneinander ab. Wenn in den Verfassungen die Möglichkeit vorgesehen wurde, dieses Eigentum weitgehend zu sozialisieren oder zu ihrer Kontrolle die Mitbestimmung der Arbeitnehmer auszubauen, so boten diese Wege vielleicht die Möglichkeit, die Verfügungsgewalt über dieses deutsche Eigentum schneller zurückzugewinnen. Historische Erfahrungen, die sozialpolitische Zielvorstellung der »Zusammenarbeit«, besonders deutlich in der Verfassung von Württemberg-Hohenzollern zum Ausdruck gebracht, und eine nationale Motivation wirkten zusammen, um in den westdeutschen Verfassungen die formale Demokratie der Menschenrechte und Gewaltenteilung auf eine sozialreformerische Zielvorstellung auszurichten.

Vgl. Lit. zu den Kap. 14 u. 15.

Bibliographien: U. BERMBACH (Hg.), Hamburger Bibliographie zum parlamentarischen System der Bundesrepublik Dtld. (1945–1974), ([2]1975); O. STOSSENREUTHER/D. EBERTH (Hg.), Fundhefte für Öffentliches Recht, fortlaufende Loseblatt-Sammlung (1949 ff.).

Texte: W. WEGENER (Hg.), Die neuen dt. Verfassungen (1947); E. R. HUBER (Hg.), Quellen zum dt. Staatsrecht der Neuzeit, Bd. 2: Dt. Verfassungsdokumente der Gegenwart 1919–1951 (1951). Texte der jetzt gültigen Verfassungen: W. BURHENNE (Hg.), Grundgesetz der Bundesrepublik Dtld. mit den Verfassungen der Länder (1962).

Darstellungen: Staatsrechtl. Entwicklung u. vergleichende Analyse der Länderverfassungen bei F. KLEIN, Neues dt. Verfassungsrecht (1949); Übersicht über Entstehungsgesch. sowie kurze Kommentare zu den westdt. Länderverfassungen in: Jb. d. ö. Rechts d. Gegenwart, N. F. (1954–1966).

Kommentare: K. GÖBEL, Die Verfassung des Landes Baden-Württemberg (1953); H. NAWIASKY u. a., Die Verfassung des Freistaates Bayern ([2]1970 f.); K. LANDSBERG/H. GÖTZ, Verfassung von Berlin (1951); Th. SPITTA, Kommentar zur Bremischen Verfassung von 1947 (1960); W. DREXELIUS/R. WEBER, Die Hamburger Verfassung ([2]1972); G. A. ZINN/E. STEIN, Kommentar zur Verfassung des Landes Hessen (2 Bde., 1963 f.); H. KORTE, Verfassung u. Verwaltung des Landes Niedersachsen (1962); G. GELLER u. a., Die Verfassung des Landes Nordrhein-Westfalen ([2]1963); A. SÜSTERHENN/H. SCHÄFER, Kommentar der Verfassung von Rheinland-Pfalz (1950); R. SCHRANIL, Verfassung des Saarlandes (o. J.); L. LAURITZEN, Die Selbstverwaltung in Schleswig-Holstein. Handkommentar zur Landessatzung (1950).

[1] Hierzu die auf den Verfassungsdebatten der Länder beruhende Studie von K. NICLAUSS, Demokratiegründung in Westdtld. Die Entstehung der Bundesrepublik 1945–1949 (1974).

[2] Bericht eines an diesen Beratungen Beteiligten: H. PETERS, Die Länderverfassungen in der Sowj. Zone, EA 1 (1946/47), S. 639 ff.

[3] Beide Texte in: Dokumente der

Sozialistischen Einheitspartei Dtlds. 1 (1951).

[4] W. ULBRICHT, Grundgedanken zu einer neuen dt. Verfassung. Rede auf einer Kundgebung in Leipzig, 12. Okt. 1946, in: Zur Gesch. der dt. Arbeiterbewegung 3 (1953), S. 53–58.

[5] Zu den Formen u. zur Problematik des Widerstandsrechts im Verfassungsstaat C. HEYLAND, Das Widerstandsrecht des Volkes gegen verfassungswidrige Ausübung der Staatsgewalt im neuen dt. Verfassungsrecht (1950); B. PFISTER/G. HILDMANN (Hg.), Widerstandsrecht u. Grenzen der Staatsgewalt (1956), Bericht über eine Tagung der Hochschule für Polit. Wiss. München u. der Ev. Akademie Tutzing.

[6] Zur staatsphilosophischen Begründung des geteilten polit. Willens im Gegensatz zur Rousseauschen Vorstellung von dessen notwendiger Homogenität: K. KLUXEN, Die Idee der legalen Opposition im England des 18. Jhdts., in: GWU 4 (1953); ders., Die Herkunft der Lehre von der Gewaltentrennung, in: Aus Mittelalter u. Neuzeit (Festschrift f. G. Kallen, 1957); ders., Das Problem der polit. Opposition. Entwicklung u. Wesen der engl. Zweiparteienpolitik im 18. Jhdt. (1956); D. STERNBERGER, Gewaltenteilung u. parlamentarische Regierung in der Bundesrepublik Dtld., in: K. KLUXEN (Hg.), Parlamentarismus (1967).

[7] Zahlen nach J. P. NETTL, Die dt. Sowjetzone bis heute (1953), S. 148; vgl. G. STOLPER u. a., Dt. Wirtschaft seit 1870 (1964), S. 224, u. St. DOERNBERG, Die Geburt eines neuen Dtld. 1945–1949 (Berlin-Ost 1959), S. 463, der feststellt, daß 1948 nur noch 40% der industriellen Bruttoproduktion auf den privatwirtschaftl. Teil entfielen.

Kapitel 17
Kirche

Man kann die Kirche wie die Universität unter sehr unterschiedlichen Fragestellungen betrachten: sie sind wirtschaftliche, soziale, politische Gebilde, sie haben ihre inneren Strukturprobleme in Analogie zu denen der Gesellschaft und des Staates, aber vor allem sind sie durch ihren jeweiligen besonderen Auftrag geprägt, der Wahrheit zu dienen. Dieser Auftrag leitet sich nicht von sozialen und politischen Zweckmäßigkeiten und Wünschbarkeiten her. Er besteht kraft eigenen Rechtes. Daher dürfen die politischen und sozialen Verflechtungen dieser Gebilde nicht primär das historische Urteil über sie bestimmen. Das Urteil über die Kirche nach 1945 würde in die Irre gehen, wenn es sich mit der Frage begnügen wollte, wie sich die Kirche unter dem Raster der gängigen politisch-gesellschaftlichen Kategorien ausnimmt. So muß eine Betrachtung der Kirche in Deutschland nach 1945 davon ausgehen, daß es ihr in der Zeit des Nationalsozialismus trotz mancher taktischen Konzessionen und trotz partieller Verführbarkeit des Nationalprotestantismus gelungen war, sich als die einzige institutionalisierte und nicht gleichgeschaltete geistige Gegenmacht zu behaupten. Es ist einfach falsch, die einzigartige Anziehungskraft, die die Kirchen aller Konfessionen nach dem Zusammenbruch des Reiches ausübten, einer opportunistischen Gesinnung der vielen bisher der Kirche Entfremdeten zuzuschreiben, die jetzt die Predigt hörten oder zu den Sakramenten gingen. Gewiß versuchte die Kirche in den tausend äußeren Nöten des Lebens mit ihren diakonischen Werken zu helfen, so gut sie konnte. Gewiß half sie, und vielfach allzu großzügig, mit der Ausstellung politischer Leumundszeugnisse. Gewiß versuchten viele bei der Kirche unterzukriechen. Aber nicht überhörbar vermochte doch die von den Kirchen gegebene Deutung des Zusammenbruchs als eines Gottesgerichts den einzelnen wieder als Person herauszufordern und vielen einen neuen Sinnzusammenhang zu eröffnen und Hoffnung zu geben.

Das hierarchische Gefüge der katholischen Kirche[1] war in der nationalsozialistischen Zeit unerschüttert geblieben. Sie stellte sich in einem geschichtlichen Augenblick, in dem alle bisherige politische Ordnung zerschlagen war, in eindrucksvoller Geschlossenheit dar, für viele legitimiert durch die Unzerstörbarkeit des in ihr sichtbar werdenden Abbildes überzeitlicher Gesetze und Verheißungen. Das vielfach behinderte oder unterbundene kirchliche Vereinsleben konnte sich wieder frei entfalten. Die Teilnahme am politischen Wiederaufbau Deutschlands auf der Grundlage der Demokratie war nach dem Zusammenbruch des antichristlichen Dritten Reiches nicht mehr mit den Vorbehalten belastet wie nach dem Zusammenbruch der Monarchie beim Ende des Ersten Weltkrieges. Und im Unterschied zur Weimarer Zeit setzte sich jetzt die katholische Kirche für das überkonfessionelle Zusammenarbeiten der Christen in einer Partei ein. Ohne sich einseitig festzulegen, ließ sie deswegen den Unionsparteien ihre besondere Förderung angedeihen. Aus der katholischen Soziallehre kamen im politischen Bereich starke Impulse für eine Bereitschaft zur Mitverantwortung und im religiösen Bereich für eine Vertiefung des karitativen zum sozialpolitischen Diakonat der Kirche. Ob das Reichskonkordat von 1933, das der Kirche eine vom NS-Staat nie respektierte Eigenständigkeit zugesichert hatte, weiterhin gültig sei, war zunächst eine offene Frage (vgl. BGG Art. 123 Abs. 2), die erst

1955 im Konkordatsprozeß vor dem Bundesverfassungsgericht positiv entschieden wurde.

Innerhalb des Protestantismus[2] regten sich nach dem Zusammenbruch des Reiches verschiedene Kräfte auf der Suche nach einer neuen Form für die Einheit der Kirche. Die 1933 geschaffene Deutsche Evangelische Kirche war verfallen, ohne daß sie je Gestalt gewonnen hätte. Die »Evangelische Kirche der Altpreußischen Union«, die größte der Landeskirchen, hatte ihre Kirchenprovinzen östlich von Oder-Neiße verloren. Aus den übrigen preußischen Kirchenprovinzen wurden eigenständige Kirchen (Rheinland, Westfalen, Berlin-Brandenburg, Provinz Sachsen, Rest-Pommern und -Schlesien), die sich aber als »Evangelische Kirche der Union« 1951 eine föderative Grundordnung gaben. Die Evangelische Kirche der Union ist für eine Reihe von Jahren eine der stärksten Klammern zwischen den beiden Teilen Deutschlands gewesen. Auch der in Distanz oder in Ablehnung zum Nationalsozialismus stehende bekennende Protestantismus besaß nach dem Zusammenbruch des Dritten Reiches keine kirchliche Geschlossenheit. Seit 1936 standen sich eine radikalere Vorläufige Kirchenleitung und der gemäßigtere Lutherrat gegenüber (vgl. Bd. 20, Kap. 13). Dennoch besaß die Bekennende Kirche bei aller Unterschiedlichkeit der Wege, die kirchenpolitisch gesucht worden waren, in der Barmer Erklärung von 1934 ein gemeinsames solides Fundament, das sich in den Belastungen der Zeit als tragfähig erwiesen hatte. Lutheraner, Calvinisten und Unierte hatten sich in diesem Bekenntnis gegen den Totalitätsanspruch des Staates in einer gemeinsamen Glaubensaussage zusammengefunden. Es erhob sich die Frage, ob es nunmehr möglich sein würde, die getrennten protestantischen Konfessionen in eine umfassende evangelische Kirche einzuschmelzen. Dem standen jedoch starke Gegenkräfte gegenüber. Vor allem das Luthertum wollte seine Eigenart bewahren. Die meisten lutherischen Landeskirchen wie etwa in Hannover, Sachsen und Bayern waren nicht bereit, auf ihre traditionsgebundene Identität zu verzichten. Sie schlossen sich am 25. August 1945 zur Vereinigten Lutherischen Kirche zusammen. Aber wenn sie auch nicht in einer evangelischen Einheitskirche aufgehen wollten, so versagten sie sich doch nicht der Notwendigkeit eines umfassenden föderativen Zusammenschlusses. Für diesen setzte sich besonders Bischof Wurm ein, der sich mit seiner württembergischen Landeskirche der Vereinigten Lutherischen Kirche nicht anschloß. Er lud die Führer aller deutschen Landeskirchen und den neu konstituierten Reichsbruderrat zu einer Kirchenversammlung ein, die vom 27.–31. August 1945 in der hessischen Stadt Treysa tagte. An der Versammlung nahmen auch der aus dem Konzentrationslager befreite Martin Niemöller und der Theologe Karl Barth teil. Es wurde ein vorläufiger Rat der Evangelischen Kirche in Deutschland gewählt mit Landesbischof Wurm als Vorsitzendem und Niemöller als seinem Stellvertreter. Drei Jahre später wurde für die »Evangelische Kirche in Deutschland« (EKiD) auf einer Kirchenversammlung in Eisenach 1948 eine Grundordnung angenommen und danach von den Landeskirchen ratifiziert. Man hatte auf den Namen »Deutsche Evangelische Kirche«, der in den Jahren 1933–1945 die diskreditierte Reichskirche bezeichnet hatte, verzichtet, wollte aber andererseits einen stärkeren Zusammenschluß, als er im »Kirchenbund« der Weimarer Zeit vorhanden gewesen war. Die Geltung der unterschiedlichen »Bekenntnisse« aus der Reformationszeit je in ihren Kirchen wurde nicht in Frage gestellt. Aber die Evangelische Kirche in Deutschland als ein Bund so bestimmter lutherischer und reformierter Bekenntniskirchen und uniierter Kirchen sollte selbst auch eine Bekennende Kirche sein. Insofern beruhte sie auf der Barmer Erklärung von 1934.

Daß der EKiD trotz unterschiedlicher Bekenntnisse ihrer Gliedkirchen tatsächlich die Möglichkeit des gemeinsamen Bekennens gegeben war, zeigte sich bereits kurz nach Treysa in dem sogenannten Stuttgarter Schuldbekenntnis vom 19. Oktober 1945. Dieses Schuldbekenntnis ist eines der erstaunlichsten Dokumente der deutschen Geschichte. Es hat einen singulären Platz in seiner Zeit. Mit ihm wurde der Versuch gemacht, den Teufelskreis des gegenseitigen Aufrechnens von Schuld zu durchbrechen. Die Ökumene erwartete ein solches Bekenntnis von der Evangelischen Kirche in Deutschland[3]. Es hat Türen geöffnet und Hilfe ermöglicht. Seinen Ursprung hat es in einem Willen zu illusionsloser Rechenschaftsablage, wie er in einem »Wort der Berliner Bekenntnissynode an die Pfarrer und Gemeinden« schon am 31. Juli 1945 sich äußerte[4]. Darin hieß es: »Unser Volk, das zu 90 v. H. aus getauften Christen bestand, hat sich unter geringem Widerstand die christliche Prägung seines staatlichen und kulturellen Lebens in kürzester Frist rauben lassen. Das ist eine für uns Deutsche tief beschämende Tatsache ... Wir müßten weit zurückgehen in der Geschichte des deutschen Geistes, um darzutun, warum wir uns so leicht haben verführen lassen. Eine Fehlentwicklung von langer Hand hat uns dahin gebracht, daß wir in der Stunde der Versuchung versagt haben.« Die Bekennende Kirche entzog sich selber nicht der Solidarität der Schuld, trotz ihres Widerstandes und ihrer Blutzeugen. Was die Bekennende Kirche sagte, wurde von der Evangelischen Kirche auf der Konferenz von Treysa übernommen: »Längst ehe Kirchen in Schutt sanken, waren Kanzeln entweiht und Gebete verstummt. Hirten ließen die Gemeinden verschmachten, Gemeinden ließen ihre Pfarrer allein. Längst ehe die Scheinordnung des Reiches zerbrach, war das Recht verfälscht. Längst ehe man Menschen mordete, waren Menschen zu bloßen Nummern und daher nichtig geworden. Wessen Leben selbst nichtig ist, dem fällt es nicht schwer, Leben zu vernichten. Wer die Liebe verachtet, kämpft nicht für das Recht des anderen. Er kümmert sich nicht um Verführung von Menschen und hört nicht die Stimmen ihrer Qual. Er lebt und redet, wie wenn dergleichen nicht geschähe. Er scheut die Verantwortung, wie es Christen und Nichtchristen getan haben. Er versteckt sich hinter Befehlen von Menschen, um Gottes Gebot zu entgehen. Diese Lüge ist unser Tod geworden.«[5] Aber die Situation, in der das Stuttgarter Schuldbekenntnis ausgesprochen wurde, war eine besondere: es handelte sich hier nicht mehr um einen Bußruf der Kirche an ihre Mitglieder, sondern um eine Erklärung gegenüber den nach Stuttgart gekommenen Vertretern der Ökumene, unter ihnen Visser't Hooft, Generalsekretär des Ökumenischen Rates der Kirchen. Er hatte im Namen der Ökumene an die evangelischen Christen in Deutschland appelliert: »Helfen Sie uns, daß wir helfen können!« Darauf antwortete das Stuttgarter Bekenntnis: »Wir sind für diesen Besuch um so dankbarer, als wir uns mit unserem Volke nicht nur in einer großen Gemeinschaft des Leidens wissen, sondern auch in einer Solidarität der Schuld. Mit großem Schmerz sagen wir: Durch uns ist unendliches Leid über viele Völker und Länder gebracht worden. Was wir unseren Gemeinden oft bezeugt haben, das sprechen wir jetzt im Namen der ganzen Kirche aus: Wohl haben wir lange Jahre hindurch im Namen Jesu Christi gegen den Geist gekämpft, der im nationalsozialistischen Gewaltregiment seinen furchtbaren Ausdruck gefunden hat; aber wir klagen uns an, daß wir nicht mutiger bekannt, nicht treuer gebetet, nicht fröhlicher geglaubt und nicht brennender geliebt haben.«[6] Diese Aussage war nicht erzwungen wie 1919 die Unterschrift unter den Versailler Schuldartikel, und sie bewegte sich nicht in der Allgemeinheit des liturgischen Sündenbekenntnisses. Sie erhielt ihr Gewicht dadurch, daß sie eine bestimmte politische Schuld der Christen konkret aussprach.

Dieses Bekenntnis wurde in der Öffentlichkeit und auch in den Gemeinden sehr zwiespältig aufgenommen. Die meisten vermochten es nicht nachzuvollziehen oder lehnten es ab, weil sie nicht sahen, daß es sich hier um einen Vorgang innerhalb der ökumenischen Christenheit handelte, wo man um die gegenseitige Bedingtheit von Schuldbekenntnis und Vergebung weiß. Sie meinten, ein einseitiges Bekenntnis deutscher Schuld sei unzumutbar angesichts des Unrechts, das auch an Deutschen geschah. Sie begriffen nicht, daß hier ein neuer Anfang dadurch gesetzt werden sollte, daß die Kirche nicht über die Schuld von anderen Gruppierungen im deutschen Volk, sondern über die eigene sprach. Sie mißverstanden Stuttgart als Anerkenntnis einer Kollektivschuld. Gegen eine Kollektivschuldthese hieß es in einer schleswig-holsteinischen lutherischen Predigthilfe zum Bußtag noch vor der Stuttgarter Erklärung: »Wir sind nicht schuldig aller peccata actualia, die den deutschen Menschen vorgeworfen werden. Aber wir sind alle schuldig des habitus, dem die actus entspringen konnten.«[7] Und Martin Niemöller erklärte, es habe »in den letzten Wochen in den Zeitungen öfter geheißen, ich erklärte das ganze deutsche Volk unterschiedslos für mitschuldig an den von den Nazis begangenen Verbrechen und gäbe damit den Siegermächten eine Vollmacht für eine unterschiedslose Bestrafung des ganzen Volkes. Was ich gesagt habe, ist: Die Verbrechen Hitlers und seiner Helfer werden heute an unserem ganzen Volk heimgesucht, und in der Tat sind wir alle mitschuldig, freilich nicht in dem Sinne, daß wir alle Mörder, Räuber und Sadisten wären, wohl aber in dem Sinne, daß wir alle diese Dinge haben geschehen lassen, ohne uns so für die Opfer und gegen die Verbrechen einzusetzen, wie wir es gemußt hätten. Vor allem hat hier die Kirche eine ganz große Schuld, denn hätte sie geredet, wie sie hätte reden müssen, dann wäre es – menschlich gesprochen – vielleicht möglich gewesen, dem Unheil früher Einhalt zu gebieten.«[8] Das Stuttgarter Schuldbekenntnis öffnete der Evangelischen Kirche in Deutschland den Weg zur sofortigen Zusammenarbeit mit ausländischen Kirchen im Rahmen der Ökumene in stärkerem Maße, als dies vorher der Fall gewesen war. Die Beziehung des deutschen Protestantismus zur ökumenischen Bewegung war in der Weimarer Zeit durch die Kriegsschuldfrage belastet gewesen und in der nationalsozialistischen Zeit auf persönliche Kontakte reduziert worden. An der Weltkirchenkonferenz von Amsterdam 1948 nahm die EKiD vollen und gleichberechtigten Anteil[9].

Die Thematik von Berlin, Treysa und Stuttgart wurde fortgeführt in einem »Wort des Bruderrates der Evangelischen Kirche in Deutschland zum politischen Weg unseres Volkes« vom 8. August 1947. Es ist eine Absage an den Nationalprotestantismus, an den »Traum einer besonderen deutschen Sendung«, an die Überbewertung von starker Regierung im Innern und militärischer Machtentfaltung nach außen, an die Verneinung des Rechts zur Revolution und die Duldung der Diktatur, an die Vernachlässigung der Sache der Armen und Entrechteten, an die Parole »Christentum und abendländische Kultur«. Man spürt in den Formulierungen dieses Wortes den Einfluß der kulturkritischen Theologie von Karl Barth und eine beginnende politische Öffnung der Kirche nach links. Die Gesamthaltung der Gemeinden und der kirchlichen Führerschaft war jedoch eher als sozial-konservativ zu bezeichnen. Dies verstärkte sich im Verlaufe der Nachkriegsjahre in dem Maße, wie von 1948/49 an die Kirche in der sowjetischen Besatzungszone durch SED und die hinter ihr stehende SMAD in der Freiheit ihrer Arbeit behindert wurde. Man brauchte keine abendländische Idee zu bemühen, um zu sehen, daß die der Kirche adäquate Staats- und Gesellschaftsverfassung nicht der östliche totalitäre Weltanschauungsstaat, sondern der Rechtsstaat westlicher Prägung war. Zu ihm bekannte sich die Evangelische Kirche. Gegenüber den demokratischen Parteien hat sie in wiederholten Proklamationen ihre Neutralität beteuert. Es ist jedoch unverkennbar, daß ihre Sympathie den entstehenden Unionsparteien galt, wenn sie ihnen im allgemeinen auch nicht ein solches Maß an offener Unterstützung gewährte wie die Katholische Kirche[10]. Es ist hier zu bedenken, daß es im Interesse der Evangelischen Kirche lag und der in der Zeit der Verfolgung erlebten gemeinchristlichen Solidarität zwischen Protestanten und Katholiken entsprach, wenn bewußte Angehörige beider Konfessionen sich in gemeinsamer politischer Zielsetzung zur Union verbanden. Ein Grundtenor in den öffentlichen Verlautbarungen der Kirche jener Nachkriegsjahre ist die Warnung an die Christen, jeden Gedanken daran auszurotten, daß die Nöte des deutschen Volkes irgendwann durch Krieg gelöst werden könnten. Dabei hat sie sich in wiederholten Appellen an die Mächte gewandt, um einen Frieden zu erbitten, der die Einheit des Volkes wahrte und ihm Lebensmöglichkeiten ließ. Dazu gehörte nach den Vorstellungen der Kirche wie zunächst aller Parteien die wenigstens teilweise Rückgabe der Ostgebiete. Innenpolitisch hat sich die Kirche und insbesondere gerade auch Martin Niemöller als Präsident der Hessischen Kirche für seinen Verantwortungsbereich gegen die Entartungserscheinungen der Entnazifizierung gewendet, die den Bußrufen von Treysa und Kassel mit ihrer Aufforderung zur Selbstkritik geradezu einen Riegel vorschoben. So hieß es in einer an den Kontrollrat, die deutschen Länderregierungen und die Kirchenleitungen gerichteten Erklärung des Rates der EKiD vom 2. Mai 1946: »Die in den Fragebogen gestellten Fragen verführen erfahrungsgemäß an manchen Stellen zur Lüge und fördern das Denunziantentum. Dies kann einer moralischen Gesundung des Volkes nicht dienlich sein. Das Studienverbot für Studenten, die als Jugendliche belanglose Führerposten in NS-Organisationen hatten oder die den Soldatenberuf wählten, nicht selten, um sich dadurch dem Zwang zum Eintritt in die NSDAP zu entziehen, schafft eine hoffnungs- und ziellose Jugend.«[11] Gleichzeitig forderte sie, »daß jeder, der ein Verbrechen im Zusammenhang mit der nationalsozialistischen Herrschaft begangen hat, bestraft werden« müsse. Dies blieb freilich hinter dem Radikalismus jener Worte Niemöllers zurück, der in Treysa ausgerufen hatte: Wir, d. h. die Kirche, »haben jetzt nicht die Nazis anzuklagen, die finden schon ihre Kläger und Richter, wir haben allein uns selber anzuklagen und daraus die Folgen zu ziehen«[12].

In der EKiD waren alle evangelischen Gliedkirchen vereinigt, auch die der sowjetischen Besatzungszone. Insofern war sie eine gesamtdeutsche Institution und hat als solche bestanden bis zur Gründung des »Bundes Evangelischer Kirchen in der DDR« im Jahre 1969[13]. In der »antifaschistisch-demokratischen« Anfangsphase der Sonderentwicklung des sowjetischen Besatzungsgebietes hat die Kirche trotz der Trennung von Staat und Kirche und ihrer Ausschaltung aus der Schule relativ freie Wirkungsmöglichkeiten besessen. Sie erfreute sich sogar mancher Förderung weniger seitens der SED als der sowjetischen Besatzungsmacht. So wurde sie zunächst weitgehend von der Bodenreform ausgenommen[14]. Es gelang ihr, viele tausend Gemeindemitglieder für den Einsatz in einer breit angelegten katechetischen Tätigkeit zu gewinnen und auszubilden. Und als mit der Begründung der monopolistischen Staatsjugend, der FDJ, Anfang 1946 eine kirchliche Jugendarbeit in der gewohnten Form nicht mehr möglich war, gelang es, lebendige junge Gemeinden zu bilden. Auch die überlieferten theologischen Fakultäten wurden beibehalten. Das unter der Leitung von Eugen Gerstenmaier stehende Evangelische Hilfswerk war auch mit Unterstützung der sowjetischen Besatzung in der Sowjetzone tätig. Die Kirche richtete eindringliche Appelle an Marschall Sokolowski, die Konzentrationslager aufzulösen und die Internierten freizugeben. Wenn im Jahre 1948 ein großer Teil der Internierten tatsächlich entlassen und die übrigen den deutschen Behörden übergeben wurden, so haben außer der allgemeinen politischen Situationsveränderung wahrscheinlich auch die Bitten der Kirche geholfen, dieses Ergebnis herbeizuführen. Ein erster Konflikt zwischen der Kirche und den politischen Gewalten kündigte sich an, als in den Jahren 1948/49 die »antifaschistisch-demokratische« Phase zu Ende ging. Die Kirche erhob ihre Einwände gegen die Art, in der der Volksentscheid des Jahres 1948 und die Wahlen zum Dritten Deutschen Volkskongreß durchgeführt wurden. Langsam wurde die Kirche unter politischen Druck gesetzt. Man versuchte sie zu politischen Stellungnahmen zugunsten des entstehenden Systems zu gewinnen. Sämtliche Bischöfe der Sowjetzone wandten sich am 11. Mai 1948 an Marschall Sokolowski mit der Bitte, dafür Sorge zu tragen, »daß künftig weder von seiten der Militärverwaltung noch von zivilen Verwaltungsstellen an die Kirchen herangetreten wird mit der Aufforderung, zu politischen Fragen das Wort zu nehmen, sondern daß es der Kirche überlassen wird, ob und wann sie sich zu solchen Fragen zu sprechen gerufen weiß«. Die Gründung der DDR und der Beginn des Aufbaues der sozialistischen Gesellschaft markierten den Anfang eines Weges, der die Evangelische Kirche in den Kerngebieten der Reformation mehr und mehr in eine Verteidigungsstellung führte, bis sie schließlich gänzlich aus dem öffentlichen Leben verdrängt wurde.

Vgl. Lit. zu Bd. 20, Kap. 13.

[1] H. MAIER (Hg.), Dt. Katholizismus seit 1945 (1963); N. GREINACHER/Th. RISSE (Hg.), Bilanz des dt. Katholizismus (1966).
[2] J. BECKMANN (Hg.), Kirchl. Jahrb. f. d. Ev. Kirche in Dtld. 1945–1948 (1950); F. MERZYN, Kundgebungen, Worte u. Erklärungen der Ev. Kirche in Dtld. 1945–1959 (o. J.); ders. (Hg.), Das Verfassungsrecht der Ev. Kirche in Dtld. u. ihrer Gliedkirchen (1957/64); H. BRUNOTTE, Die Ev. Kirche in Dtld. Geschichte, Organisation u. Gestalt der EKD (1964). –

W. JOCHMANN, Ev. Kirche u. polit. Neuorientierung in Dtld. 1945, in: I. GEISS/B. J. WENDT (Hg.), Dtld. in der Weltpolitik des 19. u. 20. Jhdts. (1973), stellt die kaum haltbare These auf, die ev. Kirche habe »die vielen fruchtbaren Ansätze zu einer geistigen u. polit. Neuorientierung des dt. Volkes zunichte gemacht« (S. 562). – O. DIBELIUS, Ein Christ ist immer im Dienst. Erlebnisse u. Erfahrungen in einer Zeitenwende (1961); ders., Reden – Briefe 1933–1967 (1970); Th. WURM, Erinnerungen aus meinem Leben (²1953); H. LILJE, Memorabilia. Schwerpunkte eines Lebens (1973); H. ASMUSSEN, Zur jüngsten Kirchengeschichte (1961); W. STÄHLIN, Via Vitae. Lebenserinnerungen (1968).

[3] Texte solcher Botschaften von Vertretern amerik. Kirchen in: F. SÖHLMANN (Hg.), Treysa 1945 (1946), S. 43–46.

[4] G. HEIDTMANN (Hg.), Hat die Kirche geschwiegen? Das öffentl. Wort der ev. Kirche aus den Jahren 1945–1964 (³1964), S. 11 ff.

[5] Diese u. die nachfolgend erwähnten Verlautbarungen in: G. HEIDTMANN (s. o. Anm. 4). S. auch Botschaft der Spandauer Synode der Bekennenden Kirche von Berlin, 29.–31. 7. 1945, in: F. SÖHLMANN (Hg.), Treysa 1945 (1946).

[6] Text der Erklärung des Rats der Ev. Kirche in Dtld. gegenüber den Vertretern des Ökumenischen Rates der Kirchen in: J. BECKMANN (Hg.), Kirchl. Jahrb. 1945/48 (1950), S. 26; A. BOYENS, Das Stuttgarter Schuldbekenntnis vom 19. Okt. 1945, VfZG 19 (1971).

[7] Zit. K. JÜRGENSEN, Die Stunde der Kirche. Die Ev.-Luth. Landeskirche Schleswig-Holsteins in den ersten Jahren nach dem Zw. Weltkrieg (1976).

[8] Aus einem Brief an seinen Bruder, in: W. NIEMÖLLER, Neuanfang 1945. Zur Biographie Martin Niemöllers (1967).

[9] Zur Frage der Ökumene u. deren Verhältnis zur Ev. Kirche Dtlds. R. KOTTJE/B. MOELLER, Ökumenische Kirchengesch. Bd. 3, Neuzeit (1974); grundlegend A. BOYENS (Hg.), Kirchenkampf u. Ökumene 1933–1945 (2 Bde. 1969–1973); W. A. VISSER'T HOOFT, Die Welt war meine Gemeinde. Autobiographie (1972).

[10] Vgl. z. B. das in Treysa formulierte »Wort zur Verantwortung der Kirche für das öffentl. Leben«, in: F. SÖHLMANN (Hg.), Treysa 1945, S. 102 ff.

[11] G. HEIDTMANN (Hg.), Hat die Kirche geschwiegen?, S. 26.

[12] F. SÖHLMANN, Treysa 1945, S. 24.

[13] E. WILKENS, Die Einheit der EKD u. die polit. Teilung Dtlds. Volk, Nation u. Vaterland in kirchl. Sicht, in: H. ZILLESSEN (Hg.), Volk, Nation, Vaterland. Der dt. Protestantismus u. der Nationalismus (1970).

[14] Zum Folgenden: R. W. SOLBERG, Kirche in der Anfechtung. Der Konflikt zwischen Staat u. Kirche in Mitteldtld. seit 1945 (1962); ergiebig sind auch die Erinnerungen des damaligen Bischofs von Berlin u. Generalsuperintendenten der Mark Brandenburg O. DIBELIUS, Ein Christ ist immer im Dienst (1961); H.-G. KOCH, Staat u. Kirche in der DDR. Zur Entwicklung ihrer Beziehungen von 1945–1974. Darstellung, Quellen, Übersichten (1975), ausführl. Lit.verzeichnis.

Daß der Zugang zu den vom Staat gebotenen Bildungsmöglich-
keiten allen Jugendlichen unabhängig von den wirtschaftlichen
und sozialen Verhältnissen des Elternhauses entsprechend Begabung und Neigung offenstehen müsse, war als Rechtsgrundsatz in der Weimarer Verfassung (Art. 146) verankert worden.
In einigen deutschen Verfassungen der Nachkriegszeit wurde
dieser Rechtsgrundsatz zum Grundrecht auf Bildung gesteigert
(vgl. Kap. 16). Seiner Verwirklichung hatten sich in der Weimarer Zeit in Herkommen und Schulstruktur begründete gesellschaftliche Hindernisse in den Weg gestellt. Die nationalsozialistische Zeit hatte bei Aufrechterhaltung des dreigliedrigen
Schulwesens in den Grenzen des durch die Rassenideologie ab-
gesteckten Feldes innerhalb der »Volksgemeinschaft« durch
außerschulische, bündische »Erziehungsmächte« (HJ, SA, Ar-
beitsdienst) egalisierende Tendenzen gezeitigt. Diese wurden
durch den Krieg und die Völkerwanderung der Flüchtlinge und
Ausgebombten verstärkt. Als man sich nach dem Zusammenbruch daran machte, die Schulen wieder in Gang zu setzen,
stand man vor der Aufgabe, den Grundsatz des gleichen Rechts
auf Bildung zu verwirklichen und zugleich die nationalsozialistische Hinterlassenschaft zu überwinden. Auf welche Traditionen konnte man zurückgreifen? Welche neuen Orientierungs-
punkte boten sich an?

Das hier zwangsläufig auftretende Dilemma zwischen Restauration und Reform wurde freilich zunächst überdeckt von
der Aufgabe, die Schulen aus dem Trümmerfeld, das der Krieg
hinterlassen hatte, allererst wieder aufzubauen. Viele Schulen
waren völlig zerstört, noch mehr teilweise unbrauchbar geworden. Das galt vor allem für die Städte, die das Ziel der Bombenangriffe gewesen, und für die Gegenden, die in der Endphase
des Krieges umkämpft worden waren. Um einige Beispiele zu
nennen: in Hamburg waren von 400 Schulen nur noch 60 wirklich brauchbar, in Leipzig von 105 nur 20. Zudem wurden während des Krieges und verstärkt nach seiner Beendigung viele der
noch brauchbaren Schul- und Hochschulgebäude für andere
Zwecke verwendet, als Lazarette, Flüchtlingslager, Notunter-
künfte für Ausgebombte und für Zwecke der Besatzungsmächte. Wie an Schulräumen, so fehlte es an Geräten, Lehrma-
terial und Unterrichtsmitteln, von Schulbänken und Turngerä-

ten über Apparate und Bücher bis zu Schreibzeug und Papier. Es hat viele Jahre gedauert, bis die äußeren Bedingungen für den Unterricht einigermaßen wieder hergestellt waren. Schlimmer noch war der Mangel an Lehrern. Zu den direkten Kriegsverlusten und zu dem Ausfall an Nachwuchs infolge des Krieges kam die Entfernung vieler Lehrer aus dem Amt durch die Entnazifizierung. In der amerikanischen Besatzungszone, wo man besonders rigoros vorging, wurden über 50% der Lehrer hiervon betroffen. Wenn auch ein großer Teil von ihnen später in den Schuldienst zurückkehrte, so fehlten doch in der ersten schwierigen Wiederaufbauzeit zahlreiche Lehrkräfte. Radikal war die Entnazifizierung auch in der sowjetischen Zone. Hier half man sich durch den Einsatz von unzureichend ausgebildeten Hilfslehrern. Infolge der Verluste und dieser Maßnahmen war die Lehrerschaft stark überaltert. In manchen Ländern lag das Durchschnittsalter zwischen 50 und 60 Jahren. Der zu schwach besetzten und überalterten Lehrerschaft standen wachsende Schülerzahlen gegenüber. Die geburtenstarken Jahrgänge der Vorkriegszeit wuchsen in das Schulalter hinein. Dazu kamen die Flüchtlingskinder. So stieg z. B. in Bayern die Gesamtzahl der Volksschüler von 1938 bis 1947 um 59,4%, in Schleswig-Holstein um 136%. In der sowjetischen Besatzungszone waren am 1. Oktober 1945 in den allgemeinbildenden Schulen etwa 500000 Kinder mehr zu unterrichten als im Jahre 1939. Die Folge dieser gegenläufigen Entwicklung von Lehrer- und Schülerzahlen war eine untragbare Verschlechterung des Lehrer-Schüler-Verhältnisses. In Schleswig-Holstein kamen im Schuljahr 1947/48 78 Schüler auf einen Lehrer gegenüber 39 im Schuljahr 1939/40; in Bayern stieg die Zahl von 44 im Jahre 1939 auf 65 im Jahre 1946, und in Niedersachsen sah sich der Oberpräsident von Hannover gezwungen, im Jahre 1946 die Schülermeßzahl für die Planstellenverteilung auf 70 zu erhöhen.

Die Bemühung um die materiellen und personellen Voraussetzungen des Unterrichts beanspruchte Energie und Arbeitskraft derjenigen, die sich um die Schulen kümmerten, vordringlich. Ihre Arbeit stand aber unter der gleichzeitigen Forderung, daß der Wiederaufbau zugleich ein Umbau sein müsse. Eine solche Forderung wurde zunächst von den Besatzungsmächten erhoben. Das Potsdamer Abkommen äußert sich über das Erziehungswesen in Deutschland nur kurz. Von einem strukturellen Umbau ist in ihm nicht die Rede. Es beschränkt sich darauf, auf das Erziehungswesen die negativen Forderungen der Entnazifizierung und Entmilitarisierung und die positive Formel der Demokratisierung anzuwenden. Dabei ist nur von der Entfernung bzw. Förderung bestimmter Lehren und Ideen die Rede, also von Unterrichtsinhalten und Erziehungszielen. Diese Forderungen gingen auf amerikanische Anregung zurück. Schon in einer Instruktion für die Jalta-Konferenz war vom State Department empfohlen worden, ein Kontrollsystem für Schulen und Hochschulen einzurichten mit dem Zweck, »Nazi-Doktrinen auszurotten und demokratische Werte einzupflanzen«[1]. Dahinter stand die Überzeugung, daß die Annahme demokratischer Ideen durch das deutsche Volk auf lange Sicht, da die amerikanische Besetzung als zeitlich begrenzt gedacht war, die einzige Garantie für dessen zukünftiges Wohlverhalten gewähre. In Anbetracht der Vieldeutigkeit des Begriffs der Demokratie in seiner östlichen und westlichen Verwendung vermochte die Gleichsetzung von Demokratie und Frieden nicht überzeugend zu wirken. Aussagekräftiger als die Formel von Potsdam war eine Kontrollratserklärung vom 25. Juni 1947. Hier äußerten sich die Alliierten über Strukturfragen des Schulwesens[2]. Auch diese Direktive ging auf amerikanische Anregung zurück. Sie enthielt folgende Forderungen: gleiche Bildungsmöglichkeit für alle; weitgehende Schuldgeld- und Lehrmittelfreiheit, außerdem Erziehungsbeihilfen wo nötig; Vollzeitschulpflicht von 6 bis 15 Jahren, danach Teilzeitschulpflicht bis 18; integriertes Schulsystem (comprehensive educational system) für die Vollzeitpflichtschulen; hierbei sollten die »Begriffe Elementarerziehung und Sekundarerziehung zwei aufeinanderfolgende Unterrichtsstufen und nicht zwei überlappende Typen oder Arten von Unterrichtsgängen« bedeuten; Gewährleistung der demokratischen Erziehung durch entsprechende Curricula, Lehrbücher und Schulorganisation; Förderung des Verständnisses für andere Völker durch moderne Fremdsprachen; Schulberatung; Gesundheitserziehung; Ausbildung aller Lehrer auf Universitäten oder ranggleichen pädagogischen Ausbildungsstätten; Teilnahme der Öffentlichkeit an Reform, Organisation und Verwaltung des Schulwesens.

Das deutsche Gegenstück zu den offiziellen schulpolitischen Verlautbarungen der Alliierten ist in den entsprechenden Abschnitten der Länderverfassungen zu sehen. Hier haben die Vorstellungen über Form und Inhalt des schulischen Wiederaufbaus ihren Niederschlag gefunden. Die Verfassungen der Länder in der amerikanischen, französischen und sowjetischen

Besatzungszone waren verabschiedet worden, bevor der Kontrollrat in jener Direktive vom 25. Juni 1947 seine Weisungen für die Schulreform gab. Ein Vergleich der Schulartikel zunächst in den westdeutschen Länderverfassungen mit dem Schulprogramm des Kontrollrats führt zu folgendem Befund: In Übereinstimmung mit der Direktive wird in den Verfassungen gleiche Bildungsmöglichkeit für alle gefordert. Schuldgeld- und Lehrmittelfreiheit gelten durchweg für Grund- und Berufsschule, in Hessen auch für die Höhere Schule und für die Universität Gebührenfreiheit. Generell wird auch der Grundsatz der Begabtenförderung zum Ausdruck gebracht. Über die Länge der Schulpflicht sagen die Verfassungen nichts aus. Es bestand aber allgemein entsprechend der Weimarer Verfassung die auch in der Direktive geforderte mehrjährige Teilzeitberufsschulpflicht im Anschluß an die Volksschule. Die Gesamtdauer der Schulpflicht war unterschiedlich auf 11 bis 12 Jahre angesetzt, bis im Jahre 1964 eine neunjährige Vollzeitschulpflicht mit anschließender dreijähriger Berufsschulpflicht zwischen den Bundesländern vereinbart wurde. Deutliche Besonderheiten zeigen die Länderverfassungen im Vergleich zur Direktive in einigen Fragen der inneren und äußeren Schulreform. Wenn in der Direktive als positives Erziehungsziel Demokratie und Völkerverständigung genannt sind, so stimmen die Länderverfassungen hiermit überein, aber sie entwickeln samt und sonders darüber hinaus besondere Tugendkataloge als Erziehungsgrundsätze für das öffentliche Bildungswesen. Darin finden sich in unterschiedlichen Gruppierungen genannt: Ehrfurcht vor Gott, Liebe zu Heimat und Volk, Achtung vor Menschenwürde und den Ansichten des anderen, Selbstbeherrschung, Verantwortungsgefühl, Hilfsbereitschaft, Rechtlichkeit, Wahrhaftigkeit, berufliche Tüchtigkeit, sozialer Sinn und – mit einer Formulierung der bayerischen Verfassung – Aufgeschlossenheit für das Wahre, Schöne, Gute. Es sind die überlieferten Tugenden eines christlich-humanistischen, die Demokratieforderung transzendierenden Menschenbildes, auf die sich in den verfassunggebenden Versammlungen der Länder die Parteien von im einzelnen unterschiedlich akzentuierten sozialen, liberalen und religiös bestimmten Ausgangspositionen her als Erziehungsprogramm für die Schulen geeinigt hatten. Diese Aussagen sind zu verstehen als der Versuch einer nicht nur vordergründigen politischen Überwindung der nationalsozialistischen Verhaltensnormen durch eine Rückbesinnung auf zeitweilig verschüttete, aber unverrückbar geltende menschliche Grundwerte. Insofern sind sie Ausdruck einer konservativen Denkweise ohne emanzipatorischen und sozialkritischen Akzent. Dem entspricht es, wenn sich die westlichen Länderverfassungen über etwaige Reformen der Struktur des Schulwesens ausschweigen. Sie setzen gleichsam stillschweigend den Art. 146 der Weimarer Reichsverfassung voraus mit einer gemeinsamen Grundschule und einem sich darauf »organisch« aufbauenden, entsprechend der »Mannigfaltigkeit der Lebensberufe« gegliederten Schulwesen (sprachliche Anklänge an WRV Art. 146 in den Länderverfassungen von Bayern Art. 132, Bremen Art. 31, Nordrhein-Westfalen Art. 10; die Verfassung von Rheinland-Pfalz enthält ein ausdrückliches Bekenntnis zum humanistischen Gymnasium). Es finden sich in den Ländern der westlichen Besatzungszonen keine Verfassungsbestimmungen, die als eine Entsprechung zu dem »comprehensive system« der Direktive angesehen werden könnten und auch nicht zu der einem solchen System zugehörenden Schulberatung und einer wissenschaftlichen Hochschulbildung für alle Lehrer. Tatsächlich kehrte man für die Ausbildung der Volksschullehrer zu den unterschiedlichen Formen der Weimarer Zeit zurück. In Hamburg erfolgte sie an der Universität. In der übrigen britischen Zone richtete man Pädagogische Hochschulen ein in Anknüpfung an die preußischen Pädagogischen Akademien[3]. In Süddeutschland gab es teils hochschulartige, teils seminarähnliche Institutionen der Lehrerbildung. Eingangsvoraussetzung für alle diese, weitgehend auch konfessionellen Lehrerausbildungsstätten war das Abitur. Das Fehlen von Verfassungsaussagen über Schulstruktur und Strukturreform bedeutet freilich nicht, daß man das überkommene Schulsystem in allen Ländern der Westzonen unverändert hätte fortführen wollen. Die westlichen Länderverfassungen weisen schließlich durchweg als eine Eigentümlichkeit, die sich aus dem erhöhten Ansehen der Kirchen im öffentlichen Leben wie aus den negativen Erfahrungen der nationalsozialistischen Zeit ergab, eine starke Betonung des Elternrechts auf: Obwohl das gesamte Schulwesen unter der Aufsicht des Staates stand, beanspruchte der Staat keineswegs ein Erziehungsmonopol. Er ließ Privatschulen, in der Praxis zumeist kirchliche, zu. Der konfessionelle Religionsunterricht erhielt in den Länderverfassungen – mit der Ausnahme Bremens – erneut den Rang eines ordentlichen Schulfaches, und die christliche staatliche Schule mit einer länderweise verschiedenen Bevorzugung der Konfessionsschule oder der Simultanschule wurde fast überall wieder hergestellt. Die Frage einer erneuten Geltendmachung eines christlichen Erziehungseinflusses mit der in manchen Ländern sichtbaren Begleiterscheinung zahlreicher konfessioneller Zwergschulen[4] spielte in den verfassunggebenden Versammlungen der westdeutschen Länder eine größere Rolle als die Frage, welche schulstrukturellen Folgerungen aus dem Verfassungsgrundsatz des gleichen Bildungsrechts für alle zu ziehen seien. Erst in dem Maße, wie zwei Jahrzehnte später die Frage nach der Struktur des Schulwesens in den Mittelpunkt der bildungspolitischen Diskussion und Reform rückte, wurde die konfessionelle Schule abgebaut. In den Jahren unmittelbar nach dem Kriege jedoch, als die ersten Schritte zur Erneuerung der Schule getan wurden, stellte sich als die dringendste erziehungspolitische und erziehungswissenschaftliche Frage die nach dem Bild vom Menschen. Welche humanen Werte sollten anstelle der nationalsozialistischen Weltanschauung die Erziehung bestimmen? Die Antwort auf diese Frage war aber keineswegs identisch mit der Forderung nach einer strukturellen Demokratisierung, die sich zwar vom Grundsatz der Chancengleichheit her eines Tages zwingend als Aufgabe stellen, aber als solche nach dem Anschauungsunterricht der Geschichte als ambivalent erscheinen mußte, da sie – wie die Entwicklung der Schule in der sowjetischen Besatzungszone und der DDR zeigen sollte – durchaus auch einem totalitären Erziehungsziel dienstbar gemacht werden konnte.

Wenn man hinter die Schulartikel der Verfassungen auf die Programme der westlichen Parteien in den ersten Nachkriegsjahren zurückgreift, ergibt sich ein ähnliches Bild. Überall findet sich der Gedanke der Begabtenförderung, aber nirgendwo wird deswegen das überlieferte Schulsystem ausdrücklich in Frage gestellt. Die Erneuerung der Schule wurde von den Parteien vordringlich als eine innere Reform verstanden durch Wiedereinsetzen von Bildungswerten, die in der nationalsozialistischen Zeit verschüttet gewesen waren. Dem entsprach die Aussage der Wissenschaft mit ihren bedeutendsten Stimmführern, die in dem geistesgeschichtlich-kulturphilosophischen Herkommen der deutschen Pädagogik standen. Der weit über den Kreis der Pädagogen hinaus beachteten Zeitschrift ›Die Sammlung‹ gab Herman Nohl im Oktober 1945 als Leitspruch mit auf den Weg: »Unser Kompaß ist die einfache Sittlichkeit, ein standhafter Glaube an die Ewigkeit der geistigen Welt ...

Wurde bisher sehr laut gesprochen, so wollen wir still und sachlich werden, und wurden Phantasie und Gedanken unseres Volkes zu lange einseitig nach außen gewiesen, so wollen wir sie wieder nach innen lenken und zur Sammlung führen.« An der Gestalt des am 20. Oktober 1944 hingerichteten Pädagogen Adolf Reichwein wurde der im Kern moralische Widerstand gegen Hitler herausgestellt[5]. Adolf Grimme, sozialdemokratischer preußischer Erziehungsminister der Weimarer Zeit, legte den Hamburger Lehrern den »Sinn der Erziehung«[6] von der idealistischen Geist-Materie-Polarität her dar ohne jeden Anflug von gesellschaftspolitischer Strukturproblematik der Schule, aber ohne daß ihm, der aus dem Kreis der Entschiedenen Schulreformer kam, dieser Aspekt fremd gewesen wäre, wie gerade seine Tätigkeit als niedersächsischer Kultusminister 1946/47 zeigen sollte. Es gab aber für ihn wie für viele andere eine klare Priorität: die innere hatte den Vorrang vor der äußeren Schulreform. Wie Grimme, so wollte auch der sozialdemokratische Pädagoge Erich Weniger bei der Wiederherstellung der preußischen Pädagogischen Akademien unter dem Namen Pädagogische Hochschulen den Akzent der Lehrerbildung auf eine »radikale Besinnung auf die Grundelemente des Sittlichen« legen. Im »Volkslehrer« sah er »einen Anwalt des Bauerntums und des Proletariats«, dem aber zugleich in der Nachfolge der deutschen Bildungsidee eine sozialintegrative Aufgabe zugeschrieben wurde, insofern er »die Gegensätze überbrückt ... und das gemeinsame deutsche Bildungsgut in den Mittelpunkt seiner Arbeit stellt«[7].

Trotz der Priorität der inneren Reform und trotz des idealistischen Tenors der Verfassungsartikel, der Parteiprogramme und der Verlautbarungen führender Pädagogen, entzündeten sich in den ersten Nachkriegsjahren harte Auseinandersetzungen an einer begrenzten gesellschaftspolitischen Schulfrage, der Einführung der sechsjährigen statt der vierjährigen Grundschule. Sie wurde zeitweise unter SPD-Majoritäten eingeführt und unter bürgerlichen Majoritäten wieder rückgängig gemacht in Hamburg (vom 25. Oktober 1949 bis 4. März 1954), Bremen (vom 4. April 1949 bis 30. März 1957) und Schleswig-Holstein (vom 1. April 1948 bis 31. Januar 1951).

Die Auseinandersetzung hierüber wurde insbesondere zwischen verschiedenen Lehrerverbänden geführt. Die Volksschullehrerschaft war am einheitlichsten in der britischen Zone organisiert. Der hier seit Januar 1947 bestehende »Allgemeine Deutsche Lehrer- und Lehrerinnenverband« schloß sich 1948 unter Umbenennung in »Gewerkschaft Erziehung und Wissenschaft« (GEW) dem DGB an. Über das Verhältnis von Wiederaufbau und Reform äußerte sich die dem Verband nahestehende, von Adolf Grimme herausgegebene Zeitschrift ›Die Schule‹ (1946 ff.; in den ersten Nachkriegsjahrgängen mit dem charakteristischen Untertitel »Monatsschrift für geistige Ordnung«): In dem »pädagogischen Urzustand« der unmittelbar auf den Zusammenbruch folgenden Jahre »fehlte fast alles, was zu den bisher als unabdinglich erachteten Requisiten des Lehrens und Lernens zu gehören schien: Fenster und Türen, Tische und Bänke, Tafel und Schreibhefte. Trotzdem wurde die Arbeit begonnen und eine Schwierigkeit nach der anderen überwunden. Was die anonyme Tüchtigkeit des deutschen Jugenderziehers hier geschaffen hat, vermag mehr über die geistige Situation der Schule von heute auszusagen als der laute oder leise, im Grunde aber meist unpädagogische Streit um die Schulreform.«[8] Wenn der Lehrerverband sich für eine um zwei Jahre verlängerte Grundschule einsetzte, so geschah dies in einer Verbindung von sozialen mit Auslesegesichtspunkten: »Kurze Grundschule legt sozialen Sprengstoff – lange Grundschule gewöhnt an Zusammenleben«, und gleichzeitig: »Von einer längeren Grundschulzeit erhoffen wir für die weiterführenden Schulen eine gerechtere und strengere Auslese.«[9] Dem von der Volksschullehrerschaft seit je vertretenen Ideal einer Einheit der Lehrerschaft entsprechend, wurden in die GEW Real- und Gymnasiallehrer aufgenommen. Wenn deren Zahl auch gering blieb, so ist es doch dem alle Schulbelange umfassenden Vertretungsanspruch der GEW zuzuschreiben, daß die Forderung nach Verlängerung der Einheitsgrundschule nicht zur Forderung nach einer undifferenzierten Einheitsschule schlechthin wurde. In dem übrigen Westdeutschland war die Organisation der Volksschullehrerschaft uneinheitlich, auch in konfessioneller Hinsicht. Im französischen Besatzungsbereich gab es 1948 noch keinen zonalen Zusammenschluß der Lehrer. In der amerikanischen Zone standen sich verschiedene Gruppen beamtenbundlicher und gewerkschaftlicher Art gegenüber.

Sehr viel geschlossener organisierten sich die Lehrer an Höheren Schulen als Standesorganisation. Am 25. September 1947 wurde der »Deutsche Philologenverband« gegründet[10]. Anlaß des Zusammenschlusses war die Einführung der sechsjährigen Grundschule in Schleswig-Holstein, sein Zweck, »das Eigenrecht der Höheren Schule und ihre Stellung im Leben des deutschen Volkes und seiner Kultur zu verteidigen«[11]. Der Philologenverband sah in der Verlängerung der Grundschule einen Schritt zur Einheitsschule, die ihm sowohl in ihrer sowjetischen wie in ihrer amerikanischen Form dem aus der deutschen Nachkriegslage sich ergebenden Erfordernis einer scharfen Auslese nicht zu entsprechen schien. Sehr deutlich kommt in den Äußerungen des Philologenverbandes das nationale Abwehrmotiv gegen eine amerikanische Kulturüberfremdung zum Ausdruck.

Aus der englischen Schulreform hingegen, wie sie im Jahre 1944 unter dem Vorzeichen der Demokratisierung durchgeführt wurde, mit ihrer auf einer vierjährigen allgemeinen Grundschule (primary school) aufbauenden Gabelung in Hauptschule, technische Schule und Gymnasium (secondary modern, secondary technical, secondary grammar school) und der Zuweisung der Schüler zu diesen drei schulgeldfreien Bildungsgängen aufgrund gemessener Intelligenzquotienten ließ sich geradezu eine Bestätigung des mit festen Begabungstypen rechnenden dreigeteilten deutschen Schulwesens ableiten. Das Fortbestehen privater, durch Freistellen sozial geöffneter Eliteschulen (public schools) im englischen Erziehungssystem schien offensichtlich vereinbar mit einer Auffassung von Demokratie als »System der Auswahl der Besten«[12]. Allerdings wurden in England einer weitergehenden Reform von vornherein dadurch Möglichkeiten eröffnet, daß es den regionalen Schulbehörden überlassen wurde, die drei Typen der sekundaren Lehrgänge gegebenenfalls in Gesamtschulen (comprehensive schools) zusammenzufassen[13].

Aber auch in Deutschland hat es an verschiedenen Stellen Reformbemühungen gegeben, unter Vermeidung der Einheitsschule durch die Einführung differenzierter Gesamtschulstufen Demokratisierung der Schule und Personalisierung der Erziehung miteinander zu verbinden. Dies entsprach den Bestrebungen der Entschiedenen Schulreformer der Weimarer Zeit. Dabei wollte man auf etwas anderes hinaus als auf eine bloße Verlängerung der Einheitsschule von vier auf sechs Jahre, wie sie in den beiden Hansestädten und vorübergehend in Schleswig-Holstein eingeführt wurde[14]. In Niedersachsen machte man Schulversuche mit einem in Kern- und Kursunterricht differenzierten Mittelbau der Klassen 5 bis 8. In Hessen setzte sich Kultusminister Stein (CDU) für die Verlängerung der Grundschule um zwei Jahrgangsstufen mit differenzierendem Unterricht ein, entsprechend etwa dem heutigen Begriff der Förderstufe. Die nachfolgenden Klassen 7 bis 9 sollten sich in drei Zweige innerhalb einer »differenzierten Einheitsschule« gabeln. Auch für die Lehrerbildung hatte Stein weitreichende Reformpläne. Er schlug für alle eine sechssemestrige Grundausbildung an einem pädagogischen Institut vor. Nach einem Jahr Praxis sollte sich für Lehrer an weiterbildenden Schulen ein sechssemestriges Fachstudium anschließen[15]. Die Reformabsichten Steins scheiterten jedoch an dem Widerstand der Verfechter des herkömmlichen Schulwesens, zum Teil aber auch an der amerikanischen Militärregierung, »die auf einer undifferenzierten sechsjährigen Grundschule bestand«[16]. Ähnliche Überlegungen für einen differenzierten Mittelbau wie im hessischen Reformplan lagen einem Entwurf des Schulplanungsausschusses von Württemberg-Baden zugrunde. Hinter dem Veto der Militärregierung stand das Leitbild der sechsjährigen amerikanischen Elementarschule, auf die sich die differenzierte Sekundarstufe (High School) aufbaut.

Das führt zu der Frage, welche Maximen für das schulpolitische Verhalten der amerikanischen Besatzungsmacht in ihrer Zone bestimmend waren. Hier stößt man zunächst auf den Zentralbegriff der »re-education«. Man hat mit Recht daran erinnert, daß »das englische Wort ›education‹ sowohl Erziehung als auch Bildung bedeutet, ja sogar Aspekte des unübersetzbaren deutschen Begriffs Kultur einschließt«, und daß die an diesem Begriff orientierte amerikanische Politik bemüht gewesen sei, »dem deutschen Volk bei dem Versuch behilflich zu sein, den Anschluß an das durch die Worte Jerusalem, Athen und Rom gekennzeichnete gemeinsame Kulturerbe wieder herzustellen«[17]. Mit dieser Definition konnten nun allerdings sehr unterschiedliche Praktiken gedeckt werden; denn die eigentliche Frage lag ja offenbar darin, durch welche vermittelnden Zwischenglieder eine solche Anknüpfung an den gemeinsamen dreifachen Ursprung der westlichen Zivilisation erfolgen sollte. Sollten die Deutschen auf sich selbst zurückverwiesen werden und auf die spezifischen Überlieferungen ihrer Geistesgeschichte wie etwa Luther und den deutschen Idealismus, oder sollten sie ihr Richtmaß an fremden Vorbildern nehmen? Und war die Struktur des geschichtlich gewachsenen deutschen Schulwesens von seinen eigenen inneren Antrieben her weiterzubilden, oder sollten die Deutschen veranlaßt werden, fremde Modelle zu übernehmen? Dies ist in Wirklichkeit kein Entweder-Oder gewesen. Im Endergebnis stellte sich die re-education als die Periode eines fruchtbaren Kulturkontaktes dar, durch Studienaufenthalte, Reisen und Austausch von den Besatzungsmächten systematisch gefördert. Aber in der konkreten Erziehungspolitik der Amerikaner lassen sich doch deutlich verschiedene Phasen unterscheiden je nachdem, ob der Akzent in der Rückverweisung der Deutschen auf sich selbst lag oder in dem Versuch, das amerikanische Schulmodell auf Deutschland zu übertragen.

Zunächst erhielten die amerikanischen Besatzungsbehörden die Anweisung, es sollten »keine Versuche unternommen werden, neue Schultypen einzuführen ..., es sei denn, die zuständigen deutschen Behörden beginnen solche Vorhaben«[18]. Auch sollte »keine neue Erziehungstheorie oder Philosophie dem deutschen Erziehungssystem aufgepfropft werden«[19]. Dies lief darauf hinaus, daß die amerikanische Militärregierung einem Wiederaufbau des deutschen Schulwesens in Anknüpfung an das Weimarer Schulsystem und die Weimarer Reformtendenzen zunächst zustimmte. Auf Einladung von General Clay besuchte dann im Jahre 1946 eine amerikanische Erziehungskommission unter George F. Zook, dem Vorsitzenden des American Council of Education, die amerikanische Zone. Der von der Kommission vorgelegte Bericht forderte, »das Kastensystem zu zerbrechen, das das deutsche Schulsystem durchzieht«[20]. Der Bericht führte zu dem Ergebnis, daß sich nunmehr die amerikanische Umerziehungspolitik darauf einstellte, nach amerikanischem Modell die mehrjährige undifferenzierte Grundschule und die Gesamtschule in ihrer Zone und womöglich in Deutschland allgemein einzuführen. Auch die Direktive Nr. 54 des Kontrollrats vom 25. Juni 1947 ist ein Ergebnis dieser Bemühungen. Zum Bericht der Zook-Kommission äußerte sich kritisch eine vom State Department zur Stellungnahme aufgeforderte Gruppe emigrierter deutscher Professoren der Universität Chicago, unter ihnen Hans Rothfels, Arnold Bergsträsser und Fritz Caspari. Sie wiesen darauf hin, daß die äußere Differenzierung des Schulwesens keineswegs auf Deutschland beschränkt, sondern eine allgemeine europäische Erscheinung sei und daß dem humanistischen Gymnasium gerade jetzt ein besonderer Erziehungsauftrag zukomme[20a]. In Deutschland kam der stärkste Widerstand vom Philologenverband, den katholischen Bischöfen und der bayerischen Regierung unter Kultusminister Hundhammer. In einer unheiligen Allianz zwischen der doktrinären Starre der amerikanischen Re-education-Politik in dieser Phase und solchen Kräften in Deutschland, die im Grunde keinerlei Veränderungen des Bestehenden für notwendig hielten, wurden aber auch vernünftige Reformziele wie in Hessen zum Scheitern verurteilt. Im Grunde stimmte eine Erziehungspolitik, die durch die Autorität der Besatzungsmacht die Übertragung des amerikanischen Systems auf Deutschland bezweckte, nicht mehr mit der seit 1947 sich abzeichnenden neuen allgemeinen Deutschlandpolitik der USA überein, die den Deutschen größere Verantwortung für ihre eigenen Angelegenheiten zu übertragen sich anschickte. Dies führte zu einer abermaligen Wendung. Auf einer Berchtesgadener Konferenz der amerikanischen Erziehungsbeamten der Zone hieß es in neuen Leitsätzen für die re-education u. a.: »Wir dürfen uns nicht schuldig machen, indem wir versuchen, das amerikanische Erziehungssystem nach Deutschland zu übertragen.« Einem Appell an den Realismus schloß sich der Hinweis darauf an, daß die Neuordnung der Schule eine in aller Welt sich stellende Aufgabe sei. Man solle daher die Deutschen mit den Fortschritten im Erziehungswesen der anderen europäischen Länder bekannt machen[21].

Auch in der britischen Zone ist die Schulpolitik der Besatzungsmacht vom Begriff der re-education her zu verstehen[22]. Im Unterschied zu den Amerikanern haben aber die Briten nicht versucht, in England gewachsene Schultypen nach Deutschland zu übertragen. Die Äußerungen etwa eines so hervorragenden Schulmannes wie Robert Birley, Headmaster of Eton und leitender Erziehungsbeamter der britischen Militärregierung, befaßten sich mehr mit Fragen des Bildungsinhaltes und der Erziehungsmethodik, auch auf der Universität, als mit Problemen der äußeren Schulreform[23]. Sie versuchten, den autoritativen Anstaltscharakter der deutschen Schule aufzulockern. Auch die vorbereitenden Überlegungen einer Gruppe nach England emigrierter Pädagogen sind für die innerdeutsche Nachkriegsentwicklung wichtig geworden[24]. Wie in der amerikanischen, so war man auch in der britischen Zone in den Jahren 1945/46 zunächst darauf konzentriert, die äußeren Voraussetzungen für die Wiederingangsetzung der Schule zu schaffen. Nach Beseitigung der eigentlichen nationalsozialistischen Schuleinrichtungen wie Adolf-Hitler-Schulen und Nationalpolitische Erziehungsanstalten zeichnete sich die wiederhergestellte Gliederung des Schulsystems der Weimarer Republik ab.

Auch die Kontrollratsdirektive Nr. 54 vom Jahre 1947 leitete in der britischen Zone keineswegs einen Versuch zu radikaler Strukturveränderung ein. Es zeigte sich vielmehr, daß diese Direktive in sehr unterschiedlicher Weise verstanden werden konnte. In einer britischen Erläuterung zu ihr[25] wurde auf das Erziehungsgesetz von 1944 hingewiesen als einer Entsprechung zu der Forderung, jedem Kind die seinen Fähigkeiten angemessene Ausbildung zu geben. Ein dreigeteiltes Schulwesen mit gemeinsamem Unterbau stand also nach britischer Auffassung durchaus in Übereinstimmung mit jener Direktive, unter der Voraussetzung allerdings, daß wie in England allgemeine Schulgeld- und Lehrmittelfreiheit gewährleistet würde. Einzelne Versuche mit Formen der kooperativen Sekundarstufe wurden von den Briten gefördert, so die Volksoberschule Preetz in Holstein und der Hamburger Plan einer »Allgemeinen Volksschule«. Ebenso begünstigten sie die Einführung der sechsjährigen Grundschule, ohne den Versuch zu machen, diese als Norm allgemein durchzusetzen. Daß die Briten neben dem öffentlichen Schulwesen ausdrücklich auch den privaten Schulen Raum zu lassen bereit waren, entsprach wiederum den heimischen Erfahrungen.

In der französischen Zone[26] beschränkte sich die Erziehungsbehörde der Besatzungsmacht unter der Leitung des Germanisten Raymond Schmittlein darauf, statt einer allgemeinen strukturellen Reform des Schulsystems den Übergang von der Volksschule zum Gymnasium auch noch nach dem vierten Schuljahr durch eine Lehrplanreform zu erleichtern: Der Lateinunterricht sollte nicht vor dem vierten Gymnasialjahr einsetzen. Naturwissenschaften und Mathematik erhielten einen breiteren Raum als bisher. Durch Einführung des Zentralabiturs in den Ländern ihrer Zone meinten die Franzosen in Analogie zu dem Prüfungssystem in Frankreich, eine schärfere und gerechtere Auslese der zum Studium Geeigneten zu erzielen. Geleitet von dem Vorbild der heimischen laizistischen Schule begünstigten sie die Simultanschule vor der Konfessionsschule, akzeptierten aber das Ergebnis der für die Konfessionsschule günstigen Volksabstimmungen in Rheinland-Pfalz und Baden. Auf deutscher Seite ist in der französischen Zone bemerkenswert die von dem badischen Staatspräsidenten und Kultusminister Leo Wohleb (CDU), von Beruf klassischer Philologe und Gymnasialdirektor, vorgelegte Denkschrift über ›Die soziale Gestaltung der Schule‹[27]. Deutlicher als sonst in der schulpolitischen Diskussion wurde hier das eigentliche Problem bei der Herstellung der Chancengleichheit im Verhältnis der beruflichen und allgemeinen Bildung gesehen. Die Denkschrift wandte sich gegen das Bildungsprivileg des Gymnasiums: Es müsse »ein für allemal ausgeschlossen sein, daß jeder, der von der Grundschule aus den Übergang zur Höheren Schule verpaßt, damit wie in einer Sackgasse seinen Weg versperrt sieht«. Deshalb solle die berufliche Ausbildung so ausgestaltet werden, daß sie für die Tüchtigen auf dem Wege über Wirtschafts-, Gewerbe- oder Bauernoberschule den Zugang zur Universität eröffne. Wie eine solche »soziale Revolution des Erziehungswesens« curricular gestaltet werden müßte, blieb freilich eine offene Frage an die Zukunft. Jedenfalls sollte sich die Berufsausbildung nicht auf das Fachliche beschränken, sondern dem Berufsschüler eine solche Art von Allgemeinbildung vermitteln, die ihn instand setzte, »als urteilsfähiger, selbstverantwortlicher Mensch das soziale Problem ... lösen zu helfen«. Das Ordnungsbild dieses Reformplans war eine auf die unterschiedlichen Berufsstände hin gegliederte Schule ohne Bevorzugung der humanistischen Bildung und – »in Ablehnung des faschistischen Wortes: ›Ein Volk, eine Schule, ein Lehrer‹« – ein klares Nein zur Einheitsschule.

Im Gegensatz hierzu wurde die Einheitsschule in Berlin und in der Sowjetzone als die konsequenteste Verwirklichung des Demokratiegebotes verstanden. Die unterschiedliche Reformentwicklung in der Sowjetzone und in Berlin machte es jedoch deutlich, welche Variationsbreite auch dem Begriff der Einheitsschule zukommt.

In der Sowjetzone[28] vollzog sich nach der Entfernung der nationalsozialistischen Lehrer und Schulbücher der Wiederaufbau der Schule von vornherein als ein dem gesellschaftspolitischen Ziel der Demokratisierung dienender Umbau. Die Konturen dieses Umbaues standen nicht von vornherein in einer im einzelnen ausgeführten Planskizze fest. Sie ergaben sich aus dem Zusammenwirken und der Auseinandersetzung unterschiedlicher Kräfte im Prozeß selber. In der Periode der »antifaschistisch-demokratischen« Ordnung wurde die Schulpolitik bestimmt durch Kommunisten und Sozialdemokraten. Angehörige dieser beiden Parteien bzw. der SED hatten die Schulabteilungen der Länder und Provinzen in der Hand. Um die Einheit der Entwicklung in der Gesamtzone zu gewährleisten, wurde am 10. August 1945 die »Zentralverwaltung für Volksbildung« geschaffen. Zu ihrem Leiter ernannte die sowjetische

Militäradministration den Kommunisten Paul Wandel, der 1945 aus der Emigration in Moskau, wo er als Hochschuldozent tätig gewesen war, nach Berlin zurückkehrte. Im Unterschied zum Westen wurde in der sowjetischen Zone das Schulwesen von vornherein als ausschließliches Staatsmonopol gehandhabt. Kirche und Schule wurden getrennt. Der Religionsunterricht war kein ordentliches Schulfach mehr, und durch Befehl der SMAD wurden Privatschulen verboten[29]. Für die von der Entnazifizierung nicht betroffenen noch vorhandenen Lehrer und für die aus der Bevölkerung gewonnenen zahlreichen Schulhelfer wurden von der Zentralverwaltung politisch-pädagogische Schulungskurse eingerichtet. Über die Struktur der politisch neu ausgerichteten staatsmonopolistischen Schule gab es zunächst unterschiedliche Auffassungen[30]. Neben meist bürgerlichen und vereinzelt auch sozialdemokratischen Befürwortern einer relativ frühzeitigen Gabelung in die drei herkömmlichen Schulzweige standen sich im sozialistischen Lager zwei Hauptrichtungen gegenüber. Die eine war an der Reformpädagogik der zwanziger Jahre orientiert, berief sich auf Comenius und Pestalozzi[31] und suchte im Rahmen eines einheitlichen Systems die Förderung des einzelnen Schülers je nach seiner individuellen Fähigkeit durch rechtzeitige Differenzierung des Unterrichts zu ermöglichen. Solche Pläne kamen aus den Schulverwaltungen Sachsens und Thüringens und vom Vizepräsidenten der Zentralverwaltung für Volksbildung, Erwin Marquardt. Demgegenüber forderten die Kommunisten, wie es scheint mit Unterstützung auch von sozialdemokratischer Seite her, die undifferenzierte Einheitsschule. Allerdings war in einem gemeinsamen »Aufruf des Zentralkomitees der KPD und des Zentralausschusses der SPD zur demokratischen Schulreform« vom 18. Oktober 1945 nicht von der Einheitsschule, sondern unbestimmt von einem »einheitlichen Schulsystem« die Rede[32]. Das Prinzip der Einheitsschule und die gegenüber ihrer bisherigen Benachteiligung jetzt geforderte kompensatorische Privilegierung von Arbeiter- und Bauernkindern für die Auswahl zu weiterführenden Bildungsgängen wurde in der Öffentlichkeit vor allem von Anton Ackermann vertreten. Der Freie Deutsche Gewerkschaftsbund machte sich die Forderung nach der Einheitsschule zu eigen. Im Ergebnis setzte sich in der Zentralverwaltung der Gedanke durch, für die Vollzeitschulpflicht eine achtjährige Grundschule einzurichten. An diese sollte sich eine vierjährige Oberschule anschließen, die zur Hochschulreife führte, bzw. für die große Masse der Schüler eine dreijährige theoretisch-praktische Berufsausbildung. Grundschule und Berufsschule waren schulgeldfrei. Für die Ausbildung Unbemittelter sorgten Stipendien. In der für die Schulstruktur entscheidenden Frage der Differenzierung wurde im 7. und 8. Schuljahr die Einrichtung zusätzlicher wahlfreier Kurse in den für eine höhere Bildung charakteristischen Fächern fremde Sprachen, Mathematik und Naturwissenschaften vorgesehen. Nach einem in der Zentralverwaltung erstellten Entwurf verabschiedeten im Mai und Juni 1946 alle Länder- bzw. Provinzialverwaltungen der Sowjetzone ein »Gesetz zur Demokratisierung der Deutschen Schule«[33]. Bei im allgemeinen gleichem Wortlaut gab es doch einige charakteristische Varianten. So wurden in Thüringen wahlfreie Kurse bereits für das 5. und 6. Schuljahr vorgesehen, und in Sachsen dachte man daran, durch eine Ausführungsbestimmung es den Schulgemeinden zu überlassen, »den Unterschieden in der Begabtenrichtung und der Art der Begabung durch Einrichtung der wahlfreien Kurse oder durch Bildung von Abteilungen Rechnung zu tragen«[34]. Der strukturelle Umbau der Schule im Sinne dieses Gesetzes wurde durch flankierende Maßnahmen gefördert wie die Schaffung ländlicher Zentralschulen und die Einrichtung von Arbeiter- und Bauernfakultäten, auf denen Nichtabiturienten auf ein Hochschulstudium vorbereitet wurden. Zweck dieser Maßnahmen war eine energische soziale Umschichtung. Die praktisch-theoretische Berufsausbildung wurde in schulische, d.h. staatliche Verantwortung gelegt – ein konsequenzreiches Novum in der deutschen Bildungsgeschichte. Im Zusammenhang mit dem wirtschaftlichen Zweijahresplan entstanden seit 1948 in den volkseigenen Betrieben zahlreiche betriebliche Berufsschulen. Hier wurde die gegenseitige Bedingtheit der schulischen und gesellschaftlichen Entwicklung in der sowjetischen Zone besonders deutlich. Die wirtschaftlich-technische berufliche Ausbildung wurde zu einer zentralen Aufgabe der Schulentwicklung in der sowjetischen Zone, für die im Laufe der Zeit verschiedene Formen und Wege erprobt worden sind. Prinzipiell sollte der Hochschulzugang von allen Ausbildungswegen her erreichbar sein. Durch die von der wissenschaftlich-technischen Entwicklung her bedingte Notwendigkeit verschiedener Qualifikationen gezwungen, hat sich die Schule in der DDR dem Differenzierungsproblem später erneut stellen müssen. Die Entwicklung ist keineswegs abgeschlossen[35].

Die schulischen Grundsätze der »antifaschistisch-demokratischen« Entwicklungsphase der Sowjetzone, die dem »Gesetz zur Demokratisierung der deutschen Schule« zugrunde lagen, fanden ihre verfassungsrechtliche Formulierung in dem vom Vorstand der SED am 14. November 1946 beschlossenen »Entwurf einer Verfassung für die Deutsche Demokratische Republik«. Recht auf Bildung, staatliches Schulmonopol und Einheitsschule wurden durch ihre Zusammenfassung (Art. 27) als das geschlossene System einer dreigegliederten, in sich einheitlichen Aussage präsentiert. Alle wesentlichen Bestandteile des Entwurfs wurden in die einzelnen Länderverfassungen übernommen. In der thüringischen Verfassung ist allerdings auch das Erziehungsrecht der Eltern erwähnt. Hier und in der brandenburgischen Verfassung wurde ein Zusammenwirken mit dem Elternhaus postuliert, ohne daß allerdings irgendwo das staatliche Schulmonopol deswegen in Frage gestellt worden wäre.

In dieser ersten Phase der schulpolitischen Entwicklung, in deren Mittelpunkt das »Gesetz zur Demokratisierung der deutschen Schule« und die entsprechenden Verfassungsartikel standen, wurde im Schulleben der Rückbezug zur Reformpädagogik der Weimarer Zeit noch nicht preisgegeben. Manche Lehrer hofften, daß pädagogische Prinzipien wie Gemeinschaftserziehung, Gruppen- und Arbeitsunterricht neue Wirkungsmöglichkeiten eröffnen würden. Ihre an die »antifaschistisch-demokratische« Schulreform geknüpften Erwartungen erfüllten sich jedoch nicht. Es wurden schon in dieser ersten Phase die Voraussetzungen geschaffen, die später die Schule zu einem Element innerhalb eines Systems totalitärer Erziehung machen sollten. So trat neben die Schule als ein weiterer entscheidender Erziehungsfaktor die »Freie Deutsche Jugend« (FDJ). Sie kann zwar nicht ihrer ideologischen Ausrichtung und ihrem Erziehungsziel nach, wohl aber in ihrer Funktionsweise als staatlich-monopolistische Jugendorganisation mit der Hitlerjugend verglichen werden. Im März 1946 als überparteiliche Jugendorganisation ins Leben gerufen, aber tatsächlich in ihren leitenden Funktionen durch die KPD/SED politisch mehr und mehr in konsequenter Einseitigkeit ausgerichtet, diente die FDJ der parteilichen Schulung der Jugend sowie einer politischen Kontrolle und Ergänzung der schulischen Erziehung. Während zunehmend Indoktrination und Reglementierung an die Stelle kritischer Bewußtseinsbildung und freier Persönlichkeitsentfaltung traten, wurde schließlich die Reformpädagogik als bürgerlich gänzlich beiseite geschoben. Von ihren Gedanken waren noch weitgehend die »Grundsätze für die Erziehung in der deutschen demokratischen Schule« bestimmt gewesen, die als Ergebnis einer seit Monaten in der Breite der Lehrerschaft geführten Diskussion auf dem Zweiten Pädagogischen Kongreß am 10. September 1947 angenommen wurden[36]. Zwei Jahre später wurden auf dem Vierten Pädagogischen Kongreß vom 23.–24. August 1949 die Aussagen der Reformpädagogik als »pseudo-demokratische Phrasen« verworfen. »Diese Theorien«, so hieß es jetzt, »unterschätzen die leitende Rolle des Lehrers im Unterricht und in der Erziehung. Sie lassen es, wie die Arbeitsschule, an Folgerichtigkeit und Systematik in der Wissensvermittlung fehlen. Sie propagieren eine sogenannte ›freie Erziehung‹, die zu anarchischer Auffassung vom Wesen des Unterrichts und damit zur Verantwortungslosigkeit des Lehrers gegenüber seinen Schülern und seinem gesellschaftlichen Auftrag führen ... Diese Theorien verschleiern das reaktionäre Erziehungsziel im Interesse der Imperialisten. Alle solche Theorien sind aufs schärfste zu verurteilen. Sie müssen durch eine offene, kritische Auseinandersetzung und die Entlarvung ihres reaktionären Charakters überwunden werden.«[37] Diese pädagogische Umorientierung stand im Zusammenhang mit der Umwandlung der SED zu einer Partei neuen Typs. Wie für Doktrin und Organisation der Partei, so wurde auch für Pädagogik und Schule die Sowjetunion zum Vorbild erhoben. Unter dieser Blickwendung nach Osten wurde die Schule auf den Weg zur ideologisch geschlossenen, an Produktionsinteressen der sozialistischen Gesellschaft orientierten Leistungsschule verwiesen. Die »antifaschistischdemokratische« Schulpolitik der Jahre 1945 bis 1949 erwies sich im Selbstverständnis der SED als eine Vorstufe »für den späteren Aufbau der sozialistischen Schule«[38].

Das Großberliner Schulgesetz[39], am 13. November 1947 in der Stadtverordnetenversammlung mit den Stimmen der SED, SPD und FDP gegen die CDU verabschiedet und von der Alliierten Kommandantur nach langen Auseinandersetzungen bestätigt, stand im Schnittpunkt von Einflüssen aus der sowjetischen und den westlichen Besatzungszonen. Analog dem »Gesetz zur Demokratisierung der Schule« der Sowjetzone wurde auch in Großberlin die Einheitsschule errichtet mit einer achtjährigen Grundschule und der darauf aufbauenden Oberschule, die sich in einen wissenschaftlichen und einen berufsbildenden

Zweig gabelte. Das Differenzierungsprinzip ab 7. Klasse wurde im Berliner Gesetz als Gliederung des Unterrichts in Kern und Kurs deutlicher verankert als im »Gesetz zur Demokratisierung der deutschen Schule«, das nur von zusätzlichen Kursen redet. Der westliche Einfluß in der Alliierten Kommandantur gab den Reformpädagogen größeren Spielraum als in der Sowjetzone. Im Unterschied zu dieser wurden in Berlin auf Veranlassung der Westalliierten ferner Privatschulen zugelassen und der Erteilung von freiwilligem Religionsunterricht in den Eckstunden der Lehrpläne ein Platz eingeräumt. Zur Auswirkung ist dieses Gesetz wegen der Spaltung der Stadt im Jahre 1948 nicht mehr gelangt. Das Berliner Schulmodell wurde in den Westsektoren im Jahre 1951 der in Hamburg, Bremen und Schleswig-Holstein bestehenden sechsjährigen Grundschule angeglichen.

Alle diese unterschiedlichen Entwicklungen der Schule in den vier Besatzungszonen und Berlin ließen sich mit jener Kontrollratsdirektive vom 25. Juni 1947 decken. Mit ihr stimmte auch eine Entschließung der Erziehungsminister aller deutschen Länder überein, die sich am 19. und 20. Februar 1948 auf einer Konferenz in Stuttgart-Hohenheim zu den allgemeinen Grundsätzen einer demokratischen Schulreform bekannten[40]. Wie weit trotz des auf dieser Konferenz bekundeten Willens zu einer aufeinander abgestimmten Schulentwicklung der Länder die tatsächliche Gestaltung des Unterrichts auf die Präsenz der jeweiligen Besatzungsmacht ausgerichtet war, zeigten die Regelungen für den Sprachunterricht. Es war eine Neuerung, daß alle Schüler, gleich auf welcher Schule, in allen Ländern schon vom 5. Schuljahr an in eine fremde Sprache eingeführt werden sollten. Aber überall war es die jeweilige Sprache der Herrschenden – Englisch, Französisch oder Russisch. Bis zum Bruch der Kriegskoalition der Alliierten und bis zur politischen Spaltung Deutschlands lassen sich immerhin im Westen ernsthafte Bestrebungen zur strukturellen Reform der Schule und im Osten Nachwirkungen der Reformpädagogik registrieren. Die Spaltung Deutschlands beendete die relative Offenheit der schulpolitischen Möglichkeiten der ersten Nachkriegsjahre.

Der Wiederaufbau der Hochschulen und die Entwicklung der Diskussion um die Hochschulreform für die Zeit vom Kriegsende bis zur Spaltung Deutschlands sind in der Geschichtswissenschaft noch nicht zusammenfassend behandelt worden. Viele der nach dem Kriege sich stellenden Fragen sind bis heute ungelöst. Man kann von folgenden Fakten ausgehen:

Wie die Schulen, so hatten die Hochschulen mit großen materiellen und personellen Schwierigkeiten zu kämpfen. Einige Universitäten waren fast ganz zerstört (Kiel, Würzburg, Freiburg), viele teilweise unbrauchbar. Auf den substantiellen Personalverlust durch Amtsentfernung und Emigration in der nationalsozialistischen Zeit und die Ausfälle durch den Krieg folgte eine weitere Minderung des Hochschullehrerbestandes durch die Entnazifizierung. Auf die kaum arbeitsfähigen Hochschulen, die im allgemeinen schon im Wintersemester 1945/46 nach einjähriger Unterbrechung ihren Vorlesungsbetrieb wieder aufnahmen, strömte die Masse der aus dem Kriege zurückkehrenden Studenten und Studienanfänger zu. Im Wintersemester 1946/47 waren an 21 Universitäten, 8 Technischen Hochschulen und 8 Fachhochschulen der vier Zonen bereits wieder 73 000 Studierende eingeschrieben gegenüber den 120 000 des ganzen Reichsgebietes des Jahres 1929. Es bestand zunächst ein genereller, von Universität zu Universität sehr unterschiedlich gehandhabter Numerus clausus, bei dessen Anwendung sich aus dem Bildungsgang abgeleitete Qualifikationsmerkmale mit Gesichtspunkten der Entnazifizierung und Entmilitarisierung mischten (zeitweise und stellenweise Studienverbot für ehemalige Offiziere). Es ergab sich, daß die soziale Zusammensetzung der neuen Studentenschaft in der gleichen Disproportionalität zur Schichtung der Gesellschaft stand wie vorher. Dies wurde zu einem zentralen Gegenstand der alsbald einsetzenden Reformdiskussion. Aber offensichtlich konnte diese Frage sinnvoll nur im Rahmen der Schulpolitik angegangen und gelöst werden. Die Entwicklung der folgenden Jahrzehnte sollte zeigen, wie im Zusammenhang mit der Schulreform sich die soziale Zusammensetzung der Studentenschaft langsam veränderte[41].

Vater	Studenten an wissenschaftlichen Hochschulen in % je Semester			
	WS 1952/53	SS 1963	WS 1967/68	SS 1973
Beamter	38	33	29	27
Angestellter	23	30	31	33
Selbständiger	34	28	30	26
Arbeiter	4	6	7	12
Übrige/o. A.	1	3	3	2

In der sowjetischen Besatzungszone gehörten die Universitäten zu denjenigen Instituten, die einer radikalen politischen Indoktrinierung Widerstand entgegenstellten. Es sollte sich trotz allem äußerlich vollzogenen Konformismus auch in der DDR die Erfahrung aller totalitären Systeme wiederholen, daß die Wissenschaft als solche sich jeder vollkommenen Gleichschaltung entzieht.

In den westlichen Zonen erhielt die Reformdiskussion starke Anstöße von britischer Seite. Im Jahre 1946 bereiste eine Delegation des britischen Hochschullehrerverbandes Deutschland und berichtete über ihre Beobachtungen in einer Denkschrift unter dem Titel ›Universitäten in der britischen Besatzungszone Deutschlands‹[42]. In diesem Bericht wurden unter dem Gesichtspunkt der re-education die deutschen Universitäten als ein politisch-soziales Gebilde analysiert und sehr negativ beurteilt. Der Gesichtspunkt, die Universität nach dem zu beurteilen, wozu sie eigentlich geschaffen war, nämlich Wissenschaft zu betreiben, trat demgegenüber zurück. So erklärt sich das recht reservierte Echo auf diese Denkschrift in Deutschland trotz weitgehender Zustimmung zu den in ihr ausgesprochenen sozialen Monita. Sozialkritisch war auch die Denkschrift einer nunmehr von der britischen Erziehungsbehörde berufenen deutschen Universitätskommission, die sich aus Angehörigen verschiedener Berufe zusammensetzte und in der neben dem Schweizer v. Salis als einziger Engländer der Master des Balliol College Oxford und spätere Begründer der ersten britischen Reformuniversität Keele, Lord Lindsay, mitarbeitete[43]. Es wurde hier ein Gedanke ausgesprochen, der seither zu einem unbestrittenen Kernpunkt der Hochschulreform geworden ist: die stärkere Berücksichtigung der Lehre in der Hochschule durch die Schaffung eines neuen Typus von Hochschullehrer, der sich vornehmlich dem Unterricht und den Studenten widmen sollte (vorgeschlagen unter dem Namen »Studienprofessor«). In der Folgezeit ist durch die erhebliche Vermehrung der Stellen für den akademischen Nachwuchs, durch die Verbreiterung des »Mittelbaues« unter welchen Namen auch immer, durch Gebührenfreiheit und die Erhöhung der Stipendien die in der deutschen Universitätsgeschichte wohl tiefgreifendste soziale Veränderung bewirkt worden. Nicht diese sozialen Veränderungen aber, sondern die Tatsache, daß an den deutschen Hochschulen wieder Wissenschaft betrieben wurde, gab ihr nach den Jahren der nationalsozialistischen Wissenschaftsfeindlichkeit erneutes Ansehen und weckte hohe Erwartungen. Hierzu gehörten auch die in der Wissenschaft selbst wurzelnden Bemühungen um eine neue Verbindung zwischen den spezialisierten Disziplinen und um eine Fundierung der Fachstudien in einem Studium generale. Versuche einzelner Universitäten, für das studentische Gemeinschaftsleben neue Formen zu schaffen in Studentenwohnheimen, die zugleich dem Zweck des Studium generale dienen sollten, hatten keinen nachhaltigen Erfolg. Mit der Programmatik des Studium generale wurde jedoch unmittelbar nach dem Kriege das Thema der Studienreform angeschlagen, das zum eigentlichen, weitgehend noch ungelösten Problem der Universitätsreform wurde. Da auch die deutsche Universität vor sich selber und vor ihren Kritikern sich nicht freisprechen konnte von der Mitverantwortung an dem, was von 1933 bis 1945 geschehen war[44], galt und gilt es, der Aufgabe gerecht zu werden, in der im Westen unbestrittenen Autonomie der Wissenschaft das rechte Verhältnis zu finden zwischen dem Prinzip der Freiheit von Forschung und Lehre und der politisch-sozialen Verantwortung der Universität.

[1] Briefing Book Paper: The Treatment of Germany, January 12, 1945, in: K.-E. BUNGENSTAB, Umerziehung zur Demokratie? Re-education-Politik im Bildungswesen der US-Zone 1945–49 (1970), Anhang Nr. 1.

[2] Basic Principles for Democratization of Education in Germany: Control Council Directive No. 54, June 25, 1947, in: BUNGENSTAB, Nr. 11.

[3] E. WENIGER, Denkschrift über den Wiederaufbau der akademischen Lehrerbildung, in: Die Sammlung 1 (1945/46).

[4] Argumentshintergrund auch für die einklassige konfessionelle Schule: Katholische Grundsätze über das Erziehungs- u. Schulwesen, zusammengestellt von der Fuldaer Bischofskonferenz 1946, in: J. HOHLFELD (Hg.), Dokumente der dt. Politik u. Gesch. 6, Nr. 32 c. Im Protestantismus trat der Bruderrat der Bekennenden Kirche für die christl. Simultanschule ein. Die Kirchenversammlung von Treysa forderte am 30. Aug. 1945 die »Christl. Volksschule«, die je nach-

dem Bekenntnis- oder Simultanschule sein sollte; hierzu O. HAMMELSBECK, Die ev. Verantwortung im Für u. Wider der Bekenntnisschule, in: Die Sammlung 2 (1946/47).

[5] A. v. MACHUI, Dem Gedächtnis Adolf Reichweins, in: Die Sammlung 1 (1945/46); zu Reichwein s. Bd. 20, Kap. 11, Anm. 9.

[6] A. GRIMME, Vom Sinn der Erziehung heute, ebd.

[7] E. WENIGER, Denkschrift, s.o. Anm. 3. – Erst als ein bis zwei Jahre später unter der Einwirkung angelsächs. Anregungen eine empirische psychologische, soziologische u. ökonomische Forschung in den schulbezogenen Wissenschaften Raum gewann, rückten Fragen der Schulreform in den Mittelpunkt eines theoretisch vertieften Reforminteresses. Hierzu sei hingewiesen auf: Empfehlungen u. Gutachten des Dt. Ausschusses für das Erziehungs- u. Bildungswesen 1953–1965. Gesamtausgabe (1966) sowie auf die Veröff. des Dt. Bildungsrates: Empfehlungen

der Bildungskommission 1967–1969 (1970); Strukturplan für das Bildungswesen (1970); aus der Reihe: »Gutachten u. Studien der Bildungskommission«, bes. H. ROTH (Hg.), Begabung u. Lernen. Ergebnisse u. Folgerungen neuer Forschungen (¹1970).

[8] O. HAASE, Die drei Quellen der Schulreaktion, in: Die Schule 2 (1948).

[9] H. MÜLLER, Wie lange soll die Grundschule dauern?, ebd. 2 (1947), H. 4; dieser Aufsatz stellte eine Arbeitsunterlage des Lehrerverbandes Niedersachsen dar.

[10] Verbandszeitschrift: Die Höhere Schule (1947 ff.).

[11] Ebd. 1 (1947/48).

[12] K. KREBS, Höhere Schule in England, in: Die Höhere Schule 3 (1950), Nr. 9, S. 6; H. MÜLLER-HARTMUT, Die engl. Schule im Übergang, ebd. 2 (1949).

[13] R. PEDLEY, Comprehensive Education: A New Approach (1956); ders., The Comprehensive School (Tb. 1963). Nach Ansicht dieses führenden Protagonisten der brit. Schulreform wurde durch das Erziehungsgesetz von 1944 eine dreigeteilte Klassengesellschaft fixiert. Im Unterschied zum »government by the best people«, das er aristokratisch bezeichnet, definiert er Demokratie als »government by all the people«. Die diesem Demokratiebegriff entsprechende Schule ist für ihn die comprehensive school.

[14] Zum Folgenden: C. KUHLMANN, Bundesrepublik Dtld., in: S. B. ROBINSOHN (Hg.), Schulreform im gesellschaftl. Prozeß 1 (²1972), Abschnitt: Die schulpolit. Entwicklung in den Jahren 1946–1966. – Zum päd. Problem der Differenzierung: S. B. ROBINSOHN/Helga THOMAS, Differenzierung im Sekundarschulwesen, Vorschläge zur Struktur der weiterführenden Schulen im Licht internat. Erfahrungen (Gutachten u. Studien der Bildungskommission 3, 1968).

[15] E. STEIN, Bericht des Hess. Ministers für Kultus u. Unterricht über die Pläne zur Erneuerung des Schulwesens im Lande Hessen vom 26. Sept. 1947, in: Pädagogische Provinz 1 (1947); ders., Der Volkslehrer. Pläne zur Lehrerbildung in Hessen, ebd.; ders., Entwurf eines Gesetzes über den Aufbau des Schulwesens (1948).

[16] C. KUHLMANN in: S. B. ROBINSOHN (Hg.), Schulreform im gesellschaftl. Prozeß, S. 1/36.

[17] E. FRAENKEL im Geleitwort zu: K.-E. BUNGENSTAB, Umerziehung (s. o. Anm. 1).

[18] Zit. bei K.-E. BUNGENSTAB, Umerziehung, S. 87.

[19] Handbook for Military Government, zit. ebd., S. 86.

[20] Erziehung in Dtld. Bericht u. Vorschläge der amerik. Erziehungskommission (a. d. Amerik. München 1946).

[20a] Memorandum der Arbeitsgem. für dt. Fragen an der Univ. Chicago über den Bericht der United States Education Mission to Germany, in: H. MERKT (Hg.), Dokumente zur Schulreform in Bayern (1952), Nr. 40.

[21] Fundamental Principles: Summary Submitted by the Director, Education and Cultural Relations Division, OMGUS, Berchtesgaden Conference, 7.–12. 10. 1948, in: K.-E. BUNGENSTAB, Umerziehung, Anhang Dok. Nr. 27.

[22] Dorothea BLÄTTNER, Brit. Einwirkungen auf das dt. Erziehungs- u. Bildungswesen von 1945–1949 (Hist. Examensarb., Kiel 1960).

[23] R. BIRLEY, Die Aufgaben der Universität, in: Die Schule 3 (1948).

[24] F. BORINSKI, German Educational Reconstruction. Die Gesch. vom G. E. R., in: Die Sammlung 3 (1948); ders., Germ. Ed. Rec., Rückblick u. Erinnerung, in: Festschrift Minna Specht (1960).

[25] Das unveröff. Dokument eingesehen von Dorothea BLÄTTNER, Brit. Einwirkungen.

[26] Vgl. Kap. »Denazification and Re-education« in: F. R. WILLIS, The French in Germany 1945–1949 (Stan-

ford 1962); R. WINKELER, Schulpol. in Württbg.-Hohenzollern 1945–1952 (1971).

[27] Auszug aus dem Sonderdruck des bad. Ministeriums des Kultus u. Unterrichts (1948), in: J. HOHLFELD (Hg.), Dokumente der dt. Politik u. Gesch. 6, Nr. 32 b.

[28] G. UHLIG, Der Beginn der antifasch.-demokrat. Schulreform 1945–1946, in Mon. Paed. C II (Berlin-Ost 1965); K.-H. GÜNTHER/G. UHLIG, Zur Entwicklung des Volksbildungswesens auf dem Gebiet der Dt. Dem. Rep. 1946–1949, in: Mon. Paed. C III (Berlin-Ost 1968); dies. (Hg.), Dokumente zur Gesch. des Schulwesens in der Dt. Dem. Rep. I, 1945–1955, in: Mon. Paed. C VI (Berlin-Ost 1970). – S. BASKE/Martha ENGELBERG (Hg.), Zwei Jahrzehnte Bildungspolitik in der Sowjetzone Dtlds. Dokumente (Berlin 1966); L. FROESE, Die Sowjetisierung der dt. Schule. Entwicklung u. Struktur des mitteldt. Bildungswesens (1962); M. G. LANGE, Totalitäre Erziehung. Das Erziehungssystem der Sowjetzone Dtlds. (1954).

[29] Befehl Nr. 40 der SMAD über die Vorbereitung der Schulen zum Schulbetrieb, 25. Aug. 1945, in: Mon. Paed. C VI, Nr. I, 21: in den »Ausführungsbestimmungen der Dt. Zentralverwaltung für Volksbildung«, hierzu ebd., Nr. I, 22, wurde der Religionsunterricht aus dem Lehrplan herausgenommen, jedoch wurde den Lehrern die Erteilung von Religionsunterricht »im Auftrage der religiösen Gemeinschaften« gestattet.

[30] Zum folgenden: G. UHLIG, Der Beginn der antifasch.-demokrat. Schulreform 1945–1949 (Berlin-Ost 1965); K.-D. MENDE, Dt. Dem. Rep., in: S. B. ROBINSOHN (Hg.), Schulreform im gesellschaftl. Prozeß (²1972).

[31] So der Aufruf des Verbandes der Lehrer u. Erzieher, 21. Aug. 1945; Auszug in: Mon. Paed. C VI, Nr. I, 20.

[32] Text Mon Paed. C VI, Nr. I, 26.

[33] Text ebd., Nr. I, 35.

[34] Zit. bei K.-D. MENDE, Dt. Dem. Rep., in S. B. ROBINSOHN (Hg.), Schulreform im gesellschaftl. Prozeß, S. 2/23.

[35] Zum gegenwärtigen Stand des Schulwesens in der DDR unter dem Gesichtspunkt der Differenzierung ebd., S. 2/58 ff.; A. HEARNDEN, Bildungspolitik in der BRD u. DDR (1973), S. 55 ff.

[36] Mon. Paed. C VI, Nr. I, 54.

[37] Ebd. Nr. I, 85.

[38] K.-H. GÜNTHER/G. UHLIG, Gesch. der Schule in der Dt. Dem. Rep. 1945–1968 (Berlin-Ost 1969), S. 15.

[39] Text in Mon. Paed. C VI, Nr. I, 57, ebenfalls bei J. HOHLFELD (Hg.), Dok. der dt. Politik u. Gesch. von 1848 bis zur Gegenwart 6 (o. J.), Nr. 46. Darstellung: Marion KLEWITZ, Berliner Einheitsschule 1945–1951 (1971).

[40] Mon. Paed. C VI, Nr. I, 59.

[41] Tab. im Text entnommen aus: G. KATH, Das soz. Bild der Studentenschaft in der Bundesrepublik Dtld. 7. Sozialerhebung des Dt. Studentenwerks (1974), S. 28.

[42] Die Universitäten in der brit. Zone Dtlds. Bericht der Delegation der brit. Association of University Teachers, in: Beilage zu ›Die Sammlung‹ 3 (1948), H. 2; als Beispiel eines Widerspruchs hiergegen: A. REIN, Die Hochschule der Besten, in: Göttinger Univ. Ztg. Nr. 17 (13. Sept. 1946).

[43] Gutachten zur Hochschulreform, hg. vom Studienausschuß für Hochschulreform (Hamburg 1948) (sog. »Blaues Gutachten«).

[44] A. FLITNER (Hg.), Dt. Geistesleben u. Nat.sozialismus. Eine Vortragsreihe der Univ. Tübingen (1965), Nat.sozialismus u. die dt. Univ. Univ.tage 1966 der Freien Univ. Berlin (1966); K. D. ERDMANN, Wissenschaft im Dritten Reich, in ders., Gesch., Politik u. Pädagogik. Aufsätze u. Reden (1970).

Kapitel 19
Die Spaltung Deutschlands

Ein Angelpunkt in den Geschehnissen, die zum endgültigen Bruch der Kriegsallianz zwischen den Vereinigten Staaten und der Sowjetunion, zum wirtschaftlichen Wiederaufbau Westeuropas einschließlich der westlichen Besatzungszonen und zur politischen Spaltung Deutschlands führten, ist der Marshall-Plan[1]. Als General Marshall im Januar 1947 zum Staatssekretär berufen wurde, stand der nach ihm benannte Plan seit langem in seinen Grundzügen fest. Der Grund für die Ernennung dieses keiner Partei angehörenden Soldaten war darin zu sehen, daß im November 1946 ein in seiner Mehrheit republikanischer Kongreß gewählt worden war und die demokratische Verwaltung des Präsidenten Truman die Zustimmung der Republikaner, die im Wahlkampf Kürzung der Staatsausgaben gefordert hatten, für die Milliarden-Bewilligungen des vorgesehenen europäischen Hilfsprogramms benötigte. Auch die Betrauung des früheren republikanischen Präsidenten Hoover mit der Mission, einen Bericht über die europäische Lage zu verfassen, die ohnedies der amerikanischen Regierung bekannt war, diente dem gleichen Zweck. Der Marshall-Plan, in dessen endgültiger Formulierung und Propagierung wirtschaftliche, politische und ideologische Motive sich vermischten, ist primär aus der inneren wirtschaftlichen Lage der Vereinigten Staaten zu verstehen. Die amerikanische Wirtschaft hatte durch den Krieg keine Einbuße erlitten. Die Produktionsziffern waren steil angestiegen. In den amerikanischen Ministerien wie in der amerikanischen Wirtschaft sah man während des Krieges das Hauptproblem, dem sich die amerikanische Wirtschaft nach dem Kriege konfrontiert sehen würde, in der Frage der Verwendung der amerikanischen Überproduktion. Dieses Problem würde zusätzlich verschärft werden durch die Demobilisierung von 12 Millionen Soldaten, die in den Arbeitsprozeß einzugliedern sein würden. Durch eine inneramerikanische Subsidienpolitik war die Überproduktion nicht aufzufangen, da es sich hierbei in erster Linie um Güter handelte, für deren Verbrauch in den Staaten selbst natürliche Grenzen gesetzt waren, wie Weizen, Baumwolle, Tabak, Gummi und Stahl, für den die Rüstungsnachfrage nach Beendigung des Krieges auf einen Bruchteil des Kriegsbedarfs absinken mußte. Industrielle, Farmer und Gewerkschaftsführer setzten sich seit dem Frühjahr 1944 für ein Programm verstärkter Nachkriegsexporte ein. Träger dieser Bestrebungen war eine National Planning Association, der Vertreter der genannten Interessen und Wirtschaftsberater der Regierung angehörten. In einer während des Krieges erschienenen Studie dieser Gesellschaft hieß es: »Wie können andere Nationen mit Dollars ausgerüstet werden, um amerikanische Ware zu kaufen, um für amerikanische Kapitalinvestitionen zu bezahlen? Dieses Problem ergibt sich aus der Disparität zwischen ausländischem Bedarf an amerikanischen Waren und Kapital und Amerikas Bedarf an ausländischen Waren. Das Problem ist von ungeheurem Ausmaß. Es ist ohne Beispiel in der Wirtschaftsgeschichte der Welt.«[2] Die Studie schlug umfassende Kredite und die Öffnung des amerikanischen Marktes vor. Auf diese Weise sollte zugleich den vom Kriege betroffenen Ländern geholfen werden, ihre Wirtschaft wieder in Gang zu setzen. Die Verfasser empfahlen schließlich internationale Vereinbarungen über Währungshilfe und Abbau von Handelsschranken entsprechend den vom amerikanischen Schatzamt und dem englischen Nationalökonomen J. M. Keynes entwickelten Plänen[3]. Solche wirtschaftlichen Vorstellungen standen, was Deutschland betraf, in scharfem Gegensatz zu einer Haltung, wie sie extrem im emotional und politisch motivierten Morgenthau-Plan zum Ausdruck kam und die in der Periode von Jalta bis Potsdam die amerikanische Einstellung zu Deutschland weitgehend bestimmt hatte. Die Einsicht in die Unmöglichkeit, mit der Sowjetunion eine gemeinsame Deutschlandpolitik durchführen zu können, und die Sorge vor der Anfälligkeit eines verelendeten Europa gegenüber der kommunistischen Propaganda führten mit der politischen Forderung des »Containment«, wie es der Planungsstab des State Department mit Kennan vertrat, zur Inangriffnahme eines großzügigen Hilfsprogramms im Interesse sowohl der amerikanischen Wirtschaft als auch der politischen und sozialen Konsolidierung Europas.

Nun hatten die Amerikaner seit dem Ende des Krieges bereits mehr als 12 Milliarden Dollar als Anleihen und Geschenke Europa zukommen lassen, darunter am 6. Dezember 1945 einen Kredit von 3,75 Milliarden Dollar an England und am 27. Mai 1946 von 1,4 Milliarden Dollar an Frankreich. Nach eingehenden Verhandlungen mit den vorgesehenen Empfängerländern verabschiedete der Kongreß am 3. April 1948 das Auslandshilfsgesetz[4], und am 16. April unterzeichneten 16 Länder und die Oberkommandierenden der drei westdeutschen Besatzungszonen eine »Konvention für europäische wirtschaftliche Zusammenarbeit« (European Recovery Program, ERP)[5].

Dieser Plan unterschied sich von den bisherigen amerikanischen Hilfeleistungen (GARIOA-Hilfe = Government Appropriations for Relief in Occupied Areas) dadurch, daß er sich nicht an je einzelne Empfängerländer richtete, sondern an die europäischen Länder als eine Gruppe, die zur gegenseitigen Hilfeleistung verpflichtet wurde als Bedingung für den Empfang der amerikanischen Hilfe. Die in der »Organisation für Europäische Wirtschaftliche Zusammenarbeit« (Organization for European Economic Cooperation, OEEC) zusammengeschlossenen Staaten verpflichteten sich, bestehende Handels- und Zahlungsbeschränkungen aufzulockern und ein multilaterales Zahlungssystem zu schaffen. Als zweckdienliche Maßnahmen wurden die Herabsetzung von Zöllen und die Bildung von Zollunionen oder Freihandelsgebieten in Erwägung gezogen. Die unter dem Impuls des Marshall-Plans in Gang kommende Liberalisierung des Zahlungs- und Warenverkehrs zwischen den europäischen Staaten führte später am 1. Juli 1950 zur Gründung der Europäischen Zahlungsunion, die ihre Geschäfte durch die Bank für Internationalen Zahlungsausgleich in Basel durchführte. Hierdurch löste sich Europa allmählich aus der seit der Weltwirtschaftskrise in fast allen Staaten eingeführten Devisenzwangswirtschaft, die dazu geführt hatte, daß durch die staatliche Kanalisierung des Handels in bilateralen Verträgen der frühere multilaterale Rechnungsverkehr eingefroren war. Es war dahin gekommen, daß Überschüsse, die ein Land im Handel mit einem zweiten Land erzielt hatte, nicht dazu verwendet werden konnten, Schulden in einem dritten Land zu bezahlen. Die neue Regelung besagte folgendes: Die aus der Verrechnung von Soll und Haben im Handelsverkehr der europäischen Länder untereinander entstandenen Unterschüsse eines Schuldnerlandes mußten zu 75% in Gold abgedeckt werden, für 25% konnten automatisch Kredite in Anspruch genommen werden. Dementsprechend wurden erzielte Überschüsse eines Gläubigerlandes zu 75% durch die europäische Zahlungsunion in Gold ausgezahlt und 25% als Kredit zurückbehalten. Das Grundkapital der europäischen Zahlungsunion bestand aus Marshall-Plan-Geldern und Krediten der europäischen Überschußländer. Die den europäischen Ländern gewährten Marshall-Plan-Gelder waren verlorene Zuschüsse oder langfristige Kredite. Die Erlöse, die durch den Verkauf der mit ihrer Hilfe eingeführten Waren erzielt wurden, standen den Regierungen als »Gegenwertmittel« zur Verfügung. Sie wurden in den westlichen Besatzungszonen und später in der Bundesrepublik zu Investitionskrediten für die Wirtschaft verwendet. Charakteristisch für den Marshall-Plan war ferner, daß diese Hilfsaktion auf einen kurzen Zeitraum, nämlich bis zum 30. Juni 1952, befristet, für diesen Zeitraum aber mit solchen Mitteln ausgerüstet wurde, daß der erstrebte Zweck, die europäische Wirtschaft wieder auf eigene Füße zu stellen und einen multilateralen internationalen Waren- und Handelsverkehr als Voraussetzung der Prosperität auch der amerikanischen Wirtschaft in Gang zu setzen, gelingen konnte.

Deutschland hat aus GARIOA-Mitteln 1,62 Milliarden Dollar und aus Marshall-Plan-Mitteln 1,56 Milliarden Dollar erhalten. Während die GARIOA-Hilfe vorwiegend für die Einfuhr von Lebensmitteln verwendet worden war, hatten unter dem Marshall-Plan industrielle Rohstoffe und Fertigwaren den größeren Anteil[6].

Der Liberalisierung des internationalen Handels als dem zentralen wirtschaftlichen Kriegsziel der Vereinigten Staaten diente im globalen Rahmen ferner das am 30. Oktober 1947 in Genf zwischen 24 Nationen abgeschlossene GATT-Abkommen (General Agreement on Tariffs and Trade). Die GATT-Staaten sicherten sich gegenseitig absolute Meistbegünstigung zu. Sie gingen die Verpflichtung ein, untereinander niemanden zollpolitisch zu diskriminieren. Es war von fundamentaler Bedeutung für die Exportentwicklung der westdeutschen Wirtschaft, die als Folge des Krieges die Meistbegünstigung verloren hatte, daß ihre bisherige Benachteiligung im internationalen Handelsverkehr aufgehoben wurde (die Bundesrepublik ist seit 1950 an den Arbeiten des GATT beteiligt, 1951 beigetreten)[7].

Die amerikanische Wirtschaftspolitik, in die der Marshall-Plan als ein wesentliches Element hineingehört und die Westdeutschland die Möglichkeit eines schnellen Wiederaufstiegs bot, war in ihrer Motivation weder humanitär noch ausbeuterisch. Die amerikanischen Überlegungen werden am besten wiedergegeben mit den Worten eines Berichtes, den im November 1947 eine Kommission unter der Leitung des früheren amerikanischen Gesandten in Moskau und damaligen Handelsministers Harriman im Auftrag des Weißen Hauses verfaßte: »Unser wirtschaftliches Selbstinteresse ist eng mit dem Schicksal Europas verbunden. Der amerikanische Handel mit Europa ist für die amerikanische Wirtschaft immer ein Faktor von überragender Bedeutung gewesen. Ein fortschreitender Verfall in der Produktions- und Kaufkraft von 270 Millionen Menschen in West- und Mitteleuropa würde eine mächtige Rückwirkung auf den amerikanischen Wohlstand ausüben. Darüber hinaus ist das Gedeihen Europas wesentlich für die Aufrechterhaltung des amerikanischen Handels in anderen Weltteilen. Z.B. verdienen Südafrika, Australien, Neuseeland, Kanada und die nichttropischen Länder Lateinamerikas durch Exportüberschüsse aus ihrem Handel mit Europa die Mittel, mit denen sie ihre Importüberschüsse aus den Vereinigten Staaten bezahlen. So würde die Desintegration der europäischen Wirtschaft die Kaufkraft dieser Länder gegenüber den Vereinigten Staaten beschneiden.«[8] Das »aufgeklärte amerikanische Eigeninteresse« war der Leitbegriff auch in einer Rede, mit der der frühere Isolationist Senator Vandenberg am 1. März 1947 den Kongreß beschwor, zu helfen, Europa wieder auf eigene Füße zu stellen. Die Grundlagen für diese Wirtschaftspolitik Amerikas nach dem Kriege waren seit Anfang des Krieges gelegt worden, als sich die Vereinigten Staaten noch in keiner Weise durch die Sowjetunion herausgefordert fühlten. Insofern ist es richtig, wenn es in der Harvard-Rede Marshalls hieß, daß sich der Plan für den europäischen Wiederaufbau nicht gegen irgendein Land oder irgendeine Doktrin richte. Zugleich aber erwartete man von diesem Plan die politische Wirkung des »Containment«, d.h. die Verminderung der Ausbreitungschancen der kommunistischen Bewegung in Mittel- und Westeuropa und die Stärkung der politischen und militärischen Abwehrkräfte. So hieß es in der von Kennan verfaßten Ausarbeitung des Beraterstabes, »daß die Amerikaner die für Europa bereitgestellten Mittel nicht primär gegen den Kommunismus einsetzen sollten, sondern für die Wiederherstellung der wirtschaftlichen Gesundheit und Kraft Europas. Sie sollten mit anderen Worten nicht den Kommunismus bekämpfen, sondern die ökonomische Fehlentwicklung, die die europäische Gesellschaft für totalitäre Bewegungen jeder Art anfällig macht und deren augenblicklicher Nutznießer der Kommunismus ist.«[9] Es war nicht überraschend, daß die Sowjetunion die Aufforderung, sich an diesem Plan gemeinsam mit den übrigen europäischen Ländern zu beteiligen, zunächst mit Zurückhaltung aufnahm und dann verwarf. Bevin, Bidault und Molotow berieten vom 27. Juni bis zum 2. Juli 1947 in Paris. Molotow lehnte den Plan zur gegenseitigen europäischen Wirtschaftshilfe ab, weil durch ihn die wirtschaftliche Unabhängigkeit und Souveränität der Teilnehmerländer bedroht werde. Während Bevin und Bidault vorschlugen, die Sowjetunion möge sich mit England und Frankreich an einem leitenden Komitee zur Erarbeitung eines allgemeinen europäischen Aufbauprogramms beteiligen, hielt Molotow es für richtig, daß jedes europäische Land nach eigenem Plan seinen Bedarf anmelden sollte. Er verwarf den Gedanken der europäischen Kooperation zur Effektivierung der amerikanischen Hilfe. An der anschließenden allgemeinen europäischen Konferenz vom 12. Juli bis 22. September 1947 beteiligte sich keines der Länder aus dem osteuropäischen sowjetischen Machtbereich. Die Tschechoslowakei hatte zwar ihre Bereitschaft erklärt, mußte aber vor sowjetischem Einspruch zurückweichen, ähnlich Polen. Die kommunistischen Parteien in Frankreich und Italien scheuten sich zunächst, einen Plan offen anzugreifen, der in der Bevölkerung wachsende Zustimmung fand. Deshalb sah sich Moskau veranlaßt, zur ideologischen Beeinflussung der kommunistischen Parteien in den westlichen Ländern die im Zweiten Weltkrieg aufgelöste Internationale im September 1947 in veränderter Form als »Informationsbüro der Kommunistischen und Arbeiterparteien« (Kominform) mit dem Sitz in Belgrad neu zu beleben. Im Laufe des Jahres 1947 wurden eine Reihe zweiseitiger Handelsverträge zwischen der Sowjetunion und osteuropäischen Staaten abgeschlossen. Diese Verträge wurden auf der Gründungskonferenz des »Kominform«, vom 22. bis 27. September 1947, als Molotow-Plan erörtert. Er diente der Integration der ost- und südosteuropäischen Staaten unter Führung der Sowjetunion. In Verfolg dieses Ansatzes wurde am 25. Januar 1949 zwischen der Sowjetunion und den ostmitteleuropäischen Staaten der »Rat für gegenseitige Wirtschaftshilfe« gegründet (meist COMECON genannt = Council for Mutual Economic Assistance). Trotz Versuchen, zu einer multilateralen Verrechnung im Handelsverkehr und einer abgestimmten Produktionsplanung zwischen diesen Staaten zu gelangen, blieb im sozialistischen Lager die wirtschaftliche Verflechtung weit hinter dem Grad der Internationalisierung zurück, den die Handels- und Wirtschaftsbeziehungen in der westlichen Welt erreichten. Der Außenhandel der Staatswirtschaften blieb hier nach wie vor im wesentlichen eingeengt in bilateralen Abkommen[10]. Allerdings mußte die Unterschiedlichkeit der Wirtschaftssysteme in Ost und West als solche der Verstärkung gegenseitiger Wirtschaftsbeziehungen nicht notwendigerweise im Wege stehen. So kam es in der Tat im Jahre der Verkündigung des Marshall-Plans 1947 zu zweiseitigen Handelsabkommen der Sowjetunion mit Großbritannien, Frankreich und skandinavischen Staaten. Aus ökonomischen Gründen allein läßt sich die Auseinanderentwicklung der großen Mächte und die Spaltung Deutschlands nicht erklären.

An dem gleichen Tage, an dem Marshall seine Rede in der Harvard-Universität hielt (vgl. Kap. 6), am Abend des 5. Juni 1947, trafen sich in München die Ministerpräsidenten der vier Besatzungszonen. Diese erste und einzige gesamtdeutsche Begegnung der Länderchefs war der Kulminationspunkt gesamtdeutscher föderalistischer Bestrebungen und zugleich ihr Ende.

Eine erste Initiative zu einer Aktivierung der Ministerpräsidenten in gesamtdeutschem Sinne war schon im Vorjahre von dem Bremer Senatspräsidenten Kaisen ausgegangen. Er hatte die Regierungschefs zu einer ersten Konferenz im Februar, zu einer zweiten im Oktober 1946 nach Bremen eingeladen. Für die Ministerpräsidenten der französischen Zone hatte damals die Besatzungsmacht die Teilnahme verboten, die Ministerpräsidenten der sowjetischen Zone hatten sich im Februar unter dem Vorwand der bevorstehenden Landtagswahlen entschuldigt, auf der Oktoberkonferenz waren sie durch den thüringischen Landespräsidenten Paul vertreten worden. Von dieser Bremer Konferenz war eine Entschließung an die Ministerpräsidenten aller vier Zonen gerichtet worden. Darin wurde vorgeschlagen, einen Länderrat aus den Regierungschefs zu bilden und diesen unter die parlamentarische Kontrolle eines aus Abgeordneten aller Landtage gebildeten Volksrates zu stellen[11]. Der föderalistische Ansatz war aus der sowjetischen Besatzungszone mit einem Gegenvorschlag zu einer gesamtdeutschen »Nationalen Repräsentation« auf der Grundlage der Parteien beantwortet worden. Die Stimmführer hierbei waren liberale und christliche Demokraten der Sowjetzone, Eugen Schiffer, stellvertretender Vorsitzender der LDP, und Jakob Kaiser, Vorsitzender der CDUD. Dieser erklärte, daß die Sprecher für die deutschen Interessen auf einer zukünftigen Friedenskonferenz von den politischen Parteien und nicht von den Ländern zu bestimmen seien. Für den Abschluß eines Friedensvertrages forderte er die Einberufung einer Nationalversammlung[12]. Am 10. Februar 1947 wurde von den Parteien der Sowjetzone die Bildung eines gemeinsamen Ausschusses aller Parteien vorgeschlagen. In den westlichen Besatzungszonen gingen CDU/CSU auf den Gedanken einer so gebildeten gesamtdeutschen Vertretung ein. Der Vorstand der »Arbeitsgemeinschaft der CDU und CSU Deutschlands« lud am 15. März 1947 in drei gleichlautenden Briefen die SPD, SED und LDP zu einer Parteiführerbesprechung ein, »um die erste Stufe einer gesamtdeutschen Vertretung des Volkes vorzubereiten und diese Vertretung bis zu ihrer Verwirklichung zu repräsentieren«[13]. SED und LDP nahmen an. Im Westen waren damals die unter verschiedenen Namen entstandenen liberalen Parteien noch nicht zur FDP zusammengefaßt. Deren späterer Führer Theodor Heuss äußerte sich zur Initiative der Unionsparteien zurückhaltend, ohne sie zu verwerfen. Kurt Schumacher jedoch sagte für die SPD Nein, obwohl er im Gegensatz zu Wilhelm Kaisen nur in den Parteien, aber nicht in den Ländern die berufenen Vertreter nationaler Interessen sah. Der Grund für diese Ablehnung war das Verbot der SPD in der sowjetischen Zone. Solange dieses Verbot nicht aufgehoben war, lehnte er es als Vorsitzender der Sozialdemokraten ab, sich mit der SED an einen Tisch zu setzen. Aber auch unter den christlichen Demokraten gab es Vorbehalte gegen einen gesamtdeutschen Allparteienausschuß, so z.B. bei Konrad Adenauer und in der CDU der britischen Zone. Adenauer hielt Jakob Kaisers Glauben an eine »Synthese zwischen Sozialismus und Freiheit« und dessen Theorie, daß Deutschland berufen sei, die Brücke zwischen den gesellschaftlichen Systemen des Ostens und Westens zu bilden, für illusionär, wenn er sich auch mit dem Plan einer nationalen Repräsentation einverstanden erklärte (Tagung der Arbeitsgemeinschaft CDU/CSU vom 24./25. April in Köln). Gefördert hat er den Plan nicht, da er keine Chance sah, ihn zu verwirklichen. Gescheitert ist der Versuch, auf Parteienbasis Deutsche an einen Tisch zu bringen, weil sich ihm die von Schumacher dominierte SPD versagte. Weder die von den Ländern noch die von den Parteien ausgehende Initiative fand ein nachhaltiges Echo in der deutschen Bevölkerung. In der großen Not des Jahres 1947, nach dem strengen Winter und bei zunehmender Lebensmittelknappheit wurden die Interessen der politisch weithin apathischen Menschen von dem täglichen Kampf um die nackte Existenz verbraucht. Aber auch in dem Personenkreis, der das politische Leben der Länder und Parteien bestimmte, waren nationaler Gemeinsinn und praktische Phantasie in einem solchen Maße gelähmt, daß sie es nicht vermochten, bei der immer schärfer hervortretenden Uneinigkeit der Alliierten über das deutsche Schicksal wenigstens von deutscher Seite her eine gemeinsame minimale Zielvorstellung zu entwickeln.

Das zeigte sich, als ein letzter Versuch gemacht wurde, von den Ländern her gesamtdeutsche Fragen in Angriff zu nehmen, nachdem im April 1947 die Moskauer Außenministerkonferenz an der Deutschlandfrage gescheitert war. Am 7. Mai 1947 lud der bayerische Ministerpräsident Ehard alle Ministerpräsidenten für den 6. und 7. Juni 1947 zu einer Besprechung nach München ein[14]. In dem Einladungsschreiben wurde als Zweck der Konferenz bezeichnet, »ein weiteres Abgleiten des deutschen Volkes in ein rettungsloses wirtschaftliches und politisches Chaos zu verhindern«. Die Länder sollten einen gemeinsamen Weg zur Zusammenarbeit suchen »im Sinne wirtschaftlicher Einheit und künftiger politischer Zusammenfassung«. Ohne daß hierdurch eine politische Thematik von vornherein ausgeschlossen gewesen wäre, legten es doch die unterschiedliche Einstellung der Länder und Parteien zum Föderalismus-Zentralismus-Problem wie auch die Gegensätze zwischen den Besatzungsmächten nahe, sich auf die drängenden wirtschaftlichen Fragen zu konzentrieren. Man durfte die Tagesordnung der Konferenz nicht mit staatstheoretischen und ideologischen Problemen belasten. Man brauchte es aber auch nicht; denn zu Recht erklärte Ehard, »daß schon allein die einfache Tatsache eines Treffens der Regierungschefs aller vier Zonen auch ein innenpolitisches und für den künftigen Staatsaufbau wichtiges Moment« darstelle. Wenn überhaupt, dann konnte nur ein pragmatischer Ansatz Aussicht auf Erfolg haben. Zudem wurde den Ministerpräsidenten der französischen Zone die Reise nach München nur unter der Bedingung gestattet, daß die Frage der zukünftigen politischen Ordnung Deutschlands unerörtert blieb. Die Einladung wurde von allen Ministerpräsidenten angenommen, nach einigem Zögern auch von denen der sowjetischen Zone, nachdem deren Vorschlag, auch Vertreter der Parteien und Gewerkschaften einzuladen, abgelehnt worden war. Es blieb aber das unbedingte Ziel der Ministerpräsidenten der sowjetischen Besatzungszone, auf der Münchener Konferenz die Schaffung einer nationalen Repräsentation durch Parteien und Gewerkschaften in irgendeiner Weise zur Sprache zu bringen. Dem stand die Haltung Kurt Schumachers unversöhnlich gegenüber. Er erklärte in einer Rede vom 18. Mai 1947 in Kassel: »Man soll uns deshalb nicht mit einer Einigung kommen, wenn man in der Praxis der östlichen Zone Annexion, Diktatur, Unterjochung und Versklavung durchführt. Wir möchten den Kommunisten etwas sagen: es handelt sich bei Euch um den Versuch, Westdeutschland für Rußland zu erobern. Ich möchte den Kommunisten aus unserer Verantwortung heraus den Hinweis geben, daß es unmöglich sein wird, dieses Ziel zu erreichen. Die kommunistische Partei kann weder eine Partei internationaler Menschlichkeit noch sonst etwas sein, sondern nur eine russische Staatspartei.« Nach der Meinung Schumachers waren die Ministerpräsidenten der sowjetischen Zone überhaupt nicht legitimiert, für die dortige Bevölkerung zu sprechen. Da er aber eine Legitimation, gesamtdeutsche politische Fragen zu behandeln, auch den westdeutschen Ministerpräsidenten bestritt, hielt er die geplante Konferenz allenfalls unter der Voraussetzung für tragbar, daß sie sich strikt an ihr Konzept hielt, auf die Behandlung aller nationalpolitischen, besonders aller Verfassungsfragen zu verzichten. Auf einer Vorkonferenz in Frankfurt vom 29. Mai legte Kurt Schumacher die sozialdemokratischen Ministerpräsidenten darauf fest, daß »nicht ein durch die Länder geschaffenes Organ über die Länder gesetzt werden dürfe«. Und am 31. Mai erklärte er im Rundfunk: »Wir würden es begrüßen, wenn die Ministerpräsidenten der Ostzone in München erscheinen würden. Wir halten es für selbstverständlich, daß sich die anderen Ministerpräsidenten nicht vom totalitären Lärm der schwarz-weiß-roten Kommunisten erpressen lassen. Für ebenso selbstverständlich aber erachten wir auch, daß sie nicht mit einer staatsrechtlichen Konzeption für Deutschland antworten, die föderalistisch ist. Die Münchener Konferenz soll praktische Erfolge bringen. Voraussetzung dazu ist die kluge Selbstbeschränkung auf die Erörterung der Nöte des Tages und ihre Überwindung mit konkreten und möglichen Mitteln ... Jeder denkbare Erfolg wäre aber vereitelt, wenn Themen diskutiert würden, die mit den aktuellen Sorgen des Lebens nichts zu tun haben. Niemand ist in München dazu legitimiert, die Möglichkeiten einer zukünftigen Reichsverfassung auch nur in der Tendenz vorwegzunehmen.«[15]

Unter solchen Vorbedingungen blieb der Konferenz nur ein geringer Aktionsraum. Die Tagesordnung sollte sich, nach einer Formulierung des schleswig-holsteinischen Ministerpräsidenten Lüdemann, auf drei Punkte beschränken: »1. Ernährungsnot, 2. Wirtschaftsnot, 3. Flüchtlingsnot«. Die Ministerpräsidenten aus der sowjetischen Zone trafen erst am Abend des 5. Juni in München ein, ohne sich an den bisherigen Vorbesprechungen beteiligt zu haben. Sie verlangten nunmehr in einer Aussprache über die Tagesordnung für die am nächsten Tag beginnende Konferenz, als ersten Punkt die »Bildung einer deutschen Zentralverwaltung durch Verständigung der demokratischen Parteien und Gewerkschaften zur Schaffung eines deutschen Einheitsstaates« zu behandeln. Diese Forderung war unvereinbar mit dem gesamten Bedingungsrahmen, unter dem das Treffen überhaupt zustande gekommen war. Die westdeutschen Ministerpräsidenten beharrten daher auf der auf Sachprobleme beschränkten Tagesordnung, stellten aber in Aussicht, daß jeder die Möglichkeit habe, sich in der Sachdebatte auch über politische Fragen zu äußern. Die Ministerpräsidenten der französischen Zone äußerten die Befürchtung, daß ein Veto der Militärregierung ihre Teilnahme an weiteren Konferenzen unmöglich machen werde, wenn die Frage der deutschen Einheit auf der Tagesordnung erscheine. Andererseits wies der württembergbadische Ministerpräsident Maier darauf hin, daß doch soeben das Statut über den Wirtschaftsrat erlassen worden sei; er glaube, »daß die Herren der britischen und amerikanischen Zone direkt die Verpflichtung hätten ... zu sagen, diese Zentralinstanzen seien das Minimum, das wir für ganz Deutschland bräuchten«. Auch dies wäre auf eine nationalpolitische Erklärung hinausgelaufen, ohne einen für die Franzosen schockierenden Tagesordnungspunkt daraus zu machen. Der thüringische Ministerpräsident Paul erklärte sich im Laufe der Besprechung zu einer Konzession bereit: statt der formellen Behandlung des Antrags über die Bildung einer deutschen Zentralverwaltung auf dem Wege über die Parteien sollte wenigstens »Vertretern jeder Zone Gelegenheit gegeben werden, über den Begriff der künftigen Einheit Deutschlands zu sprechen«. Damit schien – mit den Worten von Maier – »der Moment ... gekommen, daß man sich über die Tagesordnung verständigen könne«. Diese Chance, das politische Gespräch miteinander zu beginnen, ist jedoch von beiden Seiten nicht mit Nachdruck verfolgt worden. Zuletzt wiederholte Ministerpräsident Paul in ultimativer Form den »Antrag ..., daß sie darüber sprechen könnten, daß sie den Standpunkt verträten, sie begrüßten außerordentlich das Zusammentreffen der Ministerpräsidenten als ersten Schritt zur Einheit, darüber hinaus den Standpunkt, daß entscheidender Träger für den Aufbau Deutschlands und zur Lösung der Not das Volk in seiner Gesamtheit, repräsentiert durch die Parteien und Gewerkschaften, sei, ferner, daß eine Entschließung – nicht mehr – gefaßt werden solle, wobei nicht über den Staat als solchen, der entstehe, diskutiert werden solle, sondern nur eine Empfehlung von den Ministerpräsidenten in Betracht komme, die an die Parteien und Gewerkschaften gerichtet sei, daß die Ministerpräsidenten in Erkenntnis der Notlage des Volkes es für geboten hielten, daß die Parteien sich zwecks Bildung einer zentralen Verwaltung zusammensetzten; mehr verlangten sie nicht und könnten sie nicht verlangen ... Sie wollten auch nicht sagen, was sie unter dem zukünftigen Aufbau Deutschlands verstünden. Gewiß schwebe ihnen eine Art Weimarer Verfassung und nicht ein Staatenbund vor, aber keiner der Konferenzteilnehmer dürfe bei ihnen eine hundertprozentige Taktlosigkeit voraussetzen, auch wenn sie aus der russischen Zone kämen.« Ohne eine weitere Debatte oder eine endgültige Beschlußfassung über die Tagesordnung abzuwarten, zogen sich darauf die Ministerpräsidenten der Sowjetzone zu einer kurzen Besprechung zurück, um danach durch den brandenburgischen Ministerpräsidenten Steinhoff erklären zu lassen, daß sie sich gezwungen sähen, die Teilnahme an der weiteren Konferenz abbrechen zu müssen. Ehard erklärte hierauf – wie das Protokoll vermeldet –, »daß dieser Vorfall die Spaltung Deutschlands bedeute«.

Als Ergebnis der nun am 6. und 7. Juni 1947 durchgeführten Münchener Rumpfkonferenz wurde eine Denkschrift verabschiedet[16]. Die westdeutschen Ministerpräsidenten forderten eine Währungsreform und im Zusammenhang damit eine drastische Senkung der Steuern. Sie richteten an die Siegermächte einen dringenden Appell, die Kriegsgefangenen freizugeben: die Vergeltung geschehenen Unrechts durch neues Unrecht könne nie die ersehnte Wiederherstellung des Rechts und der Gebote der Menschlichkeit begründen. Sie erklärten sich schließlich außerstande, der Not in Deutschland wirksam zu begegnen, solange nicht außerhalb ihrer Zuständigkeit liegende Maßnahmen von der Besatzungsmacht ergriffen würden, hierunter vor allem Verwirklichung der deutschen Wirtschaftseinheit, Revision des Industrieplans, freier Export, innerdeutsche Freizügigkeit und Gewährung von ausreichenden Anlaufkrediten für die Einfuhr von Nahrungsmitteln, Rohstoffen, Produktionsgütern sowie Freiheit für den Fischfang und Schutz des Waldes. Die Absicht, dieses Memorandum dem Kontrollrat zu unterbreiten, ließ sich aber nicht durchführen wegen der inneren Zerstrittenheit dieses Gremiums. Der Kontrollrat war zwei Jahre nach Potsdam in einem solchen Maße funktionsunfähig geworden, daß er sich nicht einmal darauf einigen konnte, die wohlbegründeten Argumente des überzonalen Gremiums der Ministerpräsidenten auch nur entgegenzunehmen.

Eine politische Bedeutung hatte die Münchener Konferenz insofern, als hier zum ersten Mal der Kreis versammelt war, der demnächst von den Westmächten den Auftrag erhalten sollte, für die westlichen Zonen eine eigene staatliche Verfassung zu erarbeiten. Daß sich die Versammelten in einer abschließenden Resolution mit Nachdruck zur wirtschaftlichen und politischen Einheit Deutschlands bekannten, änderte nichts daran, daß der deprimierende Verlauf der Tagung nicht die Einheit, sondern die sich vollziehende Spaltung Deutschlands und der Deutschen demonstriert hatte[17]. Die Westmächte waren nun entschlossen, allein zu handeln und ihre Besatzungszonen in den europäischen Wiederaufbau mit einzubeziehen. Die Militärgouverneure unterbreiteten der Pariser Tagung für Europäische Wirtschaftliche Zusammenarbeit die Deutschland betreffenden Unterlagen. Am 29. August 1947 wurde für die Doppelzone ein revidierter Industrieplan in Kraft gesetzt[18]. Die Produktionsquoten wurden gegenüber dem ersten Industrieplan von 1946 erheblich erhöht, für Eisen, Maschinen und Chemie ungefähr auf das Niveau von 1936. Noch einmal, zum fünften und letzten Mal, fand eine Konferenz des in Potsdam institutionalisierten Rates der Außenminister statt. Auf dieser Tagung in London vom 25. November bis zum 15. Dezember 1947 gelangte man keinen Schritt über die auf der letzten Konferenz in Moskau vertretenen beiderseitigen Positionen hinaus[19]. Dem westlichen Vorschlag, stufenweise für die vier Zonen eine gemeinsame Regierung, parlamentarische Vertretung und bundesstaatliche Verfassung zu schaffen auf der Basis der wirtschaftlichen Einheit Deutschlands, stellte die Sowjetunion als Vorbedingung für die Herstellung der Einheit die Beteiligung an der Ruhrkontrolle und die Anerkennung sowjetischer Reparationsforderungen und der Reparationsentnahme aus der laufenden Produktion entgegen.

Von der SED wurde gleichzeitig eine große Propagandaaktion im Zeichen einer nationalen Zielsetzung veranstaltet, für deren Verwirklichung im Verhältnis der Mächte zueinander wie auch der politischen Gegensätze in Deutschland jede Voraussetzung fehlte. Die SED berief zum 6./7. Dezember 1947 einen von ihr, der LDPD und den Vertretern von Massenorganisationen und Betriebsräten beschickten »Volkskongreß« nach Berlin ein, an dem sich über 2 200 Personen beteiligten. Von den Parteien der Westzonen nahmen nur die Kommunisten teil, aber auch eine Reihe von Einzelpersonen aus den bürgerlichen Parteien. Abgesandte des Kongresses sollten gegenüber der Londoner Außenministerkonferenz die Forderung des deutschen Volkes nach nationaler Einheit und seine Interessen beim Abschluß des Friedensvertrages vertreten. Das Manifest des Volkskongresses an die Londoner Außenministerkonferenz sprach sich gegen eine Aufteilung Deutschlands in Staaten oder Zonengebiete aus und für die Bildung einer zentralen deutschen Regierung aus Vertretern aller deutschen Parteien[20]. Jakob Kaiser, der Führer der CDU in der Sowjetzone, der sich einige Monate zuvor für eine Initiative aller Parteien eingesetzt hatte, sagte ab mit der Begründung, daß durch die Weigerung der sozialdemokratischen Partei, sich an einem gesamtdeutschen Willensausdruck zu beteiligen, eher ein Bild deutscher Zerrissenheit als das eines einheitlichen deutschen Willens entstanden sei. Nach einem Beschluß der CDUD sollte Einzelmitgliedern die Teilnahme am Kongreß freigestellt sein. Eine von den Parteien nur der sowjetischen Besatzungszone getragene Erklärung werde jedoch in der nun einmal bestehenden Situation nicht der Einheit dienen, sondern das »Bild der Zerrissenheit nur noch deutlicher hervortreten lassen«. Jakob Kaiser wurde daraufhin ebenso wie Ernst Lemmer im Dezember 1947 durch Druck der SMAD auf die Partei ohne förmliche Erklärung aus dem Vorsitz gedrängt. Sie erhielten ferner Redeverbot[21]. Der erste Volkskongreß markiert den Beginn eines Prozesses der Gleichschaltung, der die nicht-marxistischen Parteien der Sowjetzone mehr und mehr dem totalen Führungsanspruch der SED unterwarf. Dies führte dazu, daß sich Anfang 1948 die Berliner Landesverbände der CDU und LDP von den Zonenparteien lösten, zwei Jahre nach der Spaltung der Berliner Sozialdemokratie. Die Delegation des Volkskongresses erhielt übrigens keine Einreisegenehmigung nach England. Sie konnte ihre Botschaft in London ebensowenig überreichen wie zuvor die Ministerpräsidenten in Berlin.

Im Westen war man nun entschlossen, dem Vereinigten Wirtschaftsgebiet eine effektivere, staatsähnliche Verwaltung zu geben[22]. Zwei Tage nach dem Abbruch der Londoner Außenministerkonferenz, am 17. Dezember 1947, wurde zwischen der amerikanischen und britischen Regierung vereinbart, daß die USA allein alle Dollarverpflichtungen der beiden Besatzungsmächte für die Doppelzone tragen werden[23]. Der Anteil Englands an den Gesamtkosten wurde von 1 : 1 auf 3 : 1 herabgesetzt. Entsprechend verstärkte sich die amerikanische Stellung im Bipartite Board, der Kontrollinstanz für das Vereinigte Wirtschaftsgebiet. Die beiden Militärregierungen gaben nach Konsultation mit den deutschen Stellen dem Vereinigten Wirtschaftsgebiet am 5. Februar 1948 ein neues Statut[24]. Durch die Reform wurde die Gesetzgebungskompetenz des Wirtschaftsrates erweitert und in der Folgezeit schrittweise weiter ausgebaut. Die Zahl seiner Mitglieder wurde von 52 auf 104 erhöht. Dabei blieb die Art ihrer Ernennung durch die Parlamente entsprechend Ländergröße und Parteiproporz unverändert. CDU/CSU und SPD waren mit je 40 Abgeordneten beide gleich stark vertreten. In großem Abstand folgten die übrigen Parteien (vgl. Anhang Tab. 34). An die Stelle des unglücklich konstruierten Exekutivrats trat der »Länderrat« mit zwei Vertretern für jedes Land, unbeschadet seiner Größe. Er wurde nach Art einer zweiten Kammer an der Gesetzgebung mit dem Recht zum suspensiven Veto beteiligt etwa wie der Reichsrat der Weimarer Verfassung. Die Direktoren der einzelnen Verwaltungen wurden in einem »Verwaltungsrat« vereinigt mit einem ressortlosen »Oberdirektor« als Vorsitzendem. Die Tätigkeit der verschiedenen Ressorts wurde im Verwaltungsrat selber koordiniert und nicht mehr wie bisher im Exekutivrat. Hierbei besaß der Oberdirektor politische Richtlinienkompetenz. Der Verwaltungsrat hatte insgesamt die Stellung einer parlamentarischen Regierung. Er besaß das Recht der unmittelbaren Gesetzesinitiative, nicht mehr wie bisher nur über den Exekutivrat. Die Direktoren wurden durch den »Wirtschaftsrat« gewählt; für den Oberdirektor war außerdem die Zustimmung des Länderrats erforderlich. Ergänzend zu diesem »Frankfurter Statut« wurde ein »Deutsches Obergericht« geschaffen und eine »Bank deutscher Länder«. Damit war im Umriß die Struktur eines künftigen deutschen Staatswesens vorgezeichnet.

Zum Oberdirektor wurde der Kölner Oberbürgermeister und Präsident des Städtetags, der frühere Staatssekretär der Reichskanzlei Hermann Pünder (CDU)[24a], gewählt. Die für die gesellschafts- und wirtschaftspolitische Orientierung der künftigen Politik in den westlichen Besatzungszonen bedeutungsvollste

Vorentscheidung fiel aber mit der Wahl des früheren bayerischen Wirtschaftsministers und damals parteilosen Professors Ludwig Erhard zum Wirtschaftsdirektor. Besonders die Fraktion der FDP setzte sich für seine Wahl ein. Die Sozialdemokraten standen in klarer Opposition zu der von Ludwig Erhard gesteuerten, von den bürgerlichen Parteien getragenen Wirtschaftspolitik, für die der von dem Wirtschaftswissenschaftler Alfred Müller-Armack geprägte Begriff der »Sozialen Marktwirtschaft« üblich wurde[15]. Für die soziale Marktwirtschaft ist eine Verbindung liberaler und sozialer Elemente kennzeichnend: Privateigentum an den Produktionsmitteln statt Sozialisierung, Regulativ des Marktes durch den Mechanismus von Angebot und Nachfrage statt planwirtschaftlicher Verfügung über Investitionen, Produkte und Konsum; aber auch: Gewährleistung einer Ordnung des freien Wettbewerbs durch den Staat statt des altliberalen Laisser-faire, staatliches Regulativ zum Ausgleich sozialer Ungerechtigkeiten. Eine konstruktive Gesellschaftspolitik ist daher ein integrierendes Element der sozialen Marktwirtschaft. Diese konnte sich freilich erst von dem Augenblick an konsequent auswirken, in dem eine neue Währung geschaffen wurde und sich das Arbeiten wieder lohnte.

Der nächste Schritt auf dem Wege hierzu war die Londoner Konferenz vom 23. Februar bis 6. März 1948. Auf ihr waren neben den Vereinigten Staaten, Großbritannien und Frankreich auch Belgien, die Niederlande und Luxemburg vertreten, die sogenannten Beneluxstaaten, die am 14. März 1947 eine Zollunion geschlossen hatten. Ein Kommuniqué der Londoner Konferenz vom 6. März 1948 verkündete, »daß die vereinigten Zonen und die französische Zone voll am europäischen Wiederaufbauprogramm beteiligt und in angemessener Weise in der ständigen Organisation vertreten sein« sollten[16]. Für das Ruhrgebiet sollte eine internationale Kontrolle eingerichtet werden, ebenfalls unter Beteiligung einer deutschen Vertretung. Zum Schluß erklärte man »für die schließliche Wiederherstellung der gegenwärtig fehlenden Einheit Deutschlands« die bundesstaatliche Regierungsform für die am besten geeignete. Die Wirtschaftspolitik der französischen Zone und der Doppelzone sollten soweit wie möglich einander angeglichen werden.

Die sowjetrussische Antwort auf dieses erste Zwischenkommuniqué der Londoner Konferenz war die Aufkündigung der Mitarbeit im Kontrollrat. In der Sitzung vom 20. März 1948 verlangte der russische Vertreter Sokolowski vollkommene Information über den Inhalt der Londoner Besprechungen. Als ihm diese verweigert wurde, erklärte er seine Mitarbeit im Kontrollrat für suspendiert und ging hinaus[27]. Damit war der Versuch endgültig gescheitert, Deutschland durch die Siegermächte gemeinsam zu regieren, so wie es das Potsdamer Abkommen vorgesehen hatte. Die letzte Schranke war gefallen für die wirtschaftliche und staatliche Sonderentwicklung in den westlichen und in der sowjetischen Besatzungszone.

Die am 6. März 1948 unterbrochenen Londoner Beratungen zwischen den Westalliierten und den Beneluxstaaten wurden am 24. April wieder aufgenommen. Inzwischen hatten in Erweiterung des britisch-französischen Bündnisses von Dünkirchen (4. März 1947) diese beiden Staaten mit den Beneluxstaaten am 17. März 1948 eine Defensivallianz »für den Fall der Erneuerung einer deutschen Aggressionspolitik« geschlossen[28]. Die im Kommuniqué vom 6. März verkündete Absicht, die Ruhrwirtschaft unter die Kontrolle einer internationalen Behörde zu stellen, wurde nach der Wiederaufnahme der Londoner Besprechungen zu einem endgültigen Beschluß. In dem Londoner Deutschlandkommuniqué vom 7. Juni 1948[29] hieß es über die Aufgabe der Ruhrbehörde u. a., »daß die Verfügung über Kohlen-, Koks- und Stahlproduktion des Ruhrgebiets, die früher ausschließlich Deutschland zustand, künftig ohne Unterschied den Ländern Europas garantiert sein soll, die zu allgemeinem wirtschaftlichem Nutzen zusammenarbeiten. Es ist für die politische und die wirtschaftliche Wohlfahrt dieser Länder und eines demokratischen Deutschland wünschenswert, daß sie sich in ihrem Wirtschaftsleben eng zusammenschließen.« Neben dieser Zielsetzung eines europäischen wirtschaftlichen Zusammenschlusses wurde nunmehr offen das Vorhaben einer westdeutschen Staatsgründung ausgesprochen. Die Etappen auf dem Wege dorthin sollten sein: Bevollmächtigung der Ministerpräsidenten; durch diese Einberufung einer verfassunggebenden Versammlung aus Abgeordneten, die von den Länderparlamenten bestimmt werden; für die Ausarbeitung der Verfassung die Auflage der föderativen Regierungsform und der Garantie von Individualrechten; Überprüfung durch die Militärgouverneure; Ratifizierung durch die Bevölkerung.

Im Zuge dieser europäischen Entwicklung revidierte Frankreich, wenn auch zögernd, seine bisherige Einstellung zu Deutschland. Es konnte auf seine Zielvorstellungen einer politischen Internationalisierung des Ruhrgebietes, einer Abtrennung der Gebiete links des Rheins von Deutschland und der politischen Isolierung der eigenen Besatzungszone verzichten, wenn seine militärische Sicherheit nicht nur durch ein westliches Bündnis gegen einen deutschen Revanchismus, sondern auch durch das Auseinanderbrechen Potsdam-Deutschlands sowie durch die wirtschaftliche Kontrolle und Integrierung des westlichen Teiles von Deutschland in Europa gewährleistet würde[30].

Für den nun zunächst auf westlicher Seite in Gang kommenden Prozeß einer deutschen Staatsbildung war die Voraussetzung eine Konsolidierung der Währung. In den Westzonen wurde die in ihrer Substanz von den Alliierten bestimmte, in technischen Einzelfragen mit Deutschen beratene[31] Reform am 18. Juni 1948 verkündet. Drei Tage später trat die Deutsche Mark als Zahlungsmittel in Kraft. Die Währungsreform war eine radikale Deflation: die großen Geldmassen, die zirkulierten, ohne daß ihnen entsprechende kaufbare Ware entsprach, wurden weggeschnitten. Alle Bankguthaben wurden auf 6,5% ihres Wertes, Verbindlichkeiten auf 10% reduziert. Der einzelne deutsche Bürger erhielt zur Überbrückung von Anfangsschwierigkeiten ein Kopfgeld von 40 bzw. 60 DM. Andererseits sollten Löhne, Gehälter und ebenso Mieten, Pachtzinsen, Renten im Verhältnis 1 : 1 in der neuen Währung bezahlt werden. Der Lohn- und Gehaltsempfänger sollte also den gleichen Nennwert für seine Arbeit erhalten, aber nicht mehr in wertlosen Papierscheinen, sondern in einem Geld, das Kaufkraft besaß und für dessen Erwerb die Arbeit wieder lohnte. Durch die Währungsreform sind also die Lohn- und Gehaltsempfänger nicht eigentlich geschädigt worden und erst recht nicht die Besitzer von Grund und Boden, von Häusern und von Produktionsstätten. Sie war aber zugleich ein Schlag für alle, die nun ihre Ersparnisse zum größten Teil verloren. Es war das zweite Mal in einer Generation, daß durch Inflation und Währungsschnitt den sparwilligen klein- und mittelbürgerlichen Schichten der Bevölkerung ihre Rücklagen genommen wurden. Zu den Flüchtlingen und Bombengeschädigten kamen nun die Währungsgeschädigten hinzu. Die Frage des Lastenausgleichs wurde zu einem zentralen gesellschaftspolitischen Problem für die spätere Bundesrepublik.

Die Wirkung der Währungsreform war schlagartig zu beobachten. Von einem Tag zum anderen waren die Schaufenster wieder gefüllt. Es zeigte sich, daß noch mancherlei an Waren und Gütern gehortet gewesen war. Der schwarze Markt verlor seine Attraktivität. Aufgestaute Arbeitsenergien wurden freigesetzt. Gleichzeitig mit der Währungsreform wurde die Wirtschaftspolitik neu orientiert. Die Ablösung des bisherigen wirtschaftlichen Dirigismus durch Marktwirtschaft war nicht zwangsläufig, sondern das Ergebnis einer leidenschaftlich umstrittenen, im Wirtschaftsrat mit nur knapper Mehrheit gefällten Grundsatzentscheidung gegen die von Sozialdemokraten und Gewerkschaften vertretene Planwirtschaft. Am 17./18. Juni 1948, unmittelbar vor der Verkündung der Währungsreform durch die Militärregierungen, nahm der Wirtschaftsrat ein durch Ludwig Erhard für den Verwaltungsrat eingebrachtes »Gesetz über die wirtschaftspolitischen Leitsätze nach der Geldreform« mit 50 : 37 Stimmen an[32]. Soweit irgend möglich, sollten Warenbewirtschaftung und Preisvorschriften beseitigt werden. Der Direktor für Wirtschaft erhielt den Auftrag, die hierfür notwendigen Maßnahmen zu treffen. Hunderte von bisherigen wirtschaftsdirigistischen Verordnungen wurden aufgehoben, u. a. die Lebensmittelrationierung, wenn auch die Preise für Grundnahrungsmittel ebenso wie für Wohnungsmieten zunächst kontrolliert blieben. In den freigegebenen Bereichen der Wirtschaft stiegen in den ersten Monaten nach der Währungsreform durch eine das Angebot übersteigende Nachfrage die Preise an. Daß diese Preisbewegung nicht in eine abermalige Inflation ausartete, ist nicht zuletzt darauf zurückzuführen, daß erst im Oktober der bis dahin geltende Lohnstopp aufgehoben wurde und daß sich auch danach die Gewerkschaften in der Forderung von Lohnerhöhungen zurückhaltend verhielten. Auch die Arbeitslosigkeit stieg. Die Arbeitslosenquote sollte 1950 den hohen Stand von 10,3 % erreichen, um danach stetig abzusinken (vgl. Anhang Tab. 9). Das Steigen der Arbeitslosigkeit nach dem Währungsschnitt erklärt sich aus mehreren Gründen: viele, die wertloser Lohn nicht gelockt hatte, meldeten sich jetzt bei den Ämtern als Arbeitsuchende; die Belegschaften waren in der Zeit des wertlosen Geldes zum Teil stark überbesetzt gewesen; der Zuwanderungsüberschuß in den westlichen Besatzungszonen war auch in den Jahren 1949 und 1950 noch erheblich, wenn auch nicht mehr so hoch wie in den Jahren 1947/48 (in 1000: 1947 = 882; 1948 = 851; 1949 = 447; 1950 = 410). Dabei stieg aber die Zahl der beschäftigten Arbeitnehmer stetig an (1948 = 14,2 Millionen; 1949 = 14,9 Millionen; 1950 = 15,5 Millionen). Im Jahre 1949 hatte das Bruttosozialprodukt der drei Westzonen 98% des Standes von 1936 (in konstanten Preisen) erreicht[33].

Insgesamt gab die Währungsreform und die durch den Wirtschaftsrat vollzogene Grundlegung der sozialen Marktwirtschaft dem nach dem Kriege in Frage gestellten Kapitalismus die Möglichkeit, seine wirtschaftliche und soziale Leistungsfähigkeit in einer für die Mehrheit des deutschen Volkes überzeugenden Weise unter Beweis zu stellen. In der 1948 beginnenden Dynamik des wirtschaftlichen Aufschwungs, der die Masse aus der Verelendung der Hungerjahre herausriß, verblaßten die sozialistischen Ideale, die nach dem Kriege in die Programmatik auch bürgerlicher Parteien Eingang gefunden hatten. Am 10. November 1948 verkündeten die britische und amerikanische Militärregierung es als ihren gemeinsamen Beschluß, »die endgültige Entscheidung über die Eigentumsverhältnisse im Kohlenbergbau und in der Eisen- und Stahlindustrie einer aus freien Wahlen hervorgegangenen, den politischen Willen der Bevölkerung zum Ausdruck bringenden deutschen Regierung zu überlassen«[34] (vgl. Kap. 13). Durch diesen Beschluß wurde auch von seiten der Besatzungsmacht gewährleistet, daß der Wirtschaftsrat mit seiner Politik der sozialen Marktwirtschaft die gesellschaftliche Ausgangslage der künftigen westdeutschen Staatsgründung bestimmen konnte.

Während die westliche Welt unter amerikanischer Führung ihre Lebenskraft und die Fähigkeit zu koordinierten Anstrengungen bewies, um die wirtschaftlichen Kriegsfolgen zu überwinden, unternahm die sowjetische Führung es gleichzeitig, ihren Herrschaftsbereich zu konsolidieren. Von unmittelbarer Bedeutung für die deutsche Situation im Kräftefeld der Mächte waren Vorgänge in der Tschechoslowakei. Die Tschechoslowakei hatte wie kein anderer Staat in der Ära Benesch zwischen den beiden Kriegen und wiederum unter dem Staatspräsidenten Benesch nach dem Zweiten Weltkrieg versucht, eine bürgerliche Lebensweise und parlamentarische Regierungsform mit einem politisch-militärisch freundlichen Verhältnis zur Sowjetunion zu verbinden. Hier bestand unter dem kommunistischen Ministerpräsidenten Gottwald eine breite Koalitionsregierung unter Einschluß von Sozialdemokraten und bürgerlichen Parteien. Die Kommunisten waren aus den Wahlen vom 26. Mai 1946 als relativ stärkste Partei hervorgegangen, verfügten aber nicht über die Majorität im Parlament. Der kommunistische Innenminister Nosek versuchte, die Schlüsselstellungen im Lande mit Kommunisten zu besetzen, vor allen Dingen in der Polizei. Als er Anfang 1948 auch in Prag eine Reihe von wichtigen Polizeioffiziersstellen umbesetzte, kam es im tschechischen Kabinett zu einem offenen Konflikt. In dieser Situation griff die Sowjetunion ein. Sie sandte am 19. Februar 1948 den stellvertretenden Außenminister Sorin nach Prag. Benesch, an dem die rebellierenden Minister zunächst Rückhalt gefunden hatten, gab angesichts der kommunistisch geführten Polizei und der Möglichkeit eines unmittelbaren Eingreifens der Sowjetunion nach, so daß unter der Leitung Gottwalds am 25. Februar ein neues, nur aus Kommunisten und einigen gefügigen Nichtkommunisten bestehendes Kabinett gebildet werden konnte. Damit war die Unterwerfung der Tschechoslowakei unter die Führung der Sowjetunion sichergestellt. Außenminister Masaryk wurde am 10. März tot im Hof seines Ministeriums aufgefunden. Präsident Benesch hat am 7. März sein Amt zur Verfügung gestellt, das dann von Gottwald selbst übernommen wurde. Es scheint so, daß der unmittelbare Grund für die Umwandlung einer parlamentarischen Koalitionsregierung in eine Volksfrontregierung darin zu sehen ist, daß die Kommunisten für die demnächst fälligen Parlamentswahlen für sich ein schlechtes Ergebnis erwarteten[35]. Statt Wahlen wurde daher am 30. Mai 1948 ein Plebiszit für eine kommunistisch-sozialistische Einheitsliste der »Nationalen Front« durchgeführt, das den Kommunisten die gewünschte Majorität gab.

In scharfer Frontstellung gegen das Londoner Deutschlandkommuniqué vom 7. Juni erklärte eine Konferenz der Sowjetunion und der ostmitteleuropäischen Staaten am 24. Juni 1948, daß durch die Politik der Westmächte das Potsdamer Abkommen verletzt werde und daher die beabsichtigte Staatsgründung in Westdeutschland einen Rechtsbruch darstelle[36]. Auf die Währungsreform im Westen reagierte die sowjetische Militäradministration am 23. Juni 1948 für ihre Besatzungszone mit einer entsprechenden Maßnahme. Auch hier wurde dem einzelnen ein Kopfgeld in Höhe von 70 DM (Ost) zur Verfügung gestellt und das übrige Bargeld im Verhältnis 1 : 10 umgetauscht. Die Guthaben bei Sparkassen und Banken wurden in gestaffeltem Verhältnis umgetauscht unter Bevorzugung der kleinen Sparer. Insgesamt war die Reform so angelegt, daß die Privatwirtschaft gegenüber der öffentlichen Hand benachteiligt wurde – im Gegensatz zur Währungsreform in den westlichen Zonen, die die Privatwirtschaft begünstigte. Es war nun die

Frage, welche Währung in Berlin, das unter Viermächteverwaltung stand, gelten sollte. Ausgelöst durch die Währungsfrage steigerte sich der Antagonismus zwischen der Sowjetunion und den Westmächten im Jahre 1948 in Berlin zu einer offenen Machtprobe.

[1] Rede Marshalls s. Kap. 6, Anm. 29. – W. L. HICKMAN, Genesis of the European Recovery Programme. A Study on the Trend of American Economic Policies (Diss. Genf 1949) beleuchtet die wirtschaftspolit. Hintergründe u. Zielsetzungen; J. JONES, The Fifteen Weeks (New York 1955) schildert die Entstehung von Truman-Doktrin u. Marshall-Plan; H. B. PRICE, The Marshall Plan and its Meaning (Cornell University Press 1955), auf Veranlassung der US-Regierung unter Benutzung der amtl. Akten; W. W. KRETZSCHMAR, Auslandshilfe als Mittel der Außenwirtschafts- u. Außenpolitik. Eine Studie über die amerik. Auslandshilfe von 1945 bis 1956 (1964); G. F. KENNAN, Memoiren eines Diplomaten (dt. 1968), Kap. 13 u. 14. – Als Beispiel für die stereotypen Argumente der kommunist. Kritik am »Imperialismus« des Marshall-Plans die Sammelschrift L. A. MENDELSOHN/H. CLAUDE/W. ULBRICHT, Die Weltherrschaftspläne des US-Imperialismus (Verlag Kommunist. Texte, Münster 1972).

[2] National Planning Association, America's New Opportunities in World Trade (Washington 1944), zit. bei W. L. HICKMAN, Genesis of the European Recovery Programme, S. 123.

[3] Hierzu W. L. HICKMAN, Genesis of the European Recovery Programme, S. 126: »The European Recovery Programme proposed in 1947 differed little from the proposals of the study made by these leaders of finance, business, labour and agriculture in 1944. In this study the issues are clear cut in terms of the continued existence of the American nation and its economy, and no confusing

issues of ›preserving western Europe from Russian aggression‹ are involved.«

[4] Foreign Assistance Act of 1948, in: Public Law 472–80th Congress, Chapter 169–2nd Session, S. 2202, dt. EA 3 (1948), S. 1385–1394.

[5] Dt. Text EA 3 (1948).

[6] Wiederaufbau im Zeichen des Marshall-Plans, hg. v. Bundesmin. f. d. Marshall-Plan (1953); H. C. WALLICH, Triebkräfte des dt. Wiederaufstiegs (a. d. Am. 1955).

[7] F. K. LIEBICH, Grundriß des Allg. Zoll- u. Handelsabkommens (²1967).

[8] Zit. bei W. L. HICKMAN, Genesis of the European Recovery Programme, S. 275; vgl. EA 3 (1948), S. 1137f.

[9] Zit. in G. F. KENNAN, Memoiren, S. 338f.

[10] W. GUMPEL/J. HACKER, COMECON u. Warschauer Pakt (1966); M. KASER, COMECON (²1967).

[11] Text der Entschließung EA 3 (1948), S. 1143f.; vgl. W. KAISEN, Meine Arbeit, mein Leben (1967), S. 236ff.

[12] Zum Folgenden: W. CONZE, Jakob Kaiser, Politiker zwischen West u. Ost 1945–1949 (1969), S. 136ff.; Marie Elise FOELZ-SCHROETER, Föderalistische Politik u. nationale Repräsentation 1945–1947 (1974), S. 108ff.; H.-P. SCHWARZ, Vom Reich zur Bundesrepublik (1966), S. 331ff. Zu dem von Kaiser angestrebten Mittelweg neben H.-P. SCHWARZ, Kap. VI u. VII, R. DOHSE, Der dritte Weg. Neutralisierungsbestrebungen in Westdtld. 1945–1955 (Diss. Hamburg 1974).

[13] Zit. bei W. CONZE, Jakob Kaiser, S. 138f.

[14] Bayer. Staatskanzlei: Die dt. Mi-

nisterpräsidentenkonferenz in München vom 6. bis 8. Juni 1947, hg. v. d. Bayer. Landeszentrale f. polit. Bildungsarbeit (²1965); E. DEUERLEIN, Das erste gesamtdt. Gespräch. Zur Beurteilung der Ministerpräsidenten-Konferenz in München, 6./7. Juni 1947, in: Das Parlament B 23 (1967); J. GIMBEL, Die Konferenzen der dt. Ministerpräsidenten 1945–1949, in: Das Parlament B 31 (1971); W. GRÜNEWALD, Die Münchener Ministerpräsidentenkonferenz 1947. Anlaß u. Scheitern eines gesamtdt. Unternehmens (1971); E. KRAUTKRÄMER, Der innerdt. Konflikt um die Ministerpräsidentenkonferenz in München 1947, VfZG 20 (1972); ders., Ergänzende Bemerkungen ibid.; Th. ESCHENBURG, Erinnerungen an die Münchener Ministerpräsidenten-Konferenz 1947, VfZG 20 (1972); ferner das entsprechende Kapitel in: Marie E. FOELZ-SCHROETER, Föderalistische Politik 1945–1947; die wichtigste Quelle für das Scheitern der gesamtdt. Konferenz, das Protokoll über die Vorbesprechung am Abend des 5. Juni 1947, zum erstenmal veröff. in: R. STEININGER, Zur Gesch. der Münchener Ministerpräsidenten-Konferenz 1947, VfZG 23 (1975); zur Vorbereitung der Konferenz ebd. M. OVERESCH, Dokumentation. Die Reise des Gen.sekretärs des Länderrats Rossmann in die Ostzone. – Für die Behandlung der Einladung durch die Ministerpräsidenten der sowj. Zone u. die SED E. GNIFFKE, Jahre mit Ulbricht (1966) u. W. LEONHARD, Die Revolution entläßt ihre Kinder (1955). Über die gescheiterten Vermittlungsbemühungen eine Aufzeichnung in F. FRIEDENSBURG, Es ging um Dtlds. Einheit. Rückschau eines Berliners auf die Jahre nach 1945 (1971). H. EHARD, Vom ersten Versuch, die Einheit wiederzugewinnen, in: Bayer. Staatszeitung (8. 6. 1962).

[15] Schumacher-Zitate nach R. STEININGER, s. o. Anm. 14.

[16] Text in EA 3 (1948), S. 1145 f. Als Konferenzergebnis mehrere feierliche Erklärungen: »über die beängstigende Lage des dt. Volkes u. die Dringlichkeit raschen Handelns«, »über die Zusammengehörigkeit aller Teile Dtlds., über friedliche Zusammenarbeit mit allen Völkern der Welt u. Aufbau unseres staatlichen Lebens auf dem Wege echter Demokratie«, »zu Grundfragen der Wirtschaft«, »zur Flüchtlingsfrage«, »zur polit. Befreiung«, »zur Kriegsgefangenenfrage«, »über die Regelung des Besatzungsrechts«, »Aufruf an die dt. Emigration«.

[17] Die Frage, warum das erste gesamtdt. Treffen in München scheiterte, ist in der Lit. (s. o. Anm. 14) umstritten. Das Urteil der DDR-Historie lautet: »An einer Ministerpräsidentenkonferenz, die es ablehnte, über die damalige Grundforderung nationaler dt. Politik – über die Herstellung der polit. Einheit Dtlds. – zu sprechen, konnten die Vertreter der sowj. Besatzungszone unmöglich teilnehmen, denn mit ihrer Teilnahme hätten sie nur der Irreführung der Massen Vorschub geleistet. Deshalb verließen sie München, nachdem ihnen selbst die Abgabe einer Erklärung vor der Konferenz verweigert worden war«, H.-J. BARTMUSS/St. DOERNBERG u.a., Dt. Gesch. 3 (1968), S. 450; s. auch: Warum mußte die Münchener Ministerpräsidentenkonferenz scheitern?, hg. v. Zentralsekretariat der SED (1947). Warum sind dann aber überhaupt Ministerpräsidenten aus Mitteldtld. nach München gereist, da doch der Bedingungsrahmen der Konferenz bekannt war, sie insoweit auch informiert waren über die Äußerungen Kurt Schumachers und sie nicht erwarten konnten, daß die Ministerpräsidenten in der Lage sein würden, über politische Fragen der Einheit Dtlds. thematisch zu verhandeln? Die vorliegenden Berichte über die Reaktion auf die Einladung in der Sowjetzone (Leonhard, Gniffke) zeigen, daß ein harter Kern der SED mit Ulbricht für Ablehnung (anders Grünewald), ein Teil mit den

übrigen Parteien für Annahme war. Eine strikte Befolgung der den Ministerpräsidenten auf Veranlassung Ulbrichts gemachten Auflage, die Behandlung der polit. Frage auf die Tagesordnung zu setzen, mußte von vornherein die Konferenz zum Scheitern verurteilen, sofern sich die Ministerpräsidenten der Sowjetzone strikt daran gehalten hätten. Der Verlauf der Besprechungen am Abend des 5. Juni in München zeigt jedoch, daß zunächst einige von ihnen bemüht waren, einen Ausweg zu finden zwischen der ihnen erteilten Auflage und der Weigerung ihrer westlichen Kollegen, politische Fragen offiziell zu behandeln. Das neuerdings veröff. Protokoll läßt erkennen, daß sowohl bei den Ministerpräsidenten der sowj. wie bei denen der westl. Besatzungszonen trotz gewisser Zugeständnisse der entschiedene Wille fehlte, durch einen Tagesordnungskompromiß das gesamtdt. Gespräch zu ermöglichen. Von einer einseitigen Schuld kann weder nach der einen noch nach der anderen Richtung die Rede sein.

[18] Revidierter Plan für das Industrieniveau der brit. u. der amerik. Zonen Dtlds., Berlin 29. Aug. 1947, Anlage G, in: G. STOLPER, Die dt. Wirklichkeit (1949).

[19] Chronik der Verhandlungen: W. CORNIDES/H. VOLLE, Die Londoner Außenministerkonferenz der vier Großmächte, EA 3 (1948), S. 1067 bis 1086; Dok. in For. Rel. of the United States 1947, Vol. 2 (1972), S. 676ff.

[20] Protokoll des 1. Dt. Volkskongresses für Einheit u. gerechten Frieden (Berlin-Ost 1948).

[21] Vgl. W. CONZE, Jakob Kaiser, S. 185–201.

[22] Zum Folgenden: T. PÜNDER, Das bizonale Interregnum. Die Gesch. des Vereinigten Wirtschaftsgebietes 1946–1949 (1966).

[23] Text des Revidierten Fusionsabkommens ebd., Anhang g.

[24] Text ibid., Anhang e.

[24a] H. PÜNDER, Von Preußen nach Europa. Lebenserinnerungen (1968).

[25] A. MÜLLER-ARMACK, Wirtschaftsordnung u. Wirtschaftspolitik. Studien u. Konzepte zur sozialen Marktwirtschaft u. zur europ. Integration (1966); zu weiterer Lit. s. W. VOGEL, Westdtld. 1945–1950, 2 (1964), S. 37, Anm. 68. – A. MÜLLER-ARMACK, Auf dem Weg nach Europa. Erinnerungen u. Ausblicke (1971); G. SCHRÖDER/A. MÜLLER-ARMACK (Hg.), Ludwig Erhard. Beiträge z. einer polit. Biographie (1971).

[26] Text EA 3 (1948), S. 1349; For. Rel. of the United States 1948, Vol. 2 (1973).

[27] Text der Erklärung Sokolowskis in: Documents on International Affairs 1947–1948 (London 1952), S. 574f.

[28] Text EA 3 (1948), S. 1263f.

[29] EA 3 (1948), S. 1437ff.

[30] G. ZIEBURA, Die dt.-franz. Beziehungen seit 1945 (1970); K. HÄNSCH, Frankr. zwischen Ost u. West. Die Reaktion auf den Ausbruch des Ost-West-Konfliktes 1946–1948 (1972).

[31] H. MÖLLER (Hg.), Zur Vorgesch. der Dt. Mark. Die Währungsreformpläne 1945–1948. Eine Dokumentation (1961).

[32] 24. Juni 1948, Gesetzblatt der Verw. des Vereinigten Wirtschaftsgebietes, S. 59.

[33] K. BORCHARDT, Das »Wirtschaftswunder«, in: G. STOLPER u.a., Dt. Wirtschaft seit 1870 (1964), S. 253ff.

[34] Gesetz Nr. 75 der amerik. u. brit. Militärregierung über die »Umgestaltung des dt. Kohlenbergbaus u. der dt. Eisen- u. Stahlindustrie« vom 10. Nov. 1948, zit. bei H.-H. HARTWICH, Sozialstaatspostulat u. gesellschaftl. status quo (1970), S. 77.

[35] Der ehemalige Vorsitzende des Auswärtigen Ausschusses des Parlaments, Ivo Duhucek, Manchester Guardian, 29. April 1948, aufgrund einer vom Informationsministerium

Ende 1947 durchgeführten Meinungs-
erhebung, in P. Calvocoressi, Survey of Int. Aff. 1947–1948 (1952),
S. 154.

[36] Text des Warschauer Kommuni-
qués vom 24. Juni 1948 in: EA 3
(1948) S. 1439ff.

Kapitel 20
Berlin

Hätte sich die Spaltung Deutschlands vermeiden lassen? In der
politischen Propaganda und Geschichtsliteratur der Sowjetunion und der DDR gibt es keinen Zweifel über die Antwort:
schuldig sei der Westen. In der Politik und der historischen
Wissenschaft des Westens hingegen ist die Frage umstritten. So
wurde in den USA die Politik Trumans von zwei entgegenge-
setzten Seiten her angegriffen. Sein Gegenspieler in der Demokratischen Partei und Rivale bei der Präsidentschaftswahl im
Jahre 1948, Henry Wallace, warf ihm mangelndes Eingehen auf
berechtigte sowjetische Interessen und eine zu starre Haltung
vor. Die republikanischen Gegner andererseits hielten ihn für
nicht entschieden genug. In der Geschichtswissenschaft des
Westens wird das Thema in mannigfachen Abstufungen vari-
iert. In der Periode des »Kalten Krieges« war das Motiv vorherrschend, die sowjetische Politik für die Spaltung verantwortlich zu machen[1]. Wissenschaftlich ergiebiger als die Frage nach
der Schuld ist die Frage nach den Ursachen. Hier sind im Rahmen aktueller Imperialismuskritik in der westlichen Forschung
die ökonomischen Determinanten des entstandenen Weltanta-
gonismus untersucht worden[2]. Die darin implizierte Kritik an
den Motivationen der amerikanischen Politik führt dann doch
wieder zur Schuldfrage zurück bis hin zu dem Vorwurf, durch
den dogmatischen Antikommunismus der amerikanischen Politik sei in Europa auch jede entschiedene nichtkommunistische
Gesellschaftsreform verhindert worden[3]. Die Frage wird, besonders was die Motivationen der handelnden Politiker angeht,
eine deutlichere Beantwortung erst dann erfahren können,
wenn auch sowjetische Quellen über den Rahmen offizieller
Verlautbarungen und Publikationen hinaus der Forschung zugänglich werden sollten. Die Grundelemente zur Beurteilung
des Problems der Spaltung lassen sich jedoch bereits jetzt in
klaren Konturen auf dem begrenzten Beobachtungsfelde der

ehemaligen Reichshauptstadt gewinnen. Das Eigentümliche in der Lage Berlins bestand ja darin, daß hier im Unterschied zu den vier Besatzungszonen die Einheit der Stadt unter deutscher Verwaltung weiterbestand und der Spaltungsprozeß hier von bewußten Aktionen und Reaktionen der beteiligten Deutschen von vornherein mitverantwortet wurde.

Der erste Abschnitt der Nachkriegsentwicklung Berlins umfaßt die Zeit von der Kapitulation der Stadt am 2. Mai 1945 bis zur Einrichtung der alliierten Stadtkommandantur am 11. Juli 1945. In Berlin wie generell in ihrer Zone verfolgte die sowjetische Besatzungsmacht die Methode, vorläufige Verwaltungen einzusetzen und an sichtbaren Spitzenstellungen auch Bürgerliche zu plazieren, aber die für die innere Struktur entscheidenden Ressorts durch Kommunisten verwalten zu lassen. Am 17. Mai 1945 wurde der politisch unerfahrene Architekt Dr. Werner als Oberbürgermeister eingesetzt. Seine in der Verwaltung entscheidende Vertretung ebenso wie Personalfragen und Volksbildung wurden Kommunisten anvertraut. Allerdings berief die Besatzungsmacht einige bürgerliche Persönlichkeiten von hoher fachlicher Kompetenz, so den berühmten Chirurg Sauerbruch als Leiter des Gesundheitswesens und den früheren Reichsminister Hermes für Ernährungsfragen. Charakteristischerweise wurde die Polizei nicht dem Magistrat, sondern der sowjetischen Militäradministration unmittelbar unterstellt. Der Polizeiapparat wurde systematisch mit Kommunisten durchsetzt. Die sowjetische Militäradministration benutzte die Zeit ihrer alleinigen Anwesenheit in Berlin, um in verschiedener Hinsicht vollendete Tatsachen zu schaffen, bevor die westlichen Alliierten Anfang Juli in ihre vereinbarten Besatzungsabschnitte in Berlin einrückten. Der sowjetische Besatzungsbereich umfaßte 46% der Fläche und 36,8% der Einwohner Groß-Berlins. Die Gesamteinwohnerzahl betrug 1946 3,19 Millionen gegenüber 4,3 Millionen vor dem Kriege. Berlin gehörte zu den am schwersten zerstörten Städten Deutschlands. 70% der Häuser waren mehr oder weniger beschädigt oder ganz zerstört. Auch die Industrie hatte schweren Schaden erlitten. Vor dem Kriege hatte sie in einigen hochspezialisierten Zweigen einen besonders hohen Anteil am deutschen Export besessen, so 22% bei feinmechanischen und optischen Geräten und nicht weniger als 49% bei Erzeugnissen der Elektroindustrie. Von der noch vorhandenen Produktionskapazität wurden in den Westsektoren in der Zeit der sowjetischen Alleinverwaltung der Stadt 85% demontiert gegen zunächst 35% in Ostberlin. Durch Krieg und Demontage verlor Westberlin 94% seiner Industriekapazität von 1936. Man stand hier buchstäblich vor der Aufgabe, aus dem Nichts wieder aufbauen zu müssen. Die Industrie Ostberlins wurde im Zuge der »juristischen Demontage« weitgehend in sowjetische Aktiengesellschaften verwandelt und arbeitete für die Besatzungsmacht. Die Berliner Betriebe waren als verarbeitende Industrie abhängig von der Zufuhr auf dem Schienen- und Wasserwege. Im Jahre 1947 war diese auf ein Drittel der Vorkriegszeit abgesunken.

In der Organisation des politischen Lebens nutzte die sowjetische Militäradministration die Gelegenheit zur frühzeitigen Gründung der Parteien und des FDGB in der Erwartung, daß die Hauptstadtstellung Berlins den hier unter sowjetischer Kontrolle stehenden Parteien einen zentralen Einfluß auch auf das politische Leben der übrigen Besatzungszonen ermöglichen werde. Durch ihre Zusammenfassung in der »antifaschistisch-demokratischen Einheitsfront« sollte die maßgebliche Stellung der KPD gewährleistet werden. Die später so gravierende Frage des Zugangs nach Berlin ist von den Amerikanern, von Ausnahmen abgesehen, nicht von vornherein in seiner ganzen Bedeutung erkannt und von der sowjetischen Seite dilatorisch behandelt worden[4]. Erst im September 1945 kam es zu konkreten Verhandlungen, die zur Einrichtung der drei Luftkorridore führte. Die Reichsbahndirektion in Ostberlin blieb zuständig für den Bahnbetrieb im Westen der Stadt wie für die Bahnverbindung zwischen Berlin und den Westzonen. Ebenso standen die Wasserstraßen ganz unter sowjetischer Kontrolle. Als die alliierte Kommandantur im Juli ihre Arbeit aufnahm, hat sie die von den Sowjets geschaffene Verwaltungsorganisation als vollendete Tatsache anerkannt. Zwar übte sie die Aufsicht über die Stadtverwaltung aus, aber Veränderungen wurden dadurch erschwert, daß hier ebenso wie im alliierten Kontrollrat nur einstimmige Beschlüsse gefaßt werden konnten. So verhinderte die alliierte Kommandantur nicht, daß die Polizei als ausschließliches Instrument der sowjetischen Besatzungsmacht auch in den Westsektoren Verhaftungen vornahm und daß es zur Zwangsverschickung von Facharbeitern, Technikern und Ingenieuren in andere Gebiete der sowjetischen Besatzungszone und in die Sowjetunion kam. Die in der Zeit der sowjetischen Alleinherrschaft über Berlin eingerichtete Institution von Haus-, Straßen- und Block-Obleuten wurde allerdings im amerikanischen Sektor der Stadt als ein Bevormundungssystem, das an die NS-Zeit erinnere, schon im September, von den Briten im Oktober 1945 und zuletzt von den Franzosen im August 1946 abgeschafft. Trotz einer solchen Maßnahme im Verantwortungsbereich der eigenen Sektoren kann kein Zweifel daran bestehen, daß die westlichen Teilhaber an der alliierten Stadtkommandantur bis ins Jahr 1948 versucht haben, durch Kompromisse einen Modus vivendi mit dem sowjetischen Teilhaber an der Kontrolle über Berlin aufrechtzuerhalten.

Das erste entschiedene und kompromißlose Nein kam von deutscher Seite, als im März 1946 ein Kreis von Funktionären der Westberliner Sozialdemokraten die Urabstimmung gegen die Bildung der SED durchsetzte (vgl. Kap. 10) und damit, wie man zutreffend formuliert hat, »das Opfer der Spaltung« auf sich nahm[5]. In Westberlin wurde nun eine eigene sozialdemokratische Parteiorganisation aufgebaut, die am 7. April 1946 in Zehlendorf ihren ersten Parteitag durchführte. Ein analoger, wenn auch schwieriger Prozeß vollzog sich in dem 300000 Mitglieder starken FDGB. Hier entstand im Februar 1948 in Abwehr gegen den bestimmenden SED-Einfluß in der Führung eine »Unabhängige Gewerkschafts-Organisation« (UGO). Sie protestierte im Frühjahr 1948 gegen Manipulationen bei den Vorstandswahlen, bildete einen konkurrierenden Vorstand und veranstaltete Ersatzwahlen. Während der Berlin-Krise wurde schließlich in den Westsektoren diese UGO und nicht mehr der FDGB als Tarifpartner anerkannt.

Im Unterschied zur SPD hat die CDU bis zum Jahre 1947, trotz der massiven Eingriffe der sowjetischen Militäradministration in ihre inneren Angelegenheiten bei der erzwungenen Amtsenthebung der Parteivorsitzenden Hermes und Schreiber im Dezember 1945 (vgl. Kap. 13), beharrlich unter der Führung von Jakob Kaiser und Ernst Lemmer an dem Versuch festgehalten, einen Kompromiß zu finden und es nicht zum Bruch kommen zu lassen. Auch die liberalen Demokraten begründeten eine von der sowjetzonalen LDP getrennte Parteiorganisation für Westberlin erst im Januar 1948. Es entsprach dem Kompromißcharakter der alliierten Stadtkommandantur, daß nach der Weigerung der Westberliner Sozialdemokraten, die Verbindung mit den Kommunisten in Gestalt der SED einzugehen, sowohl die SED in Westberlin wie zunächst auch sie SPD in Ostberlin zugelassen wurde. Deren Konkurrenz bei den Stadtverordnetenwahlen im Oktober 1946 (vgl. Kap. 10) führte dann in Auswirkung der schweren Niederlage, die die SED hierbei erlitt, zu einem verschärften Konflikt, der sich an der Person Ernst Reuters entzündete.

Am 13. August 1946 hatte die alliierte Kommandantur nach Kenntnisnahme verschiedener zwischen den Parteien umstrittener Entwürfe eine Verfassung oktroyiert, die in mancher Hinsicht Kompromißcharakter trug[6]. In ihrem Einführungserlaß versprachen die vier Stadtkommandanten einerseits, die »politische Unabhängigkeit in Berlin herzustellen und der Bevölkerung in Angelegenheiten der Stadtverwaltung das Selbstbestimmungsrecht wiederzugeben«, unter der gleichzeitigen Versicherung, »die Gesamtheit der Machtbefugnisse in die Hände der vom Volke gewählten Vertreter« zu legen. Andererseits aber wurde in Art. 36 der Verfassung die Ernennung und Entlassung leitender Personen der Stadtverwaltung an die Genehmigung der alliierten Kommandantur gebunden. Hierdurch wurden die im Jahre 1945 durch die sowjetische Militäradministration in Ostberlin aufgebauten Positionen abgeschirmt, unabhängig von dem Majoritätswillen der Gesamtberliner Bevölkerung. Ferner besagte Art. 3 der Verfassung, im Magistrat, der eigentlichen Stadtregierung, müßten »Vertreter aller anerkannten politischen Parteien sein, sofern es die betreffenden Parteien verlangen«. Hierdurch wurde gewährleistet, daß die SED auch nach ihrer Wahlniederlage an der Magistratsverwaltung beteiligt blieb. Zunächst wurde der Sozialdemokrat Otto Ostrowski zum Oberbürgermeister gewählt und auch bestätigt. Ostrowski verlor aber das Vertrauen seiner eigenen Partei, als er sich auf Veranlassung des sowjetischen Stadtkommandanten auf Verhandlungen mit der SED zur Vereinbarung eines gemeinsamen Arbeitsprogramms einließ. SPD und CDU wollten nichts von einer Zwangskoalition mit der SED wissen trotz deren verfassungsmäßiger Beteiligung am Magistrat. Ostrowski trat von seinem Amt als Oberbürgermeister zurück, nachdem ihn die Stadtverordnetenversammlung unter dem Vorsitz des Sozialdemokraten Otto Suhr am 11. April 1947 mit den Stimmen der SPD, CDU und LDP dazu aufgefordert hatte. Als seinen Nachfolger wählte die Stadtverordnetenversammlung am 24. Juni 1947 mit 89 gegen 17 Stimmen bei 2 Enthaltungen Ernst Reuter[7], der erst vor kurzem aus der türkischen Emigration zurückgekehrt war und nach der Oktoberwahl im Berliner Magistrat zunächst das Dezernat für Verkehr und Betriebe übernommen hatte. Ernst Reuter kam aus der früheren Berliner Stadtverwaltung. Er war ein erfahrener Kommunalpolitiker, ein überzeugender Redner, der Massenauditorien mitzureißen verstand. Ihn leitete der entschiedene Wille, die Freiheit in einem geteilten Berlin der Einheit vorzuziehen, wenn diese nur durch Unfreiheit erkauft werden konnte. Reuter war als Kriegsgefangener des Ersten Weltkrieges im Rußland der Oktoberrevolution Kommunist geworden. Mit Radek war er nach Berlin zurückgekehrt und an der Gründung der KPD beteiligt gewesen. Er hatte sich aber bereits 1922 von ihr abgewandt und war Sozialdemokrat geworden. 1931 Oberbürgermeister von Magdeburg, von den Nationalsozialisten verhaftet und zeitweilig im Konzentrationslager, gelang ihm 1935 die Flucht. In Ankara, das ihm wie manchen anderen Intellektuellen der Emigration eine Wirkungsstätte geboten hatte, war er als Regierungsberater und Hochschullehrer tätig gewesen, bis er im Herbst 1946 nach Deutschland zurückkehren konnte, wo er sich in Berlin sofort mit Leidenschaft dem politischen Leben zuwandte. Er war besonders in den ersten Jahren seines Wirkens eng mit Kurt Schumacher verbunden. Als er zum Oberbürgermeister gewählt wurde, legte der sowjetische Stadtkommandant sein Veto gegen die Bestätigung des kommunistischen Renegaten durch die alliierte Kommandantur ein. Für ihn wurden die Aufgaben des Stadtoberhauptes bis zur Teilung der Stadt von Louise Schroeder (SPD) als Amtierender Oberbürgermeisterin wahrgenommen.

Ernst Reuter nannte auf einer gemeinsamen Kundgebung der Jungsozialisten, der Jungen Union und der Jungen Liberaldemokraten am 12. Februar 1948 mit unbarmherziger Klarheit die Entscheidungsalternative, vor die sich das deutsche Volk und als erste die Stadt Berlin als ein Brennpunkt der deutschen, europäischen und Weltgegensätze gestellt sah: »Hier leben wir an der Scheide zweier Welten, und hier erleben wir den Kampf, der über die ganze Erde geht und der im Grunde darum geht, ob ein Friede in Freiheit möglich sein wird. Mit der Freiheit ist es eine eigene Sache: Erst wenn man sie verloren hat, weiß man, was sie bedeutet ... Lassen wir uns durch gar keine Worte und gar keinen Propagandanebel und durch gar keine Agitatoren vom Kern der Dinge abbringen. Demokratie heißt: politische Willensbildung auf einer freien Basis, und heißt: Willensbildung ohne Aufsicht und Kontrolle durch irgendeine fremde Macht. Nur die Wiederherstellung und Bewahrung einer solchen Freiheit kann auch den Traum eines jeden Deutschen, den Traum der nationalen Freiheit, in Erfüllung gehen lassen. Nationale

Einheit ohne wirkliche Freiheit bis in den letzten Winkel unseres Landes hinein ist eine Utopie. Wer diese Freiheit in einem Teile Deutschlands verweigert, der, nur der spaltet Deutschland ... Und jeden, der von Einheit spricht, werden wir zunächst fragen, ob er diese Einheit, die Einheit in der Freiheit meint. Einheit in der Sklaverei haben wir lange genug gekannt.«[8] Die drohende Spaltung der Stadt wurde am 18. März 1948, dem 100. Jahrestag der Revolution, zwei Tage, bevor der sowjetische Vertreter den Kontrollrat verließ, in zwei Kundgebungen in Ost- und Westberlin offenkundig. Im Osten tagte der »Volkskongreß« (vgl. Kap. 22). Hier wurde unter Beschwörung der nationalen Einheit der Führungsanspruch der SED entgegen dem offenkundigen Willen der Mehrheit des deutschen Volkes angemeldet. Gleichzeitig sprach Ernst Reuter als der »gewählte, aber nicht bestätigte Oberbürgermeister von Berlin« vor dem Reichstag zu einer vieltausendköpfigen Menge. Am »eisernen Willen« Berlins, so rief er aus, werde sich »die kommunistische Flut brechen. Darum wird die Welt wissen, daß sie uns nicht im Stich lassen darf, und sie wird uns nicht im Stich lassen!«[9]

Während so die Entwicklung in Berlin im Zusammenhang mit dem sich verschärfenden Antagonismus der ehemaligen Alliierten auf einen äußeren Bruch hintrieb, waren im Verlauf des Jahres 1947 die inneren Gegensätze bei den Beratungen über eine endgültige Verfassung Berlins zum Ausdruck gekommen. Es ging einmal um den zukünftigen Status der ehemaligen Reichshauptstadt. In einem Verfassungsentwurf der SED wurde Berlin zur »Hauptstadt der Deutschen Demokratischen Republik« erklärt. Nach Entwürfen der CDU und SPD hingegen war die Stadt Berlin zugleich auch ein Land und als solches Glied einer künftigen »Deutschen Republik«. Hauptstadt werde Berlin wieder sein, wenn es als solche von allen Ländern anerkannt werde. Dem Landescharakter Berlins entsprach das Bestreben der westlichen Parteien, das Verhältnis von Magistrat und Stadtverordnetenversammlung im Sinne einer konsequenten Parlamentarisierung weiterzuentwickeln. Die Stadtregierung sollte abhängig vom Stadtparlament sein und auch zum Rücktritt gezwungen werden können. Dem parlamentarischen Modell der politischen Willensbildung durch die Polarität von Regierung und Opposition entsprechend, wollten SPD und CDU die in der oktroyierten Verfassung enthaltene Vorschrift über die Bildung einer Zwangskoalition aller Parteien abschaffen. Der SED-Entwurf wies demgegenüber Elemente einer direkten Demokratie auf: ein Volksentscheid sollte schon mit einem Zehntel der Stimmberechtigten eingeleitet werden können; im Rechtswesen sollten Laienrichter in weitestem Umfange Verwendung finden; aus dem öffentlichen Leben sowie aus leitenden Stellungen in Wirtschaft und Kultur sollten alle Personen entfernt werden, die »militaristische oder faschistische Auffassungen« vertreten oder unterstützt hätten – ein Artikel, der einer politisch willkürlichen Handhabung Tür und Tor geöffnet hätte[10].

Die nichtkommunistischen Parteien einigten sich auf einen Verfassungsentwurf, der gegen die Stimmen der SED am 20. April 1948 verabschiedet wurde[11]. Wenn es nach dem in der Stadtverordnetenversammlung repräsentierten Willen der überwältigenden Majorität der Bevölkerung Groß-Berlins gegangen wäre, so hätte diese Verfassung den Rahmen für die Wahrung der politischen Einheit der Stadt gebildet. Die Kommandantur hat jedoch bei dem sich zuspitzenden Gegensatz zwischen den Besatzungsmächten zu dem Entwurf nicht mehr Stellung genommen. Er liegt aber der Westberliner Verfassung vom 4. August 1950 zugrunde[12].

Die Übereinstimmung der nicht kommunistischen Parteien gegenüber der SED in den Grundvorstellungen der verfassungsrechtlichen Ordnung hinderte nicht, daß sich in einer Reihe von Sachfragen in der Berliner Stadtverordnetenversammlung gänzlich andere Konstellationen ergaben. So war etwa die Frage des Berufsbeamtentums umstritten. SPD und SED wollten an seiner in der Zeit der sowjetischen Alleinverwaltung verordneten Abschaffung festhalten, während CDU und FDP die von der SPD geleitete Stadtverwaltung für unkompetent hielten und die Wiedereinführung eines fachlich qualifizierten Berufsbeamtentums verlangten. Die Frage wurde später im Zuge der Integration Westberlins in das Rechtssystem der Bundesrepublik zugunsten des Berufsbeamtentums entschieden. Umstritten war auch, wieder mit anderer Frontstellung, die Schulfrage. Am 13. November 1947 verabschiedeten SED, SPD und FDP gegen die CDU ein Schulgesetz, das eine zwölfjährige Einheitsschule vorsah mit einer in der fünften Klasse einsetzenden allmählichen Differenzierung (vgl. Kap. 18). Dieses Berliner Schulmodell wurde später im Jahre 1951 der in Hamburg und Bremen bestehenden sechsjährigen Grundschule angeglichen. In einer anderen bildungspolitischen Frage höchster Bedeutung standen die Westberliner Parteien wiederum geschlossen gegen die SED.

Es ging um die verwaltungsmäßige Zuordnung der im Ostsektor der Stadt liegenden Friedrich-Wilhelm-Universität, die in Humboldt-Universität umbenannt wurde. Die sowjetische Militäradministration hatte die Universität der sowjetzonalen Verwaltung für Kultur unterstellt. Einem Verlangen des Berliner Magistrats, wenigstens an dem Kuratorium beteiligt zu werden, wurde nicht stattgegeben. Die Technische Hochschule Charlottenburg lag im westlichen Teil der Stadt. Hier ermöglichte es die britische Militärregierung, daß der Berliner Magistrat die Dienstaufsicht übernahm. Bei Studentenschaftswahlen an der Humboldt-Universität im Dezember 1947 konnte die SED nur 2 von 31 Sitzen gewinnen. Es kam zur Verhaftung von Studentenführern und zur Verhängung von hohen Zuchthausstrafen. Die Berliner Studenten forderten auf einer Kundgebung am 23. April 1948 die Errichtung einer freien Universität. Sie wurde, nachdem der Berliner Magistrat den Gedanken aufgegriffen hatte, am 4. November 1948 während der Blockade mit amerikanischer Unterstützung errichtet.

Neben dem Schulgesetz ist als charakteristisch für die Berliner Situation das Sozialisierungsgesetz vom 13. Februar 1947 zu nennen. Hier trat die LDP gegen SPD, CDU und SED für eine konsequente Aufrechterhaltung der Privatwirtschaft ein. Mit großer Mehrheit wurde das »Gesetz zur Überführung von Konzernen und sonstigen Unternehmen in Gemeineigentum« verabschiedet. Stadtkommandantur und Kontrollrat behandelten die Frage dilatorisch, da es in der Sozialisierungsfrage zwischen den Mächten keine Übereinstimmung gab. Die Stadt Berlin wurde aufgefordert, sich präziser über Umfang sowie Art und Weise der beabsichtigten Überführung von Privateigentum in Gemeineigentum zu äußern. Die Stadtverordnetenversammlung erließ hierauf am 19. September 1947 eine Durchführungsverordnung zur Verwaltung der »Gemeinwirtschaftlichen Unternehmen Groß-Berlin« (GU Groß-Berlin)[13]. Zu einer Stellungnahme von Kontrollrat und Stadtkommandantur zu diesem Gesetz kam es nicht mehr. Die Sowjetunion war ohnedies nicht bereit, die Berliner Betriebe der sowjetischen Aktiengesellschaften, die 20% der gesamten Industrie und 80% der Elektroindustrie ausmachten, diesem Experiment einer Gemeinwirtschaft einzugliedern.

Die Sowjetunion war entschlossen, es nach der Lahmlegung des Kontrollrats am 20. März 1948, der einige Wochen später am 16. Juni 1948 die Beendigung der interalliierten Zusammenarbeit in der Stadtkommandantur folgte, auf eine Kraftprobe ankommen zu lassen. Seit Ende März ließ sie den Zugangsverkehr nach Berlin auf Schiene, Straße und Wasserwegen behindern. Darauf begann am 10. April der amerikanische Stadtkommandant, für Zwecke der Garnison eine »kleine Luftbrücke« aufzubauen. Zur Totalblockade aller Land- und Wasserwege für die Versorgung der Stadt gab die Währungsreform Anlaß. Die Westmächte hatten die in ihren Zonen am 20. Juni 1948 durchgeführte Währungsreform (vgl. Kap. 19) ausdrücklich nicht auf ihre Sektoren in Berlin ausgedehnt. General Clay glaubte, letzte Anstrengungen unternehmen zu müssen, um zu einer Gesamtlösung wenigstens für Berlin zu gelangen. Unter den Westberlinern waren die Ansichten gespalten. Ernst Reuter fürchtete, daß eine Nichteinbeziehung Westberlins in den westlichen Währungsbereich die Auslieferung der Stadt an den Osten bedeutete. Der stellvertretende Oberbürgermeister Ferdinand Friedensburg[14] (CDU) hingegen hat bis zuletzt, in der Linie von Jakob Kaiser an einer gesamtdeutschen Vorstellung festhaltend, darum gerungen, eine getrennte Reform der Währung als Besiegelung der politischen Spaltung Deutschlands zu verhindern. Zur Konfrontation getrennter Währungen in Berlin kam es jedoch, als Marschall Sokolowski am 22. Juni durch Befehl an den Magistrat den Versuch machte, die für den 24. Juni in der sowjetischen Besatzungszone vorgesehene Währungsreform mit der Einführung der DM-Ost auf das Gesamtgebiet von Groß-Berlin auszudehnen mit der Begründung, daß Berlin, in der sowjetischen Zone gelegen, wirtschaftlich einen Teil dieser Zone ausmache. Der Magistrat widersetzte sich der Anordnung unter Berufung auf den Art. 36 der Verfassung, wonach einzelne Sektorenkommandanten nur für ihren Sektor, aber nicht für ganz Berlin zuständig seien. Und die Westmächte reagierten am 24. Juni mit der Einführung der neuen westlichen Währung in ihren Sektoren, allerdings zunächst nicht als ausschließliches Zahlungsmittel, sondern neben der DM-Ost. Gehälter und Löhne sollten in den Westsektoren zunächst nur zu 25 % in Westmark gezahlt werden. Dieses System der Doppelwährung bestand in Westberlin bis zum März 1949.

Die ebenfalls am 24. Juni 1948 von der sowjetischen Besatzungsmacht verhängte totale Blockade erstreckte sich nicht nur auf den Verkehr mit der westlichen Zone. Auch die Zulieferung von Strom und Kohle aus der sowjetischen Zone sowie die Versorgung der Stadt mit Milch, Gemüse und anderen Lebensmitteln aus dem Umland wurde unterbunden. Die Rechnung ging jedoch nicht auf. Die Absicht, Berlin durch Hunger zu erpressen, scheiterte an dem Widerstandswillen der Bevölkerung und an der Errichtung der Luftbrücke. Es ist besonders General Clay zuzuschreiben, daß die amerikanischen Stellen von der Notwendigkeit überzeugt wurden, dieses in seinem Ausmaß ungewöhnliche Unternehmen zu organisieren, zwei Millionen Menschen auf eine nicht voraussehbare Zeitdauer mit dem Notwendigen zu versorgen. Den Sowjets gelang es ebensowenig, die von Ernst Reuter geführten Westberliner in die Knie zu zwingen, wie die Westmächte zu veranlassen, die Stadt preiszugeben. Beide Seiten waren in dieser Konfrontation davon überzeugt, daß die Gegenseite es nicht auf einen Krieg ankommen lassen werde. Im Verlaufe des Ringens um Berlin hat die Verlagerung Atombomben tragender Kampfflugzeuge von den USA nach England ein Entscheidendes dazu beigetragen, die Entschlossenheit der Westmächte zu bekunden, der Herausforderung nicht auszuweichen.

Die Stadtverordnetenversammlung protestierte vor der Weltöffentlichkeit gegen das »Verbrechen gegen die Menschlichkeit«, die Bevölkerung einer Großstadt durch Aushungern erpressen zu wollen. In dieser Situation höchster politischer Spannung in der Bevölkerung standen aufgrund der Verfassung Neuwahlen für die Stadtverordnetenversammlung an. Sie sollten am 5. Dezember 1948 stattfinden. Da die sowjetische Politik einsehen mußte, daß sie ihr Ziel, ganz Berlin in ihre Gewalt zu bringen, nicht erreichen konnte, und da die SED von Gesamtberliner Wahlen eine schwere Niederlage befürchten mußte, suchten sie einen Ausweg in der Teilung der Stadt durch den »Staatsstreich« vom 30. November 1948. Die SED-Fraktion des Stadtverordnetenhauses, verstärkt durch Vertreter der Bezirksparteien und der Massenorganisationen, erklärte den Berliner Magistrat für abgesetzt, wählte Friedrich Ebert, den Sohn des früheren Reichspräsidenten, zum neuen Bürgermeister und setzte einen provisorischen »demokratischen« Magistrat ein. Die nur in den Westsektoren durchgeführte Wahl erbrachte mit 64,5 % der Stimmen eine hohe absolute Majorität für die Sozialdemokraten. Ihnen kam zugute, daß sie sich am ehesten und entschiedensten gegen die SED gewandt hatten und in Ernst Reuter einen überzeugungskräftigen Sprecher besaßen, während die bürgerlichen Parteien in dieser gespannten Situation dadurch benachteiligt waren, daß sie viel länger als die Sozialdemokraten versucht hatten, sich mit den Gegebenheiten der sowjetischen Besatzungszone zu arrangieren, um die gesamtdeutsche Einheit nicht preiszugeben. Magistrat und Stadtverordnetenversammlung wurden aus ihren Ostberliner Tagungsstätten verdrängt. Sie richteten sich im westlichen Teil der Stadt, im Schöneberger Rathaus, ein. Eine Dreiparteienkoalition wählte erneut Ernst Reuter zum Oberbürgermeister Berlins. Seine Tätigkeit blieb auf den Westen beschränkt. Die Sowjetregierung sah sich schließlich veranlaßt, die Blockade, die ihr Ziel nicht erreichte, preiszugeben. Am 12. Mai 1949 wurde sie aufgehoben ebenso wie die von den Westmächten als Gegenmaßnahme verhängte Blockierung des Wirtschaftsverkehrs zwischen der Sowjetzone und Westdeutschland.

Während der Berliner Blockade hatte die internationale Entwicklung in der atlantischen Welt zur militärischen Konsolidierung des Westens mit der Begründung des Nordatlantikpaktes geführt; das Europäische Wiederherstellungsprogramm des Marshallplans begann sich wirtschaftlich auszuwirken, und in den westlichen Besatzungszonen vollzog sich die Staatsbildung der Bundesrepublik.

Dok. zur Berlin-Frage 1944–1962, hg. v. Forschungsinst. d. Dt. Ges. f. Ausw. Politik (²1962); Berlin. Quellen u. Dok. 1945–1951, hg. H. J. REICHARDT/H. U. TREUTLER/A. LAMPE i. A. des Senats von Berlin (2 Halbbde. 1964); F. MATTHEY (Hg.), Entwicklung der Berlin-Frage 1944–1971 (in: Aktuelle Dok., Tb. 1972). – Eine i. A. des Senats hergestellte 3bändige Chronik: Berlin. Kampf um Freiheit u. Selbstverwaltung 1945–1946 (²1961); Berlin. Behauptung von Freiheit u. Selbstverwaltung 1946–1948 (1959); Berlin. Ringen um Einheit u. Wiederaufbau. 1948–1951 (1962). – Dt. Inst. f. Wirtschaftsforsch., Berlins Wirtschaft in der Blockade (1949). – Ursula SCHOLZ/R. STROMEYER, Berlin-Bibliographie (2 Bde. 1965 u. 1973). – M. GOTTLIEB, The German Peace Settlement and the Berlin Crisis (New York 1960), hält die Viermächtekontrolle Berlins u. Dtlds., in schroffem Gegensatz etwa zu Kennan, an sich für durchaus operationsfähig, wenn nur die USA bereit gewesen wäre, den sowj. Reparationsforderungen entgegenzukommen u. auch die laufende Produktion aus der im Grunde leistungsfähigen dt. Industrie für Reparationszwecke heranzuziehen. Neben dem an die USA gerichteten Vorwurf scharfe Kritik an Ernst Reuter u. der Berliner Sozialdemokratie; A. RIKLIN, Das Berlin-Problem. Historisch-polit. u. völkerrechtl. Darstellung des Viermächtestatus (1964), umfassendes Lit.verzeichnis; J. E. SMITH, Der Weg ins Dilemma. Preisgabe u. Verteidigung der Stadt Berlin (a. d. Amerik. 1965); J. FIJALKOWSKI u. a., Berlin. Hauptstadtanspruch u. Westintegration (1967); H. HERZFELD, Berlin in der Weltpolitik 1945–1970 (1973), Synthese der bisherigen Forschung, scharfe krit. Auseinandersetzung mit Gottlieb.

¹ So z. B. W. DAVISON, Die Blockade von Berlin. Modellfall des Kalten Krieges (a. d. Amerik. 1959); J. L.   SNELL, Wartime Origins of the East-West dilemma over Germany (New Orleans 1959); J. LUKACS, Gesch. des

Kalten Krieges (a.d. Amerik. 1961), vgl. auch ders., Konflikte der Weltpolitik nach 1945. Der Kalte Krieg (Tb. 1970).

[2] So W. L. HICKMAN, Genesis of the European Recovery Programme. A Study on the Trend of American Economic Policies (Genf 1949); neuere Darstellungen: D. HOROWITZ, Kalter Krieg. Hintergründe der US-Außenpolitik von Jalta bis Vietnam (2 Bde. a.d. Amerik. 1969); G. KOLKO (vgl. Anm. 3); Kritik an der »revisionistischen« Interpretation: R. J. MADDOX, The New Left and the Origins of the Cold War (Princeton 1967).

[3] So G. KOLKO, The Politics of War. Allied Diplomacy and the World Crisis of 1943–1945 (London 1969); Joyce u. G. KOLKO, The Limits of Power. The World and United States Foreign Policy 1945–1954 (New York 1972).

[4] Hierzu Dok. zur Berlinfrage ([2]1962) Kap. VII, Verhandlungen u. Vereinbarungen der Alliierten über die Verbindungslinien zwischen Berlin u. Westdtld.; W. M. FRANKLIN,

Zonal Boundaries and Access to Berlin, in: World Politics 16 (1963/64); für die Verhandlungen vom Sommer 1945 auch T. SHARP, The Wartime Alliance and the Zonal Division of Germany (Oxford 1975), S. 162ff.

[5] H. HERZFELD, Berlin in der Weltpolitik, S. 86.

[6] Materialien hierzu u. Verfassungstext in: Berlin. Quellen u. Dokumente, Halbbd. 1, Nr. 623–632.

[7] E. REUTER, Schriften, Reden (3 Bde. 1972–74); W. BRANDT/R. LÖWENTHAL, Ernst Reuter. Ein Leben für die Freiheit. Eine polit. Biographie (1957).

[8] E. REUTER, Schriften, Reden, Bd. 3, S. 352ff.

[9] Ebd. S. 368f.

[10] Berlin. Quellen u. Dokumente 2, Nr. 1086–1088.

[11] Vgl. dazu ebd. Nr. 1091.

[12] Text ebd. Nr. 1096.

[13] Vgl. J. FIJALKOWSKI, S. 184ff.

[14] F. FRIEDENSBURG, Es ging um Dtlds. Einheit. Rückschau eines Berliners auf die Jahre nach 1945 (1972).

Kapitel 21
Die Entstehung der Bundesrepublik

In den Verlautbarungen über die Londoner Besprechungen zwischen den Außenministern der USA, Frankreichs, Englands und der Beneluxstaaten vom 6. März und vom 7. Juni 1948 waren die Rahmenbestimmungen für die geplante politische Ordnung Westdeutschlands ebenso wie die vorgesehene Verfahrensweise für die Bildung eines westdeutschen Staates festgelegt worden[1]. Am 1. Juli 1948 händigten in Frankfurt die Militärgouverneure den Länderchefs drei Dokumente aus (sogenannte Frankfurter Dokumente), durch die die Länder ermächtigt wurden, das Verfahren zur Staatsgründung unter den vorgegebenen Bedingungen in Gang zu setzen[2]. Durch Dokument 1 wurden die Ministerpräsidenten ermächtigt, bis spätestens 1. September 1948 eine verfassunggebende Versammlung einzuberufen, deren

Abgeordnete durch die Länderparlamente entsprechend deren relativen Größen zu entsenden waren. Die Verfassung sollte föderalistisch sein, da ein solcher Typus am besten geeignet schien, »die gegenwärtig zerrissene deutsche Einheit schließlich wieder herzustellen«. Sie sollte demokratisch sein und durch »Garantien der individuellen Rechte und Freiheiten« zugleich liberal. Ein diesen Grundsätzen entsprechender Verfassungstext sollte dann von den Militärgouverneuren genehmigt und darauf in jedem der deutschen Länder einer Volksabstimmung unterbreitet werden. Nach Zustimmung von zwei Dritteln der Länder würde danach die Verfassung in Kraft treten. Im zweiten Dokument wurden die Ministerpräsidenten ersucht, die Grenzen der Länder zu überprüfen und gegebenenfalls Änderungen vorzuschlagen. Das Dokument Nr. 3 enthielt Richtlinien für ein noch ausstehendes Besatzungsstatut. Es legte dar, wie die Kompetenzabgrenzung zwischen den Besatzungsmächten und der künftigen deutschen Regierung gedacht war. Die wichtigsten Vorbehalte der Besatzungsmächte bezogen sich auf die Wahrnehmung der auswärtigen Beziehungen, Kontrolle über den Außenhandel, Schaffung einer internationalen Ruhrbehörde sowie Gewährleistung der Fundamentalbestimmungen des Potsdamer Abkommens, z. B. über Reparationen, Entkartellisierung und Entmilitarisierung. Die Besatzungsmächte betrachteten sich nach wie vor als Inhaber der obersten Gewalt. Sie beabsichtigten, die Beachtung der von ihnen gebilligten Verfassung zu sichern und gegebenenfalls die Ausübung ihrer vollen Machtbefugnisse wieder zu übernehmen. Über diese drei Vorlagen berieten die Ministerpräsidenten anschließend vom 8. bis 10. Juli 1948 auf dem Rittersturz in Koblenz. Sie nahmen die Ermächtigung an, erklärten aber, es müsse alles vermieden werden, »was dem zu schaffenden Gebilde den Charakter eines Staates verleihen würde«. Es könne sich lediglich um ein Provisorium handeln sowohl wegen der territorialen Beschränkung auf Westdeutschland als auch wegen der Kompetenzbeschränkung durch die alliierten Vorbehaltsrechte. Deshalb wollten sie von einem Volksentscheid Abstand nehmen. Ferner sei eine Neugestaltung der Länder erst möglich, nachdem die hierfür zuständigen parlamentarisch-demokratischen Organe geschaffen seien. Das Besatzungsstatut müsse, bevor man mit der Arbeit an der Verfassung beginne, als deren Grundlage erlassen werden. Schließlich empfahlen sie, die Frage der Ruhrbehörde in Anbetracht der Besonderheit ihrer Funktionen außerhalb des Verfassungsstatuts zu regeln[3]. Nach erneuten Verhandlungen wurde auf einer Schlußbesprechung der Militärgouverneure und Ministerpräsidenten in Frankfurt am 26. Juli 1948 für die vorläufige Verfassung der von deutscher Seite vorgeschlagene Begriff »Grundgesetz« übernommen. Die Besatzungsmächte verzichteten auf eine Volksabstimmung. Der Termin für Vorschläge über die Änderung von Landesgrenzen wurde auf den 1. Oktober hinausgeschoben und später überhaupt fallengelassen. Die Militärgouverneure bestanden jedoch darauf, daß das Besatzungsstatut erst nach Fertigstellung der Verfassung veröffentlicht werden könne. Jedoch sollte der mit der Ausarbeitung des Grundgesetzes befaßte »Parlamentarische Rat« – nicht mehr »Verfassunggebende Versammlung« – während seiner Beratungen »laufend vom Stand der Entwicklungen der Vorarbeiten zum Besatzungsstatut unterrichtet werden«, damit er Gelegenheit habe, »Anregungen zur Ausgestaltung des Besatzungsstatuts an die Militärregierungen weiterzuleiten«.

Zur Vorbereitung eines Entwurfs für das Grundgesetz berief die Ministerpräsidenten-Konferenz nunmehr einen »Ausschuß von Sachverständigen für Verfassungsfragen« (Verfassungskonvent), der in Herrenchiemsee vom 10. bis 23. August 1948 tagte. Die hier erarbeitete Vorlage für den Parlamentarischen Rat[4] bot einen Aufbau des Verfassungstextes, dem sich später das Grundgesetz weitgehend anschloß. Auch in den Grundgedanken besteht weitgehende Übereinstimmung. Allerdings hat der Parlamentarische Rat die Länderkammer und das Staatsoberhaupt mit weitergehenden Befugnissen ausgestattet, als es der Herrenchiemsee-Konvent vorschlug. Notverordnungsrecht und Volksentscheid bei Änderung des Grundgesetzes fielen jedoch entgegen den Vorschlägen des Konvents fort. Außer diesen Vorschlägen wurde dem Parlamentarischen Rat eine Reihe weiterer Entwürfe als Material vorgelegt, so besonders von dem sozialdemokratischen Innenminister des Landes Nordrhein-Westfalen, Menzel, und von einer CDU/CSU-Arbeitsgemeinschaft[5].

Am 1. September 1948 trat der Parlamentarische Rat in Bonn zusammen. Durch die Länderparlamente war auf je 750000 Einwohner ein Abgeordneter gewählt worden, insgesamt 65. Hinzu kamen mit lediglich beratender Vollmacht fünf Abgeordnete aus Westberlin. Die politische Zusammensetzung ergab folgendes Bild: CDU/CSU 27 (+ 1 für Berlin), SPD 27 (+ 3), FDP 5 (+ 1), DP 2, Zentrum 2, KPD 2. Zum Präsidenten wurde Konrad Adenauer gewählt und zum Vorsitzenden des Hauptausschusses, in dem mit Hilfe einer Reihe von Unterausschüssen die Arbeit am Verfassungstext geleistet wurde, Carlo Schmid.

Wo sollte nun in dem begrenzten Rahmen, in dem die Deutschen an dem neuen Staate, den Staat zu nennen sie zögerten, mitzuwirken berufen waren, die Quelle der verfassunggebenden Gewalt liegen? Die Mehrheit war der Meinung, daß das deutsche Volk in seiner Gesamtheit, gegliedert in Ländern, Träger des deutschen Anteils an der Staatsgewalt sei. Eine Minderheit sah in den Ländern als schon bestehenden Gebilden das eigentliche Fundament, auf dem der Bund errichtet werden sollte. Ein besonderes, schon in Herrenchiemsee erörtertes Problem war die Stellung Berlins. Man war ursprünglich geneigt, Berlin von vornherein als Gliedstaat in den zukünftigen Bund aufzunehmen. Dem stand das Bedenken der Alliierten entgegen, daß die genaue Respektierung des Viermächte-Status in Berlin die Voraussetzung dafür war, daß der Westteil der Stadt behauptet werden konnte[5a]. Deswegen erhielten die Berliner Abgeordneten im Parlamentarischen Rat kein Stimmrecht. Das Grundgesetz zählt Berlin zu den Ländern der Bundesrepublik und beansprucht Geltung auch für Berlin (Art. 23, 1). Nur durch äußere Gewalt sei die volle Mitgliedschaft im Bund zeitweilig eingeschränkt (Art. 144, 2). Analoge Aussagen enthält die Verfassung von Westberlin (Art. 1, 2 und 87). Die Aussagen des Grundgesetzes über Berlin wurden von den drei westlichen Alliierten durch Schreiben vom 12. Mai und 30. Juni 1949 suspendiert. Die Abgeordneten Berlins sind danach im Bundestag und Bundesrat nicht stimmberechtigt; sie werden nicht durch direkte Wahlen gewählt, sondern von der Stadtverordnetenversammlung delegiert. Außerdem sollte Berlin nicht durch den Bund regiert werden. Diese Einschränkung machte eine Sonderregelung für die Übernahme von Bundesgesetzen durch Berlin notwendig. Durch das »Dritte Überleitungsgesetz« vom 4. Januar 1951 wurde diese für Berlin zur Pflicht gemacht und das Verfahren in der Form festgelegt, daß Bundesgesetze binnen eines Monats vom Berliner Gesetzgeber in Kraft gesetzt werden. Die Zahl der Berliner Abgeordneten, in Herrenchiemsee entsprechend der Größe der Berliner Bevölkerung auf 30 festgesetzt, wurde durch Einspruch der Alliierten auf 8 beschränkt und später durch Bundesgesetz auf 19 (1952) bzw. 22 (1953) erhöht.

Eines der Zentralprobleme, um das man im Verfassungskonvent und im Parlamentarischen Rat gerungen hat, war die Frage nach der der Ländervertretung zukommenden Stelle. Sollte sie aus instruierten Vertretern der verschiedenen Länderregierungen oder aus gewählten Abgeordneten bestehen, sei es, daß diese durch die Landtage oder daß sie, ähnlich wie die Mitglieder des amerikanischen Senats, durch allgemeine Wahlen in den Ländern bestimmt wurden? Für beide Formen gab es in der deutschen Verfassungsgeschichte Vorbilder. Ein Bundesrat als Länderkammer entsprach dem Bundesrat der Bismarckschen Verfassung und dem Reichsrat der Weimarer Verfassung. Die Vorstellung eines Senats entsprach gewissen Bestimmungen in der Paulskirchenverfassung, nach der die Zweite Kammer zur Hälfte aus Regierungsvertretern, zur Hälfte aber aus gewählten Abgeordneten der Länderparlamente bestehen sollte. Das amerikanische Beispiel des Senats mit direkt gewählten Vertretern hatte auch sein Gewicht. Aber eine Mehrheit entschied sich für den Bundesrat als ein Gremium von Regierungsvertretern mit dem Argument, daß die Länder die zukünftigen Bundesgesetze durchzuführen hätten und daß sie infolgedessen auch an der Bildung des zentralen Staatswillens beteiligt sein sollten.

Die Frage nach dem Verhältnis zwischen Zentralgewalt und Ländern war nicht nur im Parlamentarischen Rat umstritten, sondern auch zwischen diesem und den Alliierten. Während der Arbeit des Parlamentarischen Rats ist es zu verschiedenen Manifestationen des politischen Willens der Alliierten gekommen. Es gab harte Sachauseinandersetzungen. Der Parlamentarische Rat betrachtete sich als demokratisch legitimiert und leitete seine Vollmachten nicht nur vom Auftrag der Besatzungsmächte ab. Die beiden profiliertesten Parteiführer der Zeit, Konrad Adenauer und Kurt Schumacher, der allerdings nicht dem Parlamentarischen Rat angehörte, waren für die Alliierten außerordentlich unbequeme Gesprächspartner. Adenauer wuchs damals als Präsident des Parlamentarischen Rats in seine Rolle hinein, die deutschen Interessen gegenüber den Alliierten ebenso mit Würde und Entschiedenheit wie mit Takt und taktischem Geschick zu vertreten. Die Alliierten gewannen den Eindruck, daß sie bei zu starkem Beharren auf ihren Vorstellungen, die Zentrale möglichst schwach zu halten, wie es vor allem die Franzosen, aber auch die Amerikaner wollten, unter Umständen das Zustandekommen der Verfassung überhaupt gefährden könnten. Ihr eigenes Interesse verbot aber, daß es so weit kam.

So ist denn ein Kompromiß zwischen den verschiedenen Parteigruppen im Parlamentarischen Rat und den Alliierten zustande gekommen mit dem Ergebnis des formulierten Grundgesetzes. Fest stand bei allen Beteiligten, daß man keinen Parlamentsabsolutismus nach volksdemokratischem Muster aufkommen lassen wollte. Man hielt an dem Grundsatz der regionalen Gewaltenteilung zwischen Bund und Ländern fest. Wenn sich gegenüber der Vorstellung der SPD, die, wie übrigens auch Konrad Adenauer, zu einer senatorischen Form der Ländervertretung neigte, die Vorstellung der Unionsparteien durchsetzte, daß der Bundesrat ein Regierungsgremium sei, so haben die süddeutschen Föderalisten andererseits auf ihre Absicht verzichten müssen, den Bundesrat mit einer gleichberechtigten Mitwirkung bei der Gesetzgebung auszustatten. Hinsichtlich seiner schließlich vereinbarten begrenzten Mitwirkungsrechte bei der Gesetzgebung ähnelt der Bundesrat des Grundgesetzes mehr dem Reichsrat der Weimarer Verfassung als dem Bismarckschen Bundesrat, wenn auch sein politisches Gewicht größer als das des Reichsrats ist. Die Mitwirkung der Länder an der Gesetzgebung besteht nach dem Grundgesetz zunächst darin, daß alle Gesetzesvorlagen der Bundesregierung, bevor sie an den Bundestag gehen, dem Bundesrat zur Stellungnahme zugeleitet werden. In dem Gesetzgebungsakt selber besitzt dieser aber im allgemeinen nur ein aufschiebendes Vetorecht. Eine von ihm abgelehnte Vorlage wird in einem aus Mitgliedern des Bundesrates und des Bundestages bestehenden Vermittlungsausschuß behandelt. Falls ein Ausgleich nicht zustande kommt, kann ein Gesetz trotz Einspruch des Bundesrates dennoch in einer erneuten Abstimmung des Bundestages verabschiedet werden. Es gibt aber einige ausdrücklich im Grundgesetz genannte Fälle, wo der Bundesrat wirklich als eine echte Zweite Kammer fungiert. Dies betrifft u. a. die Steuergesetzgebung, vor allem, wo es sich um die Festlegung des Anteils von Bund und Ländern an Einkommen- und Körperschaftssteuer handelt sowie den Finanzausgleich zwischen steuerarmen und steuerreichen Ländern. Zustimmungspflichtig ist schließlich die Beschlußfassung von Bundesmaßnahmen gegen ein Land, in dem Bundesgesetze nicht durchgeführt werden.

Die Schwierigkeit der Verhältnisbestimmung zwischen Bund und Ländern spiegelt sich auch in der Abgrenzung der beiderseitigen Zuständigkeiten. Es ist zu unterscheiden zwischen alleiniger Gesetzgebung des Bundes, konkurrierender Gesetzgebung des Bundes und der Länder und alleiniger Gesetzgebung der Länder. Der Katalog der alleinigen Gesetzgebungskompetenz des Bundes ist kurz. Er umfaßt die Außenpolitik, wozu später die Wehrgesetzgebung kam, Währungs- und Geldwesen, Staatszugehörigkeit, Freizügigkeit. Ein langer Katalog von Sachbereichen fällt unter die konkurrierende Gesetzgebung, wobei allerdings der Grundsatz gilt, daß Bundesrecht Landesrecht bricht. Hierzu gehört vor allem der ganze Bereich der Wirtschafts- und Sozialgesetzgebung. Der alleinigen Ländergesetzgebung blieben im wesentlichen das Unterrichts- und das Kommunalwesen vorbehalten.

Als besondere Funktion ist dem Bundesrat die Mitwirkung beim sogenannten »Gesetzgebungsnotstand« zugeschrieben worden. Ein Gesetzgebungsnotstand tritt ein, wenn der Bundestag einen Vertrauensantrag des Bundeskanzlers ablehnt, ohne daß deswegen der Bundespräsident von seinem Recht der Auflösung des Bundestages Gebrauch macht, und wenn in diesem Falle eine von der Regierung als dringlich bezeichnete Gesetzesvorlage nicht die Zustimmung des Bundestages erhält. In diesem Falle genügt die Zustimmung des Bundesrates, um ein Gesetz zustande zu bringen. Praktisch ist für diesen auf sechs Monate begrenzten, in der bisherigen Geschichte der Bundesrepublik nicht eingetretenen Gesetzgebungsnotstand eine Situation ins Auge gefaßt worden, in der es nur noch eine negative Mehrheit im Parlament geben würde, die den amtierenden Bundeskanzler ablehnt, ohne für ein konstruktives Mißtrauensvotum eine Majorität zustande zu bringen.

Erfahrungen der Weimarer Zeit haben bei der Verfassungsbestimmung des Gesetzgebungsnotstandes Pate gestanden. Insgesamt ist das Grundgesetz daher sehr zurückhaltend in der Behandlung von Ausnahmesituationen. Neben dem Art. 81 über den Gesetzgebungsnotstand handelt lediglich der Art. 91 von der »Abwehr von Gefahren für den Bestand des Bundes«. Hier wird den einzelnen Ländern zur Abwehr einer drohenden Gefahr für die freiheitlich-demokratische Grundordnung das Recht gegeben, Polizeikräfte anderer Länder anzufordern, wobei notfalls die Bundesregierung sich die Polizeikräfte von Ländern unterstellen kann. Dagegen kann der Bundesrat sein Veto einlegen. Er ist also mit besonderen Befugnissen für Ausnahmesituationen ausgestattet, eine »Legalitätsreserve«, wie man ihn bezeichnet hat. In dieser Hinsicht unterscheidet sich das Grundgesetz sehr wesentlich von der Weimarer Verfassung, die den Reichspräsidenten mit weitreichenden Notstandsvollmachten ausgestattet hatte. Wenn das Grundgesetz in dieser Frage zurückhaltend ist, so ergibt sich das neben den Erfahrungen mit dem Art. 48 der Weimarer Verfassung vor allem aber aus dem Umstand, daß sich die Besatzungsmächte die Beherrschung des Ausnahmezustandes vorbehalten hatten. Dies geschah in dem weiter unten zu behandelnden Besatzungsstatut vom 10. April 1949.

Überhaupt war die Rückbesinnung auf die Erfahrungen mit der Weimarer Republik ein Leitmotiv in den Beratungen des Verfassungskonvents und des Parlamentarischen Rates. Hier hat die Institution des konstruktiven Mißtrauensvotums (Art. 67) ihren Ursprung. Es soll gewährleisten, daß die Regierung nicht von einer in sich uneinigen Majorität gestürzt werden kann, ohne daß die positive Alternative eines von einer Majorität getragenen neuen Kanzlers besteht. Und um zu verhindern, daß verfassungsfeindliche Parteien wie in der Zeit der Weimarer Republik die parlamentarischen Freiheiten zur Zerstörung der Freiheit mißbrauchen, kam der Parlamentarische Rat zu der Überzeugung, daß es erforderlich sei, die Parteien – ähnlich wie man es in der Verfassung des Landes Baden getan hatte – in das Grundgesetz einzubauen. Indem der Parteienstaat den ihn tragenden organisierten politischen Kräften einen verfassungsrechtlichen Status gab, gewann er zugleich die Möglichkeit, sie durch Gesetz und Verfassungsgericht zu zügeln. Das Grundgesetz sieht vor, die Parteien hinsichtlich ihrer Struktur, ihrer Programmatik und auch ihrer Tätigkeit unter Verfassungskontrolle zu stellen (Art. 21). Das im Grundgesetz vorgesehene Parteiengesetz kam aber erst 1967 zustande[6]. Das Bundesverfassungsgericht hat bisher in zwei Fällen Parteiverbote ausgesprochen, 1952 gegen die neonazistische »Sozialistische Reichspartei« und 1956 gegen die »Kommunistische Partei Deutschlands«[7].

Im Unterschied zur Weimarer Verfassung enthält das Grundgesetz keine Aussage über das Wahlrecht, obwohl durch dessen jeweilige Ausgestaltung die Funktionsweise des parteienstaatlichen Parlamentarismus – Proporzwahl, Mehrheitswahl, Sperrklausel – erheblich mitbedingt ist. Das Londoner Kommuniqué hatte die Frage offen gelassen, wem in Deutschland der Erlaß von Wahlgesetzen obliege, dem verfassunggebenden Gremium oder den Ländern. Der Parlamentarische Rat nahm jedoch für sich diese Zuständigkeit in Anspruch. Über die Ausgestaltung eines Wahlgesetzes zum ersten Bundestag waren die Meinungen zwischen, aber auch in den Parteien geteilt. CDU und CSU neigten überwiegend der relativen Mehrheitswahl zu. SPD, Zentrum und FDP einigten sich mit Mehrheit gegen die Unionsparteien auf einen Entwurf, der ein modifiziertes Proporzsystem vorsah: Wahl je der Hälfte der Abgeordneten durch Direkt- und durch Listenwahl. Als Zugeständnis an die kleinen Parteien wurde die Hinzufügung einer Sperrklausel verworfen. Diese Mehrheit im Parlamentarischen Rat war der Meinung, daß die Weimarer Republik an der Verfassungsfeindlichkeit der radikalen Flügelparteien, aber nicht eigentlich an der Vielzahl kleiner Parteien zugrunde gegangen sei. Gegen diesen Entwurf intervenierten die Militärregierungen. Sie erklärten die Länder als für die Wahlgesetzgebung zuständig. Auch Adenauer stellte sich auf diesen Standpunkt. Er hoffte, auf diese Weise noch am ehesten das relative Mehrheitswahlrecht durchsetzen zu können. Die Ministerpräsidenten jedoch sprachen sich für ein bundeseinheitliches Wahlrecht aus. Gegen die Stimmen der CDU/CSU wurde schließlich ein Wahlgesetz verabschiedet, das den Vorstellungen der SPD und der kleineren Parteien entsprach. Die Ministerpräsidenten veranlaßten zuletzt noch eine Modifizierung: das Verhältnis der Direkt- zu den Listenmandaten wurde auf 60 : 40 festgesetzt und eine 5%-Sperrklausel hinzugefügt. In dieser Form fand der Kompromiß, um dessen Zustandekommen sich besonders Reinhold Maier bemüht hatte, auch die Zustimmung der Ministerpräsidenten und der Militärregierungen. Auf deren Anweisung verkündeten die Ministerpräsidenten das Wahlgesetz am 15. Juni 1949[8]. Die späteren Wahlgesetze haben im Prinzip an einem solchen Mischwahlsystem, das im Kern auf dem Proporz beruht, wenn auch in abgewandelter Form, festgehalten. Durch die Sperrklausel wurde das Entstehen neuer Parteien erheblich erschwert. Sie wirkte sich als eine Privilegierung der bestehenden aus.

Für das staatliche Organisationsstatut war neben der regionalen Gewaltenteilung und der Selbstbeschränkung des parteienstaatlichen Parlamentarismus im Hinblick auf die Weimarer Erfahrungen die Kompetenzzuweisung für das Staatsoberhaupt eine Frage, die besonders sorgfältiger Überlegungen bedurfte. Es war zu verhindern, daß das Staatsoberhaupt aufgrund seiner verfassungsrechtlichen Stellung eine ähnliche Machtfülle wie früher der Reichspräsident würde entwickeln können. Deshalb wollte man den Bundespräsidenten weder aus einer allgemeinen

Volkswahl hervorgehen lassen und ihn als eine unabhängige eigene Gewalt dem Parlament gegenüberstellen noch wie den Reichspräsidenten mit jener dreifachen Gewaltenfülle der Reichstagsauflösung, der Ernennung des Kanzlers und des Notverordnungsrechtes ausrüsten. Dennoch sollte er die neutrale Staatsgewalt über den Parteien verkörpern und eine ausgleichende Wirkung zwischen den verschiedenen Organen des Staates ausüben. Deshalb beschloß man, ihn nicht einfach durch den Bundestag oder durch den Bundesrat wählen zu lassen, sondern durch die sogenannte Bundesversammlung, ein gemischtes Gremium aus den Mitgliedern des Bundestages und einer gleich großen Anzahl von Abgeordneten, die in den Ländern durch die Landtage bestimmt werden. Daß das Grundgesetz die Stellung des Bundespräsidenten in Distanz zum politischen Kampf der Parteien um die Macht verstanden wissen will, kommt auch im Fünfjahresrhythmus seiner Amtsperiode im Unterschied zum Vierjahresrhythmus der Bundestagswahlen zum Ausdruck.

Ein Fundamentalprinzip des Grundgesetzes wie der Weimarer Verfassung ist die Begrenzung der staatlichen Macht durch das Recht. Dem dient dort wie hier die Einrichtung eines obersten staatlichen Gerichtshofes und die verfassungsmäßige Verankerung von Grundrechten. Weimarer Verfassung und Grundgesetz weisen jedoch in beiden Hinsichten charakteristische Unterschiede auf. Der »Staatsgerichtshof für das Deutsche Reich« der Weimarer Republik war mit dem Reichsgericht in Leipzig verbunden. Im Unterschied hierzu ist das »Bundesverfassungsgericht« ein selbständiges oberstes Gericht mit dem Sitz in Karlsruhe[9]. Der Staatsgerichtshof setzte sich z. T. aus von Amts wegen berufenen, z. T. aus gewählten Richtern zusammen. Die Mitglieder des Bundesverfassungsgerichts werden ausschließlich gewählt, und zwar je zur Hälfte durch den Bundestag und den Bundesrat. Dieser stärker herausgehobenen Stellung des Bundesverfassungsgerichts entspricht seine erhöhte Zuständigkeit. Zu den Angelegenheiten des Staatsgerichtshofs gehörte seine Funktion als Disziplinargericht bei Anklagen gegen Reichspräsident, Reichskanzler oder Reichsminister wegen Gesetzesverletzung, die föderative Schlichtung zwischen Ländern bzw. Ländern und dem Reich, in bestimmten Fällen Verfassungsgerichtsbarkeit innerhalb der Länder, nicht jedoch innerhalb des Reiches. Der dennoch vom Reichsgericht durch eine Entscheidung vom 4. November 1925 postulierte Anspruch auf ein richterliches Recht zur Überprüfung von Gesetzen blieb rechtlich umstritten. Im Unterschied hierzu wurde das Bundesverfassungsgericht durch den Parlamentarischen Rat außer mit Kompetenzen analog denen des früheren Staatsgerichtshofs zusätzlich mit der sogenannten »Normenkontrolle«, der Überprüfung von Gesetzen auf ihre Verfassungsgemäßheit, als wesentliche Funktion ausgerüstet. Der Vorstellung einer »wehrhaften Demokratie« entsprach es, wenn dem Bundesverfassungsgericht ferner die Zuständigkeit verliehen wurde, die Verwirkung von Grundrechten auszusprechen in Fällen, wo diese zum Kampf gegen die freiheitliche demokratische Rechtsordnung mißbraucht werden. Dazu gehört auch das Verbot von verfassungsfeindlichen Parteien. Durch Grundgesetzänderung vom 29. Januar 1969 wurde darüber hinaus das Institut der »Verfassungsbeschwerde« eingeführt, die vom einzelnen wegen Verletzung der Grundrechte durch die öffentliche Gewalt und von Gemeinden wegen des Rechts auf Selbstverwaltung erhoben werden kann. Die insgesamt im Grundgesetz Art. 93 und im Gesetz über das Bundesverfassungsgericht[10] § 13 festgelegten Zuständigkeiten machen diesen »allen übrigen Verfassungsorganen gegenüber selbständigen und unabhängigen Gerichtshof« (Gesetz über das Bundesverfassungsgericht § 1) zum Hüter der Verfassung.

Der Abschnitt über die Grundrechte ist im Grundgesetz knapp und im Vergleich zur Weimarer Reichsverfassung präzise gehalten. Er steht am Anfang des Grundgesetzes im Unterschied zur Weimarer Verfassung. Und während dort der zweite Hauptteil des Verfassungstextes sich darauf beschränkte, von den Grundrechten und Grundpflichten der Deutschen zu handeln, spricht das Grundgesetz allgemein von der Würde des Menschen und seinen unveräußerlichen Rechten, zu denen sich das deutsche Volk bekennt. Diese gelten als dem Staate vorgegeben und binden im Unterschied zur Weimarer Verfassung nicht nur die vollziehende Gewalt und die Rechtsprechung, sondern auch die Gesetzgebung. Diese Bindung ist als so weitgehend gedacht, daß nach dem Willen des Parlamentarischen Rates die Grundrechte auch nicht auf dem Wege der Verfassungsänderung berührt werden dürfen (Art. 79). Stärker als es die Weimarer Verfassung getan hatte, wendet sich damit das Grundgesetz zur klassischen Tradition der Grundrechte zurück. Über diese hinaus findet sich im Grundgesetz ein besonderer Schutz für Ehe und Familie ausgesprochen. Bei einer weitgehenden Einmütigkeit im Parlamentarischen Rat über Stellung und Gewicht der liberalen Freiheitsrechte forderte das umstrittene Verhältnis von Kirche und Staat eine klare politische Entscheidung. Gegen die liberale und sozialistische Forderung einer Trennung von Kirche und Staat wurden die Aussagen der Weimarer Verfassung über die Stellung der Kirche im Staat als Bestandteil in das Grundgesetz hineingenommen (WRV Art. 136–139 und 141; BGG Art. 140). Zwar sollte es keine Staatskirche in Deutschland geben, aber die Kirchen blieben Körperschaften des öffentlichen Rechts mit bestimmten historisch begründeten Rechtstiteln gegenüber dem Staat.

Im Unterschied zu den klaren Aussagen des Grundgesetzes über die Rechte der Person blieb die Frage der Sozial- und Wirtschaftsordnung offen. Die Länderverfassungen hatten hierzu durchweg, wenn auch mit unterschiedlicher Ausführlichkeit und Klarheit, einiges ausgesagt. Das gleiche gilt für die Weimarer Reichsverfassung. Das Grundgesetz beschränkt sich im Unterschied hierzu auf die Feststellung des Entschädigungsgrundsatzes bei notwendig werdenden Enteignungen (Art. 14) und auf die Offenhaltung der Möglichkeit, Grund und Boden, Naturschätze und Produktionsmittel gegen Entschädigung »in Gemeineigentum oder in andere Formen der Gemeinwirtschaft zu überführen« (Art. 15). Die Zurückhaltung des Grundgesetzes gegenüber dem wirtschaftlich-sozialen Bereich erklärt sich einmal aus einer unzutreffenden Einschätzung der weiteren Entwicklung der politisch-sozialen Kräfteverhältnisse durch die Sozialdemokraten. Im Parlamentarischen Rat sahen sie sich gegenüber den bürgerlichen Parteien in der Minderheit. Da sie mit einer Mehrheit im kommenden Bundestag rechneten, hielten sie es für unklug, sich für das Grundgesetz auf allenfalls mögliche Kompromißlösungen einzulassen. Carlo Schmid erklärte, daß es sich für ein Provisorium nicht empfehle, eine endgültige Gestaltung der Lebensordnungen zu versuchen. Man solle sich mit einem Katalog von Individualrechten begnügen. Auch die Unionsparteien waren zurückhaltend, da die unterschiedlichen in ihnen vertretenen gesellschaftspolitischen Vorstellungen einer klaren Aussage entgegenstanden. Daß man die Frage der Sozial- und Wirtschaftsordnung nicht präjudizieren solle, war aber auch die Überzeugung besonders der amerikanischen Besatzungsmacht, die als natürliche Auswirkung der Einbeziehung Deutschlands in den Marshall-Plan eine Festigung der liberalen Wirtschafts- und Gesellschaftsform erwartete und sich ebenso wie die britische Militärregierung zwar gegen übermäßige Wirtschaftskonzentration aussprach, aber die Sozialisierungsfrage der kommenden deutschen Regierung überließ (vgl. Kap. 19). Daß diese Frage überhaupt offengehalten wurde, erschien aber der französischen Regierung, deren Besatzungszone damals noch nicht zum Vereinigten Wirtschaftsgebiet gehörte, bedenklich. Eine Sozialisierung der Ruhrindustrie, so hieß es in einem Memorandum der französischen Regierung vom 19. November, werde der deutschen Regierung eine Machtfülle geben, die selbst das Hitlerregime niemals besessen habe. Dem sollte nach dem Willen der Franzosen das Ruhrstatut einen Riegel vorschieben.

Gegen die Offenhaltung der sozialrechtlichen Fragen im Grundgesetz versuchten mit gemeinwirtschaftlicher Zielsetzung die Gewerkschaften zu intervenieren. Ein Generalstreik in der britisch-amerikanischen Doppelzone vom 12. November 1948, an dem sich über 9 Millionen Beschäftigte beteiligten, setzte sich für planwirtschaftliche Forderungen gegen die wirtschaftliche Liberalisierungspolitik Ludwig Erhards sowie für »Demokratisierung der Wirtschaft« und »gleichberechtigte Mitwirkung der Gewerkschaften in allen Organen der wirtschaftlichen Selbstverwaltung« ein. Diesem Demonstrationsstreik blieb aber der Erfolg versagt[10a]. Im Grundgesetz finden sich zur Frage der Sozialordnung schließlich die im Parlamentarischen Rat ohne kontroverse Debatte angenommenen, aber in ihrer nachträglichen Deutung umstrittenen Art. 20 und 28, die die Bundesrepublik einen »demokratischen und sozialen Bundesstaat« bzw. einen »republikanischen, demokratischen und sozialen Rechtsstaat« nennen. Bei der Interpretation dieser Formeln geht es im Kern um die Frage, inwieweit sie einen mit der Verfassung selbst gegebenen, durch deren Einzelbestimmungen bereits umschriebenen Sachverhalt benennen, ähnlich wie dies mit den Beiworten »republikanisch«, »demokratisch« und mit den Hauptworten »Bundesstaat«, »Rechtsstaat« geschieht, und inwieweit der »Sozialstaat« – was immer seine inhaltliche Bestimmung sein möge – einen erst noch zu verwirklichenden Verfassungsauftrag darstellt[11].

Welchen Namen sollte dieser »demokratische und soziale Bundesstaat« tragen? Da die Sozialdemokraten sowohl wie die bürgerlichen Parteien an der Auffassung festhielten, daß der deutsche Staat weder durch die Kapitulation der Wehrmacht noch durch die Übernahme der obersten Staatshoheit durch die

Besatzungsmächte aufgehört habe zu bestehen[12], hätte es nahegelegen, die Kontinuität des Staates durch die Kontinuität des Reichsbegriffs zum Ausdruck zu bringen. Zu den wenigen, die sich hierfür einsetzten, gehörte Jakob Kaiser. Er war in Sorge, daß ein Verzicht auf den Reichsbegriff einer vielleicht später entstehenden nationalistischen Bewegung billigen Argumentationsstoff an die Hand geben könnte. Aber vorherrschend war im Parlamentarischen Rat der Wille, durch einen neuen Namen den Beginn einer neuen, von der Reichstradition unterschiedenen staatlichen Rechtsordnung zu markieren. Es wurden als Staatsbezeichnungen u. a. vorgeschlagen: Deutsche Union, Deutsche Republik, Deutsche Länder. Der Verfassungskonvent sprach vom Bund deutscher Länder. Vom Ellwanger Freundeskreis der Christlich-Demokratischen Union kam der Vorschlag, der schließlich angenommen wurde: Bundesrepublik Deutschland. Für diesen Namen hat sich im Parlamentarischen Rat mit eindrucksvollen Argumenten Theodor Heuss eingesetzt. Zwar sei es richtig, sagte er, wenn der Verfassungskonvent betone, daß dieses Staatsgebilde ein Provisorium sei, aber man solle das Provisorische etwa durch den Namen Bund Deutscher Länder doch nicht zu sehr betonen, denn es sei zu hoffen, daß der Staat, der jetzt gebildet werde, als Modell für die staatliche Form eines wiedervereinigten Deutschland dienen könne. Darum plädierte er dafür, das Substantiv »Deutschland« mit seinem vollen Klang in den Staatsnamen hineinzunehmen. »Wir begreifen dieses Wort provisorisch«, so erklärte er, »natürlich vor allem in geographischem Sinne, da wir uns unserer Teilsituation völlig bewußt sind, geographisch und volkspolitisch. Aber strukturell wollen wir etwas machen, was nicht provisorisch ist … Wir müssen vielmehr strukturell schon etwas Stabileres hier fertigzubringen versuchen, auch etwas, was eine gewisse Symbolwirkung hat … Wir wollen keine Angst haben vor der Magie des Wortes. Ich würde bitten, in die Diskussion hereinzunehmen, daß wir uns heute einfach Bundesrepublik Deutschland nennen.«[13] Durch diesen neuen Staatsnamen wurde in angemessener Weise der Gedanke der Präambel des Grundgesetzes zum Ausdruck gebracht, daß das deutsche Volk aufgefordert bleibe, »in freier Selbstbestimmung die Einheit und Freiheit Deutschlands zu vollenden«, und daß der im Parlamentarischen Rat repräsentierte Teil des deutschen Volkes, indem er »für eine Übergangszeit eine neue Ordnung« schaffe, auch für jene Deutschen handele, denen jetzt mitzuwirken versagt war. Der so verstandene Anspruch der Stellvertretung für das ganze Volk läßt sich von Begriff und Wesen der Bundesrepublik nicht trennen. Dies war insbesondere auch die Überzeugung der demokratischen Parteien in Berlin. In ihrem Namen hatte Ernst Reuter die westdeutschen Ministerpräsidenten zur Staatsgründung ermutigt, indem er erklärte: »Wir sind der Meinung, daß die politische und ökonomische Konsolidierung des Westens eine elementare Voraussetzung für die Gesundung auch unserer Verhältnisse und für die Rückkehr des Ostens zum gemeinsamen Mutterland ist.«[14] Die Einberufung des Parlamentarischen Rates und die Erarbeitung des Grundgesetzes war eine Folge der tatsächlich vollzogenen Spaltung Deutschlands und nicht ihre Ursache. Sie hat aber gleichzeitig, indem sie Anlaß werden sollte für die offizielle Gründung des Gegenstaates der DDR, die Spaltung politisch vertieft. Dennoch geht das Grundgesetz von einer noch bestehenden nationalen und staatlichen Einheit aus, die es »zu wahren« und im Sinne der Selbstbestimmung »zu vollenden« gelte. Von den Prämissen der nationalpolitischen und verfassungsrechtlichen Überzeugung der Väter des Grundgesetzes her ist die Vorstellung nicht denkbar, daß es in Deutschland außerhalb einer von den Grundrechten bestimmten Ordnung der demokratischen und nationalen Selbstbestimmung eine als legitim anzuerkennende Vertretung deutscher Interessen geben könne. Die Frage, wie diese Spannung zwischen Grundgesetzanspruch und Wirklichkeit durchgehalten oder gelöst werden kann, ist zum Zentralproblem des nationalen Selbstverständnisses der Deutschen in der Bundesrepublik geworden.

Während in gesamtdeutscher Hinsicht das Grundgesetz das Fragment blieb, als das es seine Urheber bezeichneten, wurde die anfängliche Souveränitätsbeschränkung der Bundesrepublik schon in ihrem Gründungs- und Konsolidierungsprozeß erheblich gelockert. So haben die Besatzungsmächte gegenüber dem Parlamentarischen Rat nicht darauf bestanden, ihre Föderalisierungsvorstellungen im vollen Umfang durchzusetzen. In Memoranden vom 22. November 1948 und vom 2. März 1949 hatten sie dem Föderalismusprinzip eine Interpretation gegeben, die in ihrer Beschränkung der zentralen Bundesgewalt und in ihrer Ausweitung der legislativen Befugnisse der Länderkammer weiterging, als es der Mehrheit des Parlamentarischen Rates richtig erschien[15]. Es kam über diesen Versuch, in die Arbeit am Grundgesetz bestimmend einzugreifen, im März 1949 zu einer ernsten Krise in den westdeutsch-alliierten Beziehungen. Sie wurde beigelegt dadurch, daß im April 1949 die in Washington nach der Unterzeichnung des Nordatlantik-Paktes über Deutschland beratenden Außenminister der drei Besatzungsmächte den Vorstellungen des Parlamentarischen Rates entgegenkamen[16]. So stehen das Nordatlantische Verteidigungsbündnis, das Frankreich ein erhöhtes Gefühl der militärischen Sicherheit gab, und die Errichtung eines funktionsfähigen Staates in Westdeutschland in einem direkten Zusammenhang. Danach konnte das Grundgesetz am 8. Mai 1949, vier Jahre nach der Kapitulation, mit 53 Ja-Stimmen der CDU, SPD und FDP und 2 Stimmen der CSU verabschiedet werden. Dagegen stimmten aus unterschiedlichen Gründen 6 Abgeordnete der CSU sowie jeweils die beiden Abgeordneten der DP, des Zentrums und der KPD. Am 12. Mai gaben die Militärgouverneure ihre Zustimmung.

Gleichzeitig setzten sie das auf der Außenministerkonferenz der drei Westmächte in Washington vom 5.–8. April beschlossene und dem Parlamentarischen Rat bereits am 10. April 1949 übermittelte Besatzungsstatut in Kraft[17]. Es entsprach inhaltlich im wesentlichen dem, was im dritten der Frankfurter Dokumente vom 1. Juli 1948 angekündigt worden war, sah aber nach einjähriger Laufzeit eine Überprüfung vor »im Hinblick auf eine Erweiterung der Zuständigkeit der deutschen Stellen auf den Gebieten der Gesetzgebung, der Exekutive und der Rechtspflege«. Wenn bisher die französische Besatzungszone trotz wachsender Zusammenarbeit immer noch neben dem Vereinigten Wirtschaftsgebiet der britischen und amerikanischen Zone gestanden hatte, so wurde nunmehr ebenfalls auf der Washingtoner Außenministerkonferenz die Fusion der Zonen vereinbart und eine gemeinsame Dreimächtekontrolle unter dem Namen »Alliierte Hohe Kommission« errichtet[18]. In einer von den drei Außenministern Bevin, Schuman und Acheson unterzeichneten Satzung der Alliierten Hohen Kommission vom 20. Juni 1949 hieß es noch einmal in aller Deutlichkeit, daß die Kommission die oberste alliierte Regierungsgewalt in der Bundesrepublik Deutschland ausübe und daß ihre Aufgabe die »Kontrolle über die Bundesregierung und die Regierungen der sie bildenden Länder« sei[19]. Im Rahmen dieser allgemeinen Kontrolle wurde eine besondere Aufgabe dem am 17. Januar 1949 gebildeten »Militärischen Sicherheitsamt für die Westzonen Deutschlands« übertragen. Es sollte »verhindern, daß der allgemeine Aufschwung in Deutschland ... von seinen friedlichen Zielen abgelenkt und die Gefahr der Wiedergeburt eines deutschen Kriegspotentials heraufbeschworen wird«[20]. Diese Überwachung bezog sich sowohl auf das »Wiederaufleben militärischer Organisationen und militärischen Geistes« wie auf Industrie und wissenschaftliche Forschung. Die Hohe Kommission bestand aus drei von den Besatzungsmächten ernannten Hohen Kommissaren. Es waren für Frankreich der frühere Botschafter aus der Spätzeit der Weimarer Republik, André François-Poncet, für die USA John McCloy und für Großbritannien Sir Brian Robertson. Von ihrer politischen Funktion wurde der militärische Oberbefehl über die jeweiligen Besatzungstruppen getrennt.

Neben dem Besatzungsstatut und den es ergänzenden Abkommen über die Fusion der drei Zonen und die Errichtung der Alliierten Hohen Kommission und des Sicherheitsamtes war für den politischen Status der Bundesrepublik das ebenfalls vor der Verabschiedung und Genehmigung des Grundgesetzes getroffene Abkommen über die Errichtung einer Internationalen Ruhrbehörde bestimmend. Unterzeichner waren die Vereinigten Staaten, England, Frankreich und die Benelux-Staaten. Mitglied der Ruhrbehörde sollte neben den Unterzeichnern aber auch die Bundesrepublik sein. Sobald die deutsche Regierung gebildet sein würde, sollte sie einen Vertreter in die Ruhrbehörde entsenden können. Die USA, Großbritannien, Frankreich und Deutschland sollten je drei, die Benelux-Staaten je eine Stimme führen. Bis zur Entsendung eines Regierungsvertreters wurden die deutschen Stimmen durch die Besatzungsbehörden wahrgenommen[21]. Aufgaben der Behörde waren die Aufteilung von Kohle, Koks und Stahl zwischen Deutschland und den westeuropäischen Staaten, die Kontrolle von Preisen, Zöllen, Verkehr und Handel, soweit sie die Montanerzeugnisse der Ruhr betrafen, sowie der »Schutz ausländischer Interessen in Kohle-, Koks- und Stahlunternehmungen der Ruhr«. Bei der Bedeutung des Ruhrgebietes kam die Aufgabe der Behörde einer Kontrolle der westdeutschen Wirtschaft gleich.

In dem engen vorgezeichneten Rahmen, der militärisch und politisch durch das Besatzungsstatut und wirtschaftlich durch das Ruhrstatut vorgezeichnet war, begann die Bundesrepublik Deutschland ihren Weg. Nach der Verabschiedung des Grundgesetzes durch den Parlamentarischen Rat am 8. Mai 1949 und nach der Zustimmung der Besatzungsmächte vom 12. Mai wurde es den Länderparlamenten zur Ratifizierung vorgelegt.

Alle Landtage stimmten zu mit Ausnahme des bayerischen. Da die zustimmende Zweidrittelmehrheit der Länder, die erforderlich war, um dem Grundgesetz Gültigkeit im gesamten westlichen Besatzungsbereich zu verschaffen (GG Art. 144), gegeben war, ließ auch die bayerische Landesregierung keinen Zweifel daran, daß sie das Grundgesetz als verpflichtend anerkannte. Am 23. Mai 1949 wurde es durch den Parlamentarischen Rat in Kraft gesetzt. Zum Sitz des Bundes hatte der Parlamentarische Rat zuvor am 12. Mai 1949 mit der knappen Mehrheit von 33 zu 29 Stimmen Bonn bestimmt. Am 14. August 1949 fanden die ersten Bundestagswahlen statt. Umstritten bei diesen Wahlen war nicht das Grundgesetz, das von den großen Parteien gemeinsam verabschiedet worden war. Im Unterschied zur Weimarer Republik wurde die verfassungsrechtliche Ordnung des Grundgesetzes von der Zustimmung aller großen Parteien getragen. Im Mittelpunkt der Auseinandersetzung des Wahlkampfes stand die durch das Grundgesetz nicht geregelte Wirtschafts- und Sozialordnung. Der Kampf der Sozialdemokraten richtete sich wie schon im Wirtschaftsrat gegen die soziale Marktwirtschaft, während die CDU sich bei dem Ringen um die Wählerstimmen dieses von Ludwig Erhard vertretene Prinzip zu eigen machte. Vor die Alternative Sozialismus oder soziale Marktwirtschaft gestellt, war das Votum der Wählermajorität eindeutig. Bei einer Wahlbeteiligung von 78,5 % ergab sich für den ersten Deutschen Bundestag folgende Sitzverteilung: CDU/CSU 139 (+ 2 Berliner Abgeordnete), SPD 131 (+ 5), FDP 52 (+ 1), Bayernpartei 17, Deutsche Partei 17, KPD 15, Wirtschaftliche Aufbauvereinigung 12, Zentrum 10, Deutsche Reichspartei 5, Parteilose 3, Südschleswigsche Wählervereinigung 1. Es lag in der Konsequenz dieser Wahl, daß in Bonn die Frankfurter Koalition von CDU/CSU, FDP und DP fortgesetzt und nicht etwa, wie es manche wünschten, eine große Koalition der Unionsparteien mit den Sozialdemokraten gebildet wurde. So zeigte der erste Bundestag das klare Bild von Regierungsparteien und Opposition. Nach Vorbesprechungen zwischen Politikern der Unionsparteien und der FDP wurde am 12. September 1949 durch die Bundesversammlung Theodor Heuss zum Bundespräsidenten und am 15. September mit der knappen Mehrheit von nur einer Stimme Konrad Adenauer durch den Bundestag zum Bundeskanzler gewählt.

Bei allem realitätsbezogenen, taktisch notwendigen Pragmatismus ließ sich Konrad Adenauer von einigen klaren Grundvorstellungen leiten, die sich dem Oberbürgermeister von Köln in der Auseinandersetzung mit der französischen Rheinlandpolitik nach dem Ersten Weltkrieg gebildet hatten. Geleitet von dem Impuls eines elementaren Patriotismus, suchte er die Befreiung aus den Fesseln, die dem Besiegten auferlegt waren, durch die freiwillige Übernahme internationaler Bindungen, die zwischen Gleichberechtigten vereinbart wurden. Die westeuropäische Integration und nicht die Wiederherstellung der ungebundenen Souveränität des Nationalstaates war das ideale Endziel seiner Außenpolitik. Das Kernstück mußte die Aussöhnung mit Frankreich sein. Adenauer war bereit, auf diesem Wege um des europäischen Zieles willen Vorleistungen zu erbringen, die als Verzicht auf nationale Interessen erscheinen konnten und den heftigen Widerspruch der Opposition hervorriefen[22]. Es ging hierbei um drei Fragen: Bereitschaft zur Zusammenarbeit mit dem Militärischen Sicherheitsamt und seinem Inspektionsmechanismus, Anerkennung des Ruhrstatuts durch Entsendung eines deutschen Vertreters in die Behörde, Eintritt in den am 5. Mai 1949 gegründeten Europarat, und zwar gleichzeitig mit dem Saargebiet. Daß dem französischen Sicherheitsbedürfnis als einer politisch-psychologischen Tatsache Rechnung getragen werden müsse, hatte Adenauer schon nach dem Ersten Weltkrieg in seiner ersten politischen Rede, damals zum Unwillen Stresemanns, anerkannt. Um so weniger bestanden jetzt nach den Erfahrungen des Zweiten Weltkrieges Bedenken, Frankreich und dem Wunsch der übrigen Westalliierten in dieser Hinsicht entgegenzukommen. Auch die sozialdemokratische Opposition erhob hier keinen grundsätzlichen Widerspruch. Anders stand es mit dem Eintritt in die Ruhrbehörde und den Europarat. Adenauer selber hatte sich ursprünglich kategorisch gegen das Ruhrstatut als ein »beschlossenes System der Ausbeutung Deutschlands« ausgesprochen und offen dessen Ablehnung empfohlen[22a]. Da aber keine Möglichkeit bestand, die Errichtung der Ruhrbehörde zu verhindern, blieb für die deutsche Politik nur die Alternative, entweder die Handhabung dieses Kontrollinstrumentes gänzlich den Besatzungsmächten und den Benelux-Ländern zu überlassen oder einzusteigen und den Versuch zu unternehmen, von dieser Basis aus die Montanindustrie der Bundesrepublik und seiner westeuropäischen Anliegerstaaten zu einem Zweckverband zusammenzuschließen. Von dieser Zielvorstellung geleitet, hat Adenauer der Hohen Kommission die Mitarbeit Deutschlands an der Ruhrbehörde zugesagt. Und wie schon nach dem Ersten Weltkrieg stellte er auch jetzt dem französischen Kapital eine weitgehende Beteiligung an der auf Investitionsmittel angewiesenen Ruhrindustrie in Aussicht. Gegen dieses von der sozioökonomischen Gegebenheit der Privatwirtschaft ausgehende Europakonzept einer französisch-deutschen industriellen Interessenverschmelzung wandte sich der in der Diktion maßlose Protest Kurt Schumachers aus der doppelten Wurzel eines leidenschaftlichen Nationalismus und Sozialismus.

Schmerzlicher noch berührte das Nationalbewußtsein der für den Europarat vorgesehene gleichzeitige Beitritt der Bundesrepublik und des Saargebietes als assoziierter Mitglieder. Das Statut des Europarats war am 5. Mai 1949, einen Monat nach der Bildung der Nordatlantischen Verteidigungsgemeinschaft, von zehn Staaten – England, Frankreich und Italien; Dänemark, Schweden und Norwegen; Belgien, Holland, Luxemburg und Irland – unterzeichnet worden. Atlantische und europäische, wirtschaftliche, militärische und politische Zusammenschlüsse, Marshall-Plan und OEEC, NATO und Brüsseler Pakt (Westeuropäische Union, WEU) und schließlich der Europarat waren Erscheinungsformen des in seiner organisatorischen Vielfalt und in den entstehenden Kompetenzüberschneidungen komplexen Vorgangs einer in Gang kommenden westlichen Integration. Der Europarat hatte unter diesen Institutionen spezifisch politischen Charakter. Militärische und wirtschaftliche Fragen lagen außerhalb seiner Zuständigkeit. Er war ein Ergebnis der europäischen Bewegung. Diese hatte im Jahre 1946 durch die Reden Churchills in Fulton und Zürich ihren Anstoß erhalten und sich mit ihren mannigfaltigen Verbänden im »Internationalen Komitee der Vereinigungen für die Einheit Europas« zusammengeschlossen[23]. Im Mai 1948 hatte sie auf einem Europakongreß in Den Haag wiederum mit der Stimme Churchills an die Regierungen die Aufforderung gerichtet, angesichts der Herausforderung durch den sowjetischen Kommunismus das geeinte Europa zu schaffen, in dem die Menschenrechte und der freie Verkehr von Personen und Gütern gewährleistet sein sollten. Sitz des Europarats wurde Straßburg. Als Organe schuf man neben einem ständigen Sekretariat das Europäische Parlament, das sich aus den Delegationen der Nationalparlamente zusammensetzte, und den Ministerrat, beide mit sehr begrenzten Vollmachten. Mit der Zielvorstellung der »Vereinigten Staaten von Europa«, auf die sich gerade in der deutschen, vom

Nationalismus enttäuschten und nach neuen Idealen Ausschau haltenden Jugend manche Hoffnung richtete, hatte der Europarat nur insofern etwas zu tun, als er ein Diskussionsforum anbot, auf dem der europäische Gedanke vielleicht eine konkretere Form annehmen konnte. Zu diesem Gedanken gehörte als wesentliches Element mit den allgemeinen Menschenrechten das Prinzip der nationalen Selbstbestimmung. Durfte die Bundesregierung, wenn der Protest gegen die Abtrennung der Gebiete ostwärts von Oder-Neiße glaubhaft bleiben sollte, die völkerrechtlich ebenso ungültige Abtrennung des Saargebiets, wenn nicht sanktionieren, so doch tolerieren dadurch, daß sie neben der Saar in den Europarat eintrat? Dem Nein der von den Sozialdemokraten artikulierten nationalen Opposition stand bei Adenauer die Überlegung entgegen, daß Deutschland, wenn es von den Besatzungsmächten Konzessionen auf anderen Gebieten erwarten wollte, seinen guten Willen zur internationalen Zusammenarbeit unter Beweis stellen müsse unter Vorbehalt des Rechtsstandpunktes einer endgültigen Friedensregelung in der Saarfrage. Man geht zudem nicht fehl in der Feststellung, daß für Adenauer die nationale Bedeutung der Saarfrage in dem Maße zurücktreten konnte, wie er Chancen für das wirtschaftliche und politische Zusammenwachsen Westeuropas sah.

Die dreifache deutsche Bereitschaft zur Zusammenarbeit mit dem Sicherheitsamt, zur Anerkennung der Ruhrbehörde und zum Eintritt in den Europarat neben der Saar war die Voraussetzung dafür, daß die Alliierte Hohe Kommission sich zu erheblichen Zugeständnissen an die Bundesrepublik bereit fand. Die wichtigsten waren eine weitere Einschränkung der Demontagen, eine Lockerung der Beschränkung im Schiffbau und die Genehmigung zur Errichtung von Konsulaten in den westlichen Ländern und damit der Wiederbeginn einer institutionalisierten deutschen Außenpolitik. Das Ergebnis der hierüber geführten zähen Verhandlungen wurde im »Petersberger Abkommen« vom 22. November 1949 niedergelegt. Es war die erste frei ausgehandelte Vereinbarung zwischen Deutschland und den Besatzungsmächten. Eine erregte Debatte im Bundestag schloß sich an[24]. Hier fiel das von Kurt Schumacher in blinder Erregung gesprochene böse Wort vom »Bundeskanzler der Alliierten«. Die Bundesrepublik hatte den ersten Schritt getan, der in die Richtung Europa wies.

Zur europäischen wirtschaftlichen Zusammenarbeit wurde sie auch verpflichtet durch ein Abkommen mit den Vereinigten

Staaten vom 15. Dezember 1949, das am 31. Januar 1950 vom Bundestag zum Gesetz erhoben wurde[25]. Wenn die westlichen Besatzungszonen bisher im Rahmen der OEEC von den Militärgouverneuren vertreten worden waren, so rückte nunmehr die Bundesregierung selber in diese Stellung ein.

Einen Rückschlag für die deutsche Politik bedeutete die am 3. März 1950 zwischen Frankreich und der Saar abgeschlossene Konvention. Die Saar wurde hier zu einem autonomen, von Deutschland getrennten Gebiet unter französischer politischer und wirtschaftlicher Kontrolle erklärt. Die Bundesregierung legte hiergegen in einer vom Bundestag gebilligten Erklärung vom 10. März 1950 Verwahrung ein[26]. Dennoch nahm sie die am 31. März 1950 ergangene Einladung des Europarats zum Beitritt als assoziiertes Mitglied in der Überzeugung an, daß »Europa nicht um Deutschland herumgebaut werden könne«. Adenauer hat in einer Denkschrift hierzu das Für und Wider abgewogen[27]. Er bezeichnete die Saarfrage als offen und die Saarregierung nicht als legitimiert, über diesen deutschen Gebietsteil eigenmächtig zu verfügen. Demgegenüber war das entscheidende Argument für den Beitritt ein Hinweis auf eine Erklärung Bevins vor dem Unterhaus am 28. März, daß die Mitarbeit im Europarat die Voraussetzung dafür schaffen werde, »Deutschland die Führung seiner Außenpolitik zurückzugeben«. Dann werde Deutschland auch gleichberechtigtes Mitglied werden. Am 8. Juli 1950 wurde der Beitritt vollzogen; 1951 erhielt die Bundesrepublik die Vollmitgliedschaft.

Wenn das Leitmotiv der Politik Adenauers die durch reale Interessenverklammerung garantierte Einbeziehung der Bundesrepublik in Westeuropa war, so bedeutete das Jahr 1950 den entscheidenden Durchbruch in dieser Richtung. Schon den Ende 1948 veröffentlichten Erstentwurf des Ruhrstatuts hatte Adenauer mit dem Gedanken kommentiert, daß die Ruhrbehörde den Ausgangspunkt einer europäischen Föderation bilden müsse. Als er am 21. September 1949 seinen offiziellen Antrittsbesuch bei den Hohen Kommissaren auf dem Petersberg machte, hatte er es als notwendig erklärt, daß man die Regelung der Verhältnisse an der Ruhr aus ihrer Einseitigkeit herauslöse und sie allmählich zur Keimzelle einer Ordnung werden lasse, die auch die Grundstoffindustrien der anderen europäischen Länder umfasse[28]. Im März 1950 hatte er in Interviews gegenüber der amerikanischen Presse sich geradezu für den Gedanken einer deutsch-französischen Wirtschafts- und Zollunion eingesetzt, die aber auch anderen Staaten offenstehen solle. Und wiederum hatte er den Hohen Kommissaren bei den Verhandlungen über den durch die Saarkonvention erschwerten Beitritt Deutschlands zum Europarat nahegelegt, doch durch eine »Geste« die deutsche Entscheidung zu erleichtern. Während der Beratungen des Bundeskabinetts über diese Frage kam aus Paris nun die entscheidende Nachricht, daß die französische Regierung den Gedanken der Union in einem zunächst begrenzten Vorschlag konkretisierte. In einer »Erklärung der französischen Regierung über eine gemeinsame deutsch-französische Schwerindustrie vom 9. Mai 1950« – nach dem französischen Außenminister »Schuman-Plan« genannt – hieß es: »Die Vereinigung der europäischen Nationen erfordert, daß der Jahrhunderte alte Gegensatz zwischen Frankreich und Deutschland ausgelöscht wird. Das begonnene Werk muß in erster Linie Deutschland und Frankreich erfassen. Zu diesem Zweck schlägt die französische Regierung vor, in einem begrenzten, doch entscheidenden Punkt sofort zur Tat zu schreiten. Die französische Regierung schlägt vor, die Gesamtheit der französisch-deutschen Kohlen- und Stahlproduktion unter eine gemeinsame Oberste Aufsichtsbehörde (Haute Autorité) zu stellen, in einer Organisation, die den anderen europäischen Ländern zum Beitritt offen steht. Die Zusammenlegung der Kohlen- und Stahlproduktion wird sofort die Schaffung gemeinsamer Grundlagen für die wirtschaftliche Entwicklung sichern – die erste Etappe der europäischen Föderation ...«[29] Bereits ein Jahr später, am 18. April 1951, konnte zwischen Deutschland, Frankreich, Italien und den Benelux-Staaten der Vertrag über die Gründung der Montan-Union geschlossen werden, der am 23. Juni 1952 in Kraft trat. Die Proklamierung des Schuman-Plans schloß den Gründungsvorgang der Bundesrepublik Deutschland als eines aus Besatzungsabhängigkeit in die westeuropäische Integration hineinwachsenden deutschen Teilstaates ab.

Dokumente: Foreign Relations of the United States. Diplomatic Papers 1948, Vol. 2: Germany and Austria (Washington 1973); J. V. WAGNER (Hg.), Der Parlament. Rat 1948–1949. Akten u. Protokolle, Bd. 1: Vorgesch. (1975); Parlament. Rat. Stenogr. Berichte, Verhandlungen des Plenums (1948/49); Parlament. Rat. Verhandlungen des Hauptausschusses (1948/49); E. R. HUBER (Hg.), Quellen zum Staatsrecht der Neuzeit 2 (1951); Th. STAMMEN (Hg.), Einigkeit u. Recht u. Freiheit. Westdt. Innenpolitik 1945 bis 1955 (Tb. 1965).

Grundgesetz-Kommentare: B. DENNEWITZ/H. J. ABRAHAM u.a. (Hg.), Kommentar zum Bonner Grundgesetz (Bonner Kommentar) (1950ff.); H. v. MAN-

GOLDT/F. KLEIN, Das Bonner Grundgesetz. Kommentar (3 Bde. [2]1957–1974); Th. MAUNZ/G. DÜRIG/R. HERZOG, Grundgesetz, Kommentar ([3]1968).

Darstellungen: F. K. FROMME, Von der Weimarer Verfassung zum Bonner Grundgesetz. Die verfassungspolit. Folgerungen des Parlament. Rats aus Weimarer Republik u. nat.soz. Diktatur ([2]1962); J. F. GOLAY, The Founding of the Federal Republic of Germany (Chicago/London 1965); W. STRAUSS, Die Arbeit des Parlament. Rats, in: Festschrift Hans Schäffer (1966), St. war CDU-Mitglied des Parl. Rats; P. H. MERKL, Die Entstehung der Bundesrep. Dtld. (a. d. Engl. [2]1968); W. SÖRGEL, Konsensus u. Interessen. Eine Studie zur Entstehung des Grundgesetzes für die Bundesrep. Dtld. (1969); V. OTTO, Das Staatsverständnis des Parlament. Rates (1971); Th. VOGELSANG, Koblenz, Berlin u. Rüdesheim. Die Option für den westdt. Staat im Juli 1948, in: Festschrift Hermann Heimpel, Bd. 1 (1971).

[1] S. ROTHSTEIN, Die Londoner Sechsmächtekonferenz 1948 u. ihre Bedeutung für die Gründung der Bundesrep. Dtld. (Diss. iur. Freiburg 1968); ders., Gab es eine Alternative? Zur Vorgesch. der Gründung der Bundesrep. Dtld., in: Das Parlament, Beilage, 17. 5. 1969; Londoner Schlußkommuniqué vom 7. Juni 1948 in: Der Parlament. Rat Bd. 1, Nr. 1.

[2] Ebd. Nr. 4.

[3] Ebd. Nr. 6 u. 7.

[4] Verfassungsausschuß der Ministerpräsidentenkonferenz der westl. Besatzungszonen, Bericht über den Verfassungskonvent vom 10. bis 23. Aug. 1948 (1948); Text der Verfassungsentwürfe der Mehrheit u. der Minderheit bei E. R. HUBER, Bd. 2, S. 219.

[5] Eine synoptische Übersicht der verschiedenen Verfassungsentwürfe in: B. DENNEWITZ, Einleitung zum Kommentar zum Bonner Grundgesetz (Bonner Kommentar, 1954); Texte auch bei W. SÖRGEL, op. cit., Anhang.

[5a] Zur Stellung Berlins im Parlament. Rat: vgl. J. O. WAGNER (Hg.), Der Parlament. Rat, Dok. Nr. 25; Ausführl. Erörterung der Zugehörigkeit Berlins zur Bundesrepublik bei J. FIJALKOWSKI u. a., Berlin – Hauptstadtanspruch u. Westintegration (1967).

[6] Das in BGG Art. 21 vorgesehene Parteiengesetz wurde am 24. Juli 1967

verkündet. Text mit nachfolgenden Ergänzungen in: Beck'sche Textausgaben, Grundgesetz ([44]1976).

[7] Bundesverfassungsgerichtsurteile vom 23. 10. 1952 gegen die SRP (BVG 2, 1953), vom 17. 8. 1956 gegen die KPD (BVG 5, 1956).

[8] BGBl. Nr. 2, 15. 6. 1949; E. LANGE, Der Parlament. Rat u. die Entstehung des Ersten Bundestagswahlgesetzes, VfZG 20 (1972); ders., Wahlrecht u. Innenpolitik. Entstehungsgesch. u. Analyse der Wahlgesetzgebung u. Wahlrechtsdiskussion im westl. Nachkriegsdtld. 1945 bis 1956 (1975).

[9] Zum Bundesverfassungsgericht vgl. bes. H. LAUFER, Verfassungsgerichtsbarkeit u. polit. Prozeß. Studien zum Bundesverfassungsgericht der Bundesrep. Dtld. (1968); ferner R. DOLZER, Die staatstheoret. u. staatsrechtl. Stellung des Bundesverfassungsgerichts (Diss. Heidelberg 1972).

[10] Gesetz über das Bundesverfassungsgericht vom 12. 3. 1951, BGBl. 1 (1951), S. 243 ff.; Neufassung vom 3. 2. 1971, BGBl. 1 (1971), S. 105.

[10a] G. BEIER, Der Demonstrations- u. Generalstreik v. 12. Nov. 1948 im Zusammenhang mit der parlament. Entwicklung Westdtlds. (1975).

[11] E. MENZEL, Der »Sozialstaat« des Bonner Grundgesetzes, GWU 12 (1961); E. FORSTHOFF (Hg.), Rechtsstaatlichkeit u. Sozialstaatlichkeit.

Aufsätze u. Essays (1968); ders., Verfassungsprobleme des Sozialstaates (1954); ders., Begriff u. Wesen des sozialen Rechtsstaates (1954); H. GERBER, Die Sozialstaatsklausel des Grundgesetzes (1956); E. R. HUBER, Rechtsstaat u. Sozialstaat in der modernen Industriegesellschaft, in: ders., Nationalstaat u. Verfassungsstaat. Studien zur mod. Staatsidee (1965); H.-H. HARTWICH, Sozialstaatspostulat u. gesellschaftl. status quo (1970), eine Interpretation des BGG unter zeitgeschichtlicher, verfassungsrechtlicher u. politisch-systematischer Fragestellung mit dem Ziel, eine demokratisch-sozialistische Alternative zur bestehenden Gesellschaftsordnung der soz. Marktwirtschaft aus dem Sozialstaatsartikel zu legitimieren.

[12] S. insb. die Rede von Carlo Schmid, Parlament. Rat, Sten. Bericht 2. Sitzung, 8. 9. 1948.

[13] Ebd. 3. Sitzung, 9. 9. 1948, S. 41.

[14] Konferenz der Ministerpräsidenten der westdt. Besatzungszonen Jagdschloß Niederwald, 21.–22. 7. 1948, in: Der Parlament. Rat, Bd. 1, Nr. 11.

[15] E. R. HUBER, Bd. 2, S. 208 ff.

[16] Weisungen der drei Außenminister an die Militärgouverneure vom 5. u. 8./22. 4. 1949, ebd. S. 214–216.

[17] Ebd. S. 576 ff.

[18] Abkommen vom 8. 4. 1949, ebd. S. 581 ff.

[19] Ebd. S. 583 ff.

[20] Ebd. S. 605 ff.

[21] Ebd. S. 590 ff.

[22] Lit. zu Adenauer s. Kap. 11, Anm. 4; R. MORSEY, Die Rolle Konrad Adenauers im Parlament. Rat, VfZG 18 (1970). Zur Außenpolitik der entstehenden Bundesrepublik:

Die ausw. Politik der Bundesrep. Dtld., hg. vom Ausw. Amt (1972); W. BESSON, Die Außenpolitik der Bundesrepublik (1970); W. F. HANRIEDER, Die stabile Krise. Ziele u. Entscheidungen der bundesrepublikanischen Außenpolitik 1949–1969 (1971).

[22a] Adenauer in: Die Welt, 10. 6. 1948; vgl. J. O. WAGNER (Hg.), Parlament. Rat, S. XXI; ferner H. PÜTZ (Hg.), K. Adenauer u. die CDU der brit. Besatzungszone 1946–1949 (1975), Dok. Nr. 21.

[23] Europa. Dok. zur Frage der europ. Einigung, hg. im Auftrag des Ausw. Amtes, 3 Teilbde. (1962); H. FURLER, Im neuen Europa. Erlebnisse u. Erfahrungen im Europ. Parlament (1963); F. R. WILLIS, France, Germany and the New Europe, 1945–1967 (Stanford 1968); vgl. ferner die entsprechenden Kap. bei H.-P. SCHWARZ, Vom Reich zur Bundesrepublik.

[24] Zum außenpolit. Konzept der sozialdemokrat. Opposition im Zusammenhang: R. HRBEK, Die SPD, Deutschland u. Europa (1972).

[25] BGBl. 1949/50, S. 9 ff.

[26] Saarkonvention u. Erklärung der Bundesregierung in: K. HOHLFELD (Hg.), Dok. der dt. Politik u. Gesch. 6, Nr. 68 a u. b.

[27] Denkschrift Adenauers vom 7. 5. 50, EA 5 (1950), S. 3127 ff.

[28] K. ADENAUER, Erinnerungen 1, S. 234 f.

[29] Text des Schuman-Plans EA 5,1 (1950), S. 3091; W. DIEBOLD, The Schuman-Plan. A case study on economic cooperation 1950–1959 (New York 1959); E. WANDEL, Adenauer u. der Schuman-Plan, VfZG 20 (1972).

Kapitel 22
Die Entstehung der Deutschen Demokratischen Republik

Am 7. Oktober 1949 wurde die Verfassung der DDR in Kraft gesetzt, einen Monat nach der in der Zeit vom 7. bis 15. September vollzogenen Konstituierung der Staatsorgane der Bundesrepublik. Dieser offizielle Akt der Staatsgründung war der Schlußpunkt eines Prozesses, der seine allgemeinen Ursachen in dem weltpolitischen Verhältnis der Großen Mächte mit der sich daraus ergebenden Spaltung Deutschlands hatte und dessen besondere Ursachen in der wirtschaftlichen und politischen Eigenentwicklung der Sowjetzone seit 1945 lagen. Die Notwendigkeit, eine sich zunehmend sozialisierende Wirtschaft planend zu lenken, hatte im Jahre 1947 zur Bildung der Deutschen Wirtschaftskommission geführt. Die für 1948 zu erwartende Einbeziehung Westdeutschlands in den Marshall-Plan bedeutete eine Herausforderung für die sowjetische Besatzungszone, die keine westliche Hilfe annehmen durfte und keine östliche Hilfe erwarten konnte. So befahl die SMAD am 12. Februar 1948 eine organisatorische Effektivierung der Wirtschaftskommission: das bisherige Kollegialorgan wurde unter die Leitung eines Vorsitzenden gestellt und mit einem Sekretariat als Vollzugsorgan ausgestattet. Gleichzeitig verlieh die SMAD der Wirtschaftskommission klare Weisungs- und Kontrollbefugnisse gegenüber allen deutschen staatlichen Organen im Gebiet der sowjetischen Besatzungszone[1]. Im Laufe des Jahres wurden die Vollmachten erweitert; die Wirtschaftskommission erhielt das Recht, unmittelbar für die Bevölkerung verbindliche Anordnungen zu erlassen[2]. Ihre zentrale Steuerungsfunktion beruhte aber vor allem darauf, daß ihr von der SMAD die unmittelbare Verfügung über einen Großteil der bisher von den Ländern verwalteten sozialisierten Wirtschaft übertragen wurde. Das Sekretariat der Wirtschaftskommission erhielt Weisungsbefugnisse gegenüber den in den Ländern bestehenden Hauptverwaltungen der volkseigenen Betriebe. 1800 von insgesamt rd. 2800 volkseigenen Betrieben mit etwa vier Fünftel der in ihnen Beschäftigten wurden aus der Länderzuständigkeit gänzlich herausgelöst und der Zentralbehörde in Form von »Vereinigungen volkseigener Betriebe« (VEB) direkt unterstellt. Bei diesen handelte es sich um konzern- bzw. trustartige Zusammenschlüsse von mehreren Betrieben der gleichen Fachrichtung, wobei die Einzelbetriebe keine juristischen Personen mehr darstellten.

Die Verpflichtung zur wirtschaftlichen Rechnungsablegung gegenüber der Wirtschaftskommission und zu selbständiger Bilanzierung lag bei den »Vereinigungen«. Deren Direktoren wurden von der Wirtschaftskommission ernannt und instruiert. Der Anteil der volkseigenen Produktion an der Industriewirtschaft der sowjetischen Besatzungszone lag damals bei 40%. Dazu kam ein ca. 20%iger Anteil der Sowjetischen Aktiengesellschaften. Der privatwirtschaftliche Sektor hatte damals noch einen Anteil von ca. 40% an der Produktion. Er war wie der volkseigene Sektor in die wirtschaftliche Gesamtplanung einbezogen.

Ein erster, als staatlich zu bezeichnender wirtschaftlicher Gesamtplan wurde im Jahre 1948 für die Jahre 1949/50 aufgestellt[3]. Die Initiative hierzu war, wie Ulbricht auf einer Tagung des Parteivorstandes vom 29. und 30. Juni 1948 erklärte, von der SED ausgegangen. Sie arbeitete den Plan aus und setzte die zu erreichenden Ziele. Über die Ausgangslage im Vergleich zum Westen erklärte Ulbricht: »Zusammenfassend können wir feststellen, daß die Industrieproduktion in der sowjetischen Besatzungszone im Jahre 1947 111 Prozent im Vergleich zu 1946 und 59 Prozent im Verhältnis zu 1936 betrug. Die Wirtschaftsverwaltung der Bizone mußte demgegenüber feststellen, daß die Wirtschaft in Westdeutschland nach dem Zusammenbruch im Jahre 1945 noch nicht erholt hat. Nach diesem Bericht betrug die industrielle Produktion der Bizone im Jahre 1947 nur 39 Prozent von der des Jahres 1936.«[4] Er sprach die Vermutung aus, daß der Marshallplan die wirtschaftliche Lage der arbeitenden Bevölkerung in Westdeutschland noch weiter verschlechtern werde. Das war eine Fehleinschätzung der wirtschaftlichen Potenzen der konkurrierenden Gesellschaftssysteme. Denn in Wirklichkeit verlief die Entwicklung so, daß bereits um die Mitte des Jahres 1948 die Industrieproduktion Westdeutschlands die der Sowjetzone prozentual, gemessen am Stand von 1936, überholte. Als Ziele wurden dem Zweijahresplan und einem vorgeschalteten Halbjahresplan für 1948 gesetzt: Steigerung der Arbeitsproduktivität um 30%, Produktionshöhe von 80% der Produktionshöhe von 1936, Steigerung der Löhne um durchschnittlich 15% und Senkung der Produktionskosten in den volkseigenen Betrieben um 7%. Wurden diese Ziele erreicht?

Das Ziel der Produktionssteigerung suchte man vor allem durch Steigerung der Arbeitsleistung des einzelnen und durch

Disziplinierung der Belegschaft zu erreichen. Der Bergmann Adolf Hennecke wurde am 17. Oktober 1948 durch das Zentralkomitee der SED belobigt, weil er in einer Schicht 24,4 cbm Steinkohle gefördert und damit 380% des Tagessolls erreicht habe. Mit Lockung und Drohung wurden die Arbeiter angetrieben, diesem Vorbild nachzueifern. Auf besondere Leistungen wurden besondere Lohnprämien gesetzt. Während man auf diese Weise eine Aktivistenbewegung in Gang zu setzen versuchte, wurde auf der anderen Seite die Institution, die die betrieblichen Arbeiterinteressen zu vertreten hatte, die gewählten Betriebsräte, aufgelöst. Sie galten als verdächtig wegen ihrer vielfach kritischen Haltung gegenüber der SED. Ihre Funktionen wurden den von der SED kontrollierten »Betriebsgewerkschaftsleitungen« des FDGB übertragen. Als ein Mittel zur Produktionssteigerung war auch die im Oktober 1948 geschaffene staatliche Handelsorganisation (HO) gedacht. In den HO-Läden wurden zu stark überhöhten Preisen Lebensmittel und Gebrauchsgüter zum Verkauf angeboten, die über das gesetzte Plansoll hinaus produziert worden waren. Darüber hinaus sollte durch die HO im Einzelhandel wie übrigens auch im Gaststätten- und Hotelgewerbe der private Sektor zurückgedrängt werden. Es war überhaupt das Bestreben der Planpolitik, den volkseigenen Anteil an der Wirtschaft auszudehnen. Prozesse gegen »Wirtschaftsverbrecher« gaben Anlaß zu weiteren Verstaatlichungen.

Auch in der Landwirtschaft begann der Übergang in eine gesellschaftliche Produktionsweise. Durch die Wirtschaftskommission wurden die »Maschinenausleihstationen« erheblich ausgebaut und durch die »Vereinigung der gegenseitigen Bauernhilfe« genossenschaftliche Zusammenschlüsse ermutigt. Das geschah unter der gleichzeitigen politischen Parole der Demokratisierung des Dorfes und der Brechung der wirtschaftlichen Vormachtstellung der Großbauern.

Ein Element der sich entwickelnden Staatswirtschaft war auch die dirigistische Verfügung über die menschliche Arbeitskraft. Dazu gehörte die Verschickung zahlreicher Facharbeiter, Techniker und Ingenieure in die Sowjetunion. Der Uranbergbau im Erzgebirge, der dem rüstungstechnischen Interesse der Sowjetunion diente, konnte nicht ohne Zwangsrekrutierungen die erforderlichen Arbeitskräfte erhalten.

Alle diese Steuerungsmaßnahmen wurden direkt oder indirekt durch die Deutsche Wirtschaftskommission vollzogen. Sie handelte unter den Direktiven der sowjetischen Militäradministration bzw. der SED. Ein Befehl der SMAD vom 27. November 1948 erweiterte die Wirtschaftskommission in Fortentwicklung ihres vorstaatlichen Charakters durch Einfügung eines repräsentativen Elementes[5]. Ihre Mitgliederzahl wurde von 36 auf 101 erhöht durch Hereinnahme von Vertretern der Parteien und Massenorganisationen und von Vertretern der Regionalinteressen, die von den Landtagen gewählt wurden. Dieses »Plenum« war ein Akklamationsorgan für die vom Sekretariat vorgelegten Verordnungen.

Während so im Rahmen des Zweijahresplans eine auf den Sozialismus hinführende staatliche Verwaltungswirtschaft entstand und in der Wirtschaftskommission zentrale Instanzen für den kommenden sowjetzonalen Staat vorbereitet wurden, vollzog sich in der SED die im Jahre 1947 angekündigte Umwandlung zur »Partei neuen Typus«. Am 29. Juli 1948 entschloß sich der Parteivorstand für den Weg von der Massenpartei zur Kaderpartei. Dazu gehörte die Aussonderung aller als unzuverlässig geltenden Elemente. Als Instrument hierfür diente die im September 1948 gebildete Parteikontrollkommission. Mit ihrer Hilfe sollte in erster Linie der immer noch vorhandene Einfluß sozialdemokratischer Denkweise ausgeschieden werden. Die zentrale Führung der Partei übernahm wie in der kommunistischen Partei der Sowjetunion ein Politbüro. Dessen leitende Figuren waren Pieck, Grotewohl und Ulbricht. Der staatlichpolitische Machtapparat wurde durch einen polizeilich-militärischen ergänzt. Nachdem am 3. Januar 1948 auf Weisung der sowjetischen Militäradministration die deutsche Verwaltung des Innern eine »Hauptabteilung Grenzpolizei-Bereitschaften« gebildet hatte mit dem Auftrag, Ausbildungseinheiten aufzustellen, wurde am 3. Juli 1948 die Aufstellung kasernierter, bewaffneter Bereitschaftsverbände – kasernierte Volkspolizei – angeordnet. Offiziell für den Schutz der Zonengrenze bestimmt, stellten diese Verbände den Kern für den späteren Aufbau militärischer Streitkräfte dar.

Schließlich wurde auch die staatsrechtliche Form der späteren Deutschen Demokratischen Republik bereits im Jahre 1948 vorgeprägt. Die staatsrechtlichen Grundgedanken der späteren DDR-Verfassung finden sich in den Schriften und Reden Walter Ulbrichts aus jener Zeit formuliert. Ähnlich wie bei den westdeutschen Verfassunggebern begegnet man auch hier dem Gedanken, daß das deutsche Volk aus dem Fehlschlag der Weimarer Republik lernen müsse. Aber die Folgerungen, die aus den Weimarer Erfahrungen hier und dort gezogen wurden, stellten absolute Gegensätze dar. Ein Leitmotiv in den staatstheoretischen Äußerungen Ulbrichts ist die These, daß die Idee der Gewaltenteilung überholt sei. »Während in der Weimarer Republik«, so sagt er z.B., »und das war das Rückständige dieser Verfassung, drei Gewalten festgelegt waren, Parlament und Regierung und der Verwaltungsapparat, drittens die Justiz, schlagen wir vor, daß es nur eine Gewalt gibt, nämlich das Parlament.«[6] Ebenso kritisierte er an der im Entstehen begriffenen westdeutschen Verfassung, daß sie das längst überholte Prinzip der Dreiteilung der Gewalten wieder hervorhole. Denn die Dreiteilung der Gewalten verhindere, daß mit Hilfe des Parlaments eine eindeutig klassenbestimmte Politik zur Umformung von Wirtschaft und Gesellschaft geführt werden könne. Die Justiz der Weimarer Zeit sei eine ausgesprochene Klassenjustiz und das deutsche Beamtentum, das Instrument der Exekutive, von einem undemokratischen und unrepublikanischen Staatsbewußtsein erfüllt gewesen. Deshalb verlangte er jetzt, daß alle Gewalt in die Hände des Parlaments gelegt werde. Statt Gewaltenteilung also Machtkonzentration beim Parlament. Ein zweiter für Ulbricht charakteristischer Gedanke ist die Relativierung von Wahl und Wahlrecht für das Funktionieren des Verfassungsmechanismus. Die in Westdeutschland erhobene Forderung nach Durchführung gesamtdeutscher Wahlen als grundlegender Maßnahme für die Wiedererrichtung eines deutschen Staates erschien ihm als propagandistische Ausnutzung einer am Wahlrecht orientierten Auffassung von Demokratie. »Auch wir sind für Wahlen«, erklärte er. Aber diese sollten erst eine gewisse Zeit nach der Übernahme der Verwaltung durch die deutschen Organe und nach Erfahrungen mit der Durchführung des Zweijahresplans stattfinden. Sein Begriff von Demokratie bedeutet Mitwirkung der dem Führungsanspruch der Partei unterworfenen Volkskräfte bei der Umgestaltung der realen wirtschaftlichen und sozialen Verhältnisse.

Diese beiden Grundprinzipien – keine Gewaltenteilung, sondern Gewaltenkonzentration, Demokratie kein Formalprinzip der Willensbildung, sondern ein Realprinzip der Gesellschaftsveränderung – fanden ihren Niederschlag in dem von der SED bereits am 14. November 1946 verabschiedeten gesamtdeutschen Entwurf für eine »Deutsche Demokratische Republik«, ferner, wenn auch eingehüllt in das Vokabular bürgerlicher Verfassungsvorstellungen, in den Länderverfassungen der sowjetischen Besatzungszone von Dezember 1946 bis Februar 1947. Im Verfassungsbild jenes gesamtdeutschen Entwurfs wie der Länderverfassungen nimmt den Forderungen Ulbrichts entsprechend das Parlament eine alles beherrschende Stellung ein. Es besitzt außer der legislativen Gewalt die Kontrolle über Exekutive und Jurisdiktion. Die Verfassungswirklichkeit zeigt im Gegensatz hierzu ein absolutes Vorherrschen der Exekutive, die man als einen Ausschuß des Parteienblocks mit dem vorherrschenden Einfluß der auch die Blockpolitik bestimmenden SED betrachten muß. Dem Parlament fehlt mit der Möglichkeit offener politischer Auseinandersetzung zwischen Regierung und Opposition diejenige Funktion, die ihm erst ein eigenes Gewicht gibt.

Als man sich Ende 1947 in der sowjetischen Besatzungszone anschickte, den Akt einer formalen Staatsgründung vorzubereiten, waren die wirtschaftlich-gesellschaftlichen, die institutionellen, die politischen und die verfassungstheoretischen Elemente bereits vorhanden. Die Verabschiedung der Verfassung und der Akt der Staatsgründung vollzogen sich in folgenden Schritten: Der erste deutsche »Volkskongreß« vom Dezember 1947 (vgl. Kap. 19), der sich in einem Appell an die Londoner Außenministerkonferenz als legitimer Sprecher des gesamten deutschen Volkes verstand, betrachtete sich als eine Art Vorparlament. Ein zweiter Volkskongreß, wie der erste gestützt auf das Organisationsnetz von KPD und SED und aus Delegierten von Parteien und Massenorganisationen zusammengesetzt, wurde zum 17./18. März, dem 100. Jahrestag der Revolution von 1848, einberufen. Er nahm für sich in Anspruch, Vollstrekker und Vollender der demokratischen und nationalen Ideen der Paulskirche zu sein. Er wählte als vorläufige ständige Vertretung einen aus 400 Mitgliedern bestehenden »Deutschen Volksrat«. Dieser nahm am 22. Oktober 1948 einen von der SED vorgelegten Verfassungsentwurf für die »Deutsche Demokratische Republik« an, der sich weitgehend an den Entwurf der SED vom 14. November 1946 anlehnte. Am 19. März 1949 billigte der Volksrat jenen Entwurf endgültig und leitete ihn dem dritten deutschen Volkskongreß zur Bestätigung zu. Dieser trat am 25. Mai 1949 zusammen. Er ging aus Wahlen hervor, für die man aus dem Blockprinzip die Folgerung der Einheitsliste gezogen hatte. Die Gesamtzahl der für den Volkskongreß vorgesehenen Abgeordnetensitze wurde zwischen den Parteien und

Massenorganisationen vorweg nach einem vereinbarten Schlüssel aufgeteilt. Dem Wähler blieb nur ein Ja oder Nein. Die Wahl erhielt dadurch einen rein akklamatorischen Charakter mit einem von vornherein feststehenden Ergebnis. Im einzelnen sah der Wahlschlüssel vor, daß die SED 25%, die CDU und LDP je 15%, die Nationaldemokraten und die Demokratische Bauernpartei je 7,5% der Sitze erhalten sollten. Alle übrigen Stimmen fielen an die Massenorganisationen, d. h. den FDGB, die FDJ, den Kulturbund, die Vereinigung der Verfolgten des Naziregimes, den Demokratischen Frauenbund Deutschlands und die Vereinigung der gegenseitigen Bauernhilfe. Da die massendemokratischen Organisationen unter Führung von Mitgliedern der SED standen und die Nationaldemokraten und die Bauernpartei sich von vornherein eng an die SED anlehnten und da schließlich die beiden bürgerlichen Parteien mit ihren 30% Stimmenanteil im Jahre 1948 völlig gleichgeschaltet worden waren, besaß die SED bei dieser Aufschlüsselung trotz des relativ geringen unmittelbaren Anteils von nur 25% ein so klares Übergewicht, daß sie politisch allein das Feld beherrschte. Die Durchführung der Abstimmung zeigte die charakteristischen Züge von plebiszitären Volksbefragungen unter Zwangsherrschaft: hohe Wahlbeteiligung von 95,2%, keine durchgehende Gewährleistung geheimer Abstimmung. Sie erbrachte 62,3% Ja-Stimmen. Zu den 1600 in der sowjetischen Besatzungszone gewählten Abgeordneten kamen 616 Delegierte aus Westdeutschland. Der Unterschied zum Parlamentarischen Rat ist deutlich. Während dessen Mitglieder durch die Parlamente der Länder gewählt worden waren, basierte die Verfassunggebung in der DDR dem Prinzip nach auf einer unmittelbaren Volksabstimmung. Am 30. Mai 1949, eine Woche nach Verabschiedung des Bonner Grundgesetzes, bestätigte der in Berlin tagende dritte deutsche Volkskongreß die am 19. März 1949 vom Volksrat verabschiedete Verfassung der DDR. Zugleich wählte er einen neuen Volksrat von 400 Mitgliedern. Indem dieser am 7. Oktober 1949 die Verfassung in Kraft setzte, erklärte er sich selbst zur provisorischen Volkskammer. Auch die weiteren Verfassungsorgane, Regierung und Länderkammer, wurden provisorisch gebildet. Am 11. Oktober 1949 wählten provisorische Volks- und provisorische Länderkammer Wilhelm Pieck zum Präsidenten der Republik, das Amt des Ministerpräsidenten erhielt Otto Grotewohl. Die ersten ordnungsmäßigen Wahlen aufgrund der Verfassung sind erst ein ganzes Jahr später, am

15. Oktober 1950, durchgeführt worden, wiederum wie immer seither aufgrund von Einheitslisten. Die Sowjetische Militäradministration übertrug am 11. November 1949 ihre Verwaltungsfunktionen an diesen neuen Staat. Die Besatzungsbehörde nannte sich hinfort »Sowjetische Kontrollkommission«. Als Abschluß des Prozesses, der 1945 mit der Einrichtung deutscher Zentralverwaltungen begonnen hatte und im Jahre 1947 mit der Bildung der Deutschen Wirtschaftskommission fortgeführt worden war, zog sich die Besatzungsmacht unter Verzicht auf eine unmittelbare Verwaltungstätigkeit auf eine Kontrollfunktion zurück. Dabei wurden aber Vorbehalte gemacht, ähnlich den Vorbehalten, die gegenüber der Bundesrepublik im Besatzungsstatut enthalten waren[7]. Die sowjetische Behörde behielt das Recht der Kontrolle über die Durchführung des Potsdamer Abkommens mit den unterschiedlichen Interpretationen zugänglichen Begriffen der Entmilitarisierung und – was die Kontrolle über den realen Umwandlungsprozeß der Gesellschaft betrifft – der Demokratisierung. Außerdem blieb die Erfüllung der Wiedergutmachungsverpflichtungen unter der Kontrolle der Sowjets, ebenso der Außenhandel, obwohl dieser wie auch die auswärtigen Beziehungen – und dies im Unterschied zu den Beschränkungen der Bundesrepublik – der Zuständigkeit der Deutschen Demokratischen Republik überlassen wurde. Es fehlte aber nicht an einem Generalvorbehalt der »notwendigen Überwachung« auch auf »anderen Gebieten«. Wie stark und wirkungskräftig dieser Vorbehalt gemeint war, sollte sich später im Jahre 1953 zeigen, als die Sowjettruppen das zusammenbrechende Regime gegen den Aufstand der Arbeiter schützten.

Die am 7. Oktober 1949 in Kraft gesetzte Verfassung der Deutschen Demokratischen Republik wurde am 6. April 1968 durch eine neue Verfassung abgelöst, die der in diesen zwei Jahrzehnten vollzogenen Umwandlung der antifaschistisch-demokratischen Ordnung in einen »sozialistischen Staat deutscher Nation« Rechnung trug. In die folgende Betrachtung des Verfassungstextes vom 7. Oktober 1949 sollen einige der bis zum Jahre 1968 eingetretenen Verfassungsänderungen mit einbezogen werden. Der erste Teil behandelt die »Grundlagen der Staatsgewalt«, und im ersten Artikel heißt es: »Deutschland ist eine unteilbare demokratische Republik«. Wir begegnen hier also dem Wort »Deutschland« wie auch im Titel der Bundesrepublik, obwohl der Name des sowjetzonalen Staates »Deutsche

Demokratische Republik« das Wort nur adjektivisch, nicht substantivisch verwendet. Jedenfalls wird der Anspruch, daß diese Verfassung für das gesamte Deutschland als ein Modell gedacht ist, ähnlich wie in der Präambel des Bonner Grundgesetzes, unmißverständlich zum Ausdruck gebracht, wenn der Art. 1 fortfährt: »Die Republik entscheidet alle Angelegenheiten, die für den Bestand und die Entwicklung des deutschen Volkes in seiner Gesamtheit wesentlich sind.« Dem hüben und drüben gleichermaßen erhobenen Anspruch entspricht das auf beiden Seiten gleich gewählte Staatssymbol, die schwarz-rot-goldene Fahne der großdeutschen 48er Revolution. Erst im Jahre 1959 erhielt die Fahne der DDR das zusätzliche unterscheidende Symbol von Hammer und Zirkel im Ährenkranz. Über die Grundlage der Staatsgewalt heißt es ähnlich wie im Grundgesetz: »Alle Staatsgewalt geht vom Volke aus« (Art. 3). Ähnlich wie die Weimarer Verfassung und im Unterschied zum Grundgesetz kennt die DDR-Verfassung Volksbegehren und Volksentscheid als Mittel der Gesetzgebung. Der zweite Teil der Verfassung bestimmt »Inhalt und Grenzen der Staatsgewalt«. Hier ist von den »Rechten des Bürgers« die Rede (Art. 6–18), nicht von den Rechten des Menschen, wie sie als vorstaatlich gegeben im Grundgesetz anerkannt werden. Bemerkenswert ist, daß an den Anfang der Rechteartikel die Begrenzung dieser Rechte gesetzt ist. Nun ist für jede Verfassung die staatspolitisch kritische Frage weniger die Formulierung der Freiheitsrechte als die Aussage darüber, wo ihre Grenze liegt. Hieran läßt sich der besondere Charakter eines Staates erkennen. Nicht durch die Freiheitsrechte gedeckt ist nach der DDR-Verfassung neben Glaubens-, Rassen- und Völkerhaß, Kriegshetze und Handlungen gegen die Gleichberechtigung auch das, was als »Boykotthetze« gegen »demokratische Einrichtungen und Organisationen« bezeichnet wird (Art. 6). Dieser Artikel diente in unzähligen Fällen dazu, Gegner der SED auf das härteste zu bestrafen[8]. Die Grundrechtsartikel des Grundgesetzes haben im Unterschied zu den Rechteartikeln der DDR-Verfassung bindende Kraft auch für den Gesetzgeber, aber sie haben keinen strafrechtlichen Charakter. Zweimal sind sie angewendet worden, um verfassungsfeindliche Parteien zu verbieten. Im Prozeß gegen die Sozialistische Reichspartei hat das Bundesverfassungsgericht erklärt, was die demokratische Grundordnung sei, gegen die sich niemand auf die Freiheitsrechte berufen dürfe. Als wesentlich wird in diesem Urteil die Anerkennung einer staatlichen Ordnung bezeichnet, die durch das Ringen konkurrierender Mächtegruppen bestimmt wird. Das pluralistische parlamentarische Prinzip ist allerdings auch durch den Wortlaut der DDR-Verfassung nicht ausgeschlossen, aber in der Verfassungswirklichkeit wurde der Verfassungstext im Sinne des im Blockprinzip institutionalisierten Hegemonialanspruchs der führenden Staatspartei interpretiert. Im übrigen begegnet man in dem Abschnitt über die Rechte des Bürgers in der DDR-Verfassung den klassischen liberalen Grundrechten wie Unverletzlichkeit der Wohnung, Pressefreiheit, Postgeheimnis und auch Freizügigkeit und das Recht auszuwandern, wobei allerdings hinzugefügt ist: »Dieses Recht kann nur durch Gesetz der Republik beschränkt werden« (Art. 10,3)[9]. Unter den Rechten des Bürgers wird auch das Streikrecht der Gewerkschaften gewährleistet. In der Verfassungswirklichkeit war es infolge der Unterordnung der Gewerkschaften unter die Staatspartei, die den Streik praktisch ausschloß, ebensowenig gewährleistet wie die liberalen Freiheitsrechte. Die Freiheit der Berufswahl wird durch die Verfassung zugesichert, aber im Unterschied zum Grundgesetz nicht die freie Wahl des Arbeitsplatzes. Die Diskrepanz zwischen Verfassungsbild und Verfassungswirklichkeit wird schließlich in dem Mitbestimmungsrecht der Arbeiter und Angestellten besonders deutlich. Es wird durch die Verfassung zugesagt (Art. 17), während doch ein Jahr zuvor bereits die Betriebsräte, das klassische Instrument der Mitbestimmung, beseitigt worden waren. Die betrieblichen Gewerkschaftsleitungen aber, die die Funktion der Betriebsräte mit übernehmen sollten, waren keine gewählte Vertretung der Gesamtbelegschaft, sondern Instrumente der FDGB- und SED-Führung zur Übererfüllung des Plansolls[10]. Auf die »Rechte des Bürgers« folgt ein Abschnitt über die Wirtschaftsordnung. Er hat keine Entsprechung im Grundgesetz, wo lediglich die Artikel 14 und 15 von der Garantie des Eigentums und der Möglichkeit der Enteignung mit Entschädigung sprechen. In der Verfassung der DDR wird im Unterschied hierzu der Ansatz zur Sozialisierung festgelegt. Die Wirtschaft soll eine von der Volksvertretung kontrollierte Planwirtschaft sein (Art. 21). Art. 24 sieht entschädigungslose Enteignung von Eigentum vor, das mißbräuchlich der »Begründung wirtschaftlicher Machtstellung«, die nicht weiter definiert wird, gedient hat. Art. 25 erklärt zum Volkseigentum alle Bodenschätze sowie die Betriebe des Bergbaus, der Eisen- und Stahlerzeugung und der Energiewirtschaft. Im übrigen bestätigen diese beiden Verfassungsbestimmungen im wesentlichen die wirtschaftlich-soziale Umwälzung, die sich seit 1945 schon vollzogen hatte. Darüber hinaus wird die Möglichkeit weiterer Überführung von Produktionsmitteln in Volkseigentum eröffnet (Art. 27).

Die Aussagen über Familie und Mutterschaft entsprechen im wesentlichen den Bestimmungen des Grundgesetzes. Keine Analogie im Bonner Grundgesetz hat der Abschnitt über Erziehung und Bildung, unbeschadet gleichklingender Aussagen in einzelnen Artikeln hier und dort. So wird auch in der DDR-Verfassung die Freiheit von Kunst, Forschung und Lehre anerkannt – allerdings mit der Einschränkung, daß der Staat sie »gegen den Mißbrauch für Zwecke, die den Bestimmungen und dem Geist der Verfassung widersprechen«, zu schützen habe. In der Konsequenz dieses Artikels wurde den Behörden das Recht gegeben, darüber zu entscheiden, wann ein Mißbrauch vorliege. In dem Maße, wie sich ein dogmatischer Marxismus als offizielle Staatslehre durchsetzte und die Verfassung in seinem Sinn interpretiert wurde, konnte mit Hilfe dieses Artikels über die Freiheit der Wissenschaft und ihren Schutz die Verbreitung jeder abweichenden wissenschaftlichen Auffassung unterbunden werden. Für die Weiterentwicklung des Bildungswesens bedeutsam geworden ist die verfassungsmäßige Verankerung des zweiten Bildungsweges (Art. 38): Der Weg zur Hochschule führt nicht nur über die Oberschule, sondern auch über andere öffentliche Bildungsanstalten, die zu diesem Zwecke auszubauen oder erst zu schaffen sind. Hier wurde die soziale Umschichtungsfunktion des Bildungswesens bestätigt, die die Richtschnur der Schulreform seit 1945 gewesen war (vgl. Kap. 18).

In dem folgenden Abschnitt über Religion und Religionsgemeinschaften wird Gewissens-, Glaubens- und Kultfreiheit zugesichert. Die Kirchen bleiben Körperschaften des öffentlichen Rechtes. Ähnlich wie bei Kunst und Wissenschaft wird auch hier die Grenze der Religionsfreiheit in ihrer verfassungswidrigen Anwendung gesetzt, ohne daß gesagt wird, wer für die Feststellung von verfassungswidrigen Äußerungen oder Handlungen von Religionsgemeinschaften zuständig sei. In dem Maße, wie sich die DDR zu einem marxistischen Weltanschauungsstaat entwickelte, wurde der Spielraum der Kirche eingeengt mit der Tendenz, ihre Tätigkeit auf den privaten Bereich zu begrenzen[11]. Die Entwicklung des Verhältnisses von Staat und Kirche sollte zeigen, daß letzten Endes der Gegensatz zwischen christlicher Lehre und einem dogmatischen Marxismus zu unausweichlichen Konflikten führen muß.

Der dritte und letzte Teil der Verfassung handelt vom »Aufbau der Staatsgewalt«. Es entspricht der Ablehnung des Prinzips der Gewaltenteilung, wenn die Volkskammer als »höchstes Organ der Republik« bezeichnet wird (Art. 50). Von den Abgeordneten, die in geheimer Wahl nach den Grundsätzen des Verhältniswahlrechts gewählt werden sollen, heißt es in genauer Wiederholung einer Formel des repräsentativen Parlamentarismus der Weimarer Verfassung und ähnlich wie im Grundgesetz, daß sie »nur ihrem Gewissen unterworfen und an Aufträge nicht gebunden« seien (Art. 51). Später hat sich in der Interpretation der Verfassung unter Berufung auf Art. 59, der die Volkskammer beauftragt, das Recht der Mitgliedschaft zu überprüfen und über die Gültigkeit der Wahlen zu entscheiden, der Gedanke des imperativen Mandats durchgesetzt[12]. Für die Interpretation des in Art. 51 festgelegten Wahlverfahrens gibt das für die Vorbereitung der Wahlen vom Oktober 1950 erlassene Wahlgesetz den Schlüssel[13]. Hier wird in Einzelheiten geregelt, wie die Wahl vor sich gehen soll, wie die Wahlräume einzurichten sind und was der Wähler zu tun hat. Dabei sind keinerlei Maßnahmen vorgesehen, die die Geheimhaltung der Stimmabgabe gewährleisten. Tatsächlich sind die Wahlen weitgehend offen durchgeführt worden. In diesem Wahlgesetz wird aus Art. 13 der Verfassung, der den Parteien und Massenorganisationen das Recht gibt, Wahlvorschläge einzureichen, die Folgerung abgeleitet: »Diese Vereinigungen haben also auch das verfassungsmäßige Recht, ihre Wahlvorschläge gemeinsam aufzustellen.« Damit wird das Blockprinzip und die Wahl nach Einheitsliste durch das Wahlgesetz in die Verfassung hineininterpretiert. »Frei von kleinlichem Hader eigensüchtiger Interessengruppen« sollen auf diese Weise »wahrhaft freie Volkswahlen« zustande kommen.

Die Zuständigkeit der Volkskammer als des höchsten Organs der Republik bezieht sich auf das Recht zur Gesetzgebung und zur Überwachung der gesamten Tätigkeit des Staates (Art. 63 und 65). Im Gegensatz hierzu ist am 23. Mai 1952 ein Gesetz über die Regierung der Deutschen Demokratischen Republik erlassen worden, in dem die entscheidenden Kontrollfunktionen der Regierung zugeschrieben werden[14]. Neben dem Ministerrat, so bestimmt es das Gesetz, wird eine staatliche Plankommission eingerichtet mit Zuständigkeit für Aufstellung und

Durchführung des Wirtschaftsplans und daneben ferner eine »Zentrale Kommission für Staatliche Kontrolle«. Sie erhält – anstelle des Parlaments, wie in der Verfassung vorgesehen – die Aufgabe, die Durchführung von Regierungsbeschlüssen, d. h. die Staatstätigkeit der Exekutive zu kontrollieren.

Nach der Verfassung gehört zur Kontrollfunktion der Volkskammer nun noch eine weitere Befugnis, nämlich durch einen von ihm gewählten »Verfassungsausschuß« die »Verfassungsmäßigkeit von Gesetzen« zu prüfen. Im Unterschied zu einem unabhängigen Verfassungsgerichtshof, wie ihn das Grundgesetz der Bundesrepublik vorsieht, prüft hier das Parlament also selber durch einen Ausschuß die Verfassungsmäßigkeit seiner eigenen legislativen Tätigkeit. Es ist selber keiner Gerichtsbarkeit unterworfen (Art. 66).

Ein zentrales Element in der deutschen Verfassungsentwicklung sind die Länder und ihre Vertretung. Die Verfassung der DDR sieht eine Länderkammer neben der Volkskammer vor (Art. 71–80). Die Mitglieder der Länderkammer werden von den Landtagen im Verhältnis der Stärke der Fraktionen entsandt. Die Länderkammer wirkt bei der Gesetzgebung mit, aber sie hat nur ein Vetorecht. Es gibt keine Bereiche der Gesetzgebung, wo, wie im Grundgesetz, die Mitwirkung der Länderkammer obligatorisch wäre. Es gibt nach der Verfassung der DDR aber auch keine Gesetzgebungsbereiche, wie etwa das Kulturwesen, die den Ländern in eigener Zuständigkeit vorbehalten wären. Die Verfassung der DDR steht im Zusammenhang einer Entwicklung, die die 1945 geschaffenen Länder mehr und mehr an den Rand des Staatslebens drängte, bis sie schließlich durch Gesetz vom 23. Juli 1952 über eine neue administrative Gliederung gänzlich beseitigt wurden[15]. Anstelle der fünf Länder, von denen es in Art. 1 der Verfassung hieß, daß sich auf ihnen die Republik aufbaue, traten 14 Verwaltungsbezirke und Ostberlin. Durch dieses Gesetz über die neue administrative Gliederung ist der föderalistische Grundgedanke, der in Potsdam von den Alliierten gemeinsam vereinbart worden war, preisgegeben worden. Die Länder standen der Durchführung einer zentralistischen Planwirtschaft im Wege.

Was die Verfassungsaussage über die Regierung anbetrifft, so hat für die politische Struktur der DDR Art. 92 zentrale Bedeutung, der das Amt des Ministerpräsidenten der stärksten Fraktion der Volkskammer zuweist. Das bedeutete eine verfassungsmäßige Garantie für die Permanenz eines SED-Ministerpräsidenten, weil nach dem Wahlgesetz die SED im Rahmen des Blocksystems und nach dem System der Einheitsliste notwendigerweise die stärkste Fraktion bleiben mußte. Demgegenüber hat es nichts zu bedeuten, daß der Verfassungstext auch das konstruktive Mißtrauensvotum kennt (Art. 95).

Für die Wahl des Präsidenten der Republik hat man im Unterschied zur Weimarer Verfassung und analog zum Grundgesetz auf die Volkswahl verzichtet. Von den beiden für die Wahl zuständigen Gremien, Volkskammer und Länderkammer, fiel die Länderkammer später weg.

In einem Abschnitt über die Rechtspflege heißt es im Sinne der klassischen Verfassungslehre, daß die Richter »in ihrer Rechtsprechung unabhängig und nur der Verfassung und dem Gesetz unterworfen« seien. Wenn aber in den liberalen Verfassungen wie auch im Bonner Grundgesetz die Unabhängigkeit der Justiz durch die Unabsetzbarkeit der Richter gewährleistet wird, so bestimmt die DDR-Verfassung im Unterschied hierzu, daß die Richter auf allen Stufen absetzbar sind (Art. 132). Die Politisierung der Justiz wird durch die Verfassung weiterhin dadurch gefördert, daß »im weitesten Umfange« Laienrichter an der Rechtsprechung beteiligt werden sollen und diese Laienrichter »auf Vorschlag der demokratischen Parteien und Organisationen durch die zuständigen Volksvertretungen gewählt« werden (Art. 130). Über diese politischen Einwirkungsmöglichkeiten auf die Justiz hinaus hat sich der Staat durch ein »Gesetz über die Errichtung des obersten Gerichtshofes und der obersten Staatsanwaltschaft« vom 8. Dezember 1949 das Recht vorbehalten, rechtskräftige Entscheidungen in Zivil- und Strafsachen durch den obersten vom Parlament gewählten Staatsanwalt aufheben zu lassen, und zwar dann, wenn die Gerichtsentscheidung eine Verletzung des Gesetzes erkennen läßt, aber auch dann – und das ist der entscheidende Passus –, wenn die Entscheidung der Gerechtigkeit gröblich widerspricht. Durch diesen dehnbaren Gesetzesartikel wird die Verfassungsgarantie der unabhängigen Rechtsprechung weitgehend in Frage gestellt.

Lit. u. Dok. s. Kap. 14.

Verfassung vom 19. März 1949: Entwurf einer Verfassung für die Dt. Demokrat. Republik. Beschluß einer außerordentl. Tagung des Parteivorstandes der Soz. Einheitspartei Dtlds. am 14. Nov. 1946 in Berlin, in: W. WEGENER (Hg.), Die neuen dt. Verfassungen (1947); S. MAMPEL, Die Verfassung der Sowj. Besatzungszone Dtlds. Text u. Kommentar ([2]1966); ders., Die Entwicklung der Verfassungsordnung in der Sowjetzone Dtlds. von 1945 bis 1963, in: Jb. des öff. Rechts, NF 13 (1964); ders., Die volksdemokrat. Ordnung in Mitteldtld., Texte zur verfassungsrechtl. Situation (³1967); ders., Herrschaftssystem u. Verfassungsstruktur in Mitteldtld. (1968); ders., Die soz. Verfassung der Dt. Demokrat. Republik. Text u. Kommentar (1972), darin S. 36–38 ausführl. Lit. zur verfassungsrechtl. Situation der DDR.

[1] Befehl der SMAD Nr. 32, 12. 2. 1948, in: G. ALBRECHT (Hg.), Dok. zur Staatsordnung der Dt. Demokrat. Rep. 2 (Berlin-Ost 1959), S. 121 f.

[2] Erlaß der SMAD v. 20. 4. 1948, ebd. S. 127.

[3] Der dt. Zweijahresplan 1949/50 (Berlin-Ost 1948).

[4] W. ULBRICHT, Der Zweijahresplan zur Wiederherstellung u. Entwicklung der Friedenswirtschaft, in: ders., Zur Gesch. der dt. Arbeiterbewegung 3 (Berlin-Ost 1968), S. 229 f.

[5] Text: Dok. zur Staatsordnung der Dt. Demokrat. Rep. 2, S. 34 f.

[6] W. ULBRICHT, Grundgedanken zu einer neuen dt. Verfassung. Rede auf einer Kundgebung in Leipzig, 12. Okt. 1946, in: ders., Zur Gesch. der dt. Arbeiterbewegung 3, S. 55.

[7] Erklärung des Vorsitzenden der Sowj. Kontrollkommission in Dtld., Armeegeneral W. I. Tschuikow, Zur Bildung der Sowj. Kontrollkommission in Dtld. 11. 11. 1949, in: Dok. zur Staatsordnung der Dt. Demokrat. Rep. 1, S. 258 f.

[8] Vgl. hierzu u. zum Nachweis von Belegen: S. MAMPEL, Die Verfassung der Sowj. Besatzungszone Dtlds. (²1966), S. 83 u. Anm. 8.

[9] Das Recht auszuwandern ist durch das Paßgesetz v. 15. Sept. 1954 beschränkt worden. In einem vom Neuen Deutschland zit. Rechtsgutachten heißt es: »Es steht außer jedem Zweifel, daß ein Staat berechtigt ist, seine Bürger aus einem anderen Lande zurückzurufen oder ihnen die Ausreise in bestimmte Länder zu untersagen bzw. diese an bestimmte Voraussetzungen zu knüpfen«; s. S. MAMPEL, Die Verfassung der Sowj. Besatzungszone Dtlds. (²1966), S. 99 u. Anm. 5 f. In der Verfassung der DDR vom Jahre 1968 ist vom Auswanderungsrecht nicht mehr die Rede, und das Recht auf Freizügigkeit wird auf das Staatsgebiet der DDR beschränkt (Art. 32).

[10] Zur genaueren Beschreibung der verschiedenen Aufgaben der betrieblichen Gewerkschaftsleitungen vgl. S. MAMPEL, Die Verfassung der Sowj. Besatzungszone Dtlds., S. 117 ff. sowie ders., Über das Mitbestimmungsrecht der Arbeitnehmer in Mitteldtld., in: Recht in Ost u. West, Zeitschrift f. Rechtsvergleichung u. internat. Rechtsprobleme (1959); ders., Die rechtl. u. soz. Lage der Arbeiter in der sowj. besetzten Zone. Zum »Gesetzbuch der Arbeit« der SBZ, in: Bundesarbeitsblatt (1961); ders., Arbeitsverfassung u. Arbeitsrecht in Mitteldtld. (1966).

[11] Vgl. Lit. Kap. 17, Anm. 14.

[12] Vgl. hierzu S. MAMPEL, Die Verfassung der Sowj. Besatzungszone Dtlds., S. 246 ff.

[13] Gesetz über die Wahlen zur Volkskammer, zu den Landtagen, Kreistagen u. Gemeindevertretungen in der Dt. Demokrat. Rep. am 15. Okt. 1950, vom 9. Aug. 1950, in: Dok. zur Staatsordnung der Dt. Demokrat. Rep. 1, S. 454 ff.

[14] GBl. der DDR (1952).

[15] Ebd.: Gesetz über die weitere Demokratisierung des Aufbaus u. der Arbeitsweise der staatl. Organe in den Ländern der DDR.

Während in dem halben Jahrzehnt nach dem Kriege auf dem Boden von Potsdam-Deutschland der Spaltungsprozeß zur Herausbildung zweier Staaten führte, gewann der erste auf dem Boden des ehemaligen Reiches alsbald nach Kriegsende entstandene Staat, die zweite österreichische Republik, politisches Profil. In mancher Hinsicht sahen sich die drei Staaten vor die gleichen Probleme gestellt. Sie mußten mit ihrer nationalsozialistischen Vergangenheit fertig werden, die materiellen und personellen Kriegsfolgen überwinden, den Hunger bekämpfen, die Wirtschaft wieder in Gang setzen, Schulen und Universitäten im Einklang mit den neuen politischen Gegebenheiten wieder funktionsfähig machen, das Verhältnis von Staat und Kirche neu regeln und im gesellschaftlich-politischen Antagonismus der großen Mächte ihren eigenen Standort bestimmen. Die Besonderheit des österreichischen Weges ist dadurch bedingt, daß es als ein besiegtes, aber zugleich befreites Land behandelt wurde, daß die Viermächtekontrolle schlecht und recht funktionierte, daß ein leistungsfähiger Staatsapparat schon im Jahre 1945 wieder aufgebaut werden konnte und daß im Rahmen der Konkurrenzdemokratie die beiden führenden Parteien nicht im Oppositions-, sondern im Koalitionsverhältnis zueinander standen.

Die Aufgabe der Entnazifizierung[1] stellte sich in Österreich in einer Größendimension, die mit der in Deutschland vergleichbar war. Im Augenblick der Machtergreifung hatte es im Reich bei rund 65 Millionen Einwohnern 849000 Parteimitglieder gegeben. In Österreich waren es im Jahre 1938 im Augenblick des Anschlusses 80000 bei rund 7 Millionen Einwohnern. In der Zeit der nationalsozialistischen Herrschaft wuchs die Zahl der Parteimitglieder wie überall im Reich beträchtlich an. Einer durch die Zweite Republik ergangenen Aufforderung an die ehemaligen Nationalsozialisten, sich registrieren zu lassen, folgten nicht weniger als 581915 Personen. Man wird außerdem damit rechnen müssen, daß viele sich nicht meldeten. In den ersten Monaten nach dem Kriege, bevor die westlichen Besatzungsmächte die provisorische Regierung Renner für ganz Österreich anerkannten und die Alliierte Kommission in Funktion trat, wurde die Entnazifizierung in den verschiedenen Zonen unkoordiniert und mit sehr unterschiedlichen Härtegraden durchgeführt, am schärfsten in der sowjetischen Zone. Der Alliierte Rat setzte verschiedene von der provisorischen Regierung erlassene Gesetze zur Entfernung von Nationalsozialisten aus Wirtschaft und Verwaltung erst im Dezember 1945 in Kraft. Er übertrug unter dem Vorbehalt alliierter Überwachung die Entnazifizierung den österreichischen Behörden. Ähnlich wie in Potsdam-Deutschland wurden durch ein Gesetz vom 6. Februar 1947 verschiedene Stufen der Belastung mit unterschiedlichen Sühnemaßnahmen eingeführt. Die Parteien waren sich darin einig, daß vor allem der Staatsapparat gesäubert werden müsse. Aber schon vor Erlaß des Gesetzes konnte die Regierung Figl am 15. September 1946 melden, daß bereits 65 000 Beamte entlassen, pensioniert oder suspendiert worden seien. Und die Zahl der aus der Wirtschaft entlassenen nationalsozialistischen Angestellten betrug Ende 1946 über 50000. Die politischen Rechte der ehemaligen Nationalsozialisten wurden beschnitten. An den ersten Wahlen zum Nationalrat durften sie nicht teilnehmen. Aber wegen des erheblichen Wählerpotentials, das sie darstellten, warben die verschiedenen Parteien um ihre Sympathie. Im Februar 1948 schlug der russische Hochkommissar Kurasow eine mildere Behandlung der kleinen Parteigenossen vor. Es wurden darauf durch ein »Bundesgesetz über die vorzeitige Beendigung der im Nationalsozialistengesetz vorgesehenen Sühnefolgen« vom 22. April 1948 482000 ehemalige Parteigenossen amnestiert. An den Nationalratswahlen 1949 konnten die meisten ehemaligen Nationalsozialisten bereits wieder teilnehmen. Strafprozesse gegen Kriegsverbrecher beschäftigten die österreichischen Gerichte noch viele Jahre danach[2]. In Österreich ist man wie in den westlichen Besatzungszonen Deutschlands und im Unterschied zur sowjetischen Besatzungszone bemüht gewesen, die Beseitigung von Nationalsozialisten aus Staat und Wirtschaft aufgrund von gesetzlichen Kategorien und nicht als administrative Maßnahmen im Rahmen einer Klassenkampfstrategie durchzuführen. Es stellte sich jedoch auch hier das Problem, ob ein solches Verfahren geeignet war, eine selbstkritische Rechenschaftsablage zu fördern.

In der historisch-politischen Literatur Österreichs stand in der ersten Nachkriegszeit – entsprechend einer allgemein in Deutschland verbreiteten Haltung – das Bestreben im Vordergrund, den Nationalsozialismus als einen Bruch der eigenen Geschichte, als einen von außen her erfolgten Gewaltakt zu verstehen und weniger nach der innerösterreichischen Mitverantwortung zu fragen. Das wurde durch die in einem Teil der ausländischen Österreich-Literatur erkennbare Tendenz unterstützt, die österreichische Besonderheit innerhalb des gesamtdeutschen Kulturbereiches zu einem Fundamentalgegensatz zu steigern bis hin zu solchen absonderlichen Verdrehungen, den Nationalsozialismus des Österreichers Adolf Hitler zu einem »preußischen Totalitarismus« umzufunktionieren[3]. Das Kontinuitätsproblem und die Frage nach der Mitverantwortung stellt sich jedoch wie für die deutsche, so auch für die österreichische Geschichte: welche rassischen, nationalistischen, autoritären Ideologien, welche gesellschaftlichen Bedingungen und welche politischen Verhaltensweisen haben in Österreich das Aufkommen des Faschismus in seinen antagonistischen Erscheinungsformen des Austrofaschismus und des Nationalsozialismus ermöglicht?

Neben der sofortigen Beseitigung jeden Einflusses ehemaliger Nationalsozialisten auf das öffentliche Leben standen nach dem Kriege andere drängende Aufgaben im Vordergrund. Zwar waren die Kriegszerstörungen geringer als in Mittel- und in Westdeutschland. Aber einige Städte waren wegen ihrer Industrien sehr hart betroffen worden, so vor allem Linz und Wiener Neustadt, wo der Grad der Zerstörung 90% betrug. Das Eisenbahnnetz war zu einem Drittel unbefahrbar, besonders infolge der Sprengung von fast 400 Brücken. Nur langsam kam der Verkehr wieder in Gang. Es fehlte an Kohlenzufuhr und wegen der zerstörten Leitungen an Strom, wenn auch die Kraftwerke selber durchweg intakt geblieben waren. Durch viele Hunderttausende volksdeutscher Flüchtlinge und reichsdeutscher Evakuierter, durch Kriegsgefangene und Zwangsarbeiter und durch die Besatzungstruppen lebte bei Kriegsende auf dem Boden Österreichs eine größere Zahl von Menschen als vor dem Kriege. Wie sollte sie einigermaßen ausreichend versorgt werden? Die österreichische Landwirtschaft war nie imstande gewesen, genügend Nahrungsmittel für die gesamte Bevölkerung zu erzeugen. Ihre ohnehin nicht ausreichende Produktion sank infolge des Krieges erheblich. Im Jahre 1946 betrug sie nur 50% der Vorkriegserzeugung. Alle diese Faktoren wirkten zusammen, um in Österreich, abgesehen von einigen agrarischen Gebieten, eine Hungersnot entstehen zu lassen, die in Städten wie Wien, Wiener Neustadt und St. Pölten, z. T. aber auch im westlichen Hochgebirge schlimmer war als in Mittel- und Westdeutschland. Die Zuteilung lag im Mai 1945 in Wien bei 350 Kalorien. Sie hob sich allmählich auch infolge sowjetischer Hilfsmaßnahmen auf 800 Kalorien. Nach Errichtung des Alliierten Rates im September 1945 gelangte man mit ausländischer Hilfe und bei allmählicher Wiederingangsetzung des Verkehrs analog den deutschen Normalsätzen auf 1550 Kalorien, aber diese Höhe konnte nicht gehalten werden. Sie sank im März 1946 infolge einer allgemeinen europäischen Lebensmittelknappheit auf 1200 zurück. Eine erhebliche Besserung trat erst zwei Jahre später ein; 1948 konnte die Rationierung schrittweise abgeschafft werden.

Die Hungersnot führte zu erhöhter Sterblichkeit. Die Ziffern für Tuberkulose und Kindersterblichkeit betrugen 1946 mehr als das Doppelte der Vorkriegszeit. Um den Bevölkerungsdruck zu entlasten, wurden bis April 1946 300000 Reichsdeutsche und Volksdeutsche, die im Kriege aus Südosteuropa umgesiedelt worden waren, ausgewiesen. Aber noch im Jahre 1948 waren nicht weniger als 600000 »displaced persons« der verschiedensten osteuropäischen Nationalitäten in Österreich. Die österreichischen Kriegsgefangenen kehrten in der Zeit von September 1945 bis Ende 1947 zurück. Die Bevölkerung hatte durch den Krieg insgesamt 372059 Tote und Vermißte verloren, was 5,58% der Vorkriegsbevölkerung Österreichs entspricht[3a]. Der Altersaufbau der österreichischen Bevölkerung nahm infolge der beiden Kriege ähnliche Umrisse an wie in Deutschland allgemein: statt der Pyramide mit einer nach unten hin sich gleichmäßig verbreiternden Basis eine Urnenform mit einer relativ starken Breite der älteren Jahrgänge.

Trotz dieser Nöte, die schwer auf dem österreichischen Volke lasteten, war die wirtschaftliche Ausgangslage nach dem Zweiten Weltkrieg eine bessere als nach dem Ersten Weltkrieg[4]. In der nationalsozialistischen Zeit hatte sich die Struktur der österreichischen Wirtschaft tiefgreifend verändert. Große neue Industrien waren entstanden. Die staatlichen Reichswerke Hermann Göring in Linz verarbeiteten steirisches und bayerisches Erz auf der Basis von Kohle, die von der Ruhr herangebracht wurde. Angeschlossene Stickstoffwerke produzierten Kunstdünger. Ein Aluminiumwerk, dessen Produktionsplanung hoch über dem österreichischen Eigenbedarf lag, war gebaut und das in den dreißiger Jahren entdeckte Erdölgebiet auf dem Marchfeld durch hohe Investitionen erschlossen worden. Das Reich hatte sich ferner darum bemüht, die natürlichen Wasserkräfte, über die Österreich verfügte, durch Neuanlagen von Stauseen und Kraftwerken für die Elektrizitätsgewinnung verstärkt nutzbar zu machen. Insgesamt war in den Jahren 1938 bis 1945 die Zahl der Großbetriebe erheblich gewachsen. In der Industrieproduktion hatte sich das Schwergewicht auf Grundstoffindustrie und Energieversorgung verlagert. Auf dieser Basis sollte es Österreich gelingen, durch eine erfolgreiche industrielle Entwicklungspolitik der 1945 gewonnenen staatlichen Selbständigkeit im Unterschied zur Ersten Republik eine feste wirtschaftliche Grundlage zu geben.

Die Aktivierung des vorhandenen Wirtschaftspotentials zugunsten Österreichs wurde durch russische Reparationsansprüche erschwert. In Potsdam waren die Alliierten übereingekommen, von Österreich keine Reparationen zu erheben, jedoch sollte das deutsche Eigentum in Österreich für Reparationszwecke herangezogen werden, wobei die Vereinigten Staaten und Großbritannien auf deutsche Auslandsguthaben in Ostösterreich verzichteten. Aber es war nicht definiert worden, was unter deutschem Eigentum zu verstehen sei. Tatsächlich war ja infolge des Anschlusses aller österreichischer Staatsbesitz unter deutsche Verfügungsgewalt gekommen, und die deutsche öffentliche Hand wie die Privatwirtschaft hatten erhebliche Summen in Österreich investiert. Die provisorische österreichische Staatsregierung versuchte, auf das deutsche Eigentum die Hand zu legen und erließ zu diesem Zweck am 5. September 1945 ein Gesetz über die Verstaatlichung von Unternehmungen der Energiewirtschaft, des Bergbaus, der Erdölproduktion, der Eisenhüttenindustrie, der Starkstromindustrie und des Lokomotiv- und Waggonbaus. Gegen dieses Sozialisierungsgesetz legte die sowjetische Besatzungsmacht ihr Veto ein. Sie wollte das deutsche industrielle Eigentum für eigene Zwecke nutzbar machen. In erster Linie kam es ihr auf die Ausbeutung des Zistersdorfer Erdölgebiets in Niederösterreich an. Sie erhob Anspruch auf die hier errichteten Förderanlagen, weil es sich um deutsches Eigentum handele, und bot der Regierung Renner die Bildung einer gemischten sowjetisch-österreichischen Ölgesellschaft an. Die Österreicher lehnten das Angebot jedoch ab und bestritten die Legitimität des sowjetischen Anspruchs. Nach dem für die Kommunisten enttäuschenden Ausgang der Wahlen Ende 1945 versuchte die sowjetische Besatzungsmacht in verstärktem Maße das von ihr kontrollierte Gebiet wirtschaftlich für ihre Zwecke auszunutzen. Sie befahl am 6. Juli

1946 die Überführung des deutschen öffentlichen Eigentums ihrer Zone in das Eigentum der Sowjetunion. Die österreichische Regierung bestritt die Rechtmäßigkeit eines solchen einseitigen Vorgehens ohne Beschlußfassung der Alliierten Kommission. Sie legte den Begriff des deutschen Eigentums enger aus, als es die sowjetische Besatzungsmacht tat: alles, was vor 1938 österreichisches Eigentum war, müsse es auch bleiben. Bei den von der Sowjetunion beschlagnahmten Vermögenswerten handelte es sich um industrielle und landwirtschaftliche Betriebe mit 55 000 Beschäftigten. Es gehörten hierzu Betriebe der Öl-, Montan-, Elektro-, Glas- und Lederindustrie. Im Gegensatz zur Sowjetunion verzichteten die drei Westmächte zugunsten Österreichs auf das deutsche Eigentum in den drei von ihnen besetzten Zonen. Im Zusammenhang hiermit steht das unmittelbar darauf am 26. Juli 1946 vom Nationalrat lediglich gegen Einwände der vier Kommunisten einstimmig beschlossene Gesetz über die Verstaatlichung der Großbanken und Schlüsselindustrien. Für die Verstaatlichung gab es mehrere Gründe: ein großer Teil der von diesem Gesetz betroffenen Betriebe war in öffentlicher Hand gewesen; für die zur industriellen Weiterentwicklung notwendigen Investitionen fehlten die erforderlichen privaten Mittel; die Verstaatlichung des Kernbereichs der Wirtschaft entsprach dem Programm der Sozialisten, war aber auch von gemeinwirtschaftlichen Vorstellungen her zu legitimieren, wie sie sich in der Österreichischen Volkspartei fanden. Diese hatte ihre Zustimmung zur Verstaatlichung abhängig gemacht von der gleichzeitigen Verabschiedung eines Gesetzes über die Einrichtung von »Werksgenossenschaften«. Die in Werksgenossenschaften zusammengeschlossenen Belegschaftsmitglieder eines Betriebes wurden Miteigentümer des Betriebsvermögens. Dieses ebenfalls einstimmig verabschiedete Gesetz sollte nach Meinung seiner Urheber der Herausbildung eines allmächtigen Staatskapitalismus entgegenwirken und dazu beitragen, den Gegensatz von Kapital und Arbeit zu überbrücken[5].

Zu den Motiven für die Verstaatlichung gehörte es nicht zuletzt, daß hierdurch der österreichische Eigentumsanspruch gegenüber sowjetischen Beschlagnahmungen unterstrichen wurde. Auch diesmal erfolgte wie nach dem ersten Verstaatlichungsgesetz der Regierung Renner ein sowjetischer Protest. Zwar konnten die sowjetischen Behörden in ihrer Zone die Einbeziehung derjenigen Betriebe in die Verstaatlichung verhindern, auf die sie selbst die Hand legten. Aber um das Gesetz als solches aufzuheben, genügte ein sowjetischer Einspruch nicht mehr.

Dies hängt damit zusammen, daß der Alliierte Rat seine Kontrollbefugnisse inzwischen eingeschränkt hatte. Während nach dem ersten Kontrollabkommen vom 4. Juli 1945 alle österreichischen Gesetze zustimmungsbedürftig gewesen waren und somit durch das Veto eines einzigen Mitgliedes hatten verhindert werden können, wurde nach einem zweiten Kontrollabkommen vom 28. Juni 1946 die Zustimmungsbedürftigkeit auf Verfassungsgesetze beschränkt, während einfache Gesetze nur durch einstimmigen Beschluß der Alliierten Kommission für ungültig erklärt werden konnten. Um die vom Nationalrat beschlossene Verstaatlichung dennoch zu verhindern, argumentierte der sowjetische Vertreter, daß es sich hierbei um ein zustimmungsbedürftiges Verfassungsgesetz handele. Aber die westlichen Mächte machten sich diese Interpretation nicht zu eigen, und so blieb es bei dem Sozialisierungsbeschluß. Es lag in der Konsequenz dieser von den österreichischen Parteien verfolgten Wirtschaftspolitik, daß durch Gesetz vom 26. März 1947 auch die Elektrizitätswirtschaft verstaatlicht wurde. Der der kommunistischen Partei angehörende Minister für Energiewirtschaft und Elektrifizierung schied wenige Monate später aus der Regierung aus. Die unterschiedlichen wirtschaftspolitischen Voraussetzungen in den verschiedenen Besatzungszonen hatten zur Folge, daß sich in den nächsten Jahren der Aufschwung mit Schwerpunkt in den westlichen Bundesländern abspielte. Dadurch wurde ein West-Ost-Gefälle verstärkt, das sich schon nach 1938 als Ergebnis der besonderen wirtschaftlichen Förderung dieser Gebiete ergeben hatte.

Die finanzpolitische Voraussetzung für den Wiederaufbau der Wirtschaft war eine Reform der Währung. Auch in Österreich kam es darauf an, den infolge des Krieges in keinem Verhältnis zum begrenzten Warenangebot stehenden Überfluß an Zahlungsmitteln zu beseitigen. Dies erfolgte in mehreren Schritten. Bereits am 30. November 1945 trat als gesetzliches Zahlungsmittel der Schilling an die Stelle der Reichsmark. Jede Person konnte 150 Schillinge in bar eintauschen. Das übrige Bargeld und 40% der Kontenguthaben wurden auf ein Neukonto umgeschrieben, 60% der alten Guthaben wurden gesperrt. Eine Reihe von Ausnahmeregelungen boten aber Umgehungsmöglichkeiten und führten zu Ungerechtigkeiten. Eine abermalige Inflationsgefahr zwang den Nationalrat am 19. November 1947 zu einem neuen Währungsschnitt. Der bisherige Schilling konnte jetzt gegen einen neuen Schilling im Verhältnis 3 : 1 umgetauscht werden. Außerdem gab es eine Kopfquote von 150 Schillingen im Verhältnis 1 : 1. Die schon 1945 gesperrten Guthaben wurden gestrichen und die beschränkt verfügbaren Guthaben in niedrig verzinste Bundesschuldverschreibungen umgewandelt. Das komplizierte Gesetz enthielt mancherlei Ausnahmebestimmungen, um soziale Ungerechtigkeiten auszugleichen. Diese Maßnahmen zur Währungsstabilisierung wurden von wiederholten Vereinbarungen zwischen Regierung und wirtschaftlichen Interessenvertretungen über Preise und Löhne begleitet. Zwar konnte hierdurch nicht verhindert werden, daß der Lebenshaltungsindex allmählich stieg. Aber die Vereinbarungen hatten doch das sozialpolitisch gewünschte Ergebnis einer gewissen Nivellierung der Einkommensunterschiede unter den unselbständigen Berufstätigen. Der charakteristische Unterschied der österreichischen zur westdeutschen Währungsreform lag darin, daß sie sich nicht auf einen einmaligen harten Einschnitt beschränkte und daß sie nicht von einer radikalen Liberalisierung der Wirtschaft begleitet wurde. Ein gemeinsamer Zug der österreichischen und der westdeutschen Währungsreform war es aber, daß sie die Besitzer von Sachwerten begünstigten. Dieser Effekt wurde – ebenfalls in Analogie zu Westdeutschland – durch eine Steuergesetzgebung verstärkt, die den Zweck hatte, der privaten Wirtschaft erhöhte Investitionen durch Selbstfinanzierung zu ermöglichen. Schließlich ist Österreich wie Westdeutschland Empfänger ausländischer Hilfe gewesen, privater karitativer Spenden zunächst, dann der UNRRA. In den Marshall-Plan wurde Österreich schon am 2. Januar 1948 in einem Interimsabkommen einbezogen, das ihm die kostenlose Lieferung von Nahrungsmitteln und anderen lebenswichtigen Waren zusagte. Im Unterschied zu dem Vereinigten Wirtschaftsgebiet Westdeutschlands, dessen Interessen bei der Ingangsetzung des Marshall-Plans durch die Besatzungsmächte wahrgenommen wurden, erhielt Österreich bereits zu der »Konferenz für die wirtschaftliche Zusammenarbeit Europas« im Juli 1947 unmittelbaren Zutritt. Unter der Gründungsakte der OEEC vom 16. April 1948 steht auch die Unterschrift des österreichischen Außenministers Gruber.

Die Wiederbelebung der österreichischen Wirtschaft läßt sich an folgenden Ziffern über die Entwicklung des realen Sozialprodukts ablesen[6]:

$$\text{(Index } 1937 = 100\text{)}$$

1945	36	1948	91
1946	42	1949	109
1947	62	1950	122

Die innenpolitische Voraussetzung dieser Entwicklung, die vorherrschende Stellung von ÖVP und SPÖ, die wie schon unter Renner, so nach der ersten Nationalratswahl unter Figl in einem festen Koalitionsverhältnis zusammenarbeiteten, wurde durch die Wahlen zum zweiten Nationalrat am 9. Oktober 1949 bestätigt. Allerdings trat nunmehr neben den beiden großen Parteien und der zahlenmäßig unbedeutenden KPÖ eine neue politische Partei in das Parlament ein, die Vereinigung der Unabhängigen (VdU). Die VdU war eine Sammelstelle liberaler und nationaler Kräfte, die ebenso den Sozialismus der SPÖ wie die kirchliche Orientierung der ÖVP ablehnten. Die Wahlen erbrachten an Mandaten: ÖVP 77, SPÖ 67, VdU 16, KPÖ 5.

Inzwischen lagen von allen Parteien programmatische Erklärungen vor[7]. Für die Zusammenarbeit in der Koalition ist aus den Leitsätzen der ÖVP von 1945 hervorzuheben, daß sie die »Sozialisierung oder Kommunalisierung lebenswichtiger Betriebe« wenn auch nur »innerhalb wohlüberlegter, sozial und wirtschaftlich tragbarer Grenzen« nicht ausschloß. Im Aktionsprogramm der SPÖ von 1947 wurde andererseits dem privaten Unternehmertum »in einer Planwirtschaft eine sichere und bessere Existenz« in Aussicht gestellt »als in der ständig von Krisen bedrohten kapitalistischen Wirtschaft«. Den verstaatlichten Teil der Wirtschaft wollte die SPÖ durch »Einführung gemeinwirtschaftlicher Unternehmungsformen und voller Betriebsdemokratie zur Sozialisierung« weiterentwickeln. Obwohl die SPÖ nach dem Kriege eine früher abgespaltene radikale Gruppe wieder in sich aufgenommen und im Zusammenhang damit in ihrem Parteinamen das Wort »Sozialdemokratisch« durch »Sozialistisch« ersetzt hatte, war doch unter Führung von Renner und Schärf der auf Ausgleich bedachte rechte Flügel der Partei der maßgebende. Für die politische Programmatik der Partei bedeutete dies, daß der Gedanke der Revolution und der Diktatur des Proletariats, der im Linzer Programm von 1926 noch zum Ausdruck gekommen war, jetzt durch ein uneingeschränktes Bekenntnis zur freien Demokratie mit konkurrierenden Parteien abgelöst wurde. Die sozialrevolutionären Kräfte sammelten sich, z.T. unter Absplitterung von der SPÖ, bei den Kommunisten. Diese wurden zwar durch die Nationalratswahlen zur Existenz einer Zwergpartei verurteilt, konnten aber bei den Arbeiterkammerwahlen 1949 fast 10% der Stimmen gewinnen. Sie waren imstande, im September/Oktober 1950 eine allerdings schnell verebbende Streikwelle in Bewegung zu setzen. Als ihr Ziel proklamierte die KPÖ die Errichtung einer Volksdemokratie unter Hinweis auf die im sowjetischen Machtbereich entstandenen Verhältnisse. »In unserer Nachbarschaft«, so hieß es in den vom Kommunistischen Parteitag im April 1946 verabschiedeten programmatischen Leitsätzen, »im Osten und Südosten Europas, sind neue Demokratien entstanden, die sich wesentlich von der alten bürgerlichen Demokratie unterscheiden.« Gegen solche kommunistischen Zielsetzungen setzte sich die SPÖ unter Schärf mit ähnlicher Entschiedenheit ab wie in Westdeutschland die SPD unter Schumacher. Als noch in der Zeit der provisorischen Regierung unter Renner Leopold Figl (ÖVP) ein Orientierungsgespräch mit Vertretern der KPÖ führte, löste dies einen scharfen Protest von seiten der Sozialisten aus. Und als der Bundeskanzler Figl nach der ersten Nationalratswahl im November 1945 in seine Regierung auch einen kommunistischen Minister aufnahm, geschah dies gegen den Wunsch der Sozialisten. Charakteristisch für die zur Mitte hin orientierte Einstellung der österreichischen Sozialisten war es, daß sie nach links hin jeden Gedanken an eine Einheitsfront mit den Kommunisten verwarfen, aber nach rechts hin die Bildung einer Einheitsgewerkschaft zwischen ehemaligen freien und christlichen Gewerkschaften förderten. Gewerkschaftspolitisch entsprach es der Koalition zwischen SPÖ und ÖVP, wenn der erste Präsident des Österreichischen Gewerkschaftsbundes, Johann Böhm, die Gewerkschaftspolitik in Österreich dahin verstehen wollte, daß Arbeitgeber und Arbeitnehmer »auf einem Ast« säßen.

Zur Vertretung der Arbeitnehmerinteressen gab es neben den Gewerkschaften und den nach dem Kriege ebenfalls wieder eingeführten Betriebsräten die öffentlich-rechtliche Einrichtung der Arbeiterkammern[8]. Sie haben wie Gewerkschaften und Betriebsräte ihren Ursprung ebenfalls in der Ersten Republik und wurden als eine typisch österreichische Einrichtung bereits im Juli 1945 durch die provisorische Regierung wieder hergestellt. Die Arbeiterkammern sind ein Element in einem geschlossenen System ständischer öffentlich-rechtlicher Kammern mit Zwangsmitgliedschaft. Dazu gehören außerdem die Kammern der gewerblichen Wirtschaft, die Landwirtschaftskammern und die Kammern der Angehörigen der freien Berufe. Zu den Aufgaben der Kammern gehört die Bearbeitung von wirtschafts- und sozialpolitischen Gesetzesvorhaben. Zuständig sind die Arbeiterkammern auch für kollektive Tarifverträge. Ihre Vertragspartner hierfür sind die Kammern der gewerblichen Wirtschaft. Meistens werden die Tarifverträge für die Arbeitnehmer jedoch nicht durch die Arbeiterkammern, sondern durch die Gewerkschaften ausgehandelt. Auch auf der Unternehmerseite steht als tarifvertragsfähig neben der Bundeskammer der gewerblichen Wirtschaft ein privatrechtlicher Verein, die »Vereinigung österreichischer Industrieller«. Es ist charakteristisch für die österreichischen Interessenvertretungen öffentlicher und privatrechtlicher Art, daß sie untereinander und beide wiederum mit dem Staat in enger Zusammenarbeit stehen, deren Formen wechseln und nicht leicht überschaubar sind: privatrechtliche Interessenvertretungen von Arbeitgebern und Arbeitnehmern, öffentlich-rechtliche Interessenvertretungen durch die beiden Kammern und die Regierung, verstaatlichte Schlüsselindustrien als staatssozialistische Faktoren, die aber wirtschaftspolitisch zugleich an der Marktwirtschaft orientiert sind. Die Zusammenarbeit dieser verschiedenen Elemente kam insonderheit in der Kontrolle von Preisen und Löhnen zum Tragen. Das österreichische System der Interessenwahrnehmung und des Interessenausgleichs stellt also eine Mischung dar von privatwirtschaftlichen, ständischen, staatssozialistischen und gemeinwirtschaftlichen Elementen.

Die Bereitschaft zum sozialen und politischen Ausgleich ist auch durch die Kirche gefördert worden, indem sie ihr eigenes Verhältnis zu den Parteien revidierte[9]. Die politische Bedeutung des Selbstverständnisses der Kirche über ihre Rolle im Kräftefeld der Gesellschaft ergibt sich schon allein aus der Tatsache, daß neun von zehn Österreichern ihr wenigstens nominell angehörten. Sie hatte in den zwanziger Jahren in schärfstem Gegensatz zum programmatisch antiklerikalen Austromarxismus und in der Mitte der dreißiger Jahre an der Seite des autoritären Regimes gestanden. Nach dem vergeblichen Versuch des Episkopats, nach dem Anschluß einen modus vivendi mit dem Nationalsozialismus zu finden, war die Kirche in den Jahren der Verfolgung zur stärksten geistigen Gegenkraft gegen den Totalitätsanspruch des NS-Staates geworden. Fünfzehn Priester waren zum Tode verurteilt und hingerichtet worden, an die hundert in Gefängnissen und Konzentrationslagern zugrunde gegangen. Das Blut der Märtyrer ist der Same der Kirche. Sie hatte in der Not der ersten Nachkriegszeit in ungewöhnlicher Weise das Ohr des Volkes. Und sie hat es in klarer Konsequenz aus den Erfahrungen der zwanziger und dreißiger Jahre vermieden, in einen Gegensatz zur SPÖ und in eine zu große Nähe zur ÖVP zu gelangen. Als eine »freie Kirche im neuen Staat«, wie der Vorsitzende der Bischofskonferenz, Kardinal Innitzer, ihre Stellung bezeichnete, lehnte sie jede einseitige Bindung ab. Zugleich hat sie durch eine Aktivierung ihrer theoretischen und praktischen sozialpolitischen Arbeit das Gedankengut der Sozialenzykliken als ein Element in die Neubildung der österreichischen Nachkriegsgesellschaft eingebracht.

Eng mit dem kirchlichen Interesse verklammert war der Wiederaufbau des Schulwesens. Dieser Wiederaufbau vollzog sich in Österreich ähnlich wie in Westdeutschland zunächst in den überlieferten Formen des bisherigen Bildungswesens unter Beseitigung nationalsozialistischer Erziehungsziele und Lehrinhalte. Es ist kennzeichnend dafür, wie weit man in Österreich die Kulturkampfstimmung der zwanziger Jahre hinter sich gelassen hatte, daß die gesetzliche Verankerung des Religionsunterrichts als eines Pflichtfaches an öffentlichen Schulen – bei Dispensmöglichkeit für den einzelnen Schüler – insgesamt ebensowenig umstritten wurde wie die Wiedereinführung des Schulgebetes »in jenen Klassen der Pflichtschulen, in denen die Mehrzahl der Schüler vom Religionsunterricht der christlichen Bekenntnisse nicht abgemeldet« war[10]. Ein schwieriger zu lösendes Problem war die staatliche Subventionierung der kirchlichen Schulen, die einen erheblichen Anteil am öffentlichen Bildungswesen hatten. Im übrigen sah sich Österreich nach einer Periode der Restauration vor die gleichen Probleme einer Strukturreform des Bildungswesens gestellt, die sich auch in Westdeutschland ergaben. Die erste Etappe auf dem Wege einer behutsamen Veränderung – verlängerte Schulpflichtzeit, polytechnischer Unterricht im neunten Schuljahr, erhöhte Durchlässigkeit – sollte erst 17 Jahre nach Kriegsende mit den Schulgesetzen des Jahres 1962 erreicht werden.

Auf der festen Basis der gesellschafts- und innenpolitischen Koalition war es möglich, auch eine gemeinsame Außenpolitik zu verfolgen[11]. Es ging um zwei Fragen vor allem, das Schicksal Südtirols und den Staatsvertrag über den Status Österreichs. Beide Fragen konnten in der Zeit der Regierungen Renner und

347

Figl nicht gelöst werden, aber für die erstrebte und später ver-
wirklichte Lösung beider Fragen wurden in diesen ersten Nachkriegsjahren die Grundsätze erarbeitet, von denen sich Österreich leiten ließ.

Bei Südtirol handelte es sich um das deutsch besiedelte Gebiet
vom Brenner bis zur Salurner Steige, das zusammen mit den
italienisch besiedelten Gebieten um Trient nach dem Ersten
Weltkrieg an Italien gefallen war. Seit der Loslösung von Österreich hatte der italienische Bevölkerungsanteil prozentual ständig zugenommen. Er betrug im Jahre 1910 3%, 1921 8%, 1939
24% und 1953 bei einer Gesamtbevölkerung von 342000 34%.
Nach dem Kriege meldete die Regierung Renner Anspruch auf
dieses Gebiet an. Unter Berufung auf die Atlantik-Charta verlangte sie für Südtirol das Selbstbestimmungsrecht. Die Alliierten waren aber bereits während der Moskauer Außenministerkonferenz im Jahre 1943 kurz nach dem Abfall Italiens von
seinem deutschen Bundesgenossen übereingekommen, die
Nordgrenzen Italiens unverändert zu lassen, abgesehen vielleicht von kleineren Korrekturen. Italien stellte sich auf den
Standpunkt, es gebe keine Südtiroler Frage. Alles, was sich in
diesem Gebiet zutrage, sei eine inneritalienische Angelegenheit.
Österreich wandte sich am 25. April 1946 mit einem Memorandum an die Pariser Außenministerkonferenz: Die strategischen
Gründe, deretwegen im Jahre 1919 Italien die Brennergrenze
erhalten habe, seien hinfällig geworden. Wirtschaftlichen Erfor-
dernissen, wie dem italienischen Bedarf an elektrischem Strom
aus Südtiroler Wasserkraftwerken, könne durch den Verbleib
der bestehenden Kraftwerke in italienischem Besitz und durch
den Ausbau weiterer Kraftwerke durch gemischte österrei-
chisch-italienische Gesellschaften Rechnung getragen werden.
Und wenn Italien erklärte, daß es nicht auf Südtirol verzichten
könne, weil Österreich bis zuletzt an der Seite Deutschlands
gekämpft habe, so setzte Österreich dem die Feststellung entgegen, daß in Italien der Ursprung des Faschismus zu finden sei.
Die Pariser Außenministerkonferenz entschied sich jedoch gegen Österreich und gegen das Selbstbestimmungsrecht. Der
österreichische Außenminister Gruber versuchte nunmehr, wenigstens eine Grenzkorrektur durchzusetzen. Er schlug vor,
den Brixener Kessel und das Pustertal an Österreich zurückzugeben, um hierdurch wenigstens den unmittelbaren Verbin-
dungsweg zwischen dem österreichischen Nordtirol und Ost-
tirol wieder herzustellen. Nachdem auch dieser Vorschlag abge-

lehnt worden war, versuchte die österreichische Regierung, statt eines aussichtslosen Protestes durch unmittelbare Verhandlung mit Italien soweit wie möglich die nationale Existenz der deutschen Volksgruppe in Südtirol abzusichern. Das Ergebnis war ein am 5. September 1946 in Paris abgeschlossenes Abkommen über die Autonomie Südtirols[12]. Dieses Abkommen wurde als Bestandteil in den italienischen Friedensvertrag vom 10. Februar 1947 eingefügt. Es enthielt zunächst einige Feststellungen zugunsten der Geltung der deutschen Sprache: deutsche Volks- und Mittelschulen wurden wieder zugelassen; im amtlichen Sprachgebrauch sollte die deutsche Sprache mit der italienischen gleichberechtigt sein; die in der faschistischen Zeit italianisierten Familiennamen durften wieder rückverdeutscht werden, und deutschsprachige Südtiroler sollten bei der Einstellung in öffentliche Ämter gleichberechtigt berücksichtigt werden. Problematisch war der Artikel 2 des Abkommens, der die Autonomiefrage regelte: Der Bevölkerung wurde eine »autonome regionale Gesetzgebungs- und Vollzugsgewalt« gewährt, aber der geographische Rahmen hierfür blieb offen. Die Verfassunggebende Versammlung Italiens beschloß am 27. Juni 1947, eine autonome Region Trentino-Tiroler Etschland zu schaffen. Durch die Verbindung der italienischen Provinz Trentino mit Südtirol (Provinz Bozen) erhielt in dieser autonomen Region der italienische Bevölkerungsteil die Mehrheit im Verhältnis 5 : 2. Vergeblich erhob die Südtiroler Bevölkerung Einspruch. Die österreichische Regierung sah sich im Verlaufe der Zeit veranlaßt festzustellen, daß das am 29. Januar 1948 verabschiedete Autonomiestatut in seiner Auswirkung dem Abkommen über Südtirol vom 5. September 1946 nicht entspreche. Die deutsche Sprache sei mit der italienischen im öffentlichen Leben nicht wirklich gleichgestellt worden, Südtiroler würden bei der Einstellung in den öffentlichen Dienst nicht angemessen berücksichtigt, und die deutsche Volksgruppe werde vor der italienischen Unterwanderung nicht hinreichend geschützt. Deshalb müsse das Autonomiestatut revidiert werden. Hierbei hat die österreichische Regierung immer an dem Standpunkt festgehalten, daß Südtirol keine rein inneritalienische Angelegenheit sei, wenn auch die im italienischen Friedensvertrag 1947 bestätigte Grenze nicht mehr in Frage gestellt wurde. Nun ist festzustellen, daß auch die italienische Regierung Entgegenkommen gezeigt hat. Den Südtiroler Optanten – und das war die Mehrheit der deutschen Bevölkerung –, die sich aufgrund des Hitler-

Mussolini-Abkommens von 1939 für die Auswanderung nach Deutschland entschieden hatten, wurde die italienische Staatsbürgerschaft wieder zuerkannt, und sie konnten sich auch im Rahmen des Autonomiestatuts vom Januar 1948 in ihrer sprachlichen und nationalen Eigenart unvergleichlich viel freier entfalten, als es in der faschistischen Zeit der Fall gewesen war. Das eigentlich ungelöste Problem bestand in der fortdauernden italienischen Zuwanderung, die aber zugleich Ausdruck der allmählichen Industrialisierung eines bisher rein bäuerlichen Landes war. Nach einer langen Periode innerer Unruhen sollte im Jahre 1969 in den österreichisch-italienischen Abkommen zum sogenannten Südtirol-Paket eine neue Regelung gefunden werden, die einen dauerhaften und vernünftigen Ausgleich zwischen den Deutschen und Italienern in Südtirol ermöglichte[13].

Als wichtigste Aufgaben stellten sich der österreichischen Außenpolitik die Wiedergewinnung der Souveränität und die Sicherung des territorialen Bestandes in den Grenzen von 1919. Die staatliche Stellung der Zweiten Republik ist bis zum Abschluß des Staatsvertrages im Jahre 1955 durch das zweite Kontrollabkommen vom Juli 1946 bestimmt gewesen. Trotz im Laufe der Zeit eingetretener Milderungen blieb unter dem Kontrollabkommen die Souveränität Österreichs erheblich eingeschränkt. Zur Wiederherstellung seiner staatlichen Unabhängigkeit kam der Abschluß eines Friedensvertrages als Instrumentarium nicht in Frage, da es im Unterschied zu Italien, Ungarn, Rumänien, Bulgarien und Finnland keine selbständige kriegführende Macht gewesen war. Die Absichten der Alliierten gingen dahin, einen »Vertrag über die Wiederherstellung eines unabhängigen und demokratischen Österreich« abzuschließen, den die Österreicher »Staatsvertrag« nannten. Dies wurde auch die offizielle spätere Bezeichnung. Die Einzelheiten in dem Auf und Ab der langwierigen und komplizierten Vertragsverhandlungen sind wegen mangelnder Quellenerschließung heute noch nicht zu erkennen. Deutlich heben sich jedoch die Fragen heraus, deren Lösung besondere Schwierigkeiten bereitete. Jugoslawien erhob Reparationsansprüche und meldete territoriale Forderungen an. Es erstrebte den Besitz von Südkärnten einschließlich der Städte Klagenfurt und Villach mit rund 180000 Einwohnern, hiervon rund 25000 Slowenen, und außerdem ein kleines Grenzgebiet in der Steiermark. Die Sowjetunion hatte sich unmittelbar nach Kriegsende in der Zeit der provisorischen Regierung Renner gegen den Versuch Jugoslawiens gewandt, vollendete Tatsachen zu schaffen. Sie machte sich jedoch, nachdem die Chancen auf Errichtung einer Volksfront in Österreich infolge der Wahlen vom November 1945 zunichte geworden waren, in den Verhandlungen um den Staatsvertrag zum Fürsprecher der jugoslawischen Forderungen. In einer abermaligen Änderung ihrer Haltung erhob sie nach dem Bruch mit Tito 1948/49 keine Einwände mehr dagegen, daß die jugoslawischen Reparations- und Gebietsforderungen unberücksichtigt blieben. Auch Jugoslawien selber verzichtete nach dem Bruch mit der Sowjetunion im Zuge seiner Annäherung an die Westmächte auf die Weiterverfolgung seiner Forderungen. Danach blieb als Hauptproblem in den Verhandlungen um den österreichischen Staatsvertrag die Frage des deutschen Eigentums und hierbei insbesondere die Ausbeutung der Ölfelder in Niederösterreich durch die Sowjetunion. Schließlich fanden sich die Westmächte im Jahre 1949 zu einem so weitgehenden Entgegenkommen gegenüber den sowjetischen Vorstellungen bereit, daß Bundespräsident Renner meinte, am Tage der Unterzeichnung sei Halbmast zu flaggen. Trotz der westlichen Zugeständnisse in den Wirtschaftsfragen versagte die Sowjetunion jedoch die Zustimmung. Die Gründe hierfür sind wohl in der internationalen Lage zu suchen. Verschärfte sich doch in den Jahren 1948–1950 die Entfremdung zwischen den ehemaligen Kriegsalliierten zum offenen weltpolitischen Gegensatz: 1948 Staatsstreich in der Tschechoslowakei und Blockade Berlins, 1949 Sieg der Kommunisten in China und Errichtung der Volksrepublik, 1950 Ausbruch des Koreakrieges. Die Sowjetunion ließ erkennen, daß sie es für wünschenswert hielt, ihre Truppen auch nach Abschluß eines Staatsvertrages in Österreich zu belassen, und zwar bis zum Abschluß eines Friedensvertrages mit Deutschland – der aber nach der Begründung der Bundesrepublik und der DDR weiter entfernt war als je. Die Westmächte andererseits sahen gerade im Abzug der Besatzungstruppen aus Österreich eine notwendige Folge des Staatsvertrages, um derentwillen sie seinen baldigen Abschluß wünschten.

Damit stellte sich die Frage nach dem Verhältnis eines in seiner Souveränität wieder hergestellten Österreich zu den sich organisierenden Machtblöcken in Ost und West. Renner hat sich sehr frühzeitig für den Gedanken einer freiwilligen Neutralität ausgesprochen, ebenso auch Figl. Solange Besatzungstruppen im Lande standen, war die Gefahr einer Spaltung nicht ganz auszuschließen – trotz des im Kriege bekundeten Willens der

Alliierten, Österreich wiederherzustellen, und trotz der schnellen Errichtung eines funktionierenden gesamtösterreichischen Staatsapparates. Deshalb war die christlich-sozialistische Koalition sich darin einig, jeden Anschluß an einen der sich bildenden Machtblöcke zu vermeiden. Daß aber die Absage an eine militärische Option für Ost oder West keine gesellschaftspolitische und ideologische Unentschiedenheit bedeutete, zeigte sowohl die Beteiligung an der europäischen wirtschaftlichen Zusammenarbeit als auch der verschärfte innenpolitische Gegensatz zu den Kommunisten im Zusammenhang mit deren Generalstreikversuchen des Jahres 1950. Aber erst fünf Jahre später sollte das Angebot der österreichischen Neutralität in den nach dem Tode Stalins sich verändernden innersowjetischen Kräfteverhältnissen dazu führen, daß die Sowjetregierung in einer Blockfreiheit Österreichs ein willkommenes Element der Entspannung zu sehen vermochte und nunmehr auch beim endlichen Vertragsabschluß den langfristigen wirtschaftlichen Interessen Österreichs Rechnung trug[14].

Was die Maxime der österreichischen Politik im Unterschied zur Ost-West-Polarisierung der Mächte gewesen ist, ergibt sich eindringlich aus einer von den Alliierten beanstandeten Aussage des Bundeskanzlers Figl bei seiner Regierungserklärung am 21. Dezember 1945. Der Text der Rede mußte vorher dem Alliierten Rat vorgelegt werden. Dabei fiel ein Satz über Österreich als Brücke zwischen Ost und West der Zensur zum Opfer. Dessen ungeachtet »ließ es sich der Bundeskanzler nicht nehmen, von der altösterreichischen Tradition, vom österreichischen Geist als ›Bollwerk gegen alle Versuche imperialistischer Einseitigkeit in diesem Europa‹, als ›das ausgleichende Element in Europa‹ zu sprechen; das neue Österreich als kleiner Staat wolle dieser Tradition, die vor allem eine Kulturtradition gewesen sei, ›treu bleiben als Hort des Friedens im Zentrum Europas‹«[15].

Allg. Lit. s. Kap. 5.

[1] Zur Entnazifizierung in Österreich: L. Werner, Nationalsozialistengesetz u. Verbotsgesetz 1947 (Wien 1947); Österr. Jb. 1947, hg. v. Bundespressedienst (1948), S. 139ff.; J. Mair, Austria, in: Four-Power Control in Germany and Austria 1945–1946 (London 1956), S. 331ff.; R. Neck, Innenpolit. Entwicklung, in: Erika Weinzierl/K. Skalnik (Hg.), Österreich. Die Zweite Republik 1 (1972).

[2] Historisch bes. ergiebig: Der Hochverratsprozeß gegen Dr. Guido

Schmidt vor dem Wiener Volksgericht. Die gerichtl. Protokolle mit den Zeugenaussagen, ünveröff. Dokumenten, sämtl. Geheimbriefen u. Geheimakten (Wien 1947).

[3] So das im übrigen informationsreiche Buch von R. HISCOCKS, Österreichs Wiedergeburt (Wien 1954): »Der Unterschied zwischen preuß. Totalitarismus u. der österr. Mentalität wurde deutlicher als je zuvor u. ein Wiener sprach für viele, als er sagte, es sei nur ein Zufall, daß Deutsche u. Österreicher die gleiche Sprache sprächen.« Im Gegensatz hierzu wird der österreichische u. katholische Hintergrund Hitlers betont bei F. HEER, Der Glaube des Adolf Hitler. Anatomie einer polit. Religiosität (1968).

[3a] Zahlen nach: Die Bevölkerungsverluste Österreichs während des 2. Weltkrieges, in: Österr. Militärzeitschrift 3 (1974).

[4] A. TAUTSCHER/A. E. PÖSCHL (Hg.), Handbuch der österr. Wirtschaftspolitik (Wien 1961); A. BRUSATTI, Entwicklung der Wirtschaft u. Wirtschaftspolitik; I. TAUS, Parteien u. Wirtschaft, beides in: Erika WEINZIERL/K. SKALNIK (Hg.), Österreich. Die Zweite Republik 1.

[5] Zu den unterschiedlichen, aber im Kompromiß verbundenen Sozialisierungskonzeptionen von SPÖ u. ÖVP vgl. Sten. Protokolle über die Sitzungen des Nationalrates 1945 bis 1946, 1. Bd. (1946), Sitzung vom 26. 7. 1946, S. 722 ff.; ferner W. WEBER (Hg.), Die Verstaatlichung in Österreich (1964).

[6] Zahlen nach F. NEMSCHAK (Leiter des Österr. Inst. f. Wirtschaftsforsch.), Die wirtschaftl. Lebensfähigkeit u. Lebenskraft Österreichs. Eine Gesamtschau der österr. Wirtschaft unter bes. Berücksichtigung von Außenhandels- u. Zahlungsbilanz, in: H. SIEGLER (Hg.), Österreichs Weg (1959).

[7] Texte in: K. BERCHTOLD (Hg.), Österr. Parteiprogramme 1868–1966 (Wien 1966). – R. NECK, Innenpolit. Entwicklung, u. A. PELINKA, Auseinandersetzung mit dem Kommunismus, beides in: Erika WEINZIERL/K. SKALNIK (Hg.), Österreich. Die Zweite Republik 1.

[8] Zum Folgenden: ebd. Bd. 2: F. KLENNER, Interessengruppen; G. WEISSENBERG, Sozialpolitik.

[9] O. SCHULMEISTER, Kirche, Ideologien u. Parteien, in: F. KLOSTERMANN/H. KRIEGL u. a. (Hg.), Kirche in Österreich 1918–1965 (Bd. 1, Wien 1966); G. SILBERBAUER, Österreichs Katholiken u. die Arbeiterfrage (Graz 1966); Erika WEINZIERL, Die katholische Kirche, in: Erika WEINZIERL/K. SKALNIK (Hg.), Österreich. Die Zweite Republik 2 (1972).

[10] Erlaß des Bundesministeriums f. Unterricht v. 24. 6. 1946, zit. bei M. NEUGEBAUER, Schulwesen, in: Erika WEINZIERL/K. SKALNIK (Hg.), Österreich. Die Zweite Republik 2, S. 326.

[11] K. WALDHEIM, Der österr. Weg. Aus der Isolation zur Neutralität (Wien 1971); G. STOURZH, Zur Entstehungsgesch. des Staatsvertrages u. der Neutralität Österreichs, in: Österr. Zeitschrift für Außenpolitik 5/6 (1965); ders., Der Weg zum Staatsvertrag u. zur immerwährenden Neutralität, in: Erika WEINZIERL/K. SKALNIK (Hg.), Österreich. Die Zweite Republik 1. – The Austrian State Treaty. An account of the Post-War Negotiations together with the Text of the Treaty and Related Documents (Dpt. of State Publication No. 6437, Washington 1957).

[12] Text H. SIEGLER (Hg.), Österreichs Weg (1959), S. 81 f.

[13] EA 24 (1969), Zeittafel, S. 259; EA 26 (1971), Zeittafel, S. 167 f.; P. LENDVAI, Kontinuität mit neuen Akzenten in der österr. Außenpolitik, EA 26 (1971).

[14] Wortlaut des österr. Staatsvertrages v. 15. Mai 1955 u. des Moskauer Memorandums v. 15. Mai 1955 zu den österr.-sowj. Verhandlungen über die österr. Neutralität in: H. SIEGLER (Hg.), Österreichs Weg (1959), Annex.

[15] G. STOURZH, Die Regierung Renner, die Anfänge der Regierung Figl u. die Alliierte Kommission für Österreich, Sept. 1945 bis April 1946, in: Archiv f. österr. Gesch. 125 (1966), S. 337. Rede Figls in: Sten. Protokolle über die Sitzungen des Nationalrates 1945 bis 1946, Bd. 1 (1946), S. 19 ff.

Kapitel 24
Ende oder Epoche der deutschen Geschichte?

Die Entstehung der drei selbständigen Staaten auf dem Gebiet des ehemaligen Reiches bedeutet mit dem Ende deutscher Hegemonialideen und dem Ende Großdeutschlands zugleich auch das Ende der nationalstaatlichen Periode der deutschen Geschichte. Es ist eine in der historisch-politischen Reflexion der Deutschen über sich selbst unterschiedlich beantwortete Frage, ob und in welchem Sinne nach der Auflösung der staatlichen Einheit noch von einer deutschen Nation die Rede sein könne. Mit welchem Gegenstand hat es die deutsche Geschichte nach dem Auseinanderbrechen Deutschlands zu tun? Wie kann von der deutschen Geschichte, wenn man von der Jahrhundertmitte auf sie hinschaut, anders gesprochen werden als in der Weise eines Epilogs? Gewiß würde der Begriff einer »deutschen« Geschichte im Absurden enden, wenn man ihren Gegenstand auf einen der Teilstaaten einschrumpfen ließe. Die Geschichte der Bundesrepublik Deutschland ist nicht die Geschichte Deutschlands. Das gleiche gilt für die Versuche der Deutschen Demokratischen Republik, die nationale Tradition für sich zu monopolisieren. Ein vergebliches Unterfangen wäre es auch, das wiedererstandene selbständige Österreich aus dem deutschen Geschichtszusammenhang ausklammern zu wollen. Die Thematik einer noch nicht zu Ende gegangenen deutschen Geschichte, falls sich eine solche noch definieren lassen sollte, erschöpft sich aber auch nicht in der an sich unerläßlichen additiven und komparatistischen Registrierung der Geschehnisse in den Teilbereichen des ehemaligen Wirkungs- und Schicksalszusammenhangs, der den Namen Deutschland trug.

Um den historischen Moment der deutschen Geschichte, wie er sich um die Jahrhundertmitte darstellt, zu begreifen, versagen die Analogien. Nach dem Ersten Weltkrieg drängte sich für das geschlagene Deutschland die Erinnerung an den Zusammenbruch in den Napoleonischen Kriegen und die Befreiung auf, die zugleich soziale Reform und nationale Erhebung gewesen war. Aber für die Deutschen nach dem Zweiten Weltkrieg ist die Idee der staatlichen nationalen Einheit, die das 19. Jahrhundert fasziniert hatte, infolge des erfahrenen Mißbrauchs und ihrer Übersteigerung in den verbrecherischen Exzeß entweder gänzlich verblaßt, oder sie ist anderen, in den deutschen Teilstaaten unterschiedlichen Prioritäten untergeordnet. Auch die sich anbietende Analogie des lange geteilten und schließlich wiedervereinten Polen hilft nichts zur Erhellung der historischen Situation Deutschlands. Die Teilung Polens im 18. Jahrhundert war das Ergebnis von Rivalitäten im ost-mitteleuropäischen Mächtesystem. Polen wurde nicht wie Deutschland durch antagonistische Gesellschaftssysteme und -ideologien auseinandergerissen und behielt durch die Zeit der Teilung hindurch das Bewußtsein der Zusammengehörigkeit und die Hoffnung auf Wiedervereinigung.

Fragen wir uns, wie die drei auf dem Gebiet des ehemaligen Reiches entstandenen Staaten ihr Verhältnis zu Deutschland verstehen. Für die Bevölkerung in Österreich ist bis auf eine verschwindende Minderheit der Anschlußgedanke nach den Erfahrungen der Jahre 1938 bis 1945 abgetan. In der Bejahung ihres sich als lebenskräftig erweisenden neuen Staates sind die Deutschen in Österreich im Begriff, eine österreichische Staatsnation zu werden. Dies wird durch Meinungsumfragen bestätigt. Relativ unbestritten ist die mit dem österreichischen politischen Nationsbewußtsein einhergehende Feststellung, daß diese österreichische Staatsnation ein Teil des deutschen Volkes ist und im deutschen geschichtlichen Kulturzusammenhang steht. Dies führt an den Begriff der Kulturnation heran. So begegnet man etwa unter der Fragestellung »Wie deutsch ist Österreich?« einer Berufung auf das im kulturnationalen Sinne interpretierte Bekenntnis des großen katholischen Staatsmannes der zwanziger Jahre, Ignaz Seipel, zur deutschen Nation[1]. In noch ungeklärte Bewußtseinsprobleme der historischen Standortbestimmung führt die Frage, in welchem Maße die Deutschen Österreichs an der deutschen Nationalbewegung des 19. und 20. Jahrhunderts in ihren positiven und negativen Aspekten von der liberalen und demokratischen Revolution des Jahres 1848 bis hin zum Nationalsozialismus des Österreichers Adolf Hitler beteiligt waren. Die Antwort auf diese Frage bewegt sich in dem Spielraum zwischen zwei sehr unterschiedlichen Positionen, die in der Geburtsstunde der Zweiten Republik durch die Namen des ersten Staatspräsidenten Karl Renner und des ersten gewählten Bundeskanzlers Leopold Figl bezeichnet sind: Renners, der sich als einer der entscheidenden Promotoren des Anschlußgedankens nach dem Ersten Weltkrieg auch nach dem Zweiten Weltkrieg von dieser Geschichte nicht lossagte, aber aus ihrer Erfahrung nun die vorbehaltlose Wendung zur österreichischen Eigenstaatlichkeit vollzog; und Figls, der so weit ging, vor dem Nationalrat zu erklären, daß Österreich niemals ein Teil der deutschen Nation gewesen und auch kein deutscher Staat sei[2]. Inzwischen hat sich zwischen der Bundesrepublik Deutschland und der Republik Österreich eine politisch problemlose Freundschaft entwickelt, die ein solides Fundament in intensiven wirtschaftlichen, kulturellen und wissenschaftlichen Beziehungen besitzt. Als Staat unter Staaten hat sich Österreich für die Neutralität entschieden. Der »österreichische Weg« ist vor der völlig verfestigten Einbindung der Bundesrepublik und der DDR in die rivalisierenden Staats- und Gesellschaftssysteme von nicht wenigen Deutschen als eine positive Herausforderung empfunden worden, nach ähnlichen Möglichkeiten im Spannungsfeld zwischen Ost und West zu suchen, um auf diesem Wege vielleicht die Chancen für die Wiedergewinnung der Einheit der Restnation offenzuhalten. Innere und äußere Zwänge, die Priorität europäisch-freiheitlicher und sowjetisch-sozialistischer Integrationsforderungen gegenüber dem Wunschziel der Einheit ließen aber die Herausforderung des »österreichischen Weges« nicht zu einer praktikablen Möglichkeit werden. Unbeschadet der Unübertragbarkeit des spezifisch österreichischen Weges auf das übrige deutsch-deutsche Verhältnis behält jedoch der österreichische Staatsvertrag auch im Sinnzusammenhang der deutschen Geschichte seine Bedeutung als reflektierte Absage an nationale Machtpolitik.

Im engeren Sinne betrifft die Frage nach Ende oder Epoche der deutschen Geschichte das Verhältnis zwischen der Bundesrepublik und der Deutschen Demokratischen Republik, und zwar deswegen, weil beide in der Ausgangslage nach dem Zweiten Weltkrieg von einem in diesen beiden Teilen Deutschlands noch unbestrittenen Bewußtsein der fortbestehenden Nation ausgingen. In dem Namen der beiden Staaten, in den beiden Verfassungen des Jahres 1949 und in dem Bekenntnis zur schwarz-rot-goldenen demokratisch-nationalen Tradition fand dies seinen sinnfälligen Ausdruck. Auch in der zweiten Verfassung der DDR vom Jahre 1968 ist der Bezug auf die »ganze deutsche Nation auf der Grundlage der Demokratie und des Sozialismus« und ihre staatliche Wiedervereinigung noch aufrechterhalten[3]. Abgelehnt wurde dementsprechend in der offiziellen DDR-Publizistik sowohl die etwa von Karl Jaspers vertretene These, daß zwei getrennte deutsche Nationen im Entstehen begriffen seien[4], wie die offizielle westdeutsche These vom Fortbestand der Einheit der Nation. Man sprach statt dessen vom Fortbestehen einer einzigen, jedoch in Klassen gespaltenen Nation und der Berufung der in der DDR staatlich organisierten progressiven Klassenkräfte zur führenden Rolle in ihr[5]. Zu neuen Definitionen führte in seinen Konsequenzen der sogenannte »Grundlagenvertrag« vom 21. Dezember 1972, der nach dem Verständnis der DDR die staatliche Trennung als eine völkerrechtliche Teilung festschrieb. Nunmehr wurden durch die Volkskammer der DDR am 27. September 1974 aus der Verfassung vom Jahre 1968 alle Hinweise auf die deutsche Nation und die Wiederherstellung der Einheit gestrichen. Für den »sozialistischen Staat der Arbeiter und Bauern«, wie er sich jetzt statt der früheren Bezeichnung eines »sozialistischen Staates deutscher Nation« nannte, trat an die Stelle des weggefallenen Verfassungsauftrages, die »der deutschen Nation aufgezwungene Spaltung« zu überwinden, die verfassungsmäßig verankerte Feststellung, daß die Deutsche Demokratische Republik »für immer und unwiderruflich mit der Union der Sozialistischen Sowjetrepubliken verbündet« sei[6]. Dementsprechend wurde in einem weitreichenden, auf wirtschaftliche und politische Integration zielenden »Vertrag über Freundschaft, Zusammenarbeit und gegenseitigen Beistand« zwischen der Sowjetunion und der DDR vom 7. Oktober 1975[7] im Unterschied zu früheren Verträgen jeder Bezug auf die offene deutsche Frage vermieden. In jenen früheren Verträgen war von der Verwirklichung der »Einheit Deutschlands auf friedlicher und demokratischer Grundlage«[8] als gemeinsamem Ziel der Vertragspartner die Rede. Immerhin, jene früheren Verträge wurden durch den Freundschaftspakt vom Jahre 1975 nicht aufgehoben, sondern schweigend übergangen, suspendiert[9]. In einer veränderten europäischen Machtkonstellation könnten jene früheren Formeln erneute Aktualität erlangen. Für den Augenblick jedoch lautet die offizielle politisch-ideologische These der DDR, daß es keine offene deutsche Frage mehr gebe. Die Absage an die Nation, d.h. auch die Feststellung des Endes ihrer Geschichte, gibt sich als definitiv.

Im Gegensatz hierzu und trotz der nationalpolitischen Auswirkungen des Integrationsprozesses in Ost und West, der die staatliche Spaltung als nicht mehr aufhebbar erscheinen läßt, halten Parlament, Regierung und Länder der Bundesrepublik in Übereinstimmung mit dem Grundgesetz und mit der durch das Bundesverfassungsgericht am 31. Juli 1973 gegebenen Rechtsauslegung des Grundlagenvertrages an der These vom Fortbestand der Nation und einer allgemeinen deutschen Staatsangehörigkeit, am nichtvölkerrechtlichen Charakter der Anerkennung der DDR und am Verfassungsauftrag zur Wiederherstellung der staatlichen Einheit zwischen den in Bundesrepublik und DDR getrennten Teilen Deutschlands fest. Insofern ist die Bundesrepublik in ihrem politischen Selbstverständnis derjenige deutsche Staat, der als einziger seinem Namen entsprechend bewußt an einem staatsnationalen Verständnis des Begriffs »Deutschland« festhält. Mit den Worten des Bundesverfassungsgerichts: »Wenn heute von der ›deutschen Nation‹ gesprochen wird, die eine Klammer für Gesamtdeutschland sei, so ist dagegen nichts einzuwenden, wenn darunter auch ein Synonym für das ›deutsche Staatsvolk‹ verstanden wird ... Versteckte sich dagegen hinter dieser neuen Formel ›deutsche Nation‹ nur noch der Begriff einer im Bewußtsein der Bevölkerung vorhandenen Sprach- und Kultureinheit, dann wäre das rechtlich die Aufgabe einer unverzichtbaren Rechtsposition. Letzteres stünde im Widerspruch zum Gebot der Wiedervereinigung als Ziel, das von der Bundesregierung mit allen erlaubten Mitteln anzustreben ist.«[10] Dennoch versteht sich die Bundesrepublik, die ein deutscher Staat unter anderen ist, nicht mehr als ein »Provisorium«, mit dem sich der Parlamentarische Rat in Erwartung der Wiedervereinigung bei der Schaffung des Grundgesetzes für den Augenblick hatte begnügen wollen, und auch nicht mehr mit der abwägenderen Formulierung des scheidenden Bundespräsidenten Heuss nur als ein »Transitorium«. In der Bundesrepublik entwickelt sich vielmehr, verstärkt seit dem Grundlagenvertrag, ein eigenes spezifisches Staatsbewußtsein. Demgegenüber ist die Wiedervereinigung der Deutschen zu einer Staatsnation eine Zukunftserwartung ohne klare Konturen und auf lange Sicht, gewöhnlich ausgesprochen unter Berufung auf die noch bestehende Einheit der Kulturnation. Die Wartburg und Weimar, Dresden und die Thomaskirche zu Leipzig und das, wofür sie stehen, sind ein allen Deutschen, die aus der Geschichte leben, gemeinsamer Besitz. Die durch den Grundlagenvertrag ermöglichte Steigerung des Reiseverkehrs, der allerdings im wesentlichen nur in westöstlicher Richtung zunahm, hat dazu geführt, daß mehr Deutsche wieder in Beziehung zueinander treten, ein unmittelbarer Informationsaustausch stattfinden sowie verwandtschaftliche und freundschaftliche Verbindungen aufrechterhalten werden können. Dies hat als ein elementarer Vorgang an der Basis des Volkes auch eine kulturnationale Bedeutung trotz der mit dem Grundlagenvertrag einhergehenden verstärkten Selbstprofilierung der DDR als Staat ohne Bezug zur deutschen Nation.

Zum gemeinsamen Erbe der Kulturnation gehört aber gerade auch jener Herausforderer Karl Marx, an dessen Namen sich heute, ähnlich wie im 16. Jahrhundert an dem Luthers, Deutschland spaltete und die Welt entzweite. Es wäre zu einfach, die Auseinandersetzung, die sich an diese Überlieferung knüpft, auf den bloßen Gegensatz von These und Antithese, von Ja und Nein zu reduzieren. Dazu sind der Schulbildungen innerhalb des Marxismus zu viele, und auch von außen her zeigen sich in großer Breite unterschiedliche Deutungsmöglichkeiten seines Werkes, in dessen undogmatischem Charakter sich empirische Wissenschaft und Spekulation verbinden. Es wurde im Verlaufe der Darstellung deutlich, welche verhängnisvollen und lähmenden Wirkungen von einer dogmatisch unbeweglichen Rezeption Marxscher Theorien ausgehen konnten. Da aber heute nun einmal die politisch-gesellschaftliche Ordnung, in der der eine Teil unseres Volkes lebt, an Antworten orientiert ist, die sich auf diesen Namen berufen, so reduziert sich die Frage nach dem Fortbestand der Nation und damit nach dem Weitergang der Geschichte Deutschlands auf die Frage, ob das hüben wie drüben gestellte Problem, wie Freiheit und Gerechtigkeit in der Gesellschaft gleichzeitig zu verwirklichen sei, zu einem offenen Gespräch zwischen Marxisten und Nichtmarxisten auch über die Staatsgrenzen hinweg führen kann. Im Wettbewerb der beiden Sozialordnungen in den getrennten Teilen Deutschlands geht es darum, wer die überzeugendere Antwort auf jene Fragen zu geben vermag. Es ist ein Wettbewerb antagonistischer Systeme, bezogen auf die gleiche Thematik. Sofern es angesichts der einander ausschließenden Grundpositionen in den beiden Systemen dennoch zu einem sachlichen Gedankenaustausch im Hinblick auf eine gemeinsame Thematik kommt, ist ein solches Gesprächsverhältnis als dialektisch zu bezeichnen. In dem Maße, wie sich die Hoffnung erfüllen sollte, daß wir im gespaltenen Deutschland wieder miteinander reden lernten, ließe sich trotz unserer staatlichen Teilung die deutsche Nation daher als dialektische Einheit[11] begreifen. Die in der Geschichte gewordene deutsche Kulturnation wird von vielen als noch vorhanden empfunden. Ihre politische Wiederverwirklichung als Staatsnation ist in eine nicht sichtbare Ferne gerückt. Die dialektische Einheit der Nation, die von der doppelten Bereitschaft abhängt, aufeinander zu hören, ohne Gegensätze zu verwischen, ist die denkbare Form eines gegenwärtigen Vollzugs. Es ist eine offene Frage, ob sich diese Erwartung erfüllt, ob die deutsche Geschichte noch eine Zukunft hat, abgesehen von der jeweiligen Geschichte ihrer Teilbereiche, ob also das Ende des Reiches und die Begründung der deutschen Teilstaaten zugleich das Ende der Geschichte Deutschlands bezeichnen oder eine Epoche in der deutschen Geschichte.

[1] K. H. RITSCHER, Von der Verwirrung der Begriffe. Fragmente zur Frage »Wie deutsch ist Österreich«, Artikelserie in: Salzburger Nachrichten, Nr. 90–99 (April 1973).

[2] Rede Figls s. Kap. 23, Anm. 15.

[3] Präambel u. Art. 8, Abs. 2; vgl. Kommentar hierzu in: S. MAMPEL, Die sozialistische Verfassung der Deutschen Demokratischen Republik. Text u. Kommentar (1972).

[4] K. JASPERS, Wohin treibt die Bundesrepublik? (1966).

[5] Vgl. S. MAMPEL, S. 106ff.

[6] Text d. Neufassung EA 29 (1974), D 587f.

[7] Text EA 30 (1975), D 655ff.

[8] Texte: Vertrag vom 20. 9. 1955,

EA 10 (1955), S. 8315ff.; Vertrag vom 12. 6. 1964, EA 19 (1964), D 325ff.

[9] Zur Interpretation der Nichtberührtheitsklausel des Freundschaftspaktes vom 7. 10. 1975 vgl. Th. SCHWEISFURTH, Die neue vertragliche Bindung der DDR an die Sowjetunion, EA 30 (1975).

[10] Bd.Verf.Gerichtsurt. v. 31.7. 1973, in: Archiv d. Gegenwart 43 (1973), S. 18070–18074.

[11] Zu diesem Begriff: K. D. ERDMANN, Die dialektische Einheit der Nation, in: Die Einheit unserer Nation. Ansprachen zur Feierstunde der Schl.-Holst. Landesregierung am 17. Juni 1973 in Lübeck (1973).

Tabellarischer Anhang (für die Bände 18 bis 22)

Wahlen

1. Gebiet und Bevölkerung 1910–1955

Deutsches Reich	1910[1]	1910[2]	1919[3]	1925[4]	1933[5]	1938[6]	1941[7]
Fläche 1000 qkm	540,858	–	472,082	468,705	468,787	583,280	680,872
Bevölkerung Mill.	64,93	58,45	59,86	62,41	65,22	78,52	89,94
Einwohner pro qkm	120,0	123,8	126,8	133,2	139,1	134,6	132,1

Westzonen/ Bundesrepublik Deutschland	1939[8]	1946[8]	1950[8]	1955	Deutsche Ostgebiete 1939[8]
Fläche 1000 qkm	245,289				114,549
Bevölkerung Mill.	39,34	43,69	47,70	50,32[9]	9,56
Einwohner pro qkm	160,4	178,1	194,4	206,0[11]	83,5

Sowjetische Besatzungszone / DDR				
Fläche 1000 qkm	107,173			
Bevölkerung Mill.	15,16	17,18	17,20[10]	16,69[10]
Einwohner pro qkm	141,4	160,3	160,0[10]	155,0[10]

Berlin-West				
Fläche 1000 qkm	0,481			
Bevölkerung Mill.	2,75	2,01	2,15	2,20[9]
Einwohner pro qkm	5718,9	4184,5	4464,0	4583,0[11]

Berlin-Ost				
Fläche 1000 qkm	0,403			
Bevölkerung Mill.	1,59	1,17	1,19[10]	1,140[10]
Einwohner pro qkm	3943,1	2916,0	2951,6[10]	2828,7[10]

[1] Statistisches Jahrbuch für das Deutsche Reich, 36. Jg. (1915), S. 1.

[2] Bevölkerungsstand 1910 auf dem Gebiet des Deutschen Reiches nach dem Stand vom 30. 6. 1922, Statistisches Jahrbuch für das Deutsche Reich, 42. Jg. (1921/22), S. 1.

[3] Bevölkerungsstand am 8. 10. 1919 auf dem Gebiet des Deutschen Reiches nach dem Stand vom 30. 6. 1922, Statistisches Jahrbuch für das Deutsche Reich, 42. Jg. (1921/22), S. 1.

[4] Deutsches Reich ohne Saargebiet; Gebietsstand auf Grund neuer Vermessungen. Statistisches Jahrbuch für das Deutsche Reich, 49. Jg. (1930), S. 1.

[5] Deutsches Reich ohne Saargebiet; Statistisches Jahrbuch für das Deutsche Reich, 53. Jg. (1934), S. 5.

[6] Deutsches Reich mit Österreich und den sudetendeutschen Gebieten, Statistisches Jahrbuch für das Deutsche Reich, 57. Jg. (1938), S. 7.

[7] Deutsches Reich einschließlich Österreich, Sudetenland, Danzig-Westpreußen, Wartheland, Memelland, erweitertes Oberschlesien und Ostpreußen, Eupen-Malmedy und Moresnet. Statistisches Jahrbuch für das Deutsche Reich, 59. Jg. (1941/42), S. 7.

[8] Bevölkerungsstand 1939 auf dem Gebiet der Bundesrepublik (ohne Saargebiet) nach dem Stand vom 13. 9. 1950, der sowjetischen Besatzungszone nach dem Stand vom 29. 10. 1946 und der Stadt Berlin nach dem Stand vom 13. 9. 1950. Statistisches Jahrbuch für die Bundesrepublik Deutschland 1952, S. 12.

[9] Statistisches Jahrbuch für die Bundesrepublik Deutschland 1956, S. 30 (Zahlenangabe vom Ende des Jahres).

[10] Statistisches Jahrbuch für die Bundesrepublik Deutschland 1957. S. 575.

[11] Stand vom 30. 6. 1956, Statistisches Jahrbuch für die Bundesrepublik Deutschland 1957, S. 39.

2. Verluste an Menschen in den beiden Weltkriegen (in Millionen)

Land	I. Weltkrieg		II. Weltkrieg		
	Soldaten	Zivil-bevölkerung	Soldaten	Zivilbevölkerung	
				Bomben-krieg	andere Feindein-wirkung
Deutschland[1] . . .	1,936 897[2]		3,76[3]	0,43[4]	1,2236[5]
Volksdeutsche . . .	–		0,432		1,02[6]
(ohne Österreich)					
Österreich(-Ungarn)[7]	1,0		0,23	0,104[8]	–
Rußland	2,0	insgesamt geschätzt auf 0,5 Mill.[11]	13,6[9]	–	7,0
Frankreich	1,14		0,34	–	0,47
Großbritannien . .	1,184		0,326	0,06	–
Italien	0,615		0,33	–	–
Polen[10]	–		0,32	–	4,2
Jugoslawien[10] . . .	–		0,41	–	1,28
USA	0,125		0,259	–	–
Japan	–		1,2	0,6	–
Die Gesamtverluste in der Welt, ge-schätzt (Brockhaus)	10,0		16,0[9]	20–30 Millionen durch Luftkrieg, Massenvernichtung, Partisanenkampf, Flucht usw.	

[1] Den Zahlen für Deutschland und die Volksdeutschen liegen zugrunde: die gemeinsam mit dem Statistischen Bundesamt erarbeitete Statistik von H. *Arntz*, Die Menschenverluste der beiden Weltkriege, Universitas (1953); Ders. (Hg.), 10 Jahre Bundesrepublik Deutschland (⁶1959) enthält das amtl. Zahlenmaterial; vgl. ferner Deutsche Bevölkerungsbilanz d. Zweiten Weltkriegs, Wirtschaft u. Statistik NF 8 (1956), S. 493 ff.; nicht eingerechnet sind die Opfer der Verfolgung, vgl. oben §§ 78 u. 82.
[2] Diese Ziffer ergibt sich aus der Zahl der als gefallen gemeldeten Soldaten zuzüglich der nachträglich an Verwundung gestorbenen gemäß Sanitätsbericht über das deutsche Heer im Weltkrieg, Band 3 (1934).
[3] Reichsgebiet innerhalb der Grenzen von 1937.
[4] Durch Luftkrieg 0,41, durch Erdkämpfe 0,02. Zahl enthält nur die Toten in den späteren 4 Besatzungszonen. Bewohner Ostdeutschlands, die auf der Flucht Luftangriffen zum Opfer fielen, nicht eingerechnet.
[5] Vertreibungsverluste einschl. Luftkriegstote für Ostgebiete des Reiches.
[6] Verluste bei der Vertreibung 1944–46.
[7] Hier und für die folgenden Länder nach W. *Köllmann*, Bevölkerung und Raum in neuerer und neuester Zeit (Ploetz, ³1965).
[8] Gesamtverluste geschätzt, nicht differenziert nach verschiedenen Ursachen, vgl. *Köllmann* S. 200; nach neueren Berechnungen 247 000 Soldaten (einschließl. Angehörige der Waffen-SS), 24 300 Ziviltote, 65 459 getötete Juden und 35 300 NS-Opfer (Widerstand und KZ). Vgl. Österreichische Militärzeitschrift 3 (1974), S. 220.
[9] Für die Sowjetunion sind die Schwankungen in der Schätzung besonders groß. Abweichend von Köllmann wird die Zahl der gefallenen, vermißten, an Verwundung und in Gefangenschaft gestorbenen Soldaten der Roten Armee in anderen Darstellungen mit 5–7 Millionen angegeben. Die offizielle russ. Geschichtsschreibung rechnet mit ca. 20 Mill. Kriegstoten, davon etwa die Hälfte Zivilpersonen und getötete Kriegsgefangene. A. *Seaton*, The Russo-German War, 1941–45 (London 1971), S. 586, schätzt die russischen Verluste an Soldaten (einschließlich gestorbener Kriegsgefangener) auf etwa 10 Mill. Entsprechend ungewiß ist die Schätzung der Gesamtverluste in der Welt.
[10] In diesen beiden Ländern sind die Verluste der Zivilbevölkerung besonders hoch (Massenvernichtung, Aufstände, Partisanenkrieg). Nach A. *Gieysztor* / St. *Herbst* / B. *Lésnodorski*, Tausend Jahre Polen (Warschau 1976), S. 204, starben durch Kampfhandlungen mehr als 600 000 Polen, nahezu 5,5 Mill. wurden das Opfer anderer Vernichtungs- und Terrormaßnahmen (davon ca. 3 Mill. Juden).

3. Bevölkerungsbilanz für die Ostgebiete des Deutschen Reiches (Gebietsstand 31. 12. 1937) und die deutschen Siedlungsgebiete im Ausland 1945–1950

Gebiet	Wohnbevölkerung am 17. 5. 1939[1]		Wehrmachts-sterbefälle	Verluste der Zivilbevölkerung	Kriegs- und Nachkriegsverluste insgesamt		Vertriebene im Sept. 1950[4]		Zurückgebliebene und zurückgehaltene deutsche Bevölkerung (Sept. 1950)
	insgesamt	darunter deutsche Bevölkerung			absolut	in v. H.	Insgesamt	darunter im Bundesgebiet (ohne Saarld.) einschließlich Berlin (W.)[5]	
Ostgebiete des Deutschen Reiches	9 620 800	9 575 200	656 000	1 236 400	1 892 400	19,8	7 107 600	4 541 300	1 101 000
Ostpreußen	2 488 100	2 473 000	210 000	279 400	489 400	19,8	1 984 400	1 375 500	160 000
Ostpommern	1 895 200	1 883 700	125 000	336 900	461 900	24,5	1 464 600	922 800	55 000
Ostbrandenburg	644 800	642 000	41 000	173 000	214 000	33,3	430 000	152 900	16 000
Schlesien	4 592 700	4 576 500	280 000	447 100	727 100	15,9	3 228 600	2 090 000	870 000
Deutsche Siedlungsgebiete im Ausl.	—	7 423 300	432 000	885 900	1 317 900	17,8	4 912 200	3 153 200	1 452 000
Baltische Staaten und Memelgebiet	—	249 500	15 000	50 600	65 600	26,3	169 500	109 900	15 000
Danzig	—	380 000	22 000	89 000	111 900	29,4	290 800	230 200	4 000
Polen	—	1 371 000[2]	108 000	185 000	293 000	21,4	688 000	419 600	431 000
Tschechoslowakei	—	3 477 000[3]	180 000	266 600	446 600	12,8	3 000 400	1 917 800	250 000
Ungarn	—	623 000[3]	32 000	57 000	89 000	14,3	213 000	178 200	270 000
Jugoslawien	—	536 800[3]	40 000	135 800	175 800	32,7	297 500	148 000	82 000
Rumänien	—	786 000[3]	85 000	101 000	136 000	17,3	253 000	149 500	400 000
insgesamt	—	16 998 500	1 088 000	2 122 300	3 210 300	18,9	12 019 800	7 694 500	2 553 000

Quelle: Statistisches Jahrbuch für die Bundesrepublik Deutschland, Jg. 1960, S. 79.

1) Für die deutschen Siedlungsgebiete im Ausland bei Kriegsbeginn.
2) Darunter 383 000 Zweisprachige, die zu dem von der Vertreibung nicht betroffenen Bevölkerungsteil gehören.
3) Im Jahr 1940.
4) Einschließlich des Geburtenüberschusses der Vertriebenen seit Kriegsende (insgesamt 1 289 800).
5) Die Zahl der Heimatvertriebenen in der sowjetischen Besatzungszone (ohne Ost-Berlin) erreichte ihren Höchststand 1948 mit 4,2 Mill. (Bundesrepublik ohne West-Berlin 1948: 7,326 Mill.). Bis 1955 verringerte sich diese Zahl durch Abwanderung in die Bundesrepublik auf 3,56 Mill. (+ 50000 in Ost-Berlin). In Österreich lebten 1955 350000 Heimatvertriebene.
Vgl. G. *Reichling*, Die Heimatvertriebenen im Spiegel der Statistik (1958), S. 14 f.

4. Heimatvertriebene und Zugewanderte aus der sowjetischen Besatzungszone bzw. DDR in der Bundesrepublik Deutschland 1946–1961 (in 1000), Fortschreibung[1]

Zeit	Vertriebene[2]	Zugewanderte[3]
1946	6251	1019
1947	6757	1131
1948	7334	1232
1949	7671	1425
1950	7946[4]	1604
13. 9. 1950[1]	8024	1555
1951	8275	1758
1952	8418	1896
1953	8610	2153
1954	8732	2378
1955	8914	2611
1956	9069	2807
1957	9332	3029
1958	9579	3176
1959	9734	3308
1960	9888	3474
6. 6. 1961[1]	8956	3099[5]

Quellen: Die Vertriebenen und Flüchtlinge in der Bundesrepublik Deutschland in den Jahren 1946 bis 1953, Hg. Statistisches Bundesamt, Wiesbaden (1955), S. 13; Vertriebene und Flüchtlinge. Bevölkerungs-, kultur- und wirtschaftsstatistische Ergebnisse 1954 bis 1966, Hg. Statistisches Bundesamt, Wiesbaden (1966), S. 13.

[1] Zahlen für 1946–1950 vielfach Schätzungen; 13. 9. 1950 und 6. 6. 1961 Ergebnisse der Volkszählung, sonst Fortschreibungsergebnisse zum 31. 12. des jeweiligen Jahres. Angaben für 1946–1949 Bundesgebiet ohne West-Berlin, 1950–1961 einschl. West-Berlin.
[2] Als Vertriebene gelten alle Deutschen, die am 1. 9. 1939 ihren Wohnsitz in den ehemaligen deutschen Ost-gebieten (Gebietsstand 31. 12. 1937) oder im Ausland hatten und diesen im Zusammenhang mit den Ereignissen des Zweiten Weltkrieges durch Flucht oder Vertreibung verloren haben, sowie deren Kinder. Zu dieser Gruppe wurde bis zum 31. 12. 1953 auch das Saarland gezählt.
[3] Als Zugewanderte gelten alle Deutschen, die nach dem 1. 9. 1939 auf behördliche Anordnung oder aus eigenem Entschluß ihren Wohnsitz aus dem Gebiet von Berlin, der sowjetischen Besatzungszone Deutschlands sowie für die Zeit vom 1. 1. 1954 bis zum 25. 9. 1956 aus dem Saarland nach dem Bundesgebiet verlegt haben und nicht zum Personenkreis der Vertriebenen gehören, sowie deren Kinder.
[4] Ohne West-Berlin.
[5] Zugewanderte nur aus der sowjetischen Besatzungszone.

5. Jährliche Zuzüge von Deutschen aus den ehemaligen deutschen Ostgebieten und der DDR sowie Ost-Berlin in die Bundesrepublik (einschließlich West-Berlin) 1950–1974[1]

Jahr	ehemalige deutsche Ostgebiete	DDR (einschl. Ost-Berlin)
1950[2]	19 822[3]	249 243
1951[2]	7 371	196 325
1952[2]	1 446	232 100
1953	1 415	408 100
1954	963	295 400
1955	1 588	381 813
1956	12 944	396 334
1957	77 644	384 669
1958	102 951	226 309
1959	26 073	173 847
1960	7 920	225 381
1961	8 003	233 500
1962	8 227	21 500
1963	8 297	47 100
1964	12 280	39 300
1965	13 721	29 500
1966	16 743	24 300
1967	10 350	20 700
1968	8 027	18 600
1969	8 897	20 600
1970	5 218	20 664
1971	22 331	19 876
1972	10 328	19 716
1973	8 238	17 280
1974	7 345	16 159

Quellen: Statistik der Bundesrepublik Deutschland, Reihe: Wanderungen, 1953–1958; Statistisches Bundesamt Wiesbaden, Bevölkerung und Kultur, Reihe 3: Wanderungen 1959–1971. Angaben für 1971–1974 nach Mitteilung des Statistischen Bundesamtes.

[1] Die Zahl der aus der DDR zugewanderten Deutschen umfaßt seit 1962 auch die legal eingewanderten Personen (insgesamt bis Ende 1975 196 190 Personen). Die Zahl der seit dem Mauerbau 1961 bis Ende 1975 aus der DDR Geflohenen beträgt 164 382. Aus den ehemaligen deutschen Ostgebieten kamen von 1950 bis Ende 1975 392 448 Deutsche in die Bundesrepublik. Die Zahl der aus den osteuropäischen Ländern (ohne deutsche Ostgebiete) ausgesiedelten Deutschen betrug im gleichen Zeitraum 361 080. Angaben des Bundesausgleichsamtes, Bad Homburg.
[2] Angaben für 1951, 1952, 1953 (deutsche Ostgebiete) nach: Statistisches Jahrbuch für die Bundesrepublik Deutschland, Jg. 1952, S. 48; Jg. 1953, S. 70; Jg. 1954, S. 76. Diese Zahlen beziehen sich auf das Bundesgebiet ohne West-Berlin und die DDR ohne Ost-Berlin.
[3] Nur teilweise erfaßt.

6. Verteilung der Heimatvertriebenen auf die Länder der Bundesrepublik

Land	Heimatvertriebene am 13. 9. 1950 Anzahl[1]	v. H. der Wohnbevölkerung
Schleswig-Holstein	856 943	33,0
Hamburg	115 981	7,2
Niedersachsen	1 851 472	27,2
Bremen	48 183	8,6
Nordrhein-Westfalen	1 331 959	10,1
Hessen	720 583	16,7
Rheinland-Pfalz	152 267	5,1
Baden-Württemberg	861 526	13,4
Bayern	1 937 297	21,1
Zusammen	7 876 211	16,5

Quelle: G. *Reichling,* Die Heimatvertriebenen im Spiegel der Statistik (1958), S. 17.

[1] Einschl. damaliger Vertriebener aus dem Saarland.

7. Soziale Gliederung der Erwerbstätigen 1882–1950 (in Mill.)

| | Erwerbs-personen ins-gesamt | davon weiblich | Soziale Gliederung | | | | | | | | | |
			Selb-ständige	v. H.	Ange-stellte und Beamte	v. H.	Mit-helfende Familien-angehörige	v. H.	Arbeiter	v. H.	Haus-ange-stellte	v. H.
1882	16,89	–	4,76	28,2	1,08	6,4	1,68	9,9	8,02	47,5	1,35	8,0
1895	19,76	–	5,03	25,5	1,97	10,0	1,79	9,0	9,54	48,3	1,43	7,2
1907	25,16	8,50	5,14	20,4	3,16	12,5	3,77	15,0	11,64	46,3	1,45	5,8
1925	32,00	11,48	5,54	17,3	5,27	16,5	5,44	17,0	14,43	45,1	1,33	4,1
1933	32,30	11,48	5,30	16,4	5,52	17,1	5,31	16,4	14,95	46,3	1,22	3,8
1939[1]	34,27	12,70	4,78	14,0	6,48	18,9	5,63	16,4	17,38	50,7	–	–
1950[2]	22,07	7,95	3,26	14,8	4,40	20,0	3,18	14,4	11,23	50,9	–	–

Quellen: Statistisches Jahrbuch für das Deutsche Reich; Statistisches Jahrbuch für die Bundesrepublik.

[1] Deutsches Reich einschließlich Österreich und Sudetenland.
[2] Bundesrepublik Deutschland.

8. Die Beschäftigten nach Wirtschaftsbereichen 1910–1959[1] (in 1000)

Jahr	Landwirtschaft, Forsten, Fischerei	Bergbau und Salinen	Industrie und Handwerk	Verkehr	Handel, Banken, Versicherungen, Gaststätten	häusliche Dienste	sonstige Dienstleistungen ohne Verteidigung	Verteidigung	insgesamt
1910	10 542	816	10 184	1048	3216	1570	1364	680	29 420
1	10 627	827	10 550	1077	3292	1569	1404	688	30 034
2	10 663	840	10 818	1116	3371	1567	1453	721	30 549
3	10 701	863	10 857	1174	3474[2]	1542	1493	864	30 968
1924		759	10 845						
5	9 778	743	11 708	1472	3864	1357	1969	142	31 033
6	9 680	690	10 496	1467	3945	(1339)	2092	143	29 852
7	9 590	713	12 320	1487	4178	(1316)	2216	143	31 963
8	9 500	686	12 698	1551	4363	(1293)	2296	144	32 531
9	9 410	688	12 302	1560	4516	(1270)	2375	145	32 266
1930	9 310	619	10 785	1525	4476	(1212)	2411	145	30 483
1	9 220	495	8 995	1436	4241	(1154)	2428	146	28 115
2	9 139	420	7 566	1337	3985	(1096)	2433	146	26 113
3	9 034	429	8 284	1313	3901	1072	2507	147	26 687
4	9 030	462	10 159	1397	3956	1112	2548		
5	9 030	525	11 011	1461	4056	1211	2645		
6	9 020	537	12 048	1518	4174	1255	2710		
7	9 010	607	12 941	1611	4354	1296	2773		
8	9 010	677	13 749	1725	4420	1341	2812		
9	10 855	773	15 454	2078	4936	1522	3139	923[3]	39 680
1950	4 973	578	8 035	1139	2705	570	2036	423	20 459
1	4 799	597	8 529	1180	2944	567	2105	424	21 145
2	4 653	620	8 649	1227	3158	587	2172	388	21 454
3	4 503	637	9 041	1259	3386	627	2239	319	22 011
4	4 368	636	9 547	1287	3545	638	2306	313	22 640
5	4 257	637	10 265	1327	3777	638	2386	303	23 590
6	4 147	648	10 680	1368	3959	631	2477	283	24 193
7	4 077	659	10 889	1379	4234	618	2555	279	24 690
8	3 957	650	11 080	1407	4322	602	2665	262	24 945
9	3 798	600	11 334	1407	4380	580	2826	264	25 189

Quelle: W. G. *Hoffmann,* Das Wachstum der deutschen Wirtschaft seit der Mitte des 19. Jahrhunderts (1965), S. 204 ff.

[1] Die Angaben beziehen sich auf a) von 1910–1913 auf das damalige Reichsgebiet einschl. Elsaß-Lothringen; b) von 1924 bis 1939 auf das Gebiet des Dt. Reiches, seit 1933 einschl. des Saarlandes, ausschließl. Österreichs und des Sudetenlandes; c) ab 1945 auf das Gebiet der Bundesrepublik Deutschland, ausschließl. des Saarlandes und West-Berlins.
[2] Einschl. des technischen Personals.
[3] Ohne normal dienende Mannschaften [d. h. ohne Wehrdienst u. Freiwillige auf Zeit].

9. Die Entwicklung der Arbeitslosigkeit im Deutschen Reich und in der Bundesrepublik 1928–1940 und 1946–1959[1]

Jahr	Beschäftigte in 1000	Arbeitslose	Arbeitslose in v. H. der Arbeitnehmer
1928	17 996	1353	7,0
1929[2]	17 870	1892	9,6
1930	16 515	3076	15,7
1931	14 420	4520	23,9
1932	12 518	5575	30,8
1933	13 432	4804	26,3
1934	15 470	2718	14,9
1935	16 424	2151	11,6
1936	17 592	1600	8,3
1937	18 885	1010	5,1
1938	20 114	750	3,6
1939	20 813	470	2,2
1940	19 604		
1946	10 998	850	7,0
1947	12 685	658	4,6
1948	13 376	591	4,3
1949	13 542	1230	8,3
1950	13 827	1580	10,3
1951	14 556	1432	9,0
1952	14 995	1379	8,4
1953	15 583	1259	7,5
1954	16 286	1221	7,0
1955	17 175	928	5,2
1956	18 056	761	4,1
1957	18 611	662	3,4
1958	18 840	683	3,5
1959	19 399	476	2,4

Quelle: B. *Gleitze* (Hg.), Wirtschafts- und sozialstatistisches Handbuch (1960), S. 45.

[1] 1928 bis 1940 Reichsgebiet, ab 1946 Gebiet der Bundesrepublik ohne Saarland und West-Berlin. Für die Zeit vor 1928 liegen keine genauen Angaben vor.
[2] Höchstzahlen der Arbeitslosen während der Weltwirtschaftskrise: Febr. 1929   3,05 Mill.,
Dez. 1930   4,384 Mill.,
Dez. 1931   5,668 Mill.,
Febr. 1932   6,128 Mill.,
Jan. 1933   6,014 Mill.,
Jan. 1934   3,773 Mill.
Nach E. *Wagemann* (Hg.), Kurven und Zahlen zur Wirtschaftslage in Deutschland ([2]1935), S. 8.

10. Agrarproduktion Deutschlands für wichtige Nahrungs- und Futtermittel
(Differenz aus Inlandproduktion und Gesamtverbrauch in Prozenten des Gesamtverbrauchs)

Jahr	Weizen	Roggen	Kartoffeln	Fleisch	Nahrungs-fette[4]
1925[1]	−32,0	+ 3,1	−0,6	−10,9	−56,6
1926	−48,0	− 9,7	−1,7	− 9,9	−56,8
1927	−39,4	− 4,0	−1,5	− 9,3	−53,8
1928	−31,6	+17,3	−0,6	− 7,0	−53,1
1929	−34,6	+ 8,5	−1,0	− 6,6	−55,4
1930	−34,5	− 8,9	+0,6	− 5,0	−53,3
1931	−13,0	−10,2	+0,6	− 2,3	−51,6
1932	+ 4,4	+ 2,9	−0,2	− 2,2	−53,1
1933	+21,2	+ 8,9	−0,1	− 1,8	−48,0
1934	− 8,1	+ 1,2	−0,2	− 1,9	−43,7
1935[2]	−12,4	−10,5	−0,2	− 2,8	−43,0
1936	−19,3	− 0,1	−0,2	− 5,9	−42,1
1937	−14,4	+ 5,8	−0,2	− 5,6	−40,2
1938	+ 4,8	+21,3	±0	− 6,4	−42,1
1949/50[3]	−52,8	− 5,9	−0,2	− 7,3	−50,2
1950/51	−48,6	−16,3	+5,4	−10,3	−58,1
1951/52	−41,6	− 5,1	−3,5	− 2,1	−51,9
1952/53	−40,8	− 6,9	−0,5	− 4,3	−55,6
1953/54	−44,4	− 2,6	+1,4	− 6,0	−55,6
1954/55	−49,8	+ 8,4	−0,2	− 6,4	−57,2
1955/56	−42,9	− 1,3	−2,4	− 8,2	−56,4

Quelle: D. *Graße*, Die Nahrungsmittelversorgung Deutschlands seit 1925, (1957), S. 90 f.

[1] Von 1925 bis 1934 Deutsches Reich ohne Saargebiet.
[2] Von 1935 bis 1938 Deutsches Reich (Altreich) mit Saargebiet.
[3] Bundesgebiet mit West-Berlin.
[4] Butter, Schlachtfette und marit. Öle und Fette.

11. Industrielle Produktion Deutschlands

Jahr	Steinkohle Mill. t	Braunkohle Mill. t	Rohstahl Mill. t
1913	190,10	87,23	16,76
1913[1]	140,75	87,22	10,92
1917	167,75	95,54	11,62
1917[1]	122,55	95,54	8,23
1924	118,77	124,64	7,83
1925	132,62	139,72	10,09
1926	145,30	139,15	9,64
1927	153,60	150,50	13,09
1928	150,86	165,59	11,80
1929	163,44	174,46	13,24
1930	142,70	146,01	9,70
1931	118,64	133,31	6,06
1932	104,74	122,65	3,93
1933	109,69	126,79	5,25
1934	124,86	137,27	8,72
1935[2]	143,00	147,07	12,85
1936	158,28	161,40	15,30
1937	184,51	184,71	15,96
1938[3]	186,40	198,32	18,62

	Bundes-republik	DDR	Bundes-republik	DDR	Bundes-republik	DDR
1938/36	137,0[4]	3,52[5]	69,0[4]	101,06[5]	17,90[4]	0,20[5]
1948	87,0	–	65,0	–	5,56	–
1949	103,0	–	72,0	–	9,16	–
1950	111,0	2,81	76,0	137,05	12,12	0,34
1951	119,0	3,20	83,0	151,15	13,51	0,34
1952	123,0	2,75	83,0	158,46	15,81	0,66
1953	124,0	2,64	85,0	172,75	15,42	1,08
1954	128,0	2,65	88,0	181,91	17,43	1,32
1955	131,0	2,68	90,0	200,61	21,34	1,52
1956	134,0	2,74	95,0	205,87	23,19	1,57

Quellen: Statistisches Jahrbuch für das Deutsche Reich und für die Bundesrepublik. Zahlen für DDR nach: H. *Kalus,* Wirtschaftszahlen aus der SBZ (1958), S. 32 und 38.

[1] Innerhalb des Gebietes von Deutschland nach Versailles, ohne Saargebiet.
[2] Ab 1. 3. 1935 einschl. Saargebiet.
[3] Einschl. Österreich.
[4] In dem der späteren Bundesrepublik entsprechenden Gebiet für das Vergleichsjahr 1938.
[5] In dem der späteren DDR entsprechenden Gebiet für das Vergleichsjahr 1936.

12. Entwicklung des Bruttosozialproduktes 1925–1939 und 1950–1959
a) 1925–1939

Jahr	Bruttosozialprodukt	
	Mrd. RM	1936 = 100
Reichsgebiet (jeweiliger Gebietsstand)		
1925	59,7	74
1926	61,4	76
1927	67,5	83
1928	70,5	87
1929	70,2	86
1930	69,2	85
1931	63,9	79
1932	59,1	73
1933	62,8	77
1934	68,2	84
1935	74,6	92
1936	81,2	100
1937	90,0	111
1938[1]	99,2	122
1939[1]	107,2	132

b) 1950–1959: Bundesrepublik ohne Saarland und ohne West-Berlin

Jahr	Mrd. DM	1950 = 100
1950	113,1	100
1951	125,0	111
1952	135,4	120
1953	145,6	129
1954	156,4	138
1955	174,4	154
1956	186,4	165
1957	196,5	174
1958[2]	202,0	179
1959[2]	263,6	189

Quelle: B. *Gleitze* (Hg.), Wirtschafts- und sozialstatistisches Handbuch (1960), S. 148.

[1] Gebietsstand 31. 12. 1937.
[2] Vorläufige Ergebnisse.

13. Handelsbilanz des Deutschen Reiches¹) 1880-1940

Jahr	Reiner Warenverkehr Mill. M		
	Einfuhr	Ausfuhr	Bilanz
1880	2803	2923	+ 120
1881	2962	3029	+ 67
1882	3098	3224	+ 126
1883	3220	3259	+ 39
1884	3236	3190	− 46
1885	2922	2854	− 68
1886	2873	2974	+ 101
1887	3109	3137	+ 28
1888	3264	3207	− 57
1889	3990	3165	− 825
1890	4146	3327	− 819
1891	4151	3176	− 975
1892	4019	2954	− 1065
1893	3962	3092	− 870
1894	3938	2961	− 977
1895	4121	3318	− 803
1896	4307	3525	− 782
1897	4681	3635	− 1046
1898	5081	3757	− 1324
1899	5483	4207	− 1276
1900	5766	4611	− 1 155
1901	5421	4431	− 990
1902	5631	4678	− 953
1903	6003	5015	− 988
1904	6354	5223	− 1131
1905	7129	5750	− 1379
1906	8022	6359	− 1663
1907	8749	6846	− 1903
1908	7667	6399	− 1268
1909	8527	6594	− 1933
1910	8934	7475	− 1459
1911	9706	8106	− 1600
1912	10692	8957	− 1735
1913	10770	10097	− 673
1914³)			
1915			
1916	31 800	16 500	−15300
1917			
1918			
1919⁴)	6 600	1 700	−4900
1920⁵)	3929	3 709	− 220
1921⁵)	5732	2976	−
1922⁵)	6290	6 187	− 103
1923⁵)	4808	5 338	+ 530
1924⁵)	6769	5 134	−1635
1925⁶)	12362	9 290	−3072
1926⁶)	10002	10415	+ 413
1927⁶)	14228	10801	−3427
1928⁶)	14001	12276	−1725
1929⁶)	13447	13483	+ 36
1930⁶)	10393	12036	+1643
1931⁶)	6727	9 599	+2872
1932⁶)	4667	5 739	+1072
1933	4204	4 871	+ 667
1934	4451	4 167	− 284
1935	4159	4 270	+ 111
1936	4218	4 768	+ 550
1937	5468	5 911	+ 443
1938	6052	5 619	− 433
1939	5207	5 653	+ 446
1940	5012	4 868	− 144

¹) Die Handelsstatistik bezieht sich: a) für die Zeit von 1880-1906 auf das „deutsche Zollgebiet" (deutsches Zollgebiet ohne die Freihäfen Hamburg, Cuxhaven, Bremerhaven und Geestemünde, die Helgoland und einige badische Gemeinden an der Schweizer Grenze, doch zuzüglich des zollvereinsländischen Großherzogtums Luxemburg und der österreichischen Gemeinden Jungholz und Mittelberg); b) von 1906-1918 auf das Reichsgebiet (ohne Helgoland und die badischen Zollausschlüsse) mit Luxemburg und den beiden österreichischen Gemeinden (Statistisches Jahrbuch für das Deutsche Reich 1913, S. 170); c) von 1920-1934 auf das Reichsgebiet (ohne das Saargebiet) nach dem Friedensvertrag von Versailles, ab 1935 einschließlich des Saargebietes (Statistisches Jahrbuch 1935); d) dem „Reichsgebiet" („deutsches Wirtschaftsgebiet") werden zugerechnet: ab Oktober 1938 die sudetendeutschen Gebiete; ab April 1939 das ehemalige österreichische Zollgebiet und das Memelland; ab Ende 1939 die ehemaligen polnischen Gebiete in Oberschlesien, Danzig-Westpreußen und das Wartheland; ab 31. 5. 1940 Eupen-Malmedy und Moresnet; ab 24. 7. 1940 Elsaß-Lothringen (Zollanschluß); ab 15. 8. 1940 Luxemburg (Zollanschluß); ab 10. 10. 1940 das „Protektorat" Böhmen und Mähren. Statistisches Jahrbuch 1941/42, S. 281; für die Zeit vor 1900 vgl. R Arnold, Die Handelsbilanz Deutschlands von 1889 bis 1900 (1905).

²) Die Angaben beziehen sich für die Zeit von 1880-1918 auf die Währungseinheit „Mark" nach ihrem jeweiligen Kurswert, ebenso für die Zeit von 1925-1940 auf die Währungseinheit „Reichsmark". Für die Zeit von 1919-1924 siehe weitere Anmerkungen.

³) Für die Jahre 1914-1918 liegen keine Angaben vor. Die in die Statistik eingesetzten Werte sind errechnet und von der Reichsregierung in der Denkschrift für die Konferenz von Spa angegeben (E. W. Schmidt, Die Handels- und Zahlungsbilanz Deutschlands vor und nach dem Kriege (1923), S. 4)

⁴) In Goldmark errechnete Werte für das Jahr 1919. In Papiermark sind angegeben in Milliarden:

	Einfuhr	Ausfuhr	Bilanz
1919	32,6	10,0	−22,6
1920	99,1	69,4	−29,7

Schmidt, Die Handels- und Zahlungsbilanz, S. 5.

⁵) Auf Grund der Einheitswerte von 1913 in „Mark" errechnet. Ausfuhrwerte liegen für 1921 nur für die Zeit vom Mai bis zum Dezember vor. Statist. Jahrbuch 1926, S. 136.

⁶) Ausfuhrwerte (bis Juni 1932) einschließlich der Sachlieferungen für Reparationen M. Horlacher, Die Strukturwandlungen der deutschen Handelsbilanz, in: Allgemeines Statist. Archiv, Band 24 (1934/35), S. 329-346; Statist. Jahrbuch 1937, S. 238.

14. Handelsbilanz der Bundesrepublik 1950–1959[1]

Jahr	Reiner Warenverkehr Mill. DM		
	Einfuhr	Ausfuhr	Bilanz
1936[2]	2838	3381	+ 543
1950	11374	8362	−3012
1951	14726	14577	− 149
1952	16203	16909	+ 706
1953	16010	18526	+2515
1954	19337	22035	+2698
1955	24472	25717	+1244
1956	27964	30861	+2897
1957	31697	35968	+4271
1958	31133	36998	+5865
1959	35823	41184	+5361

Quelle: Statistisches Jahrbuch für die Bundesrepublik Deutschland 1960, S. 288.

[1] Bundesrepublik einschließl. West-Berlin, ab 5. 7. 1959 einschl. des Saarlandes.
[2] Geschätzte Werte.

15. Indizes der Export- und Importvolumen 1910–1960[1] (1913 = 100)

Jahr	Export	Import
1910	77,4	88,3
11	83,5	93,8
12	89,7	98,9
13	100,0	100,0
1924	48,7	–
25	66,4	82,3
26	76,7	72,5
27	77,4	105,2
28	87,4	101,7
29	98,0	96,6
1930	92,2	86,0
31	82,7	69,9
32	55,6	62,5
33	50,7	62,8
34	47,1	68,4
35	51,5	60,8
36	56,9	59,8
37	64,2	69,0
38	54,7	74,6
1950	34,3	47,4
51	48,6	48,8
52	53,4	56,9
53	62,3	64,5
54	74,0	80,5
55	85,6	99,4
56	96,5	108,1
57	107,9	122,0
58	108,2	128,6
59	120,6	153,7
1960	137,5	178,4

Quelle: W. G. *Hoffmann,* Das Wachstum der deutschen Wirtschaft seit der Mitte des 19. Jahrhunderts (1965), S. 531 f., 538 f.

[1] 1910–1913 damaliges Reichsgebiet einschließlich Elsaß-Lothringen; 1924–1938 jeweiliges Reichsgebiet ohne Österreich und Sudetenland, ab 1934 einschließlich Saarland; ab 1950 Bundesrepublik Deutschland, ohne Saarland und West-Berlin.

16. Expansionsquoten für die Industrie in Ost-, Mittel- und Westdeutschland 1936–1944
(1936 = 100)

	Ost-deutschland	Mittel-deutschland	Berlin	West-deutschland	Deutsches Reich
a) von 1936 bis 1939					
Bergbau und Grundstoffe	+15,5	+29,7	+31,1	+16,5	+20,0
Bau- und Investitionsgüter	+ 3,2	+49,3	+44,9	+34,7	+37,7
Verbrauchsgüter	+26,5	+27,8	+13,1	+15,1	+19,2
Gesamte Industrie	+15,5	+36,7	+34,4	+22,9	+26,8
b) von 1939 bis 1944					
Bergbau und Grundstoffe	+82,0	+13,1	−25,6	+10,8	+14,1
Bau- und Investitionsgüter	+45,6	+36,9	− 1,3	+27,0	+29,9
Verbrauchsgüter	−19,0	−28,1	−59,6	−24,0	−27,6
Gesamte Industrie	+29,8	+ 8,0	−22,9	+ 6,3	+ 5,7

Quelle: B. *Gleitze,* Ostdeutsche Wirtschaft. Industrielle Standorte und volkswirtschaftliche Kapazitäten de[s] ungeteilten Deutschland (1956), S. 11.

17. Index der industriellen Produktion 1945–1951 (1936 = 100)

		Brit. Zone[1]	Amerik. Zone[1]	Bizone[1]	Franz. Zone[2]	Sowjet. Zone[3] bzw. DDR	Bundes-republik[4]
1945	Sept.	16,6	13				
	Dez.	25,4	20				
1946		35,3	37	34		42,1(42)	
1947		38,9	46	40	55	53,7	
1948				60		71,4	63
1949						87,2(70)	89,9
1950						110,6(85)	113,7
1951						135,6(97)	136,0

[1]) Angaben nach W. *Abelshauser,* Wirtschaft in Westdeutschland 1945–1948. Rekonstruktion und Wachstums[-] bedingungen in der amerikanischen und britischen Zone (1975), S. 35 f.
[2]) Aus: Wirtschaftsstatistik der deutschen Besatzungszonen 1945–1948 in Verbindung mit der deutschen Pro[-] duktionsstatistik der Vorkriegszeit (1948), S. 99.
[3]) Statistisches Jahrbuch für die DDR, 1955 (Berlin-Ost 1956), S. 154 f. Industrie ohne Bau. In Klammern di[e] davon abweichenden Angaben im Statistischen Jahrbuch für die Bundesrepublik Deutschland 1954 (1955), S.54[.]
[4]) Statistisches Jahrbuch für die Bundesrepublik Deutschland 1952 (1953), S. 209. Industrie mit Bau, Bundes[-] gebiet ohne West-Berlin und Saarland.

18. Das Volkseinkommen in Deutschland 1925–1939

Jahr	Bevölkerung[1] (1000)	Arbeitnehmereinkommen	Vermögens- und Unternehmereinkommen	Einkommen der privaten Haushalte	Unverteilte Einkommen der Kapitalgesellschaften (Mill. RM)	Öffentliche Vermögens- und Unternehmereinkommen	Zinsen auf öffentliche Schulden	Volkseinkommen	Volkseinkommen je Kopf (RM)
1	2	3	4	5	6	7	8	9	10
1925	62 411	36 251	18 531	54 782	928	1450	167	56 993	913
1926	62 866	37 705	19 060	56 765	904	2057	630	59 096	940
1927	63 252	42 160	21 045	63 205	1316	2408	710	66 219	1048
1928	63 618	46 386	21 841	68 227	1308	2483	782	71 236	1120
1929	63 958	46 944	21 608	68 552	882	2457	1011	70 880	1107
1930	64 294	43 750	19 361	63 111	400	2318	1240	64 589	1005
1931	64 627	36 964	16 190	53 154	−1000	1218	1306	52 066	806
1932	64 909	28 758	12 973	41 731	− 450	1008	1203	41 086	633
1933	65 218	29 030	13 628	42 658	175	913	1194	42 552	652
1934	65 592	32 614	15 782	48 396	735	976	1154	48 953	746
1935	66 871	36 048	17 954	54 002	1365	1131	1157	55 341	828
1936	67 349	39 186	20 404	59 590	2330	1316	1138	62 098	922
1937	67 831	43 098	23 470	66 568	3000	1520	1201	69 887	1050
1938	68 558	47 465	26 710	74 175	3900	1500	1307	78 268	1142
1939	69 286	51 274	29 440	80 714	4750	1750	1735	85 479	1234

Quelle: W. G. Hoffmann / J. H. Müller, Das deutsche Volkseinkommen 1851–1957 (1959), S. 56.

[1] Gebietsstand: 31. 12. 1937; bis 1934 ohne Saarland.

19. Das Volkseinkommen[1] in der Bundesrepublik Deutschland 1950–1957

Jahr	Bevölkerung (1000)	Einkommen der privaten Haushalte aus unselbständiger Arbeit	Einkommen der privaten Haushalte aus Unternehmertätigkeit und Vermögen	Unverteilte Einkommen der Kapitalgesellschaften	Öffentliche Vermögens- und Unternehmereinkommen	Zinsen auf öffentliche Schulden	Volkseinkommen	Volkseinkommen je Kopf (DM)
		(Mill. DM)						
1	2	3	4	5	6	7	8	9
1950	47 060	44 038	26 346	4 880	1430	390	76 304	1621
1951	47 456	53 401	33 375	6 030	1820	520	94 106	1983
1952	47 728	59 443	32 867	6 380	2440	590	100 540	2 107
1953	48 172	65 521	33 531	6 800	2670	660	107 862	2 239
1954	48 710	71 737	36 518	7 240	3160	980	117 675	2 416
1955	49 203	81 710	41 314	8 930	4120	1000	135 074	2 745
1956	49 800	91 790	44 211	9 700	4400	1100	149 001	2 992
1957[2]	50 473	99 940	46 867	10 150	5000	1200	160 757	3 185

Quelle: W. G. *Hoffmann* / J. H. *Müller*, Das deutsche Volkseinkommen 1851–1957 (1959) S. 57.

[1] Von Scheingewinnen unbereinigt.
[2] Vorläufige Ergebnisse.

20. Index der Bruttowochenverdienste der Arbeiter (1936 = 100)

Jahr	Nominallohn	Reallohn
1928	124,5	102,2
1932	85,8	88,5
1933	87,7	92,5
1934	94,1	96,7
1935	96,4	97,6
1936	100,0	100,0
1937	103,5	103,0
1938	108,5	107,5

Quelle: G. *Stolper* u. a., Deutsche Wirtschaft seit 1870 (1964), S. 175.

21. Wert einer Goldmark in Papiermark Januar – Dezember 1923[1]

Januar	11 672
Februar	5 407
März	4 997
April	7 099
Mai	16 556
Juni	36 804
Juli	262 034
15. August	643 175
31. August	2 453 595
17. September	31 491 770
28. September	38 114 094
5. Oktober	142 927 853
11. Oktober	1 205 358 227
15. Oktober	895 681 212
19. Oktober	2 858 557 060
31. Oktober	17 270 448 905
5. November	100 049 497 000
7. November	150 074 246 000
19. November	600 296 983 000
20. November	1 000 494 971 000
30. November	1 000 494 971 000
15. Dezember	1 000 494 971 000
27. Dezember	1 000 494 971 000

Quelle: Deutschlands Wirtschaft, Währung und Finanzen, im Auftrage der Reichsregierung den von der Reparationskommission eingesetzten Sachverständigenausschüssen übergeben (1924), S. 59.

[1] Die Zahlen stellen den Wert am Ende des betr. Monats bzw. des betreffenden Tages dar; sie wurden gewonnen auf Grund der Markkurse in Berlin.
1 $ = 4,198 Goldmark.

Alliierte und assoziierte Mächte[2]	Mittelmächte			
	Bulgarien[3]	Deutschland[4]	Österreich-Ungarn[5]	Türkei[6]
1 Belgien		4. 8. 14[7]	28. 8. 14	9. 11. 14
2 Bolivien		14. 4. 17[8]		
3 Brasilien		25. 10. 17	12. 9. 18	
4 China		14. 8. 17	14. 8. 17	
5 Costa Rica	24. 5. 18	24. 5. 18	24. 5. 18	24. 5. 18
6 Cuba		6. 4. 17	13. 12. 17	
7 Dominikanische Republik .		11. 6. 17[8]		
8 Ecuador		9. 12. 17[8]		
9 England	15. 10. 15	4. 8. 14	13. 8. 14	5. 11. 14
10 Frankreich	16. 10. 15	*3. 8. 14*	13. 8. 14	5. 11. 14
11 Griechenland	25. 11. 16[9]	25. 11. 16[9]	30. 6. 17[8]	2. 7. 17[8]
12 Guatemala	23. 4. 18[8]	23. 4. 18[10]	23. 4. 18	
13 Haiti		16. 7. 18		
14 Honduras		18. 7. 18[8]		
15 Italien	19. 10. 15	28. 8. 16	23. 5. 15	20. 8. 15
16 Japan		23. 8. 14	27. 8. 14	
17 Liberia		4. 8. 17		
18 Montenegro		11. 8. 14	7. 8. 14	3. 11. 14
19 Nicaragua	7. 5. 18	7. 5. 18	7. 5. 18	7. 5. 18
20 Panama		7. 4. 17	11. 12. 17	
21 Persien				14. 8. 14[11]
22 Peru		10. 10. 17[8]		
23 Portugal		*9. 3. 16*	14. 3. 16[8]	
24 Rumänien	*1. 9. 16*	28. 8. 16	27. 8. 16	*30. 8. 16*
25 Rußland	20. 10. 15	*1. 8. 14*	*6. 8. 14*	1. 11. 14
26 Serbien	*14. 10. 15*	6. 8. 14	*28. 7. 14*	3. 11. 14
27 Siam		28. 7. 17	30. 7. 17	
28 Uruguay		10. 10. 17[8]		
29 USA	10. 4. 17[8]	6. 4. 17	8. 12. 17	
30 San Marino			24. 5. 15	

[1]) Datum in *Normaldruck*: Kriegserklärung durch die betreffende alliierte oder assoziierte Macht. Datum in *Kursivdruck*: Kriegserklärung durch Deutschland und seine Verbündeten.

[2]) Die in den Pariser Vorortverträgen unter den alliierten und assoziierten Mächten aufgeführten Nachfolgestaaten der Donaumonarchie (Serbisch-Kroatisch-Slowenischer Staat, Tschechoslowakei) und Polen sind nicht in die Tabelle aufgenommen worden.

[3]) Im Friedensvertrag von Neuilly-sur-Seine werden außer den in dieser Tabelle verzeichneten Mächten noch Japan, Belgien, China, Cuba, Hedschas, Polen, Portugal, der Serbisch-Kroatisch-Slowenische Staat, Siam und die Tschechoslowakei als Vertragspartner Bulgariens genannt, mithin als seine Kriegsgegner betrachtet.

[4]) Im Friedensvertrag von Versailles werden außer den in dieser Tabelle verzeichneten Mächten noch Hedschas, Polen, der Serbisch-Kroatisch-Slowenische Staat und die Tschechoslowakei als Vertragspartner Deutschlands genannt, mithin als seine Kriegsgegner betrachtet. Costa Rica fehlt. Von den Mächten, die nur die diplomatischen Beziehungen zu Deutschland abgebrochen haben, treten Bolivien, Ecuador, Peru, Honduras und Uruguay als Friedensvertragspartner auf.

[5]) Im Friedensvertrag von St. Germain werden außer den hier aufgeführten Mächten noch Polen, der Serbisch-Kroatisch-Slowenische Staat und die Tschechoslowakei als Vertragspartner aufgeführt. Brasilien, Costa Rica und Guatemala fehlen.

[6]) Im Friedensvertrag von Sèvres werden außer den hier aufgeführten Mächten noch Japan, Armenien, Hedschas, Polen, Portugal, der Serbisch-Kroatisch-Slowenische Staat und die Tschechoslowakei als Vertragspartner der Türkei genannt. Costa Rica und Nicaragua fehlen.

[7]) Abbruch der Beziehungen. Einmarsch deutscher Truppen.

[8]) Abbruch der diplomatischen Beziehungen.

[9]) Kriegserklärung der provisorischen Regierung Venizelos.

[10]) Erklärung, Guatemala nehme dieselbe Haltung wie die USA gegenüber den europäischen kriegführenden Mächten ein.

[11]) Einmarsch türkischer Truppen.

24. Deutsche Reparationsleistungen nach dem Ersten Weltkrieg[1]

Art der Leistungen	Bewertung in Mill. GM bzw. RM	
	durch Deutsche Regierung 1932	durch Reparationskommission
A. Bis zum Inkrafttreten des Dawes-Plans am 31. August 1924		
1. Barzahlungen nach dem Londoner Zahlungsplan für 1921 und 1922	1700	1691
2. Rheinlandzölle	3	3
3. Sonstige Barzahlungen	51	16
4. Englische Reparationsabgaben	373	373
5. Kohlen, Koks, Nebenprodukte und Stickstoff	2374	990
6. Farbstoffe und pharmazeutische Erzeugnisse	250	115
7. Vieh	204	147
8. Sonstige Sachlieferungen	406	416
9. Kunstwerke für Belgien	16	2
10. Seeschiffe	4486	712
11. Binnenschiffe	56	50
12. Hafenmaterial	80	–
13. Eisenbahnmaterial	1803	1103
13a. Lastkraftwagen	59	32
14. Nichtmilitärischer Rücklaß an den Fronten	5041	140
15. Privatkabel	78	53
16. Deutsches Privateigentum im Ausland	10080	13
17. Ausgleichsverfahren	617	–
18. Eisenbahnen, Bergwerke und Lehrinstitute in China	95	3
19. Anteile der abgetretenen Gebiete an der Reichs- und Staatsschuld	657	26
20. Reichs- und Staatseigentum in den abgetretenen Gebieten	9670	2781
21. Arbeit deutscher Kriegsgefangener	1200	–
22. Kriegsmaterial-Schrotterlöse	52	53
23. Abgelieferte Kriegsflotte	1338	–
Summe A	40689	8719
B. Während der Ruhrbesetzung erzwungene Leistungen	1370	921
C. Leistungen auf Grund des Dawes-Plans	7993	7553
D. Leistungen auf Grund des Young-Plans einschließlich des deutsch-amerikanischen Schuldabkommens und des belgischen Markabkommens	3103	2800
Gesamtsumme 11. November 1918 bis 30. Juni 1931	53155	19993

Innere Leistungen Deutschlands in den ersten Nachkriegsjahren:

Art der Leistungen	Bewertung in Mill. Goldmark	
	durch Deutsche Regierung 1932	durch Reparationskommission
a) Innere Besatzungskosten	2012	788
b) Militärische Abrüstung einschließlich versenkter Flotte	8500	–
c) Kosten der Interalliierten Militärkommission	106	–
d) Industrielle Abrüstung	3500	–
e) Grenzregulierung, Abstimmung, Flüchtlingsfürsorge, Verwaltungskosten	400	–
Summe a bis e	14518	–

[1] Die Zahlen dieser Tabelle sind der Schrift: F. *Friedensburg*, Die Weimarer Republik (1946), S. 103–105, entnommen. Die größten Unterschiede zwischen den Angaben der deutschen Regierung und der Reparationskommission finden sich bei der Bewertung der Sachlieferungen. Über die nach dem Zweiten Weltkrieg zu Reparationszwecken aus Deutschland herausgeholten Sachwerte gibt es keine zuverlässigen Schätzungen.

Achsenmächte und Verbündete

Alliierte Mächte	Alba-nien[2]	Bulgarien	Burma[3]	China Wang Tsching-Wei	Deutsch-land	Finnland
Abessinien					1.12.42	
Ägypten					26.2.45	
Argentinien					27.3.45	
Australien					3.9.39	
Belgien					10.5.40	
Bolivien					7.4.43	
Brasilien					22.8.42	
Bulgarien					8.9.44	
Chile[13]						
China (Kuomintang)					9.12.41	
Columbien					27.11.43	
Costa Rica					11.12.41	
Cuba					11.12.41	
Dänemark					**9.4.40**	
Dominik. Republik					11.12.41	
Ecuador					2.2.45	
England	*17.12.41*	*14.12.41*	*1.8.43*	*9.1.43*	3.9.39	6.12.41
Finnland					3.3.45[8]	
Frankreich					3.9.39	
Griechenland	*28.10.40*	*24.4.41*			6.4.41	
Guatemala					11.12.41	
Haiti					11.12.41	
Honduras					12.12.41	
Indien (Brit.)					3.9.39	8.12.41
Irak					16.1.43	
Iran					9.9.43	
Island[10]						
Italien					13.10.43	
Jugoslawien		*19.4.41*			**6.4.41**	
Kanada					10.9.39	8.12.41
Libanon					27.2.45	
Liberia					27.1.44	
Luxemburg					10.5.40	
Mexiko					22.5.42	
Mongol. Volksrepublik						
Neuseeland					3.9.39	8.12.41
Nicaragua					11.12.41	
Niederlande					10.5.40	
Niederl. Indien						
Norwegen					**9.4.40**	
Panama					10.12.41	
Paraguay					8.2.45	
Peru					12.2.45	
Polen					**1.9.39**	
Rumänien					26.8.44	
San Marino					21.8.44	
San Salvador					12.12.41	
Saudi-Arabien					28.2.45	
Sowjetunion		5.9.44			**22.6.41**	30.11.39[11]
						25.6.41
Südafrik. Union					6.9.39	
Syrien					26.2.45	
Tschechoslowakei	*17.12.41*	*17.12.41*	*17.12.41*	*17.12.41*	15.3.39[12]	8.12.41
Ungarn					31.12.44	
Uruguay					15.2.45	
USA	*17.12.41*	*14.12.41*	*1.8.43*	*9.1.43*	11.12.41	
Türkei					1.3.45	
Venezuela					16.2.45	

23. Die kriegführenden Mächte 1939–1945[1])

Achsenmächte und Verbündete

Irak	Iran	Italien	Japan	Kroatien	Mandschukuo	Alliierte Mächte
. . . . .	. . . . .	1.12.42	1.12.42	. . . . .	. . . . .	Abessinien
. . . . .	. . . . .	. . . . .	9.12.41	. . . . .	. . . . .	Ägypten
. . . . .	. . . . .	. . . . .	27.3.45	. . . . .	. . . . .	Argentinien
. . . . .	. . . . .	3.1.42	*8.12.41*	. . . . .	. . . . .	Australien
. . . . .	. . . . .	3.1.42	10.12.41	. . . . .	. . . . .	*Belgien*
. . . . .	. . . . .	7.4.43	7.4.43	. . . . .	. . . . .	Bolivien
. . . . .	. . . . .	22.8.42	6.6.45	. . . . .	. . . . .	Brasilien
. . . . .	. . . . .	. . . . .	. . . . .	. . . . .	. . . . .	**Bulgarien**
. . . . .	. . . . .	. . . . .	13.4.45	. . . . .	. . . . .	Chile[13])
. . . . .	. . . . .	9.12.41	7.7.37[4])	. . . . .	. . . . .	China (Kuomintang)
. . . . .	. . . . .	. . . . .	27.11.43	. . . . .	. . . . .	Columbien
. . . . .	. . . . .	11.12.41	8.12.41	. . . . .	. . . . .	Costa Rica
. . . . .	. . . . .	11.12.41	9.12.41	. . . . .	. . . . .	Cuba
. . . . .	. . . . .	. . . . .	. . . . .	. . . . .	. . . . .	Dänemark
. . . . .	. . . . .	. . . . .	9.12.41	. . . . .	. . . . .	Dominik. Republik
. . . . .	. . . . .	. . . . .	2.2.45[6])	. . . . .	. . . . .	Ecuador
3.5.41	25.8.41	*10.6.40*	*8.12.41*	*14.12.41*	*8.12.41*	England
. . . . .	. . . . .	. . . . .	. . . . .	. . . . .	. . . . .	**Finnland**
. . . . .	. . . . .	*10.6.40*	10.12.41	. . . . .	. . . . .	*Frankreich*
. . . . .	. . . . .	*28.10.40*	3.6.45[6])	. . . . .	. . . . .	Griechenland
. . . . .	. . . . .	11.12.41	10.12.41	. . . . .	. . . . .	Guatemala
. . . . .	. . . . .	11.12.41	9.12.41	. . . . .	. . . . .	Haiti
. . . . .	. . . . .	12.12.41	9.12.41	. . . . .	. . . . .	Honduras
. . . . .	. . . . .	12.6.40	10.12.41	. . . . .	. . . . .	Indien (Brit.)
. . . . .	. . . . .	16.1.43	16.1.43	. . . . .	. . . . .	**Irak**
. . . . .	. . . . .	. . . . .	1.3.45	. . . . .	. . . . .	**Iran**
. . . . .	. . . . .	. . . . .	. . . . .	. . . . .	. . . . .	Island[10])
. . . . .	. . . . .	. . . . .	14.7.45	. . . . .	. . . . .	*Italien*
. . . . .	. . . . .	**6.4.41**	3.1.42[5])	. . . . .	. . . . .	*Jugoslawien*
. . . . .	. . . . .	11.6.40	*8.12.41*	. . . . .	. . . . .	Kanada
. . . . .	. . . . .	. . . . .	27.2.45	. . . . .	. . . . .	Libanon
. . . . .	. . . . .	. . . . .	27.1.44	. . . . .	. . . . .	Liberia
. . . . .	. . . . .	3.1.42[5])	3.1.42[5])	. . . . .	. . . . .	*Luxemburg*
. . . . .	. . . . .	22.5.42	22.5.42	. . . . .	. . . . .	Mexiko
. . . . .	. . . . .	. . . . .	9.8.45	. . . . .	. . . . .	Mongol. Volksrepublik
. . . . .	. . . . .	11.6.40	10.12.41	. . . . .	. . . . .	Neuseeland
. . . . .	. . . . .	11.12.41	8.12.41	. . . . .	. . . . .	Nicaragua
. . . . .	. . . . .	3.1.42[5])	10.12.41	. . . . .	. . . . .	*Niederlande*
. . . . .	. . . . .	. . . . .	8.12.41	. . . . .	. . . . .	Niederl. Indien
. . . . .	. . . . .	3.1.42[5])	3.1.42[5])	. . . . .	. . . . .	*Norwegen*
. . . . .	. . . . .	10.12.41	9.12.41	. . . . .	. . . . .	Panama
. . . . .	. . . . .	. . . . .	8.2.45	. . . . .	. . . . .	Paraguay
. . . . .	. . . . .	. . . . .	12.2.45	. . . . .	. . . . .	Peru
. . . . .	. . . . .	3.1.42[5])	3.1.42[5])	. . . . .	. . . . .	*Polen*
. . . . .	. . . . .	. . . . .	. . . . .	. . . . .	. . . . .	**Rumänien**
. . . . .	. . . . .	. . . . .	. . . . .	. . . . .	. . . . .	San Marino
. . . . .	. . . . .	3.1.42[5])	9.12.41	. . . . .	. . . . .	San Salvador
. . . . .	. . . . .	. . . . .	1.3.45	. . . . .	. . . . .	Saudi-Arabien
. . . . .	25.8.41	22.6.41	8.8.45	. . . . .	. . . . .	Sowjetunion
. . . . .	. . . . .	12.6.40	10.12.41	. . . . .	. . . . .	Südafrik. Union
. . . . .	. . . . .	. . . . .	26.2.45	. . . . .	. . . . .	**Syrien**
. . . . .	. . . . .	17.12.41	17.12.41	17.12.41	17.12.41	*Tschechoslowakei*
. . . . .	. . . . .	. . . . .	. . . . .	. . . . .	. . . . .	**Ungarn**
. . . . .	. . . . .	. . . . .	15.2.45	. . . . .	. . . . .	Uruguay
. . . . .	. . . . .	*11.12.41*	**7.12.41**	*14.12.41*	*18.12.41*	USA
. . . . .	. . . . .	. . . . .	1.3.45	. . . . .	. . . . .	Türkei
. . . . .	. . . . .	. . . . .	16.2.45	. . . . .	. . . . .	Venezuela

23. Die kriegführenden Mächte 1939–1945¹)

Achsenmächte und Verbündete

Alliierte Mächte	Philippinen³)	Rumänien	Slowakei	Sowjetunion	Syrien	Thailand	Ungarn
Abessinien							
Ägypten							
Argentinien							
Australien							
Belgien							
Bolivien							
Brasilien							
Bulgarien							
Chile¹³)							
China (Kuomintang)							
Columbien							
Costa Rica							
Cuba							
Dänemark							
Dominik. Republik							
Ecuador							
England	*23.9.44*	6.12.41	*12.12.41*		5.6.41⁷)	*25.1.42*	6.12.41
Finnland							
Frankreich					5.6.41⁷)	Okt.40⁹)	
Griechenland							
Guatemala							
Haiti							
Honduras							
Indien (Brit.)		8.12.41					8.12.41
Irak							
Iran							
Island¹⁰)							
Italien							
Jugoslawien							11.4.41
Kanada		8.12.41					8.12.41
Libanon							
Liberia							
Luxemburg							
Mexiko							
Mongol. Volksrepublik							
Neuseeland		8.12.41					8.12.41
Nicaragua							
Niederlande							
Niederl. Indien							
Norwegen							
Panama							
Paraguay							
Peru							
Polen				17.9.39			
Rumänien							7.9.44
San Marino							
San Salvador							
Saudi-Arabien							
Sowjetunion		22.6.41	23.6.41				27.6.41
Südafrik. Union							
Syrien							
Tschechoslowakei	17.12.41	8.12.41	17.12.41			17.12.41	8.12.41
Ungarn							
Uruguay							
USA	*23.9.44*	*14.12.41*	*12.12.41*			*25.1.42*	*14.12.41*
Türkei							
Venezuela							

¹) *Daten:* Eintritt des Kriegszustandes; Abweichungen siehe Anmerkungen. *Normaldruck:* Kriegserklärung durch die betr. alliierte Macht. *Kursivdruck:* Kriegserklärung durch die betr. Achsenmacht (Verbündete). *Fettdruck:* Eintritt des Kriegszustandes durch Eröffnung der Kampfhandlungen seitens der betr. Achsenmacht (Verbündete). – *Namen: Kursivdruck:* Exilregierungen der betr. Staaten nach der Besetzung weiter im Kriegszustand (bzw. Kriegserklärung). *Fettdruck:* Während des Krieges zu den Alliierten übergetretene Achsenmacht (Verbündete).

²) Regierungserklärung am 16. 6. 40: Kriegseintritt an der Seite Italiens.

³) Nach der Besetzung durch Japan Unabhängigkeitserklärung (Burma 1. 8. 43; Philipp. Republik 14. 10. 43) und Bündnis mit Japan.

⁴) Zwischenfall an der Marco-Polo-Brücke: faktisch Kriegszustand.

⁵) Sechsundzwanzig-Mächte-Erklärung vom 3. 1. 42 in Washington, alle Hilfsmittel gegen die Achsenmächte einzusetzen und keinen gesonderten Waffenstillstand oder Separatfrieden abzuschließen.

⁶) Kriegserklärung rückwirkend ab 7. 12. 1941.

⁷) Aktion gegen Vichy-Truppen.

⁸) Regierungserklärung: Kriegszustand seit 15. September 1944.

⁹) Grenzkonflikt in Indochina.

¹⁰) Verlassen der Neutralität durch Gewährung von Stützpunkten für US-Streitkräfte (Vertrag vom 11. 7. 41).

¹¹) Finnisch-russischer Winterkrieg.

¹²) Erklärung der Exilregierung am 17. 12. 41: Kriegszustand mit allen Staaten, die sich im Krieg mit England und den USA befinden. Mit Deutschland seit dem 15. 3. 39.

¹³) Diplom. Beziehung mit Deutschland aufgehoben 20. 1. 1943.

25. Schiffsraumbilanz des Handelskrieges 1914–1918 und 1939–1945[1]

Jahr	Verlust an U-Booten auf Feindfahrt	Versenkt an Tonnage			Neubauten			Bilanz der alliierten Verluste und der amerikanischen und britischen Neubauten
		gesamt	neutral	alliiert	US	britisch	gesamt	
1914	5	100 383	46 310	54 073	160 000	1 680 000	1 840 000	+1 785 927
1915	19	1 496 457	218 641	1 277 816	160 000	650 000	810 000	− 467 816
1916	22	2 822 532	627 254	2 195 278	380 000	600 000	980 000	−1 215 278
1917	63	9 193 543	1 515 986	7 677 557	820 000	1 160 000	1 980 000	−5 697 557
1918	69	5 113 573	361 972	4 751 601	2 600 000	1 340 000	3 940 000	− 811 601
gesamt	178[2]	18 726 488	2 770 163	15 956 325	4 120 000	5 430 000	9 550 000	−6 406 325

Jahr	Verlust an U-Booten auf Feindfahrt	Versenkt an Tonnage			Neubauten			Bilanz der US/brit. Verluste und Neubauten
				US + brit.	US	brit.	gesamt	
1939 (4 Mon.)	9			810 000	101 000	231 000	332 000	− 478 000
1940	22			4 407 000	439 000	780 000	1 219 000	− 3 188 000
1941	35			4 398 000	1 169 000	815 000	1 984 000	− 2 414 000
1942	85			8 245 000	5 339 000	1 843 000	7 182 000	− 1 063 000
1943	237			3 611 000	12 384 000	2 201 000	14 585 000	+10 974 000
1944	241			1 422 000	11 639 000	1 710 000	13 349 000	+11 927 000
1945 (4 Mon.)	153			458 000	3 551 000	283 000	3 834 000	+ 3 376 000
	782[3]			23 351 000	34 622 000	7 863 000	42 485 000	+19 134 000

[1] Es gibt noch keine systematische, vergleichende statistische Untersuchung des Handelskrieges zur See in den beiden Weltkriegen. Von den nachfolgenden Tabellen stammen die Zahlen zum Ersten Weltkrieg aus A. Michelsen, Der U-Bootskrieg 1914–1918 (²1925), die Angaben zum Zweiten Weltkrieg aus Encyclopaedia Britannica. Die Versenkungsziffern an Handelstonnage bezeichnen die Gesamtverluste, also auch durch Überwasserstreitkräfte, Bombenwurf, Minen. Im Zweiten Weltkrieg waren die U-Boote an den erzielten Versenkungsergebnissen mit ca. 70% beteiligt. Beide Tabellen lassen erkennen, daß die USA alsbald nach ihrem Kriegseintritt 1917 wie 1941 den Schiffbau forciert haben und daß hierin neben der Entwicklung verbesserter Abwehrmethoden gegen die U-Boote der entscheidende Faktor in der Wende der Bilanz des Handelskrieges zu Ungunsten Deutschlands zu sehen ist. Jeweils das erste Jahr nach dem Kriegseintritt der USA – 1918 bzw. 1942 – zeigt eine Verringerung der Minusbilanz, im Jahre 1942 trotz des Emporschnellens der Versenkungsziffern. Während der Erste Weltkrieg bereits 1¾ Jahre nach dem Kriegseintritt der USA zu Ende ging und das Gewicht der Schiffsneubauten für den Handelskrieg nicht mehr voll zur Auswirkung gelangte, brachte im Zweiten Weltkrieg der Winter 1942/43 die entscheidende Wende: der Neubau an Handelsschiffsraum übertraf von nun an die abfallende Versenkungsziffer, während gleichzeitig die deutschen U-Boot-Verluste emporschnellten.

[2] Hinzu kommen: Boot interniert, 7 Boote gesprengt beim Verlassen der Stützpunkte. Gesamte Verluste: rund 199 Boote. (Nach Jellicoe S. 189)

[3] Die deutschen U-Boot-Verluste betrugen nach Angaben bei K. Dönitz, Zehn Jahre und zwanzig Tage (1958) S. 506 f.: auf Feindfahrt 630, im Heimatgebiet durch Bomben und Minen 81, durch Unfälle 42; insgesamt verloren: 753 Boote. Nach Lohmann/Hildebrand, Kriegsmarine, betrugen die Verluste 1914–18: 4744 Männer und 200 Boote; 1939–45: über 30000 Männer und 752 Boote.

26. Kriegswirtschaftliche Kräftebilanz 1939–1944[1]

| Wirtschaftszweig | In der deutschen Wirtschaft beschäftigte Personen[2] | | | | | | | | |
| | in 1000 | | | | | | in vH | | |
	1939	1940	1941	1942	1943	1944	1939	1940	1944
I. Produktion u. Verkehr	29 861	27 131	27 499	27 115	28 191	27 807	75,8	75,3	77,8
a) Landwirtsch. Produkt	11 224	10 699	10 734	11 234	11 301	11 185	28,5	29,7	31,3
Landwirtschaft	10 850	10 345	10 360	10 898	10 973	10 862	27,5	28,7	30,4
Forstwirtschaft	295	278	294	255	242	234	0,8	0,8	0,7
Molkereien	71	70	74	74	80	83	0,2	0,2	0,2
See- u. Küstenfischerei	8	6	7	7	7	7	0,0	0,0	0,0
b) Gwbl. Produkt u. Verk.	18 637	16 432	16 765	15 880	16 889	16 622	47,3	45,6	46,5
Industrie	10 945	9 981	10 344	9 943	10 998	10 803	27,8	27,7	30,2
Handwerk	5 336	4 230	4 040	3 504	3 387	3 282	13,5	11,7	9,2
Verkehrswirtschaft .	2 124	2 018	2 170	2 228	2 299	2 334	5,4	5,6	6,5
Energiewirtschaft . .	231	204	210	206	205	203	0,6	0,6	0,6
II. Verteilung	4 603	3 966	3 628	3 323	3 081	2 866	11,7	11,0	8,0
Handel	3 020	2 595	2 331	2 024	1 865	1 721	7,7	7,2	4,8
Fremdenverkehr	844	685	670	669	686	663	2,1	1,9	1,8
Bank. einschl. Reichsbank	221	190	184	179	168	151	0,6	0,5	0,4
Versicherung	109	91	87	83	72	61	0,3	0,3	0,2
Reichsnährstand-Großh.	328	328	281	292	215	204	0,8	0,9	0,6
Milcheinzelhandel . . .	80	77	75	77	76	67	0,2	0,2	0,2
III. Verwaltung	2 677	2 472	2 521	2 641	2 402	2 322	6,8	6,9	6,5
Öffentliche Verwaltung	1 669	1 568	1 621	1 736	1 469	1 451	4,2	4,4	4,1
Gesundheitswesen . . .	536	510	513	553	623	617	1,4	1,4	1,7
Sonstige	472	393	387	352	311	255	1,2	1,1	0,7
IV. Wehrmachtsb.u.Rüst.-Sich.	692	984	1 144	1 131	1 412	1 357	1,7	2,7	3,8
V. Hauswirtschaft	1 582	1 489	1 489	1 461	1 442	1 378	4,0	4,1	3,9
Insgesamt	39 415	36 042	36 281	35 671	36 527	35 730	100,0	100,0	100,0
davon Ausländer einschl. Kriegsgefangene[3] . . .	300	1 200	3 000	4 200	6 300	7 500			

Quelle: R. *Wagenführ,* Die deutsche Industrie im Kriege 1939–1945 ([2]1963), S. 139.

[1] Nach Unterlagen des Stat. Reichsamts (Abt. VI), abgestimmt von der Reichsgruppe Industrie; Gebietsstand 1. 9. 1939. Stichtag jeweils der 31. Mai.
[2] Deutsche, Ausländer und Kriegsgefangene.
[3] Diese Zeile nach G. *Stolper* u. a., Deutsche Wirtschaft seit 1870 (1964), S. 194.

27. Produktion wichtigen Kriegsgeräts 1940–1944

Kriegsgerät	Einheit	1940	1941	1942	1943	1944
I. Waffen						
Karabiner insgesamt	1000 Stück	1 352	1 359	1 370	2 244	2 586
autom. Infanteriewaffen	1000 Stück	171	325	317	435	787
Granatwerfer	1000 Stück	4	4	10	23	31
Flak u. aut. Bordwaffen[1]	1000 Stück	1	23	57	130	320
Geschütze ab 7,5 cm[1]	1000 Stück	5	7	12	27	41
II. Gepanzerte Fahrzeuge						
leichte Panzerwagen	1000 Stück	0,8	2,3	3,6	7,9	10,0
mittelschwere Panzer	1000 Stück	1,4	2,9	5,6	9,4	12,1
überschwere Panzer	1000 Stück	–	–	0,1	2,5	5,2
alle Panzer (Gefechtsgewicht) . . .	in 1000 t	37	83	140	369	622
III. Flugzeuge[2]						
Tagjäger	Stück	1 776	2 964	4 476	9 121	20 042
Nachtjäger	Stück	–	–	432	1 066	3 763
Schlachtflugzeuge	Stück	648	696	1 092	2 817	4 971
Kampfflugzeuge	Stück	2 964	3 456	4 428	5 019	2 596
Aufklärer	Stück	990	1 070	980	1 030	1 535
Frontflugzeuge insgesamt	Stück	8 070	9 540	12 950	22 050	34 350
Schulflugzeuge	Stück	1 650	1 090	1 150	2 280	3 215
Kriegsflugzeuge insgesamt . . . . . (ohne Segelflugzeuge)	Stück	10 250	11 030	14 700	25 220	37 950
IV. Kraftwagen und Zugmittel						
Kettenkrad	Stück	–	420	985	2 450	4 490
Lastkraftwagen	1000 Stück		62,4	78,2	81,9	
Halbkettenfahrzeuge und Zugkraftwagen	1000 Stück	3,2	7,5	10,7	37,4	27,8
V. Munition						
Gewehr- und Pistolenmunition . . .	Mrd. Stück	2,95	1,34	1,34	3,17	5,38
übrige Infanteriewaffen- munition	Mill. Stück	29,4	19,7	40,0	118,4	170,6
leichte Flak- und Bordmunition . .	Mill. Stück		77	130	196	263
Artilleriemunition ab 7,5 cm	Mill. Stück	27	27	57	93	108
Munition insgesamt	1000 t	865	540	1 270	2 558	3 350
VI. Marine						
U-Boote (Verdräng.-Tonn.)	1000		162	193	221	234

Quelle: R. Wagenführ, Die deutsche Industrie im Kriege 1939–1945 (²1963), S. 182.

[1]) Dazu kommen die in Panzer eingebauten Geschütze.
[2]) Die Summen enthalten mehr Flugzeuggruppen als hier einzeln aufgeführt.

28. Mitgliederentwicklung der Gewerkschaften 1919–1932

Jahr	Dachorganisationen:				Einzelne Verbände:		
	Freie Gewerk-schaften (ADGB u. AfA-Bund)	Christlich-nationale Gewerk. (inkl. DHV)	Hirsch-Duncker-sche Gew. (inkl. GdA)	Dach-organi-sationen insgesamt	VdDB. Buch-drucker im ADGB	DLV. Leder-arbeiter im ADGB	DMV. Metall-arbeiter im ADGB
1919	6 058 748	1 432 136	451 831[1]	7 942 715	70 428	33 312	1 605 186
1920	8 490 478	1 690 782	487 998[1]	10 669 258	73 002	35 441	1 608 932
1921	8 125 522	1 563 790	524 944	10 214 256	75 547	43 603	1 587 088
1922	8 451 468	1 631 776	523 866	10 616 110	72 976	48 729	1 624 554
1923	7 646 044	1 449 963	479 031	9 575 038	67 477	46 634	1 291 761
1924	4 999 993	1 042 393	410 576	6 452 962	71 924	40 170	710 934
1925	4 502 991	1 012 398	430 587	5 945 976	79 340	38 953	764 609
1926	4 310 062	972 303	439 804	5 722 169	80 477	36 191	675 398
1927	4 482 779	1 074 526	455 772	6 013 077	81 305	38 185	815 838
1928	5 015 084	1 170 279	470 510	6 655 873	83 908	37 540	944 310
1929	5 296 357	1 252 167	488 843	7 037 367	88 573	35 756	965 443
1930	5 220 018	1 273 096	498 730	6 991 844	90 389	34 236	940 578
1931	4 798 548	1 190 023	477 546	6 466 027	88 436	31 426	826 864
1932	3 932 947[1]	1 100 000[1]	450 000[1]	5 482 947	86 495	29 515	690 523
Rück-gang Phase I	1920/26 4 180 416 = 49,2%	1920/26 718 479 = 42,5%	1921/24 114 368 = 21,8%	1920/26 4 947 089 = 46,4%	1921/23 8 070 = 10,7%	1922/26 12 538 = 25,7%	1922/26 949 156 = 58,4%
Rück-gang Phase II	1929/32 1 363 410 = 25,7%	1930/32 173 096 = 13,6%	1930/32 48 730 = 9,8%	1929/32 1 554 420 = 22,1%	1930/32 3 894 = 4,3%	1927/32 8 670 = 22,7%	1929/32 274 920 = 28,5%

Quellen: Jahrbücher des ADGB (1928–1932); Internationales Handwörterbuch des Gewerkschaftswesens, Bd. 2 (1932); verstreute Angaben und eigene Berechnungen. Unstimmigkeiten gegenüber der Reichsstatistik erklären sich durch abweichende Erhebungsdaten und unterschiedliche Verrechnungsweisen. Auswahl, Zusammenstellung und Schätzung durch G. *Beier,* Kronberg 1974.

[1] Diese Zahlen setzen sich aus geschätzten und überlieferten Werten zusammen.

29. Reichstagswahl[1] vom 12. 1. 1912

Wahlberechtigte   14,4 Mill.
Wahlbeteiligung   84,9%
Gesamtzahl der gültigen Stimmen   12,2 Mill.

	Mandats-zahl	Mandatsanteil in %	Stimmenzahl in Mill.	Stimmenanteil in % der gültigen Stimmen
Christl.-soz. (Dt. Reformpartei)	3	0,8	0,052	0,4
Dt.-Konservative	43	10,8	1,126	9,2
Kons. Reichspartei	14	3,5	0,367	3,0
Nationalliberale	45	11,3	1,663	13,6
Dänen, Polen, Elsaß-Lothringer	28	7,1	0,621	5,1
Welfen	5	1,3	0,085	0,7
Zentrum	91	22,9	1,997	16,4
Fortschrittl. Volkspartei	42	10,6	1,497	12,3
Sozialdemokrat. Partei	110	27,7	4,250	34,8
Sonstige	16	4,0	0,550	4,5
Gesamtzahl der Abgeordneten	397			

Quelle: Statistik des Deutschen Reiches, Bd. 250, Heft 2, (1913).

[1] Mehrheitswahlsystem mit Stichwahl.

31. a) Wahl des Reichspräsidenten am 29. März und 26. April 1925

	1. Wahlgang am 29. 3. 1925		2. Wahlgang am 26. 4. 1925	
Wahlberechtigte	39,2 Mill.		39,4 Mill.	
Wahlbeteiligung	68,9%		77,6%	
Gültige Stimmen	26,9 Mill.		30,4 Mill.	
	Anzahl	%[1]	Anzahl	%[1]
	der gültigen Stimmen		der gültigen Stimmen	
Hindenburg	–	–	14,656 Mill.	48,3%
Jarres	10,417 Mill.	38,8%	–	–
Held	1,007 Mill.	3,8%	–	–
Ludendorff	0,286 Mill.	1,1%	–	–
Braun	7,802 Mill.	29,0%	–	–
Marx	3,888 Mill.	14,4%	13,752 Mill.	45,3%
Hellpach	1,568 Mill.	5,8%	–	–
Thälmann	1,872 Mill.	7,0%	1,931 Mill.	6,4%
Splitterstimmen	0,026 Mill.	0,1%	0,013 Mill.	0,0%

Quelle: Statistik des Deutschen Reiches, Bd. 321 (1925).

[1] Prozentzahlen auf Grund eigener Berechnungen.

31. b) Wahl des Reichspräsidenten am 13. März und 10. April 1932

	1. Wahlgang am 13. 3. 1932		2. Wahlgang am 10. 4. 1932	
Wahlberechtigte	43,9 Mill.		44,1 Mill.	
Wahlbeteiligung	86,2%		83,5%	
Gültige Stimmen	37,6 Mill.		36,5 Mill.	
	Anzahl	%	Anzahl	%
	der gültigen Stimmen		der gültigen Stimmen	
Duesterberg	2,558 Mill.	6,8%	–	–
Hindenburg	18,651 Mill.	49,6%	19,360 Mill.	53,0%
Hitler	11,339 Mill.	30,1%	13,419 Mill.	36,8%
Thälmann	4,983 Mill.	13,2%	3,707 Mill.	10,2%
Winter	0,111 Mill.	0,3%	–	–
Splitterstimmen	0,005 Mill.	0,0%	0,005 Mill.	0,0%

Quelle: Statistik des Deutschen Reiches, Bd. 427 (1932).

30. Reichstagswahlen 1919–1933[1]

	Nationalvers. 19. Januar 1919		1. Reichstag 6. Juni 1920		2. Reichstag 4. Mai 1924		3. Reichstag 7. Dezember 1924	
Wahlberechtigte in Mill.	34,0 Mill.[1]		35,9 Mill.[5]		38,4 Mill.		39,0 Mill.	
Wahlbeteiligung in %	83,0%		79,2%		77,4%		78,8%	
Gesamtzahl der gültigen Stimmen	30,4 Mill.		28,2 Mill.		29,3 Mill.		30,3 Mill.	
	Anzahl d. Mandate	in % der gült. St.	Anzahl d. Mandate	in % der gült. St.	Anzahl d. Mandate	in % der gült. St.	Anzahl d. Mandate	in % der gült. St.
NSDAP	–	–	–	–	32	6,5[7]	14	3,0[9]
DNVP	44	10,3	71	15,1	95	19,5	103	20,5
Kons. Volkspartei	–	–	–	–	–	–	–	–
Christ.-soz. Volksd.	–	–	–	–	–	–	–	–
Landbund	–	–	–	–	10	2,0	8	1,6
Christ.-nat. Bauern- und Landvolkpartei	–	–	–	–	–	–	–	–
Dt. Bauernpartei	–	–	–	–	–	–	–	–
Volksrechtpartei	–	–	–	–	–	–	–	–
DVP	19	4,4	65	13,9	45	9,2	51	10,1
Wirtschaftspartei/ Bayer. Bauernbund	4	0,9[2]	4	0,8[6]	10	2,4[8]	17	3,3[10]
Dt.-hann. Partei	1	0,2	5	1,1	5	1,1	4	0,9
BVP	–	–	21	4,2	16	3,2	19	3,8
Zentrum	91	19,7[3]	64	13,6	65	13,4	69	13,6
DDP (seit 1930 Dt. Staatspartei)	75	18,5	39	8,3	28	5,7	32	6,3
SPD	163	37,9	102	21,7	100	20,5	131	26,0
USPD	22	7,6	84	17,9	–	0,8	–	0,3
KPD	–	–	4	2,1	62	12,6	45	9,0
Splitterparteien	2	0,5	–	1,3	4	3,1	–	1,6
Gesamtzahl der Abgeordneten	421[4]		459		472		493	
Quelle:	Vierteljahreshefte z. Statistik des Dt. Reiches, 28. Jg. (1919), 1. Ergänzungsheft (1919)		Statistik des Dt. Reiches, Bd. 291, Heft IV (1923)		Statistik des Dt. Reiches, Bd. 315, Heft I (1925)		Statistik des Dt. Reiches, Bd. 315, Heft III (1925)	

[1] 1919–1933 Verhältniswahlsystem. Bei den Wahlen zur Nationalversammlung: feste Zuteilung von Mandaten für Wahlkreise entsprechend Einwohnerzahl. Diese Mandate proportional zu den abgegebenen Stimmen auf die Parteien verteilt. Seit den Reichstagswahlen 1920: Zahl der Mandate abhängig von der Zahl der abgegebenen Stimmen. Auf je 60 000 Stimmen ein Abgeordneter. Verteilung der Reststimmen aus den Wahlkreisen über die Reichsliste. Wahlberechtigte und Wahlbeteiligung geben lediglich die Zahlen von 33 der insgesamt 37 Wahlkreise wieder.
[2] Bayerischer Bauernbund.
[3] Einschließlich BVP und anderer regionaler Zentrumsparteien.
[4] Zusätzlich 2 sozialdemokratische Abgeordnete, die von den Soldaten des Ostheeres gewählt wurden.
[5] Unter Berücksichtigung der Ergebnisse der Wahlen am 20. 2. 1921 in den Wahlkreisen 1 (Ostpreußen) und 14 (Schleswig-Holstein) sowie der Wahlen am 19. 11. 1922 im Wahlkreis 10 (Oppeln).

4. Reichstag 20. Mai 1928		5. Reichstag 14. Sept. 1930		6. Reichstag 31. Juli 1932		7. Reichstag 6. November 1932		8. Reichstag 5. März 1933	
41,2 Mill. 75,6%		43,0 Mill. 82,0%		44,2 Mill. 84,1%		44,4 Mill. 80,6%		44,7 Mill. 88,8%	
30,8 Mill.		35,0 Mill.		36,9 Mill.		35,5 Mill.		39,3 Mill.	
12	2,6	107	18,3	230	37,4	196	33,1	288	43,9
73	14,2	41	7,0	37	5,9	52	8,9[15]	52	8,0[16]
–	–	4	0,8	–	–	–	–	–	–
–	–	14	2,5	3	1,0	5	1,2	4	1,0
3	0,6[11]	3	0,6[11]	2	0,3[11]	2	0,3[11]	1	0,2[11]
10	1,9	19	3,2[13]	1	0,3[14]	–	0,1[14]	–	–
8	1,6	6	1,0	2	0,4	3	0,4	2	0,3
2	1,6	–	0,8	1	0,1	–	–	–	–
45	8,7	30	4,5	7	1,2	11	1,9	2	1,1
23	4,5[10]	23	3,9[12]	2	0,4[12]	1	0,3[12]	–	–
3	0,6	3	0,5	–	0,1	1	0,2	–	0,1
16	3,1	19	3,0	22	3,2	20	3,1	19	2,7
62	12,1	68	11,8	75	12,5	70	11,9	73	11,2
25	4,9	20	3,8	4	1,0	2	1,0	5	0,9
153	29,8	143	24,5	133	21,6	121	20,4	120	18,3
–	0,1	–	–	–	–	–	–	–	–
54	10,6	77	13,1	89	14,5	100	16,9	81	12,3
2	3,1	–	0,7	–	0,1	–	0,3	–	–
491		577		608		584		647	
Statistik des Dt. Reiches, Bd. 372, Heft I u. III (1930/31)		Statistik des Dt. Reiches, Bd. 382, Heft III (1932)		Statistik des Dt. Reiches, Bd. 434, (1935)		Statistik des Dt. Reiches, Bd. 434, (1935)		Statistik des Dt. Reiches, Bd. 434, (1935)	

[6]) Bayerischer Bauernbund.
[7]) Dt.-völk. Freiheitspartei.
[8]) Bayerischer Bauernbund einschließlich Wirtschaftspartei.
[9]) Nat.-sozial. Freiheitsbewegung.
[10]) Wirtschaftspartei einschließlich Bayerischer Bauernbund.
[11]) Bauern- und Weingärtnerbund.
[12]) Wirtschaftspartei.
[13]) Deutsches Landvolk einschließlich Sächsisches Landvolk.
[14]) Deutsches Landvolk.
[15]) Einschließlich Radikaler Mittelstand.
[16]) Kampffront Schwarz-Weiß-Rot.

33. Landtagswahlen in den Ländern der Westzonen 1946–1947

	Baden 18. 5. 1947		Bayern[8)] 1. 12. 1946		Bremen 12. 10. 1947		Hamburg 13. 10. 1946		Hessen 1. 12. 1946	
Wahlberechtigte	0,695 Mill.		4,211 Mill.		0,338 Mill.		0,968 Mill.		2,380 Mill.	
Wahlbeteiligung	67,8 %		75,7 %		67,8 %		79,0 %		73,2 %	
Gesamtzahl der gültigen Stimmen	0,428 Mill.		3,048 Mill.		0,219 Mill.		2,808 Mill.[10)]		1,609 Mill.	
	Anz. d. Mand.	in % d. gült. St.	Anz. d. Mand.	in % d. gült. St.	Anz. d. Mand.	in % d. gült. St.	Anz. d. Mand.	in % d. gült. St.	Anz. d. Mand.	in % d. gült. St.
CDU/CSU	34	55,9	104	52,3	24	22,0	16	26,7	28	30,9
SPD	13	22,4	54	28,6	46	41,7	83	43,1	38	42,7
KPD	4	14,3	–	6,1	10	8,8	4	10,4	10	10,7
FDP	9	7,4[7)]	9	5,6	15	13,9[9)]	7	18,2	14	15,7
DP[1)]	–	–	–	–	3	3,9	–	–	–	–
WAV[2)]	–	–	13	7,4	–	–	–	–	–	–
SSV[3)]	–	–	–	–	–	–	–	–	–	–
DKP[4)]	–	–	–	–	–	–	–	0,3	–	–
DRP[5)]	–	–	–	–	–	–	–	–	–	–
Zentrum	–	–	–	–	–	–	–	0,7	–	–
RSF[6)]	–	–	–	–	–	1,1	–	–	–	–
Splittergruppen	–	–	–	–	2	5,5	–	–	–	–
Unabhängige	–	–	–	–	–	3,1	–	–	–	–
Sonstige	–	–	–	–	–	–	–	0,6	–	–

Quelle: Statistische Berichte, hrsg. v. Stat. Amt des Vereinigten Wirtschaftsgebietes, Arb. Nr. II/3 v. 27. 5. 1949 (1949); R. *Schachtner,* Die deutschen Nachkriegswahlen (1956); E. *Franke,* Parteien und Parlamente in Wahlrecht und Statistik, (Bonn o. J. [1951]).

[1)] Deutsche Partei.
[2)] Wirtschaftliche Aufbauvereinigung.
[3)] Südschleswigscher Verein.
[4)] Deutsche Konservative Partei.
[5)] Deutsche Rechtspartei.
[6)] Radikalsoziale Freiheitspartei.
[7)] Demokratische Partei.
[8)] Nach der bayerischen Verfassung bekamen Parteien, auf die nicht mindestens in einem Wahlkreis 10% der abgegebenen Stimmen entfallen waren, keinen Sitz im Landtag.
[9)] Bremer Demokratische Volkspartei.
[10)] Es handelt sich hier um eine Besonderheit des Hamburgischen Wahlrechts; jeder Wähler hatte 4 Stimmen.
[11)] Niedersächsische Landespartei.
[12)] Rheinisch-Westfälische Volkspartei.
[13)] Liberaldemokratische Partei.
[14)] Deutsche Volkspartei.

Niedersachsen 20. 4. 1947		Nordrhein-Westfalen 20. 4. 1947		Rheinland-Pfalz 18. 5. 1947		Schleswig-Holstein 20. 4. 1947		Württemberg-Baden 24. 11. 1946		Württemberg-Hohenzollern 18. 5. 1947	
3,957 Mill. 65,1%		7,861 Mill. 67,3%		1,668 Mill. 77,9%		1,595 Mill. 69,8%		1,875 Mill. 71,7%		0,616 Mill. 66,4%	
2,459 Mill.		5,029 Mill.		1,161 Mill.		1,073 Mill.		1,269 Mill.		0,378 Mill.	
Anz. d. Mand.	in % d. gült. St.	Anz. d. Mand.	in % d. gült. St.	Anz. d. Mand.	in % d. gült. St.	Anz. d. Mand.	in % d. gült. St.	Anz. d. Mand.	in % d. gült. St.	Anz. d. Mand.	in % d. gült. St.
30	19,9	92	37,5	48	47,2	21	34,0	39	38,4	32	54,2
65	43,4	64	32,0	34	34,3	43	43,8	32	31,9	12	20,8
8	5,6	28	14,0	8	8,7	–	4,7	10	10,2	5	7,3
13	8,8	12	5,9	11	9,8[13)]	–	5,0	19	19,5[14)]	11	17,7[14)]
27	17,9[11)]	–	–	–	–	–	–	–	–	–	–
–	–	–	–	–	–	6	9,3	–	–	–	–
–	0,3	–	–	–	–	–	3,1	–	–	–	–
–	–	–	0,5	–	–	–	–	–	–	–	–
6	4,1	20	9,8	–	–	–	0,1	–	–	–	–
–	–	–	–	–	–	–	–	–	–	–	–
–	–	–	0,3[12)]	–	–	–	–	–	–	–	–

32. Land- und Stadtkreiswahlen in den Ländern der Westzonen 1946

	Bayern 28.4./26.5.1946[7]	Hessen 28.5.1946	Niedersachsen 13.10.1946	Nordrhein-Westfalen 13.10.1946	Rheinland-Pfalz 15.9./13.10.1946	Schleswig-Holstein 13.10.1946	Württemberg-Baden 28.4. / 26.5.1946[7]			
							Landesbez. Württemberg	Württemberg	Württemberg-Baden	Landesbezirk Baden
Wahlbeteiligung	77,2%	75,7%	68,7%	74,4%	80,9%	70,5%	59,2%[9]	80,0%[10]	66,7%[9]	78,7%[10]
Gesamtzahl der gültigen Stimmen	2,760 Mill.	1,499 Mill.	7,259 Mill.	16,160 Mill.	1,217 Mill.	2,851 Mill.	0,431 Mill.	0,227 Mill.	0,231 Mill.	0,227 Mill.

in % der gültigen Stimmen

	Bayern	Hessen	Niedersachsen	Nordrhein-Westfalen	Rheinland-Pfalz	Schleswig-Holstein	Landesbez. Württemberg	Württemberg	Württemberg-Baden	Landesbezirk Baden
CDU/CSU	60,1	36,9	22,5	46,0	54,7	37,3	42,6	26,0	58,4	37,8
SPD	28,1	43,2	42,0	33,4	30,2	42,0	24,6	33,9	29,2	38,1
FDP/DVP	2,3	7,3	7,6	4,3	5,9	6,1	14,1	21,6	4,8	11,0
KPD	4,9	9,3	5,1	9,4	7,6	5,1	7,7	12,3	6,0	13,1
WAV[1]	1,5	–	–	–	–	–	–	–	–	–
AP[2]	–	0,5	–	–	–	–	–	–	–	–
NDP[3]	–	0,8	–	–	–	–	–	–	–	–
Ev. Volksdienst	–	0,4	–	–	–	–	–	–	–	–
Zentrum	–	–	2,1	6,1	–	0,1	–	–	–	–
NLP[4]	–	–	19,8	–	–	–	–	–	–	–
DKP/DRP[5]	–	–	–	0,1	–	1,3	–	–	–	–
RWVP[6]	–	–	–	0,2	–	–	–	–	–	–
Sonstige und Unabhängige	3,1	1,6	0,9	0,5	1,6	8,8[8]	11,0	6,2	1,6	–

Quelle: R. *Schachtner,* Die deutschen Nachkriegswahlen (1956); Wie wählte Württemberg-Baden. Die Ergebnisse der Wahlen des Jahres 1946, hrsg. von den Statistischen Landesämtern Stuttgart und Karlsruhe (Karlsruhe 1947).

1) Wirtschaftliche Aufbauvereinigung.
2) Arbeiterpartei.
3) Nationaldemokratische Partei.
4) Niedersächsische Landespartei.
5) Deutsche Konservative Partei / Deutsche Rechtspartei.
6) Rheinisch-Westfälische Volkspartei.
7) 28.4.1946: Wahlen in den Landkreisen, 26.5.1946: Wahlen in den Stadtkreisen.
8) Darunter 7,3% für den Südschleswigschen Verein (SSV).
9) Landkreise.
10) Stadtkreise.

34. Zusammensetzung des Wirtschaftsrates des Vereinigten Wirtschaftsgebietes, des Parlamentarischen Rates und des 1. Deutschen Bundestages

	Wirtschaftsrat des Vereinigten Wirtschaftsgebietes 1947/1948[10]	Parlamentarischer Rat 1948[11]	1. Bundestag 14. 8. 1949	
Wahlberechtigte Wahlbeteiligung Gesamtzahl der gültigen Stimmen			31,230 Mill. 78,5% 23,732 Mill.	
	Anzahl der Mandate	Anzahl der Mandate	Anzahl der Mandate	in % der gültigen Stimmen
CDU/CSU	40	27(1)[12]	139(2)[13]	31,0
SPD	40	27(3)	131(5)	29,2
FDP	8	5(1)	52(1)	11,9
KPD	6	2	15	5,7
BP[1]	–	–	17	4,2
Dp[2]	4	2	17	4,0
Z[3]	4	2	10	3,1
WAV[4]	2	–	12	2,9
DKP/DRP[5]	–	–	5	1,8
RSF[6]	–	–	–	0,9
SSW[7]	–	–	1	0,3
EVD[8]	–	–	–	0,1
RWVP[9]	–	–	–	0,1
Unabhängige	–	–	3	4,8
Gesamtzahl der Abgeordneten	104	65(5)[12]	402(8)[13]	

Quelle: Statistische Berichte, hrsg. vom Stat. Amt des Verw. Wirtschaftsgebiets, Arb. Nr. II/3 v. 27. 5. 1949 (1949) (Wirtschaftsrat); Jb. d. Öffentl. Rechts d. Gegenwart, NF Bd. 1 (1951), S. 4f.; Statistik der Bundesrepublik Deutschland, Bd. 10 (1952) (1. Bundestag).

1) Bayernpartei.
2) Deutsche Partei.
3) Zentrumspartei.
4) Wirtschaftliche Aufbauvereinigung.
5) Deutsche Konservative Partei / Deutsche Rechtspartei.
6) Radikalsoziale Freiheitspartei.
7) Südschleswigscher Wählerverband.
8) Europäische Volksbewegung Deutschlands.
9) Rheinisch-Westfälische Volkspartei.
10) Wahl durch die Länderparlamente unter Berücksichtigung der letzten Landeswahlergebnisse 1947: 52 Abgeordnete (je 1 Abgeordneter auf je 750 000 Einwohner und auf eine Restzahl von mindestens 375 000 Einwohnern. Mindestens 1 Abg. je Land). 1948: 104 Abgeordnete (unter Zuwahl von 52 Abgeordneten nach dem gleichen Zuteilungsmodus).
11) Wahl der Abgeordneten durch die Länderparlamente auf Grund von Landesgesetzen.
12) In Klammern die Abgeordneten von Groß-Berlin mit beratender Funktion.
13) In Klammern die Abgeordneten von Groß-Berlin mit beratender Funktion.

35. Die Gemeindewahlen in der sowjetischen Besatzungszone vom 1.–15. 9. 1946

	Sachsen 1. 9. 1946	Sachsen-Anhalt 8. 9. 1946	Thüringen 8. 9. 1946	Brandenburg 15. 9. 1946	Mecklenburg 15. 9. 1946	Gesamt-ergebnis
Wahlberechtigte	3,548 Mill.	–	1,775 Mill.	1,620 Mill.	1,159 Mill.	–
Wahlbeteiligung	93,6%[4]	–	84,0%[4]	–	84,0%[4]	–
Gesamtzahl der gültigen Stimmen	2,996 Mill.	2,089 Mill.	1,490 Mill.	1,369 Mill.	0,973 Mill.	8,918 Mill.
	in % der gültigen Stimmen					
SED	53,7	59,1	50,5	59,9	69,6	57,1
LDP[1]	22,4	23,4	25,7	17,3	10,5	21,1
CDU	21,9	15,5	18,2	18,9	16,7	18,8
Bauernhilfe	1,0	1,2	3,5	2,8	1,9	1,8
Frauenausschüsse	0,8	0,8	2,0	1,0	1,3	1,1
Sonstige	0,2	–	0,1	–	–	0,1
FDGB[2]	–	–	–	0,1	–	0,0
FDJ[3]	–	–	–	0,0	–	0,0

Quelle: R. *Schachtner,* Die deutschen Nachkriegswahlen (1956); Die Wahlen in der Sowjetzone, hrsg. vom Bundesministerium für gesamtdeutsche Fragen (1956).

[1] Liberaldemokratische Partei.
[2] Freier Deutscher Gewerkschaftsbund.
[3] Freie Deutsche Jugend.
[4] Berechnete Werte.

36. Die Landtagswahlen in der sowjetischen Besatzungszone vom 20. 10. 1946

	Sachsen		Sachsen-Anhalt		Thüringen		Brandenburg		Mecklenburg		Gesamtergebnis	
Wahlberechtigte	3,803 Mill.		2,696 Mill.		1,912 Mill.		1,656 Mill.		1,301 Mill.		11,368 Mill.	
Wahlbeteiligung	92,5%		91,6%		90,7%		91,5%		90,1%		91,6%	
Gesamtzahl der gültigen Stimmen	3,252 Mill.		2,324 Mill.		1,657 Mill.		1,459 Mill.		1,107 Mill.		9,799 Mill.	
	Anzahl der Mandate	in % der gült. Stimmen	Anzahl der Mandate	in % der gült. Stimmen	Anzahl der Mandate	in % der gült. Stimmen	Anzahl der Mandate	in % der gült. Stimmen	Anzahl der Mandate	in % der gült. Stimmen	Anzahl der Mandate	in % der gült. Stimmen
SED	59	49,1	51	45,8	50	49,3	44	43,5	45	49,5	249	47,5
CDU	28	23,3	24	21,9	19	18,9	31	30,3	31	34,1	133	24,5
LDP	30	24,8	33	29,9	28	28,5	20	20,5	11	12,5	122	24,6
Massenorganisationen	3	2,8	2	2,4	3	3,3	5	5,7	3	3,9	16	3,4

Quelle: Die Wahlen in der Sowjetzone, Dokumente und Materialien, hrsg. vom Bundesministerium für gesamtdeutsche Fagen (1956); nur geringfügig abweichend vom Statistischen Jahrbuch der DDR, 1. Jg. (Berlin-Ost 1955), S. 87.

37. Die Wahlen zum Dritten Volkskongreß am 15. und 16. 5. 1949

	Sachsen	Sachsen-Anhalt	Thüringen	Brandenburg	Mecklenburg	Sowj. Sektor v. Berlin	Gesamt-ergebnis
			in Mill. Stimmen				
Wahlberechtigte							13,533
Abgegebene Stimmen							12,887
Gültige Stimmen	3,771	2,660	1,675	1,569	1,240	0,769	12,024
Ungültige Stimmen	0,265	0,092	0,239	0,095	0,059	0,095	0,863
Ja-Stimmen	2,351	1,897	1,044	1,060	0,888	0,447	7,944
Nein-Stimmen	1,420	0,763	0,631	0,509	0,352	0,332	4,080
			in % der gültigen Stimmen				
Ja-Stimmen	62,3	71,3	62,3	67,5	71,6	58,1	66,1
Nein-Stimmen	37,7	28,7	37,7	32,5	28,4	41,9	33,9

Quelle: R. *Schachtner,* Die deutschen Nachkriegswahlen (1956).

38. Die Volkskammerwahlen in der DDR am 15. 10. 1950 (ohne Ost-Berlin)

	Brandenburg	Mecklenburg	Sachsen-Anhalt	Thüringen	Sachsen	Gesamtergebnis
Wahlberechtigte	1,854 Mill.	1,372 Mill.	2,874 Mill.	2,028 Mill.	4,197 Mill.	12,325 Mill.
Wahlbeteiligung	98,64 %	99,21 %	99,00 %	98,16 %	98,12 %	98,53 %
davon gültige Stimmen	99,95 %	99,92 %	99,91 %	99,73 %	99,92 %	99,89 %
für ⎱ die Kandidaten der Nationalen Front (in % der gültigen Stimmen)	99,92 %	99,89 %	99,85 %	99,12 %	99,77 %	99,72 %
gegen ⎰	0,08 %	0,11 %	0,15 %	0,88 %	0,23 %	0,28 %

Quelle: Statistisches Jahrbuch für die DDR, 1. Jg. (Berlin-Ost 1955), S. 87.

39. Wahlen in Berlin

	Stadtverordn.-Wahl Groß-Berlin 20. 10. 1946		Stadtverordn.-Wahl West-Berlin 5. 12. 1948		Abgeordn.-Wahl West-Berlin 3. 12. 1950	
Wahlberechtigte	2,307 Mill.		1,586 Mill.		1,664 Mill.	
Wahlbeteiligung	92,3 %		86,3 %		90,4 %	
Gesamtzahl der gült. Stimmen	2,085 Mill.		1,331 Mill.		1,464 Mill.	
	Anzahl der Mandate	in % der gültigen Stimmen	Anzahl der Mandate	in % der gültigen Stimmen	Anzahl der Mandate	in % der gültigen Stimmen
SPD	63	48,7	60	64,5	61	44,7
CDU	29	22,2	21	19,4	34	24,6
FDP/LDP	12	9,3	17	16,1	32	23,0
DP[1]	–	–	–	–	–	3,7
BHE[2]	–	–	–	–	–	2,2
SED	26	19,8	–	–	–	–
Kons. p.[3]	–	–	–	–	–	0,8
USPD[4]	–	–	–	–	–	0,7
FSU[5]	–	–	–	–	–	0,3

Quelle: E. *Franke,* Parteien und Parlamente in Wahlrecht und Statistik, (Bonn o. J. [1951]).

[1] Deutsche Partei.
[2] Block der Heimatvertriebenen und Entrechteten.
[3] Konservative Partei.
[4] Unabhängige Sozialdemokratische Partei Deutschlands.
[5] Freie Soziale Union.

40. Stadtverordnetenwahl in Berlin am 20. 10. 1946 nach Sektoren

Wahlberechtigte		2,307 Mill.			
Wahlbeteiligung		92,3%			
Gesamtzahl der gültigen Stimmen		2,085 Mill.			

	Wahlbetlg. in %	in % der gültigen Stimmen			
		SPD	SED	CDU	LDP
Groß-Berlin	92,3	48,7	19,8	22,2	9,3
Sowjet. Sektor	93,8	43,6	29,9	18,7	7,8
Amerikan. Sektor	91,8	51,9	12,7	24,8	10,6
Brit. Sektor	90,3	50,8	10,4	27,0	11,8
Franz. Sektor	91,9	52,6	21,2	19,0	7,2

Quelle: Berliner Statistik, Sonderheft 4, Jg. 1947, hrsg. vom Hauptamt für Statistik von Groß-Berlin.

41. Abfolge der Regierungen des Reiches

Staatsoberhaupt	Reichskanzler	Politischer Charakter der Regierung	Grund für Neubildung
Kaiser Wilhelm II.	14. 7. 1909 bis 13. 7. 1917 v. Bethmann Hollweg	In den ersten Jahren des Weltkrieges „Burgfriede" der Parteien; zerbricht im Streit um Kriegsziele 1917	Reichsparteien gegen den Kanzler; Hindenburg und Ludendorff erzwingen seine Entlassung durch Drohung mit eigenem Rücktritt. – S. Text § 20
	14. 7. 1917 bis 1. 11. 1917 Dr. Michaelis	Beginn der Parlamentarisierung der Verwaltung: einige Vertreter der Parteien in höhere Staatsämter (Nat.-Lib., Ztr., Fortschr., Soz.)	Mehrheit der Friedensresolutionsparteien sagt sich vom Kanzler los. – S. Text S. 125
	1. 11. 1917 bis 3. 10. 1918 Graf Hertling, Ztr.	Vereinbarung eines Regierungsprogramms mit Mehrheitsparteien. Weitere Parlamentarier in Staatsämter	Forderung Ludendorffs, sofortigen Waffenstillstand abzuschließen. – S. Text S. 137
	3. 10. 1918 bis 9. 11. 1918 Prinz Max von Baden	Parlamentarisches Regierungssystem. 28. 10. 1918 Verfassungsänderung im Sinne der Parlamentarisierung	Zusammenbruch der Monarchie. Rücktritt. Übergibt das Kanzleramt an Ebert. – S. Text S. 142
	10. 11. 1918 bis 10. 2. 1919 Rat der Volksbeauftragten Vorsitz: Ebert SPD und Haase USPD	SPD und USPD. An die Stelle der ausgeschiedenen Unabhängigen treten am 29. 12. 1918 weitere Mehrheitssozialisten	Zusammentritt der Weimarer Nationalversammlung. – S. Text S. 192
Friedrich Ebert 11. 2. 1919 von Nationalversammlung zum vorläufigen Reichspräsidenten gewählt	13. 2. 1919 bis 20. 6. 1919 Scheidemann, SPD	Weimarer Koalition (SPD, DDP, Ztr.)	Unterzeichnung des Versailler Vertrages. – S. Text S. 209
	21. 6. 1919 bis 26. 3. 1920 Bauer, SPD (Ministerpräsident, ab 14. 8. 1919 Reichskanzler)	Weimarer Koalition	Kapp-Putsch. – S. Text S. 223 f.
	27. 3. 1920 bis 8. 6. 1920 Müller, SPD	Weimarer Koalition	Reichstagswahlen 6. 6. 1920. – S. Text S. 227
	25. 6. 1920 bis 4. 5. 1921 Fehrenbach, Ztr.	Bürgerliche Koalition (DDP, Ztr., DVP). Keine parlamentarische Mehrheit	Londoner Ultimatum. – S. Text S. 228

Datum / Kanzler	Koalition	Ereignis
10. 5. 1921 bis 14. 11. 1922 Dr. Wirth, Ztr., I u. II — 22. 10. 1922 Verlängerung der Amtszeit Eberts bis 30. 6. 1925 durch Reichstagsbeschluß	Weimarer Koalition Keine parlamentarische Mehrheit	Scheitern des Versuchs zur Erweiterung der Regierung im Sinne einer Großen Koalition. – S. Text S. 238
22. 11. 1922 bis 12. 8. 1923 Dr. Cuno, o. P.	Bürgerliche parteilose Regierung von Fachministern	Scheitern des Ruhrkampfes. – S. Text S. 242
13. 8. 1923 bis 23. 11. 1923 Dr. Stresemann, DVP, I u. II	Große Koalition (SPD, DDP, Ztr., DVP), 3. 11. Ausscheiden der SPD	Reichstag (SPD und DNVP) versagt Vertrauensvotum. – S. Text S. 256 f.
30. 11. 1923 bis 26. 5. 1924 Dr. Marx, Ztr. I	Bürgerliche Koalition. Keine parlamentarische Mehrheit	Reichstagswahlen 4. 5. 1924. – S. Text S. 271
3. 6. 1924 bis 15. 12. 1924 Dr. Marx, Ztr. II	Bürgerliche Koalition. Keine parlamentarische Mehrheit	Reichstagswahlen 7. 12. 1924. – S. Text S. 272 f.
15. 1. 1925 bis 5. 12. 1925 Dr. Luther, o. P. I — 28. 2. 1925 Ebert † Paul v. Hindenburg 25. 4. 1925 gewählt als Reichspräsident	Bürgerliche Rechtskoalition (Ztr., DVP, DNVP)	Ausscheiden der Deutschnationalen wegen Locarno. – S. Text S. 275
20. 1. 1926 bis 12. 5. 1926 Dr. Luther, o. P. II	Bürgerliche Koalition. Keine parlamentarische Mehrheit	Durch den Reichstag gestürzt: Mißbilligung der Flaggenverordnung durch Mehrheit der Mittel- und Linksparteien. – S. Text S. 275 f.
16. 5. 1926 bis 17. 12. 1926 Dr. Marx, Ztr. III	Bürgerliche Koalition. Keine parlamentarische Mehrheit	Durch den Reichstag gestürzt: Kritik der SPD an Verbindung der Reichswehr zur Roten Armee. Mißtrauensvotum der SPD angenommen mit einer Mehrheit aus Soz., Komm., Dt.nat. und Völk. – S. Text S. 275
29. 1. 1927 bis 12. 6. 1928 Dr. Marx, Ztr. IV	Bürgerliche Rechtskoalition	Reichstagswahl 20. 5. 1928. – S. Text S. 276
28. 6. 1928 bis 27. 3. 1930 Müller, SPD II	Große Koalition	Streit um Beiträge zur Arbeitslosenversicherung. – S. Text S. 306 f.

Abfolge der Regierungen des Reiches (Fortsetzung)

Staatsoberhaupt	Reichskanzler	Politischer Charakter der Regierung	Grund für Neubildung
10.4.1932 Wiederwahl Hindenburgs als Reichspräsident	30.3.1930 bis 30.5.1932 Dr. Brüning, Ztr. I u. II	Präsidialregierung aus Angehörigen der bürgerl. Parteien von Dem. bis Volkskons. Nach den Septemberwahlen 1930 toleriert von Reichstagsmehrheit aus diesen Parteien und SPD	Hindenburg entzieht Brüning sein Vertrauen. Grund: „Agrarbolschewismus"; SA- und SS-Verbot; Versuch Schleichers, NSDAP an Regierung heranzuziehen. – S. Text § 48
	1.6.1932 bis 17.11.1932 v. Papen, Ztr., seit Juni 1932 parteilos	Präsidialregierung vorwiegend aus Angehörigen der konservativen Adels. Mißtrauensvotum des Reichstags	Hindenburg läßt Papen fallen. Grund: Hindenburg schreckt vor Aussicht eines Bürgerkriegs zurück. – S. Text S. 322
	3.12.1932 bis 28.1.1933 v. Schleicher, o. P.	Präsidialregierung. Versuch zur Gewinnung einer neuen Mehrheit von Gewerkschaften bis linker Flügel der NSDAP	Hindenburg läßt Schleicher fallen. Grund: Versuch Schleichers, neue Mehrheit zu finden, gescheitert. – S. Text S. 325
2.8.1934 Hindenburg †	30.1.1933 bis 30.4.1945 Hitler, NSDAP 2.8.1934	Koalitionsregierung NSDAP und DNVP. Parlamentarische Mehrheit der Koalition durch Wahl 5.3.1933. Nach Verbot oder Auflösung aller Parteien außer NSDAP Erklärung der Einheit von Partei und Staat 1.12.1933	Selbstmord Hitlers. – S. Text S. 590
Adolf Hitler vereinigt als „Führer und Reichskanzler" auf Grund eines am Vortage erlassenen Gesetzes das Amt des Staatsoberhauptes mit dem des Kanzlers			
30.4.1945 Karl Dönitz als Reichspräsident von Hitler zu seinem Nachfolger ernannt	3.5.1945 bis 23.5.1945 Graf Schwerin-Krosigk	Bildung einer geschäftsführenden Regierung im Auftrage von Dönitz	Übernahme der Regierungsgewalt in Deutschland durch die Alliierten. – S. Text § 86

42. Besetzung der Reichsämter 1914–1919

Reichskanzler	Vizekanzler	Auswärtiges	Inneres	Reichsschatzamt
Theobald v. Bethmann Hollweg (14.7.09–13.7.17)	Clemens v. Delbrück (14.7.09–22.5.16)	Gottlieb v. Jagow (11.1.13–22.11.16)	Clemens v. Delbrück (14.7.09–22.5.16)	Hermann Kühn (16.3.12–31.1.15)
Georg Michaelis (14.7.17–24.10.17)	Karl Helfferich (22.5.16–9.11.17)	Arthur Zimmermann (25.11.16–5.8.17)	Karl Helfferich (22.5.16–23.10.17)	Karl Helfferich (31.1.15–22.5.16)
Georg Gf. v. Hertling (1.11.17–3.10.18)	Friedrich v. Payer (9.11.17–9.11.18)	Richard v. Kühlmann (7.8.17–9.7.18)	Max Wallraf (23.10.17–6.10.18)	Siegfried Gf. v. Roedern (22.5.16–14.11.18)
Max Prinz v. Baden (4.10.18–9.11.18)		Paul v. Hintze (9.7.18–3.10.18)	Karl Trimborn (6.10.18–9.11.18)	Eugen Schiffer (14.11.18–20.6.19)
		Wilhelm Solf (4.10.18–13.12.18)	Hugo Preuß (15.11.18–20.6.19)	
		Ulrich Gf. v. Brockdorff-Rantzau (20.12.18–20.6.19)		

Reichsjustizamt	Reichspostamt	Reichsmarineamt	Reichskolonialamt	Kriegsernährungsamt
Hermann Lisco (25.10.09–5.8.17)	Reinhold Kraetke (6.5.01–5.8.17)	Alfred v. Tirpitz (18.6.97–15.3.16)	Wilhelm Solf (20.12.11–13.12.18)	Adolf Tortilowicz v. Batocki-Friebe (26.5.16–5.8.17)
Paul v. Krause (7.8.17–13.2.19)	Otto Rüdlin (5.8.17–6.2.19)	Eduard v. Capelle (15.3.16–5.10.18)		Wilhelm v. Waldow (5.8.17–8.11.18)
		Ernst Ritter v. Mann (5.10.18–13.2.19)		Emanuel Wurm (14.11.18–13.2.19)

Reichswirtschaftsamt	Reichsarbeitsamt			
Rudolf Schwander (5.8.17–20.11.17)	Gustav Bauer (4.10.18–13.2.19)			
Hans Karl Frhr. v. Stein zu Nord- u. Ostheim (20.11.17–8.11.18)				
August Müller (14.11.18–13.2.19)				

Reichskanzler	Vizekanzler	Auswärtiges	Inneres
Philipp Scheidemann, SPD, Min.präsident (13. 2. 19–20. 6. 19)	Eugen Schiffer, DDP (bis 19. 4. 19) Bernhard Dernburg, DDP (30. 4. 19–20. 6. 19)	Ulrich Gf. v. Brock-dorff-Rantzau,. parteilos	Hugo Preuß, DDP
Gustav Bauer, SPD, Min.präsident ab 14. 8. 19 Reichsk. (21. 6. 19–26. 3. 20)	Matthias Erzberger, Z (bis 3. 10. 19) Eugen Schiffer, DDP	Hermann Müller, SPD	Eduard David, SPD (bis 3. 10. 19) Erich Koch, DDP
Hermann Müller, SPD (27. 3. 20–8. 6. 20)	Erich Koch, DDP	Hermann Müller (beauftragt) Adolf Köster, SPD (ab 10. 4. 20)	Erich Koch, DDP
Konstantin Fehren-bach, Z (25. 6. 20–4. 5. 21)	Rudolf Heinze, DVP	Walter Simons, parteilos	Erich Koch, DDP
Joseph Wirth, Z (10. 5. 21–22. 10. 21)	Gustav Bauer, SPD	Joseph Wirth, Z (bis 23. 5. 21) Friedrich Rosen, parteilos	Georg Gradnauer, SPD
Joseph Wirth, Z (26. 10. 21–14. 11. 22)	Gustav Bauer, SPD	Joseph Wirth, Z (bis 31. 1. 22 beauftr.) Walter Rathenau, parteilos (bis 24. 6. 22) Joseph Wirth, Z (ab 24. 6. 22 beauftragt)	Adolf Köster, SPD
Wilhelm Cuno, parteilos (22. 11. 22–12. 8. 23)	unbesetzt	Frederic v. Rosenberg, parteilos	Rudolf Oeser, DDP

Finanzen	Wirtschaft	Arbeit	Justiz
Eugen Schiffer, DDP (bis 19. 4. 19) Bernhard Dernburg, DDP (ab 19. 4. 19)	Rudolf Wissell, SPD	Gustav Bauer, SPD	Otto Landsberg, SPD
Matthias Erzberger, Z (bis 12. 3. 20) danach unbesetzt	Rudolf Wissell, SPD (bis 15. 7. 19) Robert Schmidt, SPD	Alexander Schlicke, SPD	bis 3. 10. 19 unbesetzt Eugen Schiffer, DDP
Joseph Wirth, Z	Robert Schmidt, SPD	Alexander Schlicke, SPD	Andreas Blunck, DDP
Joseph Wirth, Z	Ernst Scholz, DVP	Heinrich Brauns, Z	Rudolf Heinze, DVP
Joseph Wirth, Z	Robert Schmidt, SPD	Heinrich Brauns, Z	Eugen Schiffer, DDP
Andreas Hermes, Z (zunächst beauftragt, am 3. 3. 22 ernannt)	Robert Schmidt, SPD	Heinrich Brauns, Z	Gustav Radbruch, SPD
Andreas Hermes, Z	Johannes Becker, DVP	Heinrich Brauns, Z	Rudolf Heinze, DVP

Zusammensetzung der Regierungen der Weimarer Republik (Fortsetzung)

	Wehr	Post	Verkehr	Ernährung	Kolonien
Scheidemann	Gustav Noske, SPD	Johannes Giesberts, Z	Johannes Bell, Z	Robert Schmidt, SPD	Johannes Bell, Z
Bauer	Gustav Noske, SPD (bis 22. 3. 20), danach unbesetzt	Johannes Giesberts, Z	Johannes Bell, Z	Robert Schmidt, SPD	Johannes Bell, Z 7. 11. 19 aufgehoben
Müller	Otto Geßler, DDP	Johannes Giesberts, Z	Johannes Bell, Z (bis 1. 5. 20) Gustav Bauer, SPD	Andreas Hermes, Z (ab 30. 3. 20)	
Fehrenbach	Otto Geßler, DDP	Johannes Giesberts, Z	Wilhelm Groener, parteilos	Andreas Hermes, Z	
Wirth	Otto Geßler, DDP	Johannes Giesberts, Z	Wilhelm Groener, parteilos	Andreas Hermes, Z	
Wirth	Otto Geßler, DDP	Johannes Giesberts, Z	Wilhelm Groener, parteilos	Andreas Hermes, Z (bis 10. 3. 22) Anton Fehr, Bayer. Bauernbd. (ab 31. 3. 22)	
Cuno	Otto Geßler, DDP	Joseph Stingl, BVP	Wilhelm Groener, parteilos	Karl Müller, Z (bis 25. 11. 22) Hans Luther, parteilos	

Schatz	Wiederaufbau	ohne Geschäftsbereich	Staatssekretär der Reichskanzlei	Pressechef
Georg Gothein, DDP (21. 3. 19–20. 6. 19)		Eduard David, SPD Matthias Erzberger, Z Georg Gothein, DDP	Curt Baake, SPD	Ulrich Rauscher, SPD
Wilhelm Mayer, Z (bis 30. 1. 20. danach unbesetzt)	Otto Geßler, DDP (ab 25. 10. 19)	Eduard David, SPD	Heinrich Albert, parteilos	Ulrich Rauscher, SPD
Gustav Bauer, SPD	unbesetzt	Eduard David, SPD	Heinrich Albert, parteilos	Ulrich Rauscher, SPD
Hans v. Raumer, DVP	unbesetzt		Heinrich Albert, parteilos	Friedrich Heilbron, parteilos
Gustav Bauer, SPD	Walther Rathenau, DDP (ab 29. 5. 21)		Heinrich Albert, parteil. (bis 24. 5. 21) Arnold Brecht, parteilos (beauftr. 24. 5.–3. 8. 21) Heinrich Hemmer, Z (ab 3. 8. 21)	Oscar Müller, parteilos
Gustav Bauer, SPD	unbesetzt		Heinrich Hemmer, Z	Oscar Müller, parteilos
Heinrich Albert, parteilos (1. 4. 23 aufgehoben)	bis 29. 3. 23 unbesetzt, danach Heinrich Albert, parteilos		Eduard Hamm, DDP	Friedrich Heilbron, parteilos (ab 16. 1. 23)

Reichskanzler	Vizekanzler	Auswärtiges	Inneres
Gustav Stresemann, DVP (13. 8. 23–4. 10. 23)	Robert Schmidt, SPD	Gustav Stresemann, DVP (beauftragt)	Wilhelm Sollmann, SPD
Gustav Stresemann, DVP (6. 10. 23–23. 11. 23)	unbesetzt	Gustav Stresemann, DVP (beauftragt)	Wilhelm Sollmann, SPD (bis 3. 11. 23) Karl Jarres, DVP
Wilhelm Marx, Z (30. 11. 23–26. 5. 24)	Karl Jarres, DVP	Gustav Stresemann, DVP	Karl Jarres, DVP
Wilhelm Marx, Z (3. 6. 24–15. 12. 24)	Karl Jarres, DVP	Gustav Stresemann, DVP	Karl Jarres, DVP
Hans Luther, parteilos (15. 1. 25–5. 12. 25)	unbesetzt	Gustav Stresemann, DVP	Martin Schiele, DNVP (bis 23. 10. 25) Otto Geßler, DDP (beauftragt)
Hans Luther, parteilos (20. 1. 26–12. 5. 26)	unbesetzt Otto Geßler, DDP (12. 5.–16. 5. 26)	Gustav Stresemann, DVP	Wilhelm Külz, DDP
Wilhelm Marx, Z (16. 5. 26–17. 12. 26)	unbesetzt	Gustav Stresemann, DVP	Wilhelm Külz, DDP

Finanzen	Wirtschaft	Arbeit	Justiz
Rudolf Hilferding, SPD	Hans v. Raumer, DVP	Heinrich Brauns, Z	Gustav Radbruch, SPD
Hans Luther, parteilos	Josef Koeth, parteilos	Heinrich Brauns, Z	Gustav Radbruch, SPD (bis 3. 11. 23)
Hans Luther, parteilos	Eduard Hamm, DDP	Heinrich Brauns, Z	Erich Emminger, BVP (bis 15. 4. 24) Curt Joël, parteilos (beauftragt)
Hans Luther, parteilos	Eduard Hamm, DDP	Heinrich Brauns, Z	Curt Joël, parteilos (beauftragt)
Otto v. Schlieben, DNVP (bis 26. 10. 25) Hans Luther, parteilos (beauftragt)	Albert Neuhaus, DNVP (bis 26. 10. 25) Rudolf Krohne, DVP (beauftragt)	Heinrich Brauns, Z	Josef Frenken, Z (bis 21. 11. 25) Hans Luther, parteilos (beauftragt)
Peter Reinhold, DDP	Julius Curtius, DVP	Heinrich Brauns, Z	Wilhelm Marx, Z
Peter Reinhold, DDP	Julius Curtius, DVP	Heinrich Brauns, Z	Johannes Bell, Z

	Wehr	Post	Verkehr	Ernährung
Stresemann	Otto Geßler, DDP	Anton Höfle, Z	Rudolf Oeser, DDP	Hans Luther, parteilos
Stresemann	Otto Geßler, DDP	Anton Höfle, Z	Rudolf Oeser, DDP	Gerhard Gf. v. Kanitz, parteilos
Marx	Otto Geßler, DDP	Anton Höfle, Z	Rudolf Oeser, DDP	Gerhard Gf. v. Kanitz, parteilos
Marx	Otto Geßler, DDP	Anton Höfle, Z	Rudolf Oeser, DDP (bis 11. 10. 24) Rudolf Krohne, DVP (beauftragt)	Gerhard Gf. v. Kanitz, parteilos
Luther	Otto Geßler, DDP	Karl Stingl, BVP	Rudolf Krohne, DVP	Gerhard Gf. v. Kanitz, parteilos
Luther	Otto Geßler, DDP	Karl Stingl, BVP	Rudolf Krohne, DVP	Heinrich Haslinde, Z
Marx	Otto Geßler, DDP	Karl Stingl, BVP	Rudolf Krohne, DVP	Heinrich Haslinde, Z

Wiederaufbau	Besetzte Gebiete	Staatssekretär der Reichskanzlei	Pressechef
Robert Schmidt, SPD	Johannes Fuchs, Z (ab 24. 8. 23)	Werner Frhr. v. Rheinbaben, DVP	Wilhelm Kalle, DVP
Robert Schmidt, SPD (bis 3. 11. 23)	Johannes Fuchs, Z	Werner Frhr. v. Rheinbaben, DVP (bis 17. 10. 23) Adolf Kempkes, DVP	Wilhelm Kalle, DVP
Gustav Müller (30. 11. 23–12. 5. 24 beauftragt) 12. 5. 24 aufgehoben	Anton Höfle, Z (beauftragt)	Franz Bracht, parteilos	Karl Spiecker, Z
	Anton Höfle, Z (beauftragt)	Franz Bracht, parteilos	Karl Spiecker, Z
	Josef Frenken, Z (bis 21. 11. 25 beauftr.) Heinrich Brauns, Z (beauftragt)	Franz Kempner, parteilos	Otto Kiep, parteilos
	Wilhelm Marx, Z (beauftragt)	Franz Kempner, parteilos	Otto Kiep, parteilos
	Johannes Bell, Z (beauftragt)	Herman Pünder, Z (ab 20. 6. 26)	Otto Kiep, DVP (bis 4. 11. 26) Walter Zechlin, SPD (ab 14. 11. 26)

Reichskanzler	Vizekanzler	Auswärtiges	Inneres
Wilhelm Marx, Z (29. 1. 27–12. 6. 28)	Oskar Hergt, DNVP	Gustav Stresemann, DVP	Walter v. Keudell, DNVP
Hermann Müller, SPD (28. 6. 28–27. 3. 30)	unbesetzt	Gustav Stresemann, DVP (bis 3. 10. 29) Julius Curtius, DVP (beauftragt, 11. 11. 29 ernannt)	Karl Severing, SPD
Heinrich Brüning, Z (30. 3. 30–7. 10. 31)	Hermann Dietrich, DDP	Julius Curtius, DVP	Josef Wirth, Z
Heinrich Brüning, Z (9. 10. 31–30. 5. 32)	Hermann Dietrich, DDP	Heinrich Brüning, Z (beauftragt)	Wilhelm Groener, parteilos (beauftragt)
Franz v. Papen, Z, ab 3. 6. 32 parteilos (1. 6. 32–17. 11. 32)	unbesetzt	Konstantin Frhr. v. Neurath, parteilos	Wilhelm Frhr. v. Gayl, DNVP
Kurt v. Schleicher parteilos (3. 12. 32–28. 1. 33)	unbesetzt	Konstantin Frhr. v. Neurath, parteilos	Franz Bracht, parteilos

Finanzen	Wirtschaft	Arbeit	Justiz
Heinrich Köhler, Z	Julius Curtius, DVP	Heinrich Brauns, Z	Oskar Hergt, DNVP
Rudolf Hilferding, SPD (bis 21. 12. 29) Paul Moldenhauer, DVP (ab 23. 12. 29)	Julius Curtius, DVP (bis 11. 11. 29) Paul Moldenhauer, DVP (bis 23. 12. 29) Robert Schmidt, SPD (ab 23. 12. 29)	Rudolf Wissell, SPD	Erich Koch, DDP (bis 13. 4. 29) Th. v. Guérard, Z
Paul Moldenhauer, DVP (bis 20. 6. 30) H. Brüning, Z (bis 26. 6. 30 beauftr.) Hermann Dietrich, DDP (ab 26. 6. 30)	Hermann Dietrich, DDP (bis 26. 6. 30) Ernst Trendelenburg, parteilos (ab 26. 6. 30 beauftragt)	Adam Stegerwald, Z	Johann V. Bredt, WP (bis 5. 12. 30) Curt Joël, parteilos (ab 5. 12. 30 beauftragt)
Hermann Dietrich, DDP	Hermann Warmbold, parteilos (bis 6. 5. 32) Ernst Trendelenburg, parteilos (ab 6. 5. 32 beauftragt)	Adam Stegerwald, Z	Curt Joël, parteilos
Johann Ludwig Gf. Schwerin v. Krosigk, parteilos	Hermann Warmbold, parteilos	Hermann Warmbold, parteilos (bis 6. 6. 32) Hugo Schäffer, parteilos (ab 6. 6. 32)	Franz Gürtner, DNVP
Johann Ludwig Gf. Schwerin v. Krosigk, parteilos	Hermann Warmbold, parteilos	Friedrich Syrup, parteilos	Franz Gürtner, DNVP

Zusammensetzung der Regierungen der Weimarer Republik (Fortsetzung)

	Wehr	Post	Verkehr	Ernährung
Marx	Otto Geßler, DDP (bis 19. 1. 28) Wilhelm Groener, parteilos	Georg Schätzel, BVP	Wilhelm Koch, DNVP	Martin Schiele, DNVP
Müller	Wilhelm Groener, parteilos	Georg Schätzel, BVP	Theodor v. Guérard, Z (bis 6. 2. 29) Georg Schätzel, BVP (bis 13. 4. 29 beauftr.) Adam Stegerwald, Z	Hermann Dietrich, DDP
Brüning	Wilhelm Groener, parteilos	Georg Schätzel, BVP	Theodor v. Guérard, Z	Martin Schiele, DNVP, ab 22. 7. 30 Christl. Landvolk
Brüning	Wilhelm Groener, parteilos	Georg Schätzel, BVP	Gottfried R. Treviranus, Kons. VP	Martin Schiele, Christl. Landvolk
Papen	Kurt v. Schleicher, parteilos	Paul Frhr. Eltz v. Rübenach, parteilos	Paul Frhr. Eltz v. Rübenach, parteilos	Magnus Frhr. v. Braun, DNVP
Schleicher	Kurt v. Schleicher, parteilos (beauftragt)	Paul Frhr. Eltz v. Rübenach, parteilos	Paul Frhr. Eltz v. Rübenach, parteilos	Magnus Frhr. v. Braun, DNVP

Besetzte Gebiete	ohne Ge-schäftsbereich	Staatssekretär der Reichskanzlei	Pressechef	Reichskommissar für die Osthilfe
Wilhelm Marx, Z (beauftragt)		Hermann Pünder, Z	Walter Zechlin, SPD	
Theodor v. Guérard, Z (bis 6. 2. 29 beauftr.) Josef Wirth, Z (ab 13. 4. 29)		Hermann Pünder, Z	Walter Zechlin, SPD	
Gottfried R. Treviranus, Kons. VP (bis 30. 9. 30) 1. 10. 30 aufgehoben	Gottfried R. Treviranus, Kons. VP (ab 1. 10. 30)	Hermann Pünder, Z	Walter Zechlin, SPD	
		Hermann Pünder, Z	Walter Zechlin, SPD	Hans Schlange-Schöningen, Christl. Landvolk
	Franz Bracht, parteilos (ab 29. 10. 32) Johannes Popitz, parteilos (ab 29. 10. 32)	Erwin Planck, parteilos	Heinrich Ritter v. Kauffmann-Asser, parteilos (3. 6. 32–16. 8. 32) Erich Marcks, parteilos (seit 16. 8. 32)	Magnus Frhr. v. Braun, DNVP
	Johannes Popitz, parteilos	Erwin Planck, parteilos	Erich Marcks, parteilos	Günther Gereke, Christl. Landvolk; zusätzlich Reichskommissar für Arbeits-beschaffung

Reichskanzler	Adolf Hitler, NSDAP (30. 1. 33–30. 4. 45)		Otto Georg Thierack, NSDAP (20. 8. 42–30. 4. 45)
Vizekanzler	Franz v. Papen, Wahlblock Schwarz-Weiß-Rot (30. 1. 33–30. 7. 34), seit 30. 7. 34 unbesetzt	Wehr (seit 21. 5. 35 Krieg)	Werner v. Blomberg parteilos (30. 1. 33–4. 2. 38) seit 4. 2. 38 aufgehoben
Auswärtiges	Konstantin Frhr. v. Neurath, parteilos (30. 1. 33–4. 2. 38)	Post	Paul Frhr. Eltz v. Rübenach, parteilos (30. 1. 33–2. 2. 37)
	Joachim v. Ribbentrop, NSDAP. (4. 2. 38–30. 4. 45)		Wilhelm Ohnesorge, NSDAP (2. 2. 37–30. 4. 45)
Inneres	Wilhelm Frick, NSDAP (30. 1. 33–20. 8. 43)	Verkehr	Paul Frhr. Eltz v. Rübenach, parteilos (30. 1. 33–2. 2. 37)
	Heinrich Himmler, NSDAP (20. 8. 43–30. 4. 45)		Julius Dorpmüller, NSDAP (2. 2. 37–30. 4. 45)
Finanzen	Johann Ludwig Gf. Schwerin v. Krosigk, parteilos	Ernährung	Alfred Hugenberg, DNVP (30. 1. 33–29. 6. 33)
Wirtschaft	Alfred Hugenberg, DNVP (30. 1. 33–29. 6. 33)		Walter Darré, NSDAP (29. 6. 33–30. 4. 45)
	Kurt Schmitt, parteilos (29. 6. 33–30. 1. 35, ab 30. 7. 34 beurlaubt)		Herbert Backe, NSDAP (20. 5. 42–30. 4. 45 beauftragt ab 1. 4. 44 als Minister)
	Hjalmar Schacht, parteilos (30. 7. 34–26. 11. 37, beauftragt)	Volksaufklärung u. Propaganda (13. 3. 33 neu geschaffen)	Josef Goebbels, NSDAP (13. 3. 33–30. 4. 45)
	Hermann Göring, NSDAP (26. 11. 37–15. 1. 38, beauftragt)	Luftfahrt (28. 4. 33 neu geschaffen)	Hermann Göring, NSDAP (5. 5. 33–24. 4. 45)
	Walter Funk, NSDAP (15. 1. 38–30. 4. 45)	Wissenschaft, Erziehung und Volksbildung (1. 5. 34 neu geschaff.)	Bernhard Rust, NSDAP (1. 5. 34–30. 4. 45)
Arbeit	Franz Seldte, Stahlhelm, seit 27. 4. 33 NSDAP (30. 1. 33–30. 4. 45)	Forsten (3. 7. 34 neu geschaffen)	Hermann Göring, NSDAP (3. 7. 34–24. 4. 45)
Justiz	Franz Gürtner, bis Ende Juni DNVP (1. 2. 33–29. 1. 41)	Kirchen (16. 7. 35 neu geschaffen)	Hanns Kerrl, NSDAP (16. 7. 35–13. 12. 41) seit 16. 1. 42 Hermann Muhs, als Sts. beauftragt
	Franz Schlegelberger, parteilos (29. 1. 41–20. 8. 42 als Sts. beauftragt		

Ohne Geschäfts-bereich (Bezeich-nung entfällt ab 5. 2. 38)	Hermann Göring, NSDAP (30. 1. 33–5. 5. 33)		Wilhelm Frick, NSDAP (20. 8. 43–30. 4. 45)
	Ernst Röhm, NSDAP (1. 12. 33–30. 6. 34)		Arthur Seyß-Inquart, NSDAP (1. 5. 39–30. 4. 45)
	Rudolf Heß, NSDAP (1. 12. 33–10. 5. 41)	Bewaffnung u. Munition (ab 2. 9. 43 Kriegs-erzeugung)	Fritz Todt, NSDAP (17. 3. 40–8. 2. 42)
	Hanns Kerrl, NSDAP (16. 6. 34–16. 7. 35)		Albert Speer, NSDAP (9. 2. 42–30. 4. 45)
	Hans Frank, NSDAP (19. 12. 34–30. 4. 45)	Besetzte Ostgebiete	Alfred Rosenberg, NSDAP (17. 7. 41–30. 4. 45)
	Hjalmar Schacht parteilos (26. 11. 37–21. 1. 43)	Staatssekretär und Chef der Reichskanzlei (ab 26. 11. 37 Minister)	Hans Heinrich Lammers, NSDAP (30. 1. 33–30. 4. 45)
	Otto Meißner, NSDAP (1. 12. 37–30. 4. 45) (Staatsminister und Chef der Präsidialkanzlei)		
	Konstantin Frhr. v. Neurath, parteilos (5. 2. 38–30. 4. 45) (Vors. d. Geh. Kabinettsrats)	Leiter der Parteikanzlei (ab 29. 5. 41 Minister)	Martin Bormann, NSDAP (29. 5. 41–30. 4. 45)

45. Zusammensetzung der ersten Regierung der Bundesrepublik Deutschland
12. 9. 1949 – 6. 10. 1953

Bundeskanzler	Konrad Adenauer, CDU	Verkehr	Hans Christoph Seebohm, DP
Vizekanzler	Franz Blücher, FDP	Post und Fernmeldewesen	Hans Schuberth, CSU
Auswärtiges	Konrad Adenauer, CDU (ab 13. 3. 51)	Wohnungsbau	Eberhard Wildermuth, FDP (bis 9. 3. 52)
Inneres	Gustav Heinemann, CDU (bis 9. 10. 50)		Fritz Neumayer, FDP (ab 16. 7. 52)
	Robert Lehr, CDU (ab 11. 10. 50)	Vertriebene	Hans Lukaschek, CDU
Justiz	Thomas Dehler, FDP	Gesamtdeutsche Fragen	Jakob Kaiser, CDU
Finanzen	Fritz Schäffer, CSU	Bundesrat	Heinrich Hellwege, DP
Wirtschaft	Ludwig Erhard, CDU	Angelegenheiten des Marshallplanes	Franz Blücher, FDP
Ernährung, Landwirtschaft und Forsten	Wilhelm Niklas, CSU	Bundeskanzleramt	Walter Hallstein, (25. 8. 50–16. 3. 51)
Arbeit und Sozialordnung	Anton Storch, CDU		Otto Lenz, CDU

46. Zusammensetzung der ersten Regierung der DDR 11. 10. 1949 – 8. 11. 1950

Ministerpräsident	Otto Grotewohl, SED	Handel und Versorgung	Karl Hamann, LDP
stellv. Minister-präsidenten	Walter Ulbricht, SED	Aufbau	Lothar Bolz, NDP
	Hermann Kastner, LDP	Arbeit und Gesundheit	Luitpold Steidle, CDU
		Justiz	Max Fechner, SED
	Otto Nuschke, CDU	Post- und Fernmeldewesen	Friedrich Burmeister, CDU
Äußeres	Georg Dertinger, CDU	Verkehr	Hans Reingruber, parteilos
Inneres	Karl Steinhoff, SED	Land- und Fostwirtschaft	Ernst Goldenbaum, Demokr. Bauernpartei
Finanzen	Hans Loch, LDP	Staatssicherheit	Wilhelm Zaisser, SED (ab 17. 2. 50)
Volksbildung	Paul Wandel, SED		
Industrie	Fritz Selbmann, SED	Informationsamt	Gerhard Eisler, SED
Planung	Heinrich Rau, SED	Regierungskanzlei	Fritz Geyer, SED
Außenhandel und Materialversorgung	Georg Handke, SED		

Übersicht der Taschenbuchausgabe des GEBHARDT

Die erste Auflage des ›Handbuchs der deutschen Geschichte‹, herausgegeben von dem Berliner Realschullehrer Bruno Gebhardt (1858–1905), erschien 1891/92 in zwei Bänden. Von der zweiten bis zur siebenten Auflage wurde das Handbuch unter seinen Herausgebern Ferdinand Hirsch, Aloys Meister und Robert Holtzmann unter immer stärkerer Heranziehung von Universitätslehrern jeweils nach dem erreichten Forschungsstand überarbeitet und ergänzt und fand im wachsenden Maße bei Lehrenden und Lernenden an den Universitäten Verwendung. Nach dem Zweiten Weltkrieg nahm Herbert Grundmann mit neuen Autoren eine völlige Neugestaltung des ›Gebhardt‹ in Angriff, und auf diese 1954 bis 1960 in vier Bänden erschienene achte Auflage geht die nun vorliegende, wiederum überarbeitete und ergänzte, 1970 bis 1976 erschienene neunte Auflage zurück.

Um das bewährte Studien- und Nachschlagewerk vor allem den Studenten leichter zugänglich zu machen, haben sich der Originalverlag und der Deutsche Taschenbuch Verlag im Einvernehmen mit den Autoren zu dieser Taschenbuchausgabe entschlossen. Das Handbuch erscheint ungekürzt und, von kleinen Korrekturen abgesehen, unverändert in folgender Bandaufteilung:

Sachregister

Sachregister

Sachregister

Sachregister

Kriegsziele
- d. all. Mächte 19–32, 43 f., 48 ff., 70 ff., 81 f.

Länderkammer d. DDR 333 f.
Länderrat
- US-Zone 120, 178, 210
- Vereinigtes Wirtschaftsgebiet 273 f.
Länderverfassungen
→ s. Verfassungen
Landtagswahlen
→ s. Wahlen
Landwirtschaft 123 ff., 134, 144, 151, 177–180
→ s. Bodenreform nach 1945
Lastenausgleich 277
LDPD (Liberal-Demokratische Partei)
- Hessen 157
- SBZ 139, 186 ff., 217 f., 221, 266 f., 273, 287 f., 292, 327
Lend- and Lease-Programm 51
Liberale Partei, Rheinhessen 157
Libyen 82
Londoner Konferenz (1948) 275 f., 296
Luft- u. Bombenkrieg (1939–45) 165 f.
Lutherrat 228
Luxemburg 91, 275, 312–315, 318

Mandschurei 81
Marshall-Plan (1947) 96 f., 260–266, 295, 307, 315, 321 f., 343
Maschinen-Ausleih-Stationen (MAS), DDR 323
Mauerbau, Berlin (1961) 125, 190
Mecklenburg (nach 1945) 43, 187, 221
Midway-Inseln, Seeschlacht (1942) 47
Militärisches Sicherheitsamt f. d. Westzonen Dtlds. 311, 314, 316
Ministerpräsidenten-Konferenzen (1946 bis 47) 206, 266–272, 281 A ff., 297 f.
Mitbestimmung
→ s. Sozialpolitik
Molotow-Plan (1947) 264 f.
Montanindustrie 165, 174 ff., 198, 312, 314
Montan-Union (1952) 318
Montreux, Konvention v. (1936) 59
Morgenthau-Plan (1944) 26 f., 52, 113, 166, 261
Moskauer Dreierkonferenz (1945) 83

Nagasaki, Atombombenabwurf v. (1945) 55
National Planning Association, USA (1944) 261
Nationalpolitische Erziehungsanstalten (Napola) 247
Nationalsozialismus
- Rassenpolitik 193
NATO (North Atlantic Treaty Organisation) 295, 311, 315
NDPD (Nationaldemokratische Partei Dtlds.) 118, 184, 192 A, 327
Neheim-Hüsten, CDU-Programm (1946) 149 ff.
Niedersachsen 125, 158 f., 179, 193 ff., 197, 204 ff., 237, 244
Niedersächsische Landespartei 158
Nordatlantische Verteidigungsgemeinschaft 315
Nordrhein-Westfalen 177, 179, 198, 204 ff.
North German Iron and Steel Commission 176
Norwegen 315
Nürnberger Prozesse 68, 98–112 A

Oberschlesien
→ s. Schlesien
Oder-Neiße-Linie 23 f., 32, 61–66, 85, 88, 123, 188, 316
OEEC (Organisation for European Economic Cooperation) 262, 315, 317, 343
Ökumenischer Rat d. Kirchen 230
Österreich
- Anschluß 70–74
- in d. all. Kriegszielplanung 25–28, 47, 70–73, 340 f., 347 f., 351 f.
- innere Entwicklung nach 1945 73 bis 79 A, 137, 336–356
- Verfassungen → s. dort
Österreich, Provisorische Regierung (1945) 75–80 A
Österreichische Vertretungskörperschaft 72
Österreichisch-ital. Abkommen (1969) 350
ÖVP (Österreichische Volkspartei) 75 bis 78, 344–347, 353 A
Okinawa, Eroberung v. (1945) 48
OKW (Oberkommando d. Wehrmacht)
→ s. Jodl, Keitel

Personenregister

Hans-Peter Waldrich:

Der Demokratiebegriff der SED

Ein Vergleich zwischen der älteren deutschen Sozialdemokratie und der Sozialistischen Einheitspartei Deutschlands

Einführung von Iring Fetscher

273 Seiten, Leinen mit Schutzumschlag
ISBN 3-12-915250-4

Der sowjetisch geprägte Marxismus-Leninismus hat das Demokratieproblem zur Kernfrage des „ideologischen Klassenkampfs" erhoben. Das Thema Demokratie wird darüber hinaus zum zentralen Streitpunkt neu aufgebrochener Differenzen im internationalen Kommunismus. Dennoch fehlen bisher eingehende Untersuchungen zum marxistischen Demokratiebegriff.

Die Arbeit Waldrichs schließt diese Lücke am Beispiel der älteren deutschen Sozialdemokratie und der Sozialistischen Einheitspartei Deutschlands.

Zur Klärung der deutsch-deutschen Beziehungen (sowohl im historischen Vergleich als auch in der gegenwärtigen Teilung) leistet dieses Buch einen wichtigen Beitrag. Es gehört in die Hand eines jeden, der den tönernen Demokratie-Phrasen der DDR-Staatspartei verständnislos gegenübersteht: hier wird deren politischer Stellenwert geklärt.

Klett-Cotta